本书由中国—上海合作组织国际司法交流合作培训基地资助出版

上海合作组织年度法治报告
（2018）

刘晓红　倪正茂·主　编
贾少学　石其宝·副主编

The SCO's Annual Report on Promoting the Rule of Law
(2018)

上海社会科学院出版社
SHANGHAI ACADEMY OF SOCIAL SCIENCES PRESS

本书编委会

主　　编：刘晓红　倪正茂
副 主 编：贾少学　石其宝
编　　委：刘晓红　倪正茂　贾少学
　　　　　石其宝　庞冬梅　张建文
　　　　　华　莉
工作人员：占茂华　宫　楠　张陶然
　　　　　赫　潇　芦加人　王竞可
　　　　　李　瑶

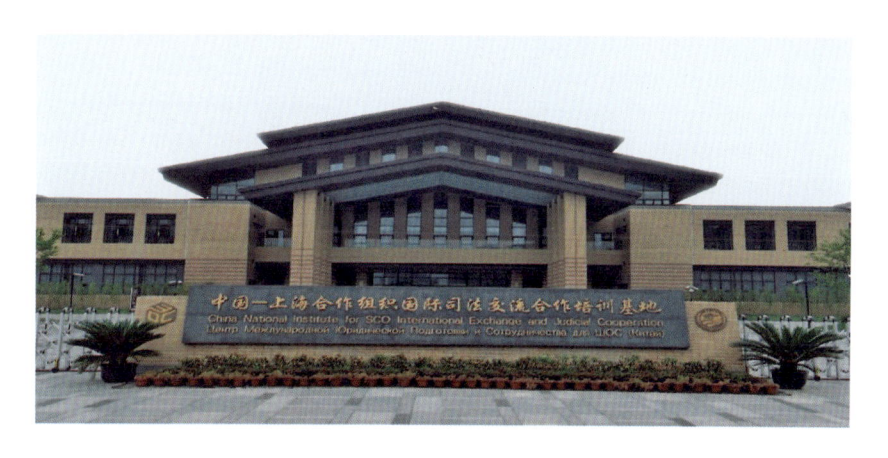

中国—上海合作组织国际司法交流合作培训基地(简称中国—上合基地)于2014年5月20日正式奠基,2017年7月全面落成并正式投入使用。

2013年9月13日,在上海合作组织成员国元首理事会第13次会议上,中国国家主席习近平在题为《弘扬"上海精神",促进共同发展》的发言中宣布,中方将在上海政法学院设立"中国—上海合作组织国际司法交流合作培训基地",愿意利用这一平台为其他成员国培养司法人才。

2014年9月12日,习近平主席在上海合作组织成员国元首理事会第14次会议上再次宣布:"中方将依托中国—上海合作组织国际司法交流合作培训基地,协助成员国培训司法人才。"

2015年7月10日,习近平主席在上海合作组织成员国元首乌法峰会上表示:"中方将依托中国—上海合作组织国际司法交流合作培训基地,协助成员国培训司法人才。"

2018年6月10日,习近平主席在上海合作组织元首青岛峰会上宣布:"未来3年,中方愿意利用中国—上海合作组织国际司法交流合作培训基地等平台,为各方培训2 000名执法人员,强化执法能力建设。"

今后,上海政法学院将平稳、有序、高效地推进中国—上合基地建设,汇集上海、全国乃至全球范围的资深专家,形成多元、开放、国际化的研究队伍,着力打造以论坛、智库、培训三大功能为主的国家级国际司法合作交流平台。

目 录

一、上海合作组织国别报告

俄罗斯法治报告(2018) ……………………………… 华 莉 (3)
哈萨克斯坦法治报告(2018) ………………………… 杨 丹 (50)
吉尔吉斯斯坦法治报告(2018) ……………………… 赫 潇 (89)
乌兹别克斯坦法治报告(2018)
　　……………………… 宫 楠　О. Н. Шерстобоев (143)
塔吉克斯坦法治报告(2018) ………………………… 岳 强 (171)
印度法治报告(2018) ………………………………… 张陶然 (202)
巴基斯坦法治报告(2018) …………………………… 王永宝 (241)

二、上海合作组织前沿问题

"一带一路"倡议在上合组织国家实施的法律风险与防控
　　………………………………………………… 朱南平 (291)
中国—上合地方经贸合作示范区跨境商事争端解决
　　一体化机制的构建 …………………………… 许庆坤 (309)
上海合作组织框架下的区域合作组织与恐怖主义犯罪防控
　　………………………………………………… 胡 江 (322)
中亚社会治安形势研究
　　——以中亚各国犯罪统计数据为基础的比较分析(上)
　　………………………………… 王 娜　崔翔栋 (340)
俄罗斯有组织犯罪的企业化路径及其对策研究
　　………………………………… 庞冬梅　王广龙 (372)

俄罗斯及中亚俄语语言法治的共性与差异 ………… 杨昌宇（398）
中俄遗嘱继承法律制度比较与镜鉴
　　——以我国《民法典·继承编》编纂为视角
　　　　………………………………………… 杨　健　刘冠合（409）
如何规制数字金融资产：加密货币与智能契约
　　——俄罗斯联邦《数字金融资产法》草案评述 ……… 张建文（424）
俄罗斯亚太能源政策及对中国的影响 …………… 贾少学（442）
俄罗斯法官职业化建设 …………………………… 於海梅（452）
哈萨克斯坦新旧劳动法典比较研究 ………… 王晓峰　甘　阳（468）
印度妇女权益法律保护问题探析 ………………… 占茂华（479）
塔吉克斯坦合宪性审查制度研究
　　——兼谈对中国启示 ………………………… 李　晶（505）

Contents

Chaper 1 Shanghai Cooperation Organization Country Report

Annual Report on the Rule of Law in
 Russia (2018) .... *Hua Li* (3)
Annual Report on the Rule of Law in
 Kazakhstan (2018) .... *Yang Dan* (50)
Annual Report on the Rule of Law in
 Kyrgyzstan (2018) .... *He Xiao* (89)
Annual Report on the Rule of Law in
 Uzbekistan (2018) .... *Gong Nan, Oleg Sherstoboev* (143)
Annual Report on the Rule of Law in
 Tajikistan (2018) .... *Yue Qiang* (171)
Annual Report on the Rule of Law in
 India (2018) .... *Zhang Taoran* (202)
Annual Report on the Rule of Law in
 Pakistan (2018) .... *Wang Yongbao* (241)

Chaper 2 Frontier Issues of Shanghai Cooperation Organization

Legal Risk Prevention and Control in SCO Countries under
  the Belt and Road Initiative .... *Zhu Nanping* (291)
Construction of the Integrated Mechanism of Cross-border
  Commercial Dispute Resolution in China-SCO Local
  Economic and Trade Cooperation Demonstration Zone
  .... *Xu Qingkun* (309)
Regional Cooperation Organizations and the Prevention
  and Control of Terrorist Crimes under the Framework

of the Shanghai Cooperation Organization ············ *Hu Jiang* (322)
Research on the Social Security Situation in Central Asia
 — Comparative analysis based on crime statistics in
  Central Asian countries ········· *Wang Na, Cui Xiangdong* (340)
Research on the Path of Corporatization of Organized
 Crime in Russia and Its Countermeasures
  ································ *Pang Dongmei, Wang Guanglong* (372)
The Commonness and Differences of "*Russian Language*
 Rule of Laws" in Russia and Central Asia ······ *Yang Changyu* (398)
The legal system of testamentary succession in China and Russia
  ······································ *Yang Jian, Liu Guanhe* (409)
How to Regulate Digital Financial Assets: Cryptocurrencies
 and Smart Contracts
 — Review of the draft of the Digital Financial
  Assets Law of the Russian Federation ······ *Zhang Jianwen* (424)
Russia's Asia-Pacific Energy Policy and Its Impact on China
  ·· *Jia Shaoxue* (442)
Professional construction of judges in Russia ············ *Yu Haimei* (452)
A Comparative Study of New and Old Labor Code in Kazakhstan
  ··· *Wang Xiaofeng, Gan Yang* (468)
Analysis on Legal Protection of Women's Rights and Interests
  ·· *Zhan Maohua* (479)
Research on Tajikistan's Constitutional Review System
 — also on the enlightenment to China ················ *Li Jing* (505)

ОГЛАВЛЕНИЕ

Отчеты о государствах-членах ШОС

Отчет о правовом строительстве России (2018) ······ Хуа Ли (3)
Отчет о правовом строительстве Казахстана (2018)
·· Ян Дань (50)
Отчет о правовом строительстве Кыргызстана (2018)
·· Хэ Сяо (89)
Отчет о правовом строительстве Узбекистана (2018)
·················· Гун Нань, О. Н. Шерстобоев (143)
Отчет о правовом строительстве Таджикистана (2018)
·· Юэ Цян (171)
Отчет о правовом строительстве Индии (2018)
·· Чжан Таожань (202)
Отчет о правовом строительстве Пакистана (2018)
·· Ван Юнбао (241)

Актуальные проблемы Шанхайской организации сотрудничества

Юридические риски, профилактика и контроль при реализации инициативы «Одного пояса и одного пути» в странах ШОС
·· Чжу Наньпин (291)
Построение интегрированного механизма урегулирования трансграничных коммерческих споров в образцовых зонах местного торгово-экономического сотрудничества Китай-ШОС ····················· Сюй Цинкунь (309)
Региональные организации по сотрудничеству и предупреждение террористической преступности в рамках ШОС

·················· Ху Цзян（322）

Исследование ситуации с общественным порядком
в Центральной Азии
— Сравнительный анализ на основе статистики преступности в странах Центральной Азии（I）
·················· Ван На，Цуй Сяндун（340）

Пути предпринимательства организованной преступности
в России и ее контрмеры ······ Пан Донмэй，Ван Гуанлун（372）

Общность и различия законодательства о русском языке
в России и Центральной Азии ··················· Ян Чанъюй（398）

Сравнение правовых институтов Китая и России о наследстве по завещанию
— С точки зрения кондификации «Раздела о наследственном праве в Гражданском кодексе Китая»
·················· Ян Цзянь，Лю Гуанхэ（409）

К вопросу урегулирования цифровых финансовых активов：криптовалюта и умное соглашение
— Комментирование законопроекта России «О цифровых финансовых активах» ·············· Чжан Цзяньвэнь（424）

Энергетическая политика России в Азиатско-Тихоокеанском
регионе и ее влияние на Китай ··············· Цзя Шаосюе（442）

Профессионализм судей в России ··············· Ю Хаймэй（452）

Сравнительный анализ нового и старого Трудового кодекса
Казахстана ··················· Ван Сяофэн，Ган Ян（468）

К вопросу правовой защиты прав и интересов женщин
в Индии ····························· Чжан Маохуа（479）

Исследование института проверки конституционности в
Таджикистане
— полезный опыт для Китая ················· Ли Цзин（505）

一、上海合作组织国别报告

俄罗斯法治报告(2018)

华 莉[*]

内容摘要：2018年,普京签发《2024年俄罗斯国家发展目标及战略任务》,为俄罗斯未来6年的发展做出了顶层规划,也为俄罗斯未来6年的法治建设奠定了基调。为提升国家管理水平,倡导国家行政系统数字化,推行风险导向监管、国家统一信息登记;调整经济结构、支持非能源生产、鼓励中小企业发展来加快俄罗斯的经济发展;立法进行退休改革、垃圾改革、刺激人口增长、保障居民住房;持续法治反腐反恐建设,进一步推动司法改革,保障司法独立公正;为维护国家安全,用强硬手段回应各种威胁挑衅,启用反制裁措施与美欧抗衡。

关键词：俄罗斯;数字化;反腐;反恐;司法改革

引言

2018年,西方对俄罗斯的制裁和限制不断升级,俄罗斯却奋力展现出一个稳定、发展、日趋强大的国家形象。同年3月,普京以76.7%的得票率毫无悬念地再次当选俄罗斯总统,普京时代再顺延6年,为俄罗斯的经济政治平稳发展提供了政权保障。同年5月7日,普京入职当天就签发《2024年俄罗斯国家发展目标及战略

---

[*] 华莉,女,教授,上海政法学院。

任务》,为俄罗斯未来 6 年的发展做出了顶层规划,立下了宏大的目标,要让俄罗斯在未来 6 年内成为世界第五大经济体,世界五大科技强国之一,十大教育强国之一。2018 年 5 月,经过 27 个月修建,联通俄罗斯大陆和克里米亚、全长 19 千米、欧洲最长的刻赤跨海大桥正式通车,加强了对克里米亚的控制和管理。2018 年夏,2018 年世界杯足球赛在俄罗斯圆满落下帷幕,一个多月的时间,全世界 300 多万外国游客在俄罗斯 11 个城市观看了球赛,没有一起大型安保事故发生,这场高水平的赛事赢得了世界各大媒体的高度赞扬。这一年,各种尖端武器相继面世,12 月 26 日,时速高达 20 马赫(音速)、世界上没有一种导弹防御系统能够拦截的高超音速导弹"先锋"试验成功,俄罗斯的安全保障得到进一步升级。与 2017 年相比,这一年,各种宏观经济指数都出现向好趋势,GDP 增长 1.8%,高于 2017 年的 1.6%;失业率降低,2017 年失业率为 5.2%,2018 年降到 4.8%;这一年联邦预算资金自 2011 年以来首次出现盈余;俄罗斯人口平均寿命继续延长,2017 年为 72.7 岁,2018 年达到 72.9 岁。

2018 年,俄罗斯生活的方方面面,从总统大选、国家发展战略、经济数字化,到垃圾分类、在街上为宠物清理粪便,等等,在立法中都得到体现。俄罗斯法律汇编显示,2018 年俄罗斯颁布了比 2017 年更多的法律文件,共有 8 096 个,其中:联邦宪法法律和联邦法律 619 个,俄罗斯议会(联邦会议)文件 2 979 个,总统命令和指令 676 个,政府决议和指令 3 776 个,俄罗斯联邦宪法法院注解 45 个。[①]

一、政治领域的立法变化

2018 年进入新任期后,普京努力改善国计民生、实现俄罗斯经济的快速增长,组建了一个清廉高效的政府机构。在管理队伍中吸纳一批具有创新潜质的优秀年轻干部,清除贪腐蛀虫,倡导国家行政系统数字化,推行风险导向监管、国家统一信息以提升国家管理水平。颁布《2024 年俄罗斯国家发展目标及战略任务》为政府未来 6 年的工作指明方向。

[①] Собрание законодательства РФ http://www.szrf.ru/szrf/oglavlenie.phtml?md=0&nb=100&year=2018.

(一) 政权保障建设

1. 总统大选

2018年,俄罗斯政治生活和法治建设中最重大的事件毫无疑问是俄罗斯总统大选。3月18日①,在俄罗斯第七届总统大选中,普京获得5 600万俄罗斯选民的支持,以76.7%的得票率再次当选。这是俄罗斯历史上前所未有的高支持率。其中,克里米亚的支持率达92%,塞瓦斯托波尔的支持率为90%。俄罗斯媒体把这样的支持率视为这两个地区回归俄罗斯的第二次全民公决,以驳斥西方坚持的克里米亚被俄"吞并"的言论。

为了体现大选的透明公正,每个投票站都安装了监控设备,来自115个国家的35万名观察员对选举过程进行了监督。国内外媒体都承认,这次选举结果总体上体现了俄罗斯的真实民意。正如美国《时代周刊》所说,"普京拥有绝对优势的支持率,没有必要在选举中大规模弄虚作假"。

与2012年选举相比,2018年选民人数增加了约1 000万,而且年轻选民增多,年龄在18—34岁的俄罗斯人70%参与了选举,绝大部分年轻人把选票投给普京。这与近几年来普京在执政理念上向青年一代倾斜有着密切的关系。这次海外选民也增多,居住在美国的俄罗斯选民90%把选票投给了普京。

2000年普京上台伊始便明确指出:"俄罗斯唯一现实的选择就是选择做强国。"②普京的再次当选也意味着,恢复世界强国地位的政策在俄罗斯将持续下去。

2. 政府机构变化

从5月16日起,俄罗斯联邦执行机构的结构发生重大变化。俄罗斯联邦副总理的人数从9人增加到10人,俄罗斯联邦财政部长为第一副总理,远东联邦区俄罗斯联邦总统全权代表新增为副总理。俄罗斯联邦教育科学部(Министерство образования и науки РФ)变更成两个部:俄罗斯联邦教育部(Министерство просвещения РФ)和俄罗斯

---

① 文中未指出年份的,均为2018年。
② 何祖德、李鹏飞:《梅普易位对俄罗斯军事战略有何影响》,《中国青年报》2011年10月14日。

联邦科学高等教育部(Министерство науки и высшего образования РФ)。俄罗斯联邦教育部管辖普通教育和中等职业教育、继续教育、职业培训以及未成年人的监护和托管等;科学高等教育部管辖高等教育、科学、科技创新活动、纳米技术、知识产权和青年政策。联邦教育和科学监督局(Рособрнадзор)和联邦青年事务局(Росмолодёжь)转移给俄罗斯联邦政府直接领导。开放政府活动协调委员会(Правительственная комиссия по координации деятельности Открытого правительства)被废除,联邦科学组织协会(Федеральное агентство научных организаций)也被废除,其职能移交给俄罗斯联邦科学高等教育部。俄罗斯联邦通信和大众传播部更名为俄罗斯联邦数字发展、通信和大众传媒部(Министерство цифрового развития, связи и массовых коммуникаций)。将俄罗斯驻外贸易代表团的活动交给俄罗斯工业贸易部(Минпромторг)管理。7月30日,俄罗斯统计署(Росстат)把官方统计领域的制定国家政策和法律调整的职能移交给俄罗斯经济发展部。俄罗斯统计署是俄罗斯负责有关社会、经济、人口、环境和其他社会进程的官方统计信息的联邦执行机构。7月19日,第218号联邦法律,为了确保在国防领域开展的科学研究的连续性和协调一致,以保护国家的安全,俄罗斯科学院增加了新的职能。俄罗斯科学院将参与预测俄罗斯科学、技术和社会经济发展的主要方向,制订俄罗斯基础科学研究的长期计划,并提交给俄罗斯联邦政府;每年向俄罗斯联邦总统和政府提交一份关于俄罗斯国家科学技术政策实施报告以及俄罗斯科学家获得的最重要的科学成就;俄罗斯科学院将具有立法提案权。

3. 干部队伍年轻化

近几年来,普京在执政理念上向年轻一代倾斜,州长、副部长和其他地区领导职位年轻化,让俄罗斯青年人感受到,未来他们可以大有作为。2019年3月,普京在年度国情咨文中强调,俄罗斯是一个机遇之国。

2017年开始举办的"俄罗斯领袖"(Лидеры России)全俄管理人才大赛是俄罗斯青年人才选拔的顶级盛事,其目标就是选拔最有前景和才华的青年人才进入国家管理层。该比赛由俄罗斯联邦总统办公厅主任领导的总统公共管理及管理人员储备委员会负责实施。比赛分四个阶段进行：第一阶段，申请者在线注册并上传自己的视频资料；第二阶段，在线测试参赛者的语言表达和数字能力；第三阶段，联邦区（离线）半决赛，获胜者入围参加决赛。每名决赛入围者获得100万卢布的教育经费，由俄罗斯联邦总统国家经济与公共管理学院代管这笔经费，可用于俄罗斯境内的任何教育；第四阶段，即决赛阶段主要评估参与者的领导素质、战略思维、团队合作能力、创新能力和社会责任等品质。每位决赛获胜者可以得到至少10名导师持续一年的指导活动，担任导师的是俄罗斯著名的政治家、经济学家和企业家，例如总统办公厅主任、副总理、部长、州长、俄罗斯储蓄银行董事长、俄天然气公司董事长，导师名单公布在"俄罗斯领袖"比赛官网上。①

2017年10月开始的第一届全俄"俄罗斯领袖"大赛，全国有19万人报名参加，大多数参与者都是企业代表，经过前两轮淘汰，剩下2.7万人参加了半决赛，最后300名入围决赛。2018年2月在索契市举行了决赛，选拔出103名获胜者；2月12日，普京接见了这次比赛的获胜者。目前，其中54名已获得不同部门的领导职位，其中：3名被任命为副部长，2名被任命为代理州长，之后当选为州长。其中，2018年9月9日当选为亚马尔-涅涅茨自治区州长的阿尔秋赫夫，1988年2月17日出生，是现代俄罗斯历史上最年轻的州长。2018年10月10日，第二届"俄罗斯领袖"全俄大赛启动，有20万人报名参赛。这次比赛由名为"俄罗斯——机遇之国"社会组织举办，该组织由2018年5月22日普京签署法令组建，其工作主旨是帮助有才华的青年人，防止年轻人才流失。

"俄罗斯领袖"比赛现在已成为俄罗斯国家机构和企业储备人才的工具，第一届比赛的2.7万名半决赛入围者全都进入了管理人才储备库。这一管理人才的选拔方式赢得社会一片赞誉，一些州（例如梁赞州、秋明州、库尔干州）也计划仿效，准备举办州一级的人才选拔比赛。② 俄罗斯对青年人才的选拔、培训和重用，正是为国家的创新性发展目标做人力资源保障。因为创新是青年人才的最大特色。

---

① Лидеры России，https：//xn-d1achcanypala0j. xn-p1ai/.
② Мария Подцероб：Поможет ли конкурс «Лидеры России» создать кадровый резерв для страны，https：//www. vedomosti. ru/management/articles/2018/01/17/748043-lideri-rossii-rezerv.

（二）国家管理进一步完善

政府管理方式和服务效率提升一直是俄罗斯法治建设的重要内容。近几年，引入风险导向的国家监督、实行统一国家信息登记和推广数字技术是俄罗斯在提升国家管理和服务效率方面最大的亮点。

1. 风险导向监管

2015年，俄罗斯开始在国家监督领域推行风险导向监管方法，目的是把国家有限的行政监督资源集中在高风险领域，及时采取预防措施，识别和消除薄弱环节，从而避免风险发生带来的负面影响，提高检查和监督活动的有效性，并减少良性经济实体的行政负担。在2017年系列法律法规出台之后，2018年7月，俄罗斯紧急情况部启动了一个风险等级在线计算器（онлайн-калькулятор категории риска），以确定各类监管对象的风险等级。这款在线计算器能够让各机构组织根据三项监管内容自我识别风险等级，以及对应的定期检查的频率。三项监管内容分别是消防安全、民防安全、人口和区域的抗灾能力。使用者只需要回答几个问题，阐明例如功能设置参数、建筑物高度或机构同时聚集的人数等，在线计算器就可以给出所需信息。在线计算器将基于风险导向提供自我检查方式以达到既定要求。在线计算器在俄紧急情况部的官网上对大众开放。据悉，在线计算器的研发是因为随着风险导向监管在俄罗斯的推行，各机构组织日益关注自己的风险等级，在过去一年，俄罗斯紧急情况部地区机关收到了数千份询问申请。据该部称，俄罗斯紧急情况部监管对象约为300万家，其中超过12.5万家被列为高风险行列。按照标准，监管对象划分为高风险、较高风险、中等风险、温和风险和低风险5个等级。①

2. 国家统一登记

俄罗斯政府逐渐在各个领域实施信息的国家统一登记，整合信息，便于国家对各类问题进行有效管理，也便于公民获取各类国家服务。2017年给俄罗斯人民生活带来最大便利的是不动产的国家统一登记，2018年，各领域信息的统一采集也在紧锣密鼓地进行。

---

① Валерия Зеновина: Для определения категории риска по трем видам надзора компании могут воспользоваться онлайн-калькулятором, https://www.garant.ru/news/1207994/.

2月19日政府法令,决定将地方政府的活动信息输入统一登记系统,对地方政府的活动进行定期和不定期检查,将检查结果和地方政府为消除所发现的违规行为所采取的措施等信息录入该系统。

4月1日起,俄罗斯公民可以在公共服务统一门户网站(Единый портал госуслуг)"我的健康"个人账户上按照卫生部制定的调查问卷评价医疗机构的服务质量。4月1日—12月31日为医疗服务评价的实验阶段。梅德韦杰夫总理认为,此类评估应在很大程度上成为医疗组织的工作指南。[①]

4月18日,第71号联邦法律明确了"旅游信息中心"(туристический информационный центр)这一概念。旅游信息中心是一个向游客和旅游公司提供旅游资源和旅游产品,以及在国内外旅游市场推广旅游产品的信息机构,其综合了旅游行业所需的一切信息,协助国家旅游管理部门对旅游市场进行管理,为旅游市场参与者之间提供交流平台,提升旅游服务质量,为游客制订旅游线路、选择旅游景点提供信息支持。

从2019年1月1日起,国家采购全部电子化,国家采购的产品、工程、服务、租赁清单(构成国家机密的除外)公布在国家采购统一信息系统(ЕИС)网站上,采购申请人也在该系统注册登记,并制定采购参与者统一登记册(единый реестр участников закупок)。

3. 推广数字化

普京在2019年3月国情咨文中强调,要加强国家与社会之间的协作,整个国家行政体系必须数字化,需要在国家和社会以及国家和公民之间建立起操作简单、方便、快捷的现代互动体系。政府机构之间的文件以数字形式传达,这对政府机构本身和公民都很重要,可以免去公民在互联网搜索的麻烦,可以在一个地方获得所需的一切资讯,而整个政府系统数字化,能提高其透明度,是打击腐败的有力手段。目前,俄罗斯已经开通了多功能中心网络,在任何地方都可以按照"一站式窗口"的原则接受国家服务,计划6年内确保远程技术实时提供所有公共服务。

5月7日,普京签署的《2024年俄罗斯国家发展目标及战略任务》

---

① Владимир Кузьмин: Поликлиника получит баллы, https://rg.ru/2018/03/12/rossiiane-smogut-ocenit-rabotu-poliklinik-na-portale-gosuslug.html.

要求数字技术和数字平台不仅在国家管理、国家服务和金融服务领域进行覆盖,还需要在医疗、教育、交通、能源、工农业、城市发展等各个领域进行广泛推广;不仅在俄罗斯国内推进数字技术,还在欧亚经济联盟成员国进行协调发展;强调数字化的发展立足于俄罗斯自己的研发技术,要求国家机构主要使用俄罗斯自己的软件技术,将加大开发俄罗斯端到端的数字技术,并加强信息安全的保障手段,包括立法保障。普京在2019年3月国情咨文中强调,2024年前要让高速互联网覆盖俄罗斯所有地方,大部分超过250人的居民点铺设光纤通信线路,极北、西伯利亚和远东的偏远小型定居点可以通过俄罗斯卫星网络上网。俄罗斯要形成与全球信息空间兼容的自己的数字平台,通过这个平台以新的方式进行生产,组织金融服务和物流,要借助先进的电信技术,向公民开放数字世界的所有可能性,要让人们能够在数字空间中创建科学、志愿者、设计团队和公司。普京指出:"对于我们这个幅员辽阔的国家来说,人才、能力和想法的结合是一项巨大的突破性资源。"[1]此外,普京要求在最短的时间内制定相关法律,保障机器人技术、人工智能、无人驾驶、电子商务、大数据处理技术的研发和推广。

近几年,数字技术已经广泛进入俄罗斯人民的生活。2017年,俄罗斯开始实施汽车强制保险电子化,住房公共服务费网上缴纳不仅方便,还有助于杜绝该领域乱收费的现象;2018年,远程医疗和电子药方出现在俄罗斯人的生活中。从2019年1月1日起,国家采购的招标全部电子化,取消"敲锤"的传统招标形式。2019年1月1日起,公务员财产申报全面开启自动化系统。正计划在国家和市政服务多功能信息中心(МФЦ)为消费者创建特殊的互动平台,消费者可在该平台上参与保护自身权利的知识测试,并获得适当的建议。2018年开始设立一个试点的数字平台,企业可利用该平台申诉企业遭受的压力,并在其权利、利益受到侵犯时获得帮助。

(三)持续法治反腐

2008年是俄罗斯反腐立法的重要转折点,颁布了俄罗斯第一个为期两年的反腐国家计划。在此之前,俄罗斯的反腐斗争主要通过惩罚手段(行政责任和刑事责任),从2008年起,俄罗斯的反腐立法转向防

---

[1] 2019年3月1日普京发表年度国情咨文。

止腐败,如预防和解决利益冲突、监管官员收入、对法律条款进行反腐鉴定等。在很短时间内,针对官员形成了一个反腐败的职责、限制和禁令体系,并逐渐扩大到有国有商业机构和社会组织的领导人。2018年6月29日出台了《2018—2020年国家反腐计划》,这是俄罗斯颁布的第6个反腐的纲领性文件。新的反腐国家计划主要涉及以下几方面的内容:

1. 反腐责任完善

2008年,针对官员确立了主要的反腐职责、限制和禁令,随后,不断对它们进行修订。不能提供合法来源的财产将被收归国有,目前只限于不动产、车辆和有价证券;新的国家反腐计划授予相关机构扩大非法所得上缴国家的财产清单,允许把货币、奢侈品和其他贵重物品也纳入没收名录中。

新反腐计划强调要进一步完善追究腐败违法责任。为了体现司法公平原则,考虑到行为本身的社会危害性,应该根据不遵守反腐禁令、限制和要求的情况,制定确定轻微违法的标准,明确减轻或加重处罚的情况。为了与国家反腐政策保持一致,2018年12月27日,第561号联邦法律对《关于俄罗斯联邦委员会成员和国家杜马议员的地位法》进行修订,引入新的责任形式:在不终止其权力的情况下,警告或解除议员在议会中的职位。之前法律只规定了一种责任,即:在不遵守反腐败限制在国外开立账户,拒绝申报收入和支出,以及可能产生刑事后果的其他犯罪的情况下终止议员权力。根据修正案,由于收入和支出申报中个别的不准确,以及未采取措施解决利益冲突,也将承担与行为相称的责任。修订前,议员违反这些禁令不会承担任何后果,也不会导致权力终止。尽管新增的惩罚很"轻微",但它具有非常大的声誉影响,会影响选民对他的信任。

新反腐计划强调要提高国家市政采购的透明性,进一步加强社会对国家采购的监督,要求金额为5 000万卢布以上的国家采购和500万卢布以上的市政采购必须召开公共听证会。负责采购的官员,以及这些官员的配偶、近亲和亲属所管辖的分包公司禁止参加国家和市政采购。最高检察院将把因行贿而承担行政责任的法人登记在册,并把它公布在采购的统一信息系统中,作为选择投标人的参考信息。

2. 立法反腐鉴定

对立法的反腐败鉴定,是俄罗斯反腐法治建设的重要内容。通常认为腐败是在法律适用过程中产生的,法律本身并不是腐败的根源。2004年,普京在一次公开发言中首次提到,不合格的立法是腐败产生的根源,认为法律中已经积累了大量"腐败垃圾",形成了腐败产生的先决条件。因此,防止腐败的主题不仅在执法活动,还应该在立法活动中启动。①

最新的国家反腐计划中提到,法律文件条款有加强行政任意性的倾向。在法律起草时预设官员都是诚实可靠的,只要指定官员的权限,他们就会正确地执行这些法律;但在制定法律时,没有详细描述如何行使这些权力,给这些权力留有广泛的解释空间,而过度的行政自由裁量权会产生腐败诱惑,为腐败创造先决条件,所以必须对立法进行长期、系统的反腐败鉴定。2009年7月17日出台了《关于规范性法律文件和其草案的反腐败鉴定》的联邦法律。俄罗斯国家杜马议员们在总结反腐败鉴定的结果时,认为这是反腐败的有效武器。法律草案在公开讨论后,被送交俄罗斯联邦国家杜马反腐败委员会进行修订。在修订期间,实际上已经取消了多达一半的腐败先决条件。2018年6月4日对《反腐败鉴定法》进行修订,增加一条鉴定原则,强调反腐败鉴定不是独立的,应该在和其他法律文件的关联中鉴定某一法律文件或该法律文件草案。2018年10月12日出台法律,禁止以下人员和机构参与法律文件的反腐败鉴定:外国公民和无国籍人士;有前科的俄罗斯公民;在政府机构和组织工作过因失信而被解雇的人员;国际组织和外国组织;履行外国代理职能的非营利组织。

3. 反腐观念转变

《2016—2017年国家反腐计划》为反腐败政策的制定提供了一个全新方向——在社会中形成不容忍腐败的氛围。遵纪守法不仅依靠法律限制和禁令,以及对处罚的畏惧,而是依靠人的法律意识,从动机上促使其拒绝任何腐败;不仅需要在其国家体系内部,即官员中形成这种法律意识,还需要在整个俄罗斯社会中形成一

---

① Владимир Южаков: зачем нужна антикоррупционная экспертиза, https://altapress.ru/politika/story/vladimir-yuzhakov-zachem-nuzhna-antikorruptsionnaya-ekspertiza-40583.

种氛围。

《2018—2020年国家反腐计划》将进一步实施这一意图。该计划第23条提到了反腐教育活动和研究工作,准备形成机制,向在公民反腐教育、普及反腐价值观和进行反腐学术研究中发挥重要作用的组织提供立项经费支持;第26条强调要提高反腐公益广告的影响力,在全社会形成一种杜绝一切腐败形式的氛围,要寻找最佳的方法让民众对腐败产生一种贬斥的态度。

最新《反腐计划》要求新入职的公务员必须接受反腐教育,工作涉及反腐活动的人员每年参加反腐培训,特别关注在商业界培养反腐的法律意识;要求俄罗斯联邦工商会、全俄企业家组织和商业协会进行研究,每年报告商界对腐败的态度(所谓的"腐败商业晴雨表"),以及组织全俄范围的各种活动,以在商业中推行内部监督的反腐标准、程序和规范等。

最新《反腐计划》呼吁在反腐领域进一步推行现代信息技术。2018年3月1日,普京在年度国情咨文中强调,整个政府体系的数字化,提高其透明度,是打击腐败的一个有力手段。从2019年1月1日起,开始全面启动自动化的公务员财产申报系统。计划建立统一的信息系统,实施国家机构间的信息合作,以打击腐败。

最新《反腐计划》强调,反腐败的一个重要工作是推进反腐败立法的系统化。相关专家认为,目前,俄罗斯反腐的法律条款分散在100多个部门法和跨部门法中,有些规则彼此不一致。根据俄罗斯联邦宪法的统一要求和规定对该立法进行系统化,无疑能将反腐活动的质量提高到一个新水平。[①]

2018年,俄罗斯除了反腐立法的进一步建设外,反腐执法力度也在不断加强。2018年俄罗斯腐败案件和获罪人数高于2017年。据俄罗斯联邦检察长尤里·查卡提供的数据,2018年,俄罗斯约有8 500人因腐败被定罪;2018年前9个月,查出的违法腐败行为达18.8万起,

---

① Комментарий Председателя Комитета Государственной Думы по безопасности и противодействию коррупции Василия Пискарева в связи с утверждением Национального плана противодействия коррупции на 2018 – 2020 годы, http://komitet2 – 16. km. duma. gov. ru/Novosti_Komiteta/item/16492726.

比2017年增加了10%。① 近几年来,反腐重拳接连敲击高层腐败,腐败大案不断曝光。2015—2018年相继落马的高官有布良斯克州前州长尼古拉·丹宁、萨哈林州前州长亚历山大·霍罗沙文(获刑13年)、科米共和国前总统维亚切斯拉夫·盖泽、前经济发展部长阿列克谢·尤利卡耶夫(获刑8年)、基洛夫州前州长尼基塔·别雷(获刑8年)、犹太自治州前州长亚历山大·维尼科夫。② 2019年年初,开放政府协调部部长米哈伊尔·阿贝佐夫因涉嫌盗取西伯利亚能源公司40亿卢布资产被逮捕。2019年3月20日,哈巴罗夫斯克边疆区前副州长瓦西里·希哈廖夫和"亚洲森林"公司总裁涉嫌对价值100亿卢布的木材实行舞弊被逮捕。③ 由此可见,在俄罗斯的反腐领域,任何人没有赦免特权。

(四)国家发展顶层规划

5月7日,普京宣誓就职,第四届任期一开启,普京就签署了204号总统令,颁布了《2024年俄罗斯国家发展目标及战略任务》,俗称"五月法令"(майский указ)、"国家项目"(нацпроекты)。这项法令规定创建12个国家项目,单独制订了基础设施发展计划,并计划投入20.8万亿卢布来实施这些国家项目,为基础设施发展计划单独投入6.5万亿卢布。国家项目为俄罗斯人口、医疗、教育、住房和城市环境、生态、公路、劳动生产力和就业、科学、数字经济、文化、中小企业和个体经营、国际合作与出口12个领域未来6年的发展做了顶层规划,下达了量化目标和指标,提出了需要解决的首要问题。

未来6年,促进人口增长政策继续延续,计划在未来6年内划拨3.4万亿卢布用于母亲和儿童保障,投入将比上一个同期增长40%。目前俄罗斯已经解决了持续多年的学前教育机构不足的问题,下一步将着手增建托儿机构,计划在2021年前3岁前儿童教育机构达到

---

① Виталий Аньков: В 2018 году в России по делам о коррупции осудили 8,5 тысяч человек, *Аргументы и Факты*, http://www.aif.ru/money/corruption/v_2018_godu_v_rossii_po_delam_o_korrupcii_osudili_8_5_tysyach_chelovek.

② София Кракова: «Запрос населения растет»: почему буксует борьба с коррупцией, *Газета.ru*, https://www.gazeta.ru/politics/2018/10/25_a_12035335.shtml? updated.

③ Павел Пчелкин: Два громких ареста: задержаны бывшие федеральные министры Михаил Абызов и Виктор Ишаев, *Первый Канал*, https://www.1tv.ru/news/2019-03-31/362831-dva_gromkih_aresta_zaderzhany_byvshie_federalnye_ministry_mihail_abyzov_i_viktor_ishaev.

100%的满足量。保障人口健康也成了重点,计划在2024年人民预期的健康寿命(无疾病年数)增加至67岁,引领更多的人拥有健康的生活方式,让定期从事体育活动的公民比例增加至55%。将进一步提高退休金,改善退休人员生活质量,计划在2024年俄罗斯人均寿命能达到78岁,2030年前能达到80岁。

在改善生活条件方面,着重关注住房问题。计划每年改善500万个家庭的住房条件,把住房贷款利率降低到7%,每年新修住房面积1.2亿平方米,逐渐从集资修建向项目资助修建转变。医疗投入将翻番,注重疾病防御,消除急救医疗人员短缺现象,特别是加大偏远地区初级医疗服务的覆盖率,在人口为100—2 000的居民点建立门诊产科中心,在人口不足100人的定居点使用移动医疗。

生态、教育、科学和文化将加大投入。在2024年前,俄罗斯教育质量将进入世界前10名,高校和科研机构的外国留学生人数增加一倍。2024年前全国50%机构实施技术创新,俄罗斯在科技发展的重点领域的学术成果和研发将进入世界前5名。在经济和社会领域加速引入数字技术。

要保障达成以上目标,需要提高经济增速。俄罗斯在2024年前要成为世界五大经济体之一,经济增长率要超过世界平均水平,通货膨胀率稳定在4%以内。普京认为俄罗斯经济增长主要来源于提高劳动生产力、加大投资、发展非能源出口、发展小企业、农业综合工业。

基础生产领域(工业、建筑、交通、农业)的大中型企业每年劳动生产率提高5%,2030年达到发达国家水平;投资要达到国内生产总值的25%—27%,投资首先用于生产现代化、技术革新和工业的创新;小企业从业人员从1 900万增至2 500万,对国内生产总值的贡献达到40%;非能源出口6年内翻番,达到2 500亿美元。普京认为要改善商业环境,必须减少国家在经济中的份额,减少行政检查数量,将整个管理和监督系统转变为基于风险导向的管理方向。

"五月法令"为俄罗斯发展定下宏大的目标,按照该法令俄罗斯在未来6年内要成为世界第五大经济体,世界五大科技强国之一,十大教育强国之一,俄罗斯现有的社会经济问题基本都能得到根本的改变。总统提出的目标是否能实现,也让部分专家持怀疑态度。普京在2019年3月的国情咨文中表示,2012年的"五月法令"虽没有得到完全落实,但也取得不少成果,没有宏大的目标,就没有今天看得见的成绩,所以总是需要制定高目标。普京的这一态度虽然为"五月法令"的实现留有余地,但毋庸置疑,"五月法令"不仅是未来6年俄罗斯政府工作的行动指南,也是未来6年俄罗斯法治建设的风向标。

二、经济领域的立法变化

2018年,以美国为首的西方世界对俄罗斯的经济制裁有增无减,12月20日,普京在年度记者会上公布的俄罗斯经济发展数据显示①,2018年俄罗斯的经济不仅没有下滑,反而出现向好趋势。2018年,俄罗斯的GDP增长了1.8%,工业生产增长了3%,加工工业增长了3.2%;消费在增加,前10个月食品产量增加了13%,衣服、鞋子增长9%;工资增长了7%左右,通货膨胀率比上年有所增加,达到4.1%—4.2%,但仍在可控范围;失业率降低了,2017年失业率为5.2%,2018年为4.8%,2017年平均养老保险金为13 677卢布,2018年提高到14 163卢布;出口贸易逐渐活跃,贸易顺差逐步上升,2017年顺差达到1 150亿美元,2018年顺差达到1 900亿美元;国家黄金储备增长超过7%,2018年年底达到4 640亿美元。联邦预算资金自2011年以来首次出现盈余,达到GDP 2.1%左右的盈余。2017年,俄罗斯成为世界第一大粮食出口国,2018年,由于天气条件恶劣,粮食有所减产,但也达到1.1亿吨(2017年为1.35亿吨),是近25年排名第三的高产年份,2018年粮食出口额达到250亿卢布,远远高出2018年的武器出口额(160亿卢布)。

普京认为,制裁也有其好的一面,让俄罗斯被迫调整经济结构,促进生产。2017年,俄国内运输机械制造份额达到了98%,国内汽车制造占比85%,在其他一些关键领域,国内自主生产比重占到大约80%。在制裁环境下,俄政府对经济发展的支持力度不断增大,2018年,俄政府支出了6 000亿卢布用于进口替代,其中125亿—128亿卢布来自联邦预算。近几年来政府投入4 000亿卢布来支助农业发展,带来了明显的成效。普京认为,俄罗斯不仅需要数量上的增长,还需要在经济质

---

① Антон Верницкий: На коллегии Минфина подвели итоги 2018 года, *Первый Канал*, https://www.1tv.ru/news/2019-03-26/362568-na_kollegii_minfina_podveli_itogi_2018_goda.

量上进入另一个经济体联盟。

（一）经济发展国家规划

1. 国家项目

在"五月法令"中,普京提出了 2024 年前俄罗斯要成为世界第五大经济体的目标,非能源、小企业发展是未来 6 年俄罗斯经济发展的重要国家项目,并制定了非常明确的任务。要求非能源的大中企业劳动生产力每年提高 5%,将吸引至少 1 万家非能源的大中企业参与劳动生产力提升的国家项目,并通过引进先进的管理、组织和技术手段,提供税收优惠,减少行政监管和限制等方式,利用数字技术和平台培训提高生产力。在小企业发展方面,计划让中小企业和个体经营领域从业人员,从现有的 1 900 万增加到 2 500 万,促使该类人员使用新一代在线收银机,建立数字平台支持其生产和销售活动,完善大型订购商向中小企业进行采购的制度,每年向中小企业增加优惠贷款;加速发展改善城市环境、科技领域、社会领域和生态等领域的中小企业;增加至少 10%的非能源的中小型出口商;为自营公民提供新的税收制度。预计 2020 年中期,俄罗斯小企业对俄罗斯国内生产总值的贡献将接近 40%。国际合作和出口领域,在制造业、农业、服务业领域形成具有全球竞争力的非能源板块,使其商品(工程、服务)出口的总额在国内生产总值所占比例不低于 20%。非能源产品年出口额达到 2 500 亿美元,其中机械制造产品 500 亿美元、农工产品 450 亿美元、服务出口 1 000 亿美元(教育、医疗、旅游、交通)。欧亚经济联盟框架内建立有效的分工和生产合作体系,使成员国之间的贸易额增加 50%,相互投资额增加 50%。

2. 国家预算调整

2019 年 3 月底,俄罗斯财政部对 2018 年俄罗斯的财政状况进行总结,2018 年,国家预算自 2011 年以来首次出现盈余,俄联邦预算盈余实际达到了国内生产总值的 2.6%,地区预算也出现了 5 000 亿卢布的盈余,俄罗斯政府现在可支配的资金达到 118 万亿卢布,加上地区财政,达到 240 万亿卢布。[1]

---

[1] Антон Верницкий: На коллегии Минфина подвели итоги 2018 года, *Первый Канал*, https://www.1tv.ru/news/2019-03-26/362568-na_kollegii_minfina_podveli_itogi_2018_goda.

2018年12月3日，普京签署了俄罗斯2019—2021年的联邦预算，预测2019年国内生产总值将超过100万亿卢布，通货膨胀率低于4.3%；计划联邦预算总收入为20万亿卢布（2018年为17.7万亿卢布），总开支为18万亿卢布，预算继续出现盈余。2020年和2021年国内生产总值分别估算为110万亿和118万亿卢布，通货膨胀率分别为3.8%和4%，联邦预算都将有盈余。

（二）经济手段完善

1. 现代税收控制系统

企业使用新一代收银监控设备（KKT），并简化税务审计是俄罗斯的国家项目内容之一。2016年第290号联邦法律，要求俄罗斯贸易商家从2017年起逐渐过渡到使用新一代的收银监控设备，即收款机、计算机和财政记忆程序的综合设备，公众将其称为"在线收银机"（онлайн-касса）。这种现代化的收银监控系统能有效减少财政机构文件传递的工作量，使贸易活动更加透明，利于国家完整、及时地监控资金周转和企业现金收益，杜绝逃税偷税，改善税收。这一新举措在俄罗斯被称为"收银改革"（кассовая реформа）。

从2018年7月1日起，进入所谓的收银改革的第二阶段，要求雇用了员工的小型贸易和公共餐饮业必须使用新一代的收银机，即收银监控设备。据俄罗斯国家金融研究机构分析中心（Аналитический центр НАФИ）的数据，第二阶段涉及大约94.8万个中小企业，约占俄罗斯注册的机构和个体经营者总数的15%。没有雇佣员工的个体商贩列入第三阶段，在2019年7月1日前安装使用该设备。各级商贩逾期不使用的，按照交易的金额将面临相应的行政罚款，个人罚款不低于1万卢布，机构罚款不低于3万卢布。

在4月，由700名大中小企业代表参加的民意调查显示，51%的商家对收银改革持反对态度，其不满主要是认为俄罗斯税收本身太高，在俄罗斯商业环境并不良好的今天，又增加一笔额外开支，目前新一代收银机价格为3万—5万卢布，还存在操作技术不明朗等原因。①

---

① Валерия Зеновина: В ожидании второго этапа реформы ККТ: что изменилось для бизнеса? ГАРАНТ.РУ, http://www.garant.ru/article/1198477/.

2. 税收调整

根据 8 月 3 日第 303 号联邦法律,从 2019 年 1 月 1 日起,基本增值税税率将从 18% 提高到 20%,收银票上的增值税税率将以 20% 或 20/120 的形式表示,税额按 20%(20/120)的税率计算。收银票上不正确的税率和增值税金额将构成行政违法行为,职能人员处以警告或者 1 500—3 000 卢布行政罚款,法人处以警告或者 5 000—10 000 卢布行政罚款。与此同时,现有的针对社会商品(服务)、某些食品、儿童用品、药品和医疗产品以及与教育、科学和文化有关的印刷出版物和书籍减税和免税的优惠依然保留。

根据 11 月 27 日第 422 号联邦法律,从 2019 年 1 月 1 日起,在莫斯科市、莫斯科州、卡卢加州和鞑靼共和国四个地区进行一项职业收入税(налог на профессиональный доход)试验。在这四个地区的自营公民(самозанятые),即没有雇主也没有雇用员工的自主就业的自然人或个体经营者,其职业年收入不超过 240 万卢布或每月不超过 20 万卢布的,可自愿参加这项税收试验。试验的内容,与个人交易所得收入的税率为 4%,与法人或个体企业家交易所得收入的税率为 6%。2020 年开始在其他地区推广,随后可以推广到全国。自营公民不要求注册为个体经营者(ИП),可以不做财务报表(отчетность),也可以不使用在线收银机,只需要在手机上安装一个"我的税收"的软件来交税。

依据最新石油税改法,俄罗斯现行的石油出口税将在 2019—2024 年逐步调整为零,同时提高相同数额的石油开采税,以保证石油开采方、出口方的收支平衡。

2018 年俄罗斯投资论坛上,国家杜马预算和税务委员会主席安德烈·马卡罗夫指出,《俄罗斯税法典》第二部分过去 10 年内经过 466 次修订,而这 466 个修订文件中又经过了 232 次修订,税法如此频繁地变动,不利于经济发展。2019 年 3 月,俄总理梅德韦杰夫在俄财政部大会上通告,为了给经济发展创造稳定的条件,俄罗斯计划未来 6 年内不再改变税率。[1]

---

[1] Антон Верницкий: На коллегии Минфина подвели итоги 2018 года, *Первый Канал*, https://www.1tv.ru/news/2019-03-26/362568-na_kollegii_minfina_podveli_itogi_2018_goda.

3. 强制识别标签

2017年12月31日第487号联邦法律,要求从2018年开始实施商品识别标签系统。每一件商品将有唯一的识别标记,这是一组加密的数字代码,可以通过其获取有关产品及其流通的所有信息,能有效防止假货和非法生产,保证产品质量。同时,将创建统一的俄罗斯代码信息库,记录标记货物的完整信息,包括商品来源、制造商、有效期等。

2018年2月28日第792号政府命令公布了2019年必须使用强制性商品识别标签的商品清单,包括香烟、鞋子、服装、香水、轮胎、相机、手电筒等。要求2024年所有商品必须使用强制性识别标签,将在俄罗斯和欧亚经济联盟使用统一的商品追踪系统。

4. 农业生产保护

21世纪初,俄罗斯是一个食品严重依赖进口的国家,现在情况发生了巨大的变化。计划6年内,转向食品贸易顺差,增加肉类产品、高加工产品的出口,并提高牛肉、牛奶和蔬菜的自给自足。

2017年俄罗斯粮食产量创下历史之最,达到1.355亿吨,甚至超过1978年苏联最高产量1.274亿吨。俄罗斯已经是一个上亿吨产量的粮食大国。但高产量带来了其他问题,如粮食价格下跌、粮食的存储和运输。为了支持粮食生产,在2018年7月1日前,粮食铁路运输实行优惠价格。在2019年3月份召开的农业生产者论坛上,决定将这项优惠延期到下一个粮食季节,在远离港口的乌拉尔和西伯利亚地区组织额外采购,帮助粮食在当地进行加工,提高粮食附加值。

为了加强对农业生产者的保护,2018年11月28日第446号联邦法律对《农业发展联邦法》第5条和《关于俄罗斯联邦贸易活动国家调整基础法》进行修订。2018年12月9日生效的修正案规定,食品零售商与食品供应商订立合同时,不能在合同中订立以下内容的条款:要求退回保质期30天以内的产品;要求更换同类产品;要求供应商赔偿处理或销毁未售出货物的费用;要求退回保质期30天以上、过期未售出的产品。

5. 小企业存款保护

2018年8月3日第322号联邦法律对小企业在银行的卢布和外币存款实行保险,在银行倒闭时得到赔偿,之前只有自然人和个体经营者的存款有此项保险。这项法律对小企业加强了保护。根据2003年

12月23日第177号联邦法律,在银行倒闭时,对总额不超过140万卢布的存款和利息进行全额赔偿。

(三)基础设施建设

立足空间发展战略,俄罗斯整个交通干线的发展和基础设施的现代化,将是俄罗斯政府未来工作的优先事项之一。"五月法令"计划改善地区级公路状况①,要求至少一半的地区级公路达到标准要求,超负荷使用的联邦级和地区级公路比2017年减少10%,利用数字化、自动化技术纾缓交通拥堵,减少交通事故,事故率降低至2017年的一半,把交通事故死亡率降低70%,不超过4%,2030年达到零死亡率。俄罗斯联邦公路已经基本达到标准。未来6年计划投入11万亿卢布,比2012—2017年(6.4万亿卢布)的投入几乎高出一倍。

计划进一步发展俄罗斯"东西"和"南北"交通干线。加快"西欧-中国西部"②国际公路俄罗斯段的修建,6年内把西伯利亚大铁路③和贝阿铁路④的运输能力提高50%,达到1.8亿吨,把远东到俄罗斯西部集装箱铁路运输时间缩减到7天,将过境集装箱运输量提高3倍。提升远东、伏尔加-里海、西北流域、亚速海-黑海流域港口的吞吐量。1990年,苏联所有港口的吞吐量为6亿吨;苏联解体后,2000年年初俄罗斯港口的吞吐量只有3亿吨;17年来俄罗斯港口吞吐量增加了近两倍,2018年年底达到了10.2亿吨。这一吞吐能力还将持续增长。其中,为远东和北极地区发展提供新契机的北方航道⑤将进一步复苏,其货运量将迅速增长,在2025年前达到8000万吨。

俄罗斯计划要成为全球重要的物流和交通枢纽,其目标是利用最新技术手段发展基础设施,将基础设施与无人驾驶、海空数字导航相结

---

① 俄罗斯的公路分为联邦级公路、地区级公路、地方公路(市级)、私有公路。

② 又称"双西公路"(全称"西欧-俄罗斯-哈萨克斯坦-中国西部"国际公路运输走廊)。它东起中国连云港,西至俄罗斯圣彼得堡,途经中哈俄三国数十座城市,总长8 445千米。主要保障中国-哈萨克斯坦、中国-中亚、中国-哈萨克斯坦-俄罗斯-西欧三条走向的公路运输。中国段和哈萨克斯坦段已经修建完。

③ 西伯利亚大铁路,从莫斯科到符拉迪沃斯托克,总长9 288千米,是世界上最长、最壮观的铁路线之一。

④ 贝阿铁路西起贝加尔湖北岸乌斯季库特,东至阿穆尔河畔共青城,全长3 145千米。

⑤ 北方航道大部分航段位于俄罗斯北部沿海的北冰洋海域,是连接亚洲和欧洲地区最短的海上航道。

合,利用人工智能组织物流。

基础设施建设的另一个重要内容,即保障电能供应,电力管理智能化。在未来6年内,俄罗斯计划吸引约1.5万亿卢布的私人投资来更新国内电力行业,推广能源生产、存储和传输的新技术,要将电力行业转向数字化运营,利用分布式发电解决偏远地区的供电问题。

(四)北极发展

北极有着丰富的矿产资源,被视为地球的战略储备。冰雪之下储藏着全球1/3的碳氢化合物,仅碳氢化合物的出口就可以为俄罗斯带来数百亿美元的收入。可以说,整个元素周期表里的矿物质在这里都能找到,俄罗斯打算开发利用北极资源。

当今北极对俄罗斯来说意味着1/5的领土、2%的人口、1/4的出口总量。近年来,北极圈受到国际社会的关注,对北极资源的争夺愈加激烈。俄罗斯为了保护自己在北极的利益,恢复了苏联军事基地并建造了北极圈内最大的新机场"北极三叶草"。目前俄罗斯在北极设立港口、进行能源勘探和开发、建立工厂,为北极发展投入了数千亿卢布。北极圈内亚马尔液化天然气巨型工厂的启动标志着俄罗斯能源产业新时代的开始,俄罗斯遂成为液化天然气的出口国之一,到2035年,它将占据全球市场的1/5。随着气候变暖,北海航线的作用逐渐增加,将成为从亚洲到欧洲的最短、最合算的水路航线。预计,2019年北海航线将运输2 000多万吨货物。5年内,随着新油气田的开通和新港口的建设,预计货物运输量将达到8 000多万吨。2016年,俄罗斯向联合国提交了关于"罗蒙诺索夫和门捷列夫海底山脊"的最新申请——俄罗斯大陆架的延续。如果申请获得批准,俄罗斯的领土将增加100万平方千米。

针对北极的发展,俄罗斯出台了一系列指导性文件。2008年9月18日,俄罗斯总统批准制定《2020年及以后俄罗斯联邦北极国家政策基本原则》,确定了俄罗斯在北极地区的主要国家利益:利用北极地区作为解决国家社会经济发展任务的战略资源基地,保护北极作为和平与合作地区,保护北极独特的生态系统,利用北海航线作为俄罗斯在北极的运输通道。2013年2月8日,颁布了《2020年俄罗斯联邦北极发展和国家安全战略》,确定了北极地区的优先发展领域:该区域的社会经济发展、科技发展、现代信息和电信基础设施的建立,环境安全、国际合作、军事安全,以及保护俄罗斯联邦在北极的国家边界。为实行这一战略,2014 年出台了《2020 年俄罗斯联邦北极地区社会经济发展国家计划》以及为北极地区的综合发展的其他国家计划、联邦和部门目标计划、部门战略、区域和市政计划、大公司计划。2017 年 8 月 31 日第 1064 号法令,新版的《俄罗斯联邦北极地区社会经济发展国家计划》把实施该国家计划的期限从 2020 年延长至 2025 年。国家计划的实施将为加速北极地区的社会经济发展,实现北极地区的俄罗斯的战略利益和国家安全创造条件。

随着北极项目的逐年增多,为了更好地管理北极的发展,俄政府计划由俄罗斯远东发展部来管辖北极事务,由俄罗斯第一副总理亲自负责。① 俄罗斯北极区将划分为 8 个经济支持区(экономические опорные зоны):科拉(摩尔曼斯克地区)、阿尔汉格尔斯克、涅涅茨、沃尔库塔、亚马尔-涅涅茨、泰米罗-图鲁汉斯克(克拉斯诺亚尔斯克地区)、北雅库茨克和楚科奇。政府承认领土划分比部门划分更有效。为了实施 5 月总统法令中提及的北极发展的国家项目,2018 年 12 月 11 日总理梅德韦杰夫召开北极发展工作会议,明确了各政府部门的具体工作和时间期限,以确保实施俄罗斯联邦北极地区的投资项目,确保北海航线交通基础设施发展。按照 2018 年 12 月 27 日普京签署的第 525 号联邦法律,俄罗斯"原子能国立公司"将负责管辖北海航线的发展、可持续运营,以及位于北海航线海岸的海港基础设施的建设。

目前,俄罗斯法律体系中,没有系统的法律来规范俄罗斯北极地区的活动,甚至北极地区出现不同的称谓,如俄罗斯北部、俄罗斯北极地区、极北地区、西伯利亚地区、远东地区等。俄罗斯政府计划制订专门的法律来规范北极发展。

三、社会领域的立法变化

2018 年,人口问题、住房问题、退休改革、垃圾改革涉及每一个俄罗斯家庭,是重大的社会话题。去俄罗斯旅游的人不能不关注有关宾馆定级、海关限制方面的立法变化,前往俄罗斯的外国人有必要关注其

---

① Павел Краснов: Вопросами освоения Арктики займется министерство Дальнего Востока, *Первый Канал*, https://www.1tv.ru/news/.

新的移民政策和外国人管理的新规定。

(一) 人力资源问题

1. 人口问题

人口是俄罗斯最主要的问题,20世纪末的生育低谷使俄罗斯目前正面临严重的人力资源短缺,对经济发展造成严重影响。2017年俄罗斯劳动人口锐减了将近100万,刺激生育保障人口增长将是俄罗斯未来6年的重要政策。"五月法令"要求在2024年出生率达到1.7,计划在未来6年内拨款3.4万亿卢布来实施人口增长计划,比前一个6年多出40%(2012—2017年为2.47万亿卢布),这些预算将用于继续资助生育(如母亲基金)、改善多子女家庭生活条件、保障生育妇女的劳动就业以及2021年前100%解决3岁以下孩子的入托教育问题等。普京在2019年2月20日的国情咨文中提到,应该让多子女家庭在俄罗斯成为普遍现象。① 俄罗斯刺激人口增长贯彻一个最简单的政策原则:生育孩子越多,家庭税负越少。例如,一个孩子减免5个平方米的房产税,多子女家庭一个孩子减免7个平方米的房产税。2019年母亲基金保持不变,为45.3万卢布。

保障人口健康、延长寿命也成了人力资源保障的重点。总统在"五月法令"中要求2024年前人民预期的健康寿命(无疾病年数)增加至67岁,引领更多的人拥有健康的生活方式,让定期从事体育活动的公民比例增加至55%。根据美国健康研究和评估研究所的统计,俄罗斯1999—2013年的平均健康寿命男性为58.9岁,女性为66.6岁,俄罗斯在所评估的188个国家中,排在第107位。俄罗斯疾病学家瓦西里·弗拉索瓦认为,目前俄罗斯人的主要死因依次是:高血压、超重、酗酒、高胆固醇、吸烟、摄盐过多和高血糖。② 寿命是反映一个国家及其居民生活状况最重要的指标。2000年,俄罗斯人均寿命只有65岁,男人不到60岁,近几年来俄罗斯是人均寿命增速最快的国家之一,2017年达到72.7岁,2018年达到72.9岁。俄政府计划在2030年前,人均寿命超过80岁。

---

① 在俄罗斯3个或多于3个孩子的视为多子女家庭。

② Борис Алексеевич Сысоев: Россия заняла 107 место по продолжительности здоровой жизни среди 188 стран мира, http://infonarod.ru/info/prodolzhitelnosti-zdorovoy-zhizni-sredi-188-stran-mira.

2. 退休改革

提高退休年龄是 2018 年俄罗斯民众最关心的问题。根据 10 月 3 日第 350 号联邦法律,从 2019 年 1 月 1 日起,俄罗斯开始分阶段延长退休年龄,2019 年满 60 岁和 55 岁的男性和女性分别在 60.5 岁和 55.5 岁退休;从 2028 年开始,女性将在 60 岁时退休,而男性则在 65 岁时退休。法律允许一些特殊人群提前退休,如多子女母亲、工龄 37 年的妇女和工龄 42 年的男子。这一法律的出台在社会上引起轩然大波,抗议之声不断。俄罗斯政府在各个场合向民众解释,提高退休年龄是被迫之举,40 年前俄罗斯工作的人与退休人员的比例是 4∶1,而现在是 2∶1,2018 年俄罗斯养老金赤字达到了 2 570 亿卢布。政府宣称,国家提高退休年龄的主要目的是提高退休人员的生活水平,2017 年平均养老保险金为 13 677 卢布,2018 年调整到了 14 163 卢布。俄总理梅德韦杰夫称,从 2019 年 1 月起,退休金将平均增加 1 000 卢布,增加的金额将取决于工作年限和退休人员工作收入等重要指标。

3. 儿童保护

俄联邦委员会主席瓦莲京娜·马特维延科称,当今世界,国家发展和人民福祉,在国际舞台上的权威和影响力主要取决于人力资本的质量。从某种意义上说,一个有竞争力国家必须拥有智力发达、身体健康、有天赋、创新力,且不受成年人过度照顾的儿童。[1]

《2012—2017 年儿童利益国家行动战略》实施完成,在学前教育和中小学教育、对天才儿童的发现和支持、组织儿童课外教育和儿童疗养等方面取得很大成就,接近发达国家水平。近年来,俄少年国家队在自然科学的国际比赛、数学和计算机科学国际比赛中表现出很高的成绩。

2010 年 9 月 1 日起,俄罗斯在全国范围内创建统一号码的"儿童求助热线 8-800-2000-122",为遭遇困难的儿童、青少年及其父母 24 小时提供心理援助。

儿童保护领域取得了重大进展。俄在婴儿死亡率方面达到历史最低值,接近发达国家指标。儿童死亡率从每 10 万名死亡 88.7 下降到

---

[1] Валентина Матвиенко: От чистого итока, сегодняшние дети – это завтрашняя страна, *Российская газета*, https://rg.ru/2017/11/27/valentina-matvienko-segodniashnie-deti-eto-zavtrashniaia-strana.html.

68.4,反映儿童健康状况和医疗质量的综合指标得到提升。由于国家的投入和公众的关注,孤儿和没有父母照顾的儿童的状况发生了极大变化。孤儿院的数量每年都在减少,孤儿大部分被家庭收养,收养比例从 2011 年的 79.9% 增加到 2016 年的 94.3%,在某些地区达到 98%。针对未成年人的犯罪减少了 20%,从 2011 年的 89.9 万件减少到 2016 年的 69.6 万件。从 2018 年 1 月 1 日起,父母不明的孩子将领取社会抚养金。

2017 年 5 月 29 日第 240 号总统令,启动《2018—2027 儿童保护十年计划》。该计划是 2017 年结束的《2012—2017 年儿童利益国家行动战略》的延续和发展。其中,要完成《2012—2017 年国家行动战略》中制定的超出其时效范围的政策,例如"2025 年俄国家家庭政策概念""2025 年俄儿童教育发展战略""2020 年儿童补充教育概念""2020 年儿童产业发展战略"等。

(二)住房城建

1. 住房问题

住房问题是俄罗斯积弊数十年的问题。2017 年,300 万个家庭改善了住房条件,2018 年没有达到预期的 500 万个家庭的目标,只有 310 万个家庭的住房条件得到了改善。普京认为,解决住房问题靠三个关键因素:提高收入,增加建筑面积,降低住房抵押贷款利率。2001 年,全俄罗斯只有 4 000 笔住房抵押贷款,当时的利率高达 30%。2018 年,住房抵押贷款接近 100 万笔,2018 年 12 月,平均利率下调到 10% 以下,计划未来把该利率降到 7%。在未来 6 年内让大部分俄罗斯家庭、大部分工薪阶层、所有青年专家都能用得起该贷款。逐渐从集资修建过渡到项目修建,把风险转移给承建商和银行。20 世纪 50—70 年代,每年新修的住房面积只有 6 000 万平方米,80 年代接近 7 000 万平方米,目前俄罗斯每年的新增住房面积约 8 000 万平方米,计划每年至少修建 1.2 亿平方米的住房。

2. 城市建设

改善城市建设,创建现代化的生活环境是"五月法令"的国家项目之一。近几年喀山、符拉迪沃斯托克、索契是改善城市环境的成功典范。普京强调,城市发展是国家发展的动力,要传播大城市的能量,要让大城市成为俄罗斯空间和谐发展的基础。需要在城市建设中推广先进的技术和材料、现代化的建筑理念,要在社会项目、公共交通、城市服务领域引入数字技术。

为了保障建设工程质量,2018 年 12 月 18 日普京签署法令,对 2013 年 4 月 5 日《关于货物、工程和服务的国家和市政采购合同制度》第 44 号联邦法律进行修订,只允许有经验的承包商承接价值昂贵的工程订单。按照修订案,合同初始价值 1 亿卢布的基本建设项目的投标人,在过去 3 年中应该有类似设计和建造经验,且已完成的合同价值应至少为初始合同价格的 20%—50%。在评价标书时,按照已完成合同的总价值、最大合同的价值、已完成合同的数量来评价投标人。

3. 乡下别墅的法律地位变更

俄罗斯大部分城市居民在城郊都有自己的"乡下别墅"(дача),城市居民不仅在乡下别墅休闲,还在乡下别墅土地上进行休闲式农耕,成为不少城市居民改善生计的一种方式。乡下别墅是城市居民生活的重要组成部分,其广泛进入俄罗斯各个时期的文学艺术作品。但乡下别墅的法律定位一直模糊,很难被认定为住宅房,给乡下别墅的价值认定造成困难。

从 2019 年 1 月 1 日起①,俄罗斯法律中将删除"乡下别墅土地"(дачный земельный участок)、"住宅建筑"(жилое строение)概念,而增加"花园房"和"花园土地"概念。花园房(садовый дом)是一座季节性建筑,能满足公民临时入住的生活需求和其他需求的这类建筑,它可以被认定为是住宅房。此外,将出现花园土地(садовый земельный участок)的概念,系指公民休闲和(或)为了自己需求而种植农作物的土地,在土地上可修建花园房、住宅、附属建筑(хозяйственные постройки)和车库。

(三)生态问题

"五月法令"要求有效处理生产和生活垃圾,大幅降低大型工业中心的大气污染,未来 6 年至少减排 20%;改善饮用水质量,加大对伏尔加河、贝加尔湖等等一些重要水体的生态保护;保护生物多样性,新建至少 24 个自然特别保护区。

---

① 2017 年 7 月 29 日第 217 号联邦法律,http://www.garant.ru/news/1230602/[2019-03-01]。

其中,垃圾倾倒是俄罗斯数十年积累起来的老问题,城郊和城区内无管理倾倒形成的巨大的垃圾场成为重大的社会弊端。2018年,垃圾分类、回收、加工是一个广泛的社会话题,俄罗斯从未这样大规模地关注过垃圾问题,可以说这是俄罗斯人转变对待垃圾的传统观念的开始,民间称为"垃圾改革"。2017年12月31日颁布的第503号联邦法律对1998年第89号《垃圾的产生和处理》联邦法律进行修订,要求从2019年1月1日起,产生固体垃圾的每个人都需要支付固体垃圾清理费,无论是公寓楼居民、非住宅楼宇业主、私宅住户,还是花园和园艺等非商业机构;并且在水电气费收据上将出现单独的固体垃圾清理费,在这之前,垃圾费是在"房屋维修"的名目下收取的。固体垃圾的堆放地要有资质许可,垃圾的收集处置由地区统一的服务商负责,每一个联邦主体的垃圾处理服务商通过招标选择。这项法令赋予地方当局要求居民对固体垃圾进行分类的权限。2019年年初,俄罗斯已经有70个地区开始实施垃圾分类。① 计划2024年前,修建200个垃圾处理厂。

(四)旅游发展

1. 宾馆强制定级

2018年2月5日第16号联邦法律规定将俄罗斯境内的宾馆和其他游客住宿点进行强制性定级,以前是自愿参加定级。该法律从2019年1月1日开始生效,规定从2019年7月1日起房间数量超过50个的宾馆必须完成定级;从2020年1月1日起,超过15个房间的宾馆必须完成定级;2021年1月1日起,所有宾馆完成定级。宾馆提供的服务必须与其级别相符,禁止在名称和广告中使用与其级别不符的描述,否则将处以行政罚款。宾馆按照三类系统定级:星级系统:适用于酒店、迷你和公寓式酒店、汽车旅馆、度假屋,最高是"五星级",最低是"一星级";钥匙系统:用于客栈、旅游基地、公寓酒店、公寓水上综合设施,最高是"三把钥匙",最低是"一把钥匙";家庭宾馆系统:分为"最大""舒适""标准"三类。专家认为,该法律可以提高宾馆的服务

---

① Валентина Соловьева: В России начали комплексно решать проблему с мусором, на новую систему уже перешли 70 регионов, Первый Канал, https://www.1tv.ru/news/2019-02-24/360931-v_rossii_nachali_kompleksno_reshat_problemu_s_musorom_na_novuyu_sistemu_uzhe_pereshli_70_regionov, 2019-02-25.

质量,降低住宿费用,杜绝定级过程中产生的腐败行为。①

2. 旅游警察

为了发展国内旅游业,保护游客和居民安全,提升城市形象,2014 年夏,俄罗斯在莫斯科设立了"旅游警察"(Tourist Police)。莫斯科的旅游警察可以用英语、法语、西班牙语和汉语与外国游客进行交流。几年来的成果经验,以及旅游警察产生的城市名牌效应得到了各界首肯。为了保障 2018 年世界杯的成功举行,2018 年 4 月 2 日,俄罗斯内务部部长弗拉基米尔·科拉科尔采夫签署命令在彼得堡、喀山、索契等城市设立旅游警察部门。②

3. 海关限制

2017 年 12 月 20 日,欧亚经济委员会决定,进入到欧亚经济联盟国家的关税区,可免税携带的个人用品的价格、尺寸和重量标准将不断降低。2018 年,个人随身和(或)托运行李所带进口货物,如果是陆路运输,总价值不超过 1 500 欧元,重量不超过 50 千克;从 2019 年开始,总计不超过 1 000 欧元,50 千克;从 2020 年 1 月 1 日起降至 750 欧元,35 千克;从 2021 年 1 月 1 日起降至 500 欧元,25 千克。航运将不变,保持 1 000 欧元和 50 千克的标准。

列举了不属于个人用品的商品清单,包括重量超过 250 克的鲟鱼鱼子酱、理发圈椅和类似椅子、日光浴柜、内燃机(舷外发动机除外)。外国人在欧亚经济联盟区域逗留期间可以免税进口的二手商品清单(没有价格和(或)重量限制),包括:手机、智能手机和类似的通信设备不超过两件,在逗留期间所需数量的衣服鞋帽、雨伞、珠宝、个人卫生用品,以及其他个人物品。

(五) 移民问题

1. 新移民政策

2018 年 11 月 1 日普京签署了《2019—2025 年国家移民政策新概念》(简称《新概念》),确定了俄罗斯未来 7 年的移民政策,同时宣告了

---

① Мария Шувалова: Обязательная классификация гостиниц: ожидаемые результаты, http://www.garant.ru/article/1235618/.

② Владимир Соловьев: Путин утвердил новую Концепцию миграционной политики на 2019 - 2025 г., https://novosti.tj/migraciya/putin-utverdil-novuyu-kontseptsiyu-migratsionnoy-politiki-na-2019-2025-g.html.

2012年旧版的移民政策失效。《新概念》明确了"国家移民政策的目的、原则、任务和主要方向",考虑到了包括远东和贝加尔湖地区的社会经济发展战略,以及对2030年前俄罗斯社会经济发展的预测。

新移民政策的目的是"帮助解决国家社会经济、空间和人口发展问题,改善人民生活质量,确保国家安全,保护国家劳动力市场,维护种族间和宗教间和平与和谐的局面,以及保护构成其文化(文明)代码的俄语语言、俄罗斯文化,以及各民族历史和文化遗产"。该文件将移民政策称为解决人口问题和相关经济问题的辅助手段。

《新概念》指出,俄罗斯也应该对那些"不将自己的未来或子女的未来与之相关联,并且不打算完全融入俄罗斯社会,而只是将俄罗斯视为满足其经济、社会和文化需求的地方的外国人开放,这些外国人需要遵守俄罗斯法律,爱护其环境、自然、物质和文化资源,尊重俄罗斯各地区和民族文化和生活方式的多样性"。

《新概念》要求改善法律和组织机制,确保俄罗斯同胞自愿移居俄罗斯,以及愿意用自己的劳动、知识和能力为俄罗斯的经济、社会和文化发展做出贡献的,在俄罗斯从事经济、文化和学术活动的外国人进入俄罗斯和在俄罗斯居住。科学家、教师、工程师、医生、农民、企业家、投资者和优秀文化艺术工作者,这些俄罗斯需要的人才的自愿迁入条件将根据他们的期望和要求进行调整。规定以各种方式促进"学生、学者和教师"的自由流动,确保俄罗斯对他们的开放,并建立一个舒适的入境、学习和工作制度,计划吸引外国大学的教师来俄罗斯授课。消除民族空间隔离、外国人的边缘化的问题。此外,还列出了简化签证程序、居住证申请、国籍申领程序等具体任务。

2. 外国人管理新规定

2018年7月19日第216号联邦法律对《俄罗斯联邦外国公民法律地位法》第16条进行修订,要求俄罗斯公民有义务确保他所邀请的外国人在俄罗斯遵循居留规范,即确保受邀外国人的行为符合所登记的入境目的,并确保外国人按期离开俄罗斯。2018年7月19日第215号联邦法律对《俄罗斯联邦行政违法法典》第18.9条进行修订,明确规定了对违反上述规定的邀请方采取处罚:自然人罚款2 000—4 000卢布,职能人员罚款45 000—50 000卢布,法人罚款40万—50万卢布。两个法律于2019年1月16日同时生效。

11月12日第420号联邦法律修订了《俄罗斯联邦刑法典》第322.3条。按照该条,把外国公民和无国籍人的居留地虚假登记在非住宅楼的将受到刑事处罚。在俄罗斯,一些外籍工人经常被虚假登记在非住宅楼,在法典修订前,这不被视为犯罪,刑事责任仅限于住宅楼的非法登记。现在,法律禁止外国公民和无国籍人逗留地的虚假登记包含以下要件:故意提供虚假信息(文件);被登记的人员事实上无意居住(逗留)在所登记的地方或者接收方无意提供所登记的地方作为被登记人的实际居住地;外国人或无国籍人员不在登记的机构从事劳动或法律未禁止的其他活动。这与6月27日第163号联邦法律相关联。第163号法律修订了《俄罗斯外国公民和无国籍人移民登记联邦法》,按照该法律,如果雇员实际上不居住在此处,雇主不能把雇员登记在自己的法定地址。违反该法律的将面临罚10万—50万卢布或被判刑3年,或被罚3年的工资,以及剥夺3年担任某职务或从事某活动的权利,或者被剥夺自由3年,以及剥夺3年担任某职务或从事某活动的权利。

2017年12月31日第499号联邦法律对《俄罗斯联邦行政违法法典》第18.9条进行修订,对非法移民中介加大了行政处罚力度。为非法逗留俄罗斯的外国公民和无国籍人员提供住处或交通工具,或提供办理俄罗斯逗留许可中介服务的,公民最高罚款从4 000卢布增加到5 000卢布,职能人员罚款提高到3.5万—5万卢布(之前是2.5万—3万卢布),机构罚款提高到40万—50万卢布(之前是25万—30万卢布)。

1月9日,普京签署法令,允许外国人和无国籍人在俄罗斯自愿进行指纹登记。指纹登记可以在居住地或所在地的内务机关免费进行,6岁以下的儿童不登记。申请居住证的外国人和无国籍人必须进行指纹登记。

需要注意,俄罗斯联邦移民局(ФМС)2016年已被废除,其权力移交给了俄罗斯内务部。

四、安全领域的法治建设

安全是俄罗斯最具战略地位的主题,其中信息安全和国防安全更是俄罗斯生死攸关的重大问题。

（一）信息安全

当今的俄罗斯已经是一个互联网大国,随着信息技术在其国家管理、国防军事、经济发展和日常生活中日益广泛和深入的应用,其信息安全面临着愈加严峻的威胁和考验。根据俄罗斯"国家计算机事故协调中心"的统计数据,2018年,对俄罗斯的网络攻击次数几乎翻了一番,达到数十亿次。该中心主任称,俄罗斯几乎没有任何一场重大活动没有遭受过来自外部的大规模网络攻击,2018年俄罗斯世界杯的信息资源遭受到超过2 500万次的恶意攻击。2018年俄罗斯总统大选的投票视频监控系统遭到大量集中攻击。据俄罗斯安全专家判断,这是国外情报机关所为,有着明显的政治意图。

2016年12月5日颁布的俄罗斯联邦新版《信息安全学说》指出,俄罗斯面临的信息安全威胁呈现出内外交融、相互交织的特点。来自外部的主要威胁有:一些外国组织基于军事目的利用信息技术攻击俄罗斯信息基础设施的可能性与日俱增,对俄罗斯国家机关、科研机构和国防工业不断增强技术侦查活动;个别国家的情报机构为破坏他国政治和社会稳定,损害他国主权和领土完整,利用信息技术、宗教组织、种族势力、人权机构施加影响。外国一些媒体对俄罗斯国家政策的诋毁报道逐渐增多,在国外俄罗斯媒体遭到歧视,俄罗斯记者的职业活动受到阻挠。例如,在世界舞台上报道俄罗斯国家立场的俄罗斯媒体Russia Today(今日俄罗斯)和Sputnik(卫星),其活动遭到西方国家的强烈反对。恐怖主义和极端主义组织利用信息技术煽动民族和宗教仇恨,宣扬极端主义思想。个别国家利用信息技术优势谋求信息空间的主导权,缺乏调整各国信息空间关系的国际法规范。来自俄罗斯内部的主要威胁有:国内信息技术和信息安全设备对国外的依赖,国内电子产业的竞争力不足,信息技术的科研成果不足、研发水平不高,信息安全保障人员欠缺,公民个人信息安全保障意识不强,计算机犯罪大幅增长,特别是在金融信贷领域。俄通信大众传媒部部长认为,俄罗斯今天还需要100万IT人员;他认为,程序员人数占到人口的1%,才能保证经济具备竞争力。

新《信息安全学说》反映了俄在信息安全领域的最新观点和信息安全建设的主要趋势。俄认为,信息空间虽是一个虚拟空间,但和陆、海、空、天一样,是国家构成的重要因素,其主权的丧失将会导致社会动荡,乃至政权更迭的严重后果。俄罗斯2015年9月1日颁布的《个人信息法》,规定俄罗斯公民的个人信息必须保存在俄罗斯国内的服务器上,无疑就是一种信息领域的主权意识。在新版学说中,俄罗斯承认国家间存在基于军事目的的信息对抗行为,信息战已经成了威胁国家安全的重要因素之一。新版学说提出了"公民需要在自由交换信息和保障国家安全的必要限制之间遵守平衡",明显表现出俄罗斯加强对信息空间监管治理的趋势。俄在新版学说中倡导建立国际信息安全体系,确保各国平等地参与信息空间的治理,以打破美欧在信息空间的主导优势,更好地维护其在信息空间的主权。

近年来,俄罗斯在上合组织、金砖国家、亚太经合组织、G20等多边框架下积极开展网络安全的多边和双边合作。2009年,在叶卡捷琳堡俄积极推动签署了《上合组织成员国保障国际信息安全政府间协定》,在国际上首次对信息安全相关概念进行了界定,对国际社会开展相关合作作出了不可替代的贡献。在双边领域,2015年5月8日中俄签署《关于在保障国际信息安全领域合作协定》,中俄承诺互不进行黑客攻击,并同意共同应对可能"破坏国内政治和经济社会稳定""扰乱公共秩序"或"干涉国家内政"的技术;中俄还同意交换执法部门的信息和技术,并确保信息基础设施的安全。2016年6月25日,普京总统和习近平主席在北京签署了《关于信息空间发展合作的联合声明》,进一步增强网络安全领域互信,加强网络安全标准化、网络安全人才培养、关键信息基础设施保护等领域协作。2018年12月5日,联合国大会通过了俄罗斯提出的《互联网国家行为准则》,虽然美国及其盟友反对,但最终以119票赞成46票反对的结果得以通过。该准则呼吁各国遵守和平使用网络空间的13项原则,如:各国不应毫无依据互相指责他国在互联网上有非法行为,各国不应允许利用其领土和基础设施进行网络攻击,不能利用网络技术攻击他国的关键基础设施(核电厂、运输和供水系统等),不能在生产的IT产品中插入隐藏代码,等等。联合国通过决议,2019年将组建工作组,讨论准则提出的原则,并可能在其基础上起草一份具有法律约束力的国际信息安全的联合国公约草案。

目前,俄罗斯在信息安全领域已经形成了较为完善的立法体系。早在1997年俄联邦政府颁布的《俄罗斯国家安全构想》中就指出,信息安全是保障国家安全的重中之重;在之后又相继制定《网络安全战略》(2014年)、《国家安全战略》(2015年)、《信息安全学说》(2000年,2016年)、《2017—2030年俄罗斯联邦信息社会发展战略》(2017年)等一系列有关信息安全的纲领性文件和政策法规,形成了一个"多层级"的信息安全顶层设计。俄较早就开始制定信息安全领域的基本法,如《信息、信息技术和信息保护法》(1995年、2014年、2015年、2016年、2017年)、《安全法》(2010年)、《大众传媒法》(1991年、2000年、2001年、2002年、2003年、2004年、2006年、2016年、2017年、2018年)、《关键信息基础设施安全法》(2017年)。这些法律随着信息安全环境的变化,不断补充修订。例如,2016年针对个人信息和隐私权保护对《信息、信息技术和信息保护法》进行了修订,被修订的法律被称为"被遗忘权法";2017年又对其修订,要求从2018年1月1日起,即时通信服务商和移动通信服务商签订协议,即时通信用户必须用其手机号码进行识别。《俄罗斯联邦关键信息基础设施安全法》2018年1月1日开始生效。

(二)国防安全

俄罗斯是世界上军事力量最强大的国家之一,增强国防能力一直是其首要任务之一。在过去的2—3年中,俄罗斯已经通过了大约36项涉及国防领域的法律,为军事建设、军工发展、武装力量战斗力的提升提供了有力的法律保障。

2019年3月11日,俄罗斯国防部长绍伊古在国家杜马国防委员会扩大会议上宣称,最近6年俄罗斯的武装力量有了"质的飞跃"。近年来,俄军队现代武器的装备提升了2.7倍,300多种新型军用设备投入使用,战略核力量新增了80枚新型洲际弹道导弹、102枚潜射弹道导弹、3艘战略导弹潜艇"北风之神",12个火箭团换装了多联弹道导弹"亚尔斯"系统,远程高精确武器运载器数量增加了11倍以上,高精度巡航导弹的数量增加了30多倍。2019年3月,普京在国情咨文中提到,俄罗斯边界已经建立起了全覆盖的导弹预警雷达系统。苏联解体后,曾出现过巨大的安全"漏洞",现已全面恢复。随着军人待遇的提高,俄陆海军的职业军人数量增加了一倍,现有大约40万人。

近年来,俄罗斯尖端武器研发取得了令世界瞩目的成就。普京在2019年国情咨文中插播视频短片,向世界公开了6种新型战略武器:RS-28萨尔马特重型洲际弹道导弹、核动力巡航导弹、核动力无人水下航行器、高超音速导弹"先锋"、高超音速巡航导弹"匕首"、激光反导武器。普京表示,开发尖端武器是为应对美国及北约国家的威胁。其中,"萨尔马特"是俄目前最新洲际导弹,是一种非常强大的武器,可飞越南极和北极打击目标,以及 11 000—15 000 千米远的任一目标,射程几乎无限制,能够突破任何敌方的反导系统。安装在巡航导弹弹体上的小型超强核动力装置,能让导弹飞行获得核动力,射程提高数十倍,可在中低空飞行,弹体采用隐身技术,敌人难以发现,几近无限射程,不可预测的飞行轨迹和绕过拦截线的能力对所有现有和未来的导弹防御和防空系统都是无懈可击的。"先锋"超高音速导弹时速可高达 20 马赫,目前世界上没有一种反导系统能够拦截,按此时速,先锋导弹可在 15 分钟内从俄罗斯飞抵美国。普京在接受 NBC 记者采访时表示:"它们全部顺利接受了测试。这些武器处于不同的准备阶段,有些还需完善,有些已经交付军队并将投入使用。"这些武器的公布,震慑了世界,引发世界各大媒体的议论。无论是俄罗斯在新一代小型核反应堆方面取得了历史性突破,还是在美国咄咄逼人的军事压力面前的战略炫耀,毋庸置疑,俄罗斯大量的军事投入和强硬态度,都让西方世界有所忌惮。

俄罗斯军事学说中指出,俄罗斯或其盟友遭到核武器和其他大规模杀伤性武器时保留使用核武器的权利,或者俄罗斯遭遇到使用常规武器的侵略,在有国家覆灭威胁时,有使用核武器的权利。普京强调,对俄罗斯及其盟友使用任何威力的核武器,都将视为对俄罗斯的核攻击,俄罗斯将即时、果决地予以回击。

五、外交领域的法律保障

2018 年在国际外交事务上,俄罗斯以强硬的立场应对美英为首的西方国家的制裁打压,俄乌关系不仅未能有所缓和,其矛盾反有加重之势。2018 年堪称大国关系典范的中俄关系呈现出更加积极的态势。

(一)当前的俄美关系

2018 年 7 月 16 日,普京和特朗普在芬兰赫尔辛基进行了第一次全方位的会晤,然而俄美领导人"内容丰富"的友好会谈并未让俄美关系走向缓和,会晤之后,美国再次利用俄罗斯干预了 2016 年美国大选为由加大对俄罗斯的制裁。"中导之争"、叙利亚问题和乌克兰矛盾使

2018年俄美关系跌入谷底,没有任何回升迹象。

2018年10月20日,美国以俄罗斯违反《中导条约》为由,宣布将退出1987年美国和苏联领导人签署的《苏联和美国关于销毁中程和中短程导弹之条约》(简称《中导条约》)。《中导条约》规定两国不再保有、生产或试验射程在500千米至5 500千米的陆基巡航导弹、弹道导弹及其发射装置。2019年2月2日,美国启动了退出《中导条约》的程序。针对美国决定退出该条约的回应,2019年3月4日,普京签署暂停履行《中导条约》的命令。

这已经不是美俄首次围绕重要国际条约发生的争执。2002年,美国单方面退出了1972年与苏联签署的《限制反弹道导弹系统条约》(简称《反导条约》)。按条约规定,双方只能在各自的首都周围和一个洲际弹道导弹地下发射井周围建立有限度的反弹道导弹系统,条约被视为全球战略稳定的基石。2002年,美国以俄罗斯不同意修改《反导条约》为由,单方面退出了这一条约。

评论认为,美国退出《中导条约》和其他国际条约都是为其大张旗鼓地研制、发展和部署导弹防御系统彻底扫除了障碍,为了追求单极世界,谋求进一步占据地面和空间的绝对战略优势。美俄《中导条约》的失效,将加深美俄对立,将打乱长期以来得到保持的核稳定局面,令今后美俄再次签署军控协议难上加难。国际社会也广泛忧虑,《中导条约》失效有可能在世界范围内引发新一轮核军备竞赛。

2018年俄美两国博弈的焦点地区主要集中在叙利亚和乌克兰。在叙利亚,俄罗斯已经建立起制衡美国军事影响的力量,美国以"防止极端组织再次出现"为由,一直加强在叙利亚的军事存在,美俄在叙利亚军事部署上的分歧日益突出。分析人士担心,如果美俄军事分歧进一步升级,将有可能引发冲突。在叙利亚和平进程问题上美俄立场迥异,对于叙总统阿萨德去留问题仍各执一词。美俄在乌克兰问题上对抗升级,美国务院12月21日宣布将向乌克兰额外提供1 000万美元的军事援助,帮助乌加强海军建设,美国政府还批准向乌克兰出售致命性武器。美国军事武装乌克兰的做法引发俄罗斯强烈不满,俄方抨击美方鼓励乌克兰"动用武力",作为对美向乌售武的抗议,俄罗斯代表退出了乌东部"各方分界线落实停火和稳定问题"联合监控与协调中心。

美俄博弈可能往北极发展的趋势。北极是美俄战略导弹必经之处,俄罗斯不断加大在北极的军事存在,俄国防部长表示,俄未来将在北极部署防空雷达和航空导航机站;俄宣布2019年8—9月将在北极进行大规模军事演习,以测试新式武器。美国针对俄罗斯在北极的军事优势,计划加大在北极的军事存在,据美国"商业内幕"网站披露,美军正考虑重启位于北太平洋上的埃达克岛上的军事基地,以监视俄罗斯在北极的活动。

（二）当前的俄英关系

在国际重大问题上,英国历来追随美国而与俄针锋相对。英国舆论将俄划定为意识形态的"异己国家",使两国从高层到民众彼此全面不信任。2018年,俄英关系陷入僵局。英国以俄策划毒杀了在英国的俄前间谍为借口,对俄实施打压制裁,展开了大范围的报复措施,包括驱逐23名俄罗斯外交官,暂停与俄罗斯的一切双边接触,撤销对俄外长发出的访问邀请,英国王室成员和高级官员拒绝出席在俄罗斯举行的世界杯体育比赛。在俄看来,英国在俄罗斯大选前制造所谓"俄罗斯越境毒死前特工",一方面是为了干扰俄罗斯大选,另一方面也是为进一步出台对俄制裁措施服务,英国的反俄运动是出于不可告人的政治目的。俄方强调,俄罗斯对英国采取回应措施"不会等太久"。有分析人士认为,在短期内,双方出于利益需求,都不会做出让步。2018年俄英两国外交层面激烈和强硬的对峙,没有对两国经济产生实质性的影响。2018年12月,普京在答记者问时指出,目前俄罗斯最多的外国直接投资来自英国,达到220亿美元,德国排名第二,之后是新加坡。

（三）当前的俄乌关系

2018年,乌克兰危机爆发已满5年,十分脆弱的俄乌关系因一系列事件更加恶化,两国间的争端已涵盖政治、经济、军事、宗教等多个方面。1月,乌克兰通过《顿巴斯再一体化》法案,将俄罗斯定义为"侵略国";3月,乌克兰"脱俄入欧"的步伐向前迈出坚实一步,成为北约"申请国";4月,乌克兰宣布退出独联体,与俄罗斯政治联系进一步切断;5月,连接俄罗斯本土与克里米亚半岛的刻赤跨海大桥建成通车,俄罗斯完全掌握了亚速海制海权;10月,乌克兰基辅正教会宣布脱离莫斯科宗主教区,东正教面临历史性分裂;11月初,乌克兰东部顿涅茨克、卢甘斯克两地民间政权举行领导人选举,其独立性持续上升;11月末,乌克兰3艘军舰经过刻赤海峡时被俄方扣留,双方剑拔弩张,重返战争边缘。2019 年 3 月,乌克兰举行总统大选,有希望胜出的影视明星泽林斯基、现任总统波罗申科、前总理季莫申科,无论谁执政,俄乌关系的裂痕都难以弥合,因为"反俄"已成了乌克兰政坛的"底色"。①

（四）当前的中俄关系

中俄全面战略协作伙伴关系持续快速稳定发展,处于历史最好时期。2018 年两国关系呈现出更加积极的态势,表现出政治上互信、经济上互补、文化上互通、军事上互动和外交上互商的发展轨迹。近年来中俄两国经贸科技合作继续深化,能源、航空、军工技术等新领域成了合作重点。2017 年 11 月,中俄总理定期会晤期间签署了《2018—2022 年航天合作大纲》,涉及运载火箭及发动机、月球与深空探测、对地观测、航天电子元器件、卫星导航、通信卫星系统、金砖国家航天合作等领域的长期互利合作。2018 年对区域合作更加关注,2018 年和 2019 年将举办"中俄地方合作交流年"活动。中俄双边贸易额持续增长,2017 年约为 800 亿美元,2018 年接近 1 000 亿美元,2018 年,俄罗斯对中国的出口增长了 44%,对中国的贸易顺差达到 100 亿美元。中俄关系被称作大国关系的典范,为国际社会提供了文明交流超越文明隔阂、文明互鉴超越文明冲突、文明共存超越文明优越的最好范例。②

六、司法领域法治建设新内容

2018 年,俄罗斯法治建设的重要内容还体现在对法律内容的修订和司法体系的改革上。

（一）刑法修订

1. 国防采购刑法规制

《俄罗斯刑法典》新增第 201.1 条"国防采购中滥用职权",并对第 285.4 条进行补充。该法条规定,商业和其他组织中履行管理职能的人员在进行国防采购时,为给自己或他人谋取利益,滥用职权给国家和社会造成重大损害的,将承担刑事责任。按照情节轻重将处以 100 万—300 万卢布的罚款,剥夺 10 年担任相关职位或从事相关活动的权

---

① Елена Черненко: Россия зашла в ООН со своим киберуставом, https://www.kommersant.ru/doc/3821853.

② 《特朗普宣布美国将退出中导条约》,http://k.sina.com.cn/article_1644114654_61ff32de02000fbkx.html。

利,或判 4—8 年监禁,并处以 50 万—100 万卢布的罚款,以及剥夺 3 年担任相关职位或从事相关活动的权利。如果是有组织团伙犯罪将面临 5—10 年的监禁,并禁止 5 年内从事该职业。

俄罗斯国家杜马国家建设立法委员会主席克拉申尼科夫说:"俄罗斯国防安全、领土完整和领土不可侵犯受宪法保护。在国防采购领域滥用职权可能会侵犯受法律保护的国家和社会利益,可能会对国家的防御能力产生不利影响,这在任何情况下都是不可接受的。因此,需要特别注意这类对国家构成高度危险的犯罪,让其受到处罚。"[1]

2. 加大反恐立法

(1)加重对恐怖主义犯罪的刑罚。2017 年 12 月 29 日第 445 号联邦法律修订了《俄罗斯联邦刑法》(简称《刑法典》),以完善反恐措施。据俄罗斯国家杜马议员的数据,在叙利亚,国际恐怖主义组织遭受了重创,损失了大约 6 万—10 万名恐怖分子。招募新成员,成了当下国际恐怖主义组织的首要任务,恐怖组织重新活跃的形势异常严峻,全世界恐怖组织每天招募到的新成员超过 1 000 人。俄罗斯杜马议员,该法案的作者之一什哈果舍夫认为,俄罗斯刑法中对恐怖主义犯罪制裁与其罪行的严重性不成比例,一名恐怖分子制造一项恐怖活动,而一个招募人员可以准备数十名这样的恐怖分子。

该修正案对恐怖主义的招募活动加重了刑事处罚。诱使、招募和(或)以其他方式让人犯下恐怖主义罪行的,以及武装或训练某人犯下此类罪行,资助恐怖主义的,处以 8—15 年监禁(以前是 5—10 年)并罚款 30 万—70 万卢布或者其 2—4 年的工资或其他收入金额(以前是 50 万卢布以下罚款或 3 年以下工资或其他收入金额),或处以终身监禁。此外,现在不仅公开呼吁进行恐怖主义活动和公开为恐怖主义辩护的会受到刑罚制裁,宣传恐怖主义的也将被提起刑事指控。宣传恐怖主义是指分发涉恐材料和(或)信息,旨在鼓吹恐怖主义意识形态,让人被恐怖主义的信念所吸引或接受恐怖主义活动。

俄罗斯国家杜马呼吁其他国家也加强此类立法。据杜马数据,在叙利亚参加恐怖作战的有许多国家的公民,其中有大约 700 名德国人、

---

[1] 《从高超声速武器到北极争夺 美俄斗法全面升级》,《今日关注》,http://tv.cctv.com/2019/01/01/VIDEcOOKnAuz8jzUxm9jBOZL190101.shtml。

500名法国人和300多名美国人。

（2）电话恐怖主义。对《刑法典》第207条"有关恐怖活动的虚假信息"进行了修订，加重了对"电话恐怖分子"的刑罚，提升了出于流氓动机而谎报信息的罚金数额，加大了针对（医疗、教育、体育、公共交通、娱乐、金融机构等）社会基础设施，以及为扰乱国家机关工作谎报信息的处罚。扰乱国家机关工作的将处以6—8年监禁，如果无意引起一人死亡或其他严重后果的，将处以8—10年监禁。

（3）恐怖分子的服刑。俄罗斯被判处剥夺自由的人服刑的主要机构按照罪行的严重程度和管制的严厉程度分为：改造村、普通管束制度的改造营（未满18岁的在教养营）、严格管束制度的改造营、特别严格管束制度的改造营和监狱。2018年12月27日第516号联邦法立律对《刑法典》第58条和第72条进行修订，因恐怖活动而判刑的男子将在监狱中服刑，以最大限度减少这类人员在服刑期间散播极端主义思想，为恐怖组织招募新成员。《刑法典》把恐怖主义，绑架人质、劫持飞机、轮船或者火车，参加非法武装组织，非法使用核材料或者放射性物质，针对国家机关的犯罪，谋害执法机关人员的犯罪定义为恐怖主义犯罪（преступления террористической направленности）。据俄罗斯联邦最高法院数据，2017年，俄罗斯有262人因恐怖主义罪行被判刑，比2016年（167人）增加了57%。目前俄罗斯杜马议员正在讨论，是否有可能在俄罗斯设立关押恐怖分子的专门监狱。

按照俄罗斯的法律，通常情况下，被剥夺自由的人员，在其犯罪地点或者其居住地点的改造机构服刑，12月27日第548号联邦法律对《俄罗斯联邦刑事执行法典》第73和81条进行修改，规定了例外情况：因热衷和宣传恐怖主义思想而被判刑的人员，以及（未构成刑事犯罪时）在羁押期间散播恐怖主义思想或者对其他刑事指控人员（嫌疑人员）和被判刑人员给予这方面的不良影响而被判刑的人员，其关押地点可以由联邦刑罚执行局（ФСИН）作出例外安排；此外，为了消除关押地已经形成的宗教极端主义小团体，联邦刑罚执行局可以决定把这类人员迁往其他同类的改造机构。

对《刑事诉讼法》第398条进行修订，因恐怖倾向犯罪和参与恐怖活动而被判处剥夺自由的孕妇、有幼年子女的母亲和单亲父亲不再享有缓刑的资格。

3. 新的强制处分

4月18日72号联邦法律对《俄罗斯刑事诉讼法典》进行修订,针对犯罪嫌疑人和刑事被告人引入了新的强制处分——"禁止某些行为"(запрет определенных действий),在社会上引起极大反响。修订前,俄罗斯的强制处分包括:具结不外出、人保、部队指挥机关监管、交纳保证金、监视居住和羁押。

这项禁令涉及:被告在某些时候不得离开住所;不得与某些人沟通;不得进入某些场所;不得靠近某些物品设施;不得收发邮件或电报;不得使用互联网;如果犯罪行为与交通事故相关,则不得驾驶汽车。司法机关可以禁止被告同时从事一项或几项行为,并需要详细列出执行措施的所有条件,并注明地址、物品名称、行动时间。根据犯罪行为的严重程度,禁令时间分别是:中小严重程度犯罪12个月,严重犯罪24个月,特别严重犯罪36个月。

立法者认为该处罚措施可替代拘留,可以节约联邦预算和缓和因拘留所条件恶劣对国家声誉造成的不良影响;采取新措施将使法院在限制人权方面更加灵活。

4. 羁押的相关问题

7月3日第186号联邦法律修订了《俄罗斯刑法典》第72条,修改了未决期羁押时间计入刑罚的折抵计算。现在,羁押1日折抵军纪营管束1.5日,折抵限制自由(包括监视居住)、强制劳动和拘役2日,折抵劳动改造或限制军职3日、强制性公益劳动8小时。羁押时间计入剥夺自由刑的,将按照服刑地点进行计算,羁押1日折抵严格管束、特别严格管束制度的改造营和监狱的1日,1日折抵普通管束制度的改造营和教养营的1.5日,1日折抵改造村的2日。特别危险的累犯、死刑改判终身监禁或25年监禁以及因恐怖倾向犯罪的1日折抵1日。在刑事判决时算出折抵时间。法案作者称,这一修改法案,其目的是为了遵守被调查拘留者(следственно-арестованные лица)和被判刑人员(осужденные лица)的合法权益,反对不人道的拘留条件。

俄罗斯拘留所条件恶劣是久已存在的问题,有多起向欧洲人权法院控诉俄罗斯拘留所非人待遇的案件。仅在2017年,欧洲人权法院就受理了152名俄罗斯公民的控诉,并做出裁决,让他们分别获得1 000欧元—23 000欧元的赔偿。而且在司法实践中经常选择羁押作为强制手段和延长羁押时间的理由不充分。司法界希望通过新的法律能够改变这一现状。近年来,在司法实践中监视居住替代羁押的情况越来越多,一则可以节约联邦经费;二则减少拘留所人满为患、羁押条件恶劣的情况。俄罗斯联邦宪法法院2018年3月22日第12号法令中称,监视居住和羁押都是限制人身自由,性质是相似的。但也有法律人士指出这一新法律的"硬伤",完全忽略了被判刑人员押解时间的折抵计算,在俄罗斯把被判刑人员送达服刑地点,这一程序需要1个月至半年,而且路上的押解条件更加恶劣不堪。

7月19日第203号联邦法律对《关于被羁押嫌疑人和刑事被告的联邦法》第18.1条和《监督羁押场所人权和援助羁押人员联邦法》进行修订,以加强对羁押人员的人权保障。现在公共监督委员会(ОНК)的人员在得到被羁押人员书面同意后,可以用相片和视频方式记录对其人权的侵犯。公共监督人员还可以用测量设备丈量羁押人员的生活和劳动场所,在拘留所对公共监督人员开放的地方更多了。该法令还规定公共监督人员和被羁押人员的谈话内容只限于后者的人权状况,不能涉及其他问题,为了评价监督的客观性,有亲属在拘留所的人员不能成为公共监督委员会的成员。

5. 有关强制劳动

2018年12月27日第540号联邦法律开始生效,该法律对《刑法典》第53.1和80条进行了修订。《刑法典》第80条规定,被判处剥夺自由刑的罪犯在服完一定刑期后,未服完的刑期可以改判为较轻的刑种,不严重或者中等严重犯罪必须先服满1/3的刑期,严重犯罪必须先服满1/2的刑期,特别严重犯罪必须先服满2/3的刑期。修订法案规定,现在可以用强制劳动代替剥夺自由刑,但相应地要先服满1/4、1/3和1/2的刑期。强制劳动(принудительные работы)是俄罗斯2017年1月1日起开始引入的新刑罚种类,强制劳动人员需要在一个专门的改造中心服刑。俄罗斯联邦刑罚执行局(ФСИН)根据强制劳动人员的专业或资质为他分配工作,服刑可以领取工资,工资的5%—20%收归国有。

6. 刑罚执行的立法

2018年7月19日出台了第197号《关于俄罗斯联邦刑罚执法体系的活动和修改"实施剥夺自由刑的机构和机关联邦法"的俄罗斯联

邦法律》,并于 8 月 1 日生效。从此,俄罗斯刑罚执行体系(УИС)的活动由这部独立的法律来指导。该法取代了联邦刑罚执行局(ФСИН)之前一直遵守的 1992 年出台的内务机关服务条例。

俄罗斯刑罚执行体系(УИС)是执行刑事处罚的各机构的总和。1997 年,该体系由俄罗斯内务部转入俄罗斯司法部进行管辖,目的是为了把工作重心从处罚囚犯转向改造囚犯。该体系的中央管理机构是俄罗斯司法部联邦刑罚执行局(ФСИН),下设地区和联邦主体的刑罚执行机构,负责执行刑事判决的具体机构——改造机构(如各种改造营)、拘役所、改造中心(执行强制性劳动服刑)和刑事执行检查处(如执行强制性公益劳动和劳动改造刑),以及各个羁押所(СИЗО)。

该法律规定了刑罚执行机构人员的选拔、工作要求、责任和各种限制禁令,以及违反工作纪律的处理等。其中侵犯个人和公民权利和自由,对人生命和(或)健康构成威胁,披露国家和其他受法律保护的秘密的信息未构成刑事责任的过错行为(不作为)被视为严重违反工作纪律。据法学家的观点,该法的出台,目的也是为了杜绝令公众震惊的俄罗斯监狱系统负责人的腐败丑闻以及各种虐待囚犯的现象。①

7. 非刑事化

《刑法典》第 282 条的非刑事化,引起社会广泛关注,经过修订后,第一次违反《刑法典》第 282 条"煽动仇恨或敌视以及侮辱人格"的行为不再视为刑事犯罪,违法者将面临 1 万—2 万卢布的行政罚款,或者长达 100 小时的强制性劳动,或者长达 15 天的行政拘留。现在"使用大众媒体或互联网公开煽动仇恨或敌视以及以性别、种族、民族、语言、出身、宗教态度以及社会集团属性而侮辱个人、集团的人格的尊严,一年内超过一次以上的才构成刑事犯罪"。

第 282 条的非刑事化同时引起对《行政违法法典》第 20.1 条(小流氓罪)的修订。根据修订案,在互联网上散布"对国家、社会、俄罗斯联邦官方国家象征、俄罗斯联邦宪法和行使国家权力的当局有不恰当形式的不尊重的信息",将面临行政处罚,处以 5 000 卢布以下的罚款

---

① Татьяна Замахина: Поставят жесткий заслон: В России вводится пожизненное заключение за вербовку террористов, https://rg.ru/2017/11/16/v-rossii-vvedut-pozhiznennoe-zakliuchenie-za-verbovku-terroristov.html.

或 15 天以下的行政拘留。① 这个所谓的在互联网上"不尊重当局"的法案引起社会巨大争议。有人认为这条法律有很强的腐败潜力，因为"不尊重"是一种评价形式，必须经过语言鉴定。有人认为，提出这个法案有它的现实意义。首先，俄罗斯紧张的外部局势，俄罗斯当局担心某些国家试图通过互联网来动摇俄罗斯的局势；其次，国内，社会上消极悲观情绪增长、退休改革、物价上涨，社会抗议活动日益增多，为俄罗斯反对派的反国家运动和"抹黑当局"创造了良好的背景。在这种情况下，当局希望该法案具有预防性。②

（二）国际法领域的新发展

1. 国际司法合作

10 月 3 日 批准了与阿尔及利亚签署的《刑事司法互助公约》。该公约确定了两国进行司法协助的范围，明确了司法协助请求内容的要求以及执行此类请求的程序，规定如果被请求方认为执行请求可能损害其主权、安全或重大公共利益，则可能会拒绝提供司法协助。

俄罗斯目前和 30 多个国家签署了双边的刑事、民事、家庭纠纷的司法互助条约，1992 年 11 月与中国签署了刑事和民事司法互助条约③。这类国际双边司法协助范围主要体现在送达司法文书、调查取证、承认与执行法院裁决、承认与执行仲裁裁定等方面。在和俄罗斯进行司法协助的国家中，只有白罗斯的司法文书在俄罗斯不需要再经过承认程序。

在罪犯移交和引渡方面，2018 年相继批准了俄罗斯与柬埔寨、尼日利亚和菲律宾的双边引渡条约，批准了与伊朗、古巴和老挝关于移交罪犯的协定。

2. 里海法律地位公约

8 月 12 日，俄罗斯、哈萨克斯坦、伊朗、阿塞拜疆和土库曼斯坦五

---

① Александр Ляпин: Для террористов разработают специальные тюрьмы, https://www.kommersant.ru/doc/3787453.

② Шульгина Дарья: Недостатки нового порядка зачета времени содержания в СИЗО в срок наказания, https://www.advgazeta.ru/mneniya/nedostatki-novogo-poryadka-zacheta-vremeni-soderzhaniya-v-sizo-v-srok-nakazaniya/.

③ Татьяна Кузнецова: Усовершенствует ли систему исполнения наказаний новый Закон о службе в УИС? https://www.advgazeta.ru/novosti/usovershenstvuet-li-sistemu-ispolneniya-nakazaniy-novyy-zakon-o-sluzhbe-v-uis/.

个里海沿海国家总统在哈萨克斯坦阿克套市签署了《里海法律地位公约》,解决了从苏联解体开始就争执不休的里海使用权问题。该公约对里海水域、资源进行了划分,只准五国在此驻军,垄断该水域的航行。任何外国军事基地的建设、外国军舰和潜艇、军用飞机的通行,甚至外国军用货物在里海的运输都被禁止。

(三) 司法改革

2014年6月28日第183号联邦法律《俄罗斯联邦仲裁程序法典修订案》废除了俄罗斯最高仲裁法院,最高法院同时成为俄罗斯普通法院体系和仲裁法院体系的最高司法机关,这一重大举措拉开了近年来俄罗斯最新司法改革的序幕。2017—2018年,普通上诉法院体系改革、司法程序改革引起俄罗斯整个法律界的密切关注。

1. 普通上诉法院体系改革

2018年7月30日,修改俄罗斯联邦普通法院体系的第1号联邦宪法性法律生效。按照该法律,俄罗斯将组建5个单独的重审上诉法院(апелляционные суды)和9个单独的再审上诉法院(кассационные суды),这是震动整个俄罗斯司法界的重大司法改革。俄罗斯重审上诉法院对尚未生效的法院裁判提起的上诉和抗诉的案件进行审理,以及因新情况或新发现的情况的案件进行审理。再审上诉法院对已生效的法院裁判提起的上诉和抗诉的案件进行审理,以及因新情况或新发现的情况的案件进行审理。

目前,俄罗斯的普通法院体系中是在同一个主体(地区、州、共和国等)的同一个法院来重审和再审司法裁判,同一个法院汇聚了几种权限,而且经常这些法庭的法官就在同一栋大楼甚至同一层楼办公,严重影响到司法的独立公正。俄罗斯的法学家认为,在普通法院上诉体系中,司法独立性和公正性原则实际上没有得到有效体现。仲裁法院和普通法院上诉案件的统计数据也反映出这一问题。根据俄罗斯联邦最高法院官方网站公布的统计数据,2017年仲裁法院再审上诉案件的通过率占12%(在提交的95 270件案件中有11 933件通过),而普通法院只有1%(212 137件案件中的2 227件)。按照新的制度,不同阶段,案件将在不同地区的法院审理。新成立的重审上诉法院将审理州法院或者和它同级的法院在一审做出的裁判,由此将可以避免在同一法院一审和重审同一案件的情况。新的再审上诉法院将对所有收到的投诉进行审理，不像现在再审上诉法官有酌处权，进行选择性审理。

普通上诉法院将按照仲裁法院的成功模式组建。目前俄罗斯全境内有21个重审上诉仲裁法院和10个大区再审上诉仲裁法院，这些上诉仲裁法院的管辖边界和行政区域的划分不同，有效地提升了仲裁法院与法官的独立性。为了提升社会对司法体系独立性的信任，新建普通上诉法院在结构设置中将采用仲裁法院的原则，即错开司法管辖和行政管辖范围。这些新成立的普通上诉法院不一定位于联邦区的中心，而是按照司法工作量和民众可接近的原则来部署，在必要的情况下可在一些居民点长期设置其"据点"。普通上诉法院体系改革后，将增加900多名法官和近3 000名法院工作人员，预算投入44亿卢布，这些新法院预计在2019年秋天开始运行。

同时，第1号联邦宪法决定设立独立的军事重审和再审上诉法院；将大区仲裁法院院长、普通再审上诉法院院长、俄罗斯联邦最高法院副院长、俄罗斯联邦宪法法院副院长就职年龄限制提高到76岁。

2. 司法程序改革

2018年普京签署了一系列旨在改善司法制度的法律。例如，11月28日第451号联邦法律《关于俄罗斯联邦某些立法法案的修正案》对司法程序进行改革，被认为是正在进行的司法改革框架中最重要的法律之一。按照该法律，俄《民事诉讼法典》《仲裁诉讼法典》和《行政诉讼法典》都将进行相应修订，以保证程序法的一致性。这次修订主要涉及以下内容。

取消"管辖权"（подведомственность）这一术语，替换成"审判管辖权"（подсудность）。"管辖权"是普通法院和其他法院（仲裁法院、仲裁机构）或其他国家机构的权限划分，而"审判管辖权"是司法系统内特定法院审理和解决民事案件的权限划分。术语更改后，根据法律规定，某一法院如果在案件审理过程中发现该争议不属其审理权范围，法院将不会终止诉讼程序，而是根据审判管辖权将案件送交另一法院，从而简化和加快诉讼提起程序。

扩大了行政诉讼的案件范围，增加了认定网络禁止登载信息的案件、认定极端主义信息的案件。将扩大适用简易审判程序的案件，提高简易程序案件诉讼价额门槛，民事案件仍为10万卢布，公法类案件仍是10万卢布，仲裁案件个体经营者将为40万卢布，法人为80万卢布。

新法规定，在民事和仲裁案件中，当事人在法庭上的代理人必须具有法律高等教育背景，但也明确了一些例外情况，和解法官（мировой судья）或区法院（районные суды）审理的案件，劳工纠纷中的工会代表以及专利代理人、仲裁负责人、法定代理人不在此限令内。

明确了法官助理（помощник судьи）在诉讼法体系中的法律地位。为了减轻法官的文字工作，让其专注于案件质量，规定法官助理有权协助编写司法文书，庭审会议记录不仅法庭书记员可以做，主审法官助理也可以做，他还可以监督法庭会议记录等活动。

从 2019 年 1 月 1 日起所有刑事和民事案件一审和上诉重审的庭审会议（包括预审），除了传统的笔录，必须进行强制录音。另一项创新是考虑到法官的工作量和专业，使用自动信息系统，自动组建仲裁、民事、行政和刑事案件的审理法庭（排除诉讼利益关系人的情况例外），将有效提升司法的公正性。法庭上，主审法官有权在陈述期间限制庭审参与者的发言时间并禁止其发言。

2017 年广泛讨论的简化司法裁判书，可以省去裁判书论据说明部分，只保留引言和裁判本身的提议没有通过。但出现了另一个重大变化：法院能够在裁判书论据部分援引最高法院的司法实践评述（обзоры судебной практики Верховного суда）。最高法院在评述司法实践中讨论具体案例，阐释决定原因。在这之前，法学家一直在争论该评述的地位，以及法院是否可以在他们的决定中援引，诉讼各方是否需要研究评述以寻找适合其案件的解释。之前，法院有时会以这些文件并非规范文件为借口拒绝提及引用，下级法院对最高法院的司法实践评述没有给予应用的关注，经常有下级法院的立场与最高法院的立场相悖，下级法院的裁判在上诉中被撤销的情况。新法出台之后，对于法院来说，援引评述将是一个重要的论据。俄罗斯的法学理论家认为，虽然俄罗斯没有判例法，但司法实践应该在全国范围内统一，因此，法官有义务以最高法院的立场为指导。

该法律将在新的普通上诉法院体系开始运作的当天生效，将极大程度地提高俄罗斯的司法质量并减轻司法负担。

结语

2018 年是俄罗斯总统大选之年，新任期一开启，普京就颁布了

《2024年俄罗斯国家发展目标及战略任务》,这项法令创建了改善人民生活,涉及生态、教育、科学和文化以及经济发展和基础设施建设领域的12个国家项目,不仅是俄罗斯未来6年发展的规划指南,还是未来6年俄罗斯法治建设的风向标。2018年,普京努力组建一个清廉高效的政府机构,在管理队伍中吸纳一批具有创新潜质的优秀年轻干部,清除贪腐蛀虫,倡导国家行政系统数字化,推行风险导向监管、国家统一信息来提升国家管理水平。2018年,在经济制裁的环境下,俄罗斯的经济不仅没有下滑,反而出现向好趋势,这与俄罗斯及时调整经济结构,支持非能源生产、鼓励中小企业发展有着密切的关系。2018年就退休改革、垃圾改革和人口和住房问题出台了一系列法律法规,引发社会大讨论。为组建独立公正的司法体系,进一步加大司法改革力度。为维护国家安全,用强硬手段回应各种威胁挑衅,实践贯彻恢复世界强国地位的政策。

根据俄罗斯2018年的法治现状,可以预期2019年俄罗斯的法治建设将立足于《2024年俄罗斯国家发展目标及战略任务》展开,对影响国计民生的各种问题完善法律调整,并将进一步加强反腐、反恐、信息安全、司法改革等重要领域的法治建设。

Annual Report on the Rule of Law in Russia (2018)

Hua Li

Abstract: In 2018, Putin issued the *National Development Goals and Strategic Tasks of Russia in 2024*, which made the top-level plan for Russia's development for the next six years and laid the tone for the construction of the rule of law in Russia in the next six years. First, Russia will advocate the digitization of national administrative system, promote the system of risk-oriented supervision and implement the mechanism of unified national information registration, so as to improve the level of national management. Second, Russia will adjust the economic structure, support non-energy production and encourage the development of small and medium-sized enterprises to speed up Russia's economic development.

Third, Russia will perfect the legislation to carry out the reform on retirement and garbage system, stimulate the population growth, and guarantee the housing of residents. Fourth, Russia will continue the rule of law construction in the cause of anti-corruption and anti-terrorism, further push forward judicial reform and ensure judicial independence and fairness. Fifth, to safeguard national security, Russia will take strong measures to respond to the provocations of all threats and launch countersanctions measures to compete with the United States and Europe.

Keywords: Russia; digitization; anti-corruption; anti-terrorism; judicial reform

哈萨克斯坦法治报告(2018)

杨 丹*

内容摘要： 2018 年，哈萨克斯坦延续多元独立的外交政策，担任联合国安理会轮值主席国，推动无核化进程，主导旨在解决叙利亚问题的阿斯塔纳和谈进程，举办第六届世界和传统宗教领袖大会。哈国签订并批准《里海法律地位公约》及里海领土划分与运输合作相关条约，推动欧亚一体化进程，积极对接"一带一路"倡议，提升上合组织合作机制。

哈国坚持走威权与民主相辅相成的政治发展道路，出台《安全会议法》，为首任总统纳扎尔巴耶夫退位做了充分的准备；适时调整国家发展战略，改革国家行政区划，推进反腐败建设，加快经济市场化与自由化的进程，也不断完善社会文化制度，落实五大社会举措，推进司法体制现代化进程。

关键词： 2018；哈萨克斯坦；法治；纳扎尔巴耶夫

自独立以来，哈萨克斯坦(简称哈国)延续多元独立的外交政策，以中亚地区强国的姿态，活跃在国际舞台。哈国坚持走威权与民主相辅相成的政治发展道路，适时调整国家发展战略，加快经济市场化与自由化的进程，也不断完善社会文化制度来改善民生。

---

* 杨丹，女，满族，南京师范大学法学院副教授，中国法治现代化研究院战略研究所、"一带一路"法制发展研究中心研究员。

近年来,哈萨克斯坦以跻身世界30个最发达的国家为目标,接连推行《哈萨克斯坦——2050》发展战略,推行"百步计划",启动第三个现代化建设,通过"数字哈萨克斯坦"总体规划纲要,制定了2025哈萨克斯坦发展战略规划,逐一落实工业化项目。2018年年初,纳扎尔巴耶夫总统发表题为《第四次工业革命背景下的发展新机遇》的国情咨文,指出在第四次工业革命时代即将到来之际,哈国应采取必要的措施来适应技术、经济和社会深刻而急剧的变化。随后,哈国政府各部门围绕该国情咨文提出的要求,落实各项任务。

2018年,哈萨克斯坦经济增长可圈可点。世界银行将其经济增长预期从此前的3.7%调高至3.8%;亚洲开发银行《2018年亚洲发展报告》将其经济增长预测从3.7%上调至4%。总统纳扎尔巴耶夫宣告哈国已跻身全球50个发达国家行列。强劲的增长带来了广泛的利益。由此,哈萨克斯坦成为欧洲和中亚贫困和不平等减速最快的国家之一。[1]

随着后纳扎尔巴耶夫时代迫近,纳扎尔巴耶夫总统调整国家机构、修订法律以及完善制度,以确保卸任后,实现国家的稳定过渡、经济持续发展以及维护个人的历史地位。2019年,哈萨克斯坦顺利平稳实现总统更迭,证实了纳扎尔巴耶夫总统的政治远见和治国智慧。

一、外交多元平衡:中亚大国国际发声

自独立之初,基于地缘政治和国家利益的考量,哈萨克斯坦领导人制定了对外政策的基本目标:"那就是使国家融入国际社会,保证国家安全,促进经济发展,保护境外哈国公民的权利和利益,同一切愿致力于发展互利关系的国家开展合作。"[2]哈萨克斯坦外交政策的实质可以描述为在国际关系中追求国家利益和利用其地缘政治位置的客观制约与优势之间的平衡。[3] 为此,哈国"坚持国家利益的坚定性与实现既定

---

[1] World Bank. 2019. *Kazakhstan Reversing Productivity Stagnation: Country Economic Memorandum*. World Bank, Washington, DC. © World Bank. https://openknowledge.worldbank.org/handle/10986/31348 License: CC BY 3.0 IGO, p. 1.

[2] [哈]卡·托卡耶夫:《哈萨克斯坦对外政策》,《外交学院学报》2002年第3期。

[3] Maxat Kassen (2018): Understanding foreign policy strategies of Kazakhstan: a case study of the landlocked and transcontinental country, Cambridge Review of International Affairs 2018, published online: 15 Nov 2018, https://www.tandfonline.com/doi/full/10.1080/09557571.2018.1520809.

目标的灵活性和机动性以及多向性和平衡性相结合"。①

多元平衡外交以国家利益为中心,以灵活性与实用性为策略,坚持多向性和平衡性,涵盖"多元外交"和"平衡外交"两个维度。所谓多向性(或称多元性),应该理解为不在所有方向同时做出同样的努力,不是在每个方向毫无意义地分散力量,可以解释为对这样或那样的伙伴没有特定依赖性,对这个或那个地区形势发展的不可预见性没有依赖性。实际上,多向性意味着与所有邻国、独联体国家以及西方、亚洲和近东国家的互利合作。②归纳起来,"多元外交"讲求外交对象的多元化、外交方式的多元化以及外交平台的多元化,在相对开放的外交中寻求更多的外交可能性"。③"平衡外交"指一国在制定外交政策时将本国利益当作出发点,不以意识形态或社会制度为依据,灵活根据现实情况选择支持或反对某一方,以形成有利于本国的情势。④ 有了"多元外交","平衡外交"才有可能;而实施"平衡外交",哈国才能有效避免并且利用大国冲突与竞争,争取本国利益的最大化。

哈萨克斯坦始终坚持多元平衡外交,以务实灵活的姿态,发挥着中亚地区大国的重要作用。继 1997 年《哈萨克斯坦——2030》战略之后,纳扎尔巴耶夫总统在 2012 年 12 月 14 日"独立日"庆祝大会上发表国情咨文《哈萨克斯坦——2050》战略。以此为基础,哈国提出《哈萨克斯坦共和国 2014—2020 年外交政策构想》(Foreign Policy Concept for 2014‐2020 Republic of Kazakhstan),指出:"哈萨克斯坦外交政策基于多元、平衡、务实,互利和坚定维护国家利益的原则";"哈萨克斯坦坚持国家平等、考虑共同利益和互不干涉内政,在《联合国宪章》和国际法规则的基础上和平、集体解决国际问题与冲突";"哈萨克斯坦外交政策以利益平衡为基础,坚持差异化和分层方法的原则(principle of differentiated and tiered approach),与外国和国际组织互动。"⑤按照该

---

①② [哈]卡·托卡耶夫著:《中亚之鹰的外交战略》,赛力克·纳雷索夫译,新华出版社 2002 年版,第 6—7 页。

③ 张颜也:《哈萨克斯坦"多元平衡外交"研究》,华东师范大学 2016 届硕士学位论文,第 7 页。

④ 王佳男:《哈萨克斯坦大国平衡外交政策研究》,外交学院 2017 届硕士学位论文,第 10 页。

⑤ 2014 年第 741 号总统令。

构想,哈萨克斯坦外交政策要保持连续性,并开启以务实和积极主动为特征的新的发展阶段。实用主义(pragmatism)在外交政策中体现为明确关注国家利益,基于对资源、优先事项以及如何实现的客观分析。积极(proactivity)体现在外交政策的规划和实施上,其理念和行动旨在形成符合哈萨克斯坦利益的国际关系日程和作出相应决定。

2018年是哈萨克斯坦外交富有成就的一年。在总统纳扎尔巴耶夫的领导下,哈国秉持多元平衡的外交政策,通过外交访问和谈判维护多边主义和推进区域主义,在反恐、核能以及里海合作、宗教事务等方面发挥了中亚地区大国的重要作用。在多元外交与平衡外交当中,哈国坚定推进欧亚经济一体化进程,积极对接中国"一带一路"倡议,尽力降低美俄冲突带来的负面影响,表现出务实的外交政策经济化导向。

(一)多边政治体系下的国际责任担当

1. 担任联合国安理会轮值主席国

2018年1月1—31日,哈萨克斯坦历史上首次担任联合国安理会轮值主席国,也是中亚国家中首个获此殊荣的国家。

哈国积极担当国际责任,增进国际互信与合作,推动构建安全、公正、繁荣的国际秩序。(1)1月12—15日,哈国常驻联合国代表海拉特·奥马洛夫率领联合国安理会代表团对阿富汗进行了为期3天的访问。这是安理会自2010年以来,首次访问该国。(2)1月18日,纳扎尔巴耶夫总统主持召开题为"不扩散大规模杀伤性武器:建立信任措施"的联合国安理会专题辩论。辩论会最终通过了安理会 No. S/PRST/2018/1号主席声明,提及了冲突和解、预防和防范冲突发生、冲突后的维和行动以及防止大规模杀伤性武器扩散等方面内容。(3)根据哈国的倡议,安理会首次举行正式升旗仪式,庆祝科特迪瓦、科威特、荷兰、秘鲁、波兰和赤道几内亚当选为安理会非常任理事国。安理会成员国支持该提议,并希望延续该传统。

哈萨克斯坦在联合国安理会从阿富汗和叙利亚问题到不扩散大规模毁灭性武器问题的大型议程中发挥了重要作用,为促进宗教间对话与互动交流以及促进联合国可持续发展目标作出了巨大的贡献。哈国秉持中立、公开和透明的原则,共主持了30多场辩论、会议和讨论,并以轮值主席身份向大众媒体就会议结果进行了通报,努力推动安理会取得建设性的实际成果。

2. 反对恐怖主义

2015年,纳扎尔巴耶夫总统在联合国第70届大会上提出了《实现无恐怖主义世界行为准则》,其被联合国认为是加强反恐体系的重要步骤。截至2018年11月,全球共有70多个国家签署了该准则。

哈国在担任联合国安理会轮值主席国期间,积极推动阿富汗问题和大规模杀伤性武器问题的解决。2018年2月,纳扎尔巴耶夫总统在接受中国中央电视台专访时,提出国家之间的合作是抗击恐怖主义和极端主义的唯一出路,指出:"遗憾的是,近年来愈发薄弱的国家间信任体系,恰恰是抗击恐怖主义和极端主义的重要保障。任何一个国家,都无法独立抵抗这一威胁。恐怖主义——是可以在任何一个地方生根发芽的罪恶,且形式不存在限制,你不知道它会在何时何地突然出现……"

哈国在独联体、上合组织、突厥语国家议会大会等框架下,在双边关系中,都积极参与并推动反恐的深入发展。

3. 无核化进程

苏联解体后,哈萨克斯坦曾是拥有世界第四大核武库的国家。哈国基于实现无核世界的愿景,立国之初即关闭塞梅试验场、放弃核武器库、撤出境内核武器。2010年1月11日,在哈国担任欧洲安全与合作组织(欧安组织)主席国期间,成立了总统领导下的不扩散大规模杀伤性武器委员会。1992年5月23日,哈萨克斯坦与白罗斯和乌克兰作为核继承国,同俄罗斯和美国在里斯本签署了《关于履行第一阶段削减战略武器条约的议定书》,即《里斯本议定书》。1994年2月14日,纳扎尔巴耶夫总统正式访问美国,向美国总统比尔·克林顿提交了关于批准《不扩散核武器条约》的文件,作为无核武器国家加入该条约。加入《不扩散核武器条约》,是哈萨克斯坦实施外交政策的重要里程碑。

2018年1月18日,纳扎尔巴耶夫总统在联合国安理会"不扩散大规模杀伤性武器:建立信任措施"会议中发表重要讲话,并提出倡议。《全面禁止核武器条约》是核裁军史上第一份具有法律约束力的文件,于2017年7月7日在122个联合国成员国的支持下获得通过。2018年3月2日,在哈萨克斯坦加入联合国26周年之际,哈萨克斯坦《全面禁止核武器条约》的正式签署仪式在纽约举行。2018年8月

28 日—9 月 2 日,《全面禁止核试验条约》组织在哈萨克斯坦阿斯塔纳举办以"不忘历史,走向未来"为主题的国际会议。哈国成为核裁军和核不扩散领域的领头国。

在伊朗核问题上,哈萨克斯坦支持《联合全面行动计划》和联合国第 2231 号决议,始终支持并推动其进一步落实,以保障地区和平与稳定、促成伊朗各个领域合作。

4. 叙利亚问题上的阿斯塔纳进程

哈萨克斯坦独立之初便开始关注维和政策问题,先后促成纳戈尔诺—卡拉巴赫冲突停火(1994 年)、印巴停火(2000 年亚信会议),参与伊朗问题、乌克兰问题、俄-土局势、叙利亚问题的和平解决。

当前国际社会面临着恐怖主义和极端主义的严重威胁。叙利亚境内的冲突,带来了周边安全危机、恐怖袭击事件、难民等问题。自 2017 年 1 月开始,哈萨克斯坦主导组织了旨在解决叙利亚问题的阿斯塔纳和谈进程。2018 年 11 月 28—29 日,担保国俄罗斯、土耳其和伊朗,以及叙利亚政府和叙利亚反政府武装组织、联合国和约旦代表团举行了第 11 轮的会谈。担保国家一致同意在 2019 年 1 月在阿斯塔纳举行有关叙利亚问题的第 12 轮阿斯塔纳和平会议。

阿斯塔纳和谈建立了停火机制,建立冲突降级区,在东古塔、霍姆斯北部地区和叙利亚南部地区恢复了和平。解决伊德利卜局势问题也在有序推进。此外,和谈还关注在冲突各方之间建立信任措施,释放被俘者、牺牲者遗骸归还以及寻找失踪者,促成叙利亚难民回归家园。

阿斯塔纳进程作为解决叙利亚冲突的有效机制,已成为联合国日内瓦和谈在解决该国冲突的主要部分。

5. 世界和传统宗教领袖大会

在纳扎尔巴耶夫总统倡议下,哈国政府自 2003 年起召开世界和传统宗教领袖大会,并确定每 3 年召开一次。该大会旨在为世界各宗教教派提供一个公共对话平台,推动佛教、道教、伊斯兰教、基督教、天主教、犹太教、东正教、印度教等宗教界进行对话、和谐共存,促进宗教领袖维护世界和平、推动宗教宽容。

2018 年 10 月 10 日,第六届世界和传统宗教领袖大会在阿斯塔纳正式开幕,主题是"宗教领袖共建和谐世界"。该届大会举行全体大会和 4 个分组会议。分组会议的分议题分别是:"二十一世纪世界宣言:

全球安全的概念""地缘政治形势变化中的宗教：统一人性的新机遇""宗教全球化：挑战与答案""宗教领袖和政治家携手克服极端主义和恐怖主义"。

除讨论重点问题外,该大会有助于推动解决宗教间纠纷,预防恐怖主义和极端主义。通过这一活动,哈国也向国际社会展示了倡导宗教包容和世界和平的中亚大国形象。

(二)欧亚地区主义

1.《里海法律地位公约》

里海横跨欧亚大陆,地理位置重要,拥有丰富的渔业资源,油气资源储量丰富但分布不均。苏联解体前,苏联和伊朗通过1921年《苏俄波斯友好合作条约》和1940年《苏伊通商和航海条约》等一系列协议,确立了里海为苏联、伊朗内水的法律地位,也建立了沿岸国在里海的航行捕鱼制度。苏联解体后,里海沿岸国围绕里海划界和资源分配各持己见,展开了长达22年的谈判。里海的法律地位则成为关键的国际法问题。

2018年8月12日,在第五届里海沿岸国家首脑峰会上,哈萨克斯坦、俄罗斯、阿塞拜疆、土库曼斯坦和伊朗五国总统共同签署了《里海法律地位公约》。该公约包含24个条款,涵盖里海活动原则、不同性质水域的划分、海床底土的划分、安全合作、航运制度、生物多样性的保护、捕鱼和渔业资源养护、科学研究、环境保护和保全、海底电缆和管道铺设及建立定期高层磋商机制等内容,是里海法律制度的纲领性条约。

第一,公约突破了《联合国海洋法公约》对"海"的界定,采取折中方式,赋予里海"非湖非海"又"湖海兼具"的特殊法律地位。[1] 这样,既尊重里海沿岸国已经达成的协议与实践,有效协调了国家之间的利益冲突,又保证了里海问题的非军事化和区域化,排除域外国家的军事活动。

第二,公约仿照现代海洋法制度,将里海分为里海水域和海床底土,其中水域又分为内水、15海里领水、10海里渔区、共用水域,海床底土又分为领土和扇形区(sector)两部分。公约有关航行、海洋环境保护

---

[1] 匡增军、马晨晨:《〈里海法律地位公约〉评析》,《现代国际关系》2018年第11期。

和保全、海洋科学研究的制度安排，也与《海洋法公约》类似。当然，里海划分扇形区的方式以及沿岸国在扇形区内享有的权利，明显区别于海洋法规定。

第三，公约规定五国共同管理里海事务，不对域外国家开放，体现了以往苏联伊朗将其定位为内陆湖的传统特性。早在 2007 年，沿岸国共同发表《德黑兰宣言》，要求"排除域外军事力量，五国共同维护里海安全与稳定"。2010 年《安全合作协议》指出："只有里海国家才负有保护里海的责任。"本公约继续维护沿岸国对地区安全的专属管辖权，在序言即明确指出："只有缔约各国对里海及其资源拥有主权权利，包括解决里海相关问题的专属权利。"公约明确排除域外国家在里海进行军事活动，其中第 3 条第 6 款要求"非缔约国军事力量不得存在于里海"；第 7 款规定里海沿岸国不得将领土提供给其他国家做侵略和对抗域内国家之用。

第四，在里海事务管理上，公约确立了沿岸国打击恐怖主义、有组织犯罪、非法狩猎生物资源和贩毒等方面共同的权利和义务，有助于维护里海地区的安全与稳定。

正如纳扎尔巴耶夫总统所说，该公约明确了里海沿岸国家的权利和义务相关的所有问题，确保对里海的和平利用，将成为该地区安全、稳定和繁荣的法律保障公约，堪称"里海宪法"。未来沿岸国可加强油气资源开发和运输潜力，提升跨洲运输和海港现代化，促进中亚国家之间的合作。

就里海的领土划分与运输合作等方面，里海沿岸国也签署了条约，做了相应的安排。2018 年 8 月，《防止里海海域海上意外事件协定》在哈萨克斯坦阿克套市签署。协定旨在保障军事舰艇在里海各国领海之外的航行安全，以及航空工具在海域上空的通行安全，以促进里海沿岸国家军用舰艇和飞行器之间的友好关系。2019 年 9 月 12 日，在土耳其首都安卡拉举行的哈-土投资论坛框架下，哈萨克斯坦国家铁路公司与土耳其国家铁路公司签署战略合作协议，将在跨里海国际运输走廊范围内，就物流及过境运输展开合作。2018 年 12 月 25 日，纳扎尔巴耶夫总统签署《〈关于批准哈萨克斯坦共和国与俄罗斯联邦于 1998 年 7 月 6 日签署的就土地管埋主权问题划分里海北部深海海底协定附加议定书〉哈萨克斯坦法案》。

2. 欧亚一体化进程

哈萨克斯坦作为中亚大国,在独联体、集体安全组织和欧亚经济联盟的框架下,积极倡导和推动欧亚一体化进程。

独联体经历了27年的发展历程,"已经从一个最初文明'离婚'的平台变为包括多个次区域一体化组织的合作组织"。[1] 尽管乌克兰于2018年4月12日宣布退出独联体,独联体作为后苏联地区国家的国际多边合作机制,仍在政治、经济、文化、人文和军事等各领域发挥着重要的作用。2018年4月,独联体外交部长理事会在明斯克举行例会,签署了《关于不允许破坏不干涉主权国家内部事务声明草案的议定书》。会议批准了《2019—2023年各国联合打击犯罪计划草案》《关于独联体成员国教师和教育工作者代表大会条例草案》《"独联体百项构想"国际青年计划条例草案》《关于宣布2021年为独联体建筑和城市规划年的决定草案》等。

与之相应,哈国积极推进独联体协议的国内法转化过程。2018年5月3日,纳扎尔巴耶夫总统批准了《〈关于批准独立国家联合体成员国保障信息安全领域合作协议〉[2]哈萨克斯坦共和国法案》。哈国批准该法案,有助于加强信息安全,促进与其他国家在跨界信息传递、改进信息系统和资源保护技术、相互承认信息保护方式等方面的合作。6月13日,纳扎尔巴耶夫总统签署了《关于批准1992年7月6日所签署的独联体经济法院地位和经济法院规约的协定进行补充》法案,修订与经济法庭有关的协议和规章。随着独联体相关法律日趋完善,经济法庭受理案件不断减少,今后将按照特别法庭的模式运行,不再向法官提供定额工资。独联体各国根据相应的名额任命经济法庭的法官,仅在审理相关案件期间前往明斯克工作、领取津贴,这将减少独联体法庭的预算规模,减轻成员国负担。

集体安全组织(简称集安组织)作为地区性国际组织,是独联体国家构建的军事同盟,旨在共同对外实行集体防御、防止并调解内部及地区性武力争端。2018年,在哈萨克斯坦担任集安组织轮值主席国期

---

[1] 刘丹:《从乌克兰宣布退出独联体看独联体未来走向》,《当代世界》2018年第9期。
[2] 2013年11月20日,独联体国家首脑会议签署了该协议,旨在推动成员国在信息安全领域的联合协调。

间,组建集安组织联合参谋部,建立了武器和军事装备标准化的协调理事会,在联合国大会框架下提出《实现无恐怖主义世界行为准则》,推进网络安全合作,打击非法贩运毒品。11月8日,集安组织集体安全理事会年度会议在阿斯塔纳举行,通过了理事会会议成果宣言。纳扎尔巴耶夫总统呼吁利益相关国家积极同集安组织开展合作,成为集安组织的伙伴国家或观察员国。在哈国国内,总统签署了《关于批准2004年6月18日所签署的集体安全条约组织对涉密信息进行保密的协定进行补充》等法案,加强集安组织协定的国内法转化。

在欧亚经济联盟框架下,哈萨克斯坦支持欧亚经济联盟持续完善法律体系,提升贸易便利化程度,加强与区域外的国家和地区的经贸合作。2018年全年,哈国同欧亚经济联盟成员国之间的贸易额增长7.5%。[①]

3. "一带一路"倡议与上合组织

2014年,纳扎尔巴耶夫总统提出,将哈"光明之路"新经济政策与中国"一带一路"倡议对接,加强两国在贸易投资和物流发展方面的合作。2018年6月,习近平主席与来华访问的哈总统纳扎尔巴耶夫举行会晤,两国元首一致同意继续加强政治互信和互利合作,加深两国人民相互了解和友谊,促进地区和世界和平与可持续发展,在构建人类命运共同体道路上先行一步。[②]

2018年6月9—10日,上海合作组织扩员后,在青岛举行首次元首峰会。纳扎尔巴耶夫总统强调多边经贸关系,建立上合组织的融资机制,以本国货币相互结算,以降低货币依赖带来的风险。

(三)多元双边外交

哈萨克斯坦保持着与俄罗斯的密切关系和与中国在"一带一路"框架下的紧密合作,也注重平衡发展与美欧大国的关系,构建中亚邻国的睦邻友好关系。2018年1月,纳扎尔巴耶夫总统正式访问美国,与美国总统特朗普举行会谈,提出哈美之间加强互信合作关系,强调促进两国双边合作。哈美双方签署了包含航空航天、石化、农业以及基础设

[①] 哈通社:《2018年今年哈萨克斯坦与欧亚经济联盟国家贸易额增长7.5%》,https://www.inform.kz/cn/2018-7-5_a3499185。

[②] 中国商务部:《对外投资合作国别(地区)指南(哈萨克斯坦)》(2018年版)。

施发展等领域总价达 70 亿美元的 20 多项商业协议和政府间合作协议。纳扎尔巴耶夫总统还访问了芬兰、比利时、吉尔吉斯斯坦、乌兹别克斯坦、土库曼斯坦、土耳其、塔吉克斯坦、鞑靼斯坦等国家和地区，推动双边政治和经济关系。

在与邻国关系方面，哈国在 2018 年年末、2019 年年初通过《关于批准哈萨克斯坦政府与吉尔吉斯斯坦政府之间就哈-吉边境制度协议》，明确两国边境制度、进一步加固哈萨克斯坦国家安全体系。

自独立以来，哈萨克斯坦和塔吉克斯坦（简称塔国）定期举行高级别会议。2018 年 3 月 14 日，塔国总统埃埃莫马利·拉赫蒙访问哈国。哈国启动批准《关于批准〈哈萨克斯坦共和国政府和塔吉克斯坦共和国政府间相互给予土地以修建使领馆相关建筑的协议〉法案》的进程，以落实两国 2010 年在阿斯塔纳签署的相互提供土地修建使领馆的协议。根据该协定，塔吉克斯坦在首都杜尚别划拨一处面积约一公顷的土地，供哈萨克斯坦方面建设使领馆，租期 49 年，租金为 1 索莫尼/年。哈萨克斯坦为塔吉克斯坦提供同等面积的使领馆土地，租期 49 年，租金为 1 坚戈/年。2018 年 12 月 27 日，哈塔两国签订《关于批准哈萨克斯坦共和国和塔吉克斯坦共和国政府间有关提供无偿军事技术援助协议》法案。哈国以军事资产转让的形式向塔吉克斯坦提供无偿军事技术援助，具体包括提供弹药、军事装备和医疗设备等。此次军事援助旨在提高塔吉克斯坦军事力量，改善塔吉克斯坦-阿富汗边境地区安全形势，以保障中亚地区安全。

此外，纳扎尔巴耶夫总统访问阿拉伯联合酋长国期间，签署了一系列合作文件，涵盖鼓励和相互保护投资协定、收购"阿克套海港"经济特区 49% 股份的框架协议等。

二、通向后纳扎尔巴耶夫时代的政局过渡安排

自独立以来，哈萨克斯坦实行总统-议会制体制，但在政治实践中仍然表现出总统集权的政治传统，国家政治体系仍然是以重要领导人与政治经济精英为主导的威权政治体系。[1]

---

[1] 江雪梦：《哈萨克斯坦发展战略研究》，新疆师范大学 2016 届硕士学位论文，第 20 页。

纳扎尔巴耶夫总统领导哈萨克斯坦,大权在握,构建了威权政治体系。近年来,纳扎尔巴耶夫总统逐渐做出制度安排和机构改革,以便哈国平稳过渡到后纳扎尔巴耶夫时代,在调整中也对自己至高无上的尊荣和地位做了充分的安排。2017年宪法改革和2018年安全会议的设立,都体现了这两个并行的主线。

(一)威权的建立:1993年宪法以及立法授权

哈萨克斯坦拥有丰富的自然资源和适度人口,有理由持有谨慎的乐观。然而,哈萨克人只有迅速建立稳定的政治、法律和经济结构,促进多民族合作,避免困扰周边共和国的种族暴力,才能实现乐观的未来。[1]

1. 总统主导下的1993年宪法

哈萨克斯坦地区自19世纪60年代开始,完全处于俄罗斯统治之下。1936年,哈萨克斯坦成为苏联的共和国之一。1937年3月26日,哈国颁布第一部宪法。1978年4月20日,哈国出台新宪法,正式宣布哈国为一个主权国家,与苏联所有其他成员共和国具有同等地位,甚至还有自由脱离联盟的权利。

苏联解体将1978年宪法从仅仅正式的文本转化成真正重要的文件。[2] 在独立的前夕,纳扎尔巴耶夫于1989年6月出任共产党第一党委书记。1990年2月,最高苏维埃重新选举,共产党继续居于主导地位,纳扎尔巴耶夫担任总统职务。1990年10月25日,最高苏维埃通过了《国家主权宣言》,重申了宪法和宣示主权,迈出了通向独立的第一步。1991年12月,纳扎尔巴耶夫无可争议地赢得总统选举。然而,立法者缺乏政治经验,局限于讲求服从"单一中心"的政治背景,使纳扎尔巴耶夫获得了增强其权力所需的行动自由。[3]

1992年6月1日,纳扎尔巴耶夫向立法机构提出了新宪法草案,其中大幅度提升总统权力,但规定总统不可以连任两个以上任期。最高委员会最终通过了宪法,并于1993年1月28日生效。宪法规定哈萨克斯坦是"哈萨克民族自治的国家形态"的"民主,世俗和统一的国

---

[1] Stephen Kanter, Constitution Making in Kazakhstan, 5 Int'l Legal Persp. 65(1993).

[2][3] Z. Kembayev, "The Rise of Presidentialism in Post-Soviet Central Asia: The Example of Kazakhstan", in: R. Grote and T. Röder (eds), Constitutionalism in Islamic Countries: Between Upheaval and Continuity (New York: Oxford University Press 2012), 432,434.

家"。借由1993年第一部宪法,哈萨克斯坦成为半总统制共和国,建立了以1958年法兰西共和国宪法为蓝本的一院制立法机构。①

2. 集立法权与行政权于一身

面对独立后的经济困境,共产党主导的立法机构与改革导向的行政部门产生了激烈的冲突。纳扎尔巴耶夫要确保对国家的控制,推行经济改革,就借助手中的权力,取得了立法权,将立法权和行政权集于一身。

(1) 授予立法权。1993年12月12日,最高理事会通过《临时授权法》,使总统能够行使立法权,直到举行新的议会选举。在议会"自我解散"(self-dissolution)后,总统得以行使立法权。

(2) 解散议会。1994年3月7日,哈国举行第一次多党立法选举。总统有权提名42个"州名单"代表,再加上人民团结党获得的33个席位,从而在117个议员的议会中占据主导权。但新当选的议会并不赞同政府的经济改革计划。1994年5月27日,针对总统支持总理特雷希申科的私有化计划,议会对政府提出了不信任动议。议会持续反对再加上腐败丑闻,特雷希申科被迫辞职。新总理卡兹赫尔丁仍加速市场改革。总统与议会爆发激烈的紧张局势,以至于1994年年底议会拒绝通过预算案。

作为经济改革的总设计师,总统纳扎尔巴耶夫无法接受权力分立与制衡带来的掣肘。一桩看似偶然的诉讼成了扭转时局的关键。一位女性议员候选人向宪法法院提出申诉,提出她所在选区存在大量违规情况,导致她未能赢得1994年议会选举。1995年3月6日,宪法法院作出裁决,支持了她的申诉。3月11日,法院宣布该裁决证实"最高理事会的权力违宪",并强化了1993年12月12日的授权法案。总统立刻宣布解散议会。130名议员拒绝解散,并要求国际调查,但他们的反抗很快就销声匿迹。

(3) 延长任期。在这个多民族和多党派国家,绝大多数人民从未经历过民主传统,从议会和总统之间的对抗看到了跨越社会、种族和宗

---

① Andreas Heinrich, The Formal Political System in Azerbaijan and Kazakhstan-A Background Study, Arbeitspapiere und Materialien — Forschungsstelle Osteuropa, Bremen No. 107, March 2010 ISSN: 1616-7384.

教界限的内战的潜在危险,视纳扎尔巴耶夫为政治稳定的保证人,因而坚决支持他。①

面对独立后的艰难转型和经济改革带来的震荡冲击,纳扎尔巴耶夫需要时间化解国内的不满情绪和反对声音,力求避免预定在1996年举行的总统大选。1995年3月1日,恰在议会解散之前,哈国成立哈萨克斯坦人民大会。该代表机构由哈萨克斯坦所有族裔群体组成,由总统担任大会主席,成员由国家文化中心和主席提名。3月24日,大会呼吁就延长总统任期进行全民投票,从1996年延长至2000年。

总统依据该呼吁,运用立法权,颁布法令进行公民投票。公民投票于1995年4月29日举行,超过95%的人投票赞成延长总统的任期。纳扎尔巴耶夫下令起草新宪法。

(二)威权的巩固:1995年宪法

1. 建立超级总统制

在总统的主导下,经历两轮公开征求意见,1995年8月30日哈国就新宪法举行公投,90.58%的选民参与投票,89.14%的选民赞成新宪法。

借助新宪法,哈国成为超级总统制共和国。总统是在国内外代表国家的国家元首,决定国内外政策主要方向,确保国家权力所有机构的协调运作,是"个人权利和自由的保障"和"人民团结的象征和保证",完全有权对宪法进行任何修改或补充。总统可以选择修改宪法(议会必须以3/4多数批准),或者进行全国公民投票(只能由总统宣布)。此外,总统豁免于叛国罪之外的所有犯罪行为。

纳扎尔巴耶夫借此进一步强化了总统在哈萨克斯坦政治体系中的主导地位,得以继续推行自己对哈国政治和经济转型的构想。

2. "首任总统"称号

2000年7月,宪法修正案授予纳扎尔巴耶夫"首任总统"的地位,

---

① Z. Kembayev, "The Rise of Presidentialism in Post-Soviet Central Asia: The Example of Kazakhstan", in: R. Grote and T. Röder (eds), Constitutionalism in Islamic Countries: Between Upheaval and Continuity (New York: Oxford University Press 2012), 436.

确保他在退休以后也完全不受侵犯,享有重要的特权和授权。特别是他将继续担任哈萨克斯坦人民大会主席,成为宪法委员会(Constitutional Council)和安全理事会(Security Council)成员。

3. "民族领袖"称号

2010年5月13日,哈萨克斯坦议会通过了一系列修订案,授予纳扎尔巴耶夫"民族领袖"称号(哈萨克斯坦语:Elbasy)。法案重申他享有终生豁免,并授予其他的豁免。总统及其家庭成员的私有财产、不动产、银行账户,交通工具和通信手段,档案和文件都享有豁免。破坏总统形象和歪曲总统经历则构成刑事犯罪。

(三)威权的架构

在扩大他的权力、影响力和权威方面,纳扎尔巴耶夫采取了公开的单边推动和更微妙的策略。例如,在延长执政期间方面,纳扎尔巴耶夫选择了准合法的方式来提供合法性,如普遍的公民投票和反腐的选举(尽管有宪法规定的限制),而不是彻底废除公民投票并宣布自己为终身总统。①

1. 总揽行政权

(1)任期突破限制。纳扎尔巴耶夫必须突破年龄、任期和连任次数的限制,才能执掌大权、领导哈国渡过经济危机和政治动荡的艰难时期。

首先,宪法规定总统任期5年,总统候选人必须在35岁以上、64岁以下。1998年10月7日,纳扎尔巴耶夫支持者主导的议会通过了宪法修正案,将总统任期延长至7年,将候选人的年龄下限提高到40岁,并取消了年龄上限。

其次,宪法规定,同一人不得连选连任两次以上。1998年8月俄罗斯金融危机带来了苏联国家通货膨胀和货币贬值,预计1999年哈萨克斯坦将跌入经济低谷。下一届总统选举按期将在2000年举行,经济困境会给总统连任带来不确定性。1998年10月8日,下院宣布3个月内举行下一届总统选举。在1999年1月10日的选举中,纳扎尔巴耶夫再度当选。2005年12月4日,纳扎尔巴耶夫以压倒性优势又一次

---

① Azamat Sakiev, Presidential Leadership Styles and Forms of Authoritatianism in Post-Soviet Central Asia, Syracuse University December 2011, UMI Number: 3495119, p.157.

当选。①

针对纳扎尔巴耶夫的多次当选,宪法理事会在 2000 年 6 月发布法案,指出"考虑到……1995 年宪法深刻地改变了宪法体制……总统的首个任期……必须从其履职之时起算,即 1999 年 1 月 20 日"。2007 年 5 月 21 日,新宪法则规定,同一人不得连任总统两次以上,该限制不适用于哈萨克斯坦首任总统。

2011 年 1 月 6 日,议会通过宪法修正案,支持将纳扎尔巴耶夫任期延长至 2020 年的全民公投。纳扎尔巴耶夫否决了修正案。1 月 14 日,议会一致否决了总统的否决。1 月 17 日,总统将修正案递交宪法理事会。1 月 31 日,宪法理事会宣布该修正案不合法。总统宣布遵守该决定,建议提前进行总统选举。2011 年 4 月 3 日提前进行选举,纳扎尔巴耶夫再度当选,开始下一个为期 7 年的总统任期。

哈国通过 2018 年 4 月 28 日第 225 号决议《关于在哈萨克斯坦共和国某些立法法案中就选举事项提出修正和补充的法案》,引入新的选举机构,保障选举更加透明民主。该方案规定了各行政区域行政长官的选举程序,特别规定总统有权自行决定解散。

(2)掌握人事权。总统统领政府,掌握政府各部门负责人的人事权。就总理人选,总统咨询议会下院政党,向议会下院提出总理人选,在获得同意后任命总理。总统有权任免外交、国防、内政和司法部长。总统接受总理的建议,确定政府的构成,任命其他成员。

政府向总统负责,只具有行政的职能。总统随时可以任免总理和其他政府官员。2019 年 2 月,纳扎尔巴耶夫在卸任总统之前的一个月,解散萨金塔耶夫政府内阁,从中可以看出总统对政府的掌控能力。

2. 决定立法权

(1)把握立法机关。纳扎尔巴耶夫对议会构成有着巨大的影响力。议会上院由 14 个行政区域以及阿拉木图和阿斯塔纳的两名代表组成。总统可以选择 15 名参议员,以确保上院在民族文化和其他重大社会利益方面的代表性。

---

① 总统任期将于 2006 年 1 月终止。而宪法要求总统选举在 12 月的第一个周日进行。下院请求宪法理事会对宪法条款进行解释。2005 年 8 月 19 日,宪法理事会颁布法令,要求在 2005 年 12 月的第一个周日进行总统选举。

哈萨克斯坦自独立以来制定的政党制度没有提供真正的政治参与和竞争，也没有提供有意义的政治选择。[1] 议会下院本来就由支持总统的党派占据多数席位。经过2007年8月18日的特别选举，纳扎尔巴耶夫任主席的"祖国之光"党获得下院所有席位。总统有权解散议会。

（2）限制立法权制衡。只有在叛国罪的情况下、经过极其复杂的程序，议会才能撤销总统的职务。考虑到总统对议会、政府乃至司法机关的掌控，弹劾根本不可能启动。

（3）立法权。在立法动议权方面，总统既可以自己提起立法，也可以要求政府向下院提出立法草案；在立法程序方面，总统和政府有权干涉立法程序。总统有权宣布立法草案具有紧迫性，要求议会在呈递之日起一个月内进行审议；否则，总统可以颁布具有法律效力的法令，效力直至议会通过该法案。法律必须由总统签署才能生效。

据此，可以看出，虽然宪法宣称其确保权力分立和制衡制度，但在国家权力结构的现实设计中，宪法确立了总统权力的优势。[2]

（四）关键的最后一步：《安全会议法》

2018年7月12日，《哈萨克斯坦共和国安全会议法》（简称《安全会议法》）正式生效。该法案依据《关于哈萨克斯坦共和国总统》宪法第33条制定，确立了哈萨克斯坦共和国安全会议的法律地位、权限以及组织工作，将其确立为宪法机构。

1. 法案内容

首先，安全会议对内负责内务安全，涉及警察和安全部队；对外负责国防安全，涉及军队。作为宪法机构，安全会议及其主席所作的决定具有强制性的法律效力，必须由哈萨克斯坦共和国的国家机构、组织和官员严格执行。安全会议旨在维护哈萨克斯坦的国内政治稳定，维持国家宪法秩序、主权独立、领土完整，在国际政治舞台上保障哈萨克斯

---

[1] Yilamu W. (2018) Political Liberalization in Post-Soviet Uzbekistan and Kazakhstan: The Influence of Neoliberalism. In: Neoliberalism and Post-Soviet Transition. Palgrave Macmillan, Cham, p. 71.

[2] Yilamu W. (2018) Political Liberalization in Post-Soviet Uzbekistan and Kazakhstan: The Influence of Neoliberalism. In: Neoliberalism and Post-Soviet Transition. Palgrave Macmillan, Cham, p. 64.

坦的国家利益。

其次,安全会议由哈萨克斯坦总统组建,并由总统和安全会议主席商讨选定成员。法案规定"鉴于哈萨克斯坦共和国首任总统的历史性地位,授予首任总统安全会议终身主席权力"。也就是说,纳扎尔巴耶夫终身享有调动哈萨克斯坦安全和国防力量的权力。

安全会议主席落实安全会议管理工作、召开会议及紧急会议、批准安全会议相关条例以及实施法案规定的其他权限。安全会议下设办公厅,负责对安全会议相关事项进行信息分析,完成组织工作。

再次,安全会议和安全会议办公厅由国家财政预算提供资金支持。

2. 法案评述

安全会议的构建也是政权交接机制建设的步骤之一,意在保障政权平稳过渡及国家政策延续性

经过近些年来的改革,纳扎尔巴耶夫卸任哈国总统之后,仍然享受独特的政治权力。依照2000年《首任总统法》,纳扎尔巴耶夫作为"首任总统",有权就重要的国家建设、内政和外交政策、国家安全等向人民发表立场,有权在议会及其各委员会、政府会议上发表意见,继续领导具有统战性质的哈萨克斯坦人民大会,并参加宪法委员会和安全会议。经过2010年修订,该法更名为《首任总统——民族领袖法》,授权"民族领袖"设立对其本人负责的办公室,保有独立的行政团队。此次的《安全会议法》更使得纳扎尔巴耶夫终身控制哈国安全和国防力量。由此,纳扎尔巴耶夫卸任总统后,仍可在宏观上把控哈国政局,继续监督国家的政治生活,保证国家政权和社会局势的平稳运行。

2019年3月20日,纳扎尔巴耶夫停止履行总统职务,由议会上院议长托卡耶夫完成剩余任期,直至2020年届满。辞去总统职务之后,纳扎尔巴耶夫仍将继续担任哈萨克斯坦国家安全会议主席、执政党"祖国之光党"主席、人民大会主席及宪法委员会成员。纳扎尔巴耶夫以其坚定的执政理念和高超的政治智慧,成为哈国政坛的常青树,设计和打造了哈国独立以来的内政外交政策,领导哈国成为中亚地区强国。

在民主形式和威权政治的交叉路口,与其说哈国民众选择了威权政治,不如说选择了纳扎尔巴耶夫本人及其确保的政治稳定、社会改革和经济发展乃至民族团结、文化传统。是纳扎尔巴耶夫打造了独立后的哈国,也是哈国选择了纳扎尔巴耶夫模式的民主、团结和改革之路。

三、行政改革进行中：效率、公正、清廉

（一）推动 2050 战略发展

按照总统纳扎尔巴耶夫的规划，哈国不断调整国家发展战略，重点推动经济发展，改革行政体制，提高行政效率。1992 年 5 月 6 日，纳扎尔巴耶夫总统出版《作为主权国家的哈萨克斯坦的形成和发展战略》一书，明确了哈国独立后的发展战略。1997 年 10 月 10 日，总统发表题为《哈萨克斯坦——2030：所有哈萨克斯坦人民的繁荣、安全和改善福利》的国情咨文，确立了 2030 年前的国家战略发展规划。2012 年 12 月，总统发表了题为《哈萨克斯坦 2050：同一个目标、同一个利益、同一个未来》的国情咨文，确立了 2050 年前的国家战略发展规划。

为了实现 2050 战略中哈国"跻身世界 30 个最发达国家"的目标，2015 年 5 月 6 日，纳扎尔巴耶夫总统正式提出了"百步计划"，以便实现建设专业化的国家机关、加强法制建设、落实工业化和保障经济增长、统一与团结、建立责任型政府五大改革目标。2017 年，哈国启动了第三个现代化建设，通过了"数字哈萨克斯坦"总体规划纲要，制定了 2025 哈萨克斯坦发展战略规划。

2018 年伊始，纳扎尔巴耶夫总统发表国情咨文《第四次工业革命背景下的发展新机遇》，其中指出"百步计划"正在实施当中，其中的 60 步已经完成，其余大部分都是长期性的，也在按计划进行中。哈国正在推进七个方向的系统性改革，涵盖发展人力资源、技术革新和数字化、发展竞争和有竞争力的商业、建立没有腐败的法制国家、地区发展和城市化、社会意识现代化和国有部门改革先行等。这些都要求政府机关提高工作效率，优化国家管理体制，限制贪污腐败行为发生，才能推动国家现代化的发展。

继 2010 年和 2015 年两个五年计划后，投资和发展部制定了工业化第三个五年计划，即 2020—2024 年工业创新发展规划。

（二）国家行政区划改革

2018 年 6 月 19 日，纳扎尔巴耶夫宣布正式批准方案，授予奇姆肯特市国家直辖市地位。奇姆肯特市正式成为哈国第三座国家级直辖市，也是哈国独立以来继阿斯塔纳之后形成的第二座百万人口城市。可以看出，哈国积极推动交通物流、人力资源和经济发展等领域的发

展,努力打造吸引投资、技术发展的新中心。

同时,该方案将"南哈萨克斯坦州"更名为"突厥斯坦州",将其州级行政机关由奇姆肯特市迁移至突厥斯坦市。除了推动经济发展之外,哈国也借此尊崇坚守哈萨克文化和历史,弘扬突厥民族文化,促进经济与文化的均衡发展。

(三)行政机构改革

2018年6月28日,纳扎尔巴耶夫总统签署关于进一步改善公共行政系统措施的第707号总统令。根据《哈萨克斯坦共和国宪法》第44条第3款,哈国进行了一系列的行政机构改革,其中宗教事务和社会组织管理部正式更名为社会发展部,负责原先文化和体育部负责的公共合同实施工作。

12月26日,纳扎尔巴耶夫总统签署总统令,进一步改革了政府管理机构设置。投资和发展部被改组为工业和基础设施发展部。国家经济部负责原属于投资和发展部的、制定国家引资政策的职能和权力。哈萨克斯坦外交部将负责协调出口促进,管理原隶属于投资和发展部的投资委员会,获得国家投资公司(Kazakh Invest)的股权控制及使用权。

(四)反腐进行时

腐败是哈萨克斯坦经济发展和法治进步的主要障碍,广泛存在于行政管理的各个方面。哈萨克斯坦将反腐败当作政府工作和法治建设的重中之重。自1997年以来,哈萨克斯坦通过了1998年《国家安全法》、1998年和2015年《反腐败法》、2000年和2015年《公务员道德守则》、反腐败国家系列方案和《2025反腐败战略》等。近年来,哈国腐败高官也多有落马,反映出哈国反腐的决心。2018国情咨文《第四次工业革命背景下新的发展机遇》指出:"仅在过去的三年里包括高级官员和国有企业高管在内的2 500多人被判贪污罪。在此期间,他们所造成损失中共有170亿坚戈得到了补偿。"同时提出包括"打击腐败和法治"在内的10项任务。

在制度建设上,1998年《反腐败法》要求政府每五年制定国家反腐计划。哈国正在制定基于2015—2025年国家反腐败战略的新反腐模式。哈国以公开竞争的方式招录的公务员人数同比增长42%,空缺职位数量下降10%。2008年,哈国在中央和地方的部分政府部门试行新的薪酬制度。这一新的薪酬制度拟消除职位冗余,将经济报酬与个人成果和业绩直接联系起来,提高机构效率,降低中央与地区之间的工资差距。①

在监督机构上,政府也设立各层级的专门性反腐机构,监督公务人员,打击腐败行为。总统直接领导"打击腐败和国家公务员职业道德国家委员会""打击经济犯罪和腐败署"。各级政府设立常设纪律委员会以及由护法机构和检察院组成的协调委员会。

在内部监管方面,哈国将中央政府部分职能下放到地方政府和私营部门,要求政府职能部门提供一站式服务,实现政府采购电子化。哈国建立了国家工作人员及配偶收入申报制度,制定公务员道德规范,从制度上促进公职人员廉洁自律。

在公共监督方面,哈国打击经济犯罪和腐败署设有热线电话,鼓励民众举报腐败行为。政府建立了公众对政府部门腐败程度的年度评价机制,及时向社会公布评价结果,构建畅通的外部监督渠道。此外,执政党"祖国之光"人民民主党设立了反腐社会委员会,推动反腐败的公众监督活动。

在技术应用方面,哈萨克斯坦减少政府官员与公民的直接接触,实现了公共采购电子化以及业务流程自动化,通过电子政务系统可完成78%的公共服务项目,有效减少了国内腐败现象。在促进电子政务方面(E-government),哈萨克斯坦将电子政务作为最高政治层面的优先事项,制定电子政务战略,建立独立的监管机构——信息化和通信机构(AIC),以执行国家ICT政策,创建政府机构网站(42个政府机构中有32个拥有自己的网站),并由各政府机构开发公司网络和数据库(如综合税收、海关、养老金信息系统),颁布重要的法律,如电子文档和电子签名法。② 在政府采购方面,纳扎尔巴耶夫总统于2019年12月27日签署批准了旨在改善公共采购和准公共部门实体采购问题的《就公共采购和准公共部门实体采购问题对哈萨克斯坦共和国部分法律条款进

---

① Emrich-Bakenova S. (2019) Civil Service Development in Kazakhstan. In: Farazmand A. (eds) Global Encyclopedia of Public Administration, Public Policy, and Governance. Springer, Cham, p. 6.

② Shahjahan H. Bhuiyan, *E-Government in Kazakhstan: Challenges and Its Role to Development*, Public Organiz Rev (2010) 10: 31-47 DOI 10.1007/s11115-009-0087-6.

行补充修改》法案。

经过持续的努力,哈国在反腐败方面进步显著。2017年,哈萨克斯坦在管理发展研究所全球等级排名中排名第32位。该指数由国家经济状况、政府工作有效性、商业环境以及基础设施质量4个类别的指标组成。在这些指标中,哈萨克斯坦排名上升15位,超过了西班牙、波兰、意大利、土耳其等国家。这表明哈国政府效率有所提高。按照国际非政府组织"透明国际"发布的报告,哈国位列2018年全球清廉指数第124位(31分),与上年持平,在中亚国家中排名首位。在世界正义工程(World Justice Project)发布的《2017—2018法治指数》报告中,哈萨克斯坦总体得分为0.51,在全球113个国家中排名第64位。

我们仍要看到,就像世界银行在《哈萨克斯坦:克服生产率停滞》国别经济分析报告提出的那样,腐败是哈萨克斯坦私营企业的主要障碍,是各个部门的普遍特征。哈国反腐败,仍然任重道远。

近年来,纳扎尔巴耶夫协调对外交往,推动政府调整与变革,调整国家经济结构,做了严密周详的战略布局,以应对总统更迭可能带来的波动与挑战。政府推出了一系列改革措施,但似乎在经济发展方面未能让纳扎尔巴耶夫满意。事先并无明显征兆,2019年2月21日,纳扎尔巴耶夫突然对本届政府近年来的工作表示失望,签署解散政府的总统令,由第一副总理马明临时代理总理职务。从总统府官网公布的声明来看,纳扎尔巴耶夫认为政府的改革措施没有达到预期效果,经济领域未能实现积极变化,包括经济仍主要依靠资源、未能提供足够的就业岗位、中小企业未能成为经济增长的引擎等。

四、经济立法:谨慎前行的市场化与自由化进程

纳扎尔巴耶夫自1997年开始,向全国人民公开发表国情咨文。其间,哈国先后宣布两大国家战略规划:"哈萨克斯坦——2030"和"哈萨克斯坦——2050"发展规划。

在国情咨文《第四次工业革命背景下的发展新机遇》中,总统纳扎尔巴耶夫指出"2018年要开展以'数字时代'产业发展为重点的工业化第三个五年计划工作",推动哈萨克斯坦数字和其他创新开发项目的发展。该国情咨文提出十大任务,涵盖教育、科技、工业、农业和物流交

通等多个领域。具体包括：工业领域应成为新技术应用发展的旗舰；进一步发展资源潜力；"智能技术"——农业综合体发展的新机遇；提升交通——物流基础设施的效率；在建筑和公共事业领域引入现代化技术；"重启"金融部门；人力资源——现代化的基础；有效的公共管理体系；加大反腐败力度、强化法制建设；"智能国度"的"智能城市"。纳扎尔巴耶夫要求哈国抓住第四次工业革命的重要历史机遇，实现在2050年前跻身世界前30强国行列的目标。

2018年，在世界银行营商环境报告排名中，哈萨克斯坦位居第28位。相比五年前的第82位，哈国通过法律完善、减少许可文件、简化企业注册手续、全民贸易和合同履行等方面的改革，有效提升了营商环境。美国波士顿咨询公司（BCG）公布的《2018经济可持续发展评估》报告披露，在全球152个国家和地区的福祉排名中，哈萨克斯坦以57.7分位居第57位。

（一）宏观经济

2018年2月15日，纳扎尔巴耶夫总统签署了《关于批准哈萨克斯坦2025年前战略发展计划以及废止某些法令的总统令》。

1. 预算调整

2018年，由于全球油价上涨，哈国石油出口总价增加，经济形势向好。2018年1—3月，哈萨克斯坦GDP增速为4.1%。2018年国内生产总值预计比2017年8月预估时大幅增长。为此，哈国参议院（议会上院）在4月26日召开的全体会议上通过了《关于对〈2018—2020年国家财政预算〉哈萨克斯坦共和国法案进行补充修改》法案。按照该修正案，预算调整主要用于实施《哈萨克斯坦第三阶段发展纲要：提升国家竞争力》和《第四次工业革命背景下的发展新机遇》国情咨文、总统的五大社会举措以及之前提出的各项目。纳扎尔巴耶夫总统于4月27日签署批准了修正案。

10月16日马吉利斯（议会下院）召开会议讨论《关于对〈2018—2020年国家财政预算〉哈萨克斯坦共和国法案进行补充修改》法案。新法案调整了坚戈汇率和油价等参数，明确和调整2018年宏观经济指标。10月29日，纳扎尔巴耶夫总统签署该法案。

2. 国家基金

哈萨克斯坦于2000年建立了主权财富基金——国家基金，管理自然资源使用税费,用以储备和稳定财政。政府每年制定预算案,可以从国家基金划拨或转移支付其中一部分,用以弥补预算缺口或资助特别项目。

(1) 国家基金遭遇冻结危机。

受 Stati 方 v. 哈萨克斯坦投资仲裁案结果及其执行的影响,国家基金资产在美国、荷兰、瑞典等遭到冻结,受挫严重。

1999—2003 年, Anatolie Stati 和 Gabriel Stati 父子通过公司 Ascom Group SA 和 Terra Raf Trans Traiding Ltd(统称 Stati 方)收购了哈国公司 Kazpolmunay LLP(KPM)和 Tolkynneftegaz LLP(TNG)。KPM 拥有对 Borankol 油田的开采权,TNG 拥有 Tolkyn 天然气田的勘探权。自 2010 年以来,哈萨克斯坦终止了有关开采权的协议。Stati 方依据《能源宪章条约》(ECT)投资者保护规则,向瑞典斯德哥尔摩商会仲裁院提起投资仲裁请求,要求赔偿超过 30 亿美元。仲裁庭于 2013 年 12 月 19 日发布裁定,并在 2014 年 1 月 17 日进行了修正。仲裁庭驳回哈国的管辖权异议,裁定哈萨克斯坦违反了《能源宪章条约》第 10 条第 1 款规定的"公正和公平待遇"义务,给投资者造成了损失。仲裁庭裁定哈萨克斯坦有责任支付 508 130 000 美元的赔偿金以及自 2009 年 4 月 30 日起的利息,利率相当于 6 个月美国国库券的平均利率。仲裁费用由哈萨克斯坦支付 3/4,由投资者支付 1/4。

根据该仲裁裁定,Stati 方在荷兰、比利时、瑞典、卢森堡和美国等国法院申请执行裁定。2018 年年初,纽约梅隆银行冻结了哈萨克斯坦共和国国家基金的 220 亿美元。哈萨克斯坦在相关国家法院提起诸多诉讼,以期解决国家基金资产被冻结的困境。2018 年 1 月 23 日,阿姆斯特丹地方法院作出裁决,解除纽约梅隆银行对哈萨克斯坦共和国国家基金 220 美元资产的冻结令,同时要求摩尔多瓦籍商人阿纳托利·斯塔蒂承担与此次诉讼有关的费用。

(2) 国家基金转移支付减少。2018 年 10 月 31 日,马吉利斯(议会下院)全体会议通过了《哈萨克斯坦共和国国家基金 2019—2021 年间转移支付保证金》法案。根据该法案,哈国逐年减少从国家基金拨付给财政的转移支付保证金金额,预计 2019 年为 2.45 万亿坚戈、2020 年为 2.3 万亿坚戈、2021 年为 2 万亿坚戈。11 月 30 日,纳扎尔巴耶夫总统签署批准该法案。

2019年4月，哈国总统又签署批准了《关于对〈哈萨克斯坦共和国国家基金2019—2021年间转移支付保证金〉进行补充修改的法案》。

近年来，哈国推动实施全民财产收入和支出的公开化，实施财产合法化，以期有效杜绝影子经济、缩小贫富差距，建立法制、透明的社会。2018年12月28日，纳扎尔巴耶夫总统签署批准《就哈萨克斯坦共和国行政区域划分及打击影子经济行为问题对哈萨克斯坦共和国部分法律进行补充修改》法案。

(二) 金融货币

1. 货币"去美元化"与调控

自2008年全球金融危机以来，伴随着国际石油价格下跌，受俄罗斯经济下滑影响，哈萨克斯坦遭遇坚戈贬值，经济滑坡。2015年开始，哈国实行货币汇率自由浮动，开展去美元化，减少国家经济对美元的依赖。

2018年4月11日，马吉利斯（议会下院）一读通过了《关于货币调控和监管》法案。非银行的外汇兑换机构获准买卖由央行制作发行的金条。专业的证券市场参与者有权在本国货币市场上购买和出售非现金外币。7月4日，纳扎尔巴耶夫总统签署了《关于货币调控和监管》法案，旨在扩大个人投资的机会，以提升外汇市场的竞争力。

2. 银行竞争加剧

哈萨克斯坦实行由国家银行和商业银行构成的二级银行体制，同时设有政策性银行——哈萨克开发银行。近年来，受国家政策影响，银行业竞争加剧，出现两极分化的趋向。

2018年，哈萨克银行（Qazaq Banki）因经营不善而爆发丑闻，受到纳扎尔巴耶夫哈总统的严厉批评。哈央行要求其9月底前不得办理储户存款业务。该银行自9月1日起正式停止业务。

2018年7月28日，哈萨克斯坦人民银行（Halyk Bank）和哈萨克斯坦商业银行（Qazkom）签署转让协议，正式完成合并程序。在自愿重组框架下，哈萨克斯坦商业银行将所有权利义务转让给人民银行。

按照国际评级机构——标普的评估，哈银行业风险上升。主要原因在于政府及其相关机构、银行大股东实施干预，银行业竞争加剧，中小规模银行逐步被挤出市场，大型金融机构获得更多优势。

3. 保险服务

2018年2月28日,为保护境外旅游消费者的权益,哈国马吉利斯全体会议一读通过《就保险行业相关问题对哈萨克斯坦共和国部分法律条款进行补充修改》法案。修订案将境外旅游保险的对象由旅行社转为游客自身。旅行社有义务在出售旅行服务的同时,向游客提供保险凭证,写明在旅行目的地中可提供24小时医疗服务的国际机构的联系电话。游客在境外需要医疗服务时,不会负担额外费用。费用由保险公司支付。

7月3日,为建立有效的金融服务消费者权益保护机制,纳扎尔巴耶夫总统签署批准了《关于保险和保险服务、证券市场问题对哈萨克斯坦共和国部分法律进行修改和补充》法案。法案引入网上保险系统,推行保险领域数字化和电子签约,有助于降低保险费用。除境外旅游保险方面以外,该法案引入了新的保险服务——附加保险。

4. 阿斯塔纳金融中心

早在2015年12月,纳扎尔巴耶夫总统签署《阿斯塔纳国际金融中心》法案,确立阿斯塔纳国际金融中心的地位和职能。2018年7月5日,阿斯塔纳国际金融中心(AIFC)开业典礼在世博会会议中心举行,成为比肩国际领先金融中心的大型综合性金融平台。中心下设独立法院和国际仲裁中心、证券交易所等,并通过金融服务监管委员会(AFSA)进行监管。金融中心法院包括来自英格兰和威尔士的9名知名法官。

阿斯塔纳国际金融中心拥有先进的金融基础设施与服务,积极与国际领先的金融机构和发达国家金融监管部门合作,共同维护金融体系的稳定,提升金融服务。

(三)税收

1. 减轻税负

2017年12月,纳扎尔巴耶夫总统签署批准了哈萨克斯坦新税务法典,于2018年1月1日起生效。税法规定了电商优惠政策,界定了"网店""互联网网站""电子商品贸易"概念,免除电子商务领域的企业所得税和个人所得税。获取该项优惠,必须满足3个前提:以电子形式进行交易;至少90%以非现金的形式支付货款;向买家提供配送服务,或与物流公司签订服务合同。

2018年7月,哈国通过税务法修正案,规定自2019年1月1日起,对月收入低于25倍按月计算指数①的公民免征个人所得税(1倍按月计算指数=2 405坚戈)。如果雇员有多个收入来源且每项收入均不高于25倍按月计算指数,则由每个雇主分别按照应纳税所得额的90%进行核算。此外,自2019年1月1日起,赦免企业和个体商户的税收。如纳税人在2019年12月31日前足额缴纳所欠税款,则免除其应缴的滞纳金和罚款。

为减轻商业负担,自2017年起,哈国在总统的指示下,大幅度减少税务检查的次数。随着2018年新税法的施行,税务检查次数进一步减少。

2. 税收合作

为促进双边贸易投资、协调双边税收安排,哈萨克斯坦在2018年批准多项避免双重征税的双边协定。

2月15日,议会批准哈萨克斯坦和阿塞拜疆避免双重税收协定的修正案。该协定将扩大信息交流,推动税务合作。协定修改了哈萨克斯坦和阿塞拜疆的相关税收项目,明确了部分条款。如果私人主体违反协定或逃税,将受到国内法的严惩。

4月9日,总统签署批准关于哈萨克斯坦和白罗斯政府之间修正双重征税议定的法案。

9月6日,参议院(议会上院)全体会议审议通过了《关于对1996年6月12日签署的哈萨克斯坦政府和乌兹别克斯坦政府之间对所得和财产避免双重征税的协议进行补充和修改的法案》。

12月27日,参议院全体会议审议通过《关于批准哈萨克斯坦与克罗地亚政府间避免双重征税和防止偷税漏税协议及相关文件》法案。

(四)商业立法

1. 自然资源管理

哈国向来重视自然资源的公平分配和环境保护,近年来更收紧对外国资本获取自然资源的使用权的限制,对土地资源的管理尤为谨慎。

纳扎尔巴耶夫重视农业发展,在《哈萨克斯坦——2050战略》中设

---

① 按月计算指数,即哈萨克斯坦为计算养老金、福利金和其他社会支付,以及各类罚金、税款和其他支付而由政府每年确定的计算指数。

定了"实现大规模农业现代化"和"成为世界粮食市场的领袖和扩大农业生产"的宏伟目标,并设定了"扩大种植面积"等具体目标。然而,国内各种政治势力将"土地改革政策"视为政治角力的筹码,持有明显不同的立场。一些"左派"政党和民族主义政党坚决反对土地私有化,甚至反对将土地出租给外国公司或个人,更"将本属于为使农业摆脱困境的经济问题,肆意扩大为政治问题,利用民族主义煽动不明真相的人反对政府推行的土地改革政策"。①

2009年,哈国发生针对中国租用土地的传言而发生的示威游行。2016年4月底—5月初,部分民众上街示威游行,反对政府颁布的《土地法修正案》,特别针对将土地租期由10年延长至25年、哈萨克斯坦公民与外国人可以合资购买土地的规定。5月6日,纳扎尔巴耶夫被迫签署《关于冻结土地法修正案部分条款》的法案,处分经济部、农业部负责人。5月12日,哈国政府成立土地改革委员会,由政府第一副总理担任主任,研究土地改革中的问题以提出相应的对策。

2018年土地立法改革严格限制外资租赁和购买土地,保障本国人租赁和购买土地的公平性和透明度,确保公共牧场的开放。4月19日,参议院全体会议通过《就调整土地关系问题对哈萨克斯坦共和国部分法律条款进行补充修改》法案。具体内容主要涵盖:

一是法案规定了土地租赁的新程序。为提高招标的透明度、保障所有投标者平等参与,政府要同公共委员会和非政府组织商定投标土地清单,并将招标信息发布在各大媒体以及政府官网上。

二是政府要在土地租用前5年每年1次、租用后对灌溉土地每3年1次、对非灌溉土地每5年1次进行检测,以便有效利用农用土地并监管租户的土地使用情况。

三是各州地方政府和地方议会共同决定和批准每人能获得多少农地,以免大量农业用地落入同一个人手中,避免土地过分集中,有违公平。

四是农村地区为当地居民划分牲畜饲养的公共放牧区域,严禁出租,已出租至个人和法人的公共牧区也收归国有,以解决当地居民的牧草不足问题。

---

① 刘姬:《哈萨克斯坦农业发展与土地改革》,《世界农业》2017年6月10日。

五是严格限制外国人或外国资本取得哈国土地使用权,维护边境安全。一方面,仅向哈萨克斯坦公民出租农地,禁止有外资参与的哈萨克斯坦法律实体享有土地。另一方面,位于国家边界地带的农地作为公共牧场供当地居民适用,不分配给任何人;边境地区的土地不得租赁给外籍公民或与外籍公民存在婚姻关系的哈萨克斯坦公民。

在数字哈萨克斯坦规划之下,哈国也着手创建国家土地资源信息数据库和地下资源信息数据库,并与电子政务系统相连,便于投资者研究土地信息和办理许可证申请。

2. 数字哈萨克斯坦

2017年12月,哈国政府通过了《数字哈萨克斯坦》国家方案,旨在实现国家经济技术现代化、提高国民的生活质量和国家经济竞争力。在此方案下,政府建设先进基础设施"数字丝路",提供高速互联网服务,在国家规划、医疗卫生、教育等领域引进数字技术,推动电子商务市场、政府服务系统电子化。

2018年,《数字哈萨克斯坦》国家规划框架下共落实了20项项目。多个行业领域引入信息技术,提高了劳动生产率。武装力量将落实结合制图、地理信息和基础设施信息的统一平台——"特殊用途地理信息平台"项目,帮助军队获取和收集相关地理信息,过渡成为"数字化部队"。

3. 知识产权

在世界知识产权组织和美国康奈尔大学等机构发布的《2018年全球创新指数报告》中,哈萨克斯坦积31.4分,排名第74位。与2017年的第78位相比,前进了4位。

2018年7月3日,《关于对改进知识产权领域问题的若干法律进行补充修改的法案》正式生效。该法案大幅度修订哈国的知识产权立法,简化知识产权注册工作的流程,填补了法律上的空白,也减少了行政壁垒。

一是简化了注册的审批和监管机制,引入单级的知识产权注册制度,由司法部履行绝大部分监管职责。此前的两级注册制度同时涉及司法部及其下设的国家知识产权局。由此缩短了审查的时限,商标的实质审查期限从9个月缩短至7个月,形式审查期限从1个月缩短至

10个工作日。

二是清晰界定了"使用商标或原产地名称""假冒产品"等概念,界定了同意书的形式,明确了商标权的确立时间。

三是提高透明度,公众可以在国家知识产权局网站查阅商标申请的信息,而不限于已注册商标。

四是明确赔偿或补偿金额的确定方法。权利持有人有权要求过错方按照法院判决的赔偿金额进行补偿。

五是法院有权处理因不使用而撤销商标的请求,不再由上诉委员会做出行政决定。

4. 风险投资

哈国不断改善商业管理,鼓励个人创业和自由创业,减少国家监管,以降低商业成本。目前,哈国的风险投资还处于初始阶段。为支持创新技术型企业,哈国鼓励风险投资,借以完善对创新产业的国家支持体系。

2018年7月9日,总统签署《就风险投资问题对哈萨克斯坦共和国部分法律进行补充修改》法案,完善风险融资领域中公共关系的法律规定;完善对创新产业的国家支持体系,使国家成为私营部门的可靠合作伙伴;通过引入哈萨克斯坦新的风险投资协议为私人股权投资创造有利条件,支持风险投资市场的发展。

(五)对外贸易投资

1. 对外贸易

哈萨克斯坦在WTO和欧亚经济联盟的框架下,积极推动产品出口,贸易方面取得了良好成绩。哈国2015年与越南、2018年与伊朗签署了自贸区协议,正在同埃及、以色列、印度、塞尔维亚和新加坡等国家就建立自贸区进行协商。

在对外贸易方面,哈国2018年发布新的国家战略规划,提出2025年前实施积极主动的外贸政策。具体从五大方面着手:在欧亚经济联盟框架内不断取消贸易壁垒和限制,提高成员国国家经济合作和竞争力水平;促进、维护本国及企业在WTO框架下的经济利益;深化同经合组织(OECD)的合作;加强同欧盟之间的合作,加强与欧盟国家之间的贸易、投资、过境运输等领域合作;扩展与中东、南亚和中国西部地区的合作。

按照中哈两国的协议,中国向哈国东哈州提供资金,建立质检实验室。中方派出专业技术人员协助实验室工作,培训当地专业技术人员。该实验室按照中国质检标准,检测即将出口中国的东哈州农产品。农产品经该实验室检测合格,供应商获颁许可证书,可以不受限制向中国市场出口产品。

2. 对外投资

哈萨克斯坦设立隶属于国家经济部的投资总部,旨在制定切实可行的方案,改善国家投资立法及商业环境等。2018年8月15日,在政府工作会议上,哈国通过了2018—2022年度国家投资战略,以建立高效率的良好投资环境,更好地吸引投资。

在哈萨克投资国有公司(Kazakh Invest)的支持下,2018年,哈萨克斯坦共实施27个有外资参与的投资项目,相关项目总价值约31亿美元,创造工作岗位6 000多个。吸引投资最多的地区是阿拉木图州。目前哈国共有11个自由贸易区,共落实165个项目,创造1.3万个工作岗位。自贸区项目吸引的投资总额达7 870亿坚戈。

五、社会立法:落实五大社会举措

(一) 五大社会举措

2018年3月5日,纳扎尔巴耶夫总统启动五大社会举措,以提升国民的生活水平、提高国家凝聚力。就五大社会举措的实施原因,4月28日,纳扎尔巴耶夫在其主持召开的哈萨克斯坦民族和睦大会第26届代表大会上,指出第三国干涉和民族团结缺乏导致冲突,而国家强盛依靠国家凝聚力,改善社会和国家政策才能促进多民族国家的繁荣昌盛。这一倡议也符合2015年9月联合国峰会通过的2030可持续发展议程。

"五大社会举措"是一项大规模的社会现代化规划图,涵盖优惠的住房政策、减少税收、分配额外的教育补助金、为学生提供大量宿舍、扩大小额贷款以及供应天然气等社会福利。具体规定包括:(1)"7 - 20 - 25"住房计划,即为居民提供年利率不超过7%、首付比例不超过20%、贷款期限为25年的抵押贷款,让每一个家庭都能买得起住房;(2)减轻税收负担,从2019年1月1日起将针对低收入群体(月收入低于188美元)的个人所得税税率由原来的10%降至1%;(3)提高高等教育的普及率和教学质量,改善青年学生的生活条件;(4)扩大小额贷款惠及面,为个体经营者和失业群众创业发展提供优惠小额信贷。政府对小额信贷总额的85%进行担保;(5)推进气化改造。

围绕总统的倡议,政府和央行细化实施这些举措的机制,议会也为之做出法律安排。政府通过了关于落实总统五大社会举措路线图。这些举措有助于增强国家和平与和谐、提高公民生活质量、推动经济和社会进步。

(二)教育立法与文字改革

1. 教育立法

2018年,哈萨克斯坦教育和科学部提供了53 594份国家教育补助金。补助金的分配,优先考虑科学技术专业。[1]

2018年7月,纳扎尔巴耶夫总统签署批准了旨在改善高等教育体系的立法修正案,以及旨在提升中学、技术和职业教育体系的《就教育问题对哈萨克斯坦部分法律进行补充修改》法案。7月5日,总统签署了《关于就扩大高等教育机构管理和学术自主性问题对哈萨克斯坦共和国部分法律进行补充修改》法案,以改善高等教育体系。

在数字化框架下,教育领域推行电子化发展。高校和职业学校将引进"高等教育统一管理系统"技术。中等教育体系普及电子课程表,幼儿园引入电子排队和电子教育指导系统。国家教育数据库建成后,学生拥有个人数据库,以电子方式即可完成升学手续。大多数学校都连接互联网。

2018年10月5日,纳扎尔巴耶夫总统宣读2019年国情咨文,指出"5年之内,我国教育、科学和医疗领域的资金开支需增至国内生产总值(GDP)的10%。我国在科学领域方面的成果较少,因此更需找到合适的方法来实现既定目标",提出将要在2019年通过提高教师地位的法案。

2. 文字改革

哈萨克斯坦推行国语拉丁字母改革。2017年10月,纳扎尔巴耶

---

[1] Gulnar Nadirova, The Results of Educational Reforms in Kazakhstan, Eurasian Research Institute Weekly e-bulletin, 24.07.2018 – 30.07.2018, No. 174.

夫签署总统令，正式批准根据基于拉丁字母脚本的哈萨克语字母表。2018年，哈国继续推行文字拼音改革，要求在2025年前分阶段实现哈萨克语由西里尔字母向拉丁字母转换，以提高哈萨克语的国际化水平。为此，哈国建立了教育部监督负责下的四个委员会，落实哈萨克文拉丁字母转换工作。在即将推行的学前教育中，直接以哈萨克文拉丁字母出版学前班教材。

哈国是根据宪法规定俄罗斯语为官方语言的国家之一。哈萨克文拉丁字母改革方案有助于哈萨克文字和语言的发展，摆脱俄文思维的影响。但哈国仍保持俄罗斯语的地位，中学继续教授俄罗斯语，也因此获得了俄罗斯的理解和支持。

此外，哈国按照纳扎尔巴耶夫总统在《第四次工业革命背景下的发展新机遇》中下达的任务，推行英语教育，在基础教育中引入英文教育课程，制定配套的课程方案、考试机制和奖励模式，同时启动了对教师团队的资质强化培训工作。

（三）文化宗教

纳扎尔巴耶夫总统提出《面向未来的计划：精神文明的复兴》计划，强调发展民族精神，保护哈萨克斯坦民族价值观，包括习俗、传统、语言和艺术、文学等。

1. 电影立法

2018年12月6日，参议院全体会议通过了《电影法》，以规范电影事业、落实总统所作《伟大草原之国的7个优势》国情咨文提出的任务。该法案是哈国首个文化领域法案。

法案规定专家委员会和政府部门间委员会筛选影视项目，以提高评估的客观性与公正性；规定了分级的投资体系，国家主要对具有社会意义的影视作品提供资金支持，主要涵盖历史电影、爱国电影、叙事电影、动画以及年轻导演处女作等作品；投资者及私人资本可以对影视作品提供融资；还规定了通过票房收益偿还资金以及电影作品的发行语言。

该法案在2019年1月3日获得总统签署批准。

2. 宗教

为了加强和保障国家政局稳定，推动经济发展和社会进步，哈国奉行保障族际和睦与宗教和谐，构建包容的社会环境，积极开展宗教对话,打击宗教极端主义和恐怖主义的宗教政策。① 哈国坚持宗教宽容和政教分离的政策,2010 年出台《宗教活动与宗教团体法》,以协调政教关系和宗教间关系。近年来,哈国按照《哈萨克斯坦宗教领域国家政策构想(2017—2020)》,在反恐框架下严密防范宗教极端主义思想的侵袭,特别关注保护儿童不受极端思想的毒害。

在立法方面,2018 年 1 月 29 日,马吉利斯审议通过《就宗教工作和宗教协会问题对哈萨克斯坦部分法律进行补充修改》法案,保护基本权利,防止极端主义思想。一是法案明确规定了"具有破坏性的非传统宗教思想"和"宗教激进主义"等新称谓,禁止群众利用和宣传具有破坏性的非传统宗教思想及行为的特征。法案禁止公民在公共场合穿着遮掩脸部的衣饰;二是法案强调无论宗教信仰(含有宗教信仰和无宗教信仰)所有公民权利一律平等,处于少数的无神论者或不可知论者应得到与拥有宗教信仰者相同的法律保障;三是重点保护儿童免受破坏性的宗教思想影响。一方面,禁止未经未成年儿童的父母或其他法定监护人同意,向未成年人传教,另一方面,限制未接受宗教基础知识教育的公民赴境外宗教神学机构留学。只有在哈萨克斯坦接受了正规宗教基础教育的公民才可以申请赴国外宗教教育机构深造;五是法案简化地方宗教协会的登记手续,将宗教领域的法律责任分为 9 个等级,依据行政法典相关条款予以实施。

在执法方面,哈国严格执行《有关宗教领域的公共服务标准的批准》法案,起诉并处罚违反规定、未经许可或在非指定区域内销售宗教书籍的行为。法案规定,宗教书籍和产品的经营者需向当地宗教管理部门提出申请,并在清真寺内或商业中心的指定区域内开展相关业务,不得在非指定区域特别是政府机关和教学机构所在地周边出售宗教书籍。宗教书籍销售点需远离相关设施至少 300 米。另外,宗教事务部规定,从 2018 年 6 月 12 日开始,哈萨克斯坦清真寺宣礼声音不能超过 70 分贝。宗教事务委员会联合穆斯林宗教管理局以及各州、阿斯塔纳市、阿拉木图市宗教管理局就清真寺宣礼声音水平、居民楼、其他住房、公共建筑遵守卫生与流行病学标准开展宣传工作。

---

① 张宏莉:《哈萨克斯坦的宗教现状与宗教政策》,《西北民族大学学报(哲学社会科学版)》2018 年 3 月 20 日。

在反对极端主义方面,哈国进行"朱桑"人道主义援助行动,以解救受错误宗教思想欺骗而沦陷叙利亚的哈萨克斯坦公民。政府为解救回来的公民配备心理学家和宗教人士进行心理疏导,并恢复其遗失的个人证件。经过适应期,其中的女性和儿童将返回家乡恢复正常生活。政府在全国相继成立去极端化教育中心,对那些曾经在恐怖活动猖獗地区生活过的哈萨克斯坦未成年人进行去极端化教育。

在儿童保护方面,哈国限制未成年儿童独自进出清真寺和教堂,要求必须父母不反对并至少有一名成年亲属①陪同的前提下,才可以进入宗教设施。宗教机构负责人在发现不符合标准的未成年儿童参与宗教活动的情况时,有责任采取相应的措施。阿拉木图州教育管理机构在地方检察官办公室和宗教机构神职人员的协助下,进行教育宣讲,同学生家长沟通,讲解政策和宣传法律知识,劝说学生不在校园里穿戴"希贾布"等宗教服饰。

在国际合作方面,哈萨克斯坦、乌兹别克斯坦、吉尔吉斯斯坦、塔吉克斯坦四国的伊斯兰事务管理局负责人(总穆夫提)于2018年9月共同签署了合作备忘录,推动建立统一的宗教节日时间表(开斋节、古尔邦节),发展中亚地区宗教神学教育机构,推动共有传统习俗和传统仪式的发展,防范宗教极端思想和恐怖主义思想,宣扬人道主义理念,在共同历史圣地建立纪念设施,翻译宗教经典,并加强其他领域的合作。

(四)社会保障

2018年7月3日,纳扎尔巴耶夫总统签署批准了《关于就社会保障问题对哈萨克斯坦共和国部分法律条款进行补充和修改》法案,改善社会保障系统。

1. 自雇人士社保

为实行统一综合支付制度,12月21日,参议院(议会上院)全体会议通过《就居民就业相关问题对哈萨克斯坦部分法律条款进行补充修改》法案,补充和修订了税务、工商和预算法等法律以及19项法律条款。

根据该法案的规定,哈国从2019年1月1日起实行统一综合支付制度,将社会工作人员必须缴纳的个人所得税、社保费用、养老基金和

---

① 成年亲属包括儿童的父母、已经成年的兄长或姐姐、祖父祖母以及其他法定监护人。

强制医疗保险四类费用合并,归为一次性支付。对于非正式就业居民,法案规定对其进行登记,纳入医疗保险和养老保障体系,并确定了非正规就业居民缴纳所得税和社会资费的最低费率。

借此,政府将 50 万自雇人士的就业活动纳入管理,也对其提供社会保障权益。

2. 社会医疗保险

2018 年 11 月 7 日,马吉利斯一读通过《就医疗卫生保健问题对哈萨克斯坦共和国部分法律进行修改和补充》法案,修订了《人民健康和医疗保健法典》《刑事诉讼法典》和《行政违法法典》等 11 项立法。法案提出免费医疗制度,覆盖所有公民、归国哈侨以及持有哈萨克斯坦永久居住许可证的外国公民。法案规定了强制性社会医疗保险体系,提供免费医疗援助保额以外的其他医疗服务。此外,法案提出完善医疗机构的管理制度,发展医疗基础设施,改善公共卫生,提高医学教育和科学制度。

12 月 27 日,纳扎尔巴耶夫总统签署批准了《关于改善公民就业保障问题对哈萨克斯坦共和国部分法律进行补充修改》法案,以期提高公民就业保障。

六、司法体制改革

近年来,哈国积极推动司法改革,提升司法体制现代化。11 月 28 日,根据 2018 年 10 月 5 日国情咨文,纳扎尔巴耶夫总统向议会提请审议《就哈萨克斯坦司法体系及法官地位问题对哈萨克斯坦宪法相关条款进行补充修改》法案、《就司法现代化问题对哈萨克斯坦部分法律条款进行补充修改》法案。法案于 2019 年 2 月 21 日获得总统签署批准。

在司法机构设置方面,2018 年 1 月 10 日,纳扎尔巴耶夫总统签署第 620 号总统令《关于成立哈萨克斯坦共和国专门调查法庭及法院部分人事问题》,成立专门调查法庭。阿克莫拉州阔科舍套市、阿克托别州阿克托别市、阿拉木图州塔勒德库尔干市、阿特劳州阿特劳市、东哈州乌斯卡曼市、江布尔州塔拉兹市、西哈州奥拉尔市、阿拉干达州卡拉干达市、库斯塔奈州库斯塔奈市、兑孜勒奥尔达州克孜勒奥尔达市、曼格斯套州阿克套市、巴甫洛达尔州巴甫洛达尔市、北哈州彼得罗巴甫尔市、南哈州奇姆肯特市将分别成立专门调查法庭。此外,阿斯塔纳市和阿拉木图市各区将成立各自的专门调查法庭。

在司法人性化方面,2018年7月19日,纳扎尔巴耶夫总统签署《就改善刑事、刑事诉讼立法和执法以及特殊国家机构的工作问题对哈萨克斯坦共和国宪法部分条款进行补充和修改》法案。

在司法实践中,丹尼斯·谭遇害案成为2018年的重大事件。2018年7月19日,花样滑冰运动员、索契冬奥会铜牌得主丹尼斯·谭在阿拉木图遭持刀者刺伤大腿动脉,因失血过多伤重不治在医院离世。该案得到纳扎尔巴耶夫总统的关注。至2019年1月17日,阿斯塔纳市法院对丹尼斯·谭遇害案做出判决。被告人阿尔曼·库达伊别尔艮诺夫因触犯《哈萨克斯坦刑法》第188条第2款第2项(盗窃罪)、第99条第2款(杀人罪)、第192条第2款第1第4项(强盗罪),被判处有期徒刑18年;被告努尔兰·科亚索夫触犯哈萨克斯坦刑法第99条第2款(杀人罪)、第192条第2款(强盗罪),判处18年有期徒刑;被告扎娜尔·托勒巴耶娃触犯哈萨克斯坦刑法第434条(包庇罪),被判处有期徒刑4年,检方关于该被告触犯刑法第188条第2款的指控未获法庭认可。丹尼斯·谭遇害案原告及被告双方均向法院上诉法庭提交了上诉申请。

在法律援助方面,2018年7月10日,总统签署批准了《就律师服务和法律援助问题对哈萨克斯坦共和国部分法律和条款进行补充修改》法案。

此外,哈国也注重通过国际条约,与其他国家和地区建立司法合作关系。

在多边条约方面,2019年3月1日,参议院全体会议批准通过《关于打击制止危害海洋航行安全的非法行为公约》法案。12月9日,纳扎尔巴耶夫总统签署了《关于批准〈关于修订《关于在航空器内的犯罪和犯有某些其他行为的公约》的议定书〉法案》《关于批准〈关于制止通过非法手段劫持航空器的公约〉和〈对关于制止通过非法手段劫持航空器的公约的补充议定书〉法案》。

在双边条约方面,2018年10月29日,哈萨克斯坦总检察长海拉特·霍加穆贾热夫与乌克兰司法部部长帕夫洛·彼得连科签署刑事司法互助与引渡协议,为双方进行刑事司法协助、预防犯罪和保护公民方面的合作提供了必要的法律基础。总检察长海拉特·霍加穆贾热夫同奥地利司法部部长约瑟夫·默泽举行会谈并通过了一项联合声明,加强打击犯罪领域的合作交流。

迄今为止,哈萨克斯坦共签署约 60 项有关双边司法协助、移交囚犯和引渡的合作协议。在两国司法部门的密切合作下,2018 年 12 月 27 日,土耳其司法部将伊布拉希姆·苏利耶夫引渡至哈萨克斯坦接受审判。

2018 年是哈萨克斯坦平稳发展又内含重大调整的一年。哈国沿着纳扎尔巴耶夫总统设定的战略计划稳步发展,在总统国情咨文、战略规划和总统令、总统讲话的指引下,不断修订、完善法律体系、行政机制和司法体制,将国家制度协调成为推动经济发展、社会稳定和民生改善的精密架构。

Annual Report on the Rule of Law in Kazakhstan (2018)
Yang Dan

Abstract: In 2018, kazakhstan continued its pluralistic and independent foreign policy, assumed the rotating presidency of the UN security council, promoted the denuclearization process, led the astana peace talks which aimed at resolving the Syrian issue, and hosted the sixth conference of world and traditional religious leaders. Kazakhstan signed and ratified the convention on the legal status of the Caspian sea and the relevant treaties on territorial delimitation and transport cooperation in the Caspian sea, promoted the process of Eurasian integration, actively synergied the "One Belt And One Road" initiative, and upgraded the SCO cooperation mechanism.

Kazakhstan adheres to the path of political development fearuring as the complementary authoritarianism and democracy, and has adopted the security council act, which has made full preparations for the abdication of its first President, Nursultan Nazarbayev. Kazakhstan adjusted its national development strategy in due time, reformed its administrative divisions, promoted anti-corruption and accelerated the process of economic marketization and liberalization, constantly improved its social and cultural system, implemented Five Social Measures, and advanced the modernization of its judicial system.

Keywords: 2018; kazakhstan; rule of law; Nazarbayev

吉尔吉斯斯坦法治报告(2018)

赫 潇[*]

内容摘要：2018年是吉尔吉斯共和国新任总统索隆拜·热恩别科夫执政第一年，新总统权力交接，国内一系列问题亟待解决。面对重重困难，新任总统以外交为突破口，从外而内地进行政治、经济、文化、安全等多方面建设。本文主要从政治、外交、刑法、安全、社会与经济等领域进行具体考察，对2018年吉尔吉斯共和国法治建设加以分析。

关键词：政治；外交；法治；刑法；社会与经济

引言

回顾2017年，对于吉尔吉斯斯坦而言，最重大事件非总统选举莫属。经历了两次颜色革命，吉尔吉斯斯坦总统大权首次通过选举的和平方式，平稳传递到索隆拜·热恩别科夫手中。吉尔吉斯斯坦总统索隆拜·热恩别科夫上任的第一年，成果丰硕。

在外交政策方面，热恩别科夫总统均衡发展，赢得外交重要国家俄罗斯的认可，与周边中亚邻国关系缓和赢得认同；以立法形式，把军事合作、移民侨汇、边境问题、水资源等方面存在的问题一一解决，为进一步发展

---

[*] 赫潇，女，圣彼得堡国立大学博士，上海政法学院讲师，研究方向：法律俄语、区域国别研究等。

国内经济塑造良好的周边环境。同时,吉尔吉斯积极发展多元外交政策,同中国、欧盟、土耳其等国家保持积极的外交关系,谋求多方战略伙伴国家的支持,积极参与国际组织事宜,以维护国家利益最大化。

吉尔吉斯斯坦总统热恩别科夫,以反腐败为抓手,积极推动司法改革。司法改革、反腐败为新总统带来权力交替后较顺利发展的机遇,同时也是其政策变化导向的具象化的表达。吉尔吉斯共和国(简称吉国)总统办公室及司法改革委员会负责监督司法改革,吉国安全理事会秘书处设立了一个专家工作组,监督吉尔吉斯共和国总统下设司法改革委员会有效执行司法和其他法律的活动。总体而言,司法改革是在总统主导下展开的。

在刑事法制方面,吉国的整体趋势是宽松化,如《刑法典》的轻刑罚化、《轻罪行法典》轻刑罚化、《缓刑法》以监督代监禁、《大赦法》人道主义释放轻罪行犯人,无不显示国家整体大趋势是减少在押犯人,减轻财政负担,促使更多劳动力进入劳动市场,为建设吉国经济做贡献。不过立法出发点虽好,却未形成严密的体系,工作人员、设施配备等无法到位,缓刑委员会的组成、机制等尚未健全,配套监督机构及体系缺失,无法对腐败的滋生做到有效的防控,法律实施效果和前景不甚明朗;对区域跨国问题关注不够,不可忽略,诸如毒品犯罪、非法移民等对区域安全稳定起到重要影响的方面,管控力度不大,可能造成区域不稳定因素。由于吉国毗邻中国新疆,毒品、宗教极端主义等问题会直接影响我国地区稳定,需长期关注。

税收方面的新法典——《非税收入法典》建立了一个统一的非税收入管理程序的体系,包括核算和控制付款的程序,为促进改善吉国的投资环境起到积极的作用。

在反恐反极端主义方面,2018年主要成就是颁布《关于反资助恐怖主义活动和犯罪收益合法化(洗钱)》法律。在金融领域,切断资助恐怖主义活动、宗教极端主义活动的路径,通过国家风险评估,对个人、实体、组织、非营利组织等分类管控,压缩国内恐怖主义、宗教极端主义势力获得支持的空间,逐步消除在吉国的恐怖主义和宗教主义。早在2014年,议会通过了"关于在宗教领域实施国家政策概念的议会听证会",就该国的宗教情况、打击极端主义以及国家与宗教之间的关系问题进行讨论,这方面将是吉国安全法律发展的新方向。同时注意,在赋予军事人员参加反恐活动义务的同时,并赋予军人使用武力、服务性动物、特殊手段及军事和特殊装备等权利,以便更好地完成打击恐怖主义的任务,参与预防和克服危机局势的活动,保护国家边界和战略设施等。

在社会经济方面,吉国新任政府制定 2019—2022 年出口发展纲要和实施行动计划,扩大出口,拉动经济增长,促进就业。政府支持吉尔吉斯 2017—2026 年国家灌溉发展纲要,发展农业水利灌溉,促进农业发展,农民的创收。着力解决个体劳动纠纷,促进社会稳定。发展教育,提高体育教育水平,对在初级职业教育、中等职业教育、高职教育和研究生职业教育的教育机构中的学生予以社会支持,可以提供社会教育贷款。红新月会是具有红十字会性质的国家组织,在人道主义、物资、医疗、社会、心理和其他援助领域协助国家机构发挥作用。《电影法》修正案加强了对影视信息的监督,防止不良信息危害社会稳定。

综上,吉尔吉斯斯坦 2018 年司法是在新任总统推动下的多方面改革,有积极的方面;但是不可忽略,吉国政府还没有对这一系列新的法律做好应对措施,很多问题还有待解决。吉国司法改革的初步结果将于 2019 年展现,特别是在刑法领域的改革,值得继续关注。

一、政治、行政领域的立法变化

2018 年作为吉国总统热恩别科夫执政第一年,必须解决的首要问题是建立自己的领导班子。2 月 8 日,热恩别科夫在安全理事会第一次会议上发表讲话,严厉批评了执法机构队伍中的腐败和工作不力。不久之后,包括检察长和国家安全委员会主席在内的高级官员全部辞职。[1] 4 月 19 日,议会投票赞成对萨帕尔·伊萨科夫总理进行不信任投票,总统在同一天签署了《关于政府辞职》的法令。紧接着 4 月 20 日,吉总统索隆拜·热恩别科夫签署了任命新一届政府成员的总统令。由总理穆阿贝尔加济耶夫·穆哈梅德卡雷率领的新内阁以闪电般的速度成立。新内阁由总理穆阿贝尔加济耶夫·穆哈梅德卡雷,第一副总理博隆诺夫·库巴特别克、副总理拉扎科夫·热尼什、副总理阿斯卡洛夫·扎米尔别克、副总理奥穆尔别科娃·阿尔腾纳依等组成,政府

---

[1] http://kyrgyztoday.org/ru/news_ru/kyrgyzstan-2018-politicheskie-itogi-goda/.

办公厅主任由穆卡姆别托夫·穆拉特·卡尔泰别科维奇担任,内务部部长为朱努沙利耶夫·卡什卡尔·阿斯塔卡诺维奇,司法部部长为阿布德尔达耶娃·阿伊努尔·努拉利耶夫娜,经济部部长为潘克拉托夫·奥列格·米哈伊洛维,农业部部长为马拉舍夫·努尔别克·穆尔帕济勒扎诺维奇,紧急状态部部长为米尔扎哈梅多夫·努尔波洛特·萨比勒扎诺维奇,教育和科学部部长为库达依别尔济耶娃·古丽米拉·卡里莫夫娜,卫生部部长为乔尔蓬巴耶夫·科斯莫斯别克·萨利耶维奇,国家安全委员会主席为卡德尔库洛夫·伊德利斯·阿纳尔巴耶维奇,国家国防事务委员会主席为捷尔季科巴耶夫·埃尔利斯·热克舍诺维奇,国家信息技术和通信委员会主席为沙尔舍姆比耶夫·巴克特·努尔扎诺维奇。他们都是新就任该职位的政府官员。① 至此,热恩别科夫总统的政府领导团队已成型,从而为其在吉国有效推行政策,奠定了行政基础。

2018年,吉尔吉斯斯坦在《透明国际》建立的全球清廉指数排行榜中获得29分,在180个参评国家中位列第132名,相较于2017年略有提升。② 新内阁成立时,腐败业已成为吉国面临的严重问题,政府也在努力地与腐败做斗争。当时,吉国的司法系统被指责存在根据政治行情进行贪腐、司法不公等问题。2017年下半年开始利用新技术推行法院透明度和问责制原则;最高法院开设专门网站公布庭审时间表、最高法院新闻、最高法院主席在线接待室、各法院互联网址、庭审记录、判决书等(非公开审理的除外)。③

总统在就职演说中向国民承诺国家将努力健全法治,继续加强打击腐败。④ 2018年,吉尔吉斯斯坦审查腐败案件共计288起,涉案金额高达60.9亿索姆。⑤ 国家安全委员会主席、国家安全委员会反腐局负责人、吉尔吉斯斯坦共和国政府打击经济犯罪国家服务局负责人、经济

---

① 总统办公厅新闻:http://bgt.mofcom.gov.cn/。
② 卡巴尔新闻:http://kabar.kg/cn/cat/analitika/page5/。
③ 卡巴尔新闻:http://kabar.kg/cn/news/1043/。
④ 热恩别科夫在总统就职仪式上的演说,https://kaktus.media/doc/366587_vystyplenie_atambaeva_na_inaygyracii_novogo_prezidenta_kyrgyzstana._tekst.html。
⑤ 24kg新闻,https://24.kg/vlast/108632_god_borbyi_skorruptsiey_chto_izmenilos_vkyirgyizstane_zaeto_vremya/,笔者注:索姆与人民币汇率约10∶1,折合人民币6亿多元。

警察和其他部门的负责人被解职。经该国特别部门调查,涉及腐败的高级官员已关押在国安委的临时拘留所中,正在等待最终调查结果。[①] 尽管舆论对涉及腐败人员皆是与前总统有着某些关系的不同猜测,但是总体可以反映出司法领域的反腐走向。

2018年2月19日,吉尔吉斯共和国颁布第24号法律《关于对吉尔吉斯共和国行政责任法的修正案》[②],旨在协调政府机构间的职能。根据该法规定,吉国经济部下属的国家计量监督检查局的职能移交给政府下属的国家环境和技术安全监察局。此外,为了有效管理酒精产业,国家税务局转交给农业食品工业和土地开垦部以下职能:对乙醇、酒精和含酒精产品的生产和流通,乙醇生产和流通许可,生产和周转的监管和控制;储存用于生产或销售、批发和零售的酒精饮料的许可;发布产量,乙醇含酒精和含酒精产品销售额。

吉国于2018年7月4日颁布第67号法律《关于对吉尔吉斯共和国行政责任法的修正案》,[③]旨在加强环境保护,减少环境污染,加强对破坏自然和违反水文气象观测的处罚力度。主要体现在:(1)违反水文气象观测的规则和要求、环境状况及其污染情况的观察,以及收集、处理、分析、储存和向消费者提供水文气象信息等相关问题;(2)检测到的有害物质和环境废物污染的源头,扭曲、延迟或未能提供紧急信息、紧急情况信息。根据相应条款,对不同违法行为对象,如个人、法律实体及官员,采取不同数额罚款。行政处罚将适用于总计数额相对较大的罪行,旨在对违法行为对象起到警戒作用,尽量减少违法行为的数量。但是单一罚款行为,震慑力仍显不足。

二、外交领域的法治政策

2018年,热恩别科夫总统继续在外交领域发力,亲俄、睦邻、多元

---

① 卡巴尔新闻: http://kabar.kg/cn/news/kabar-53/。
② Закон Кыргызской Республики от 19 февраля 2018 года № 24 О внесении изменений в Кодекс Кыргызской Республики об административной ответственности http://cbd.minjust.gov.kg/act/view/ru-ru/111757.
③ Закон Кыргызской Республики от 4 июля 2018 года № 67 О внесении изменения в Кодекс Кыргызской Республики об административной ответственности, http://cbd.minjust.gov.kg/act/view/ru-ru/111800.

外交的策略依然执行,将俄罗斯作为重要攻坚对象,不断消除与周边中亚诸国的壁垒,进一步加强多元外交联系。

(一)亲俄:军事先导、移民合作、援助入盟

2018年1月19日,吉国颁布第8号法令《关于批准吉尔吉斯共和国与俄罗斯联邦关于发展军事技术合作的条约》,[1]旨在加强两国军事技术领域的合作。

2018年5月11日,吉国通过了第47号法令《关于批准吉尔吉斯共和国政府与俄罗斯联邦政府关于共同设立移民领域主管当局代表处的协定》。[2]众所周知,侨汇是吉尔吉斯斯坦最大收入之一,而最多的侨汇来源于俄罗斯,大批吉国人到俄罗斯务工,甚至是移民到俄罗斯。虽然近几年俄罗斯经济不景气,但是俄罗斯仍然是吉国人移民主要国家。互设移民代表处,正是为解决务工和移民问题的社会需求。

该协定主要内容包括:(1)确定代表处地点:俄罗斯联邦——俄罗斯联邦内政部在比什凯克设有一个席位;吉尔吉斯共和国——吉尔吉斯共和国政府下辖国家移民局在莫斯科设有一个席位。(2)确定代表处及代表法律身份:在外交代表处负责人指导下运作,享有外交使团外交人员承认的国际法特权和豁免,特派处的雇员、行政和技术人员及其家属根据东道国的法律获得东道国外交部的认可,作为其所在国的本国外交使团的各类人员。办事处、财产以及特派处的档案、文件和通信均享有国际法承认的外交人员外交使团和私人住宅的房地、财产、档案、文件和通信的特权和法定豁免。(3)代表处履行以下主要职能:一是确保主管当局在其国家移民和接收国的移民和其他主管当局方面的合作;二是在其职权范围内参与制定、协调和实施与东道国在移民领域缔结的国际条约;三是收集、研究和分析本国公民在东道国的劳务移

---

[1] Закон Кыргызской Республики от 19 января 2018 года № 8 О ратификации Договора между Кыргызской Республикой и Российской Федерацией о развитии военно-технического сотрудничества, подписанного 20 июня 2017 года в городе Москва, http://cbd.minjust.gov.kg/act/view/ru-ru/111741.

[2] Закон Кыргызской Республики от 11 мая 2018 года № 47 О ратификации Соглашения между Правительством Кыргызской Республики и Правительством Российской Федерации о взаимном учреждении представительств компетентных органов в сфере миграции, подписанного 20 июня 2017 года в городе Москва, http://cbd.minjust.gov.kg/act/view/ru-ru/111780.

民信息，以及东道国在移民领域的立法；四是就与其职权有关事项进行接待；五是如有必要，在其职权范围内保护其所在州公民的权利、自由和合法利益；六是不局限于协议上标注的城市，经双方同意，办事处可以在移民逗留州的其他城市开设。① 该法只是初步确认批准设立移民代表处，具体实施日期、代表处人员构成人数等还没有具体规定。

2018年7月26日，吉国通过了第74号法令《关于批准对2015年3月31日提供技术援助吉尔吉斯共和国加入欧亚经济联盟进程框架内，吉尔吉斯共和国政府与俄罗斯联邦之间协议修订的议定书》。② 在俄罗斯和哈萨克斯坦主导下的欧亚一体化，吉尔吉斯斯坦作为既得利益者，更积极地加入进来。原议定书中涉及海关管理，包括装备欧亚经济联盟海关边境的吉国部分，要求吉国要达到欧亚联盟的标准。对于吉国来说，由于本身经济发展和法律建设等方面的差距，为了接轨欧亚联盟标准，吉国需积极改善海关口岸软硬件设施（如检验检疫实验室配备必要的设备等），进一步完善2017年修订的海关法等有关规定。而这一切，仅靠吉国本身解决十分困难，有赖于俄罗斯与哈萨克斯坦提供的援助，特别是俄罗斯的援助。

2018年，吉俄两国互动频繁：5月14日在索契举行欧亚经济理事会，热恩别科夫总统出席并同俄罗斯总统普京双边会晤；6月15日和9月28日两国元首进行会谈，内容涉及吉俄在经贸、投资和能源领域合作等一系列问题。③ 俄罗斯总统普京签署了《关于批准俄罗斯-吉尔吉斯斯坦石油和石油产品供应领域合作政府间协定议定书》的联邦法律，"批准对俄罗斯联邦政府与吉尔吉斯共和国政府关于石油供应领域合作协定进行修订的议定书"。根据该协定书，俄罗斯对由俄罗斯

---

① Соглашение между Правительством Российской Федерации и Правительством Киргизской Республики о взаимном учреждении представительств компетентных органов в сфере миграции, http://docs.cntd.ru/document/542624790.

② Закон Кыргызской Республики от 26 июля 2018 года № 74 О ратификации Протокола о внесении изменений в Соглашение между Правительством Кыргызской Республики и Правительством Российской Федерации об оказании технического содействия Кыргызской Республике в рамках процесса присоединения к Евразийскому экономическому союзу от 31 марта 2015 года, подписанного 29 декабря 2017 года в городе Москва, http://cbd.minjust.gov.kg/act/view/ru-ru/111806.

③ 哈萨克通讯社新闻：https://www.inform.kz/cn/article_a3252047，2019年3月14日。

输往吉尔吉斯斯坦用于国内消费的指导性平衡表规定数量的石油产品不征收关税。①

吉国新任总统把俄罗斯作为重要外交国家,与俄罗斯保持良好的战略伙伴关系,在军事上加强同盟,获得战略物资;移民务工方面加强合作,可稳定外汇收入;经济援助方面进一步加强吉国的基础建设,加快加入欧亚经济联盟进程。吉尔吉斯斯坦在政治、经济、军事、能源等方面对俄罗斯的依赖性极大。吉国权力的构建,离不开俄罗斯的支持和认可,特别是政治基础薄弱的新任总统热恩别科夫,通过俄罗斯的认可,从外反哺到国内,树立自己的权威,为推行新政获得一定的资本。总之,吉尔吉斯将继续推行亲俄的政策,进一步发展与俄罗斯联邦的联盟和战略伙伴关系。

(二) 睦邻:妥善处理与邻国的争端

1. 解决与乌兹别克斯坦的安全、交通、水资源之争

2018年年初,吉尔吉斯共和国先后批准了与乌兹别克斯坦签订的三项协议,着力解决边境安全、空中交通服务以及吉乌之间水资源争端。

2018年1月19日,吉国通过了第7号法令《关于批准吉尔吉斯共和国与乌兹别克斯坦共和国关于边境地区建立信任措施的协定》,②目的是规范与乌兹别克斯坦之间的睦邻友好关系,维护两国边境的安全与稳定。其主要措施包括:(1)事先通知各方关于国家边境地区军事和特别演习的地点和时间;(2)紧急情况引起的大规模军事活动和部队调动通知;(3)防止在国家边境地区发生各种危害;(4)交换有关国家边境地区不利局势的信息;(5)边境机构军人、国家边境地区特殊服务人员、海关和执法机构之间建立密切友好往来;(6)就共同感兴趣的其他问题交换信息。双方开展合作的领域包括促进地区安全与稳定,打击恐怖主义,打击非法贩毒,抵制新的挑战和威胁,打击缔约方公民非法移民和非法跨越国界线,打击非法转运违禁品、武器、弹药、爆炸物

---

① 卡巴尔新闻:http://kabar.kg/cn/news/lu1127/。

② Закон Кыргызской Республики от 19 января 2018 года № 7 О ратификации Соглашения между Кыргызской Республикой и Республикой Узбекистан по мерам доверия в районе границы, подписанного 6 октября 2017 года в городе Ташкент, http://online.zakon.kz/Document/? doc_id=34162309#pos=6;-39.

和其他颠覆活动,等等。①

  2018 年 1 月 22 日,吉尔吉斯共和国通过了第 10 号法令《关于批准吉尔吉斯共和国政府与乌兹别克斯坦共和国政府于 2017 年 10 月 6 日在塔什干市签署的空中交通服务责任协定》②,确定授权空中交通服务责任的法律和组织程序,简化飞行运行程序,确保足够的空中交通服务和有效利用缔约方提供空中交通服务的能力,以及遵循《芝加哥公约》的要求,每个国家对其领空拥有完全和排他性的主权。

  2018 年 1 月 27 日,吉国通过了第 15 号法令《关于批准吉尔吉斯共和国政府与乌兹别克斯坦共和国政府关于吉国贾拉拉巴德州阿拉布金区奥尔托-托科伊水库的协议》③。吉国位于阿姆河上游,水资源相对丰富,而能源匮乏,水电成了其主要资源。乌国位于下游,水资源短缺,特别是棉花等农作物需要大量水资源。因上游水库发电等原因,经常导致水源极度短缺。④

  该协议十分重视吉乌之间在水资源利用方面的互利合作,着重解决跨境河流使用及缓解地区水资源紧缺问题,确保供水设施可靠和安全运行,在奥尔托-托科伊水库有效的跨境水资源利用中寻找最完美和公平的解决方案。根据该法令,吉国方面根据目前相互承认的文件和规定,确保水设施的安全、运营、维护并在双方商定的范围内,从奥尔托-托科伊水库开采水资源;乌国方面参与资助奥尔托-托科伊水库的

---

① Соглашение между Кыргызской Республикой и Республикой Узбекистан по мерам доверия в районе границы (г. Ташкент, 6 октября 2017 года), http://online.zakon.kz/Document/? doc_id=34162309.

② Закон Кыргызской Республики от 22 января 2018 года № 10 О ратификации Соглашения о делегировании ответственности за обслуживание воздушного движения между Правительством Кыргызской Республики и Правительством Республики Узбекистан, подписанного 6 октября 2017 года в городе Ташкент, http://cbd.minjust.gov.kg/act/view/ru-ru/111743.

③ Закон Кыргызской Республики от 27 января 2018 года № 15 О ратификации Соглашения между Правительством Кыргызской Республики и Правительством Республики Узбекистан о межгосударственном использовании Орто-Токойского (Касансайского) водохранилища в Ала-Букинском районе Джалал-Абадской области Кыргызской Республики, подписанного 6 октября 2017 года в городе Ташкент, http://cbd.minjust.gov.kg/act/view/ru-ru/111748.

④ 中亚地区水资源问题:http://www.h2o-china.com/news/43116.html.

运营和维护费用,以及与获得的水量呈比例的其他协同行动,并不得要求支付任何税费;为确保奥尔托-托科伊水库的安全可靠运行,双方将设立一个永久性委员会,其主要任务是确定水库运行模式及取水限额,以及水库运行和维护的费用。双方每年按用水量来拨付派发资金,以保障水库的维护和运行。① 该协议的签订,对跨境水资源争议问题提出新的解决方式:两国组成委员会,水资源争议在委员会内部进行磋商,即以谈判机制解决问题,极大降低武装冲突的可能性,保障了地区的稳定和安全。

综上,2018 年吉国与乌国在地区稳定、交通运输、安全合作等政策方面,通过法律形式正式确定下来。在恐怖主义、极端主义、国际贩毒等国际性问题的大背景下,吉乌两国通过协约条款,确立了互信与合作,使共同迎接挑战成为可能。跨境陆路交通以及空中航道打通,对增强地域经济活跃性,加强两国经济合作,减少区域冲突,保障地区稳定,为吉乌两国关系朝着健康、稳定、有序的方向发展奠定了基础。

2. 解决与哈萨克斯坦的边界问题

王尚达先生在《中亚国家之边界问题》一文中指出,苏联时期中亚的边境线"具有经济区划作用,但是完全没有国界的功能"。② 苏联解体后,遗留下来的边境问题,一直困扰着中亚诸国。哈萨克斯坦和吉尔吉斯斯坦边境有 1 200 多千米的边界线亟待划线解决。热恩别科夫总统 12 月 25 日正式访问哈萨克斯坦,其中重要成果是解决边界问题,签订《吉尔吉斯-哈萨克斯坦国家边界制度的协定协议》。2018 年 8 月 2 日,吉国通过了第 83 号法令《关于吉尔吉斯共和国政府与哈萨克斯

---

① Соглашение между Правительством Республики Узбекистан и Правительством Республики Кыргызстан о межгосударственном использовании Орто-Токойского (Касансайского) водохранилища в Ала-Букинском районе Джалал-Абадской области Кыргызской Республики (Ташкент, 6 октября 2017 года), https: // buxgalter. uz/doc? id = 556130_soglashenie_mejdu_pravitelstvom_respubliki_uzbekistan_i_pravitelstvom_respubliki_kyrgyzstan_o_mejgosudarstvennom_ispolzovanii_orto-tokoyskogo_(kasansayskogo)_vodohranilishcha_v_ala-bukinskom_rayone_djalal-abadskoy_oblasti_kyrgyzskoy_respubliki_(tashkent_6_oktyabrya_2017_goda)&prodid=1_vse_zakonodatelstvo_uzbekistana.

② 王尚达:《中亚国家之间的边界问题》,2008 中国世界史研究论坛第五届学术年会,https: // www. docin. com/p-1628358099. html。

坦共和国政府批准关于吉尔吉斯-哈萨克斯坦国家边界制度的协定》。①

该边界制度协定由如下 9 部分组成：

（1）概念界定和分界立界碑。其中，界定和划界的依据包括：2001 年 12 月 15 日《吉尔吉斯斯坦-哈萨克斯坦国界条约》；1999 年 8 月 25 日《中华人民共和国、吉尔吉斯共和国和哈萨克斯坦共和国关于三国国界交界点的协定》；2001 年 6 月 15 日《哈萨克斯坦共和国、吉尔吉斯共和国和乌兹别克斯坦共和国关于三国交界点的协定》。

（2）国家边界制度的法律基础，包括：2001 年 12 月 15 日《吉尔吉斯共和国与哈萨克斯坦共和国关于保护国家边界合作的协定》；2001 年 12 月 15 日《吉尔吉斯共和国与哈萨克斯坦共和国关于边界地区建立信任措施的协定》；2001 年 12 月 15 日《吉尔吉斯共和国政府与哈萨克斯坦共和国政府关于边界代表活动的协定》；2003 年 12 月 25 日《吉尔吉斯共和国政府与哈萨克斯坦共和国政府签署的吉尔吉斯-哈萨克斯坦国过境检查站协定》《吉尔吉斯共和国政府与哈萨克斯坦共和国政府关于吉哈两国人民来往对方国家程序的协定》；2009 年 6 月 16 日《吉尔吉斯共和国政府与哈萨克斯坦共和国政府关于民防（保护）、预防和消除紧急情况领域合作的协定》；2000 年 1 月 21 日《吉尔吉斯共和国政府与哈萨克斯坦共和国政府签署的关于楚河和塔拉斯河沿岸使用跨境用水设施的协定》；2000 年 11 月 30 日《白罗斯共和国政府、哈萨克斯坦共和国政府、吉尔吉斯共和国政府、俄罗斯联邦政府和塔吉克斯坦共和国政府签署的公民免签证旅行协议》。

（3）国家边界内容，主要围绕边界、边界标志及相关内容进行论述。

（4）对跨越国界人员以及车辆、货物和其他财产运输跨越国界的程序进行规定。

---

① Закон Кыргызской Республики от 2 августа 2018 года № 83 О ратификации Соглашения между Правительством Кыргызской Республики и Правительством Республики Казахстан о режиме кыргызско-казахстанской государственной границы, подписанного 25 декабря 2017 года в городе Астанаhttp：//cbd. minjust. gov. kg/act/view/ru-ru/111815.

（5）国界及国界带上的飞行，规定除不可抗力造成的案件外，双方应采取措施防止跨越国界飞机的非法飞行。

（6）在国家边界、边境地区以及边境水域开展经济、商业或其他活动以及开展社会政治、文化或其他活动的，规定只有经边界保护领域的授权机构许可方得以进行。不准许：损害缔约国的国家安全或包含对其造成损害的威胁；授权机构为维护国家边界和履行任务制造障碍；违反国家边界的既定程序；禁止在国家边境和边境地区捕鱼、狩猎、越境打猎等。同时，对家畜跨境以及动植物疫病、渔猎、水域、跨界建构筑物等问题做出规定。突出强调边境突发应急事件合作、打击走私、非法移民、贩运麻醉药品等方面合作。

（7）边境事件解决程序，规定边界事件的解决应通过进行单方面或联合调查、交换信息或审查其结果，强调作出联合决定。事件解决程序，首先交由边境代表解决，其未解决的边境事件，应通过外交途径解决；边境代表对罪犯的移交、事件调查、与缔约国沟通、告知缔约国代表事情进展等，可以说一般事件在这一级边界代表会议即可以得到解决。

（8）实施机制着重强调边境管理联合委员会的作用，以谈判对话解决问题。

（9）最终条款。①

综上可知，这一法律的颁布，把苏联时期遗留下来的吉尔吉斯共和国与哈萨克斯坦共和国段未定国界问题，在法律上得到了全面解决，为吉哈两国在税收和海关管理领域的合作、植物检疫和兽医管理合作以及其他双边问题的合作铺平了道路，也为双方致力发展国内经济营造了良好的国际环境。

（三）多元外交

1. 中吉全面战略伙伴关系的建立

2018年6月6日，国家主席习近平在人民大会堂同吉尔吉斯斯坦总统热恩别科夫举行会谈。两国元首一致同意建立中吉全面战略伙伴关系，翻开两国友好合作新篇章。习近平主席指出："要加强发展战略

---

① Соглашение между Правительством Кыргызской Республики и Правительством Республики Казахстан о режиме кыргызско-казахстанской государственной границы, http：//cbd.minjust.gov.kg/act/view/ru-ru/216134? cl=ru-ru.

对接和政策协调,寻找更多利益交汇点和增长点,共同规划好两国合作重点领域和项目,要扩大经贸投资,加快推动大项目合作;要扩大人文和地方合作,增进睦邻友好;要提升安全合作水平,打击'三股势力'和跨国有组织犯罪。"[1]吉尔吉斯斯坦总统热恩别科夫称:"把对华关系置于优先方向,过去、现在和将来都是中国的最可靠的邻居、伙伴和朋友。吉方将坚定奉行一个中国政策,愿同中方加强经贸、人文等领域务实合作,协力打击'三股势力',共同维护本地区和平、稳定与安全。吉方支持'一带一路'的伟大倡议,相信它一定会有力推动本地区共同发展。吉方将保持两国各项合作协议的延续性。"[2]

会谈后,两国元首共同签署了《中华人民共和国和吉尔吉斯共和国关于建立全面战略伙伴关系联合声明》,并见证了双边各项合作文件的签署。本次会谈,取得了如下两项成果:

(1)土库曼斯坦-塔吉克斯坦-吉尔吉斯斯坦-中国的跨国天然气管道将开工建设。跨境天然气管道是一项区域性工程,其长度约为1 000千米。在吉尔吉斯斯坦境内天然气管道的长度为218千米,全部由私人投资,投资额在10亿—12亿美元。在该项目框架内,计划在建设期间将创造约1 000个工作岗位,投入使用后大约安排200人就业。80%的工人将来自当地居民。该项目的投资建设,对当地就业、拉动经济增长等都有长远意义。

(2)中国向吉尔吉斯斯坦捐赠1亿美元用于该国提供干净饮水。相关文件已签署,双方正在着手准备必要程序。

总之,中吉双方主要以务实合作为基础,促进共同发展,为两国人民谋福利,更好造福两国人民。

2. 土耳其投资玛纳斯机场

据吉尔吉斯斯坦2018年9月5日相关网站消息报导,2018年9月2日,土耳其总统雷杰普·塔伊普·埃尔多安对吉尔吉斯斯坦进行了正式访问。两国举行了吉尔吉斯斯坦-土耳其商务论坛。吉国总统索隆拜·热恩别科夫表示,吉方已为吸引土耳其在吉国投资做好准备。埃尔多安表示,愿意为吉国提升航空运输水平提供协助,已准备好在航空运输领域向其提供物质和技术支持。

---

[1][2] http://www.xinhuanet.com/2018-06/06/c_1122947997.html.

在双边商务论坛框架下,吉国玛纳斯股份有限公司与土耳其加塔航空运输公司就玛纳斯机场项目签署合作备忘录,土耳其公司拟投资金额 5 000 万美元。该合作备忘录包含的项目有:在玛纳斯机场建立邮政货运中转站;修缮玛纳斯机场的内部架构,包括 VIP 厅和其他区域;合作整合吉玛纳斯股份有限公司的子公司 Эйр Кей Джи,增加航线和飞机数量。这些项目的实施,将直接增加玛纳斯机场的国际航线数量,提高航空运输的货运量,增加吉国海关收入,同时提供新的就业岗位,加强吉土双边经贸往来。[①]

此外,土耳其对吉国教育方面也进行了不少投入,例如在比什凯克设立土耳其大学的教育分支机构,为吉国学生提供教育、资助、留学、国际交流等机会。

3. 与爱沙尼亚的税收合作

吉国 2018 年 1 月 24 日通过第 14 号法令《关于批准吉尔吉斯共和国政府与爱沙尼亚共和国政府关于避免双重征税和防止逃税的协定》,[②]规定了区分每个缔约国在一个国家的主体税收方面的权利规则。此外,该协议保护一个国家的居民免受另一缔约国的歧视性征税,并通过在缔约国主管当局之间交换信息来防止逃税或滥用协议。

4. 与德国的金融技术合作

2018 年,吉尔吉斯斯坦经济部长潘克拉托夫和德国驻吉尔吉斯斯坦大使莫妮卡·伊维尔森在比什凯克签署了《吉尔吉斯斯坦和德国政府间 2017—2018 年度金融和技术合作协定》,德方向吉尔吉斯斯坦提供 4 010 万欧元的援助,用于技术和金融合作,其中 2 110 万欧元用于技术合作项目。[③]

[①] ОБЗОР: КЫРГЫЗСТАН-ТУРЦИЯ: СОТРУДНИЧЕСТВО И ПРОБЛЕМЫ, http://www.caportal.ru/article: 44928; http://www.mofcom.gov.cn/article/i/jyjl/e/201809/20180902785057.shtml.

[②] ЗАКОН КЫРГЫЗСКОЙ РЕСПУБЛИКИ от 24 января 2018 года № 14 О ратификации Соглашения между Правительством Кыргызской Республики и Правительством Эстонской Республики об избежании двойного налогообложения и предотвращении уклонения от уплаты налогов на доходы, подписанного 10 апреля 2017 года в городе Таллин, http://cbd.minjust.gov.kg/act/view/ru-ru/111747.

[③] 卡巴尔新闻网: http://kabar.kg/cn/news/lu1055/.

(四) 与国际组织在信息安全方面的交往

1. 独联体框架下的信息安全

为加强信息安全领域的国际合作,2018 年 2 月 26 日,吉国通过第 26 号法令《关于批准独立国家联合体缔约国在信息安全领域的合作协定》,①旨在提高打击独联体成员国境内的恐怖主义犯罪及其他挑战和威胁。根据该协定,对进入独联合体国家的第三国公民和无国籍人建立统一登记制度,确保其安全和利益;同时建立一个基于国家数据库信息分布结构的统计数据。这些统计数据对缔约方开放,并在独联体国家成员内部共享。统一登记制度的资源补充、资源的使用顺序、处理信息的规则以及关于该系统的开发、创建和发展的联合工作的资金等在本法令中没有列出,将由单独的文件确定。② 从长远来看,该法令对独联体成员国国家安全有着重要的保障作用。

2018 年 3 月 6 日,吉国通过第 27 号法令《关于批准 2013 年 10 月 25 日在明斯克市签署的独立国家联合体内保护分类信息协定》,旨在保护独联体国家机构的机密信息,在吉国内负责部门为吉尔吉斯共和国国家安全委员会。③ 该机构对机密进行分级管理,具体包括"绝密""机密"和"秘密";相应的保密条款规定未经转让方书面许可,不得改变所获秘密信息的保密程度及其保密等级;使用从缔约方收到的秘密信息,仅用于为其转让规定的目的和条件;未经传送秘密信息的缔约方事先书面同意,不得传送秘密信息;为具有相应访问机密信息等级的人员提供履行官方职能所需数量的机密信息。在组织访问独立国家联合

---

① Закон Кыргызской Республики от 19 января 2018 года № 9 О ратификации Соглашения о Единой системе учета граждан третьих государств и лиц без гражданства, въезжающих на территории государств-участников Содружества Независимых Государств, подписанного 18 октября 2011 года в городе Санкт-Петербург, http://cbd.minjust.gov.kg/act/view/ru-ru/111742#unknown.

② Соглашения о Единой системе учета граждан третьих государств и лиц без гражданства, въезжающих на территории государств-участников Содружества Независимых Государств, подписанного 18 октября 2011 года в городе Санкт-Петербург, http://docs.cntd.ru/document/902354340.

③ ЗАКОН КЫРГЫЗСКОЙ РЕСПУБЛИКИ от 6 марта 2018 года № 27 О ратификации Соглашения о защите секретной информации в рамках Содружества Независимых Государств, подписанного 25 октября 2013 года в городе Минск, http://cbd.minjust.gov.kg/act/view/ru-ru/111760#unknown.

体的机构时,在此期间计划获取秘密信息,主管或授权机构须事先向独立国家联合体有关机构发送书面通知,其中包含以下信息:姓氏、名字、父称、出生日期及地点、公民身份、系列及护照号码;职位、主管或授权机构的名称;有关获取相应保密程度机密信息的可用性信息;预计的访问日期和持续时间;访问目的。对于未经授权传播秘密信息所造成的损害,予以赔偿金额及其程序,经独立国家联合体的授权机构和机构同意,必要时由主管当局参与确定。①

2. 集体安全条约组织框架下的信息安全

吉国制定的有关集体安全条约组织框架下信息安全法律主要有两个:一是 2018 年 3 月 6 日通过的第 28 号令《关于批准 2014 年 12 月 23 日在莫斯科签署的集体安全条约组织成员国合作打击信息领域犯罪活动合作议定书》②,二是 2018 年 3 月 20 日通过的第 30 号法令《关于批准 2004 年 6 月 18 日在莫斯科签署的集体安全条约组织框架内共同确保秘密信息安全协定修正案的议定书》。③ 根据上述议定书的规定,吉尔吉斯共和国国家安全委员会为负责执行上述议定书的主管当局。

(五) 其他国际合作

吉国经济基础薄弱,发展需要外力的支持。

1. 国际开发协会"农村供水和卫生可持续发展"项目

2018 年 5 月 18 日,吉国颁布第 48 号令《关于批准 2017 年 11 月 13 日在比什凯克签署的吉尔吉斯共和国政府与国际开发协会"农村供

---

① Соглашение о защите секретной информации в рамках Содружества Независимых Государств, http://docs.cntd.ru/document/420242120.

② ЗАКОН КЫРГЫЗСКОЙ РЕСПУБЛИКИ от 6 марта 2018 года № 28 О ратификации Протокола о взаимодействии государств-членов Организации Договора о коллективной безопасности по противодействию преступной деятельности в информационной сфере, подписанного 23 декабря 2014 года в городе Москва, http://cbd.minjust.gov.kg/act/view/ru-ru/111761#unknown.

③ ЗАКОН КЫРГЫЗСКОЙ РЕСПУБЛИКИ от 20 марта 2018 года № 30 О ратификации Протокола о внесении изменений в Соглашение о взаимном обеспечении сохранности секретной информации в рамках Организации Договора о коллективной безопасности от 18 июня 2004 года, подписанного 19 декабря 2012 года в городе Москва, http://cbd.minjust.gov.kg/act/view/ru-ru/111759.

水和卫生可持续发展"项目额外融资协议》,①其目标是改善农村社区供水和卫生服务的可及性和质量,并加强供水和卫生部门受援机构的能力。该项目由国际开发协会和吉国政府资助。项目费用为4 320万美元,其中:国际开发协会赠款1 620万美元,国际开发协会贷款1 980万美元,吉国政府共同出资720万美元。该项目在奥什州、楚河地区和伊塞克库尔地区的53个选定村庄实施。

2. 国际协议扶持公共财政管理能力

2018年6月5日,吉国批准第59号令《关于吉尔吉斯共和国与国际开发协会和国际复兴开发银行之间的协定书》(批准号TF0A3998)。国际开发协会和国际复兴开发银行作为赠款基金管理人,作为多边信托基金下各捐助方,执行"吉尔吉斯共和国公共财政管理能力建设"项目。② 该协议于2018年1月24日在比什凯克市签署。吉国财政部启动了一项改革公共财政管理的综合计划,并通过世界银行在2009年通过的诊断分析、技术援助和公共财政管理信贷业务帮助设计和实施该计划。公共财政管理能力开发项目于2009—2015年实施第一阶段。该项目有助于提高预算、会计、报告、内部控制和外部审计的质量,并成为制订成本计划的第一步。该项目将支持实现透明公司的目标。透明公司是一个全国性的数字化转型计划,旨在建立一个开放和透明的国家,以改善治理,加强公共资产和财务管理的问责制和透明度。该项目将由捐助方信托基金通过瑞士国家经济事务秘书处和欧洲委员会提供高达30.14亿美元的资金。

---

① ЗАКОН КЫРГЫЗСКОЙ РЕСПУБЛИКИ от 18 мая 2018 года № 48 О ратификации Соглашения о дополнительном финансировании для Проекта "Устойчивое развитие сельского водоснабжения и санитарии" между Правительством Кыргызской Республики и Международной ассоциацией развития, подписанного 13 ноября 2017 года в городе Бишкек, http://cbd.minjust.gov.kg/act/view/ru-ru/111781.

② ЗАКОН КЫРГЫЗСКОЙ РЕСПУБЛИКИ от 5 июня 2018 года № 59 О ратификации Письма-соглашения между Кыргызской Республикой и Международной ассоциацией развития и Международным банком реконструкции и развития, выступающими в качестве администратора грантовых средств, предоставляемых различными донорами в рамках Многостороннего трастового фонда для реализации Второго проекта "Развитие потенциала в области управления государственными финансами в Кыргызской Республике" (Грант № TF0A3998), подписанного 24 января 2018 года в городе Бишкек, http://cbd.minjust.gov.kg/act/view/ru-ru/111792.

3. 与欧亚开发银行之间关于提供欧亚经济共同体反危机基金投资贷款修路协议

2018年6月29日,吉尔吉斯共和国颁布第63号法令《批准2014年3月20日吉尔吉斯共和国与欧亚开发银行之间关于提供欧亚经济共同体反危机基金投资贷款协议的第1号补充协议》。[①] 在协议的框架内,由比什凯克-奥什道路工程向修复项目第4阶段(马达迪亚特段-贾拉拉巴德区,全长67千米)提供资金。贷款总额为6 000万美元。在运输和道路部与阿塞拜疆的Azvirt承包组织合同谈判,达成一致,规定由于承包商的过错导致的施工延误造成的损失,应以合同价值的19%的比率赔偿,在其他民事合同中,延迟损失为10%。

4. 中亚区域经济合作缔约国共建中亚区域经济合作研究所

2018年5月10日,吉尔吉斯共和国颁布第46号法律《关于批准中亚区域经济合作缔约国建立中亚区域经济合作研究所的协定》,[②] 旨在建立一个科学研究和能力建设中心,以提高中亚区域经济合作计划的质量和效益。中亚区域经济合作研究所的建立基于有效的区域合作方法,以实现加速中亚地区经济增长的目标。建立中亚区域经济合作研究所是实现区域经济合作和进步的重要一步。

5. 国际农业发展基金协定农牧投资

2018年4月24日,吉国颁布第41号法律《批准2017年8月21日在比什凯克市签署的吉尔吉斯共和国与国际农业发展基金之间"保障

---

① ЗАКОН КЫРГЫЗСКОЙ РЕСПУБЛИКИ от 29 июня 2018 года № 63 О ратификации Дополнительного соглашения № 1 к Соглашению о предоставлении инвестиционного кредита из средств Антикризисного фонда Евразийского экономического сообщества между Кыргызской Республикой и Евразийским банком развития от 20 марта 2014 года (о предоставлении инвестиционного кредита из средств Евразийского фонда стабилизации и развития для финансирования проекта "Реконструкция автомобильной дороги Бишкек-Ош. Фаза IV"), подписанного 14 июня 2018 года, http://cbd.minjust.gov.kg/act/view/ru-ru/111796.

② ЗАКОН КЫРГЫЗСКОЙ РЕСПУБЛИКИ от 10 мая 2018 года № 46 О ратификации Соглашения между государствами-участниками Центральноазиатского регионального экономического сотрудничества об учреждении Института Центральноазиатского регионального экономического сотрудничества, подписанного 26 октября 2016 года в городе Исламабад cbd.minjust.gov.kg/act/view/ru-ru/111779.

进入市场"项目融资协议》。① 作为该项目的一部分,国际农业发展基金打算提供额外的财政和技术支持,以提高农业生产的效率,增加加工业的能力和吉国畜牧业整个农业工业综合体产品的竞争力,投资额为2 540万美元,具体包括1 270万美元的贷款和1 270万美元的赠款。该项目的目标是促进吉国畜牧业的收入增长和经济增长。

2018年4月24日,吉国批准第42号法律《关于批准于2017年10月31日在比什凯克市签署的批准吉尔吉斯共和国与欧洲银行之间泵站改造、建设和开发项目及吉尔吉斯共和国开放式股份公司比什凯克供热网络和欧洲重建与发展银行在泵站改造和建设项目下的赠款协议》。② 作为执行上述协议的一部分,欧洲复兴开发银行将向吉国分配720万美元的信贷资金,以及390万美元的赠款。该协议包括更换带变频泵的网络泵、远程控制、升级SCADA即数据采集与监视控制系统,并在比什凯克位于楚河大街和阿拉麦金河的交叉口建造新的泵站。

6. 加入日内瓦第三公约

2018年10月23日,吉国颁布第91号法律《关于加入1949年8月12日签订的日内瓦四公约,关于采用附加特殊标志的附加议定书(第三号议定书)》。③ 吉国加入《日内瓦公约第三议定书》将作为提供新的额外标志保护的基础——红十字。红十字和红新月使用的红色标志

---

① ЗАКОН КЫРГЫЗСКОЙ РЕСПУБЛИКИ от 24 апреля 2018 года № 41 О ратификации Соглашения о финансировании проекта "Обеспечение доступа к рынкам" между Кыргызской Республикой и Международным фондом сельскохозяйственного развития, подписанного 21 августа 2017 года в городе, http://cbd.minjust.gov.kg/act/view/ru-ru/111773.

② ЗАКОН КЫРГЫЗСКОЙ РЕСПУБЛИКИ от 24 апреля 2018 года № 42 О ратификации Кредитного соглашения между Кыргызской Республикой и Европейским банком реконструкции и развития по Проекту реконструкции и строительства насосных станций и Соглашения о гранте между Кыргызской Республикой, открытым акционерным обществом "Бишкектеплосеть" и Европейским банком реконструкции и развития по Проекту реконструкции и строительства насосных станции, подписанных 31 октября 2017 года в городе Бишкек, http://cbd.minjust.gov.kg/act/view/ru-ru/111774.

③ ЗАКОН КЫРГЫЗСКОЙ РЕСПУБЛИКИ от 23 октября 2018 года № 91 О присоединении к Дополнительному протоколу к Женевским конвенциям от 12 августа 1949 года, касающемуся принятия дополнительной отличительной эмблемы (Протокол III), от 8 декабря 2005 года, http://cbd.minjust.gov.kg/act/view/ru-ru/111827.

全球认可和尊重,将允许人道主义工作者更多地帮助当地的受害者,自由进入武装冲突和其他暴力局势影响地区,包括没有红十字标志的任何政治、宗教或文化地区。

总体而言,热恩别科夫总统的外交政策是均衡发展,赢得外交重要国家俄罗斯及周边中亚邻国的认可,以立法形式解决军事合作、移民侨汇、边境问题、水资源等问题,进一步发展国内经济和塑造良好的周边环境;同时,积极发展多元外交政策,同中国、欧盟、土耳其等国家保持积极的外交关系,谋求多方战略伙伴国家的支持;积极参与国际组织事宜,以维护国家利益最大化。

三、刑法领域的立法变化

2018年5月22日,吉尔吉斯共和国第124号总统令颁布《关于在正在进行的司法改革框架内采取的一些措施》[1],把2017年颁布的《吉尔吉斯共和国刑法典》《吉尔吉斯共和国轻罪行法典》《吉尔吉斯共和国刑事诉讼法》《吉尔吉斯共和国刑法执行法典》及吉尔吉斯斯坦共和国《关于大赦原则及其适用程序》等视为司法改革的一部分,于2019年1月1日生效。

为促进以上法律颁布与执行,总统制定了相关部委以及其他执行机构的职责,具体包括:(1)作为优先事项,为制定和实施新守则和其他相关法律的规定提供资金;(2)在吉尔吉斯共和国律师协会的积极参与下,加快采取必要措施,为新守则和其他相关法律的规定、实施和执行做准备,包括制定专项基金机制及引入赔偿受害者损害赔偿机构的程序,启动协调国家保障法律中心,协助吉国司法部确定适当的资金;(3)将加速制定和采用新法律的监管法律作为优先事项,随后将其中一些法律提交吉国的议会。其中,第(3)点与前面国际组织独联体及集体安全条约框架下的信息安全相关国际条款相接轨。

在时间点上,总统督促有关国家机构:(1)2018年7月1日前,协助实施现有信息系统和数据库的整合,使用统一的犯罪和轻罪行登记

---

[1] ПРЕЗИДЕНТ КЫРГЫЗСКОЙ РЕСПУБЛИКИУКАЗ от 22 мая 2018 года УП № 124 О некоторых мерах, принимаемых в рамках проводимой судебной реформы, http://cbd.minjust.gov.kg/act/view/ru-ru/900226.

册自动化系统;(2)加速建立统一的违规登记册,随后将其与"犯罪和轻罪行统一登记册"整合,并作为"犯罪、轻罪行和违规行为统一登记册"予以运作;(3)在2018年10月1日之前,吉国政府制定的犯罪与轻罪行统一登记册、违法统一登记册的自动化系统由操作和维护的技术操作员,采取紧急措施,开发和测试这些系统的软件;(4)在2018年12月15日之前,为参与处理"犯罪和轻罪行统计登记册"自动化系统的所有执法机构和其他机构的雇员开展培训活动;(5)加强对各分阶段引入缓刑国家机构的监督;(6)责任部门和部门负责人要确保无条件履行新刑法措施,责任具体到个人,加快推进速度;(7)每季度一次,向吉国总统司法改革委员会提交关于吉尔吉斯共和国守则和其他法律的实施工作流程的信息。

总统建议最高法院和吉尔吉斯共和国法官委员会的职责有两点:一是根据吉国新的《刑事诉讼法》的规定,采用必要的组织和行政措施,引入调查法官的程序法典,包括改变地方法院的人员配置;二是根据吉国总统领导下的司法改革委员会成员的建议和意见及国家机构的结论,最终确定吉国司法制度国家目标方案草案,然后向吉国政府提交一份订正的方案草案,以便以规定的方式进一步审议。同时,建议政府和议会审议期限为期一年的引进临时禁令,以对吉国新的"刑法"做出修订,为了在今后几年内发展吉国的司法系统,不仅要求监管法律行为符合修订后法律的要求,同时也要求修订文件与吉国宪法相符,制定相应的法律草案,促进法院判决执行程序的发展和"智慧城市"项目的实施。与此同时,对媒体宣传提出要求——关于为实施吉国新守则和其他法律提供信息支持。吉国总统办公室及司法改革委员会负责监督本法的实施;吉国安全理事会秘书处设立了一个专家工作组,负责监督总统下设司法改革委员会有效执行司法和其他法律活动。①

就刑法而言,2017年新《刑法》相对上一版本有较大的改变,总体量刑趋向轻刑化,但是并不是所有条款皆向轻量刑标准看齐。2018年修订的《刑法》加强对未成年人的保护,其中杀害儿童、未成年,性侵儿

---

① ПРЕЗИДЕНТ КЫРГЫЗСКОЙ РЕСПУБЛИКИУКАЗ от 22 мая 2018 года УП № 124 О некоторых мерах, принимаемых в рамках проводимой судебной реформы, http://cbd.minjust.gov.kg/act/view/ru-ru/900226.

童、未成年人的处罚力度加重。

2018年度刑法法案的修改，主要在以下三个法律中得到体现：2018年1月24日通过吉国第11号法律《关于吉尔吉斯共和国"刑法"的修正案》；2018年8月2日通过的吉尔吉斯共和国第77号法律《关于吉尔吉斯共和国某些立法法案的修正案（吉尔吉斯共和国行政责任法、吉尔吉斯共和国刑法典）》；2018年8月4日通过的吉国第84号法律《关于吉尔吉斯共和国某些立法法案的修正案（吉尔吉斯共和国刑法典、吉尔吉斯共和国刑事诉讼法，吉尔吉斯共和国法律、"关于赦免的一般原则"）》。具体修改内容如下：

1.《关于吉尔吉斯共和国"刑法"的修正案》[1]

该修正案按照四级罪行量刑标准，修改主要是第三级——略严重伤害罪，如下：在第281条中第一部分第二段修改如下：驾驶车辆，违反交通安全规则和车辆操作，造成受害者略严重的伤害，将被处以三级罪行，剥夺驾驶车辆最长3年的权利或最多3年的监禁并剥夺驾驶车辆长达3年的权利。上一版本衡量标准——量刑标准产生变化，四级划分法成为分段标准，并且取消罚款，取消教改工作两年等。总体而言，惩处更明确，犯罪惩处加重。第二部分第二段，导致受害者死亡或造成健康严重伤害，惩处由5年监禁改为5—7年的监禁，该项加重惩处。第五部分第二段修改主要是导致若干人死亡，判处7年徒刑，相较前一版的7—10年徒刑，减轻惩罚。第284条第2段做出修改，删除公开道歉和赔偿，主要对于处于酒精、毒品或任何其他中毒状态或无权驾驶权人驾驶车辆的人员惩罚做出修改，如果他引起刑法第281条第2部分和第3部分规定的重伤、死亡、多人伤亡，应当处以三级罪行，剥夺担任某些职位或从事某些活动的权利，长达3年或监禁5年，或剥夺担任某些职位或从事某些活动权利，长达3年。相较前一版本5年监禁，减轻惩处，并删除赔偿项。第285条违反交通安全运输规则，在第1部分最高达50倍计算指标的罚款，修改为判罚第三重罪行，把罚款从刑法典中删除。第2款部分第2段，删除公开道歉

---

[1] Закон Кыргызской Республики от 24 января 2018 года № 11 О внесении изменений в Уголовный кодекс Кыргызской Республики, http：//cbd.minjust.gov.kg/act/view/ru-ru/111744.

和赔偿,其中两年以下惩教工作,或3年以下监禁,修改为处以第三重罪行或3—5年监禁。相较前一版本设置底线和上线,加强处罚,删除罚款项。

该法律的主要特点:一是加强分级量刑的概念;二是对交通致人死亡罪行加重惩罚,把赔偿、罚款等民事项目从刑事犯罪惩罚中删除。总体而言,刑法逐步趋于严谨,得到进一步发展。

2.《关于吉尔吉斯共和国某些立法法案的修正案(吉尔吉斯共和国行政责任法、吉尔吉斯共和国刑法典)》[1]中,对第204条走私条款的修改:

(1)"吉尔吉斯共和国海关边境"修改为"关税同盟海关边境";

(2)增加了对"吉尔吉斯共和国红皮书中列出的动植物物品及其衍生物"的走私认定;

(3)在说明中,认定大规模走私,由原来的1 000倍计算指标,扩大为5 000倍。根据2006年6月15日第1115-Ⅲ号法令《关于批准计算指标大小的决议》,2006年1月1日计算指标的大小为每月100索姆,[2]也就是说由10万索姆增加到50万索姆的标准。

(4)在说明的第三段修改,在本条第一部分规定的第一次犯罪的人,如果他的行为不包含任何其他罪行,在自愿支付双倍金额的海关付款金额(包括处罚,海关申报和放行货物以及其他走私物品)的情况下,免除刑事责任。相较上一版本,增加要求对首次犯走私罪罚款要求双倍支付,才可以免除刑事责任。由此可得出,累犯走私人员,即使缴纳罚金,仍不可避免刑事责任,初犯走私需双倍罚款。由此可见,对免除刑事责任要求进一步提高,惩罚力度加强。

3.《关于吉尔吉斯共和国某些立法法案的修正案(吉尔吉斯共和国刑法典、吉尔吉斯共和国刑事诉讼法、吉尔吉斯共和国法律"关于赦

---

[1] Закон Кыргызской Республики от 2 августа 2018 года № 77 О внесении изменений в некоторые законодательные акты Кыргызской Республики, http://cbd.minjust.gov.kg/act/view/ru-ru/111813.

[2] ПОСТАНОВЛЕНИЕ ЖОГОРКУ КЕНЕША КЫРГЫЗСКОЙ РЕСПУБЛИКИ Об утверждении размера расчетного показателя от 15 июня 2006 года № 1115-Ⅲ, http://cbd.minjust.gov.kg/act/view/ru-ru/51948.

免的一般原则"）》的①修订：

（1）《吉尔吉斯共和国刑法典》主要修订：一是刑法第 46 条修订增加刑法特别部分，如有另行规定，可附加惩罚为期 3—20 年剥夺占有某些职位或从事某些活动的权利。前一版，剥夺占有某些职位或从事某些活动的权利作为主要处罚，期限 1—5 年，作为附加处罚，期限 1—3 年。现规定最低 3 年，最高判罚达到 20 年。二是第 66 条修订增加免除刑事责任不包括违反未成年人性自由，性侵害未成年人的犯人。三是第 68 条修订增加因公共危险损失而免于刑事处罚，但不包括违反未成年人性自由，性侵害未成年人的犯人。四是第 129 条强奸罪、130 条性暴力，就强奸、性暴力至受害人死亡进行修订，判处 15 年—20 年徒刑期限没变，增加剥夺担任某些职位或从事某些活动的权利 7—15 年。在以往法律中分为未成年人即 18 岁以下，儿童 14 岁以下，在新修订法律中针对强奸致儿童死亡——将被处以 20 年监禁或终身监禁，并剥夺担任某些职位或从事某些活动的权利 10—20 年或无此项。五是第 131 条强迫发生性行为，修订法律上负责抚养未成年人的父母或其他人，以及依法负责监督未成年人的教育、医疗或其他机构的教师或其他雇员，强迫未成年人性行为，判处 2—5 年有期徒刑，并剥夺某些职位或从事某些活动的权利 3—7 年或无此项。剥夺从业资格由最多 3 年，变为最低 3 年，最高 7 年。涉及儿童的强迫性行为，被判处 5—8 年监禁，剥夺担任某些职位或从事某些活动的权利 7—15 年或无此项。相对之前最高 3 年剥夺从业资格，加重到 7—15 年。六是第 132 条与 16 岁以下的人发生性关系或其他性行为，修订为由 3 年以下有期徒刑，加重到 3—5 年以下有期徒刑，剥夺 3—7 年担任某些职位或从事的某些活动的权利或无此项。针对儿童犯该条法律罪行的，处以 5—8 年监禁，并剥夺 7—15 年占有某些职位或从事某些活动的权利。

（2）《吉尔吉斯共和国刑事诉讼法》主要修订：第 28 条排除刑事

---

① ЗАКОН КЫРГЫЗСКОЙ РЕСПУБЛИКИ от 4 августа 2018 года № 84 О внесении изменений в некоторые законодательные акты Кыргызской Республики（в Уголовный кодекс Кыргызской Республики, Уголовно-процессуальный кодекс Кыргызской Республики, Закон Кыргызской Республики "Об общих принципах помилования"）, http://cbd.minjust.gov.kg/act/view/ru-ru/111816.

诉讼的情况,免除刑事责任不包括违反未成年人性自由,性侵害未成年人。第 29 条终止刑事案件,免除刑事责任,明确标注违反未成年人性自由,性侵害未成年人刑事犯罪不在此列。第 159 条启动私人公诉刑事案件,除了受害人的申请外,不得提起私人公诉案件,但本法典规定的案件除外。调查和司法程序以一般方式进行。

(3)《关于赦免的一般原则》中,强调违反未成年人性自由,性侵害未成年人的罪犯,不适用赦免法。

此外,2018 年 8 月 2 日,吉国颁布第 80 号法律《关于打击经济犯罪领域的授权机构法》,①该法是在打击经济犯罪方面确定授权机构的法律依据,规定了授权机构的目标和主要任务、权力和职责,授权机构员工的责任、法律地位和社会保护措施等。此前这些问题受吉国政府行为管制,没有具体法律条文明确规定。该法确定了吉尔吉斯斯坦打击经济犯罪局以及相关金融警察的法律地位。② 此授权机构职权包括查明、预防、制止、揭露和调查经济犯罪,官员和腐败犯罪等。

综上可知,在刑法方面,通过加强针对未成年的性侵、性暴力及其他犯罪的惩罚力度,加强对未成年人,特别是对儿童的保护。惩罚手段以监禁为主,修订增加了剥夺从业资格,并把从业资格、从业活动的时间拉长,为青少年营造一个相对安全的环境。在刑事诉讼方面,对免除刑事责任的认定,不涉及对未成年的性侵、性暴力及其他犯罪,收紧免责口,进一步保护未成年人合法权益。在赦免法中,针对未成年人的性犯罪,不予赦免。可见,吉尔吉斯斯坦在立法方面全方位加强了对未成年人的保护力度。

四、安全问题方面的立法

(一)吉尔吉斯国内安全问题背景

2018 年,吉尔吉斯共和国安全问题依然严峻。根据国家安全委员会信息,2018 年已确定 157 名与国际恐怖主义团体有联系的公民,121 名与极端主义团体有关的公民,43 人因恐怖主义和极端主义活动

---

① ЗАКОН КЫРГЫЗСКОЙ РЕСПУБЛИКИ от 2 августа 2018 года № 80 Об уполномоченном органе в сфере борьбы с экономическими преступлениями, http://cbd.minjust.gov.kg/act/view/ru-ru/111817.

② 吉尔吉斯斯坦国家打击经济犯罪局官网: http://www.finpol.gov.kg/ru/activities。

而被追究刑事责任,36 名涉嫌宗教极端主义的外国公民被驱逐出境。国际恐怖主义团体伊斯兰国和努斯拉阵线招募吉尔吉斯公民参加叙利亚战争的案件亦有发生。近年来极端主义运动一直在与低收入人群合作,散布其观点,拒绝和忽视构成国家法律基础的法律和规范。议员沙娜扎罗夫认为,这背后是采取激进极端主义观点的秘密行动;甚至,涉及吉尔吉斯斯坦的世俗生活方式,宪法、法律和选举被称为"哈拉姆"。① 哈拉姆作为伊斯兰教法学术语,即"违禁的行为"。根据州国家安全委员会和金融情报局的信息,多年来,从事此类活动的组织一直收到国外资金,资助其恐怖主义和极端主义活动。议员鲁斯兰哈萨克巴耶夫认为,有必要确切查明外部资助极端主义活动经费的来源,必须采取行动切断这些国际渠道和融资来源,否则极端主义运动将越演越烈,这些运动的影响现在似乎很小,但它们可能逐渐成为对人类和国家的威胁。② 为了切断外部融资对吉国内恐怖主义和极端主义活动的资助,吉国制定了一系列法律。

(二)反资助恐怖主义活动和犯罪收益合法化

2018 年 8 月 6 日颁布了第 87 号法律《关于反资助恐怖主义活动和犯罪收益合法化(洗钱)》③。这是吉国在金融方面进行反恐、反极端主义的重要法律,也是国家安全法律制度的重要文件。该法律的法律基础是《吉尔吉斯斯坦宪法》、吉尔吉斯共和国加入依法生效的国际条约,其目的是确立一系列措施,用以打击资助恐怖主义、极端主义活动,打击犯罪收益合法化(洗钱),以及打击资助大规模毁灭性武器的扩散。

1. 实体

采取措施打击资助恐怖主义活动和犯罪收益合法化(洗钱)的实体是:(1)金融机构和非金融类人员;(2)检查机构;(3)金融情报机构;(4)内政机构、经济犯罪监管机构、海关当局、国家安全机构、吉国检察机关。

---

①② Журнал Азаттык, https://www.azattyk.org/a/kyrgyzstan_politics_religion/29488200.html.

③ ЗАКОН КЫРГЫЗСКОЙ РЕСПУБЛИКИ от 6 августа 2018 года № 87 О противодействии финансированию террористической деятельности и легализации (отмыванию) преступных доходов, http://cbd.minjust.gov.kg/act/view/ru-ru/111822.

2. 金融情报局

金融情报局是吉国政府成立的一个协调和咨询机构,是吉尔吉斯共和国授权的国家机构,负责对资助恐怖主义、极端主义活动以及犯罪收益合法化(洗钱)情报信息的收集、分析、整理并制定报告,提交国家有关部委。按照法律及政府相关规定,金融情报局可以对违法的金融机构和非金融从业人员实施金融制裁和暂停业务(交易)等措施。同时,该局具有实施国际合作的功能。根据金融情报机构书面请求,金融机构和非金融类人员应在 10 日内向金融情报机构提交所要求的信息或文件。吉国的国家机构、国有企业有义务按照政府确定的方式和数额向金融情报机构提供电子国家登记册和数据库。金融情报部门的信息、文件和数据库是保密的。

3. 主要监控管理方向

在该法第三章规定的预防措施中,强调对空壳银行、外国信托、非法和不明(匿名)预付卡、匿名账户、匿名发票、侦查现金或不记名可转让票据非法流动等方面的监控和管理,要求金融机构和非金融类人员对金融情报局相应工作保密等。

4. 国家风险评估及措施

对金融机构和非金融类人员等进行资助恐怖主义活动和犯罪所得合法化(洗钱)实施国家风险评估,其评估结果、吉国综合制裁名单和联合国安理会综合制裁名单一起作为基础,对个人和法人实体、团体、组织等实施管理或制裁。个人和法人实体、团体和组织可以通过行政(预审)程序或法院对其纳入吉国综合制裁名单的决定提出上诉。主要制裁措施:制裁名单中包括的自然人和法人、团体、组织的业务(交易)和(或)资金将无限期冻结,暂停业务(交易)。

5. 法人实体信息库

在吉国创建和注册的法人实体,其受益所有人信息、股东名册信息,在法人实体的注册地(地点)成立之日起至少 5 年内的信息需存储起来,以备查检。基于以上信息,正在建立一个完整的电子数据库,以便随时查录、跟踪信息变更等。

6. 非营利组织管理

吉国政府对非营利组织进行国家风险评估,对高风险的非营利组织加强管理。要求高风险的非营利组织必须:(1)在工作中不断使用制裁名单;(2)至少5年形成和存储关于其宣布活动的目的和目标的信息,其创始人拥有、控制或管理非营利组织的人员,从该非营利组织获得资金的人员;(3)编制有关其收入和支出的财务报表、资金的交易表,并保留至少5年;(4)采取控制措施,确保按照非营利组织宣布的活动对所有资金及其支出进行核算。以上信息随时根据书面请求提交给金融情报部门。

7. 客户调查措施

金融机构和非金融类人员有义务对其所有客户采取以下客户尽职调查措施:(1)识别和验证客户;(2)获取客户业务关系的目的和预期性质的信息;(3)确定受益所有人并采取合理步骤核实受益所有人;(4)记录客户和受益人所有人的身份识别和验证所获得的信息;(5)存储和更新客户活动及其财务状况的信息和文件,以及因尽职调查客户而获得的信息和文件;(6)在与客户的整个业务关系存续期间,定期进行对客户的尽职调查,并分析客户进行的交易是否符合其活动内容、财务状况和资金来源的可用信息,以及是否存在恐怖主义、犯罪所得的活动和合法化(洗钱)的风险。(7)如果代理人代表客户行事,则金融机构和非财务类别的人有义务进行识别和核实,检查此人的相关机构,并记录收到的信息。

对公职人员采取以下额外的客户尽职调查措施:(1)使用风险管理系统确定客户或受益所有人或保险付款人是否为公职人员;(2)获得金融机构负责人或非金融类人员(如有)的书面许可,以建立或继续(针对现有客户)与公职人员的业务关系;(3)确定公职人员的资金来源或其他财产;(4)以高风险客户的方式,对公务员进行的业务关系,包括业务(交易)进行持续和深入的监控;(5)金融机构和非金融类别的人员也对公职人员的家属和亲属(近亲,商业伙伴和官方代表)以及其他高风险客户采用上述额外的客户尽职调查措施。

如果客户未能提供对客户进行尽职调查所必需的信息和/或文件,则金融机构和非财务类别的人员可以做出以下决定:(1)不与客户建立业务关系(拒绝接受服务或开立账户);(2)暂停或终止与客户建立的业务关系(拒绝服务)并终止与客户签订的合同;(3)不进行操作(交易)。在这种情况下做出决定时,金融机构和非金融类别的人有义务在做出决定之日起的一个工作日内向金融情报机构发送相应的信息。

在建立国际代理银行业务以及与外国银行和金融机构(被告机构)的类似关系时,金融机构(代理机构)必须采取吉国政府制定的其他措施。

吉国政府制定了在吉国境内进行国际电子货币转账和电子货币转账的客户尽职调查程序。

8. 国际合作

根据吉尔吉斯共和国关于国际关系的立法、吉尔吉斯共和国的国际条约和联合国安全理事会的决议,在打击资助恐怖主义和极端主义活动,打击资助大规模毁灭性武器扩散、合法化(洗钱)犯罪收益和相关上游犯罪方面进行国际合作,以及交换信息或文件和实施有针对性的金融制裁方面的国际合作。国际合作是根据互惠原则,在吉尔吉斯共和国经授权的国家机构或外国主管当局的国际要求的基础上进行的。吉国政府确定了由吉尔吉斯共和国授权的国家机构名单,实施国际合作的程序,包括编制、发送、执行和登记国际请求等。

与外国主管当局和国际组织的国际合作以下列形式进行:

(1) 交换(接收或发送)吉尔吉斯共和国授权的国家机构可以使用的任何信息或文件,或者他们可以在吉尔吉斯共和国境内获得的任何信息或文件,但根据吉尔吉斯共和国的立法不得转让的信息或文件除外;

(2) 如果有充分理由(怀疑)表明恐怖主义活动已被资助并合法化(洗钱)犯罪所得和相关的上游犯罪,则向主管当局(主动或应要求)发送信息;

(3) 在金融机构和非金融类人员活动的监管和监督领域交流经验和信息,并根据国际要求核实金融机构和非金融类别的活动;

(4) 依照本法、联合国安理会决议和国际要求,实施有针对性的金融制裁;

(5) 协助查明和调查资助恐怖主义活动,以及查明参与这些犯罪行为的个人或法人实体;

(6) 信息阶段、初步调查、审判和法院判决以及有犯罪所得合法化(洗钱)和相关上游犯罪人引渡执行;

（7）参与国际组织打击资助恐怖主义活动和犯罪收益合法化（洗钱）的活动；

（8）参与不违反吉尔吉斯共和国立法的国际合作形式；

（9）关于根据吉尔吉斯共和国的刑事诉讼法和国际条约归还犯罪资产的国际合作。

实施上述法律，预计会产生以下积极成果：（1）提高防止资助恐怖主义活动和犯罪所得合法化（洗钱）的有效性；（2）提高吉尔吉斯共和国（包括金融机构）的声誉和投资评级，使其成为最可靠、最负责任和最诚实的合作伙伴，使其能够积极参与国际金融市场的运作；（3）制定其他机制，包括搜查和归还在吉尔吉斯共和国境外，包括在近海区域内通过非法或犯罪手段所得的资金。

（三）多法案配套实施打击恐怖主义融资

2018年8月6日颁布了吉国第88号法律《关于反资助恐怖主义活动和反犯罪收益合法化（洗钱）若干法律修订案》①，其集中围绕以反资助恐怖主义活动和犯罪收益合法化（洗钱）法为核心，从《民法》《税法》《公证人法》《商业秘密法》《保险组织法》《房地产权利与其交易的国家登记》《反恐怖主义法》《关于吉尔吉斯共和国累积养老基金》《关于吉尔吉斯共和国支付制度》《关于当铺的活动》《关于吉尔吉斯共和国国家银行，银行和银行活动》《关于彩票》等20个法律规范进行配套修订，旨在加强打击资助恐怖主义活动，遏制洗钱，切断涉恐资金的供应链条，进一步打击在吉国的恐怖主义。

（1）修改词汇和语句，整体表达更简练和顺达，语意无改变，例如《民法》《税法》《邮政法》等；

（2）强调各主体遵守反资助恐怖主义活动、反犯罪收益合法化（洗钱）法律。例如对《证券市场法》第66条修订："第66条　反资助恐怖主义活动和反犯罪收益合法化（洗钱）的措施：① 证券市场的专业参与者有义务遵守吉尔吉斯共和国在反恐怖主义活动筹资和反犯罪收益合法化（洗钱）方面的立法。② 如果监管国家机构发现授权的证

---

① ЗАКОН КЫРГЫЗСКОЙ РЕСПУБЛИКИ от 6 августа 2018 года № 88 О внесении изменений в некоторые законодательные акты по вопросам противодействия финансированию террористической деятельности и легализации (отмыванию) преступных доходов, http：//cbd. minjust. gov. kg/act/view/ru-ru/111821.

券市场与资助恐怖活动和犯罪收益合法化(洗钱)活动有关,则授权的证券市场监管机构应立即通知金融情报机构。"

(3)强调金融侦察局在反资助恐怖主义活动、反洗钱中的职责和作用。例如在《吉尔吉斯斯坦商业秘密法》《关于房地产权利与其交易的国家登记》《邮政法律》《证券市场法》等法律修订中,增加规定要向金融情报机构提供有关房地产交易、商业秘密、转移资金的信息、构成邮政通信秘密等信息。

因此,修订案主要目的是为有针对性地、系统而有效地反资助恐怖主义活动、反犯罪收益合法化(洗钱)创造法律基础。法律覆盖面广,几乎涵盖了所有能与恐怖主义相关联的社会领域、组织、机构、个人。并与第 87 号法律《关于反资助恐怖主义活动和犯罪收益合法化(洗钱)》配套,构成吉尔吉斯金融领域反恐怖主义的法律体系。

(四)安全委员会结构调整

除了在金融领域反恐融资,在安全委员会结构组成方面也进行了调整。2017 年,吉国通过《关于吉尔吉斯共和国安全委员会》的法律,确定吉尔吉斯共和国安全委员会的法律地位、任务、职能和权力,以及活动的组织原则。这部法律是吉尔吉斯斯坦国家安全法律制度的重要文件之一。2018 年在人员构成方面做了重要调整,依据 2018 年 1 月 17 日吉国第 6 号法律《关于吉尔吉斯共和国安全理事会修订案》[①],国家紧急安全问题小组成员发生改变,在第 3 项"吉尔吉斯共和国武装力量总参谋长"后增加了 3-1"吉尔吉斯共和国总统参谋长",在第 4 项"安全委员会秘书",加入 4-1"吉尔吉斯共和国总检察长"。即新加入两位,加强了总统和司法部门的力量,小组总人数由 8 人增加到 10 人。

(五)军人的法律地位

1. 军人地位

2018 年 1 月 13 日,吉国第 5 号法律《关于吉尔吉斯共和国军人地

---

① ЗАКОН КЫРГЫЗСКОЙ РЕСПУБЛИКИ от 17 января 2018 года № 6 О внесении изменений в Закон Кыргызской Республики "О Совете безопасности Кыргызской Республики", http://cbd.minjust.gov.kg/act/view/ru-ru/111707? cl=ru-ru.

位法律的修正案》,①主要增加了第 14 条第 3 部分,即完成服兵役的人有优先进入吉国的小学、中学和高等职业教育组织的权利。个人在服兵役前提交的全国测试结果有效期为 3 年。2018 年 8 月 2 日,吉国第 82 号法律《关于吉尔吉斯共和国某些立法法案的修正案(吉尔吉斯斯坦共和国法律"关于吉尔吉斯共和国武装部队内务宪章""关于军事人员的地位")》②关于军事人员地位中,第 19 条放宽了军事人员使用武力、武器、军事和特殊装备的权力——根据吉尔吉斯共和国的立法规定,执行兵役职责的士兵,如有必要,在下班时间,有权携带、储存和使用常规(个人)武器、特殊手段、军事和特殊装备,以及在接到命令时使用武力和服务性动物(如军犬)。

2. 扩大军人权力

2018 年 8 月 2 日,吉国通过了第 82 号法律《关于吉尔吉斯共和国某些立法法案的修正案(吉尔吉斯共和国法律"关于吉尔吉斯共和国武装部队内务宪章""关于军事人员的地位")》。③该法案在整个"宪章"中排除"团"一词,代之以"旅",因为旅和营军事指挥和控制系统已经引入并在吉尔吉斯共和国武装部队中运作。

在"军旗"部分,军事单位解散后,根据《吉尔吉斯共和国国家档案基金法》的要求,军旗、吉尔吉斯共和国总统证书和军事单位的奖章作为文物归档。

根据吉尔吉斯共和国立法行为的要求,提出"军队服兵役"的概念,在总则第 7 条,在履行兵役职责中增加了参与反恐行动,以"军事人员参与反恐行动"的规范作为补充。

为了高质量和合法地履行吉国武装部队军事人员打击恐怖主义的任务,在紧急情况下参与预防和克服危机局势的活动,保护国家边界和战略设施,以及保护惩教机构和护送囚犯以及在囚人员的军事人员的

---

① ЗАКОН КЫРГЫЗСКОЙ РЕСПУБЛИКИ от 13 января 2018 года № 5 О внесении изменения в Закон Кыргызской Республики "О статусе военнослужащих",http://cbd.minjust.gov.kg/act/view/ru-ru/111739.

②③ ЗАКОН КЫРГЫЗСКОЙ РЕСПУБЛИКИ от 2 августа 2018 года № 82 О внесении изменений в некоторые законодательные акты Кыргызской Республики (в законы Кыргызской Республики "Об Уставе внутренней службы Вооруженных Сил Кыргызской Республики","О статусе военнослужащих"),http://cbd. minjust. gov. kg/act/view/ru-ru/111826.

安全,保护刑事系统领域的授权机构,根据吉尔吉斯共和国的立法,引入了以下规则:(1)赋予军人使用武力、服务性动物、特殊手段、军事和特殊装备等权力;(2)申请使用以上权力的程序;(3)禁止使用以上权力的情况;(4)存储和保存军事和特殊装备的程序。

其中,确定禁止项包括:特别禁止使用武力、服务性动物、特殊手段、军事和特殊设备对付妇女、残疾人和未成年人;使用有缺陷、无法使用和过期的特殊工具;在重要人体器官,如头部、颈部、心脏、生殖器官区域使用特殊工具;使用特殊工具时违反安全措施;在物质作用期间受影响的区域内,进行瞄准射击和再利用特殊气体的手段;禁止用特殊手段强行停止有乘客的公共交通工具,外交使团和外国领事馆所拥有的交通工具,以及能见度有限的道路、铁路道口、桥梁、机架和隧道。

造成对第三方健康或物资损害时,指挥官将任命官方调查并通知吉国军事检察官办公室的机构。其合法性由吉国军事检察官办公室机构决定。

综上所述,2018年吉尔吉斯斯坦反恐、反极端主义的主要成就是颁布《关于反资助恐怖主义活动和犯罪收益合法化(洗钱)》,在金融领域切断资助恐怖主义活动、宗教极端主义活动的路径,通过国家风险评估,对个人、实体、组织、非营利组织等分类管控,压缩国内恐怖主义、宗教极端主义势力获得支持的空间,逐步消除在吉尔吉斯发生的恐怖主义和宗教主义活动。早在2014年,议会通过了关于在宗教领域实施国家政策概念的议会听证会,就该国的宗教情况、打击极端主义以及国家与宗教之间的关系问题进行了讨论,这方面将是吉尔吉斯斯坦安全法律发展的新方向。同时注意,赋予军事人员参加反恐活动的义务,并赋予军人使用武力、服务性动物、特殊手段、军事和特殊装备等权力,以便更好地打击恐怖主义的任务,在紧急情况下参与预防和克服危机局势的活动,保护国家边界和战略设施等。

五、社会与经济领域的立法

2018年,吉国在社会经济方面的立法集中体现在农业发展中的水利问题,以及教育问题、土地问题、劳动、银行等方面。同年12月20日,吉国批准了政府2019—2022年出口发展纲要和实施行动计划,①旨在提高吉国的出口潜力和产品在国际市场上的竞争力,其重点是采取措施扩大最具出口潜力的部门产品的出口量,包括服装业、水果蔬菜产品加工、乳制品、绿色和创新仪器等,还包括跨行业领域获得资金、刺激出口。

(一)农牧渔问题

1. 着力解决农业灌溉问题

2018年,农业生产总值为2 338亿索姆。农业对GDP的贡献为0.34个百分点,其在GDP生产结构中的比重为11.6%。② 热恩别科夫总统指出,发展灌溉和水资源利用系统是政府工作的优先方向。政府支持2017—2026年国家灌溉发展纲要,打算通过投入大量资金和吸引外资来解决水利问题。总理指出,发展灌溉和水利体系是2013—2017年国家可持续发展战略及2040年新战略的主要组成部分。2018年,巴特肯州布尔加金居民区和阿克吐尔帕克村灌溉网的启用再次展示出吉国政府在合理利用水资源方面所做的努力。③

2. 鼓励发展农业合作社

2018年1月24日,吉国颁布第12号法律《关于吉尔吉斯共和国某些立法法案的修订案(吉尔吉斯共和国土地法、吉尔吉斯共和国农地管理法)》。④ 根据该修订案,开始提供农地用途时,住在农村地区平均每个家庭成员的土地(耕地)少于0.10公顷,或生活在高原和偏远地区居住的吉尔吉斯斯坦公民,以及在农村地区注册和经营的农业合作社享有优先权。首次赋予农业合作社和农民农场在购买出售土地份额或农业用地的优先购买权,农业合作社和农民农场享有平等权利,由此看出国家政策导向是促进合作社制度的进一步发展。

2018年4月17日,吉国颁布第40号法律《关于仓库和仓库证

---

① 卡巴尔新闻: http://kabar.kg/cn/news/lu1127/。
② 卡巴尔新闻: http://kabar.kg/cn/news/lu1318/。
③ 卡巴尔新闻: http://kabar.kg/cn/news/1190/。
④ ЗАКОН КЫРГЫЗСКОЙ РЕСПУБЛИКИ от 24 января 2018 года № 12 О внесении изменений в некоторые законодательные акты Кыргызской Республики (в Земельный кодекс Кыргызской Республики, Закон Кыргызской Республики "Об управлении землями сельскохозяйственного назначения"), http://cbd.minjust.gov.kg/act/view/ru-ru/111745#unknown.

书》,①规定了存放农产品和加工农产品的仓库经营的法律及组织条件,发放简单和双重仓库证书,并调整了因发放而产生的法律关系,处理、更换和兑换简单的仓库证书和双仓库证书及其各个部分,其中包括仓库证书和质押证书等。

3. 渔业法修正案

2018年2月13日,吉国颁布第20号法律《关于修改吉尔吉斯共和国"渔业法"的修正案》②,其目的是保护独特的自然复合体和生物多样性,保护稀有和濒临灭绝的动植物物种,并扩大特别保护的自然领土范围,并删除卡拉苏河系国家重要的渔业水域。

4. 规范农业用地概念

2018年6月30日,吉国颁布第64号法律《关于修改吉尔吉斯共和国"关于农地管理"的修正案》。③ 该法"关于农地管理的法律草案"的制定是为了消除该法律中的差距和差异,使其符合吉国土地法和其他监管法律行为,以及执行2017年6月8日理事会关于监管改革的会议纪要。进一步明确农业用地概念——为农业需求或用于这些目的的土地——用于种子生产、育种、试验性农业和农业合作社、商业农业生产、保护性造林、园艺、育种和品种测试以及与农业生产有关的其他目的。

5. 畜牧业加强动物标识管理

2018年10月23日,吉国颁布第92号法律《关于吉尔吉斯共和国行政责任法的修正案》,④其目的是为了修订吉国的"行政责任法",旨在加强对违反动物(农场)识别规则和要求的控制和责任,以及保护和维护疫畜埋葬规则。违反动物(农场)识别和登记的规则和要求,对公

---

① ЗАКОН КЫРГЫЗСКОЙ РЕСПУБЛИКИ от 17 апреля 2018 года № 40 О товарных складах и складских свидетельствах, http://cbd.minjust.gov.kg/act/view/ru-ru/111772.

② ЗАКОН КЫРГЫЗСКОЙ РЕСПУБЛИКИ от 13 февраля 2018 года № 20 О внесении изменения в Закон Кыргызской Республики "О рыбном хозяйстве", http://cbd.minjust.gov.kg/act/view/ru-ru/111753.

③ ЗАКОН КЫРГЫЗСКОЙ РЕСПУБЛИКИ от 30 июня 2018 года № 64 О внесении изменения в Закон Кыргызской Республики "Об управлении землями сельскохозяйственного назначения", http://cbd.minjust.gov.kg/act/view/ru-ru/111798.

④ ЗАКОН КЫРГЫЗСКОЙ РЕСПУБЛИКИ от 23 октября 2018 года № 92 О внесении изменений в Кодекс Кыргызской Республики об административной ответственности, http://cbd.minjust.gov.kg/act/view/ru-ru/111828.

民征收行政罚款50个计算指标,官员罚款75个计算指标;违反收集、使用和销毁生物废物的兽医卫生规则以及保留指定用于埋葬农业和家畜尸体的规则,在牛坟场、生物热坑或火葬场内放牧,对公民征收50个计算指标的行政罚款;违反收集、使用和销毁生物废物的兽医卫生规则以及为埋葬农场和家畜尸体保留场所的规则,对公民征收行政罚款50个计算指标,对官员征收100个计算指标,对法人实体征收150个计算指标。①

6. 底土资源

吉国于2018年5月19日颁布第49号《关于地下资源》的法律,②规定了国家与个人和法人实体使用地下资源所产生的法律关系,确定了国家法律监管程序,国家机关、地方政府和地方政府的权限,个人和法律实体的权利和义务,以及在地基使用领域违反吉国立法应负责任,明确地下资源是吉尔吉斯共和国的专有财产。

(二)税务相关法律

2018年税务法律方面的变更较多,主要是围绕优化税务服务、税务现代化、税务福利及新《非税收入法典》进行修订。

1. 优化税务服务

2018年4月6日,吉国颁布第37号法律《关于吉尔吉斯共和国国家税务服务的法律修正案》③,其目的是为了协调规范税务机关的监管法律行为,并改善税务机关的工作组织。特别是,该法引入了《关于吉尔吉斯共和国国家税务服务法》的相关修正案,涉及对税务机关雇员活动的评估。此外,对于具有军队或特殊职级、特殊部门、外交等级的人员,当他们转到国家民政和市政服务时,无需进行活动评估。

2. 税务现代化

吉尔吉斯斯坦国家致力于在税务方面推进电子信息现代化政策集中体现于以下两部法律:

---

① 1个计算指标是100索姆。
② ЗАКОН КЫРГЫЗСКОЙ РЕСПУБЛИКИ от 19 мая 2018 года № 49 О недрах, http://cbd.minjust.gov.kg/act/view/ru-ru/111782.
③ ЗАКОН КЫРГЫЗСКОЙ РЕСПУБЛИКИ от 6 апреля 2018 года № 37 О внесении изменений в Закон Кыргызской Республики " О государственной налоговой службе Кыргызской Республики", http://cbd.minjust.gov.kg/act/view/ru-ru/111770.

（1）2018年4月2日，吉国颁布第34号法律《关于吉尔吉斯共和国税法修正案》[1]，规定对于进口到吉国境内的银行设备（ATM、POS终端、支付终端和银行信息亭）及货物免征增值税，旨在促进银行卡、刷卡等业务的推广，促进银行业现代化发展。

（2）2018年4月13日，吉国颁布第39号法律《关于税务程序电子化系统若干立法行为的修正案》[2]。该法根据吉国法律要求，引入商品标签、电子专利和改进复核收银机的识别标志，为在线管理提供法律基础，为欧亚经济联盟和外国货物以及吉国的货物提供可追溯性条件；同时，对发票、增值税发票、纳税、纳税人电子文件、报税等进行电子化程序配套修改。

3. 税务福利

2018年5月21日，吉国颁布第50号法律《关于吉尔吉斯共和国税法的修正案》，[3]其目的是保护吉国纳税人在教育领域的权利和合法利益。根据该法，有3个或3个以上未满24岁的受抚养人在学前、中学、中等特殊和高等教育机构接受教育的纳税人可以获得社会津贴，用于教育不超过纳税人税基的25%。这种扣除付款不仅受到向拥有国家许可教育组织支付的限制，而且还适用于向受托人委员会支付的款项。

4. 税收方面新法典及相关法律的修订

围绕着新法典《吉尔吉斯共和国非税收入法典》的颁布，先后又多次修订法律，具体法律修订如下：

《非税收入法》出台是以第55号修正案颁布为序幕。吉国于2018年5月26日颁布第55号法律《关于吉尔吉斯共和国非税收入的

---

[1] ЗАКОН КЫРГЫЗСКОЙ РЕСПУБЛИКИ от 2 апреля 2018 года No 34 О внесении изменения в Налоговый кодекс Кыргызской Республики, http://cbd.minjust.gov.kg/act/view/ru-ru/111768?cl=ru-ru.

[2] ЗАКОН КЫРГЫЗСКОЙ РЕСПУБЛИКИ от 13 апреля 2018 года No 39 О внесении изменений в некоторые законодательные акты по вопросам внедрения электронной системы фискализации налоговых процедур, http://cbd.minjust.gov.kg/act/view/ru-ru/111776.

[3] ЗАКОН КЫРГЫЗСКОЙ РЕСПУБЛИКИ от 21 мая 2018 года No 50 О внесении изменения в Налоговый кодекс Кыргызской Республики, http://cbd.minjust.gov.kg/act/view/ru-ru/111783.

立法行为、内部审计和某些立法行为的承认无效的修正案》，①其目的是使一些监管法律行为的规范符合《预算法》关于非税收入和内部审计的要求。法律修改了《专利法》《关于商品原产地的商标，服务商标和名称》《关于专利代理人》《关于保护传统知识》《关于水》《关于房地产权的国家登记及交易》《关于生产和消费浪费》《在吉尔吉斯共和国的生物圈领土》《关于环境保护》《关于内部审计》及《道路基金法》。这些法律中危害和牺牲"共和国预算为代价"》等行为，被认为是无效的。

2018年8月10日，吉国颁布第90号法律《吉尔吉斯共和国非税收入法典》（简称《非税收入法典》）②。该法典取代了所有关于收集非税收入的现行监管法规，包括：《关于非税支付法》《国家手续费法》《国家许可证法》《底土使用法》《关于道路基金法》等。该法典规定了非税收入的管理，包括引入、控制和支付的顺序。国家非税收入包括国家预算收入，但不包括税收、海关关税、国家社会保险缴款及官方汇拨。该法典目的是建立一个统一的非税收入管理程序的体系，包括核算和控制付款的程序，归纳现有的非税支付清单、国家手续费、预算机构提供有偿服务的收入、使用州和市政财产的收入以及统一立法法案中的其他收入。

《非税收入法典》规定了以下非税收入管理事项：（1）特定的非税收支付清单及其主要内容；（2）法律关系参与者的权利和义务（付款人，行政人员和首席行政人员，税务机关）；（3）已采取措施对官员的行为提出起诉；（4）引入统一的非税收入支付控制制度；（5）实施债务执行程序，以确保支付非税收入；（6）收入和分配非税收入的统一性；（7）非税收入归还的程序。

《非税收入法典》中的非税收入包括：

（1）使用州和市政财产和利息的收入：① 国家股份累计的股息；

---

① ЗАКОН КЫРГЫЗСКОЙ РЕСПУБЛИКИ от 26 мая 2018 года № 55 О внесении изменений в некоторые законодательные акты по вопросам неналоговых доходов, внутреннего аудита и признании утратившими силу некоторых законодательных актов Кыргызской Республики，http：//cbd.minjust.gov.kg/act/view/ru-ru/111788.

② КОДЕКС КР от 10 августа 2018 года N 90 "О неналоговых доходах"，http：//cbd.minjust.gov.kg/act/view/ru-ru/111820.

② 扣除吉尔吉斯共和国国家银行和国有企业的利润；③ 出租州和市政财产所有权；④ 使用自然资源和矿藏的费用。

（2）费用和收费：① 签发许可证、执照、证明、证书和其他文件；② 行政费用和收费；③ 国家手续费。

（3）国家机构和地方政府以及由他们创建的预算机构的销售收入，完成工作和提供有偿服务的收入。

（4）因采用民事、行政和刑事责任措施而收到的资金。

（5）个人、法人和其他实体的无偿捐赠，非强制性付款形式提供的自愿捐款和捐赠。

颁布《非税收入法典》旨在将所有强制性非税收入合并到预算中，这将有助于财务管理的稳定和平衡，并且总体上可以改善非税收入的管理，其所实施的引入筹集储备金以收集非税收入，有利于改善吉国的投资环境。

吉国于2018年8月10日颁布第89号法令《关于吉尔吉斯共和国"非税收入法"的引入》①，取消了一系列与《非税收入法典》相违背的内容，统一税法系统，并规定：吉尔吉斯政府在6个月内审查国家税率，以减少财产索赔；在9个月内，准备并向吉尔吉斯共和国最高委员会提交提案，以使吉尔吉斯共和国的立法符合《非税收入法典》，并使政府规范性法律行为符合《非税收入法典》。

（三）劳动法

2018年，吉国针对劳动纠纷对《劳动法》进行了修订。

吉国最高法院为实施2013年11月26日的第18条决议（即检验鉴定吉国《劳动法》第427条），特提出《劳动法修正案》。2018年5月24日议会通过了该法令。为落实最高法院的上述决议，吉国《劳动法》第427条重新校订。根据校订后的第427条，国家公务员个体劳动纠纷，不按法律程序解决。个体劳动纠纷包括以下情况：离职，更改离职的时间和原因，换工作，讨要被迫缺勤或是被迫从事低薪岗位的薪水，以及执行纪律制裁等。②

---

① ЗАКОН КЫРГЫЗСКОЙ РЕСПУБЛИКИ от 10 августа 2018 года № 89 О введении в действие Кодекса Кыргызской Республики о неналоговых доходах, http://cbd.minjust.gov.kg/act/view/ru-ru/111819.

② 卡巴尔新闻：http://kabar.kg/cn/news/kabar1-60/。

2018年6月26日,吉国颁布第62号法律《关于吉尔吉斯共和国〈劳动法〉的修正案》,①其目的是执行2013年11月26日吉国最高法院宪法庭《关于核实吉尔吉斯共和国〈劳动法〉第427条的合宪性的第18-p号决定》。为了通过本法执行上述宪法庭的决定,《劳动法》第427条修改如下:根据该条款,持有政治和特殊公职的人员,因解雇,改变解雇原因的日期和措辞,换另一份工作,强制旷工或支付低薪工作以及实施纪律处罚等个人劳资纠纷,根据该条规定的情况,做出的决定不得上诉。

2018年3月14日,吉国颁布第29号法律《关于吉尔吉斯共和国某些立法法案的修正案(吉尔吉斯共和国〈关于对外劳务移民法〉〈关于吉尔吉斯共和国许可证制度〉〈国家手续费〉)》,②其目的是限制一个经济实体中的外国人数量,即外国人数量占企业员工总数的10%—20%,并建议将外国人分为以下几类:

(1)在劳务移民配额之外,高素质的外国专家应雇主的要求获得长达3年的工作许可;

(2)在劳务移民配额范围内,外国专家应雇主的要求获得长达1年的工作许可证,其数量不得超过一个经济实体雇员总数的20%;

(3)在劳务移民配额范围内,外国非熟练工人应雇主的要求获得长达1年的工作许可证,其数量不得超过一个经济实体雇员总数的10%;

(4)在劳务移民配额范围内,外国个体企业家根据吉国税务机构颁发的专利,可获得长达1年的工作许可证。

如果吸引外国专家超过一个商业实体雇员总数的20%,雇主就吉国政府确定的超过限额的外国工人支付多重国家税。

总体而言,本修正案的出发点是限制外国雇工,增加本国劳动力就

---

① ЗАКОН КЫРГЫЗСКОЙ РЕСПУБЛИКИ от 26 июня 2018 года № 62 О внесении изменений в Трудовой кодекс Кыргызской Республики, http://cbd.minjust.gov.kg.

② ЗАКОН КЫРГЫЗСКОЙ РЕСПУБЛИКИ от 14 марта 2018 года № 29 О внесении изменений в некоторые законодательные акты Кыргызской Республики (в законы Кыргызской Республики "О внешней трудовой миграции", "О лицензионно-разрешительной системе в Кыргызской Республике", "О государственной пошлине"), http://cbd.minjust.gov.kg/act/view/ru-ru/111762.

业。但是对于投资方的人员配额限制,一定程度上限制了外来企业的投资和发展,可能挫伤外商投资热情,特别是对于大型企业、高新技术企业,对工作人员要求较高,很可能因为劳动力配额、高国家税等而退出吉尔吉斯斯坦。

(四)教育法

吉国一直重视教育,正如总理阿贝尔加济耶夫谈话中称:"政府准备把资金投入到教育中,因为这是对未来的投资。"[1]2018年对教育法修改了3次:2018年2月16日第22号法律《关于吉尔吉斯共和国教育法修正案》[2]、2018年7月30日第76号法律《关于吉尔吉斯共和国教育法修正案》[3]、2018年8月2日第78号法律《吉尔吉斯共和国教育法修正案》[4]。修改的主要内容:

(1)工作制,无论所有权归属,规定一周五日的学校工作制;

(2)负责人选拔程序。国家高等教育机构(校长)的负责人,除了吉国授权的国家机构在内政、外交和国防领域的国家高等教育机构的负责人之外,在国家高等教育机构的工作人员大会上,从专家中选出。学术学位和等级,以及适当的资格,通过无记名投票。如果候选人从参加州高等教育机构负责人选举的人数中获得超过50%的选票,则被视为当选。如果没有候选人获得所需的票数,则进行第二次投票,其中获得最多选票的两名候选人参加。如果候选人获得参加第二轮投票的人超过50%的选票,则该候选人被视为当选。选定的候选人在教育领域的授权国家机构负责人当选后10天内被批准为州高等教育机构的负责人。具有"国家"地位的州立高等教育机构负责人将在选举之日起10天内获得吉尔吉斯共和国总理的批准。

---

[1] 卡巴尔新闻:http://kabar.kg/cn/news/lu213/。
[2] ЗАКОН КЫРГЫЗСКОЙ РЕСПУБЛИКИ от 16 февраля 2018 года № 22 О внесении изменения в Закон Кыргызской Республики "Об образовании", http://cbd.minjust.gov.kg/act/view/ru-ru/111768.
[3] ЗАКОН КЫРГЫЗСКОЙ РЕСПУБЛИКИ от 30 июля 2018 года № 76 О внесении изменений в Закон Кыргызской Республики "Об образовании", http://cbd.minjust.gov.kg/act/view/ru-ru/111812.
[4] ЗАКОН КЫРГЫЗСКОЙ РЕСПУБЛИКИ от 2 августа 2018 года № 78 О внесении изменений в Закон Кыргызской Республики "Об образовании", http://cbd.minjust.gov.kg/act/view/ru-ru/111824.

（3）国家补贴社会教育贷款。社会教育贷款是吉国政府补贴的贷款,用于支付吉国教育机构的教育费用。为了对在初级职业、中等职业教育、高职教育和研究生职业教育的教育机构中学生予以社会支持,可以提供社会教育贷款。社会教育贷款的利率不高于国家银行的贴现率,延迟开始偿还贷款本金直至课程结束。吉国政府以国家银行的贴现率与商业银行发放的社会教育贷款利率之间的差额补贴商业银行的费用。关于社会教育信贷的条件、数额、授予程序和优先方向的规定由政府制定和批准。该法律修订案于 2019 年 1 月 1 日实施。

除了教育法之外,2018 年吉国还对体育和体育法做了修订,即第 23 号法律《关于吉尔吉斯共和国体育和体育法修正案》。其内容主要有以下几方面:① 确定向吉国运动员支付奖学金的程序;② "吉国体育硕士""吉国国际班级体育硕士"或"吉国体育硕士"有权在通过短期课程后,在体育和体育机构和组织开展培训课程,具有相应证书和国际体育组织执照的人员有权在机构和组织中进行培训,以吉国政府确定的方式进行文化和体育运动。

（五）社会保障法

1. 保障儿童福利,鼓励生孩子政策

吉国于 2018 年 3 月 30 日颁布第 33 号法律《关于社会保障领域若干立法的修正案》①。该修正案颁布需要追溯《关于吉尔吉斯共和国国家福利》(简称《国家福利法》)。《国家福利法》根据分类和人口统计特征,规定了从贫困到福利的过渡,将国家福利指向所有 3 岁以下的儿童,对于有 3 个或 3 个以上孩子的家庭中年龄 3—16 岁孩子予以支持。"孩子津贴"指向所有家庭支付的国家福利,不论其收入水平如何:分娩时的一次性津贴 4 000 索姆;3 岁之前每月托儿津贴 700 索姆;有 3 个或 3 个以上 3—16 岁儿童的家庭每月津贴 500 索姆。② 毫无疑问,

---

① ЗАКОН КЫРГЫЗСКОЙ РЕСПУБЛИКИ от 30 марта 2018 года № 33 О внесении изменений в некоторые законодательные акты в сфере социальной защиты, http://cbd.minjust.gov.kg/act/view/ru-ru/111766.

② ЗАКОН КЫРГЫЗСКОЙ РЕСПУБЛИКИ от 28 июля 2017 года № 163 О государственных пособиях в Кыргызской Республике, http://cbd.minjust.gov.kg/act/view/ru-ru/111670.

该法律明显鼓励群众多生孩子,要求生两个以上的孩子,才能每月多拿500索姆。如果该法生效后,有一两个孩子的家庭将失去获得国家福利的可能性。因此修正案将《国家福利法》的生效推迟到2018年4月1日。修正案有以下特点:

(1)从2018年7月1日起,给予低收入补助,收入核算时,所有类型的养老金都不计入家庭总收入;

(2)对于家庭人均收入低于保证最低收入数额900索姆的家庭,予以0—16岁儿童津贴;

(3)新生儿津贴,无论出生地点如何,指定统一的新生儿津贴数额为4000索姆;

(4)修订了《儿童保障法》,为保障儿童福利切实为儿童所享有,福利钱款转入儿童个人存款储蓄账户,直至他们年满18岁。

《关于保障国家最低社会标准》《关于促进人口就业》修订的法律规定了国家社会标准救助金的立法保障,以及支持以职业培训、再培训和高级培训形式的国家措施,帮扶的不仅是官方注册的失业者,而且包括找工作的公民。

2. 养老保险

2018年4月27日,吉国颁布第43号法律《关于吉尔吉斯共和国"关于国家养老保险社会保险法"的修正案》①,其目的在于改进向吉尔吉斯公民发放养老金的程序。根据该修正案,在引入个性化会计之前,确认保险工作的主要文件是就业记录簿。如果就业记录簿中工作记录不准确,社会基金及其当地机构有义务要求雇主和主管当局澄清信息。就业记录不准确包括:

(1)工作簿和护照中姓氏、名、父称(如果有)及出生日期的拼写错误;

(2)工作簿中没有雇主的印章和负责人的签名,入学和解雇的日期;

(3)雇主组织在雇佣记录中的姓名不一致以及无证明其的雇主组

---

① ЗАКОН КЫРГЫЗСКОЙ РЕСПУБЛИКИ от 27 апреля 2018 года № 43 О внесении изменений в Закон Кыргызской Республики " О государственном пенсионном социальном страховании ", http://cbd.minjust.gov.kg/act/view/ru-ru/111775.

织的印章；

（4）申请人持有的职称在就业记录中没有记录。

该法规定，以吉国政府确定的方式，对被分配养老金的申请人有提供关于平均工资信息的义务。被保险人有权在退休年龄前6个月向社会基金当地机构提交发放养老金所需文件，包括优惠条件。

（六）银行法

2018年4月2日，吉国颁布第34号法律《关于吉尔吉斯共和国国家银行、银行和银行活动的修正案》，[1]其目的是为了补充预算的收入部分，增加共和国预算的捐款数额，规定2017—2018年转给吉尔吉斯共和国预算的国家银行利润由70%提高到90%。

吉国于2018年7月11日颁布第68号法律，《关于吉尔吉斯共和国"吉尔吉斯共和国国家银行、银行和银行活动"法律修正案》，[2]其主要目的是在欧亚经济联盟框架内确保吉国商业实体从吉国与其他国家共同创建的国际组织中获得优惠索姆贷款，用于实施本国经济优惠融资的项目和计划，以外币为担保，吉尔吉斯共和国国家银行为这些国际组织提供索姆贷款。例如，吉尔吉斯共和国国家银行与俄罗斯-吉尔吉斯共和国发展基金签订协议，吉尔吉斯共和国国家银行为该组织提供以外币为担保的索姆贷款。此外，该组织还购买了大量吉尔吉斯共和国国债。吉国与欧亚同盟框架内其他国家共同创建的国际组织，根据吉国经济优惠融资的项目和计划，按照支付条款兑现索姆货币，用于支付、救急和偿还，不仅可以用外币担保，还包括用吉国政府债券担保。总体而言，修正案的颁布有利于吉国政府吸引金融资源和投资，促使投资者积极参与吉国经济优惠融资的项目和计划。

2018年7月18日，吉国颁布第69号法律《关于吉尔吉斯共和国

---

[1] ЗАКОН КЫРГЫЗСКОЙ РЕСПУБЛИКИ от 2 апреля 2018 года № 34 О внесении изменения в Налоговый кодекс Кыргызской Республики, http://cbd.minjust.gov.kg/act/view/ru-ru/111768.

[2] ЗАКОН КЫРГЫЗСКОЙ РЕСПУБЛИКИ от 11 июля 2018 года № 68 О внесении изменения в Закон Кыргызской Республики "О Национальном банке Кыргызской Республики, банках и банковской деятельности", http://cbd.minjust.gov.kg/act/view/ru-ru/111801.

预算法修正案》,①其目的是改进预算立法,消除其中的矛盾;明确政府部门间关系的原则;确保地方政府财政基础的可持续性,规定地方预算项目的组建顺序,增强地方预算以及预算过程的宣传和透明度。

（七）自然保护区法

吉国于2018年6月2日颁布第58号法律《关于吉尔吉斯共和国"特别保护自然领土"的法律修正案》,②旨在消除法律内部矛盾、差距和模棱两可的措辞。由于一些组织问题,致使保护使用特别自然保护区领土的问题没有得到充分说明或遗漏,从而使执行工作变得复杂化并缩小了吉尔吉斯共和国"在特别保护的自然领土上"的法律范围,导致不同利益主体任意解释法律。根据吉国国家科学院的研究结论,为了保护某些类型的生物多样性,有必要建立一个核心区,其是一个构成国家自然保护区总面积至少75%的特定区域。对环境问题采取现代综合方法需要建立一个与生态或人工生态走廊相连的特别保护自然区域网络,并提供有关湿地、微量储备,特别是具有当地重要性的受保护自然区域的概念。此外,地方政府和其他私人或法律实体决定建立具有地方意义的微储备和特别保护自然区域的计划。

六、其他立法

（一）医疗保健立法

在医疗保健方面,需特别注意吉尔吉斯共和国国家红新月会,它相当于红十字会性质的国家组织。在吉国2018年2月3日第19号法律《关于吉尔吉斯共和国国家红新月会》中③,确定了红新月会的法律地位、任务、职能和权力,以及其活动的组织原则。选择红新月作为吉尔

---

① ЗАКОН КЫРГЫЗСКОЙ РЕСПУБЛИКИ от 18 июля 2018 года № 69 О внесении изменений в Бюджетный кодекс Кыргызской РеспубликиПринят Жогорку Кенешем Кыргызской Республики 21 июня 2018 года, http：//cbd. minjust. gov. kg/act/view/ru-ru/111811.

② ЗАКОН КЫРГЫЗСКОЙ РЕСПУБЛИКИ от 2 июня 2018 года № 58 О внесении изменений в Закон Кыргызской Республики "Об особо охраняемых природных территориях", http：//cbd. minjust. gov. kg/act/view/ru-ru/111791.

③ ЗАКОН КЫРГЫЗСКОЙ РЕСПУБЛИКИ от 3 февраля 2018 года № 19 О Национальном Обществе Красного Полумесяца Кыргызской Республики, http：//cbd. minjust. gov. kg/act/view/ru-ru/111752.

吉斯"红十字会"的名字,有着穆斯林宗教的寓意,也有本土化和文化继承的含义。红新月会被定性为是吉国境内唯一的国家组织,在人道主义、物质、医疗、社会、心理和其他援助领域协助国家机构发挥作用。红新月会作为吉国国家机构的一个辅助组织,根据吉国立法,执行以下任务:

(1) 参与在吉国境内实施公共卫生措施,包括旨在减轻人类痛苦的措施;

(2) 在吉国境内组织援助武装冲突受害者、其他暴力受害者以及受自然和人为紧急情况影响的人;

(3) 参与实施对各类公民的帮助,向有需要的人提供人道主义、物质、医疗、社会、心理和其他援助;

(4) 传播有关国际人道主义法的知识;

(5) 确保红新月会的原则和目标所产生的其他任务的执行。

红新月会根据吉国立法并在其职权范围内:

(1) 与吉国授权的国家机构在卫生保健领域协调、参与实施预防人口中弱势群体传染病和非传染病的措施;

(2) 根据国际标准和建议,并考虑到吉国医疗保健领域的国家机构的建议,为私人、国家组织和机构的雇员组织急救培训,这些组织和机构因其活动性质易受伤或患重病;

(3) 与吉国的授权国家机构一起在保健领域,参与组织在和平时期和武装冲突期间捐献血液及其组成部分,促进人口中用于医疗目的的血液及其成分的捐赠;

(4) 与吉国的国家机构一起参与向有需要的人提供医疗、心理和其他医疗及社会援助;

(5) 参与照顾国内有需要的人,向弱势群体提供援助;

(6) 按照吉国《国际紧急救济法》,向各组成部分提出要求提供国际紧急援助的请求;

(7) 与吉国政府确定的授权国家机构协调、组织接收、储存和分发从组成部分收到的人道主义援助;

(8) 与吉国授权的国家机构在民事保护领域一起为紧急情况下的受影响人口提供帮助,在个人、法人和外国之间组织收集慈善捐款;

（9）与吉国授权的国家机构在民防领域一起在吉国境内开展减少灾害风险活动；

（10）协助实施评估和培训，参与预防和预防紧急情况；

（11）为了消除区域一级的紧急情况，与吉国授权的国家机构在民事保护领域，协调、接收、储存及向人民分发人道主义援助；

（12）与国家机构和民防部队一起在紧急情况下提供急救，包括武装冲突和建立自愿救助队；

（13）向国家机构提供援助，为包括武装冲突在内的紧急情况的受害者组织提供临时住所；

（14）与政府当局一起寻找失踪人员，以帮助恢复家庭成员，切断武装冲突，紧急情况下，创建帮助家庭团聚的跟踪服务；

（15）与其他红十字部门互助合作，帮助武装冲突受害者以及受紧急情况影响的人，协助这些组织在吉国内和海外开展人道主义活动；

（16）开展活动，向人们传播国际人道主义法知识；

（17）与吉国授权的国家机构在科学领域协调开展出版和研究活动；

（18）履行吉国立法赋予的其他职能，以及吉国加入的国际条约；

（19）红新月会与运动和其他国际人道主义组织的组成部分之间开展国际合作。

2018年1月9日，吉尔吉斯共和国颁布第1号法律《关于吉尔吉斯共和国关于肿瘤援助的法律修正案》，[1]其目的是为了消除立法中的矛盾，确定和澄清政府为患有恶性肿瘤的公民提供专业医疗和社会援助的权力，如免费提供恶性肿瘤最后阶段的病人麻醉药剂。对于没有按照强制性健康保险投保的外国公民和患有恶性肿瘤的无国籍人员，需要收费。

国有医疗机构根据法定文件为患有恶性肿瘤的人提供医疗服务。根据吉国许可证制度，只有持有许可证，私人医疗机构、私人医生和肿

---

[1] ЗАКОН КЫРГЫЗСКОЙ РЕСПУБЛИКИ от 9 января 2018 года № 1 О внесении изменений в Закон Кыргызской Республики "Об онкологической помощи населению", http://cbd.minjust.gov.kg/act/view/ru-ru/1117352.

瘤学家才可以为患有恶性肿瘤的人提供姑息治疗（姑息治疗主要是缓解癌症症状、减轻痛苦、改善生活质量）。门诊肿瘤治疗由专门的医疗机构和医疗机构的肿瘤学家提供，为人们提供初级卫生保健。医疗保健组织、医疗机构及社会机构为患有恶性肿瘤的人开展医疗康复活动，为疾病最后阶段无法治愈的病人提供姑息治疗。

该修正案第10条规定了吉国的肿瘤学援助主体——提供肿瘤治疗的专业组织和其他公共卫生组织；在疾病的最后阶段为无法治愈的患者提供姑息治疗的社会医疗机构。这些机构的资金来源系预算资金、慈善组织的资金以及公民和组织的自愿捐款。

根据吉国政府批准的章程，吉国卫生部下属的国家肿瘤学和血液学中心为患有恶性肿瘤的人提供专门的癌症治疗，提供降低癌症发病率措施的资金支持；与各种所有制和部门从属关系的企业、机构和组织签订合同。根据关于保护公共卫生的法律向居民提供有偿服务；社会医疗机构资金来源：强制性和自愿性社会保险的手段；吉国公民的个人资金，外国公民和无国籍人士的资金；国家和非国家机构，包括外国机构；外国投资；公共组织、协会的基金。

该修正案，明确了国家为恶性肿瘤人群的援助政策，为肿瘤人群提供医疗服务的机构要求，规定了肿瘤援助主体，提出了通过强制医疗保险的措施，补充来源资金。

2018年5月3日，吉国颁布第44号法律《关于对吉尔吉斯共和国的一些立法行为的修正案（吉尔吉斯共和国的法律"关于药品的流通""关于医疗器械的流通"）》[1]。该法律相较于2017年法律修改不大。2017年法律规定了药品和医疗器械流通主体活动的法律依据，对药品和医疗器械的流通制定了统一的要求，并规范了药品和医疗器械的开发、临床前和临床研究所产生的关系，以及评估其质量、功效、安全性、药品销售、医疗器械和其他在药品流通中的行为。2018年修改实质是从法律上确定"国家基本药物清单""国家基本医疗器械清单"的地位，规定吉国政府确定药物定价和医疗器材定价方法。

---

[1] ЗАКОН КЫРГЫЗСКОЙ РЕСПУБЛИКИ от 3 мая 2018 года № 44 О внесении изменений в некоторые законодательные акты Кыргызской Республики (в законы Кыргызской Республики "Об обращении лекарственных средств", "Об обращении медицинских изделий"), http://base.spinform.ru/show_doc.fwx?rgn=106632.

（二）电影法

2018年2月21日，吉国通过了第25号《关于吉尔吉斯共和国电影摄影的国家支持法案修正案》[①]。其主要内容：（1）限定电影制片人。电影制片人是主动和负责资助、制作和出租电影的自然人或法人，除了在共和国预算资助的电影制作组织中担任公职的人员；（2）对电影内容进行规范。电影内容主旨不应要求对现有的宪法秩序进行暴力改变，侵犯国家主权和领土完整；宣传战争、暴力和残忍；煽动民族、氏族、种族、社会及宗教仇恨；国家或阶级排他性；不允许在电影中加入色情场景。

（三）广告法

2018年3月26日，吉国颁布第31号法律《关于吉尔吉斯共和国"关于广告"的法律修正案》,[②]其对《广告法》进行了以下修订：

（1）在修订案第2条概念工具中补充了"监测"的概念："监测是一种监测、收集、分析和处理公共场所、印刷媒体、广播和电视广告材料的系统。监测是通过照片和视频监控进行的，不是检验标准，旨在查明违反本法要求的情况。"[③]

（2）根据对《广告法》第16条第1部分的修订，禁止在互联网信息和电信网络上刊登酒精饮料广告。

（3）根据本法律第26条的管制，国家反垄断机构有对广告控制的权力，补充了对广告材料进行监督的权力。

（四）防止和打击贩运人口法

2018年1月11日，吉国颁布了第2号法律《关于吉尔吉斯共和国防止和打击贩运人口法的修正案》。[④] 以往执行情况的综合报告委托

[①] ЗАКОН КЫРГЫЗСКОЙ РЕСПУБЛИКИ от 21 февраля 2018 года № 25 О внесении изменений в Закон Кыргызской Республики "О государственной поддержке кинематографии Кыргызской Республики", http：//cbd.minjust.gov.kg/act/view/ru-ru/111758? cl=ky-kg.

[②③] ЗАКОН КЫРГЫЗСКОЙ РЕСПУБЛИКИ от 26 марта 2018 года № 31 О внесении изменений в Закон Кыргызской Республики "О рекламе", http：//cbd.minjust.gov.kg/act/view/ru-ru/111764.

[④] ЗАКОН КЫРГЫЗСКОЙ РЕСПУБЛИКИ от 11 января 2018 года № 2 О внесении изменений в Закон Кыргызской Республики "О предупреждении и борьбе с торговлей людьми", http：//cbd.minjust.gov.kg/act/view/ru-ru/111736.

给吉国劳工移民青年部进行编写。但由于政府的改组,国家移民局不是该部直属,为此,新政府把国家移民局列入从事预防和打击人口贩运活动的实体名单。该法还引入了"贩运人口受害者国家转介机制"的概念。这是向人口贩运受害者提供援助的最重要工具之一。转介机制是国家机构和非营利组织的行动系统,它将建立对贩运人口受害者识别和查验、转介、恢复的程序,授权国家机构、非营利组织的互动,以及与贩运人口受害者建立关系的专门机构。因此,在确定贩运人口受害者之后考虑到定向机制的实施,下一步将是根据批准的贩运人口受害者标准将其识别为受害者的程序。身份查验将使一个人获得"人口贩运受害者"的地位,并启动一个全面的机制来保护及援助人口贩运受害者。

(五)公证人法

2018年1月12日,吉国颁布第4号法律《关于修改吉尔吉斯共和国"公证人法"的修正案》。[①] 该修正案启动了建立吉国公证文件的统一电子数据库,这一电子数据库是软件和硬件的复合体,旨在自动化收集、接收、搜索、传输、处理、存储、使用和(或)提供有关公证活动的信息以及提供所有类型的信息交互。维持单一的公证文件电子数据库的程序由吉国政府确定。

该修正案是吉国一直推行电子政务的重要措施之一,旨在建立一种基于积极使用信息和通信技术的现代公证员组织形式。建立统一的吉国公证文件电子数据库可以:形成内部信息资源,用于存储和交换公证人活动中使用的官方信息;内部信息资源与国家信息资源的互动,包括统一国家登记的法人实体,统一国家登记册——房地产交易、车辆、人口等,逐步过渡到以电子形式与它们互动;在共和国的单一定居点和信息空间中整合公证人的统一信息系统;与公民和组织的信息互动,包括向他们提供公开信息;公证人办公自动化;在申请公证人公证和使用公证文件时,提高公民和组织的权利和合法利益的保护水平;在"统一窗口"应用原则的基础上实施行政程序;建立监管框架,确保公

---

① ЗАКОН КЫРГЫЗСКОЙ РЕСПУБЛИКИ от 12 января 2018 года № 4 О внесении изменения в Закон Кыргызской Республики "О нотариате", http://cbd.minjust.gov.kg/act/view/ru-ru/111738.

证员的内部电子文件流程的实施和逐步取代传统的文书工作;建立统一的公证行动电子登记册,并维护公证文件的电子档案;将内部信息资源与国际信息系统整合,利用统一信息系统在与欧亚同盟成员国(俄罗斯、哈萨克斯坦、亚美尼亚、白俄罗斯)的公证人之间解决跨境信息交流问题。①

(六)担保法

2018 年 1 月 30 日,吉国颁布第 17 号法律《关于修改"吉尔吉斯共和国担保法"的修正案》,②其目的是根据预算法典使担保法规范化,消除担保法中的内部冲突,明确托收和收费,特别是抵押人与抵押权人之间的法律关系。《担保法》第 23 条规定,质押登记费由吉尔吉斯共和国政府确定。根据吉尔吉斯共和国法律 2016 年 7 月 15 日第 118 号法律《关于吉尔吉斯斯坦共和国某些立法法案的修正案(吉尔吉斯斯坦共和国〈吉尔吉斯共和国自然垄断法〉〈竞争法〉)》的规定,质押登记不是动产登记,而是对动产履行义务(根据合同)的索赔权登记。③ 根据吉国《国家和市政服务法》,对动产履行义务(根据合同)的权利登记是一项公共服务。因此,实行国家服务和所需费用要向公民收取双重付费。同时,不允许为同一行为设立双重付费机制。为了消除这些矛盾,吉国《担保法》发生了变化,该法律排除了该法第 23 条的规定。

(七)计算机和数据库程序法

2018 年 5 月 3 日,吉国颁布第 45 号法律《吉尔吉斯共和国"关于电子计算机和数据库程序"的法律保护修正案》。④ 修正案增加两个规定:一是根据政府合同在工作期间创建的计算机程序或数据库的财产

---

① https://24.kg/ofitsialno/73299_vnesenyi_izmeneniya_vzakon_onotariate/.
② ЗАКОН КЫРГЫЗСКОЙ РЕСПУБЛИКИ от 30 января 2018 года № 17 О внесении изменения в Закон Кыргызской Республики "О залоге", http://cbd.minjust.gov.kg/act/view/ru-ru/111750.
③ ЗАКОН КЫРГЫЗСКОЙ РЕСПУБЛИКИ от 15 июля 2016 года № 118О внесении изменений в некоторые законодательные акты Кыргызской Республики (в законы Кыргызской Республики "О естественных монополиях в Кыргызской Республике", "О конкуренции"), http://cbd.minjust.gov.kg/act/view/ru-ru/111400.
④ ЗАКОН КЫРГЫЗСКОЙ РЕСПУБЛИКИ от 3 мая 2018 года № 45 О внесении изменений в Закон Кыргызской Республики "О правовой охране программ для электронных вычислительных машин и баз данных", http://cbd.minjust.gov.kg/act/view/ru-ru/111778.

权归吉国政府;二是计算机程序或数据库作者报酬由根据本条第一部分获得财产权的人支付,付款程序和报酬金额由提交人与版权所有人之间的协议确定,以明确财产权和避免财务纠纷。

(八)国家财产的信托管理法

2018年5月22日,吉国颁布第51号法律《关于国家财产的信托管理》,[1]其目的是提高国有资产的使用效率,吸引国内外投资国内经济,实施经济项目,组织合格管理,完善国有资产向信托管理转移的程序。该法规定了将国家财产转为信托管理的目的、程序和方法,规范了信托管理财产所有人——创始人与信托管理人在国家财产信托管理过程中产生的法律关系。特别是确定合伙企业的资本、国有企业的股份以及作为财产复合体的国有企业,作为信托管理中转移的财产。但在吉国武装部队系统中运营的国有企业的财产综合体除外。随着国有资产向信托管理的竞争性转移,建议采用直接转移来扩大和发展这种管理方法,加强相互关系主体的责任。公布有关国有资产转换为信托管理竞争公告及其持有结果的信息,至少30日在媒体上公布,战略设施信托管理竞争公告,应在其举行之日不少于90日之前公布。同时,该法引入了新的规范,更明确地规范了国家财产转移到信托管理的程序,为国家财产信托管理人制定了具体要求;更广泛而明确地界定了信托管理的创始人与受托人之间的法律关系,旨在扩大信托管理机制的实际应用。

(九)道路交通法

2018年6月30日,吉国通过了第65号法律《关于修改吉尔吉斯共和国"道路交通法"的修正案》[2],旨在规范机动车登记注册相关法律程序、条件、目的等。规定发动机容量50毫升以上,最高设计速度超过50千米/小时,使用电动机提升能力超过500千克,用于在公共道路上行驶的所有汽车、卡车牵引车、公共汽车、小巴、摩托车、机动车、摩托

---

[1] ЗАКОН КЫРГЫЗСКОЙ РЕСПУБЛИКИ от 22 мая 2018 года № 51 О доверительном управлении государственным имуществом, http://cbd.minjust.gov.kg/act/view/ru-ru/111784.

[2] ЗАКОН КЫРГЫЗСКОЙ РЕСПУБЛИКИ от 30 июня 2018 года № 65 О внесении изменения в Закон Кыргызской Республики "О дорожном движении в Кыргызской Республике", http://cbd.minjust.gov.kg/act/view/ru-ru/111799.

车、轻便摩托车、三轮车和全地形车都需要注册。

2018年7月4日,吉国颁布第66号法律《关于吉尔吉斯共和国〈道路法〉修正案》,①其是为了实施清除腐败详细计划、消除国家行政体系中的腐败风险、规范道路建设及其下属组织、监督道路和道路结构单位、道路结构维护和运营经济活动等措施。该修正案规定了吉国的道路管理经济、法律基础和原则,由授权的国家机构即运输和道路领域的组织和道路机构,确保道路的发展、修复、维护、权利、业主以及业主和用户的责任。采用统一欧亚经济联盟在道路安全和道路安全领域国家领域的技术规范。该技术规范的应用将允许排除授权监管机构活动的自由裁量权,并允许恢复道路建设、运营和维护领域的国家监管和技术及监管法律关系;规定了道路的最低必要安全要求及其设计、施工、重建、大修和维护的过程、形式和程序。《汽车道路法》引入这项规范。据此,吉国政府有权批准公路发展的战略规划,包括高速公路建设和重建项目战略计划的程序和标准;建立公共道路维修和维护年度计划的制订和批准程序。该规范将消除当前财政年度资助的物品,消除包含无需经济上的理由、设计以及估计的成本,并且还将确定同意计划和执行维修和维护的优先顺序的程序,以及在计划形成后避免干扰年度规划清单。目前,道路的设计、建设和重建的管理不受规范性法律的管制。该规范的引入将规范设计、任务的批准和协调,以及道路建设和重建等方面的工作。②

2018年是吉国法治建设重要的一年,起着承上启下的作用。特别是新任总统上任,推行了一系列新的政策,使历史遗留的一些法律方面的问题,在本年度陆续得到一定程度上的解决。外交领域以法律形式确立"亲俄、睦邻、多元外交"的基本政策;刑法方面突出强调刑法体系的改革和修订,整体轻刑化,加强了对儿童青少年的保护;社会经济方面,逐步完善税收、社会保障、医疗等方面法律;安全方面,突出反恐融资,调整安全委员会的设置,确立军人地位;等等。总之,吉尔吉斯斯坦

---

① ЗАКОН КЫРГЫЗСКОЙ РЕСПУБЛИКИ от 4 июля 2018 года № 66 О внесении изменений в Закон Кыргызской Республики "Об автомобильных дорогах", http://cbd.minjust.gov.kg/act/view/ru-ru/111803.

② https://24.kg/ofitsialno/90285_vzakon_obavtomobilnyih_dorogah_vnesenyi_izmeneniya/.

法治建设在曲折中前进,法律体系在不断健全。然而,吉国政府还没有对这一系列新法律变更做好应对准备,很多问题还有待解决。因此,2019年吉国法律依然有很多调整工作要做,但是司法改革的主基调不会变,特别是在刑法领域的轻刑化趋势不会改变,加强经济领域法制建设依旧重要。2019年,是吉尔吉斯斯坦新刑法实施的第一年,改革结果将初步展现,值得持续关注。

Annual Report on the Rule of Law in Kyrgyzstan (2018)

He Xiao

Abstract: 2018 was the first year of the new president Sauron Benedict of the Kyrgyz Republic to take office. A series of domestic problems needed to be resolved. Faced with many difficulties, the new president took diplomacy as a breakthrough and carried out political, economic, cultural and security construction from outside to inside. This article focuses on political, diplomatic, criminal law, security, social and economic aspects and analyzes the changes of law in the Kyrgyz Republic in 2018.

Keywords: politics; diplomacy; rule of law; criminal law; society and economy

乌兹别克斯坦法治报告(2018)

宫　楠　О. Н. Шерстобоев[*]

内容摘要：2018年是乌兹别克斯坦新任总统米尔济约耶夫在"2017—2021年五大优先发展领域行动战略"政策基础上的施政之年，为此颁布了"乌兹别克斯坦国家发展计划"，打造"2019积极投资和社会发展年"计划。根据上述文件，采取了深化国家行政机构改革、加强行政机关社会监督、吸引外资、改善营商环境、提升居民生活水平等一系列积极有效的政策措施。为实现与"一带一路"倡议的对接，成立"丝绸之路"国际大学、简化丝绸之路国家旅游过境手续等，这些措施产生了良好的社会效果和国际影响。

关键词：行政改革；信息化；改善民生；吸引投资；开放市场

引言

2018年作为乌兹别克斯坦政府"2017—2021年五大优先发展领域行动国家战略"的施政之年，将注意力

---

[*] 宫楠，1982年出生，法学博士，华东政法大学-上海政法学院联合培养博士后，黑龙江大学教师，从事民事诉讼法和国际仲裁研究；О. Н. Шерстобоев(1975—)，俄罗斯新西伯利亚国立大学副教授，法学博士，从事宪法和行政法研究。本文系2019年度中国-上海合作组织国际司法交流合作培训基地研究基金项目（项目号：19SHJD017）阶段性成果。

集中于实现总统大选期间提出施政纲领的稳定性、连续性和阶段性,而较少在国家建设和经济发展领域提出更新的政策方针,着重强化政府垂直管理职能。

任何政治体制改革,行政管理体制改革都是其中重要内容,也是上层建筑与经济基础相适应客观规律的必然要求。乌兹别克斯坦(简称乌国)新任政府通过加强行政机构组织立法,进一步加强法律调整,对行政机关法律地位进行了健全和完善。尽管国家权力机关体系和政府治理方式,在总体上仍然保持原有状态,但行政机关结构和配置得到进一步优化,并通过组织立法设立了新的管理部门和分支机构,以及负责机构组织改革的专门机关。通过对国家行政权力中枢的优化和重组,旨在提高政府行政效率和运行能力;通过国家权力机关机构的优化和功能的"重启"措施,一方面对政府强化垂直管理产生了更为积极的效果;另一方面也实现了对原机关的人事调整,保证了总统改革意志的贯彻和政策实施。

除此之外,乌国政府还采取了其他一系列改革措施,例如:大力加强数字政府建设,强化其在各个关键部门领域的实施力度,借助现代计算机、网络通信技术,实现行政资源的优化整合,增加信息的公开性和透明度;进一步加强对行政机关的社会监督,广泛吸引公民和社会组织参与国家和社会治理;通过改善营商环境,进一步提高外资吸引力度;采取一系列措施提升居民生活水平,简化各类行政审批程序,为居民提供更多的就业岗位和培训机会,提供职业保障;等等。

应该说,2018年乌国政府采取的一系列政策措施,获得了良好的社会效果和国际影响。根据统计,2018年前三季度,乌国GDP达244.34万亿苏姆,同比增长38.5%,扣除物价因素,经济实际增长5.2%;人均月工资168.45万苏姆(210.56美元),增长22.9%。固定资产投资和利用外资均大幅增长。利用外资(包括外国投资和贷款)17.77万亿苏姆(22.21亿美元),同比增长32.9%,占固定资产总投资的25%。① 乌国政府招商引资政策初见成效,据乌国国家投资委员会数据,2018年乌国计划吸引外国直接投资42亿美元,是上一年的

---

① 中华人民共和国商务部网站,http://uz.mofcom.gov.cn/article/ztdy/201812/20181202812410.shtml。

1.5倍。乌国国家统计委员会公布的最新数据显示,截至2018年年底,在乌国经营外资企业数量达7 560家,比上一年增长37%。其中,中资企业达1 121家,仅次于俄罗斯,投资主要集中在工业、外贸、建筑业和农业等领域。2019年是乌国政府打造"积极投资和社会发展年",政府将进一步采取具体措施,深化开放型经济,改善商业和投资环境。

一、2018年乌兹别克斯坦法制建设的总体目标与评价

在2017年加快经济发展相关政策实施的基础上,根据2018年1月22日乌兹别克斯坦第УП-5308号《关于加快实施2017—2021年乌兹别克斯坦共和国五个优先发展方向的行动战略,积极支持企业,加强技术和观念创新的国家计划》的总统令①(简称《国家计划》),乌国政府提出了加快国内市场对外商、外资的开放步伐,加快产业升级和创新发展力度的政策方针。同时,通过加强民主社会建设,强化政府与民间的对话,使乌国政府获得了广泛正面评价,而在人权保护、社会开放、国家安全、财政和教育等领域采取的一系列措施,更被国际和国内社会认为是乌兹别克斯坦国家建设取得的巨大进步。

应该说,2018年乌兹别克斯坦国家计划的内容涵盖了国家行政、外交、立法、民生等诸多领域,其内容主要包括:

第一,提高国家行政机关的社会威信和工作效率,重新定位国家行政权力机关的任务,改革行政机构,并对各行政机构职权进行重新配置。

第二,强化公民个人生活不受国家干预的宪法保障。其措施主要包括:法院可以对非法搜查和监听公民电话的侵权行为采取制裁措施;在议会(Олий Мажлис)建立"司法机关独立性保障协调委员会"(Комиссии по содействию обеспечению независимости судебной власти);改革国家安全机关体系;在警察局临时拘留室、审讯室和刑罚执行机关安装实时监控设备;为交警配备移动式监察摄像仪;优化监察

---

① Указ Президента РУЗ от 22.01.2018 г. N УП-5308, О государственной программе по реализации Стратегии действий по пяти приоритетным направлениям развития Республики Узбекистан в 2017-2021 годах в год поддержки активного предпринимательства, инновационных идей и технологий//Собрание законодательства Республики Узбекистан. 2018. N 4. Ст. 68.

机关人员设置。

第三，通过立法鼓励市场主体积极创业，完善企业主体的权利保障，简化税收和海关政策，对银行、金融业和农业建立普惠的支持政策。

第四，采取一系列措施，加强公民的社会保障和健康保护，建立广泛的社会医疗网络，增加公民的就业机会和实际收入，提升居民的社会保障，通过扩大社会住房建设加强对社会弱势群体的保护。

第五，采取一系列措施，强化与国外伙伴国家的军事和军事技术领域合作，完善国家边界的安全保障；预防恐怖主义、极端主义和信息安全领域的威胁；促进民族和宗教间的和谐包容及宽容并蓄；改革外交部和驻外使领馆人事机制和职权范围，提升海外公民权益保护的力度和效率；坚持互利互惠的外交政策，发展对外贸易、经济、文化和人文交流。

改革方案中特别注意加强政府履行监督和管理职能的必要性、合理性，宣布未来两年暂停对商业组织的财务和经济活动进行审查，除刑事案件而必须采取的检查措施以及法人破产清算相关检查措施除外。即使根据刑事案件进行的审查，期限也不应超过一个月，只有在特殊情况下，才可以延长最多一个月。除此之外，只有检察长或副检察长才允许作出延长经营管制期的决定，并且，只有在区检察长同意的情况下，才能对企业经营过程中的违法犯罪行为而引发的刑事案件提起诉讼。

税收优惠政策是吸引外资的关键。为此，乌国高度重视税收优惠政策的实施。根据2018年国家计划，2023年1月1日以前，除统一社会支付外，将免除下列组织和活动所有类型的税收和强制性支付：支持高新技术企业创业项目的风险投资基金；由风险基金支持的科技创新项目；研究机构；创新中心；通过高新技术转化获取收益的孵化产业园；其他向国有企业转化高新技术成果的营利性组织。

为保证劳动力市场的流动性和稳定性，国家计划取消禁止雇佣未经临时或永久注册登记公民的禁令，免除雇主雇用上述公民的责任。总体而言，政府要求各级国家机关及其公务人员充分协助和促进企业的科技创新发展，充分理解和贯彻政府上述文件的精神。正如总统令中强调的，政策的实施需要坚持如下原则："每个国家机关和每名国家公务人员都应当时时刻刻证明，其足够有能力胜任自己的职权。"

总统米尔济约耶夫在议会所作的国情咨文中，进一步强调了

2018年国家面临的主要问题：教育和卫生领域仍然问题丛生，如何保持宏观经济的稳定快速发展，缓解依然突出的通货膨胀，提高财政预算的利用率水平，保证银行金融政策的有效实施。这些问题突出表现在：一是银行系统和进出口领域的问题突出，原因在于，乌国经济总体成分中仍然以国有经济为主体。例如，国内的603家股份公司中，486家仍然由国家主要控股。由于乌国银行体系83%的资本仍然属于国家，在国有资产管理质量较低的情况下，对经济的增长产生了负面影响。二是私营企业和组织仍然受到官僚主义巨大的压力。例如，作为乌国经济中最具活力行业领域之一的建筑行业，一个项目需要17项行政审批和授权程序，平均周期需246天才能通过全部审批。三是进出口领域中海关程序不够完善，根深蒂固的"影子经济"仍然阻碍着国家税收事业的发展。[1]

总体而言，相较于前卡里莫夫总统时代，乌国新任政府正在试图采取更加开放的政策。首先，运用积极有效政策措施吸引外国资本进入乌兹别克斯坦投资，扩大国内市场，培育外向型企业。其次，根据国家发展纲要积极开展与国际机构间的合作。为此，乌国政府作出了巨大的努力，希望能够借此吸引各大国际评级机构对乌国国内市场的注意，通过国际评级进一步推动和促进对国内的投资。应该说，这一政策已经取得了积极成效，2018年惠誉评级"Fitch Ratings"和标准普尔评级机构"Standard & Poor's"首次对乌国市场作出了国际主权信用"稳定"的评级。这一结果无疑增强了乌国政府的信心，这表明乌国政治经济发展的积极趋势和良好预期，也说明国家社会情况较前期有了较大的改善，通过外部的积极评价无疑增强了国内民众和国际市场的信心。再次，通过简化货币和海关政策，帮助外资和外国商品更容易进入乌国市场，使企业与政府机构之间形成良性互动。

综上，2018年乌国的政治改革取得了良好的成果，但同时也存在着许多系统性问题尚未得到妥善解决，致使改革无法得到实质性的推进。主要原因在于，国家管理机制和制度本身尚未得到根本革新，除较少行业外，在国内大部分领域都存在着强大的官僚集团的阻碍，这妨碍

---

[1] Послание Президента Республики Узбекистан Шавката Мирзиёева Олий Мажлису//, https：//president.uz/ru/lists/view/2228.

了国家改革总体目标的实现。虽然，现有改革使国家管理机关的上层领导发生了更迭，但原有组成机关和机构的人员基本组成仍然存在，公务人员职业素质和能力低下的缺陷尚未消除。在乌兹别克斯坦官方的各类改革方案以及官方声明中也不难发现政府对这一问题的重视。

2018年乌兹别克斯坦国家计划，已经通过政府制订和提出的数百项法律法规加以体现，虽然还很难评价其具体实施效果，但通过乌国政府的一系列立法措施，已经让我们看到乌国政府的改革决心。国家战略纲要的实施毕竟才刚刚开始，政府高层已经意识到了改革中面临的种种困难，只有依靠全新的社会和行政管理技术手段和方式，在与全体民众形成社会共识的基础上，专注于共同目标的实现，才有可能取得实质性突破。目前来看，乌兹别克斯坦仍然限于通过传统形式和思维推进改革，因此，改革在很大程度上仍将取决于领导者的政治意愿，以及能否将改革创新的思维逐步引入国家各级领导者和民众的意识当中，获取民众的支持。这些将成为决定乌兹别克斯坦国家权力机关立场和持续深化改革意愿以及改革能否取得积极效果的决定性因素。

二、乌兹别克斯坦国家行政权力机关体制改革和国家治理方式的重塑

行政管理体制改革是政治体制改革的重要内容，是上层建筑与经济基础相适应客观规律的必然要求。2018年，尽管乌国国家权力机关和行政体制未发生重大改革，国家权力仍然依据1992年12月8日乌兹别克斯坦宪法运行，但2018年仍然通过行政领域制度建设作出了调整，为《2017—2021年乌兹别克斯坦共和国五个优先发展方向的行动战略》的实现提供了重要的制度和组织保障。

（一）国家安全机关机构改革的进一步深化

通过2018年4月5日第 ЗРУ－471号《乌兹别克斯坦国家安全局法》，对负责国家安全的权力机关进行现代化立法调整，旨在完善国家安全保障体系，对乌兹别克斯坦国家安全局的法律地位进行重新定位。[①] 根

---

① Закон РУЗ от 05.04.2018 г. N ЗРУ－471 «О Службе государственной безопасности Республики Узбекистан»//Собрание законодательства Республики Узбекистан. 2018. N 14. Ст. 272.

据 2018 年 3 月 14 日乌兹别克斯坦第 УП－5379 号总统令,[①]改组原有乌兹别克斯坦国家安全局 (Служба государственной безопасности РУЗ) 为乌兹别克斯坦国家安全局 (Служба национальной безопасности), 原名称中使用的 государственный 一词带有浓厚的俄罗斯色彩, 因此, 在乌兹别克斯坦去俄化的政治背景中使用了更为强调民族国家性的 национальный。《国家安全局法》第 48 条规定了安全机关职能活动的概念和基本原则, 以显示其在国家机关中的特殊地位; 确定了该机关公职人员的职能权限和法律地位, 以及物质保障措施; 将国家安全机关的主要任务定位于捍卫乌兹别克斯坦宪法制度、主权和领土完整, 使国家利益免受外部和内部侵害, 强化法制, 保障法律权威, 以及预防和调查妨碍国家安全局行使职权的违法行为。

《国家安全局法》第 4 条通过职权定义, 明确了国家安全局四项基本职能, 并以此构建国家安全局职权活动的法律基础: (1) 保护乌兹别克斯坦国家安全与国家利益免受外部和内部威胁, 保障国家的可持续发展; (2) 捍卫公民的宪法权利和自由; (3) 国家利益是指由国家来保障法治、社会安全和稳定, 捍卫乌兹别克斯坦共和国宪法制度, 主权和领土完整免受外部和内部威胁而形成的自觉要求; (4) 反间谍和情报活动。

由此, 国家安全局被确定为通过特殊手段、形式和方法, 为确保国家安全而开展相应活动的国家职权机关, 由国家安全局保证在国家安全领域实施统一的国家政策。其在职权范围内开展以下 13 项业务: 预防、侦查和制止国家安全领域的犯罪行为; 情报和反间谍活动; 保护和捍卫乌兹别克斯坦共和国领土; 确保军队和军事工业体系的国家安全; 确保经济、科学、技术、社会和信息领域的国家安全; 保护乌兹别克斯坦共和国民族的历史文化和丰富的精神遗产; 发布通缉令; 对犯罪案件进行侦查前审查和初步调查; 侦查属于国家安全局职权范围的犯罪行为; 预防恐怖主义、极端主义; 打击贩毒行为和腐败行为。根据公布的乌国政府的相关资料, 乌政府将恐怖主义、极端主义、贩毒和腐败视

[①] Указ Президента РУЗ от 14.03.2018 г. N УП－5379 «О мерах по совершенствованию системы государственной безопасности Республики Узбекистан»// Собрание законодательства Республики Узбекистан. 2018 г. N 11. Ст. 193.

作对乌兹别克斯坦国家安全的最大威胁。

　　根据《国家安全局法》第 12 条的规定,国家安全局独立于其他国家机关、组织和公职人员行使职权,仅受法律约束;禁止其他国家机关、组织和官员干涉国家安全局的活动,由此构成了乌兹别克斯坦国家安全机关的独立原则。立法规定了机密原则,要求国家安全机关通过设立特别程序,获取、加工、存储和利用各类国家机密信息,以及制定处理各类官方机密文件的活动规范。

　　国家安全局由中央局,卡拉卡尔帕克斯坦共和国安全厅、各州安全厅和塔什干市国家安全厅构成,还包括为履行国家安全职能而专门设立的边防部队和其他机构。国家安全局局长只有乌国总统在经过议会批准后,有权通过总统令任命和解除职务,国家安全局副局长同样由总统任命。国家安全局由乌国总统直接领导并向其直接汇报工作。国家安全局定期向乌兹别克斯坦共和国议会委员会通报其职权活动范围内的国防和安全问题。国家安全局执行公务时,所有国家机关和其他组织都有义务提供协助。国家安全局能够依法对所有国家机关、组织、公职人员和公民提出以下要求:要求遵守法律;提交文件、材料以及其他信息以供审查;抽调专家,对于违法事实作出解释;消除导致违法行为的原因和条件。对国家安全局履职要求合法性的上诉并不中止其职权的继续履行。

　　应该说,通过立法完善国家安全局的职权设置,能够保证该机关更好地履行职权,在法律基础上使其实质上拥有对被管理对象施加影响的所有权能。据此,国家安全局有权审查任何主体的文件;对物品、交通工具及运输货物进行检查;有权要求公职人员和公民离开事件发生地点;实施侦查前审查和侦查行为;可以进入任何地点,包括禁止进入的地点,但必须在此之后 24 小时内告知检察长;为预防犯罪,调查和拘押犯罪嫌疑人或正在被通缉的犯罪嫌疑人,在征得法人和自然人同意的情况下,可以临时占用其居住和经营场所;访问任何机构和组织,调取文件和资料,以及询问和获取各类信息、文件和材料;传唤任何人,借此获取必要文件、信息和副本;在征得公民同意的情况下可以要求其提供协助,并对提供协助的公民进行奖励;可以向任何机关或公职人员要求作出消除导致违法行为的原因和条件的强制性规定;免费利用大众媒体用以调查犯罪行为,通缉逃避侦查机关、法院和预侦机关侦查和审讯以及逃避刑事处罚的个人;国家安全局公职人员有权对人身、专门资金、枪支等,采取直接行政强制措施。立法特别强调政府机关公职人员的法律地位,并不排除国家安全局要求其履行的职责。对于国家安全局职权行为合法性的监督,由乌兹别克斯坦共和国总检察长及隶属检察官,在自身职权范围内实施监督。

(二)海关总局法律地位的完善

2018年10月18日通过的第3PY-502号《关于补充修订国家海关总局法》的法令,[1]对乌国国家海关总局的法律地位做出了重新规定。根据新的《乌兹别克斯坦国家海关总局法》,各海关机关保留护法机关的法律地位。海关系统由国家海关总局,卡拉卡尔帕克斯坦共和国、各州、塔什干市国家海关局,塔什干市机场海关,各海关检查站,最高军事海关学院和国家军犬训练中心组成。各级海关机关的设立或解散,必须根据乌国总统的命令。海关的组织和编制结构,以及人员编制规模、海关职位设置也须由乌国总统批准。海关各级机关由国家海关总局局长统一领导。

海关当局有权实施海关检查,包括:信息审查和文件审查、口头询问、获取信息、海关现场的审查和检查、个人搜查、建筑物和车辆检查;抽样检查;扣留货物和车辆;实施行政拘留。海关机关履行侦查机关职能,可以进行侦查前审查,并开展侦查活动;可以在货物已经被乌兹别克斯坦海关放行,并在境内自由流通的情况下继续实施海关侦察;海关官员允许使用武力、特殊手段和枪支。银行和其他金融组织有义务协助海关为进出口业务提供财政保障。

(三)推进国家税务机关行政改革

乌国政府高度重视税务机关改革。2018年6月26日出台了第ПП-3802号总统决议,[2]其中涵盖税务征收各个领域的诸多改革措施,同时也将税务机关活动中面临的主要问题归结为税务监察方式的

---

[1] Закон РУЗ от 18.10.2018 г. N ЗРУ-502 «О внесении изменений и дополнений в Закон РУЗ» «О государственной таможенной службе»//Собрание законодательства Республики Узбекистан. 2018 г. N 42. Ст. 827.

[2] Постановление Президента РУЗ от 26.06.2018 г. N ПП-3802 «О мерах по коренному совершенствованию деятельности органов государственной налоговой службы»//Собрание законодательства Республики Узбекистан. 2018. N 26. Ст. 511.

陈旧和低效。从官方公布信息来看,问题主要集中在:税务机关行政管理水平低下,导致无法进一步扩展税收来源;税务机关公务人员腐败行为严重;现代税收监察技术手段利用水平低;对于税务机关公职人员物质激励机制不完善。行政管理不善和低效导致逃税手段和方法层出不穷,尤其是在贸易企业、餐饮行业、市场和贸易综合体经营活动中。由于缺乏明确的确定逃税主体识别标准,致使无法对税收违法行为的各类要素实施有针对性的监督。

为加强税收管理,从 2019 年 1 月 1 日开始,税务机关通过纳税人的网络"个人账户"(личный кабинет)将计税信息直接发送至个人。而税务机关在调查纳税人外部信息后,有权据此扩大税收项目。从 2018 年 10 月 1 日起,税务机关在查明低估经营主体纳税金额的情况下,应当首先发出补交税款的通知,如果发现经营主体持续违规行为,则该主体将承担法律责任。同时规定,纳税人证明可以随附税务机关的调查文书,以此作为计税和其他强制性付款的依据。一系列新技术措施的采用取得了良好效果。首先,新技术的采用在一定程度上缓解了税务机关对企业税收的监管,鼓励企业自愿诚实缴纳税款;其次,通过引入新技术,对纳税人纳税活动实施更加严密的监管。这些都表明乌国政府正在采取措施完善税收制度和增加国家税收。

为扩展和保证税源,激发税务官员的工作积极性,乌国政府制定了《提升税务机关工作效率标准清单》。这份清单上增列的标准涉及完整征税项目,如已查明可以作为税收来源的税源体量、正在应用的纳税务机关纳税软件,以及使用电子"个人账户"纳税人的数量。同时,为提高税务人员工作积极性,设立税务机关公职人员税务监察追索税金的奖励基金,将追索税金的 10%、处罚金额的 40%列入奖励基金。

为实现改革目的,税务机关被赋予了极大权限,据此对纳税人采取各类措施:税务机关有权在法人未按照登记地址经营,未按照规定期限缴纳税款或提交财务报表,且无法寻找到法人,或者通过审计发现实际经营与税务报告出现较大偏差时,税务机关有权冻结法人纳税人银行账户,并且直接从银行账户中划取拖欠税款。

(四)国家治理体系的数字化和信息化改革

国家治理体系、经济和社会生活数字化和信息化是乌兹别克斯坦

2018 年改革的关键词,乌国政府高度重视各权力主体的硬件和软件设施建设。乌国内阁于 2018 年 2 月 15 日通过了第 125 号决议,确定了《国家和经济管理信息局的活动规程》,①将信息和知识视作最为重要的国家资源,并将信息加工和传播系统视作可持续发展的重要战略因素。将《乌兹别克斯坦共和国国家权力机关和管理机构活动法》作为国家治理体系中信息保障的重要法律依据,并成立国家机关和经济管理信息局,下辖新闻署和公共联系局,而两者将作为独立部门直接隶属于信息局领导。该部门职责包括:制定统一的国家信息政策,保证该局与乌兹别克斯坦共和国总统新闻处以及其他相关信息机关和大众媒体的政策协调。在未实施改革和开放性政策之前,乌国国家政策信息缺乏足够的透明度,而根据新的法律规定,任何新政策的颁行,不仅需要向上级政府通报,而且还需要首先通过记者会和国内外媒体见面会的形式向公众告知,并定期更新政府网站上的政策信息;同时,保证各类信息材料及时提供给乌国驻外国家代表机构,以便在国外媒体上发布。这表明乌国政府在重视国家开放的同时,积极保持国家在国际舞台上开放性的姿态。

此外,乌国还成立了新的"乌兹别克斯坦共和国信息技术和通信发展部",②其职能定位于国家中央管理机关,其组成主要包括:电子政务发展总局、数字经济发展总局、电信基础设施发展总局、信息安全局。这一机构清单表明乌兹别克斯坦试图在各个领域实现数字化的统一国家决策。总统令确定了电子政务发展的"路线图",以此确定了数字化政策实施的阶段,以及各政府主体电子政府和数字经济领域发展目标。2018 年 9 月,该机构协调各行政机关,为完善职能履行、保障信息安全和符合技术要求,对政府机关和其他政府组织中的信息系统、数据库和其他软件产品进行了登记核查。2018 年 6 月,该部"Mirzo

---

① Постановление Кабинета Министров РУЗ от 15. 02. 2018 г. N 125 «О мерах по дальнейшему совершенствованию деятельности информационных служб органов государственного и хозяйственного управления Республики Узбекистан »//Собрание законодательства Республики Узбекистан. 2018. N 8. Ст. 139.

② Постановление Президента РУЗ от 19. 02. 2018 г. N ПП – 3549 «Об организации деятельности Министерства по развитию информационных технологий и коммуникаций РУЗ»//Собрание законодательства Республики Узбекистан. 2018. N 8. Ст. 138.

Ulugbek"创新中心旗下成立了分布式技术中心,旨在提高区块链技术的研究能力,增强人员技术储备,支持国内科研人员掌握区块链技术。总体而言,"路线图"共推出了 38 个科学技术性项目,涵盖软件开发、技术中心创立、实时监控等技术革新和产业升级等领域。这些活动的开展,将为 2019 年乌兹别克斯坦信息化改革的深入奠定坚实基础。

(五)强化检察机关职能

2018 年通过立法重新确立了检察长的法律地位,并确定了检察机关的旗帜和徽章。① 根据 2018 年 5 月 23 日第 УП－5446 号总统令,成立了总检察院打击经济犯罪局,并确定了《总检察院打击经济犯罪局条例》。② 该机构的成立标志着乌国政府正在逐步加强经济领域的控制,并强化主体责任,这也体现在加强涉及税务和海关等权力机关法律地位的立法中。打击经济犯罪局获得了独立的专门护法机关的法律地位并非偶然,原因在于,其职能主要是针对经济犯罪、腐败犯罪、洗钱、资助恐怖主义和资助大规模杀伤性武器扩散,并开展侦查前审查和侦查活动,以及保障上述犯罪行为所造成的经济损失获得补偿。该机构同时作为特别授权的国家机关,行使反洗钱,以及预防上述犯罪行为发生的职能,具体还包括阻止资助恐怖主义和大规模毁灭性武器扩散,以及相关获得收入的合法化,其对上述问题做出的决定对所有主体都具有强制力。打击经济犯罪局及其组成机构根据职权履行职能:有权调取和获得所需信息;传唤公民和公务人员,获取必要文件、信息和副本;要求中央银行和财政部提供关于国家资金在银行账户和单一国库账户中流动的信息;聘请专家;审查预算和国家信托基金支出;审查根据总统和政府与捐助国、国际组织、外国政府和非政府组织缔结的协定获取的外国援助,以及由乌兹别克斯坦共和国提供担保而获取的外国贷款;

---

① Указ Президента РУЗ от 07.05.2018 № УП－5436 «О внесении изменений и дополнений в Указ Президента РУЗ от 18 апреля 2017 г. № УП－5019» «Об усилении роли органов прокуратуры в реализации социально-экономических реформ и модернизации страны, обеспечении надежной защиты прав и свобод человека»//Собрание законодательства Республики Узбекистан. 2018. N 18. Ст. 362.

② Приложения 1 и 2 к Указу Президента РУЗ от 23.05.2018 г. N УП－5446// Собрание законодательства Республики Узбекистан. 2018. N 21. Ст. 436.

为了打击经济犯罪,防止犯罪活动收入合法化,可以做出不超过30个工作日的冻结资金或者其他财产命令;审查和调阅各机关组织的电话通信、计算机数据库和纳税人文件;外汇管制;监察人为哄抬物价;提起刑事和行政诉讼;进行侦查前审查和侦查;审理行政违法案件。打击经济犯罪局及其组成机关的上述职权清单表明,国家寄希望通过护法机关解决经济问题,该机关拥有与国家安全机关职权相交叉的极大权力。打击经济犯罪局局长由总统根据总检察长提名任命,以此来保障该局相对于总检察院的相对独立性,总检察院仅仅对其职权活动实施监督。根据乌兹别克斯坦最高机关的立法意图,该机关的成立旨在建立专门的、具有护法机关权能的、查明经济犯罪、极端主义犯罪和恐怖主义犯罪行为的机关,以此强化犯罪打击力度。当然,这在一定程度上也表明乌兹别克斯坦政府对现有强力机关的不满。

(六)深化司法系统改革与提高法官地位

伴随着2018年护法机关改革,法官的地位进一步提高。2018年7月13日颁布了第 УП-5482 号乌兹别克斯坦总统令[1],其立法目的在于提高民众对司法机关的信任。在上一改革周期取得的成就中,包括:建立了作为司法管理机关的乌兹别克斯坦共和国最高司法委员会,并将之前并行的几所高等法院合并为统一的乌兹别克斯坦共和国最高法院;设立行政法院;建立法官无限期任职制度;排除对法庭审判活动的司法干预。但在改革中也暴露出司法系统的一系列问题:公众和媒体对法院审判工作不满意度较高,导致公众对整个司法机构的信心不足;法官的薪酬支持和社会保障制度薄弱,导致司法人员流失,由此也导致法官独立原则无法实现。然而,公布的各类官方文件却很少对司法做出任何负面评价,仅仅对法院宣传工作提出了批评。现今对最高法院提出要求:逐步在乌兹别克斯坦共和国最高法院网站上系统地公布各地法院判决;各法院在宣布判决后,应当向所有诉讼参与人说明裁判依据;区法院主席及副主席应当每季度做出简报,向公众和媒体通报法院活动;由州法院及其同级法院,对根据上诉程序、再审程序和

---

[1] Указ Президента РУЗ от 13.07.2018 г. N УП-5482 «О мерах по дальнейшему совершенствованию судебно-правовой системы и повышению доверия к органам судебной власти»//Собрание законодательства Республики Узбекистан. 2018. N 28. Ст. 574.

乌兹别克斯坦共和国最高法院司法委员会审判监督程序做出的判决，制作季度简报。根据总统令①确定了市（区）行政法院的编制，市（区）行政法院机构由法院主席、法官、法官助理组成；每1—3名法官配备2—6名保障审判工作的行政人员。全国各行政法院共配备了220名法官。法令要求进一步提高法官工资，因而受到法律工作者的广泛支持。

综上所述，2018年乌兹别克斯坦通过立法方式，对政府行政机关法律地位进行了确认。这些具有组织法性质的法令，在内容上颇具标准化特征，通常会列举各行政管理领域中存在的问题，提出"改革"路径和组织结构优化方案，增加相关公务人员工资，制定与其他机关主体的工作协调机制等。尽管乌国政府立法时宣称是"根本性完善"，但实际上很难真正革新各机构法律地位和组织结构。当然，乌国政府在法令中确定了优先改革事项，如增加公职人员物质保障、在机构重组过程中重新审查任职人员职业能力等，这些措施表明乌国政府试图借助改革强化中央机关职权，建立国家治理体系中新的行政关系，从而确保权力移交过程中的政治稳定。除上述领域外，乌国政府针对公路运输管理、动植物检疫、建筑、农业、水资源管理、医疗保健、核电和体育等领域先后颁布了新的机关组织法。据此，我们不难发现，乌国政府更多地将注意力集中于经济建设领域，甚至在护法机关和行政体系改革时，也关注于查明和制止经济犯罪行为。

三、乌兹别克斯坦行政立法领域的发展变化

2018年1月8日颁布乌兹别克斯坦共和国第ZRU-457号《乌兹别克斯坦行政程序法》（简称《行政程序法》），标志着乌兹别克斯坦行政改革步入深水区。② 这部法律为乌兹别克斯坦社会各界所瞩目。

---

① Указ Президента РУЗ от 19.07.2018 № УП-5487 «О внесении изменений в Указ Президента РУЗ от 21 февраля 2017 года № УП-4966» «О мерах по коренному совершенствованию структуры и повышению эффективности деятельности судебной системы Республики Узбекистан»//Собрание законодательства Республики Узбекистан. 2018. N 29. Ст. 593.

② Закон РУЗ от 08.01.2018 г. N ЗРУ-457 «Об административных процедурах»//Собрание законодательства Республики Узбекистан. 2018. N 2. Ст. 22.

(一)《行政程序法》的颁布和实施

1. 行政程序法的调整范围与立法体例

《行政程序法》对行政规范的制定、生效及效力终止等程序性规范进行了体系化构建,旨在所有行政机关形成统一行政行为标准。这些标准根据普遍遵行的各类行政法原则体系构建,由此也保证了法律效力在传统上与公民和法人的权利及合法利益保护发生联系,以此来保证行政机关活动的可预测性,以及行政管理体系的运行秩序。在现代行政程序学说和原则的指导下,保证了乌兹别克斯坦包括经济领域在内的所有行政部门的有效运行。这部法律共计7章88条,其调整范围涵盖行政机关针对利益关系人实施的所有行政法律行为,包括:行政许可、审批和登记程序,以及其他与公共服务有关程序。但该法不适用于法律规范的制定,税收和其他强制性支付,全民公投,选举,国家和公共安全,以及与侦查行为、讯问、预先侦查和其他与刑事强制措施、诉讼程序、行政违法诉讼相关的行为,因为上述领域行为均受相关特别法调整。这种立法方式符合公认的国际惯例,具有其内在的合理性。而在立法体例上,《行政程序法》唯一的不同在于将税收排除于行政程序法调整范围之外。

《行政程序法》对行政机关等概念作了明确的界定,将行政机构定义为在行政法律活动中被赋予行政管理职权的机构,包括国家管理机关、地方行政机关、公民自治机关,以及其他组织和专门委员会。权力机关主体所有的权利和义务依法及于所有履行公共职能的主体,由此,所有机关行政行为也必须遵循法律规范,这既包括国家机关,也包括履行国家管理职能的各类组织。行政机关自由裁量权作为国家管理的重要组成部分,也被作出了明确规定,行政自由裁量权是指行政主体依据法律、法规赋予的职责权限,基于法律、法规及行政目的和精神,针对具体的行政法律关系,自由选择而作出的公正、合理的行政决定的权力。由于无法排除权力机关行使自由裁量权过程中的恣意,就必须通过立法对这一行为提供法律框架,使得自由裁量权的行使以立法目的和精神为指导。

2. 行政程序法的原则体系

行政活动基本原则是《行政程序法》最重要的组成部分,其中包括:合法性原则、比例性原则、诚实信用原则、公开性和透明性原则、利益相关者权利优先原则、官僚形式主义不可接受原则、行政诉讼"一站式"原则、平等原则、信任保护原则、行政自由裁量权合法性原则。其中最重要的是比例原则和信任保护原则。比例原则定义为"在行政诉讼期间对个人或法人实体施加影响的措施应当适当和足以实现行政机构追求的合法目标,并且对于有关人员来说负担最小"。这意味着,限制公民(组织)权利和自由的行政机构不仅必须依法行事,而且还应根据监管目的行事,并使预期目标与为实现目标而选择的手段相匹配,这对于非职权参与人负担最小。信任保护原则是指实际利益相关人对行政文书的信任受法律保护,行政机关应当通过既已形成的行政实践满足尊重利益相关人的合法期待;而对原有行政文书的变更,应当符合社会利益,并具有其公共性和稳定性。这也意味着,行政机关应当根据既已形成的法规适用实践以对公民和组织履行职权,文书变更也必须以合理方式进行论证,而行政法原则作为行政文书的法律基础,公民有权对违反行政原则的行政文书要求认定无效,并以此作为行政文书无效的依据。这就要求行政机关不仅要出具行政文书,还要说明其理由。

法律规定,行政文书理由部分必须列明所有事实和法律依据。在对行政文书论证时,行政机关无权援引行政诉讼中未向法院提出或未经调查,诉讼参与人无法知晓的证据。如果行政机关作出行政文书时被赋予行政自由裁量权,那么必须说明以何种裁量权做出评价、依据和判断,以此来证明行政文书符合行政程序原则。

3. 行政程序法的现实意义

《行政程序法》的颁布是乌兹别克斯坦法治建设的里程碑,通过立法对承担履行行政职权和制定行政规范职能公职人员的行政理念进行重新塑造。这就要求行政机关和法院,必须了解如何从法律原则出发,通过评估依据自由裁量权制定行政规范的合理性,从而形成决定和判决的法律依据。只有双方对此都有清楚认识的情况下,行政程序规范才会发挥其应有效力,否则这部立法可能成为管理效率阻碍,正如自由裁量权的错误行使也有可能成为掩盖腐败的工具一样。

(二)完善行政机关公共服务职能

提供社会公共服务是国家行政机关的重要职能,尽管随着《行政程序法》的通过从立法上得到完善,但在政策层面仍然缺乏足够重视,原有乌兹别克斯坦司法部下设的国家服务局在现实中并没有发挥其应有效用，而是由覆盖乌兹别克斯坦全国各个地区和城市的人民接待委员会构成了完整公共服务体系，为包括企业在内的所有公民提供"一站式"服务。

2018年11月4日乌兹别克斯坦共和国第ПП-3662号总统令，①开始重视公共服务领域，提出现有公共服务体系存在许多亟待解决的问题。首先，公共服务技术设备不足，部门间信息体系一体化建设水平低。例如，2018年对国防部、住房和公用事业、高等和中等职业教育部、建设部、乌兹别克斯坦天然气公司和各级政府机关的检查中，发现许多机关未能妥善保管电子档案，而仅保留了纸质档案，导致很多公民无法利用电子政务系统获取便利的电子政务信息。其次，公共服务中心设备简陋，公职人员职业素质低，甚至很多公共服务中心缺少高速互联网和现代化的计算机设备，审批和许可程序过于复杂、不透明，滥用职权行为等仍然广泛存在。

总统令表达了乌兹别克斯坦高层对各级行政部门公共服务领域工作的不满，要求各部门将纠正公共服务领域的各种问题作为主要任务，要求各机关建立公共服务中心时，必须为中心配备必要设施，对中心公职人员进行专门培训，优化服务流程，指导民众获取各类电子信息；并由总检察长负责监督这一工作履行情况，对于怠于履行职责者将追究法律责任。

(三) 税务机关改革的制度建设

行政监督是行政机关与公民、组织良性互动的重要领域，根据乌兹别克斯坦2018年7月27日第УП-5490号《关于进一步完善对于企业主体合法权益保护措施》的总统令，②乌国政府采取一系列措施完善行政国家监督，弥补现有缺陷，其中最重要的是税收领域。为了拓展税源，扩大国家财政收入，完善税收制度，乌国政府提出了重建税收管理

---

① Постановление Президента РУЗ от 11.04.2018 г. N ПП-3662 «О дополнительных мерах по ускоренному развитию системы оказания государственных услуг»//Собрание законодательства Республики Узбекистан. 2018. N 15. Ст. 309.

② Указ Президента РУЗ от 27.07.2018 г. N УП-5490 «О мерах по дальнейшему совершенствованию системы защиты прав и законных интересов субъектов предпринимательства»//Собрание законодательства Республики Узбекистан. 2018. N 30. Ст. 621.

体系计划。由于税收规范和管理方法的陈旧,导致纳税人经常会遭遇不合理税收要求,虽未强制征收,但却形成了"人为债务";税务审计的问题仍然突出,尤其是税务机关权力过于广泛,缺少足够的约束措施,复杂行政监督制度导致了企业经营的严重负担。为此,总统令要求撤销上述人为债务和罚款,以及本法令生效之前形成的经济制裁和诉讼费用。

自2018年9月1日起,取消了与企业实体的财务和经济活动无关的定期审查,以及根据监督程序对企业经营活动进行的审查。通过引入"风险分析"制度,根据相关企业主体违法风险程度而启动审查。检察长办公室经授权后,负责协调对企业主体经营活动的审查,监管机关对企业主体活动实施的所有审查,均须强制在统一的审查电子登记系统中进行登记。在该系统中未经登记而对企业主体经营活动实施的审查视作非法,而审查结果也必须在审查完成后3天内输入统一的审查电子登记系统。

该法令规定了由检察机关负责协调的审查活动范围清单,以及各类鼓励企业创业的财政优惠措施,尤其是,通过各类"人为债务"的减免,促进中小型企业发展。由于此类政策的施行无须大量的组织和财政成本,能够保证企业在国家提供一定支持下迅速得到恢复。基于"风险评估"方法而实施的行政监督已被世界很多发达国家所认可,能够确保审查监督活动的有效性和合理性。但这种方法由于过于复杂,要求行政机关不间断地进行监测、识别犯罪风险,并及时作出反应,只有在国家机关具有足够组织资源和技术资源的情况下,才能发挥良好的效果。与此同时,行政机关也在确定对企业审查强度方面获得更多裁量权。

综上所述,乌兹别克斯坦行政改革运行情况通过2018年11月4日乌兹别克斯坦共和国第ПП-3662号总统令得到了很好的反映。一方面,借鉴域外先进立法经验,创制了一系列具有现代特征的立法规范;另一方面,在改革实践中,国家机关和广大民众却尚未对接受现代国家治理方式做好准备,改革的进行也缺少足够的财政和技术支持,尤其是大量的电子设备和硬软件设施的短缺。由此导致总统对行政机关履职能力的不满,尤其是其未能有效地履行相关行政规定和标准,充分发展经济和保障居民生活。因此,乌兹别克斯坦的行政改革尚限于局部的结构性完善,而体系化问题尚未得到妥善解决。

四、以鼓励投资和民生建设为基础的社会服务体系建设

(一) 鼓励公民参与国家和社会治理

乌国政府鼓励民众参与公共事务管理,并通过 2018 年 4 月 18 日第 ZRU-474 号《社会监督法》的颁布加以调整。① 这部法律共 21 条,其中规定了社会监督主体包括乌兹别克斯坦公民、公民自治机构、非营利组织和大众媒体。社会监督可以通过包括组建社会监督委员会和其他组织形式的各类委员会加以实施,社会监督的对象主要针对国家机关及其公职人员的活动。社会监督通过向国家机关提出质询、参与国家机关公开会议、社会讨论、公开听证会、社会监督、社会评价、社会调研、公民自治机构听取官员汇报等方式实现。但是,如果相关的信息涉及个人信息、国家机密或受法律保护的其他秘密,则可以限制社会监督主体获取信息的权利。尤为重要的是,这部法律通过强制性义务的形式规定了官员汇报制度。例如,内务部机关监察员、教育局和卫生机构负责人定期通过听证会形式向公民汇报工作。原则上,所有国家机关都必须建立机关领导定期向公民汇报工作制度,这样有利于机关领导与民众建立直接联系。通过社会监督,公民有权从国家机关获取各类政策信息,并提出建议,以及向护法机关提供各类重要犯罪线索,可以根据社会监督提出申诉,并且,各级机关负责人需要对公众监督的结果承担义务和责任,并以纪要、意见等方式对民众意见加以整理和反馈。上述文件在性质上具有信息性和咨政性,因此,所有建议都应当由各级国家机关依法通过规定程序研究并做出相关决定。

毫无疑问,有效的社会监督对于制约公共权力的实施具有重要意义,由社会监督主体对于国家机关和公职人员实施有效的外部监督。但是,社会监督并不能取代国家监督,而仅仅作为对国家监督的辅助。社会监督的有效性取决于公民能否有效获得国家行政机关的相关行政行为信息,为此,乌兹别克斯坦社会监督机构的代表正在积极通过大众媒体和官方网站向护法机关提起一系列申诉来发挥议政监督的作用,

---

① Закон РУЗ от 12.04.2018 г. N ЗРУ-474 «Об общественном контроле»//Собрание законодательства Республики Узбекистан. 2018. N 15. Ст. 304.

而这些申诉也必将推进法令的落地生根,2019年将能观察到这一法令的具体实施效果。

(二)鼓励居民创业和加强就业保障并举

就业是衡量社会经济发展、社会福祉以及影响政治稳定的重要指标。2018年为解决就业问题,乌国政府专门出台了一系列法律。为进一步拉动就业,2018年7月14日乌兹别克斯坦共和国第PP-3856号总统决议提出了一系列促进就业措施。① 文件中突出强调了乌兹别克斯坦的社会经济状况,尤其是劳动力市场就业形势仍然高度紧张,应当为青年、妇女及低收入家庭创造长期就业机会,尤其应当关注为农村地区提供广泛的就业机会,精简派遣国际劳务流程。应该说,乌兹别克斯坦就业领域服务水平仍然较低,现有继续培训制度和职业培训仍不能满足社会需求。为此,乌国政府设立由卡拉卡尔帕克斯坦共和国、霍基米亚特州和塔什干市部长会议领导的促进就业地区基金,其资金主要来源于地方预算,以及国内或国外捐助和援助。地区基金有权在商业银行开设信贷专户,支持企业家创造就业机会,以基金注资和公私合营的方式设立资助针对社会弱势群体的合伙企业。此外,为鼓励人口少于5 000人的农村地区积极创业,对于提供美发、服装加工、修鞋、公共浴场服务的个体企业主在2023年7月1日前免征所有税款;为鼓励个体企业主雇用工人,同样免除其支付雇员的各类税款;家庭企业最多可以雇用3名长期雇员,包括家庭成员;个人企业主首次获得小额信贷从获取贷款后的6个月内免缴固定税。

2018年10月16日颁布了乌兹别克斯坦共和国第ZRU-501号法令,②确定了私营职业介绍中介机构的法律地位。其第34条规定了职业中介机构的市场主体资格、市场的准入和退出、权利和义务。私营职业中介机构作为商业组织,为求职者提供中介服务,帮助招聘和就业,为求职者提供就业领域信息和咨询服务。这类企业至少应有两名员工,包括一名受过高等教育的经理。机构可以由法人或自然人以任何

---

① Постановление Президента РУЗ 14. 07. 2018 г. N ПП-3856 «О мерах по совершенствованию и повышению эффективности работы по обеспечению занятости населения»//Собрание законодательства Республики Узбекистан. 2018. N 28. Ст. 580.

② Закон РУЗ от 16. 10. 2018 г. N ЗРУ-501 «О частных агентствах занятости»//Собрание законодательства Республики Узбекистан. 2018. N 42. Ст. 826.

法律组织形式设立。私营职业中介机构在国家公共服务中心进行注册,服务内容包括:为乌兹别克斯坦公民在国内和国外寻找工作提供服务;帮助雇主招聘员工;提供就业领域信息和咨询服务。服务合同由该机构与求职者或雇主以书面形式签订。开展活动时,该机构拥有多项权利,包括:根据服务合同提供有偿服务;从公共当局和行政部门获取就业领域的相关信息;要求求职者和雇主提供所需文件和信息。如果求职者和雇主没有提供相关必要文件和信息,可以拒绝提供服务。该机构每季度定期向就业和劳动关系部汇报其业务经营情况和信息,并由该部监督职业中介机构活动。

从2018年8月1日起,有意愿创业的失业者可以在就业援助中心登记并获得一次性创业补贴;减免小微企业注册费用,为小微企业国家注册提供相当于居民最低生活工资两倍的补贴;而雇用无社会保障人员的企业,尤其是未享有国家补助的残疾人,将获得一年相当于居民最低生活工资12倍的补贴;雇用就业援助中心登记的社会弱势群体人员,进行职业培训的雇主可以获得每名雇员相当于最低生活工资3倍的补贴。乌兹别克斯坦政府表示,未来将进一步投入资金,提高补贴比例,来促进和发展职业培训和继续教育。

(三)开展国际化教育改革

乌兹别克斯坦政府高度重视教育领域改革,2018年3月27日,制定了第241号内阁决议,①从2018年4月1日起,私立教育服务机关的设立许可由乌国内阁下设的国家教育质量监督局发放。乌国学前教育部和公共教育部在制定审批政策时,采取了更为科学的方法,邀请各区(市)学前和公共教育领域的专家,为私营教育服务机构注册登记和经营审批流程设计提供专家意见。登记申请通过公共服务中心和互动公共服务统一门户网站以电子形式提交,私营教育服务许可证的有效期为5年。

通过颁布单行法令,促进国际化办学的发展,成立国际联合办学高等教育机构及其分支机构。根据2018年6月28日决议第PP-

---

① Постановление Кабинета министров РУЗ от 27. 03. 2018 г. N 241 «О совершенствовании порядка лицензирования деятельности в сфере оказания негосударственных образовательных услуг»//Собрание законодательства Республики Узбекистан. 2018. N 13. Ст. 247.

3815号总统令,宣布在撒马尔罕建立"丝绸之路"国际旅游大学。① 这所大学将办学任务定位于为国家旅游事业培养合格人才,提升乌兹别克斯坦良好的国际形象,为将乌兹别克斯坦建设成为丝绸之路上最具吸引力的旅游中心提供人才储备,开展国际旅游领域的政策研究和创新工作,扩大上海合作组织各成员国历史、文化和人文领域的交流。该大学设立了"旅游创新中心"和"旅游信息技术中心"。值得注意的是,该教育机构的办学目标不仅定位于提供教育服务,同时作为重要的研究中心,成为乌兹别克斯坦与上海合作组织成员国之间互动交流的重要平台。为方便聘请外国教师,法令要求外交部和内务部提供专门协助,扩大该高校在国际教育领域的影响。

根据2008年7月2日乌兹别克斯坦共和国第PP-3821号总统令,在塔什干成立"富川大学",②目的在于根据现代国际标准培养学前教育领域的教师和教育工作者,提供创新环境,建立与发达国家高等教育机构的长期联系。根据乌国学前教育部、高等和中等职业教育部和韩国富川大学签订的协议,由韩国出资建设教学楼、实验室、学生宿舍,提供各类设备,包括家具、电子设备、教学和科研设备、办公设备、计算机以及多媒体等各种现代教育设施,韩国富川大学开放各类文献数据库,创建现代信息和资源中心,为乌兹别克斯坦和其他国家培养师范类人才。该大学的办学目标:根据乌兹别克斯坦社会经济发展需要,培养学前教育、建筑和设计以及其他热门领域人才;开展相关科学研究工作。大学根据乌兹别克斯坦共和国教育法要求,在韩国富川大学课程设计和教学方案基础上开展教育活动。该大学毕业生同时获得富川大学文凭,并由乌国教育部承认,无须其他认证手续。

富川大学以乌兹别克斯坦"丝绸之路国际大学"为模板,运用相同逻辑,在本土合法设立外国大学。同时,该高等教育机构被注册为乌兹别克斯坦法人实体,但教育活动根据韩国高等教育计划进行,乌兹别克

---

① Постановление Президента РУЗ от 28.06.2018 г. N ПП-3815 «О создании Международного университета туризма» «Шелковый путь»//Собрание законодательства Республики Узбекистан. 2018. N 26. Ст. 517.

② Постановление Президента РУЗ от 02.07.2018 г. N ПП-3821 «О создании Университета Пучон в городе Ташкенте»//Собрание законодательства Республики Узбекистан. 2018. N 27. Ст. 540.

斯坦政府希望以此来借鉴国际先进的高等教育办学经验，提升国内高等教育办学水平。

（四）深化护照和签证制度改革

根据 2018 年国家计划的精神，为提升国家形象和市场开放性，为聘请外国专家提供便利，进一步促进旅游事业发展，鼓励外国投资，乌国政府在一定程度上简化了外国公民的入境流程。2018 年 7 月 8 日颁布了乌兹别克斯坦共和国第 PP－3836 号《关于优化外国公民进入乌兹别克斯坦共和国流程的进一步措施》总统令。① 根据这一法令，从 2018 年 7 月 15 日起，电子入境签证签发系统（简称"E－VISA.UZ"系统）投入运行，取消了乌兹别克斯坦驻外大使馆和领事馆外国公民入境签证强制申请制度；缩短了外国公民入境签证办理周期；借助于现代信息通信技术受理申请文件；建立电子入境签证集中登记系统，并将电子签证领事费用限定为 20 美元。从 2018 年 7 月 15 日起开始施行免签证制度，如果过境旅客具有前往第三国的机票（第三国国家清单由乌兹别克斯坦政府确定），则停留国际机场的过境旅客可以在空港检查站办理停留期限不超过 5 天的免签入境签证。对于某些旅游外国公民采取特殊签证制度，即对于前往沿丝绸之路国家旅行的游客，可以认可其他丝绸之路国家签发的签证。允许为乌兹别克斯坦裔公民及其家庭发放 5 年签证（Vatandosh），对外国大规模投资者签发 10 年期的"黄金签证"（Golden visa）。自 2018 年 7 月 1 日起，乌兹别克斯坦已经为 101 个国家公民开放了免签证过境和临时居留程序。

向外国公民发放的电子签证一次入境最长居留期限可达 30 天。签发电子签证自签发之日起 90 天内有效。如果外国公民进入乌兹别克斯坦共和国领土时，签证的有效期少于 30 天，则外国公民在乌兹别克斯坦逗留的期限不应超过电子签证的有效期。审查和签发电子签证的期限为自申请提交之日起两个工作日。签发的电子签证将通过专门的官方系统"E－VISA.UZ"发送至外国公民的电子邮件地址。

2018 年 8 月 28 日颁布了乌兹别克斯坦共和国第 NPP－3924 号总

---

① Постановление Президента РУЗ от 04.07.2018 г. N ПП－3836 «О дальнейших мерах по оптимизации порядка въезда иностранных граждан в Республику Узбекистан»// Собрание законодательства Республики Узбекистан. 2018. N 27. Ст. 549.

统令,以此简化外国公民在乌兹别克斯坦居住和居留的登记手续。① 为了进一步促进经济发展,乌兹别克斯坦政府批准了有权在乌兹别克斯坦卡拉卡尔帕克斯坦共和国和其他各州(塔什干地区除外)永久登记的外国人类别清单。外国公司和机构的领导层有权在这些地区申请永久居留权。永久居留申请清单上共列举了7类外国人。尽管从范围来看,新清单类别有所扩大,但申请永久居留仍然并非易事,只针对在该州拥有自有产权住房的所有权人及其近亲属,或者是乌兹别克斯坦急需的专家及其近亲属。

护照制度的完善则关系到乌兹别克斯坦民众的切身利益,乌兹别克斯坦国内公民所持国内护照既是其身份证明,也是其户籍证明。通过借鉴外国经验,2008年8月8日颁布的乌兹别克斯坦共和国第UP-5528号《关于乌兹别克斯坦共和国护照系统条例的修订和补充》总统令规定,②政府未来计划引入具有生物识别功能的身份证明,并完善护照签发程序;规定违反护照登记制度的违法责任,包括:如果允许公民在未携带护照或其他身份证件、未进行居住住所登记的情况下在所在辖区居住,负责护照登记的公职人员将被追究责任。但因自然灾害(火灾、洪水、地震等)等原因而丢失护照,并经确认情况属实的情况下,相关负责人员不承担行政责任。原则上,国家对于公民的住所地和居留地仍然施行严格的护照登记制度。乌国的民主化改革尚未触及护照制度,这也意味着乌国政府仍然严格管控乌兹别克斯坦公民的居住和流动。同时,户籍登记的长期存在也与苏维埃时期福利住房制度具有密切联系。

五、相关评级分析

随着乌兹别克斯坦的总统权力移交至米尔济约耶夫手中,新任政

---

① Постановление Президента РУЗ от 28.08.2018 г. N ПП-3924 «О мерах по совершенствованию порядка постоянной и временной прописки иностранных граждан и лиц без гражданства»//Собрание законодательства Республики Узбекистан. 2018. N 35. Ст. 708.

② Указа Президента РУЗ от 28.08.2018 г. N УП-5528 «О внесении изменений и дополнений в положение о паспортной системе в Республике Узбекистан»//Собрание законодательства Республики Узбекистан. 2018. N 35. Ст. 705.

府开始高度关注国际评级,并将其作为政府工作成效的重要指标。国际评级指数通常作为衡量各国社会经济和政治发展状况以及各国在世界体系所处位置的重要标准,既表示了世界各国对某一国家的普遍看法,也包含了外国投资者对它的投资态度。对相关评级的分析,可以帮助我们勾画乌兹别克斯坦社会、政治和经济发展状况。

在各类评级中最为重要的是联合国发展计划署编制的人类发展指数。根据2018年数据,乌兹别克斯坦在189个国家中位于第105位,靠后的排名也说明其居民生活、经济和社会发展仍然处于较低水平。该评级根据四个方面进行衡量:居民的预期寿命。乌兹别克斯坦居民预期平均寿命为71.4岁;居民预期教育年限。乌兹别克斯坦为12年;平均学习年限。乌兹别克斯坦为11.5年;国民总收入。乌兹别克斯坦为6 470美元,这一指数是根据美元折算后的购买力评价。从指标统计结果来看,在前3个指标中,乌兹别克斯坦相对于欧洲先进国家差距并不是十分明显,这也表明了苏联传统对其深刻的影响,延续了苏联国家总体的发展特征,即保留了较为稳定的教育体系和医疗体系。但相比较而言,1991年苏联解体之后处于类似社会经济环境的哈萨克斯坦和俄罗斯却分别位于第58位和第49位,应该说,在前三项指标统计结果相近的情况下,起决定性因素的指标是GDP,乌兹别克斯坦仅为6 400美元,而哈萨克斯坦和俄罗斯则分别为22 626美元和24 230美元。相比之下,乌兹别克斯坦的国内生产总值水平与印度(第130位)、玻利维亚(第118位)、萨尔瓦多(第121位)等国相当。但是尽管乌兹别克斯坦经济疲软,却仍然拥有高水平的人力资源储备,借此它可以在较短时间内强化其经济指标。

根据世界银行公布的评价贸易环境的《营商环境报告》(*Doing Business Report*),乌兹别克斯坦在190个国家中名列第76位,而哈萨克斯坦名列第28位、俄罗斯名列第31位。[1] 相比较而言,乌兹别克斯坦在这一数据上已经落后于其他独联体大国。应该说,乌兹别克斯坦在建筑行业审批、所有权登记、国际贸易、破产清算登记等方面的数据指标的确还相距甚远,而合同履行保障、税收、投资者保障和贷款方面的

---

[1] Latest Human Development Index (HDI) Ranking 2018//dr. undp. org/en/2018-update? ref=tjournal. ru.

数据也十分不理想。较好的数据主要体现在创业板块和电力保障系统。① 换句话说，自米尔济约耶夫当选总统以来，乌兹别克斯坦采取了一系列措施推动经济改革，包括取消外汇兑换管制、降低税负以及对外资给予优惠政策等政策措施，使得乌兹别克斯坦在两年时间内在吸引外资方面取得了一系列成就，但结构性问题尚未得到解决，企业家经营的行政负担仍然很重，虽然创业获得了政府较多的政策支持，但也必须通过政府部门的重重审查。由此，评级机构对乌兹别克斯坦银行和金融业做出了尚不够完善的评价。乌兹别克斯坦在国际经济领域的地位亟待提高。

通过上述两项评级的比较，潜在投资者、国际组织和各国领导人很容易勾画出现实中乌兹别克斯坦的投资图景。乌兹别克斯坦拥有良好的发展潜力，尤其是具有丰富的劳动力资源储备，国家卫生体系尽管尚不完善，但在主要城市中心已经拥有较好的医疗资源，保证了居民的健康水平，而在各大居民聚居区，初等教育已经广泛普及，廉价的劳动力结合教育和健康保障，可以吸引更多的国际公司和外国投资。当然，除了好的方面，我们也不难发现相对的另一面，作为一个大国拥有庞大的行政机构，政府决策流程复杂且缺乏透明度。因此，根据2018年全球清廉指数，乌兹别克斯坦名列183个国家中的158位，位于莫桑比克和津巴布韦之间。应该说，后苏联时代的独联体国家在这一指数上均表现靠后，这已成为后苏联时代国家的总体特征。② 电子政府的建设仍然面临着种种客观阻碍，一方面体现在硬件设施的短缺。由于乌兹别克斯坦本国电子产品生产能力薄弱，需要大规模进口电子设备，而政府的财政紧张和行政人员缺乏相应专业能力也阻碍了改革的进行；另一方面，各级行政机关主观上也持有一定消极态度，对于创新型的行政管理模式缺乏足够认知，准备不足，由此对政策的推行造成阻碍。而相对薄弱的金融体系也难以应对金融发展的需要，换句话说，投资者仍然面临着较高的投资风险，因此大多数投资者仍然持观望的态度，对乌兹别克斯坦国家改革的效果拭目以待。当然，投资者的第二种选择是向政

---

① Doing Business Report, http://russian.doingbusiness.org/ru/rankings.
② Corruption Perceptions Index 2018：Global Scores//transparency.org.ru/research/indeks-vospriyatiya-korruptsii/rossiya-v-indekse-vospriyatiya-korruptsii － 2018 － 28 － ballov-iz － 100 － i － 138 － mesto.html? sphrase_id=14278.

府要求提供稳定投资的补充担保。原则上,在卡里莫夫总统去世后,乌兹别克斯坦已经证明其国家权力和政策的稳定性,如果需要,政府是能够为某些合适投资者提供单独担保的。当然,这也需要投资者支付额外的成本,但这种区别对待也违反了投资者机会平等的基本原则。

综上所述,高度重视国际评级机构各类评估,并以此作为衡量本国经济发展和投资环境的重要指标,标志着乌兹别克斯坦开始走出卡里莫夫时代的较为封闭状态,正在以开放的姿态逐步实现与国际社会的接轨。乌兹别克斯坦政府在改革开局之年,通过2018《国家计划》实施,致力于支持工商业企业发展,促进施政理念和科技的创新,保障经济发展,提高人民生活水平,并在此基础上将2019年任务确定为促进外商投资和社会发展。无论怎样,为保障这一任务的顺利完成,需要乌兹别克斯坦政府进一步简化国家行政机关设置和行政流程,降低企业在行政审批和管理中的负担,减少税赋,简化资本和商品进入和退出市场的规则,方便资本和商品跨国流动。应该说,改革过程中乌兹别克斯坦政府已经注意到,在缺乏足够资金支持整个经济发展的情况下,需要更多地将注意力投向传统产业,帮助更多居民就业;与此同时,尤其关注能够快速带来利润的新兴产业,以此来吸引外国投资者,扩大国内产业升级。乌国政府正是以上述理念为指导,在2018年推出了一系列新政,并获得了良好国内和国际社会反响。同时,花大力气改革国家行政机关体系。应该说,这一年中乌兹别克斯坦政府几乎对所有行政机构都编制了一整套组织和活动规范,尤其将立法重点集中于护法机关和经济部门。这些改革涉及组织机构的重组、重要部门的重新配置以及行政资源的再分配,特别是重新设置了各级机关岗位,任命了忠诚执行总统决策和服从上级政府领导的公职人员。由此,也在一定程度上印证了政治学上的观点,任何国家和社会改革都依赖行政机关改造来完成。与此相对的是,2018年并没有在促进和培养具备独立理念的企业社团方面出台任何政策措施,这可以理解为当局担心这会导致经济发展理念方面与政府意志产生冲突,相对应的是成立了更多的行政管理机关,借此加强对整个宏观和微观经济领域的管理。此外,通过制订行政程序法,也加强了对行政行为的法律规制,以此来控制行政权的恣意,优化投资和营商环境。可以预见的是,通过这部法律的颁行,将会对国家和社会生活各个领域产生积极影响,也必将对"营商环境"评级产生正面效果。

乌兹别克斯坦的法治建设之路仍然漫长,2018年《国家计划》的实施为《2017—2021年五大优先发展领域行动战略》目标的实现迈出了坚实的步伐,并为未来乌国的法制建设和行政机构改革勾画了基本轮廓,也指明了发展方向,法治变革也必将持续下去,乌兹别克斯坦在总统权力顺利交接的基础上,摆脱卡里莫夫时代的政治惯性,沿着改革、创新、开放之路以崭新的政治姿态逐步走向国际舞台。

Annual Report on the Rule of Law in Uzbekistan (2018)

Gong Nan　Oleg Sherstoboev

Abstract: The year 2018 served as a significant time when the president of Uzbekistan, Shavkat Mirziyoyev, promulgated the National Development Plan and the Plan for Active Investment and Social Development in 2019 on the basis of 2017 - 2021 Five Priority Development Areas Action Strategy. Besides, in accordance with the above guidelines, a series of positive and effective policies and measures have been adopted to deepen the reform of state administrative organs, strengthen social supervision of administrative organs, attract foreign investment, improve the business environment and people's living standards. And in order to realize the connection with the Belt & Road Initiative, a package of measures including the establishment of an international university named after "the Belt & Road Initiative" and the simplification of transit procedures for tourists in countries along the Silk Road have been implemented. As a result, these measures have produced good social effects and international influence.

Keywords: Administrative reform; informatization; improving people's livelihood; attracting investment; market access

塔吉克斯坦法治报告(2018)

岳 强*

内容摘要：2018年，塔吉克斯坦国内政局发展相对平稳；对外关系方面，积极承办了独联体国家领导人峰会、第十六次上海合作组织成员国总检察长会议等主场外交活动；塔乌双边关系得以缓和。2018年塔国经济增长好于预期，但该国经济的结构性、深层次矛盾仍未得到根本解决；塔国内安全局势令人担忧，特别是发生了针对西方国家游客的重大恐怖袭击事件。2018年2月6日，塔吉克斯坦总统拉赫蒙签署第1005号总统令，批准了《塔吉克斯坦共和国2018—2028年法律政策构想》(简称《构想》)，此举被认为在该国2018年法治建设中具有特殊重要性和里程碑意义。2018年，中方首次在塔国开展"猎狐行动"取得成功，表明双方执法机构合作取得新的成绩。

关键词：塔吉克斯坦；法治建设；法律政策构想；中塔关系

引言

随着2016年塔吉克斯坦宪法修正案的通过，总统拉赫蒙及其家族牢牢掌控着国家政治、经济、外交政策

---

* 岳强，女，讲师，上海政法学院。

和法治进程。① 综观2018年,塔吉克斯坦(简称塔国)国内政局发展相对平稳,经济增长好于预期。

2018年12月26日,塔吉克斯坦总统拉赫蒙在塔议会发表国情咨文,对国家全年的政治经济发展进行总结。拉赫蒙提出了塔吉克斯坦国家四大战略目标:实现能源独立、突破交通闭塞、实现粮食安全及国家工业化;至2030年,工业产值在国内生产总值中的占比将达到22%;预计2019年国家预算收入部分将增长13%,国内生产总值增长7%,通货膨胀率为7%。为此,财政部将采取措施,以确保国家预算的收入部分。②

此外,拉赫蒙提出倡议,2018—2019年为村镇和民间工艺发展年。此倡议的目的为改善居民生活水平,提高医疗服务、道路建设和改造水平,修复基础设施及复兴民间工艺。拉赫蒙同时要求地方官员停止做表面文章,要为经济发展做出实际行动,创造就业岗位。国情咨文中还提到,塔国面临的打击恐怖主义和极端主义问题依然尖锐,塔国将强化同国际社会反恐合作。

塔国外交工作最优先任务是同其他中亚国家巩固关系并推动中亚地区多边合作。2018年,塔乌两国关系出现历史性突破,解决了20多年来未能解决的一系列棘手问题。同时,同国际及地区性组织加强合作,尤其是推动与国际金融机构合作,在塔国外交工作中占有重要位置。对于当前国际局势,拉赫蒙说,当今世界政治局势非常不稳定,严重削弱了国际社会共同应对全球性挑战和威胁的努力。

2018年12月28日,塔国总统拉赫蒙主持召开政府会议,听取了塔国财政部长卡霍尔佐达的报告,并审议了《2019年上半年塔吉克斯坦共和国政府工作计划》《〈2019年塔吉克斯坦共和国国家预算法〉执行措施》、制定2020—2022年国家预算参数及《2021年塔吉克斯坦共和国国家预算法》草案。塔国经贸部长希克玛杜罗佐达就关于补充《首都地位法》草案、关于修正和补充《对预算的其他强制性支付法》草案、《关于对塔吉克斯坦共和国法律的补充和修改法》草案和《许可制

---

① 刘晓红、倪正茂:《上海合作组织年度法治报告(2017)》,法律出版社2018年版,第205页。
② 中华人民共和国驻塔吉克斯坦大使馆商务处经济商务参赞处网站:http://tj.mofcom.gov.cn。

度法》等作了汇报。①

政府成员审议并向议会提交了《关于修正和补充〈国家服务法〉》草案、《关于修正和补充〈反腐败法〉》草案、《关于修正和补充〈对规范性条例和条例草案进行反腐败审查法〉》草案。

2018年2月，总统拉赫蒙签署第1005号总统令，批准了《塔吉克斯坦共和国2018—2028年法律政策构想》，塔吉克斯坦官方媒体认为此举在该国2018年法治建设中具有特殊重要性和里程碑意义。

2018年，中塔关系继续得到巩固，两国元首和政府首脑实现了会晤，两国司法交流内容丰富，成果丰硕。中方首次在塔国开展"猎狐行动"取得成功，表明双方执法机构合作取得新的成绩。

一、2018年塔吉克斯坦政治经济发展概况

（一）积极承办主场外交，拓展周边外交

1. 主场外交

塔吉克斯坦于2018年1月1日起正式担任独联体轮值主席国。作为本年度塔吉克斯坦最重要的一场主场外交活动——独联体国家领导人峰会于9月28日在首都杜尚别举行。经贸合作是本次峰会的主要议题。俄总统普京在峰会上强调，今年上半年，独联体国家间贸易额约为850亿美元，同比增长15%；面对不利的全球政治与经济形势，各国应进一步扩大本币结算规模。与会各国领导人还重点就地区安全问题交换了意见。杜尚别峰会期间，各方共签署了10多份合作文件，包括共同打击信息技术领域犯罪协议、2019—2023年共同打击犯罪政府间纲要等。②

峰会当天，俄罗斯位于塔吉克斯坦的第201军事基地举行反恐演习，该基地系俄目前最大的海外基地。27日，独联体有关成员国举行联合防空演练，参演国境内的130个指挥和控制站点同时启动，先后出动飞机约100架。

此前的6月1日，独联体国家政府首脑理事会在杜尚别举行，会议

---

① 中华人民共和国驻塔吉克斯坦大使馆商务处经济商务参赞处网站：http://tj.mofcom.gov.cn。

② 塔吉克斯坦外交部网站：http://mfa.tj/ru/。

就经济、人文领域以及旨在加强各领域合作的 14 个问题进行了讨论。与会各方在大范围会议期间签署了关于能源创新发展和先进能源技术开发等领域合作协议,以及关于建立和发展独联体国家知识产权市场的协议。另外,独联体国家政府首脑还讨论了电子和电气设备的废物管理、海关、创新等领域的合作等事项,并对独联体成员国教师和教育工作者大会条例和"为独联体的 100 个观念"国际青年项目进行了讨论。

当地时间 9 月 24 日,在联合国第 73 届大会框架下,亚信成员国外长非例行会议在纽约举行。会上,塔吉克斯坦接替中国,成为亚洲相互协作与信任措施会议(简称亚信)轮值主席国(2018—2020 年)。①

此外,9 月 20 日,塔吉克斯坦还在首都杜尚别承办了第十六次上海合作组织成员国总检察长会议。

2. 周边外交

2018 年 2 月 1—2 日,吉国新任总统索隆拜·热恩别科夫对塔吉克斯坦进行首次正式访问。塔吉两国领导人就经济、贸易、安全、能源、交通、跨地区项目实施等领域的双边合作以及欧安组织、独联体、上合组织、集体安全条约组织等国际组织框架内的合作问题交换意见,会谈的主要议题包括两国边界划分、CASA‐1000 项目、双边经济关系发展、文化与人文合作等。

应塔国总统埃莫马利·拉赫蒙邀请,3 月 9—10 日乌国总统沙夫卡特·米尔济约耶夫对塔吉克斯坦进行国事访问。这是米尔济约耶夫就任以来首次访塔国,同时也是乌国总统 18 年来首次对塔国进行访问。乌塔双方高度重视此次访问。访前,两国总统均表示将通过此访将两国关系提升到战略合作水平。②访问期间,乌塔两国总统共签署 27 项文件,其成果主要体现在两国经贸合作及过境运输方面。米尔济约耶夫指出,经济是乌塔合作的优先方向,将创造一切条件扩大两国经贸合作。拉赫蒙表示,两国政府计划将 2018 年双边贸易额提升到 10 亿美元(2017 年乌塔两国贸易额为 2.4 亿美元)。双方商定,为增

---

① 塔吉克斯坦外交部网站:http://mfa.tj/ru/。
② 哈通社网站:http://www.inform.kz。

进两国企业间联系,双方将定期举行两国商品贸易展览会。在此框架下,访问期间,两国总统共同出席了在杜尚别"玛涅日"体育中心举行的乌兹别克斯坦商品展览会开幕式。同时,为支持乌商业及贸易对塔出口,乌国家银行拟向塔拨款 1 亿多美元,有关贸易融资协议已与塔国家储蓄银行签署。此外,为促进双边经贸发展,乌塔双方还致力于拓展交通运输合作,连接乌塔两国的"阿穆赞格—霍沙季"铁路段恢复运营,发出中断 7 年后的首次货物及旅客列车。

取消乌塔公民互访签证也是两国总统会晤的一项重要议题,根据此访达成协议,双方公民在对方国家停留 30 天内无须办理许可文件。

访问期间,两国领导人就水资源利用和水电建设这一重要问题达成共识,标志着乌塔两邻国核心矛盾的解决。米尔济约耶夫亲自表达了乌方希望参与包括罗贡水电站等塔水电项目建设的意愿。

除了双边外交外,2018 年中亚国家领导人开展多边外交也趋于频繁。根据哈萨克斯坦总统和乌兹别克斯坦总统的倡议,首次中亚国家(哈萨克斯坦、乌兹别克斯坦、吉尔吉斯斯坦、土库曼斯坦和塔吉克斯坦)元首峰会于 3 月纳乌鲁兹节期间在哈萨克斯坦首都阿斯塔纳举行,会议由哈国总统纳扎尔巴耶夫主持。会议期间,各方联合启动了一批符合本地区各国长远利益的新方案和新项目,将对中亚各国关系发展起到关键作用。

(二)经济发展状况

1. 宏观经济数据

据统计数据,2018 年,塔吉克斯坦国内生产总值为 688.44 亿索莫尼(约合 73 亿美元),同比增长 7.3%,好于年初预期。其中,农业产值占国内生产总值的比重为 18.7%、工业 17.3%、贸易 14%、交通运输 10.8%、税务 10.6%、建设 9.7%。塔国人均国内生产总值为 7 565 索莫尼(截至 2019 年年初,塔人口约有 910 万),约合 802 美元。[①]

塔国 2018 年的通货膨胀率为 5.4%。2018 年,食品价格上涨 5%,其中圆白菜价格上涨 2 倍、胡萝卜 51.8%、黄油 9.9%;非食品商

[①] 中华人民共和国驻塔吉克斯坦大使馆商务处经济商务参赞处网站:http://tj.mofcom.gov.cn。

品价格上涨 6.4%,其中汽油价格上涨 18.4%、压缩天然气 6.6%;居民有偿服务价格上涨 4.9%,其中电价上涨 14.9%、水价 10.4%、机票 6.4%。

根据国际货币基金组织、世界银行及欧亚开发银行等预测,2019 年,塔吉克斯坦经济将呈显著增长趋势。欧亚开发银行预测,塔国将是 2019 年度该银行成员国中经济增长最快的国家,增长率将达到 7%。

2019 年,塔吉克斯坦国家预算总计约为 237 亿索莫尼(约合 25.21 亿美元),国家预算收入计划为 178 亿索莫尼,其中税收收入将超过 163 亿索莫尼、非税收收入为 11 亿索莫尼。

《亚洲发展展望—2019》报告预测,2019 年塔通货膨胀率将上升到 7.5%,2020 年塔通胀率可能会达到 7%。主要判断依据包括:塔汇率的不稳定性,侨汇收入增加从而扩大消费需求,以及塔国银行如再次进行资本重组后可能出现的货币增发预期。

亚洲开发银行认为,塔国出口基础薄弱,严重依赖侨汇,贸易逆差长期增长,因此该国经济易受外部经济动荡的影响。《亚洲发展展望——2019》报告指出,生产和出口多样化可以帮助塔国提高收入,强化经济稳定性,维持国家的经济增长。塔国应研究出口其具有相对优势的产品,如高品质农产品。该报告强调,塔国应致力解决营商环境中存在的问题,如创业手续繁琐,海关、运输和物流手续费用昂贵,以及信贷准入和税收管理不力等。

2. 债务形势

考虑到塔吉克斯坦当前外债情况,部分国际金融机构对塔国融资支持方式有可能出现调整,重返只提供无偿援助的模式。亚洲开发银行驻塔国代表表示,国际货币基金组织和世界银行对包括塔国在内的一些国家的债务稳定性进行了评估,根据最新数据,塔当前外债情况可能引发严峻的债务形势。[①]

据塔国财政部数据,至 2019 年年初,塔外债总额为 29.242 亿美元,占塔国去年国内生产总值的 38.9%,已接近外债上限。塔政府预

---

① 中华人民共和国驻塔吉克斯坦大使馆商务处经济商务参赞处网站: http://tj.mofcom.gov.cn。

测,2019年年底,塔外债将达到31.08亿美元,2020年达33.27亿美元、2021年达34.41亿美元。早在2018年3月,塔吉克斯坦官方机构修改中期债务管理战略,并将债务上限的财政规模从目前占国内生产总值的40%提高到60%。

塔国2018年支付2.24亿美元以偿还外债本金及利息,预计外债还本付息高峰将在2018—2020年。2018年,塔国共签署12个贷款及援助协议,共计4.026亿美元,其中援助资金超过2.511亿美元(占比约62.5%)、贷款金额为1.202亿美元。政府计划在今后3年内筹集7.76亿美元以上的国外借款。[①] 偿还外债的资金来源包括:共和国预算的日常支出(约5.904亿索莫尼),以及国际金融机构贷款(无偿援款)、发行国库券、偿还次级借款协议下的主要债务、截至2019年1月1日未支配的共和国预算余额、稳定经济发展基金的资金(共6.212亿索莫尼)。

3. 吸引外商投资

2018年年初,世界银行发布关于塔吉克斯坦的经济报告称,"虽然经济持续增长,但还是存在最薄弱环节"。2017年上半年,外商直接投资流入显著下降,仅占本地生产总值的1.9%,而2016年同期为本地生产总值的6.3%。据该行分析师的数据,外资近一半投向采掘业,其次是运输和生产行业。大约80%的外资来自中国(47.3%)和俄罗斯(31.3%),第三大投资来自瑞士(6.8%)。[②]

值得一提的是,日本政府宣布,将在杜尚别机场建设货运终点,投资约2亿美元,此举被认为将使外国直接投资的基础和部门构成多样化。此外,3月6日塔吉克斯坦议会下院批准通过塔国和德国政府间关于2016—2017年财政及技术合作的财政协议。该协议于2017年签署,协议获批准后将在两年内执行财政合作计划中卫生保健、农业及能源领域的系列项目,包括预防结核病项目。德国政府将通过德国复兴信贷银行(KFW)拨付3 110万欧元项目用款。

4. 对外经贸

据塔吉克斯坦统计署统计,2018年塔国外贸总额约为42亿美元。

[①][②] 中华人民共和国驻塔吉克斯坦大使馆商务处经济商务参赞处网站:http://tj.mofcom.gov.cn。

其中,进口额超过 31 亿美元,同比增长 13.5%;出口额约为 11 亿美元,同比下降 10%,外贸逆差约 21 亿美元。塔国主要出口矿产品和棉花等原料产品。2018 年,塔国主要贸易伙伴依次为:俄罗斯(双边贸易额约 10 亿美元)、哈萨克斯坦(8.36 亿美元)、中国(6.51 亿美元)、土耳其(4.02 亿美元)。① 2018 年,塔国出口约 13.7 万吨的蔬菜水果,约合 1 630 万美元,占全国产量约 1/6,其中出口干果约 1.95 万吨,约合 500 万美元。塔蔬菜水果主要出口至阿富汗、俄罗斯、哈萨克斯坦和吉尔吉斯斯坦。

5. 金融

2018 年 3 月,塔吉克斯坦中央银行就调节银行系统的利率政策问题进行了探讨,并强调将继续降低贷款利率。塔央行副行长萨莉莫娃指出,为发展塔银行系统,应提高银行服务质量和保证贷款机构业务的透明度,并鼓励贷款机构以合理的利率提供贷款,以支持塔企业发展。在本年度的国情咨文中,拉赫蒙总统指出,2018 年银行和信贷机构发放的贷款略有增加,发放的贷款总额为 75 亿索莫尼,同比增长仅 3%,中央银行应采取措施增加贷款额,特别是对生产部门的贷款。

据塔央行统计,2019 年年初,塔国本币贷款的平均利率为 26.03%,外币为 17.22%。2018 年,塔贷款平均利率从 2017 年的 28.2%降至 26%,贷款金额从 77 亿索莫尼增长到 82 亿索莫尼。②

7 月,塔吉克斯坦国际银行成为威士国际组织(VISA International)的会员,可向其企业及个人客户提供 Visa 普卡和 Visa 金卡产品,并且提供此类卡的相应金融服务,客户可前往塔国际银行营业网点进行 Visa 卡产品咨询并办理。

8 月,塔央行向从事汇款业务的 3 家金融机构发放许可证,有效期 3 年。3 家金融机构:俄罗斯《金冠》支付系统驻塔的业务机构"支付中心"有限责任公司、俄罗斯"CONTACT"支付系统驻塔的业务机构"QIWI 银行"股份公司、UNISTREAM 国际支付系统驻塔的业务机构俄罗斯商业银行 UNISTREAM。

---

①② 中华人民共和国驻塔吉克斯坦大使馆商务处经济商务参赞处网站:http://tj.mofcom.gov.cn。

外汇管制方面,2016年5月,塔吉克斯坦一些商业银行出现财政危机,塔国开始限制向境外汇款,塔公民每天向境外汇款上限为2.7万索莫尼(约3 000美元)。2018年4月,塔国家银行对《对无银行账户个人的汇款程序》进行修改,放松了向境外汇款管制。修改后,塔公民每天向境外汇款上限为8.75万索莫尼(约1万美元),且无须提交随附文件。

6. 基础设施建设

自塔国独立以来,塔国家投资建设并改造了2 100多千米公路(国际公路和共和国公路),另1 000多千米的国内公路通过其他资金建成。塔国政府称,近年来,随着塔国际公路的建设,塔国与中国、阿富汗、吉尔吉斯斯坦道路的连接,铁路及塔乌16个边境站的开放,塔国已实现第二个国家战略目标,即已突破交通闭塞。2018年,塔吉克斯坦共建成约200千米道路和45座桥梁。目前,在交通领域,正在实施的国家投资项目共有14个,总金额为75亿索莫尼。

7. 工农业生产

水泥生产方面,目前,塔国共有13家水泥厂,其总生产能力为400万吨/年。水泥主要出口至乌兹别克斯坦和阿富汗,其中,35.5万吨水泥出口至乌兹别克斯坦、26.2万吨水泥出口至阿富汗、4.1万吨水泥出口至吉尔吉斯斯坦。[①]

铝业生产方面,由于工厂电解槽数量减少、土库曼斯坦石油焦供货不及时及其他工艺问题,导致塔吉克斯坦铝锭产量连续6年下降。2017年,铝产量为10.3万吨(其中出口10.1万吨,总价2.7亿美元),较2016年减少2.6万吨,较2012年减少17.5万吨。

农业生产方面,2018年1—9月,塔国生产谷类作物超过108.66万吨。2018年上半年农业商品产值约67.43亿索莫尼,同比增长8.5%,其中,谷类作物产量51.24万吨、薯类作物产量21.74万吨、水果产量19.02万吨。

2018年1—6月,塔面粉进口量超过51.14万吨,同比增长6.47万吨,主要从哈萨克斯坦进口面粉。2017年塔进口面粉约5.46万吨,比

[①] 中华人民共和国驻塔吉克斯坦大使馆商务处经济商务参赞处网站:http://tj.mofcom.gov.cn。

2016年减少38.4%。进口面粉价格为248美元/吨。2017年,塔本国生产约64.7万吨面粉,同比增长11.3%。为提高本国面粉产量,减少进口依赖,3月29日,总统埃莫马利·拉赫蒙在塔索格特州布斯通市出席了"安霍尔"公司下属面粉厂第二条生产线的投产仪式。投产后,此面粉厂将成为塔国最大型面粉生产企业。面粉厂原加工小麦120吨/日,新生产线投产后,计划将达到500吨/日,工人数量从62人增加到约100人。①

8. 物价

为稳定基本生活必需品物价,2018年7月,塔国政府决议通过了"关于国家将实施价格调控的基本生活必需品清单",共包括16类生活必需品,主要为面粉、面包、通心粉制品、小麦、大米、土豆、蔬菜、食糖、食用油、奶制品、肉类、鸡蛋、盐、茶及儿童食品等。塔反垄断局将负责监督此决议的执行。上述16类基本生活必需品价格在消费市场上无故上涨20%的情况下,将实施此决议调控。2018年塔国进口面粉价格上涨。一袋50千克重哈萨克斯坦产一等面粉的价格从年初的160—165索莫尼上涨至11月的185索莫尼。

房地产市场方面,2018年首都杜尚别市(包括市中心)房价保持稳定。据塔建筑委员会信息,杜尚别市中心住房的平均价格为700美元/平方米,市郊住房价格为350—400美元/平方米。而在早些年前,杜尚别市中心住房的平均价格一度曾达到1 300美元/平方米,市郊住房价格为800美元/平方米的峰值。

(三)安全形势复杂严峻

2018年,塔吉克斯坦的安全形势依然十分严峻,特别是在7月发生了一起针对西方国家游客的暴力恐怖事件,一度引发国际社会的担忧,也对刚有起色的塔国旅游业产生了一定的负面影响。据塔媒体报道,总统拉赫蒙亲自关注了此次案件。

7月29日15:30左右,来自美国、瑞士、荷兰和法国的7名游客在塔吉克斯坦南部丹加拉地区骑自行车旅游时,遭到5名塔吉克斯坦人先是驾车冲撞,随后持刀砍杀。袭击导致4人死亡,3人受伤。事件发

---

① 中华人民共和国驻塔吉克斯坦大使馆商务处经济商务参赞处网站:http://tj.mofcom.gov.cn。

生后,塔吉克斯坦政府认定这起事件为恐怖袭击,是被塔政府取缔的塔吉克斯坦伊斯兰复兴党策划并实施的。塔警方在事发后展开的搜捕行动中打死 4 名参与袭击者,并抓获此案主谋阿布杜萨马多夫以及其他涉案人员多人。①

(四) 参与多场反恐军演

在严峻复杂的地区局势和国内安全形势下,2018 年塔吉克斯坦在上合组织、集安组织等框架内举办或参与了多场反恐军事演习。

自 2018 年 5 月起,阿富汗昆都士、塔哈尔、巴达赫尚 3 个与塔吉克斯坦哈特隆州、戈尔诺-巴达赫尚自治州接壤的省份的恐怖分子以及极端分子活动频繁,对塔吉克斯坦的安全造成威胁。塔国政府担忧恐怖组织从阿富汗潜入该国境内。在此背景下,7 月 18 日起,塔吉克斯坦强力部门为期 3 日的大规模演习于戈尔诺-巴达赫尚自治州靠近阿富汗边境的地区拉开序幕。根据演习设定,大量恐怖组织试图从阿富汗进入塔吉克斯坦,并且部分突破可能取得成功。本次演习共有近 1 万人参加,有塔吉克斯坦的军人、边防部门以及后备役部队,此外还有大约 100 种装甲设备、飞机、军用汽车等。②

8 月 22—29 日,"和平使命-2018"上海合作组织联合反恐军事演习在俄罗斯切巴尔库尔训练场举行。来自哈萨克斯坦、塔吉克斯坦、吉尔吉斯斯坦、俄罗斯、中国、印度和巴基斯坦的军事指挥部门、陆军和空军部队参加演习,乌兹别克斯坦将派观察员出席。演习总兵力超过 3 000 人,武器装备超 500 种。③

10 月 22—27 日,代号为"边界-2018"的联合反恐军事演习在塔吉克斯坦南部山区靠近阿富汗边境的军事演习场中举行。参演官兵来自哈萨克斯坦、吉尔吉斯、俄罗斯和塔吉克斯坦,总数达到 2 500 人,此外还包括 350 种军事装备。此次演习为集安组织框架下的例行演习,出动了逾 350 种武器设备,来自俄、哈、吉、塔四国的近 2 500 名军人组成中亚地区联合快速反应部队共同参演。其中,俄方参演人员系由俄罗斯中央军区派出。

---

①③ 哈通社网站:http://www.inform.kz。
② 中华人民共和国驻塔吉克斯坦大使馆商务处经济商务参赞处网站:http://tj.mofcom.gov.cn。

二、2018 年塔吉克斯坦法治建设

(一) 概述

1991 年 9 月 9 日,塔吉克斯坦人民获得了一个完全独立的国家。1994 年 11 月 6 日,全国公民投票通过了塔吉克斯坦独立共和国宪法。1999 年 9 月 26 日、2003 年 6 月 22 日和 2016 年 5 月 22 日,通过修改和补充塔吉克斯坦共和国宪法制度,改进了该国法律制度的内容,巩固了民主、法律和非宗教基础。[①] 在政治历史上,国家第一次有了两院制议会。改进了司法和行政机构以及国家的经济结构,将个人、人权和自由视为最高价值,并将其他民主思想纳入符合国内和国际条件和要求的宪法。

塔吉克斯坦进行司法改革,以促进新的法律体系的发展,使立法活动进入了全新阶段,如:规划制定法律法规草案,制定法治科学研究的优先方向,进行立法条件、发展过程和实践的科学分析研究,对法律草案进行法律和反腐败调查。在社会和国家生活的不同的行业还制定和通过了一系列构想、战略和政府计划,包括有助于建立和进一步发展塔吉克斯坦新的经济和社会关系的《塔吉克斯坦至 2030 年国家发展战略》(2016)。据此,在一些领域制订和执行法律法规的工作得以发展,包括宪法、公民、创业、金融、银行、海关、税收、刑事、行政、民事、刑事诉讼、经济生产、行政、行政及其他领域。[②]

值得注意的是,在全球化和世界金融危机过程中发生的根本变化以及塔吉克斯坦与其他国家的互利合作的扩大,塔吉克斯坦积极参与各种国际组织以及国际经济、社会、政治和文化关系,创造吸引外国投资的共同经济主体,从而为塔吉克斯坦金融和经济危机后恢复经济提供了必要的环境和条件。在此背景下,需要改进国家在法治和适用方面的活动,使国家立法符合现代世界的新发展要求。

20 多年来,塔吉克斯坦的国家制度不断加强、完善并不断促进真正的独立。改革进一步促进了国家和公共机构的民主化。为此,必须

[①] 刘晓红、倪正茂:《上海合作组织年度法治报告(2017)》,法律出版社 2018 年版,第 207—208 页。

[②] 陈波:《中亚投资法律风险与典型案例》,中国法制出版社 2016 年版,第 115—135 页。

考虑经济、社会、文化和其他领域的长期目标,制定相应的法律目标和实施策略,必须符合《塔吉克斯坦共和国宪法》定义的法律政策的统一概念。

塔吉克斯坦国家政治、经济和社会文化的可持续发展取决于共和国法律政策的有效性,涉及保护个人和公民的权利和自由,加强法治,防止跨国犯罪,确保经济可持续发展等方方面面。如果没有法治,就不可能实现国家的能源独立、粮食安全和摆脱通信僵局等战略目标。其中,保护个人和公民的权利和自由、维护国家利益、强化国家主权和国家地位、加强公共管理、促进教育和科学文化、保证经济活动自由、财产多样性和财产平等、发展企业家精神、维护民族团结、和平与稳定是塔吉克斯坦法律政策的首要任务。

塔国的法律政策是通过政治、经济、组织、意识形态和法律措施来实施的,目的是有效管理和发展公共关系;法律政策的主要要素包括国家战略、构想、规划、法律法规和执法行为;法律政策是在公共政策的核心领域实施的,是主权的塔吉克斯坦经济、社会、文化和其他政策的法律基础。①

塔国法律政策的核心是保障人的权利和自由、政治多样性以及财产的多种形式,包括私有财产、经济和创业自由、经济自由竞争等;法律政策是根据人类价值观和国家利益、全球化影响、国家和世界法律体系的协调和统一、国际法律关系的发展、国家间新的国际和地区联盟的形成、新的全球威胁和挑战来制定和施行的;法律政策旨在减少全球化对本国带来的负面影响,应对全球威胁和风险(恐怖主义、极端主义和其他),保护共和国的信息空间不受现代世界的信息威胁;在全球化、金融和经济危机、区域和文明冲突升级的现代环境中,施行正确、系统和符合全人类价值观及国家利益的国家法律政策,是保护国家主权、建设公民社会、保障法治国家的可持续性和保护塔吉克斯坦人民利益的最重要手段。

2018年2月6日,总统拉赫蒙签署第1005号总统令,批准了《塔吉克斯坦共和国2018—2028年法律政策构想》(简称《构想》),塔吉克斯坦官方媒体认为此举在该国2018年法治建设中具有特殊重要性和

---

① 塔吉克斯坦总统直属立法中心网站：http：//www.mmk.tj。

里程碑意义。《构想》共计79项条款,分为总则、塔吉克斯坦立法的现状、《构想》通过的必要性和意义、民族法治的主要发展方向、法律教育、法律宣传和法律援助政策、国际法律政策、最终条款7个部分。① 其主要内容如下:

(1) 有效调节该国稳定的民主政治体系和公民社会制度,在向市场经济过渡阶段为国家经济社会发展进程提供法律保障、保护人的权利和自由、提高公民和官员的法律教育程度和法律意识。

(2) 对法治活动的效率和可持续性的追求。法律法规并不总是有效的。很多情形下,如结果未能实现最初制定的目标,则法律和规章制度亟待修改和补充。因此在未来,有必要确保法治的有效性和可持续性。

(3) 防止和消除矛盾、不一致、差距、重复性的法律,以及排除那些失去实质和现实意义的法律规则。由于立法内容和程序的复杂性,可能存在矛盾、不一致和缺陷。这种法律上的不一致和矛盾是社会关系中难以避免的。在这方面,最重要的问题是解决法律行为之间的矛盾、不一致和不足。因为这种情况可能会导致对系统性监管的破坏,进而阻碍法律制度的运作,并影响有效的法律监管、法治状态和秩序。

(4) 塔吉克斯坦共和国立法施行的法律体系与塔吉克斯坦承认的国际法律法规一致。除了将国际法律法规纳入本国法律体系外,最重要的问题仍然是它们的关系和对应。正确的解决办法是考虑到它们在执行国际和国家法律规则时的实际关系。因为,在没有充分研究的情况下通过国际法律法规可能会导致国内立法的矛盾、不符合和不足,并对法律质量产生负面影响。

(5) 随着产生越来越多的法律和其他法律规范,为全面调节社会关系迫切需要编纂法典,而这必须通过逐步更新现行法律来实现。

(6) 语言和法律术语的完善和统一应用。在某些情况下,现行法律使用了模糊的、多义的塔吉克术语,致使法治含义不明确。法律语言是提高法律质量和内容的主要因素之一。在这方面,完善立法活动的一个优先领域是研究制定和使用塔吉克法律术语,并在立法中取代习惯性术语。在现行法律中,不仅要注意用语的简单、清晰和可用性,还

---

① 塔吉克斯坦总统直属立法中心网站: http://www.mmk.tj。

要注意用语的范围和内容,这些法律术语排除了对规则的不同解释,从而确保了统一适用。因此,有必要为塔吉克斯坦的法律术语编制百科全书。

(7)在实践中充分尊重和应用法律规范。塔吉克斯坦共和国法律政策的有效性取决于塔吉克斯坦共和国宪法、法律和其他法规的执行和适用。法律的适用是共和国法律政策的重要方面,必须加以实施,以改善执法机构的活动,并确保适用法律行为及其执行机制的质量和内容。塔国法律政策在应用方面的有效性也取决于责任感、专业培训、爱国主义、民族身份、执法人员的高水平和专业意识。

根据总统令,由塔国司法部长与总检察长办公室、总统全国立法中心、塔吉克斯坦共和国科学院和塔吉克斯坦国立大学共同努力,确保法律政策概念每两年执行一次,制订行动计划,并由塔国政府批准。

(二)宪法

1994年11月6日,塔吉克斯坦通过的宪法作为具有最高法律效力的文件,宣布塔吉克斯坦为主权、民主、法治、非宗教、统一和社会国家,其中规定了社会发展的新方向。认识到个人、其权利和自由的至高无上价值,在政治多元化的基础上发展公共生活,坚持权力分立原则,保证经济和创业自由,并承认各种形式的财产,包括私人财产,这些都是国家和社会新发展的成就。[①]

尽管在国家宪法制度、人权和公民的法律地位、国家机关的组成方面取得了成就,但在目前的情况下,国家的宪法制度仍然需要改进。2018年《构想》提出了需关注以下四个方面:直接执行宪法和法律规范;巩固国家宪法制度的基础;发展保障个人和公民的权利和自由;完善国家管理兼顾发展公共关系。[②]

(三)行政法

行政法是塔吉克斯坦国家法律制度的组成部分,在巩固国家机制上起着关键作用。行政法规定了与政府有关的关系,包括需要进一步发展的制度和行业,这意味着需要进行必要的行政改革。这些改革促

[①] 刘晓红、倪正茂:《上海合作组织年度法治报告(2017)》,法律出版社2018年版,第207—208页。

[②] 塔吉克斯坦总统直属立法中心网站:http://www.mmk.tj。

进了公民和组织在国家治理、国家经济、行政机构、公共服务、法治和纪律、改善行政进程方面的权利和自由。

2018年塔吉克斯坦行政当局在实践中的活动表明,在国家管理过程中有一定程度的可持续性。然而,行政当局的功能和国家管理本身依然需要完善,主要表现在:国家管理职能的全面实现;巩固发展行政当局组建和活动的法律基础;加强行政法律关系参与者的行政法律地位;行政进程的发展;公共管理中的法治和纪律可持续保障等方面。

(四)金融领域法律

近年来,随着塔吉克斯坦金融立法的完善,国家的金融活动已成为国家社会政策体系的重要且不可分割的组成部分,表现在:国家采用了各种手段来消除社会不平等现象(提供税收优惠、长期优惠贷款和其他);国家对劳动关系的影响(劳动保护,对妇女、青年等实行优惠标准);确保普遍获得基本服务(社会保险、雇员在诉讼中的免费待遇等);通过公共资金(提供公共拨款、住房优惠贷款)和其他社会措施来减少财产不平等。①

除了上述金融领域的成就外,2018年塔吉克斯坦立法当局列出了一系列需要解决的问题,如:根据法律制定目标规划,考虑国家金融潜力和现有的金融来源;完善财政管制制度,包括内部和外部审计;在卫生和教育领域引入有效的金融监测系统;制定在社会保护过程中吸引和利用非国家(组织和金融)资产的规则;完善私营部门财政支助机制;发展第一抵押贷款市场,包括采用住房贷款标准;加快经济主体提交电子金融报告的进程;考虑到国家社会经济发展和世界经验,完善财政立法;促进有针对性的储蓄建设,包括通过建筑合作社和存款购买住房等。

(五)税法领域

税收是国家主权地位的标志,正是通过税收,国家获得稳定的经济地位和权力。在塔吉克斯坦的法律体系中,税法有助于国家将其作为影响市场经济的法律手段和国家经济监管的重要杠杆,并保障、充实国家预算。

---

① 陈波:《中亚投资法律风险与典型案例》,中国法制出版社2016年版,第115—135页。

2018年全年,塔吉克斯坦在税法领域制定和采取了一系列构想、计划和措施,例如:法律税收政策不应是维持高税率,而着重于鼓励企业家、增加纳税人、增加产出,从而增加政府预算的收入部分;鉴于国家经济高度融入国际贸易,为了吸引投资,应平衡主要经济与贸易伙伴及邻国的税收水平;完善税收管理,提高税收收集,减少对负责任的纳税人的行政压力,提高税收透明度,制定税收预测机制;为国内商品和产品的生产者和出口商提供税收和海关优惠,以加快工业化进程,增加商品生产和出口;根据塔国《宪法》第13条的规定,土地、地下、水、领空、动植物世界和其他自然资源是国家和国家的专有财产,据此,应重新考虑对自然资源使用的税率;借鉴世界先进经验,通过信息技术开发以实施现代征税方法;修订税法,通过降低税收利率和罚款数额建立新的投资制度;将税收政策导向实现宏观经济目标,包括在2030年前实现塔吉克斯坦共和国的国家发展战略。①

(六)海关法律

塔吉克斯坦当局认为,目前海关政策的有效性受到监管法规、海关法规的漏洞,进口低质量商品进入国内市场,国家产品不符合国际市场的质量和需求,经济和政治风险以及国内市场与国家经济冲突等影响;以及全球毒品贩运扩大,国家经济不稳定,对外经济活动受到激烈竞争,等等的干扰。

为完善塔吉克斯坦的海关立法,2018年提出了一系列应对措施和构想,具体包括:完善塔国海关法典;确保塔吉克斯坦共和国海关立法与世界贸易组织、世界海关组织、独联体国家和其他国际金融和经济组织相协调和统一;提高关税管制质量,为境外投资进入塔吉克斯坦共和国经济创造条件,提高政府预算收入,保护国内商品生产者,保护知识产权,支持外贸活动;完善海关管理,包括根据国际标准执行海关程序,发展风险管理系统;加强同外国、国际和区域海关组织的合作,打击海关犯罪,在经济、环境、生物、卫生、流行病学、信息、辐射安全等领域采取措施;发展电子海关申报单和海关服务,加快建立单一海关窗口的进程,包括简化和集中支付关税;根据塔国承认的国际法律文件简化海关程序;加强海关当局与其他执法机构在人权活动中的合作;加强海关当

---

① 塔吉克斯坦总统直属立法中心网站:http://www.mmk.tj。

局打击走私活动;制定预防植物和动物世界风险和威胁的措施,以及保护植物和动物的方法,防止非法进出口;采取措施保护人民健康,特别是拒绝进口危害人类健康的食品、药品、生物和其他产品,包括转基因生物等。

(七) 银行业法律

银行业法律是塔吉克斯坦国家财政制度的组成部分。塔国银行业在《塔吉克斯坦共和国银行法典》框架下,提出降低自然人和法人贷款的利率、向中小企业提供优惠贷款、完善银行监管过程、采取紧急措施消除银行活动中的障碍、对监管银行关系的监管法规进行系统化等构想和措施,以使现行银行法符合社会关系发展和社会需要,同时在制定立法的过程中,借鉴发达国家银行的先进经验。①

(八) 刑法

在现代社会,刑事立法是最重要的公共关系监管工具之一,以保护个人、社会和国家免受犯罪侵害。恐怖主义、极端主义、腐败、非法毒品交易和网络犯罪等新形式犯罪的出现,要求国家不断完善刑事法律。尽管近年来塔吉克斯坦在刑事执行政策方面取得了不小成就,但长期以来仍存在一些未解决的问题。具体来说,需要进一步改进监狱系统、程序,教育和改造监狱里服刑的人,以及他们从监狱释放后的社会适应。

2018年,为了确保刑事司法政策的有效性,塔吉克斯坦立法、司法机构依托《构想》,提出了迫切需要解决的下列问题:根据塔吉克斯坦承认的国际法律文件制定刑事法规;使针对某些行为者的刑事法律具有人道主义因素,特别是那些犯了轻罪和中等罪者、怀孕妇女和有8岁以下未成年子女者、未成年人、残疾人和养老金领取者;根据公共危险的性质和程度使某些刑事犯罪合法化,将其排除在刑法之外,并在行政侵权法典中规定责任;《刑法》在打击某些罪行方面的优先事项(例如反对贩运人口、恐怖主义、极端主义、腐败、有组织犯罪、刑事收入合法化)必须强化;重新审查《刑法典》特别部分的个别条款的制裁,以扩大与监禁无关的替代惩罚;鉴于未将刑事刑罚作

---

① 陈波:《中亚投资法律风险与典型案例》,中国法制出版社2016年版,第115—135页。

为对军事纪律部门自由和拘留的限制,完善和修改刑罚制度;在制定《刑法典》特别部分的制裁条款时,制定统一明确的标准,确定种类和惩罚范围。①

塔吉克斯坦当局认为,为解决有关刑事处罚的问题,有必要采取以下措施:通过适当的执行囚犯的教育和心理干预方法来提高监禁的有效性(对被定罪者的惩戒应在个性化原则的基础上加以改进);提高囚犯传染病防治保健质量;扩大不涉及监禁惩罚的法律可能性;考虑到国家的条件和能力,必须改进刑法,同时与刑法、刑事诉讼法和国际法相协调;根据惩教制度,改进立法,创造条件,让犯人工作,根据惩教制度,改善刑罚执行系统的生产和经济活动,提高刑罚劳动的经济效率;防止酷刑和其他形式的虐待和惩罚被判有罪的人,通过教育、视觉宣传和其他信息手段避免刑事刑罚系统工作人员羞辱罪犯的名誉和尊严;发展新的形式和方法来改善被定罪者的身心健康,发展被定罪者的各种形式的自治,并加强他们的康复进程;完善受刑罚者获得中等和高等职业教育体系;提高执行法律的有效性。

(九)自然资源与环境保护法律

目前在《塔吉克斯坦共和国环境保护法》的框架内,制定了有关环境保护的法律规范。然而2018年有关机构对塔吉克斯坦废物管理的分析表明,该国目前需要彻底改革这一领域。塔吉克斯坦的环境立法仍然是不完全的,特别是不包括强制性综合废物管理和资源保护机制的规定。环境立法的修订不可避免,其对国家经济和环境的发展至关重要。具体举措包括:完善国家环境保护措施登记处、国家环境监测、国家环境控制、环境审计和环境评估方面的法规;巩固保护和可持续利用自然资源的法律基础,以促进经济和社会的进一步发展;完善环境管理方法,加强环境警察、检察官监督和国家环境管理活动;形成环境影响评估标准和环境政策评估规范性法律基础,以鼓励人民和经济参与者保护环境,执行"绿色经济"原则;完善塔国水文法典,以指导可持续发展战略目标中的可持续利用与保护的关系;使农业生产创新多样化,制定措施,用环保的替代化学品取代危险化学品,使之对环境和土地质量的影响减到最小。

---

① 塔吉克斯坦总统直属立法中心网站:http://www.mmk.tj。

（十）土地法

根据塔国宪法，土地是国家的专有财产，国家保证它的有效利用以符合人民的利益。为了控制土地分配、加强有效利用、改善土壤条件、防止非法交易、有效执行土地管理，必须实施法律监督，并且最终制定一部全面的土地法，即塔吉克斯坦共和国土地法典。近年来该国的土地使用实践表明，土地立法的不完善严重阻碍了农业的稳定发展。

为改善涉及土地使用关系的法律监管和解决当前问题，2018年，塔吉克斯坦立法、司法当局提出有必要在以下方面加以研究和重视：根据土地使用和土地管理的新法律政策，制定和执行相应的规章制度；完善土地评估和土地实际价值的律法，以确定土地租金、市场价值、土地使用权等；完善土地所有权登记、土地所有权证明、土地争端解决、土地使用权保护以及土地使用权终止等的法律规定；完善国家土地登记处和土地监测方面的法规；明确分配次序及土地使用权的份额的具体规定；确定土地使用权在市场实践中的执行机制。①

（十一）农业法律

塔国农业法律政策的优先事项是建立一个工业农业国家。在当今的粮食安全政策中，农业发展不是为了生产原料，而是为了生产直接向消费者提供的最终产品。农产品出口、扩大和发展农业、畜牧业、养蜂、渔业、棉花等要求国家不仅需要提高农产品的生产，而且需要有效地发展农产品加工工业。

2018年《构想》列出了塔吉克斯坦农业立法需要得到完善的若干领域，即：完善农业立法，以确保国内粮食市场和加工工业的原材料供应，提高出口潜力；根据公平、可持续的作物种植分配机制，建立和完善农田水土管理系统；为了改善土地改良状况，开发新的灌溉土地，恢复农业以外的土地，应制定和通过《土地改良法》；完善私人兽医活动等方面的兽医立法；完善提高农业用地肥沃程度的立法，以加快农业生产的发展，提高农业用地产量；在农业部门建立有效的保险系统——这也是《农业保险法》的起草和通过的主要目标之一。通过这项法律将为国内外保险公司创造吸引人的环境，并有助于在农业领域进行更积极的投资；通过塔国法律《关于购买和储存国家需要的农产品、原材料和

---

① 塔吉克斯坦总统直属立法中心网站：http://www.mmk.tj。

食品》,以确保市场基础设施的发展和粮食市场的监管,以及农业部门自我监管组织的法律监管(农业产品协会);通过金融和农业租赁提供农业技术保障。

(十二)能源法律

塔吉克斯坦公共政策重点在于能源部门,它需要给予明确的法律监管。在能源这个具有战略重要性的领域,有一些法律问题需要解决,旨在采取措施,以确定现有能源设施的潜力并加强有效利用,确保该国的能源独立。

为解决当前能源行业存在的问题,2018年,塔吉克斯坦提出了一系列应对措施,包括:鉴于对"绿色能源"需求的增加,为加快该国河流发电厂建设提供相应立法支持;巩固加强充分利用现有机会和条件规范,包括创造有利的经济条件,吸引国内投资建设中小型发电厂、发电、利用和销售;更积极地开展国际合作,根据国际法律文件销售和转让电力;考虑到能源部门的战略重要性,确保能源部门符合国家的利益,维护国家在这方面的垄断,加强其法律基础;完善立法基准线,加强基于现有能源管理机制和能源活动的环境保护。

(十三)民法

随着人们在社会经济领域地位的提高,实现法治国家价值观的必要性日益增加,随之而来的民事监管问题也越来越突出。在塔吉克斯坦,它们是根据《民法典》做出决定的,它是基于其成员自治和平等的财产和非财产关系的主要监管者。为实现塔国2030年以前的国家发展战略,需要在民法科学和具有国家特色的民法政策取得进展的基础上改进民法。为此,有必要关注下列问题:

(1)在立法编制过程中去除民法规章与其他私法领域民法调节对象的模棱两可之处。

(2)民法没有规定一个单独的、可以涵盖这一现象的所有特征的财产权保护章节。因此,最好将财产权作为《民法典》的单独章节加以处理。

(3)加快完善《民法典》的各章节,重点是调节那些存在争议的伤害造成的义务。特别值得一提的是,这涉及国家机关、地方自治机构和官员的责任,应根据个别相关法律,完善《民法典》的章节,使之相匹配。

(4) 需要确定企业、车辆、专有权、土地使用权等转让的性质、遗产委托和法定份额。

（十四）住房法

随着住房领域新的公共关系的出现,2018年,塔吉克斯坦当局提出需要加快制定和通过《塔吉克斯坦共和国住房法典》的进程;酝酿启动起草《住房权益法案》,以解决住房建设问题,吸引自然人和法人的资金,并确保租户的合法权益。①

（十五）婚姻与家庭法律

塔国在婚姻和家庭监管方面的法律政策旨在执行塔吉克斯坦共和国《宪法》第33条的规定,包括保障家庭、家庭健康和抚养子女的人权。近年来,越来越多的解除婚姻关系活动阻碍了塔国婚姻和家庭法律政策的目标。因此,定期监测婚姻登记和解除,强化家庭观是塔国婚姻和家庭法律政策的优先事项之一。为了调节家庭关系和解决家庭问题,2018年,塔吉克斯坦立法和司法当局提出以下应对措施:根据国家价值观对家庭关系进行法律调节;针对存在的问题,完善家庭立法;明确相关国家机构、国家机关和其他机构执行塔吉克斯坦共和国《关于父母在教育方面的责任》的法律责任,该法律的主要目的不是惩罚,而是教育和培养儿童;为巩固家庭,根据国家经济状况,定期设立国家赡养费基金,为单身母亲设立国家住房基金;为了维护社会国家的目标和加强保护残疾人、孤儿和无家可归儿童,通过塔吉克斯坦共和国《监护和监护制度法》。

（十六）改善营商环境的法律

为改善国内营商环境,2018年,塔吉克斯坦开展了一系列工作,包括:研究塔吉克斯坦共和国创业法典制定的必要性和依据的充分性;制定一种机制,向国内商品和产品的生产者和出口商提供支助和优惠,以便进一步进口新设备和技术;为发展生产企业的活动,进行科学研究,预测原材料生产商的潜在福利;完善立法,减少对经济主体活动的审查,确保透明度和简化审计流程;提高塔吉克斯坦国家银行的责任,严格监督信贷组织、保护存款人的权利和合法利益,最重要的是,维护人民的信任和履行银行义务;为新工业化地区和自由经

---

① 塔吉克斯坦总统直属立法中心网站:http://www.mmk.tj。

济区的密集发展创造法律保障;发展创新的基础设施——技术转让网络、技术中介、鉴定系统、认证、标准化和认证;在生产和商品市场(工作、服务)中形成竞争环境;缩小和简化执照制度;发展公私伙伴关系,为重要的生产基础设施项目提供资金,包括外国投资者的参与;为了发展创业活动,完善企业家电子登记、获取电子执照、证书和其他必要文件的法律法规、向税务及统计当局和其他相关机构提交电子报告、积极使用电子签名、发展公司电子管理、电子商务等方面的法律规范。

(十七)旅游业法律

近年来,塔吉克斯坦十分重视发展旅游业,将其视为该国经济优先发展的项目之一;世界旅游业组织成员资格要求完善塔吉克斯坦共和国关于旅游业组织和国家法律监管的立法,这构成了塔国旅游业法律和制度的基础。

当前,影响国家旅游业的因素是低效的法律政策和不充分的旅游基础设施,以及不符合国际标准的旅游服务质量;同时,国家监管不力,国内和外部支持不足,对旅游业投资不足。

为解决上述问题,下一阶段有必要采取以下应对措施:根据旅游劳动力市场的要求,将旅游业的专业和职业进行分类,制定旅游基础设施人员的专业标准;促进发展贸易和服务系统的非个人结算;支持国际旅游合作发展;在旅游业市场形成竞争环境;提供优惠,促进有助于旅游业发展的技术和设备的进口。

(十八)劳动和社会保障法律

塔吉克斯坦获得国家独立后,社会和经济面貌发生了深刻的变化,影响了该国贫困人口的福祉。在向社会经济转型的过程中,健全的社会保障制度是该国经济发展、社会稳定和政治稳定的重要指标。目前社会发展阶段存在诸多的潜在失业者,这显然使主要人口的经济能力受到限制。

当前的劳动法领域中有一系列法律问题,为解决这些问题,有必要重新审查调整外国公民在塔国工作的法律法规;考虑到体面生活的所需条件,逐步调整预算部门雇员的工资水平,并重新考虑公务员和其他预算部门雇员的工资等级;在劳动假期期间实行统一社会福利;完善劳动保护和安全技术的法律规定;定期进行工资指数化(确定指数化限额和次序）；调整劳资纠纷审前程序；重新考虑最低工资与消费篮子是否相符；规定雇主的纪律性责任和责任顺序；继续完善立法，扩大与劳动力移民进口国的关系，以保护劳动力移民的权利和合法利益。

在社会保障法领域，有必要根据消费篮子与实际市场价格的比例，确保对社会保障关系进行有效的法律调节；实施社会保障机制，以恢复工人休假时的工作能力；在国家直接支持和持续监督下实现养老金制度的发展；制定和实施强制性医疗保险的实际机制，并开展大规模活动，以形成健康的生活方式。在注册和实施单独形式的社会保障的过程中建立和实施"单一窗口"制度，开发和应用适当的社会保障融资机制；取消（劳动）养老保险金支付的限制；实施养老金储蓄自由支配机制，退休人员保留养老金；为陷入困境的家庭和儿童提供社会保障，通过根据需要程度的评估提供有针对性的社会福利和社会服务，制定和实施最低限度的社会服务标准；为了改善生育妇女的社会地位，重新考虑育儿津贴的金额；在适当的水平上确定为穷人提供免费的教育和医疗服务。

（十九）民事和刑事诉讼法律

目前，塔吉克斯坦共和国施行民事诉讼法，在大多数情况下，民事司法能够及时、充分和有效地保护个人、社会和国家的权利和自由。现行民事诉讼法要求符合竞争、协调和公开性的宪法原则。尽管如此，在民事诉讼法的发展上，有必要开展以下工作：探索改善民事司法及时、适当和有效执行的方法，同时确保民事司法的可获得性，以便切实行使每个人的宪法保护权利；改善民事司法的竞争、协调和公开性原则的行动，恢复民事诉讼的连续性原则；具体说明民事诉讼的筹备阶段，规定特定的诉讼期限，改进证据交付和有争议文件的交换过程；为了确保民事诉讼的透明度，并考虑世界先进经验，改进获取法院活动信息的立法；把调解看作是对私人法律纠纷的审查和解决办法，并改进仲裁程序；通过行政和刑事责任审查司法手段，完善执行期。

根据塔国刑事诉讼法，刑事程序是在司法保护、无罪推定、辩论（制）和平等、司法公开性等原则的基础上进行的。刑事审判实行辩论程序。刑事审判作为一种保护人权不受刑事侵犯、非法限制和刑事起诉的方式，旨在确保正义。

为了确保对刑事案件的司法公正,应重点开展以下工作:完善执行宪法秩序和公正审判的国际标准机制和诉讼程序;考虑到刑事程序的目的,即确保司法、平衡个人和国家的利益,考虑到承认受害者的尊严、承认受害者的不良状况、在刑事诉讼中互相赦免的能力,制定旨在恢复正义、权利和被侵犯的利益的方案;应在刑事司法中广泛利用受害者与嫌疑人的会面、和解,对受害人的损害赔偿,用其他惩罚代替监禁,治疗酗酒或吸毒,以换取刑事起诉;采取刺激措施协助刑事诉讼;在刑事审判中保持法治——这关系到当局、官员和其他进程参与者,否则审判(适当的法律秩序)就失去了意义。为此,应在刑事诉讼法中规定,避免非法行为造成后果,排除非法行为获取的证据,并执行诉讼责任;将刑侦活动视为促进刑事进程的重要活动,该活动是秘密进行的、是单方面进行的,今后还将制定这方面的程序和立法,并依照刑事程序中可使用的证据规则,巩固其成果;重新考虑从诉讼程序中恢复对刑事案件进行进一步调查的规定,公平审判的权利;在刑事审判中加强自由和自愿的原则。因此,刑事诉讼行业的制度必须得到改善。特别值得一提的是,必须增加私人调查的数量,而他们的调查和审判只能由法院审理;研究确定针对某些官员的刑事调查的具体特点;根据刑事调查收集的证据的归属和可接受性,重新审查由初步调查和初步审讯的机关进行的鉴定。

三、2018 年中塔法律交流合作

2018 年,中塔两国元首、政府首脑再度实现会晤,两国立法和司法机构、安全执法机构互动频繁,交流日益紧密,两国关系建设性的发展势头继续得到保持。

(一)两国领导人会见情况

2018 年,塔吉克斯坦总统同中国国家元首、政府总理和军方高层都进行了富有成效的会晤。

2018 年 6 月 9 日,中国国家主席习近平在青岛会见了前来参加上合组织青岛峰会的塔吉克斯坦总统拉赫蒙。习近平主席指出,中塔睦邻友好,长期以来真诚相待,开展了富有成效的互利合作。他强调,共建"一带一路"已经成为中塔合作的主线。下阶段,双方要推动贸易平衡发展,深化金融和投资合作,扩大互联互通合作,密切人文交流,在安

全领域继续深化打击"三股势力"和跨国有组织犯罪。①

拉赫蒙高度评价了中方长期以来对塔吉克斯坦经济社会发展的帮助，表示塔吉克斯坦坚守一个中国政策，坚定打击"三股势力"，致力于推进两国全面合作，密切在本地区事务中协调配合，愿将塔2030年前国家发展战略同"一带一路"倡议对接，拓展两国基础设施、农业、科技等领域合作。塔方赞同，当前国际形势越是复杂变化，我们越要弘扬"上海精神"。

2018年10月13日，中国国务院总理李克强赴塔吉克斯坦首都杜尚别出席上合组织政府总理定期会晤期间，在杜尚别民族宫会见了塔吉克斯坦总统拉赫蒙，表示：中塔传统友谊深厚，双方拥有高度政治互信，彼此始终相互尊重、相互支持，务实合作取得丰硕成果，两国关系与合作发展前景广阔。中方愿同塔方继续努力，推动中塔全面战略伙伴关系迈上新台阶。中方愿同塔方以及地区各国密切安全反恐合作，共同维护地区和平与稳定。

拉赫蒙表示塔方高度重视发展对华关系，坚定同中方开展各领域合作，深化两国的全面战略伙伴关系发展。塔方赞赏和感谢中方对塔经济社会发展给予的支持和帮助，愿同中方深化交通、农业、能源、基础设施建设等领域合作，扩大人文交流，加强在地区事务中的沟通与协调，深化反恐执法合作，造福两国及地区人民。②

访问期间，李克强在塔吉克斯坦《人民报》发表了题为《携手开辟中塔合作新局面》的署名文章。中塔都是上海合作组织创始成员国，双方始终保持密切合作，为促进上合组织健康稳定发展发挥了重要作用。中方期待同包括塔方在内的与会各方密切协作，凝聚合作共识，制定合作举措，推动上合组织实现新的发展，为各国维护稳定、发展经济、改善民生作出更大贡献。

2018年9月5日，塔吉克斯坦总统拉赫蒙在杜尚别会见了到访的中共中央军委副主席许其亮，表示塔方高度关注阿富汗局势的演变和地区安全形势变化，愿与中方一道密切在本地区事务中的协调配合，加强在上海合作组织框架下的军事安全合作，深化两国防务与安全领域合作。

---

①② 中华人民共和国外交部网站：http://www.fmprc.gov.cn。

许其亮表示,近年来,两军各领域交流合作不断向前推进,在上海合作组织等多边领域的防务安全合作成果丰硕。中方愿与塔方一道,落实好两国元首达成的重要共识,深化两军务实交流与合作,进一步增进战略互信,提升两军关系水平,为推动中塔全面战略伙伴关系深入发展、维护地区和平稳定发挥重要作用。

(二)安全执法机构交流合作

1. 中方首次在塔开展"猎狐行动"

2018年,中塔两国安全执法机构合作打击经济犯罪活动合作取得重大突破。3月18日,由公安部牵头、山西省公安厅以及吕梁市公安机关参加的"猎狐"工作组成功将外逃塔吉克斯坦5年之久、涉嫌非法吸收公众存款的犯罪嫌疑人许某缉捕并押解归案。[①] 这是自开展"猎狐行动"以来,中国警方第一次从塔吉克斯坦成功缉捕境外逃犯。

2. 加强司法执法交流培训

2018年,中塔两国在执法机构交流培训方面活动内容丰富,中方依托基地,为塔方安全执法人员进行了各种形式的交流培训。

6月1日,由公安部国际合作局主办、上海市公安局协办、中国-上海合作组织国际司法交流合作培训基地承办的塔吉克斯坦内务部"三州一市"内务局领导研修班在上海政法学院隆重开班。培训期间,上海市公安局与塔方学员就安全、执法等方面交流工作体会,分享最新研究成果与方法,并安排实地考察。中塔两国借此次研修班的契机进一步推动了彼此在司法与执法领域的合作。

7月11—19日,2018年塔吉克斯坦禁毒执法培训班在山东警察学院顺利举行。本次培训成果主要体现在三个方面:一是进行了较为系统的专业学习研讨;二是组织了较为全面的文化考察交流活动;三是通过培训,彼此之间增进了了解,加深了友谊。培训过程中,双方相互间密切合作,共同完成培训班各项工作,也为进一步开展交流合作打下了良好的基础。塔方学员表示,打击毒品犯罪是全球性问题,通过本次培训,熟悉和研究了打击毒品犯罪的方式和方法,将有助于进一步加强和在实践中利用本次培训班取得的知识和技能。

8月27日,由商务部主办、湖南外贸职业学院与湖南省商务厅培

[①] 中华人民共和国外交部网站:http://www.fmprc.gov.cn。

训中心承办的"2018年塔吉克斯坦经济领域反腐研修班"在长沙举行开班仪式,来自塔吉克斯坦税务部、反腐局、检察院、财政部、海关部、经济部等经济领域官员共19人通过研修专业课程学习中国在经济领域预防及惩治腐败方面的成功经验。

(三)司法机构交流

中塔两国2018年度司法机构的高层交流主要是依托上海合作组织成员国最高法院院长会议和上海合作组织成员国总检察长会议平台,在双边、多边场合进行的。

2018年5月24日,中华人民共和国首席大法官、最高人民法院院长周强在北京会见了前来出席第十三次上海合作组织成员国最高法院院长会议的塔吉克斯坦共和国最高法院院长谢尔穆罕默德·绍希延等与会各国最高法院院长。周强向客人介绍了中国法治建设和法院工作情况,表示经济全球化和科技快速发展让各国法院面临前所未有的机遇,也面临前所未有的挑战。中国最高人民法院高度重视加强与上海合作组织各成员国、观察员国、对话伙伴国的司法合作,愿意在司法改革、法官培训、案例研究以及打击跨国跨境犯罪、暴恐犯罪等方面与各国法院加强交流互鉴,深化务实合作,为共同促进"一带一路"建设、增进各国人民福祉提供有力司法服务和保障。

上海合作组织成员国最高法院院长会议自2006年首次举办以来,在加强成员国司法交流合作、密切彼此友好关系及推动各国法治建设等方面发挥了重要作用,同时也为中塔两国最高司法机构交流合作提供了重要平台和契机。

在9月20日举行的第十六次上海合作组织成员国总检察长会议期间,中国最高人民检察院检察长张军会见了塔吉克斯坦总检察长拉赫蒙·尤索夫,表示希望各成员国检察机关运用好历次总检察长会议成果,充分发挥检察职能作用,保障历次上合组织元首理事会特别是青岛峰会达成的共识落地见效。2018年6月,上合组织青岛峰会成功举办,成员国领导人就新形势下弘扬"上海精神",深化各领域合作,推进"一带一路"倡议,打击恐怖主义、极端主义等方面达成了更加深入的共识,为上合组织各成员国检察机关之间的务实合作做了更加精准、精细的"顶层设计"。各方有责任、有义务共同落实好青岛峰会共识。中方愿与各方坦诚相待,进一步保持密切沟通,开展形式多样、措施更实、范围更广的互利务实协助,为"一带一路"等多领域的合作提供检察司法保障和法律服务。①

上合组织成员国总检察长一致认为,当今世界单靠一国力量是难以解决恐怖主义、极端主义和发展中遇到的环境保护等问题的,应加强双边和多边各领域的直接合作,按照上合组织成员国总检察长历次会议要求,不仅在个案协查、检察官培训、共享信息等方面形成更加便捷的机制,推动与中国检察机关的关系不断向前发展,而且更加注重通过发挥检察机关共有的惩治、教育、保护等职能作用,为各成员国之间协议和领导人共识的履行提供服务和便利。会议期间,张军和与会各国代表团团长还拜会了塔吉克斯坦总统拉赫蒙。

四、结语

随着 2016 年塔吉克斯坦宪法修正案的通过,总统拉赫蒙及其家族牢牢掌控着国家政治、经济、外交政策和法治进程,具备了长期执政的政治基础。2018 年全年,塔吉克斯坦国内政局发展相对平稳,作为独联体轮值主席国,成功承办了独联体国家领导人峰会和独联体国家政府首脑理事会等主场外交活动,还积极承办了第十六次上海合作组织成员国总检察长会议,并于 9 月接替中国成为"亚信"轮值主席国;2018 年周边外交内容丰富,特别是随着乌兹别克斯坦总统坊塔,塔乌双边关系得以缓和;与中、俄两大邻国的外交延续了一贯的良好势头。

2018 年,塔吉克斯坦经济增长好于预期,对 2019 年经济增长预测也较为乐观,但鉴于塔吉克斯坦出口基础薄弱、经济严重依赖侨汇、贸易逆差长期增长、外债形势严峻以及该国经济易受外部经济动荡的影响,该国经济的结构性、深层次矛盾仍未得到根本解决。

2018 年,塔国内安全局势始终令人担忧,特别是发生了针对西方国家游客的重大恐怖袭击事件,在此背景下,塔吉克斯坦 2018 年全年举办并参与了多场反恐军事演习。

法治建设方面,2018 年 2 月 6 日,总统拉赫蒙签署第 1005 号总统令,批准了《塔吉克斯坦共和国 2018—2028 年法律政策构想》,塔吉克斯坦官方媒体认为此举在该国 2018 年法治建设中具有特殊重要性和

---

① 塔吉克斯坦司法部网站:http://www.minjust.tj/。

里程碑意义。2018年年底拉赫蒙总统主持的政府工作会议上,审议了《2019年上半年塔吉克斯坦共和国政府工作计划》《〈2019年塔吉克斯坦共和国国家预算法〉执行措施》,制定2020—2022年国家预算参数及《2021年塔吉克斯坦共和国国家预算法》草案;经贸部长汇报了关于补充《首都地位法》草案、关于修正和补充《对预算的其他强制性支付法》草案、《关于对塔吉克斯坦共和国法律的补充和修改法》草案和《许可制度法》;政府成员审议并向议会提交了《关于修正和补充〈国家服务法〉》草案、《关于修正和补充〈反腐败法〉》草案、《关于修正和补充〈反腐败法〉》草案及《关于修正和补充〈对规范性条例和条例草案进行反腐败审查法〉》草案等。

  2018年,中塔关系继续得到巩固,两国元首和政府首脑实现了会晤,两国司法交流内容丰富,成果丰硕。中方首次在塔国开展"猎狐行动"取得成功,表明双方执法机构合作取得新的成绩。

  塔吉克斯坦是中国的重要邻国,也是"一带一路"沿线重要节点国家,地缘优势明显。该国自然资源丰富,政局稳定,经济持续增长,与中国经贸互补性较强,且主动参与对接中国"一带一路"建设的意愿比较强烈,从长远看,有着良好的经济发展前景。但受国际和地缘政治局势的影响,加之国内安全和治安形势严峻,营商法制环境较差等,致使其发展道路存在一定的不确定性。可以预计,2019年塔吉克斯坦的法治之路仍将在国际国内错综复杂的背景下蹒跚前行,有待我国相关法律界学者持续关注。

Annual Report on the Rule of Law in Tajikistan (2018)

Yue Qiang

Abstract: In 2018 Tajikistan's internal political situation was relatively stable; in terms of foreign relations, Tajikistan actively hosted the CIS Leaders Summit and the 16th Shanghai Cooperation Organization Attorneys General Conference, and other home diplomatic activities; Tajikistan-Ukraine bilateral relations were eased. In 2018, Tajikistan's economic growth was better than expected, but the structural and deep-seated contradictions of the country's economy have not yet been fundamentally resolved. The security situation in Tajikistan is worrying, especially the major terrorist attacks against tourists from western countries. On February 6, 2018, President Rahmond of Tajikistan signed Presidential Decree 1055, approving the Concept of Legal Policy of the Republic of Tajikistan for 2018 – 2028 (hereinafter referred to as the Concept), which is considered to be of special importance and milestone significance in the construction of the rule of law in the country in 2018. In 2018, the success of China's first "fox hunting operation" in Tajikistan shows that the cooperation between law enforcement agencies of both sides has made new achievements.

Keywords: Tajikistan; rule of law construction; legal policy concept; China-Tajikistan relations

印度法治报告(2018)

张陶然[*]

内容摘要：2018年印度的法治发展，从法律方面体现了一国的政治、经济、思想文化观念等方面的发展变化。在妇女权益保护方面，印度艰难地进行着与国际通常观念的接轨和改善；在民法典的编纂方面，印度法律委员会持续不懈地整理着不同宗教关于属人法的规定，并试图协调彼此的差异；在刑法方面，宣布"禁止成年人间自愿同性恋行为"的条款违宪，体现出文明古国在刑法观念上的现代化；为适应国际经济环境的日新月异以及促进经济发展，印度在经济法领域推出了一系列新规定；作为一个议会制的民主国家，印度在人权保护领域"滞后"和"发展"并存。

关键词：印度法治；印度妇女权益；统一民法典；印度刑法；印度刑事诉讼法；宪法性权利

引言

一国的法治发展，如同一条蜿蜒曲折的河流，倘若以"年"为单位，从法治发展的长河中截取一段，从这一横截面我们可以探知其深度、广度的相关数据，对无数活跃涌动的水分子的观察，更能够预测其未来的发展方向。2018年的印度法治，便是这样承接上游源头，裹挟

---

[*] 张陶然，助教，上海政法学院。

和容纳了纷繁复杂岁月中的无数支流,浩浩汤汤带着强劲势能奔向未来的法治洪流中的一段。

从静态视角观察2018年度印度法治大事记横断面,我们可以看到如表1所记载事项:

表1 2018年度印度法治大事记

妇女权益保护	2018年4月,针对强奸罪加重量刑
	2018年9月,印度最高法院废除"处于生育期女性不能进入神庙"的规定
	2018年9月,"通奸罪"被宣布违宪
	2018年8月,通过"三塔拉克"法案,进一步完善了受害人妇女及其子女的基本生活保障
民法（属人法）、婚姻家庭法	2018年8月,印度法律委员会提交"关于《统一民法典》项下印度家庭法改革"的咨询报告
	2018年,印度下议院通过属人法修正案,旨在排除麻风病作为印度各类婚姻法的法定离婚理由
刑法、刑事诉讼法	2018年9月,印度《刑法》对于"成年人自愿同性恋行为"的禁止,被宣布违宪
	2018年8月,印度法律委员会颁布关于"煽动性叛乱"的法律意见咨询稿
	2018年8月,印度法律委员会针对"被错误起诉人员提供国家赔偿"提出刑事诉讼法修正案
经济法	2018年4月,印度储备银行禁止其所监管的实体机构为虚拟货币交易提供服务
	2018年7月,印度公司事务部10人委员会审查2013年《公司法》违法行为的非犯罪化
	2018年2月,旨在对2016《破产法》进行补充,印度储备银行颁布新的不良资产处置框架
	2018年6月,印度颁布2018《破产法修订条例》,认定购房者为金融债权人
	2018年,印度颁布《逃亡经济犯罪法》,国家可没收逃亡经济罪犯的财产
	2018年,印度《消费者保护法案》取代1986年《消费者保护法》

(续表)

经济法	2018年,印度关于FDI的修正案限制外国电商平台在印产品销售、放宽本地采购要求等
	2018年7月,印度法律委员会报告建议赌博合法化并对之进行法律监管
	2018年8月,印度议会通过了金融决议与存款保险法案,撤销关于"银行在陷入困境时可动用存款人的储蓄来挽救危机"的规定
	2018年1月,印度正式实施逆向课税机制
宪法性权利	2018年,印度宪法第124修正案通过,为经济弱势群体引进比例为10%的机会保留政策
	2018年12月,印度内政部授权安全和情报机构可以拦截、监控、解密任何计算机上的信息
	2018年,印度颁布《阿达哈和其他法律(修正案)法案》,旨在建立生物识别数据库的同时保护公民的隐私权
	2018年3月,印度最高法院判决撤销对永久性植物人患者的生命支持,安乐死合法化在印度获得判例支持

纵观近几年印度法治发展,我们可以发现:

第一,印度妇女的权益保护问题由于受到历史的、宗教的和社会习俗的影响,在立法理念、法律条文、司法实践上显得滞后。但随着经贸发展,世界上不同族群相互沟通交流的范围和深度扩展,各种思潮在互联网上的传播成本降低、传播速度加快,印度在"妇女权益保护"这一问题上也转变观念,体现在立法上就是对妇女一些基本权利的承认和保障。

第二,经济立法是近几年印度立法最为活跃的领域。

在经济立法上,印度风格可以概括为作风大胆,偶尔保守,一切为了印度利益。

一是印度经济立法不回避一些东亚社会传统上认为属于有悖道德的领域,例如印度法律委员会建议对博彩业进行立法监管;此前的对仿制药品行业的立法支持。

二是为了保护民族工商业,印度经济立法从各个角度限制外国电商平台在印度肆意销售商品。尽管如此,印度的手机等生活电器领域仍然被外国品牌占据了大部分的市场。

第三,印度是议会制民主国家,在其立法过程中,可以听到各种或赞同或反对的声音。例如,在禁止银行对虚拟货币交易提供服务的问题上,在各种新闻报道中能够看到相关人士对此进行的评价议论。

第四,印度立法在利益分配上,体现了其国内不同利益团体的交互争斗。最明显的例证莫过于印度宪法对于经济弱势群体的机会保留政策。为了获得这一机会保留的优待,2017年甚至出现过传统被认为属于高种姓的族群争当弱势群体的新闻报道。

第五,目前第21届印度法律委员会由政府命令上任,任期为2015年9月1日—2018年8月31日。该届法律委员会的主要职责:审查过时的法律,提出修改或者废除建议;考虑国家行政部门专家组提出的立法建议并予以配合、协调;考虑法律事务部、司法部的立法建议;提供适当措施,快速解决公民的申诉问题。

因此,印度法律委员会提供的报告极大地反映了印度当前的立法热点,也在一定程度上代表了印度立法未来的发展方向。作为颇富哲学色彩和思辨特性的民族,印度法律委员会的报告也体现了这一特点:在法律报告撰写上花费大量篇幅收集整理英美法系过往的先例并进行分析,也完整呈现印度本身就该法律问题的历史发展、各不同教派意见并予以仔细剖析,耐心指出各个细节的不同之处,情感和逻辑并重。于是,在"选择哪种解决措施以及措施落实"上就显得较为薄弱。

可以说,世界上没有一个国家法治能够呈现出印度立法这种万花筒般的景象。就在印度这个国家,千年之前的宗教法和三权分立的宪政可以并存;对少数群体的立法优待和对妇女权益的束缚、歧视可以并存;对外国先进文化的快速学习吸收和对历史传统的固守可以并存。

林林总总令人眼花缭乱,印度的法治甚至可以说是千年前的古老遗存交织了人类现代文明理念的一块试验田。

一、印度妇女权益保护问题

印度妇女权益较为糟糕的状况,往往使得它成为一个世界级的新闻热点。这不仅是一个法律问题,还是社会、文化、宗教等多种问题的扭曲集结。倘若仅从法律层面入手,脱离了宗教教义的与时俱进、社会文化的更迭换代,哪怕是立法上对印度妇女权益进行承认并提供保护,在司法实践上也难以获得落实。

某种程度来说,法律反映和反作用于社会经济关系、阶级关系,却不决定社会阶级力量的对比。妇女权益改善是一项长期工程,它需要社会心态的根本性扭转,妇女受教育权和工作权得到保障,进而妇女的经济地位得到独立,一定程度上开始拥有人生选择的自由。印度社会传统力量的惯性,使得这一思想观念上的转换极为困难。2018 年,印度在促进性别平等、保护妇女权益问题上进行了如下一些法治探索。

(一)2018 年印度在促进性别平等方面的法律规定

1. 通过了针对强奸罪的刑法修正案

印度国内的恶性强奸案件近几年时有发生。2018 年年初的一桩强奸案为已经民怨沸腾的社会舆论油锅再添一把火,也促使了新的刑法修正案的出台:"2018 年年初,一名 13 岁少女去诊所拿药时,被一名禽兽医生强奸并囚禁数日才逃脱。这导致印度国内接连爆发大规模的抗议活动。4 月 21 日,印度中央政府紧急召开内阁会议,对强奸案加重处罚,22 日,印度总理便正式签署了修正案。"[1]根据这一最新修正案,对强奸罪的惩处主要有以下几个变化:

(1)加重最低量刑。强奸罪的最低量刑从 7 年提高至 10 年;倘若被害人为 16 岁以下少女,则最低刑期为 20 年。

(2)视情节可判处终身监禁。强奸罪视情节的恶劣程度可判处终身监禁;倘若 16 岁以下少女被轮奸,应该判处终身监禁。

(3)强奸幼女最高可判至死刑。强奸 12 岁以下幼女,最高可至死刑。

(4)加快审理期限。规定所有强奸案必须在两个月内审理完毕。

(5)针对犯罪嫌疑人的限制性措施。印度将限制对犯罪嫌疑人的保释;并且将建立全国性的"性侵罪的成年罪犯、少年犯、嫌疑犯数据库",收录这三者的家庭住址、DNA 样本、指纹等信息,以加强对这三类人员的监控。

虽然该刑法修正案已经通过,但整个社会理念的转变和司法上的真正落实,还需要长期的、持续的努力。据"英国广播公司(BBC)称,死刑判罚在印度司法实践中极其罕见,在过去的 10 年仅有 3 名重罪犯

---

[1] http://mp.163.com/v2/article/detail/DG6658EG0525R00J.html.

被处死。臭名昭著的'黑公交轮奸案'4名罪犯尽管已被判处死刑,但至今都未实施。……《印度斯坦时报》评论称,新法令带给公众的仅是'虚假的保障',因为不少研究显示,当强奸和杀人两种罪行量刑对等时,强奸犯很可能会对受害人'灭口'。该报认为,印度需要的'不仅仅是死刑',而是应深入思考'强奸文化'的成因,并对教育体制和传统性别观念进行审视。"①

2. 一系列加强妇女权益保护的措施

（1）职业领域的平等开放。一些传统上由男性占据并主导的职业领域,女性想要获取一席之地是较为困难的事情。2018年,印度最高法院法官Dy Chandrachud表示,只有在传统的评估女性律师的标准被打破的前提下,才能有更多的女性法官坐上法官席。他在印度女权审判协会(the Indian Feminist Judgments)组织的圆桌讨论会上作了题为"实践中的女权主义:女权主义律师和女权主义法官"的发言。根据Chandrachud J.的说法,用于评估女性律师的"标准"不是中立的,这也是缺乏女性律师、女性法官的原因之一。

2018年,印度妇女在职业选择的问题上获得了一定的自由空间：以往仅由男性涉足的一些职业领域逐渐对女性开放。"据《印度时报》3月19日报道,18日,印度陆军参谋长比平·拉瓦特(Gen Bipin Rawat)在德拉敦称,(印度)将'于今年年底前'开始招募女性进入宪兵队(CMP)。据报道,2017年,拉瓦特首次宣布将引入女性进入部队,入伍后的女性可获得军官以下的各级军衔,但并未宣布具体招募日期。"②此举不仅为女性提供了新的职业发展机会,同时有助于打破针对女性的犯罪指控与调查问题上的性别障碍。

（2）宗教禁忌的突破。在宗教禁忌方面,2018年9月28日,印度最高法院裁决"印度教禁止女性进入沙巴瑞玛拉神庙的规定"属于歧视,从此废除了处于生育期女性不能进入该神庙的规定。

早在2006年,印度青年律师协会认为印度教此项禁止性规定违反了宪法关于平等和女性教徒宗教信仰自由的权利,由此开始向最高法院提起诉讼。2016年最高法院受理了此案并于2018年9月做出了属

---

① http://news.sina.com.cn/sf/news/hqfx/2018-04-24/doc-ifzqvvsa3524351.shtml.
② http://news.sina.com.cn/w/2018-03-19/doc-ifysmcri5550965.shtml.

于"歧视"的认定。但神庙祭司表示,拒绝执行最高法院此项裁决。印度财政部长也明确表示了反对态度。"法官杜里·马尔霍特拉(Indu Malhotra)是最高法院做出裁决的5位法官中唯一持不同意见的法官,也是其中唯一的女性法官。她就该案表示,在宗教问题上不能用到理性的概念。她认为,不能用平等权利来检验宗教行为,宗教的基本做法取决于信徒,而不是法院。"①

除了男性抗议者之外,很多女性印度教信徒也抗议最高法院的此项裁决。"从附近城市埃尔讷古勒姆赶到科钦机场参加抗议活动的Indira Krishnakumar在接受《华盛顿邮报》记者采访时说,抗议是'为了拯救我们的信仰,所以我来到这儿',如果这些女人'打算进庙的话,她们必须从我们的身上踏过去。'"②

(3)普惠金融限制性规定的放宽。印度的普惠金融计划一定程度上降低了性别不平等所导致的印度贫困妇女获得救济的难度,改善了低收入妇女在获取金融救济性资源方面的弱势状况。根据世界银行2017年全球普惠金融调查显示,2017年,印度女性拥有银行账户的比例增至77%,高于2014年的43%。"PMJDY于2014年8月15日启动,是纳伦德拉·莫迪政府第一项重大举措。到目前为止,已开设3.241亿个账户,存款达到8120亿卢比。这些账户持有人中近53%是女性,59%来自农村和半农村区域。"③

2018年9月,印度政府放宽了普惠金融计划(PMJDY)的限制性规定,提高了账户的透支限额,并将开户人群的年龄限制从60岁提高到65岁。对于长期处于经济弱势的印度女性来说,这一放宽性规定无疑使得其获取经济援助相对容易一些。

3. 跨性别权益保护、同性恋禁忌的放宽

2016年7月,印度内阁批准了《2016年变性人(权利保护)法案》(the Transgender Persons [Protection of Rights] Bill)。其第2章第3节规定,禁止在教育、就业、卫生服务、流动迁徙、享受商品和服务的权利、居住权、不公平待遇以及获得公职方面对变性人有所歧视;第3章第

---

① https://www.guancha.cn/internation/2018_10_09_474746.shtml.
② http://www.qdaily.com/articles/58526.html.
③ https://www.jrzj.com/214276.html.

4—8节则从法律上承认了变性人的合法身份。它规定了一种机制,保护变性人自我感知性别认同的权利。该权利可通过向地方法官申请签发"变性人身份证明"来实现,该项申请同时应该提交给地区筛查委员会。这一筛查委员会由首席医疗官、地区社会福利官、心理学家或精神病医生、变性代表和政府官员组成。

对于取消同性恋性行为的刑事违法性,则是通过2018年印度最高法院的一项判例来进行。2018年9月6日,印度最高法院在Navtej Singh Johar诉Union of India一案中裁决,印度《刑法》第377条关于"禁止成年人之间的自愿同性恋行为"的规定违宪。法院认为:"只要刑法第377条将成年人之间自愿同性恋行为认定为刑事犯罪,那它就违宪。"但刑法第377条关于"禁止与未成年人的自愿性行为、禁止非自愿性行为、禁止兽交"的条款仍然有效。

4. 通奸罪的违宪

2018年9月,印度首席大法官Dipak Misra表示,印度刑法中所规定的通奸罪将女性看作动产,损害了女性尊严。印度最高法院宪法法官席上的另外4名法官同时表示了赞同。此举推翻了印度《刑法》第497条关于"通奸属于刑事犯罪"的规定。印度最高法院认为这项规定属于"明显武断地,陈旧地,违反平权和妇女平等机会,因此属于违宪"。

5. 三塔拉克法案对穆斯林妇女保护的完善

2018年8月,印度内阁通过了一项"三塔拉克"法案(Triple Talaq Bill),规定基于2017年《穆斯林妇女婚姻权利保护法案》(The Muslim Women [Protection of Rights on Marriage] Bill, 2017)所提出的刑事诉讼,只能由受害者也即是妻子以及与其有血缘关系的亲属提出。

据2017年《穆斯林妇女婚姻权利保护法案》,任何人以口头或书面、电子的形式或任何其他方式向其妻子宣布"塔拉克"离婚,该离婚行为无效并属刑事违法,该意图以塔拉克方式离婚的男性,将被判处3年有期徒刑并处罚金。

2018年"三塔拉克"法案对2017年的《穆斯林妇女婚姻权利保护法案》进一步完善,规定根据案件的具体情况,治安官有权准予保释。而受害人妇女也可以向治安官申请,要求处于服刑期的丈夫继续为自己和子女提供生活津贴。此外,受害人妇女在丈夫宣布三塔拉克时,有权继续监护自己的未成年子女。

(二) 印度妇女权益保护的域外法律观察

印度的女性权益保护问题引起了世界性的广泛关注。一些西方法学家及妇女权益保护者都倾向于选择将印度女性权益保护问题作为研究课题,从各个角度展开观察和研究。对这一问题,西方学者们较为关注的话题主要有童婚、离婚自由、堕胎等。

2017年12月,美国康奈尔大学法学院的教授Sital Kalantry出版了新书《妇女的人权和移民——美国和印度的性别选择性堕胎法》。Sital kalantry不仅是位法学教授,同时是位国际人权主义者,她获得了印度尼赫鲁高级学者研究资助,并且获准在印度最高法院进行研究。

根据作者的表述,美国的妇女机构、女性杂志、大学周边电影放映厅,通常喜欢循环放映或者刊载一些反映印度等亚非国家选择胎儿性别,有针对性地堕掉女婴的纪录片或者文章。这些纪录片将白人妇女描述为这些女婴的救星,同时也造成了对亚非地区"憎恶女婴"的刻板印象。而即便是赞成堕胎的美国人,也反对性别选择性堕胎,因为普遍来说,选择流产如果是出于对女婴的憎恨,这属于一种性别歧视。

Sital Kalantry教授对印度的性别选择性堕胎行为作了细致的区分,指出其原因不完全出于人们普遍以为的"印度人存有性别歧视",而是有着特殊的政治、经济、文化原因,并且其后果也并不完全如同人们事先预料的那样一味地属于对女性或者女婴的歧视性迫害。作者解释说,在西方国家被认为是违背人权的事情,在印度并不被整体社会环境认为属于违背人权。因此,即便是印度人移民到美国可能仍会保持其在印度的做法。从一种互相包容和理解的角度,Sital Kalantry教授建议移民接收国的政策制定者不能一味强调西方价值观,或者是受到其对亚非文化的刻板印象的影响,而是应该注意到这里面的细微差别。

总体来说,Sital Kalantry教授试图在西方国家认为的普遍人权和亚非国家的文化差异之间,挖掘出一条可以互相包容的地带。基于此种细致调查,Sital Kalantry教授认为不分情况地一味反对性别选择性堕胎,有可能在实践上并不利于妇女权益保护。

(三) 印度妇女权益保护任重道远

尽管有着上述种种努力,针对印度女性的恶性犯罪数量仍然居高不下。由于社会地位低下、早婚、受限于父权夫权的控制、家庭暴力,甚至虐待等多方面的原因,印度女性的自杀人数"目前占全球女性自杀死亡人数的 36.6%"。[1]

除了低种姓、低收入妇女难以保护自己的权益外,印度的高种姓、高收入女性在一定程度上仍然遭受了不公正的待遇,例如印度的宝莱坞女星。印度宝莱坞的电影在全世界有着不小的票房号召力,但在电影制片方与女演员签订的合同中,多数有着被人质疑的"不准怀孕"条款。这种条款规定,倘若女演员在主要拍摄完成之前怀孕,这位女演员将被解雇,由此给剧组造成损失由该名女演员承担。怀孕并非必然无法完成摄影录制的工作,然而怀孕将遭到解雇。此外,制片人为了避免交易风险而与女演员签订"不准怀孕"条款,形式上确属双方协商一致的订立合同的行为,但由于双方实质地位的不平等,所谓的"协商一致"在大部分情况下属于制片方的强制要求。

印度目前并没有专门的反性别歧视的部门法,关于生育保护的法律主要是 1961 年《生育福利法》。该法规定雇主应该为女雇员提供在预产期之前 12 个月内不少于 80 天的生育假,倘若 80 天的时间不够,可以继续采用无薪假期的形式;该法同时也规定妇女在就业时无须告知其怀孕的情况。合同条款与该法不一致时,采用《生育福利法》的规定。"不准怀孕"条款明显违背了《生育福利法》对"女性无须告知雇主其怀孕的情况"的规定。但是据 1961 年《生育福利法》,其条款中"雇主"的范围极其狭窄,主要是指:"工厂、矿山、种植园、政府机构、商店"等。电影制片厂并没有特别地被列举在该雇主范围内,而目前也并没有将电影制片厂纳入应当提供 80 天产假的"雇主"范围的先例。

对于电影行业来说,如果一名女演员,尤其是女主演由于怀孕而无法履行合同,可能造成整体工作的停滞,而制片人大量的投资等着收回,时间就是金钱,在这种情况下确实面临不小的压力。可能出于此种顾虑,尽管印度 1976 年《平等薪酬法》有:"在招聘时以及招聘后,不能在任何与雇佣有关的合同条款或者情况下对男女进行区别对待"的条款,但就目前印度的电影行业来说,仍然大量存在着"禁止怀孕"的条款。

综上所述,基于宗教的、历史的、根深蒂固的文化习俗等原因,印度

---

[1] http://k.sina.com.cn/article_6523447779_184d3e9e300100ejve.html?cre=tianyi&mod=pcpager_inter&loc=32&r=9&doct=0&rfunc=9&tj=none&tr=9.

社会对女性的自由成长、受教育、获得职业发展、个人财产的保有、人格平等、婚姻自由等方面都进行了限制。不只是男性,很多女性也"后天习得"地习惯和认可了此种生活模式。在印度对外开放和文化交流的过程中,传统观念一定程度上受到冲击和改善,但要真正实现男女平权,还有很长的路要走。

二、关于印度《统一民法典》项下的家庭法改革方案

自独立以后,印度便将制定统一民法典的立法目标提上了日程。但这一《统一民法典》的制定注定是一项艰难的尝试。印度国内现存有英国普通法、印度教法、穆斯林法、独立后的制定法等五花八门的诸多法律渊源,各法律渊源又针对不同的人群颁布了不同的法律,这导致了婚姻家庭等由传统民法典所调整的领域在印度不同族群之间、不同宗教信仰之间的法律规定完全不同。宗教观念的抵触、利益的冲突、外来平等婚姻家庭理念的传播、传统文化的固守等缘由,导致《统一民法典》项下的婚姻家庭法部分实在难以进行调和、统一。

目前印度对此问题采取的是最切实有效的解决办法,即印度教徒的婚姻家庭法律问题由《印度教属人法》进行规制;穆斯林则由穆斯林法进行规制,以免发生宗教冲突。尽管如此,印度也一直没有放弃制定《统一民法典》的尝试。

(一) 印度法律委员会的咨询报告

制定《统一民法典》婚姻家庭法部分最大的困难,就是对各不同宗教的属人法进行整合。早在2016年6月,印度司法部就要求印度法律委员会针对与印度《统一民法典》有关的事项进行审查。经过长达两年的详细研究和多次磋商,2018年8月31日,印度法律委员会提交了《关于〈统一民法典〉项下印度家庭法改革的咨询报告》(简称《咨询报告》),其包含五个章节,第一章为"简介",第二章为"结婚和离婚",第三章为"监护权",第四章为"收养",第五章为"继承"。

1.《咨询报告》第一章[①]

借着撰写该项报告的机会,印度法律委员会试图厘清《统一民法

---

① http://lawcommissionofindia.nic.in/,以下内容根据印度法律委员会官网英文版报告翻译、整理而成。

典》与印度个人法之间的关系。在整理过程中,法律委员会尽量保护构成印度特色国家文化的各种因素以及保持社会结构的多样性。

法律委员会认为就妇女权益保护来说,不平等的根源在于歧视而不是差异。为了解决这一不平等的根源,委员会建议对现有家庭法进行一系列的修正,并建议对个人法的某些方面进行编纂,以限制对这些个人法的解释和消除应用方面的模糊。

在没有就《统一民法典》达成一致意见的情况下,委员会认为最好的办法是保留个人法的多样性,但同时确保个人法不与印度宪法所保障的公民基本权利相抵触;同时也不能将歧视性习俗编纂入法典,不管它们在印度属于多么普遍适用的习俗。这些习俗很可能导致偏见或者对女性的刻板印象。因此,对任何个人法的编纂都需要进行严格的辩论。

长期以来,在印度支持宗教自由派和支持平等权利的人士之间一直存在着某种斗争。一方面,社会中的原教旨主义势力要求绝对的宗教信仰自由;而另一方面,平等权利的倡导者则认为在涉及宪法所规定的人权问题时不应该过度强调文化差异。法律委员会认为,宗教信仰自由和平等权利都是有价值的,是所有印度公民都应该享有的,因此,要求妇女在宗教信仰自由和平等权利之间做出选择是不公平的。不能要求妇女由于选择了宗教信仰自由、遵守宗教教义就必须放弃对平等权利的追求。

简要来说,除了妇女权益的保护,该报告第一章还涉及《1973年刑事诉讼法》的适用问题、妇女席位的保留问题、伊斯兰法与印度教法的历史关系问题、基督教的历史发展问题、制宪会议上人们对于《统一民法典》的认识和期许问题、《统一民法典》与宪法的关系问题、印度文化和宗教多样化问题、印度世俗主义的定义问题,等等。

2.《咨询报告》第二章

《咨询报告》第二章一开始试图调和不同宗教间对于结婚和离婚的看法。它表示在印度法律中,婚姻是圣礼;在基督教法律中,离婚是耻辱;在穆斯林法律中,婚姻是契约,婚姻登记是婚姻仪式的核心。不论各宗教的态度如何,重要的是尊重这些不同的态度,而不是将其置于等级制度中,将一种宗教态度与另一种宗教态度对立起来。同时,宗教传统上所鼓励的对女性性别角色定位和刻板印象也不得妨碍印度妇女享有的平等权利。

法律委员会认为,尽管印度由于宗教导致了属人法的多样化,在通奸、法定婚龄、离婚理由等方面仍然能够归纳提炼出一些普遍的原则,这些普遍原则可以纳入有关婚姻和离婚的所有现行法律规定中。而离婚程序和离婚理由可能因人们所属的不同社群而异,因此同一社群内部的离婚理由,可以由本社群进行商议确立。

第二章还列举了应当适用于现行法律的关于结婚和离婚的一般法律原则。例如,将"通奸"作为各宗教属人法法定的离婚理由,并且确保无论性别都能够适用这条离婚理由。

由于童婚、重婚和性别暴力在印度社会中仍然存在,而婚姻登记的缺乏导致婚姻双方当事人的婚姻状况难以查明认定,因此应当进行强制性的婚姻登记。在社会实践中,由于缺乏强制性的婚姻登记制度,未进行婚姻登记的妇女往往被剥夺妻子的地位,其子女也失去了婚生子女的地位;由于没进行结婚登记,婚姻欺诈行为时有发生却无法对受害人提供婚姻法上的保护。只有实行婚姻的强制登记制度,才能够保护婚姻双方缔结有效婚姻、获得婚姻法的保护。在具体进行立法时,婚姻强制登记可以2017年《出生与死亡登记法》的修正案的形式进行补充。

由于印度社会普遍认同"妻子应当比丈夫年轻"的观念以及童婚的历史习俗,法定婚龄问题在属人法上引起了各方的争议和分歧。印度目前的法律和先例就此问题的规定繁多,难以统一。关于统一法定婚龄的问题,法律委员会表示对于男女法定婚龄可以定为18周岁。《2013年刑法(修订)》将18岁以下的任何性行为视为强奸。该规定获得了先例的支持。在Independent Thought v. Union of India一案中,最高法院认为,即便有例外条款规定15—18岁的少女的丈夫有权与她发生性关系,但是一个孩子仍然是一个孩子,因此与未成年人发生性关系即是强奸,不管她的婚姻状况如何。1954年的《特殊婚姻法》(SMA 1954)规定,女性和男性的法定最低结婚年龄分别为18周岁和21周岁。尽管有着最低法定婚龄的规定,只要在新娘18岁以前并不发生性关系,童婚仍然几乎不会受到法律的追究。

印度法律委员会认为,《统一民法典》其实并不需要介入协调印度众多的属人法、家庭法与印度《宪法》之间的冲突。在家庭法改革咨文中,印度法律委员会注意到,"解决冲突也可以继续保留彼此的不同。差异的存在并不等于歧视,而是表明了印度具有的强大的民主"。法律委员会建议,需要修改印度家庭法中歧视性条款和属人法中不平等条款,而不是完全消除它们之间的差异。法律委员会还建议对印度属人法的某些方面进行法典化编纂,以消除法律解释和应用上的模糊性。在性别中立以及公平对待非婚生子的问题上,法律委员会同样进行了强调。

法律委员会建议,将"婚姻关系无可挽回地破裂"作为法定离婚理由。这有助于减少"提出配偶虐待"的虚假指控,进一步加快离婚的进程。法律委员会认为,配偶双方对婚姻财产具有所有权并不意味着离婚时对财产的绝对平均分割,法院在这类具体事务上拥有自由裁量权。在非婚生子法律权益保护方面,法律委员会建议非婚生子有权继承父母的私人财产。

法律委员会表示,根据1890年监护法(the Guardians and Wards Act, 1890)的规定,未成年人的丈夫也可被指定为妻子的法定监护人。此外,有很多将妇女视为财产的法律条款都需要进行修改。印度《少数民族和监护法》(the Hindu Minority and Guardianship Act, 1956)承认了父母同等的监护权利,但是该法同时认为,妇女应当终身处于男性的监护之下,所谓在家从父,出嫁从夫,这一规定应该被修改。

2015年《少年司法(照顾和保护儿童)法》(the Juvenile Justice [Care and Protection of Children] Act, 2015)下的收养法也应当进行修订,使所有性别身份的个人都可以根据该法实施收养程序,并应当进一步使跨性别的①儿童也可以被收养。目前印度的法律不允许成年男性收养女童。法律委员会则放宽了这一限制,表示应当允许单身父、母收养儿童,不论儿童或者父、母的性别身份。

在继承方面,应该使已婚男女处于平等地位。法律委员会强调继承顺序应该首先考虑与死者的亲属远近关系,而非首先考虑男性继承人。目前印度的法律规定是丈夫的亲属对已婚妇女的无遗嘱财产有优先权,顺位超过了该已婚妇女的父母和兄弟姐妹,但对应的已婚男性的

---

① 跨性别:Transgender,指无法认同自己的生理性别,在心理上认为自己属于另一个性别。

无遗嘱继承,丈夫的亲属就没有这种优先权。

法律委员会建议删除 1954 年《特殊婚姻法》中的 30 天通知期,因为该通知期常被不同意该项婚姻的亲属利用来阻挠婚姻关系的缔结。法律委员会建议,倘若存在亲属反对跨种姓或者跨宗教婚姻的,该新婚夫妇应当主动采取适当的保护措施以防亲属的阻挠。

在宗教法方面,印度法律委员会也提出了一系列的修订建议。

(1) 在印度教法方面,法律委员会认为应当废除印度以家庭为单位的免税实体制度,因为这一制度既不符合公司管理,也不符合税务制度。

(2) 在穆斯林法方面,为了编撰清晰的、可同时适用于穆斯林逊尼派和什叶派的继承法典,1937 年《穆斯林个人法(伊斯兰教法)适用法案》(the Muslim Personal Law [Shariat] Application Act, 1937)将被废除。此外,1939 年《穆斯林婚姻法》也应当将"通奸行为"作为一项离婚理由。

(3) 在基督教法方面,目前的基督徒夫妻离婚必须先经过两年的分居,法律委员会建议可以根据 1954 年的《特别婚姻法》对此加以纠正。

(4) 在帕西①法方面,目前印度实行的帕西习俗是帕西妇女倘若与社区外男性结婚,将被驱逐出社区,同时丧失财产继承权。法律委员会认为这种习俗是需要改进的。此外,帕西人的离婚需要一种在印度早已经被废除的陪审团制度,法律委员会认为这种陪审团制度也应当被简化。

3.《咨询报告》第三章

该章主要涉及对限制行为能力人的抚养和监护问题。在这一法律问题上,儿童的福利和最大利益保护是立法所需考虑的首要问题。

儿童最佳利益原则,法院不允许任何利益凌驾于儿童利益保护之上。印度法律委员会认为,现行的法律规定,在妻子是未成年人时,应当由丈夫作为未成年妻子的监护人,通常情况下不得另外指定他人为妻子的监护人。这一规定不但认为妻子依附于丈夫,同时也并未考虑

---

① 帕西:parsis,波斯语,是印度的一个琐罗亚斯德教社区,属于波斯后裔。他们的祖先在 7 世纪阿拉伯人侵后从波斯移居到印度(主要是现在的巴基斯坦)。

到倘若丈夫同时也是未成年人时,他自身的利益应当如何保护的问题。在这种情况下,未成年丈夫有可能被指定为妻子以及婚生子女的监护人。因此,印度法律委员会建议删除此项规定,代之以"未成年人的父母是未成年人的法定监护人"的规定;同时,丈夫不应该被视为妻子的监护人。

在对于婚生子女的监护权上,印度法律委员会认为妻子和丈夫应当享有同等的监护权。根据现行1956年《印度少数民族监护法》第6节的规定,母亲对未成年儿子和未婚女儿的监护权的顺位,排在了父亲之后,同时还规定丈夫是妻子的法定监护人。此种规定违法了宪法规定的性别平等原则。印度法律委员会认为,在夫妻双方离婚时,未成年子女的监护权应该考虑到子女的利益,而非一味地父亲的监护权优先。根据目前的法律规定,只要父亲与母亲一并尽了监护义务,那么在离婚时,法院主要考虑父亲的监护权优先,因为女性不适合独立生活。

为妇女指定监护人的习俗,主要源于古老的印度教法。在印度教经典著作《Manu Smiriti》中,妇女应当一生都处于被保护的状态。该著作表示,女性在童年时期受父亲保护,青年时期受丈夫保护,老年时期受儿子保护。印度教另外一项教义认为,妇女是属于丈夫的财产,丈夫应当对妻子的债务负责,因此妻子的民事行为应当经过丈夫的同意。印度法律委员会认为,应当致力于消除对妇女的歧视。这些古老的宗教观念使得印度妇女的地位低于男性。

印度法律委员会也关注了童婚问题。虽然2006年印度颁布了《禁止童婚法案》,但并未取得预期的效果。截至2018年,童婚现象仍然很普遍,而未成年女童中有大约46%的人在成年之前缔结了婚姻。

而根据穆斯林属人法,成年年龄是根据青春期来确定的:只要达到青春期,则在属人法上被认为已经成年,可以结婚。具体的年龄计算上,不同的穆斯林派别有不同的规定,例如:什叶派认为一个男孩在15岁时达到青春期,女孩则在9岁或10岁时达到青春期;哈乃斐派认为男女都是15岁。在穆斯林属人法上,青春期仅仅作为缔结婚姻、确定嫁妆,或者离婚的年龄要素。印度法律委员会认为,由于青春期的特质取决于饮食、基因、宗教、成熟度以及其他各种因素,因此,在法律上直接规定18岁作为统一的达到青春期的年龄是较为合适的。

穆斯林属人法规定了三种类型的监护,即对人监护、对婚姻的监护、对财产的监护。穆斯林属人法对子女的监护更强调责任,通常情况下,母亲侧重于对不满 7 岁的儿子和未到青春期的女儿的监护;7 岁以上的儿子以及青春期以上的女儿的监护权则移交给父亲行使。但是穆斯林什叶派则规定,母亲有权监护 2 岁以下的男孩和 7 岁以下的女孩,到达规定年龄后,监护权转移归父亲,倘若没有父亲或者父亲无监护能力,则下一顺位的监护人是祖父。总体来说,穆斯林属人法仍然认为母亲的监护权比父亲的监护权要次一等,只要父亲在,则母亲不能作为子女的监护人,代替子女接受礼物的赠与或者同意子女对外进行的法律行为,也不能以监护人身份为子女的福利做出任何决定。因此,印度法律委员会建议,赋予穆斯林妇女和丈夫对子女平等的监护权,不因为性别而有差异。

穆斯林哈乃斐派认为,父亲能够包办未成年子女的婚姻,祖父则是父亲之后的下一位有权人。只要在能找到任何一位男性亲属的情况下,该男性亲属就此事享有优先决定权,母亲的意见则被忽略。印度法律委员会认为,自 2006 年《禁止童婚法》颁布后,父亲、祖父乃至任何男性亲属在法律上都不具有包办未成年子女婚姻的权利。

4.《咨询报告》第四章

由于缺乏统一的收养法,许多有收养意愿的个人和家庭对现行相关法律非常不满意。目前印度涉及收养的法律主要有:1890 年《监护法》(The Guardian and Wards Act, 1890);1972 年《儿童收养法案》(Adoption of Children's Bill 1972);1956 年《印度教收养和监护法》(the Hindu Adoption and Maintenance Act 1956),该法于 2010 年由印度教属人法修正案进行了修订。

在穆斯林教形成之前的阿拉伯世界,收养行为较为普遍。在穆斯林教形成的早期也允许收养。阿拉伯人之间的收养行为持续到《古兰经》禁止收养为止。根据《古兰经》,伊斯兰法不承认收养,它认为父母和孩子之间的关系仅存在于合法缔结婚姻的夫妻之间,这种亲子关系不能通过口头或者其他任何契约来建立。但是在 Shabnam Hashmi v. Union of India 一案中,印度最高法院发现,2000 年的《青少年司法法(儿童保护)》(the Juvenile Justice [Care and Protection of Children] Act, 2000)经过 2006 年修订之后,授权任何印度公民皆可进行收养。因此,一位印度穆斯林就此可以选择根据穆斯林的属人法,他不能进行收养,抑或是根据 2002 年《青少年司法法》的规定他有权进行收养。

印度的基督教徒则可通过法院判决获得对孤儿的收养监护权。

印度的帕西族群没有专门的收养法。根据习俗,一位寡妇可以在丈夫去世后的第 4 天收养一个孩子,目的仅在于每年进行一些宗教仪式。该被收养的子女不得提出财产继承。

综上可知,对于印度法律委员会来说,协调、归纳、提炼出能够统一各宗教、族群的收养方面的法律是相当有难度的事。儿童最佳利益原则在此同样适用。2000 年《青少年司法法》以及 2006 年、2015 年的修订就是对统一立法做出的尝试。相对来说,2015 年的《青少年司法法》做了很多符合世界立法潮流的规定,它赋予了养子女与亲生子女相同的法律地位。由此,养子女也获得了与亲生子女相同的继承权。

5.《咨询报告》第五章

印度法律将继承分为两种:传统制度继承;法律制度继承。

印度法具有"共同继承"(coparcenary)的概念,这种共同继承的概念比家庭共同体要窄得多。共同继承权仅针对祖产,一位男性继承人对祖产具有绝对优越的权利,但这一权利受到其他共同继承人的权利请求的约束。按照法律,最后持有祖产的男性上数两代,这三代男性构成了共同继承的共同体。在这种继承共同体中,任何单个的男性的去世,并不导致他的份额由他自身的继承人所继承,只会导致在世的其他共同继承人财产的增多。同样,新的男性出生也将导致其他共同继承人的实际份额减少。

印度法律委员会认为,这种共同继承的制度应当被废除,或者从一个更高的视角来说,这种印度特色的联合家庭制度(the joint family system)也应该被废除。1975 年,印度喀拉拉邦就颁布了《喀拉拉邦废除印度教联合家庭制度法案》(the Kerala Hindu Joint Family [Abolition] Act, 1975)。

2005 年《印度教继承法修正案》(the Hindu Succession [Amendment] Act 2005)将女性包含进了共同继承的范围。根据印度法律委员会的看法,女性作为死者妻子的情况下,她本身拥有死者一半的夫妻财产,而这种纳入共同继承范围的做法,使得她少了本属于自己的夫妻财产部分。另外,在有些邦,寡妇的共同继承份额等同于她的子女应该获得的份额,但是在另外一些邦,寡妇的共同继承份额甚至少于其女儿的份额。对于印度法律委员会来说,要解决这些矛盾是非常困难的。

印度联合家庭制度更进一步,产生了印度不可分家庭制度(Hindu Undivided Family)。这种制度以极强的亲属关系结合在一起,其成员共享家族财产。因此,在法律上这种不可分家庭甚至享有其独立的法律地位,在征税等方面被作为一个法律实体对待。但只要共同继承制度被取消,这种建立在亲属关系和共享财产基础上的不可分家庭制度也将分崩离析。

此外,在对女性的土地继承权、女性作为共同继承成员的权利取得问题、男女享有共同继承权问题、女性提出对住宅进行分割的权利问题、女性自有财产在无遗嘱时的继承问题、女性婚姻状况对其继承权的影响问题、伊斯兰妇女继承问题、《古兰经》对继承问题的规定、逊尼派继承制度和什叶派继承制度差异问题、伊斯兰教对于孤儿孙子女和无子寡妇的继承规定、基督教徒继承问题等诸多引起分歧和争议的问题作了论述和探讨,并提出了自己的看法。

三、关于印度经济法和相关经济政策

(一)对虚拟货币的限制性规定

在事先发布了一些公众警告和新闻声明之后,2018年4月6日印度储备银行发布了一份题为《禁止虚拟货币交易》的通知,禁止受其监管的所有实体机构,包括商业银行、合作银行、支付银行、小型金融银行、NBFC和支付系统提供商向使用加密货币的任何实体或个人提供服务。

具体禁止的服务内容包括注册、账户维护、交易、清算、为虚拟货币交易提供贷款等事项。如果有任何实体金融机构已经开展了这些业务,需要在通知后的3个月内关停。根据该通知,禁止虚拟货币交易的原因是由于这些交易无法受到监管。印度政府官员对此也多有负面性的评价和担心,认为虚拟货币交易引起了消费者权益保护、市场诚信和反洗钱活动方面的困扰。

早在2017年12月,印度储备银行就以新闻公告的形式表明了立场,批评虚拟货币交易可能存在诸多风险,例如:由于黑客攻击、访问凭证泄露、密码丢失等造成损失;由于没有中央机构进行管理,这种损失可能是永久性的;由于虚拟货币价格的投机性,其价格波动也非常容

易给购买者造成损失;由于虚拟货币无法追踪的特性,可能会造成洗钱、逃税或者欺诈;虚拟货币的交易平台法律地位不明确,为投资者带来了法律和金融风险;等等。

2017年12月—2018年1月,由于比特币价格的上升,印度国内出现了许多比特币投资者,一些金融机构也开展了涉及比特币交易的业务,不受监管的虚拟货币交易所大量出现。

由于类似Zebbay,Unocoin等大型货币交易所的交易需要在银行的配合下才能完成,印度储备银行的此项通知发出后,交易者无法通过处理银行账户来完成交易,一些企图通过买卖比特币赚钱的行为被停止,不受监管的虚拟货币交易所也被关停。任何受储备银行监管的实体金融机构之前与虚拟货币交易所有生意往来的,必须在3个月内进行结算并且终止业务。

印度最高法院和高等法院就该问题接到了多份质疑该项通知的请愿书。最早填写请愿书的是卡拉数字生态公司,它将请愿书提交给了德里高等法院;随后,印度互联网和移动协会向印度最高法院提出了针对该项通知的质疑;一些交易所,诸如Coindelta,Koinex,Throughbit,以及Coin DCX也联名向最高法院提出了请愿书。在2018年的7月3日,最高法院听取意见并且驳回了所有相关申请,拒绝暂缓印度储备银行的该通知事项。印度储备银行(RBI)副行长卡农戈(BP Kanungo)声明说,印度将考虑引进法定数字货币,以改变此前无监管的虚拟货币交易现象。

有评论认为,印度储备银行的这一举措并没有阻止人们的投资热情,只会导致刚刚发展起来的投资市场转移到海外,或者干脆采用现金形式进行虚拟货币交易,而现金交易的形式回避了银行的参与,也同样可能导致前面所提到的金融风险。

印度的多数货币交易所都希望在保障交易安全、降低交易风险的同时,能够允许人们继续进行虚拟货币的交易,认为这一禁令只会影响到那些期望进行合法、透明交易的人,而通过现金交易或者其他隐蔽方式进行交易的行为不但不会受到此项禁令的影响,只会转入更加隐蔽的地下交易并且更加难以监管。这些金融从业人员认为,美国、日本意识到了风险投资的巨大潜力并鼓励金融创新,印度这一举措却导致世界上的投资者认为印度并不是金融创新的理想之地。

世界上其他国家对虚拟货币的态度不一。例如,日本为虚拟货币交易的合法化,修改了《支付服务法》;在欧洲,多数国家对虚拟货币持支持态度,如德国的比特币属于合法财产,还制定了针对比特币交易的税收条款。而孟加拉国则干脆禁止任何风险投资,对于任何违背者将被判处 12 年监禁。

在大多数印度投资者眼中,部分其他国家利用人们对于风险投资的疑虑和退却,大肆发展其本国的风投市场,印度此举无疑是失去了该领域发展的先机。这些印度投资者同时认为,对于虚拟货币交易可能导致的金融风险,印度储备银行不应该直接禁止在银行终端进行交易,而是应该引进更为严厉的监管措施。

印度政府也期望能够利用区块链技术进行金融交易,但同时对其进行金融监管。为制定加密货币相关法规,印度最高法院于 2018 年 8 月 11 日举行了相关问题的听证会。2019 年年初,印度有望提出加密货币监管草案。

(二) 2018 年印度《破产法修订条例》

自 2016 年印度新的《破产法》颁布以来,其实施过程中产生的问题引起了印度法学界和监管机构、立法机关的关注和讨论。其中,房地产公司的破产程序中购房者债权人身份的认定,就属于一项有待明确的争议性问题。

1. 法律实践上的尴尬状况

房地产公司的资金来源除了银行贷款或者其他借贷公司借出的款项外,还有较大比例来源于消费者在房屋交付前认购房屋的预付房款。但是新《破产法》只承认了两种类型的债权人:经营性债权人和金融债权人,购房者的债权人地位在法律上不明确,引起了印度国内法学界的争议。根据 2017 年 Col. Vinod Awasthy 诉 AMR 基建有限公司一案,购房者不属于经营性债权人。可是通常情况下,购房者也不能被认定为金融债权人,除非购房者与房产公司签订的合同被认为属于为了谋取某种未来时间的房屋溢价的投资行为,而房产公司保证购房者能够取得未来的利益,那么此时购房者可以被法院认定为金融债权人。2017 年 Nikhil Mehta & Sons 诉 AMR 基建有限公司一案证明了这一观点。因此,购房者面临着如何被认定为债权人,以及以债权人身份参与到破产清算程序中的问题。

2. 引发争议的房产公司破产案件

而 Jaypee Infratech 公司破产案,更是在印度引发了轩然大波。该公司被印度储备银行列入了违约名单,它的债权人 idbi 银行向印度的国家公司法法庭递交了破产申请。法庭接受了申请,并且开始制作债权人名单,要求债权人主动申报债权。但是在法庭所列债权人名单中,只包含了经营性债权人、金融债权人以及公司雇员。购房者并没有被统计入债权人名单的身份资格,因为印度的上诉法庭已经明确购房者既不属于经营性债权人,通常情况下也不宜于认定为金融性债权人。这一行为在印度全国数百万购房者中引起了骚动。

为了解决购房者的困境,印度破产委员会修订了 2016 年《破产法》,在公司法人破产程序规定中增加了"其他债权人"一项。由此,Jaypee Infratech 公司破产案的购房者债权人方能向法院申报债权,谋求债务的清偿。但是"其他债权人"不能像金融债权人或者经营性债权人那样主动申请启动破产程序,对于整个清算过程也没有发言权,对破产清算过程难以产生实质性的影响。这样一来,购房者的清偿顺序就排在了有抵押的债权人之后,债务得到清偿的优先级非常低。此案最终引起了印度最高法院的介入,其要求破产清算委员会制定出保证购房者利益的方案,而 Jaypee Infratech 公司需要向最高法院缴存 2 000 亿卢比,在此之前 Jaypee Infratech 公司任何出售财产的行为都需要经过印度最高法院批准。

该案到目前并未完全结束,但毫无疑问它将会成为印度在保护购房者利益方面的先例。

3. 购房者被认定为金融债权人

印度政府的公司事务部也根据 2017 年 11 月的一项命令,专门成立了破产法委员会对购房者困境以及最高法院的相关判例进行研究,认为购房者可以被认定为金融债权人,建议在 2016 年新《破产法》关于金融债权人的范围里加入购房者这一债权人范围。

在 2018 年 6 月 6 日,印度颁布了《2018 年破产法修订条例》(the Insolvency and Bankruptcy Code [Amendment] Ordinance, 2018),购房者被认定为金融债权人,并且获得了破产法赋予金融债权人的权利:购房者能够向法院申请启动破产程序;并且能够在债权人委员会中指派代表,按比例享有表决权。该修正条例没有特别规定购房者的债权有无担保。实际上,该项债权有无担保应该取决于购房者与房产商的购房合同。

(三)新的不良资产处置框架

旨在对2016年新《破产法》进行补充,印度储备银行于2018年2月12日发布通知,颁布了新的不良资产处置框架(the Revised Framework for Resolution of Stressed Assets),取代了旧的处置框架关于不良资产重振计划、公司债务重组计划、现有长期贷款的重组、战略债务重组等事项的规定。

该项新框架目前仅适用于计划商业银行(区域农村银行除外)和所有印度金融机构,如印度进出口银行、国家农业和农村发展银行、国家住房银行和印度小工业发展银行("贷款人")。与旧框架不同,该新框架并没有扩展到非银行金融公司。

2018年的这份印度储备银行的新框架引入了两个术语的定义,分别为"违约"和"重组"。根据印度储备银行的通知,违约定义为:当全部或者部分分期付款或者债务金额到期,而债务人无法履行债务;重组定义为:当债务人无法偿还债务时,债权人同意予以偿还条款的修改,可能包括更改还款期、更改可偿还金额、更改分期付款金额、更改利率、延期履行债务、提高现有信贷限额等。

该项新框架不适用于在旧框架下启动、完成资产处置,并且没产生新的违约的情况。该新框架也总体上不适用于:

(1)中小微企业的复兴和恢复;

(2)发生自然灾害时的贷款重组;

(3)借款人有欺诈、渎职或故意违约行为,即便该借款人被替换,与公司管理层完全脱钩。

此外,倘若公司管理人有过与关系人进行低于市场价的交易,或者是欺诈性的交易,则该管理人没有提交资产处置方案的资格。

新框架并没为所有债权人制定一个强制性的结合体,也没有规定多数人的决议少数人必须接受,处置计划必须经过每一个债权人同意。处置计划可以包括如下事项:

(1)通过支付债务人的所有逾期款项,来规范债务人的银行账户;

(2)出售风险资产;

(3)更换债务企业的所有人;

（4）重组。

新框架的规定凸显了印度的信用评级机构作用的多样性，这些信用评级机构将帮助债权人确定信贷风险，以及提供债务人违约的提示。

新框架与2016年新《破产法》的衔接引起了印度法律界的注意。由于债权人之间、债权人与债务人之间很可能诉求不同，有可能期望通过新《破产法》迅速解决问题，也有可能希望通过新框架获得重组机会，因此，部分债权人根据《破产法》提出请求，同时又有部分债权人或者债务人根据新框架提出请求的情况很可能发生。在新框架下的处置计划悬而未决期间，当事人是否能够同时根据《破产法》的规定，向法院提出破产申请；或者根据《破产法》已经提出破产申请的同时，能否根据新框架提出资产处置计划，仍然存疑。

（四）关于 gst 税改项下的逆向课税机制 Reverse Charge Mechanism（RCM）

2019年1月29日，印度政府正式确认RCM将于2019年2月1日正式实施。

逆向课税机制属于gst税改的内容之一，是指货物或者服务购买方承担因和"未进行税务注册的小规模商品或服务供应商"进行交易的应缴纳税款。货物或者服务购买方由此获得进项税抵免，而出卖方或者服务提供方不能获得该项税收抵免。

由于对小规模、无组织的服务提供方征税十分困难，逆向课税机制能够避开这些未注册的小规模经营者的逃税行为，转而对于较易进行税务登记和监管的购买方进行征税。

印度政府进行的gst税改对经营者未进行税务注册持反对态度。印度政府官员认为，尽管对于购买方来说能够获得一定程度税收抵免，逆向课税也会促使购买方尽量选择与已经进行税务注册的相对方进行交易。因此，采用逆向课税机制预期将能够起到促进经营者进行税务登记，减少未注册经营者数量的效果。

逆向课税机制只适用于州内交易。任何未进行税务注册的经营者在gst体制下被禁止进行跨州交易行为。在目前情况下，逆向课税机制主要适用于保险代理、人力资源供应、货物运输等服务的服务税，而商品交易暂时未实施逆向课税机制。

电子商务经营者提供的商品属于"服务"，购买者也将支付税费。

如果购买者并不在应税区域内,电子商务经营者必须指定一名负责税务的代表,履行纳税义务。

(五) 2018年《逃亡经济犯罪法》(The Fugitive Economic Offenders Act, 2018)

该法旨在没收由于管辖权原因避开了印度法院的起诉而遗存下来的经济罪犯的财产。印度2002年《防洗钱法》下设立的特别法院对该类案件具有管辖权。根据2018年《逃亡经济犯罪法》,具有管辖权的特别法院可以宣布某人为逃亡经济罪犯,其遗存财产国家可以没收。

2019年1月5日,特别法院宣布Vijay Mallya为该法颁布以来的第一位逃亡经济罪犯。"据称,Mallya因涉嫌欺骗银行财团达9 000亿印度卢比(13亿美元)而被通缉。根据去年生效的《逃亡经济犯罪法》,他成为第一个被宣布为FEO的人。该决定是由孟买的一个特别法庭宣布的,该法院裁决支持调查机构执法局(ED)提出的申请,允许其根据新法律扣押他的所有财产。根据新法律,任何在经济欺诈之后前往国外旅行并拒绝出庭接受审判或者已经获得逮捕令的人都可以被宣布为逃犯经济罪犯。"[1]

(六) 2018年《消费者保护法案》

2017年年底,印度《消费者保护法案》在印度下议院获得通过,并于2018年1月在议会提出,以取代现行的1986年《消费者保护法》。

2018年《消费者保护法案》基本上保留了1986年《消费者保护法》所规定的机制和保护措施。但根据经济的发展,2018年《消费者保护法》针对电子商务行业引入了一些新规定。

印度政府消费者事务部认为,目前的电商行业存在几大隐患:一是电子商务公司有可能滥用交易中获取的大量客户信息;二是电子商务公司有可能在电商平台出售伪劣仿冒商品;三是大型公司通过电商平台取得更大的经济优势地位,可能导致对初创企业、中小微型公司的不利影响。

为解决这些问题,2018年《消费者保护法案》提出了一些较有针对性的措施:电商平台需要向消费者事务部进行登记,受其管理;电子商务平台对于获取的消费者信息的使用方式需进行披露,尤其是公开他

---

[1] http://www.tatami-china.com/xinwen/gundong/201901064358.html.

们利用消费者信息的大数据与广告商所进行的交易;在消费者在线结账时,应当设置一个可选项,由消费者本人来决定是否允许电商获取其购物信息;电子商务平台与卖家所签署的协议也需进行披露,尤其是涉及消费者利益的部分,以便于客户的退货退款顺利进行,同时遏制假冒伪劣商品的在线泛滥;在捆绑销售问题上,电子商务平台需要由客户进行选择是否同时购买商品或服务,不能进行捆绑销售。

目前在印度的电子零售领域,"以自营电商为主的零售平台Flipkart的市场份额为32%左右,亚马逊印度以31%左右的份额排名第二,印度另一家本土企业PayTM以较大差距排名第三。阿里巴巴曾投资PayTM和另一家印度本土电商Snapdeal。包括中国在内的跨境电商仅占目前印度电商业务的7%—8%,但预计这一数字在未来3年内将增长一倍以上"。[1] 为应对本土电子商务行业的发展和跨境电商的市场竞争与监管,印度出台针对电子商务行业的各种规范与限制是非常必要的。"事实上,新《消费者保护法》并不是电商公司和初创企业面临的唯一障碍。在过去的一年里,印度政策不断发生变化(如GST税改、源头征税制度等)对电商整体市场产生了不同程度的影响。"[2]

但是电商行业的从业者们并不欢迎如此严格的监管措施,认为这将导致业务难以顺利开展。"据了解,来自印度工商联合会(FICCI)、印度工业联合会(CII)、亚马逊印度站和其他电商公司的代表们已经与印度消费者事务部秘书Avinash K Srivastava会面,表达了新法案将对印度电商市场业务运转造成过度管控的担忧。"[3]

(七)推动博彩业的合法化以促进经济发展

2018年7月5日,印度法律委员会(LCI)的第276份报告指出印度将向赌博和赌博的合法化和监管方向迈进。[4]

该报告题为《法律框架:包括印度板球在内的赌博和体育博彩》(Legal Framework: Gambling and Sports Betting including Cricket in India),是根据最高法院在2017年就Board of Control for Cricket in India v. Cricket Association of Bihar & Ors一案(BCCI案)所作的参考

---

[1] http://dy.163.com/v2/article/detail/E2VS86L6051280SH.html.
[2][3] http://www.sohu.com/a/226203783_115514.
[4] http://lawcommissionofindia.nic.in/,以下内容根据印度法律委员会官网英文版报告翻译、整理而成。

而编写的。

2018 年 7 月 5 日所提交的这份报告旨在审查在印度博彩是否合法化。委员会注意到,虽然禁止赌博和赌博是可能的,但很难完全阻止这些活动。因此,最好的监管办法莫过于对赌博进行法律规范。

法律委员会建议,印度的州立法机关可以订立相关条款,而议会也可以颁布一项示范法来规范赌博,各州可以采纳。

法律委员会同时建议,赌博只能由获得特许经营权者经营。对于参与者,建议对特定时间段(即每月、半年或每年)的此类交易数量设置上限。

根据 1961 年《所得税法》(IT 法案)、2017 年《商品和服务税法》(GST)和其他相关法律,任何赌博所得应纳税。为了防止逃税,还建议运营商和参与者之间进行无现金交易,并对现金交易处以罚款。

法律委员会建议将赌博活动分为"适当赌博"(proper gambling)和"小赌博"(small gambling)两类。"适当赌博"的特点是赌注更高,只有高收入群体的个人才被允许进行"适当赌博"。低收入群体的个人则只允许进行"小赌博"。"小赌博"的赌注将低于"适当赌博"所允许的赌注。而未成年人、从政府处获得补贴的人以及不属于 1961 年所得税法或 2017 年商品和服务税法范围的人将不被允许进行赌博。

印度法律委员会建议应当修订 1999 年《外汇管理法》和《外商直接投资政策》,以鼓励外商直接投资赌场以及在线博彩业,认为这将推动这些州的旅游业和酒店业的增长,带来更高收入和就业机会的增加。

根据印度 2011 年《信息技术(中介指南)规则》,中介机构不得托管或传播与赌博有关的内容,或鼓励赌博。委员会建议仅禁止中介机构非法传播或托管与赌博相关内容,这将确保中介机构在许可赌博的州不承担"传播或托管与赌博有关的内容"的法律责任。

法律委员会建议将体育博彩中的假球或者体育欺诈定义为刑事犯罪,并予以严厉处罚。

(八) 新的《农药管理法》(草案)

2018 年 2 月,印度新《农药管理法》(草案)向大众公布并设定了为期 15 日的征询意见期。

"新草案将加重对违规者的处罚,并赋予政府更高权力处置违规者。此外,草案加入了新农药成分登记的详细流程,更详细的违规行为分类和向农民支付赔偿金的规定。该法案的目标之一是确保向农民提供优质农药,最大限度地减少农药残留对农产品的污染,并提高用户安全合理使用农药的意识。"①

该《农药管理法》草案规定,对于销售假冒农业、禁用农药等违法行为将处以 5 年监禁,并处罚金。

"州政府必须每季度集中汇报所有农药中毒事件,各州可禁用化学农药时效长达 6 个月。目前,各州可以禁止化学品时间为两个月。拟议法案根据 1986 年《消费者保护法》的规定向受影响的农民或使用者支付赔偿金。它还表示,任何'使用'违反该法案规定的农药都可能面临惩罚。'由于用户这一术语在法案中没有界定,因此不正当使用的责任可能落在农民身上,'可持续发展农业协会农业政策小组召集人 Kavitha Kuruganti 说,'该草案的不足之处之一在于它没有把安全作为核心条款;相反,它将有效性和病虫害防治作为其主要目标。'"②

(九) 2018 年印度关于外国直接投资(FDI)领域的法律规定

1. 对电子商务领域的控制

外资可能通过对印度本土电商平台的控制,大肆销售其自有商品从而影响印度国内中小企业的经营发展。出于保护民族工业的考虑,2018 年印度工业政策和促进部要求外商直接投资不得对本国自由库存电商持股超过 49% 以上,这加大了外资收购或者通过控股控制印度本国电商平台的难度。

2018 年年底,工业政策和促进部颁布了电子商务领域外国电商的销售限制,要求类似亚马逊等这种电商平台不得销售其持股公司的产品。此外,单一电商平台不得销售某一单个品牌产品超过在该平台上交易总额的 25%,倘若超过就必须停止继续交易。此举是为了防止电商平台成为某一个品牌的独家销售渠道,但要规避这种限制性规定也有很多途径,例如多家电商平台进行销售比例的调配,或者开拓线下实体销售渠道。

2. 本地采购要求的放宽

通常为了促进本国经济的发展,许多国家对于外商直接投资都规

---

①② http://nongyao.jinnong.cn/n/2018/02/26/134211263445.shtml.

定有本地采购的要求,要求其产品原料或者人工等需要在本地进行购买。但对于外国直接投资企业来讲,涉及其尖端、核心的技术机密,很可能因为本地采购要求而泄露出去,也有可能存在本地采购无法满足外商的技术要求等情况。

"2018年1月以后,外商直接投资比例大于51%的印度全球零售商(如苹果),如从事的是单一品牌零售业、涉及使用'最先进'和'尖端'的技术,而且无法进行本地采购的,自开业之日起3年内,不受本地采购要求的限制。本地采购要求对那些从事高科技产品销售的企业来说曾是一项不小的挑战。有些品牌所有者由于各种因素的制约,会从印度以外的地方采购材料来制造产品。印度政府为此目的专门成立了一个委员会,用以决定某项产品是否符合'最先进'和'尖端'的技术条件。关于何为'最先进'和'尖端'尚无准确定义,这就容易造成歧义。对此唯一的回旋余地是3年期限,此后从事单一品牌零售的外商就要满足30%的本地采购要求。所有这些因素都对从事此类产品销售的外国投资者构成挑战。"①

3. 单一品牌零售的路径放宽

所谓单一品牌零售,例如宜家、优衣库等,产品为单一品牌,在国际上也以单一品牌进行零售。与之相对的是多品牌零售,是指类似于沃尔玛这种大型购物超市,其出售的商品并不单一属于沃尔玛品牌,而是多种品牌的集合。

2018年之前,单一品牌零售属于相对限制投资领域,并且有30%的本地采购要求。2018年后,单一品牌零售转为完全开放的投资领域,一些符合条件的企业也可以不再受30%本地采购的限制。

(十) 对金融自救相关条款的废除

2018年的8月,印度议会通过了金融决议与存款保险法案,撤销了关于金融自救条款的规定。

该项原金融自救条款规定在银行陷入困境时,可以动用存款人的储蓄来挽救这些银行。"印度银行正面临不断加剧的不良贷款危机。截至2018年3月,印度银行系统中的不良贷款总额(NPA)飙升至贷款总额的11.6%。曾是印度班加罗尔管理学院教授查兰·辛格(Charan

---

① https://www.vantageasia.com/zh-hans/印度零售业fdi限制及规避/。

Singh)表示:'政府的这一举措(撤销法案)非常恰当,因为这一法案引发的恐慌已动摇了群众对银行体系的信心。'据称在印度某些地区,人们正在银行排队,试图取回自己的存款。"①这一规定引发了广大银行储户的恐慌,担忧自己的终生积蓄被用于挽救银行而失去保障。

"印度铁道部部长派尤什·戈亚尔(Piyush Goyal)向议会小组递交了关于撤销该法案的文件"②,该项法案最终于 2018 年 8 月被正式禁止。

(十一) 2018 年孟买经济与法律峰会

2018 年,印度的法律联盟咨询委员会在孟买组织了经济与法律峰会。峰会的主题围绕"探索对印度经济增长贡献最大的行业,即银行和金融、基础设施、医疗保健、技术和可持续能源"展开。

出席这次活动的法律界名人有印度前首席大法官迪帕克·米斯拉(Former Chief Justice of India Dipak Misra)、拉利特·巴辛博士(Dr. Lalit Bhasin)、尼西思·德赛(Nishith Desai)和高级律师伊克巴尔·查格拉(Senior counsel Iqbal Chagla)。一些来自法律界的知名人士,包括执业律师、律师事务所负责人和内部顾问,以及各业内人士出席了会议。

法律联盟咨询公司的创始人兼首席执行官 Bithika Anand 在峰会上发表了欢迎致辞并强调,会议的主题主要讨论法律如何促进经济增长,以及经济增长反过来促进法律在各个领域的进步。

此次峰会的主宾是迪帕克·米斯拉法官阁下(Hon'ble Justice Dipak Misra),他谈到了经济与法律之间的相互依赖性,强调了法律作为使印度从发展中的经济向可持续经济转变的促进因素的重要性,认为尊重人权是印度法治的必要条件。

作为峰会主席,拉利特·巴辛博士(LalitBhasin)谈到在支持 ADR 的法官的帮助下使得 adr 机制更为有力,从而促进经济的发展。尼西思·德赛(Nishith Desai)认为,印度司法部是当今印度最大的改革派,强调了在法律领域进行研究的必要性。

与会人员围绕印度经济的巨大发展潜力以及正确而适当地运用法

①② http://finance.sina.com.cn/stock/usstock/c/2018 - 08 - 02/doc-ihhehtqf9123560.shtml.

律,以起到促进经济发展的作用这一主题交换了意见。法律界和商业界的知名人士就经济增长机会、预期政策变化、争端解决框架、供应链模型、融资结构和公私营企业支出等问题进行了探讨。

四、关于宪法修正案和宪法性权利的保护

(一)印度 2019 年宪法修正案(第 124 修正案)

2019 年,印度下议院以 165 人赞成、7 人反对,通过了印度宪法第 124 修正案。该修正案由下议院的社会正义和授权部部长(Minister of Social Justice and Empowerment) Dr. Thaawarchand Gehlot 提出,试图为经济弱势群体引进一项比例为 10% 的机会保留政策。印度总统 Ram Nath Kovind 已经签署了 2019 年宪法第 124 修正案,并且同意修改印度《宪法》第 15、16 条以纳入第 124 修正案规定的经济弱势群体的机会保留政策。

第 124 修正案提出的原因是:"与别人比起来,经济弱势者更难通过竞争获得大学学习机会或者就业职位",认为,根据印度《宪法》第 46 条,印度政府应当保证社会弱势群体(the weaker sections of society)的受教育权和经济利益,但没有特别强调对经济弱势群体(the economically weaker sections)的倾向性保护。但是到目前为止,哪类人可以被界定为经济弱势群体并没有明确的标准。修正案提出应该根据家庭收入以及其他经济弱势指标进行判断。

该法案进一步表示,除了宪法条款提到的少数民族教育机构之外,对教育机会的保留应该扩展到私人教育机构,不管该私人教育机构是否受到国家资助。这项提议内容,与 2005 年印度最高法院在 PA Inamdar v. State of Maharashtra 一案中做的判决正好相反。该案的判决结果是印度政府不能够在私人的、未受政府资助的教育机构中设置保留,不能要求该类机构为保留人员预留受教育的席位或者降低分数录取。

(二)电子信息监控和隐私权的保护

早在 2008 年,印度《信息技术法》授权印度中央政府和州政府"为了主权和领土完整、为了印度的国家安全、为了与外国的友好关系、为了预防煽动实施关于侵犯上述事项的犯罪、或是为了调查任何犯罪"而颁布类似命令的权力。该法同时要求中央政府或者州政府在颁布类

似命令时需要书面记录发出指示的理由。但是目前印度内政部并没有公布颁布授权情报和安全机构"拦截、监控和解密任何计算机生成、传输、接收或是存储的信息"的命令的原因。

根据该命令,用户或服务提供商,或者任何控制计算机资源的人将有义务向被授权的 10 家机构开放所有设施和提供技术援助,违背者将被处以 7 年监禁和罚款。

2018 年 12 月底,印度内政部颁布了一项命令,授权 10 家"安全和情报机构"拦截、监控和解密"任何计算机生成、传输、接收或存储的信息"。根据印度《信息技术法》第 69(1) 条,被授权的 10 家机构具体是:情报局、麻醉品管制局、执法局、中央直接税局、税务情报局、中央调查局、国家调查局、内阁秘书处、信号情报局 NCE(仅限于查谟和克什米尔东北部和阿萨姆邦的服务区)和德里警务处。

(三)印度高等教育委员会 2018 年法案

印度人力资源部部长于 2018 年 6 月表示,新拟定的印度高等教育委员会 2018 年法案将废除 1951 年 UGC 法案,以印度高等教育委员会(HECI)取代此前的高等教育监管机构(UGC)。该部长表示,法案符合政府改革监管机制的承诺,为高等教育机构提供了更多自主权,以促进卓越和促进教育系统的整体发展。

该法案规定,拟议中的印度高等教育委员会将只专注于学术事务,而财政部将负责相关经费的拨款。此前的 UGC 成立于 1953 年,负责对符合条件的大学提供财政资助,也由此被认为其工作内容仅仅局限于资金拨付,而忽视了其他更为重要的工作领域,例如对大学机构的指导、研究领域的关注,以及对大学机构的工作质量监测等。

人力资源部将该法案公布在网站上供人查阅,并且征求了利益相关者的反馈意见,呼吁印度所有的教育工作者、利益相关者和其他人士可以在 2018 年 7 月 7 日下午 5 点之前向指定邮箱提出意见和建议。

(四)安乐死合法化,获得判例支持

2018 年 3 月 9 日,印度最高法院通过了一项历史性的判决,撤销了对永久性植物人患者的生命支持,使得被动安乐死合法化。这一决定是 Aruna Shanbaug 案件判决的一部分,她在去世前一直处于植物人状态。最高法院表示,倘若符合极其严格的法定条件,病人处于疾病晚期或者永久性的植物人状态,则根据病人的遗嘱,可以执行被动安乐死。

该判决在印度民众中激起了强烈反响。部分医疗机构人士表示,基于印度目前的巨大贫富差异以及法治执行力度不足,有可能造成对贫困家庭中老年人的生存权益的剥夺。

(五)身份和生物识别数据库的建立与公民隐私权的保护

2018年,印度颁布了《阿达哈和其他法律(修正案)法案》(The Aadhaar and Other Laws [Amendment] Bill, 2018)。

阿达哈法案的主要内容是为印度人提供一个确定的身份证号并同时采集其生物信息,建立世界上最大的生物识别数据库,以简化政府服务流程。为进行身份证的推广普及,关联了多项政府服务和商品交易,以身份证为基础作为获取政府服务和商品服务的前提条件。

阿达哈项目最早启动于2009年,当时印度政府收集了超过10亿人的姓名、住址、联系方式以及各种生物信息。"阿达哈"卡(实为印度的居民身份证)在2013年的1月1日进行免费推行,作为获取政府服务的前提条件。2017年年初,印度政府又将阿达哈数字(the Aadhaar number,实为印度居民身份证号)与获得国家粮食补贴联系起来,要求每个申请粮食补贴的家庭必须于4个月内获得至少一个身份证号,凭身份证号获取政府粮食谷物的补贴供应。

2017年,印度最高法院维持了《阿达哈法案》(the Aadhaar Act)的有效性,同时撤销了一些可能存在问题的条款。然而一些与法案有关的问题,特别是关于数据隐私的问题并没有得到解决。为了纠正这一瑕疵,中心起草了2018年《阿达哈和其他法律(修正案)法案》,旨在对现行法案进行某些修改。

2017年的阿达哈法案规定,为了防止身份证造假,身份证卡片和持证人的生物信息(指纹)必须进行同时验证,才能取得对应的各项政府服务乃至商品购买。政府初衷是防止居民采用假名多次认领政府补贴等服务,但此举造成居民生活的极大不便,很多体力劳动者由于长期劳动手上生茧而导致验证失败,而印度远未普及的无线网络和电力供应,导致对身份证号的验证十分困难。这些无法通过系统验证的居民就此失去了政府的粮食补助。阿达哈的注册系统也并非无懈可击,起码在2017年年初,由于CNN新闻记者Debayan Ray利用同一套生物信息,注册了两个身份证号,印度特立识别委员会(UIDAI)对其提起了刑事诉讼。

而印度一些邦在注册居民身份证的同时,没有征询居民本人的同意,径自采集了虹膜、指纹等居民生物信息;也有一些邦将利用指纹信息,追踪每个学生的成长。这些举动引起了印度人力资源部门的警惕,而印度最高法院也重申身份证的应用必须纯属自愿,不能与任何政府提供的服务强制关联。

2018年年初,印度《论坛报》曝出阿达哈数据库信息可能泄露的惊人消息:用户信息被以低价出售。对于居民生物信息和隐私的获取也导致了该法案是否违宪的争论。

2018年阿达哈修正案遭到了印度东北部政党、非政府组织的强烈抵制。印度最高院则宣布禁止私人公司获取阿达哈数据,阿达哈仅强制适用于申报个人所得税和分配PAN的场合,购买手机卡等获取电信服务不能强制使用身份证。

(六)麻风病人的人权保护

2018年,印度下议院通过了属人法修正案(the Personal Laws [Amendment Bill],2018),旨在排除麻风病作为印度各类婚姻法的法定离婚理由。该法认为,既然麻风病不再是无法治愈的,就不应该再作为法定离婚理由。该修正案适用于1869年《离婚法》、1939年《穆斯林婚姻解除法》、1954年《特殊婚姻法》、1955年《印度婚姻法》和1956年《印度收养与维持法》。

早在2008年,印度国家人权委员会就建议修改个人法和其他立法对于麻风病人的偏见。2010年,联合国大会通过了一项由印度提议的关于"消除对麻风患者及其家属的歧视"的决议。随后,印度法律委员会在其第256号报告中再次建议消除对受疾病影响的患者和家属的歧视。

2018年,印度最高法院向中央和各州政府发布了一项关于宣传对麻风病的认识,以促进病患能够获得平等对待和尊严生活的指示。

根据印度Vidhi法律政策中心的调查显示,目前印度至少有119部法律规范涉嫌歧视麻风患者,违反了印度《宪法》第14、19、21条。

如果印度上议院能够通过这部法案,无疑是印度立法上对于保护个人权利的极大进步。

（七）关于煽动性叛乱的法律意见咨询稿

2018年8月，印度法律委员会颁布了关于煽动性叛乱的法律意见咨询稿，①此举主要为划定言论自由与煽动性叛乱行为的法律边界。

印度关于煽动性叛乱行为的立法可以追溯至1837年的《麦考利刑法草案》（Macaulay's Draft Penal Code 1837）。在英属殖民地时期，印度的防止煽动性叛乱的刑事立法主要援引英国的相关立法。在涉及印度本土的一些案例中也主要是用于镇压印度人民反抗殖民统治的行为。

印度独立以后，印度宪法赋予了公民自由表达的基本人权。印度高等法院通过判例逐步明确了言论自由和煽动性判例的边界。

1. 不构成煽动性叛乱的言论表达

对政府的批评不构成煽动。在考虑某一行为是否属于煽动性叛乱的表达来说，必须考虑其作该项表达的意图。在Balwant Singh v. State of Punjab一案中，法律拒绝认定呼喊了反政府口号的人为煽动性叛乱行为，因为仅仅是偶尔场合的口号呼喊，并没有任何其他的配套行为，对于印度政府并不构成威胁，也无法挑起不同族群或宗教信仰间的仇恨。

在Javed Habib v. State of Delhi一案中，印度最高法院认为，对总理或者总理的行为持有反对态度，或者是批评政府，或者是从政府首脑的言行中推导出其意图是为了反对某特定族群或是与其他政治首领进行结盟等，不能被视为煽动性叛乱。相反，对政府的批评正是民主的象征。而由于政党领袖和政党团体的紧密结合，一些政党几乎成为其领袖个人的政治团体，因此对政党的批评建议也要包容和包含了对政党领袖的批评建议。

而Sanskar Marathe v. State of Maharashtra & Anr一案则对"强烈批评"和"不忠"进行了区分。该案涉及一位漫画家Aseem Trivedi，他因为通过漫画方式传播对政府的仇恨、不尊重而被登记在册。法院表示，对政府的强烈批评与对政府的不忠属于性质不同的两类行为。强烈批评是基于通过合法手段改善政府行为或者机构来改善人民的处境，这一行为并不激起敌意或者不忠，也不挑起公众秩序的失序或者暴力的

---

① http://lawcommissionofindia.nic.in/，以下内容根据印度法律委员会官网英文版报告翻译、整理而成。

使用。

在 Arun Jaitley v. State of U. Pyin 一案中,最高法院明确了以下规则:任何通过使政府受到藐视或者被憎恨而产生了颠覆政府的作用,或者是制造对政府政治上的不满,都将受到刑事处罚。因为这种对政府的不忠将导致实际的暴力行为或者煽动暴力行为,最终导致公共秩序的失序。

因此,就印度法律委员会看来,对于国家或者国家机构的强烈批评并不构成煽动性叛乱。许多情况下,通过诸如焚烧宪法等方式对一部不得民心的法律进行批评,或者是通过卡通形象对议会表达失望,并不足以构成煽动性叛乱行为。

2. 印度刑法修正案所引起的争论

2015 年一份由 Mr. Shashi Tharoor 在 Lok Sabha 所提出的印度刑法修正案草案中关于煽动性叛乱的定义再次引起了争论。该修正案草案认为,只有那些直接使用暴力或者煽动使用暴力的行为或者言辞才能被认定为煽动性叛乱;并且不只是口头或书面的语言,那些标记、可见的象征性符号,只要刺激、鼓励了暴力的使用,都应当被认定为煽动性叛乱。

印度法律委员会在 2018 年法律意见咨询稿中就此问题表示,由于煽动性叛乱属于对抗国家的行为,因此必须采用更高的证明标准来定罪。煽动性叛乱属于扰乱公共秩序的行为,而公共秩序处于最上位的高层概念"法律与秩序"和低位概念"国家安全"之间,一项行为可能影响了公共秩序,但并不影响到国家安全。对于合法言论,包括批评性言论的保护是必要的,反对意见不能毫无根据地遭到国家镇压,因此法院在判决时必须仔细审查案件情节做出判断。印度法律委员会也表示,一些言行可能并不属于煽动性叛乱,但是它触犯了其他涉及言论的法律,则由对应的法律进行规制。印度最高法院也重申,在对表达进行任何限制之前必须考虑整个语境。

法律委员会认为,煽动性叛乱应该属于主观故意,任何毫无责任感地行使言论自由权,不能被认定为煽动性叛乱。一些沮丧情绪的表达,诸如称印度为"不为妇女服务的国家"或者是"种族主义的国家",并不能威胁到印度的公共秩序。一个国家应当能够接受正面的批评。同时,不能滥用"保护国家完整性"来作为限制言论自由的工具。对言论自由的每一项限制都必须仔细审查,以免无节制。

五、印度刑法和刑事诉讼法修正案

(一)对现行《公司法》涉刑事犯罪条款的审查

2018年7月,印度公司事务部(MCA)成立了一个由公司事务部部长领导的10人委员会,负责审查印度2013年《公司法》中的涉及刑事犯罪条款。

2013年《公司法》中所有的违法行为都属于刑事犯罪。MCA试图审查2013年《公司法》所规定的犯罪行为,因为有些犯罪行为可能需要在内部机制中进行非犯罪化处理,对于可罚款或者可监禁或者两者兼有之的行为,需要先判断是否属于民事违约。在这种机制中,违约可能会被处以罚款而非被认定为刑事犯罪。

(二)2018年印度刑事诉讼法修正案(THE CODE OF CRIMINAL PROCEDURE (AMENDMENT) BILL, 2018)

2018年8月,印度法律委员会针对被错误起诉人员的司法救济,发布了第277份报告。印度目前并没有为无辜涉入司法程序被长期监禁人员的救济的相关法律。印度法律委员会认为,应当为被错误起诉人员提供国家赔偿,并就此提出了2018年印度刑事诉讼法修正案。

印度《宪法》规定公民享有生命权和人身自由。以这种方式请求救济,目前可获得的救济只属于一种特惠义务,而不能定性为国家的法定赔偿义务。也就是说,即便有着司法先例,遭受错误起诉的人员虽然可以根据令状向高等法院和最高法院起诉,但没有法定的获得赔偿的权利。

印度法律委员会制定的2018年刑事诉讼法修正案目的在于纠正"导致错误起诉的错案"。该法案包含了实体和程序两个方面,旨在构建一个法律框架,以确定对错误起诉的国家赔偿机制,在程序方面建立起固定的由国家支付赔偿金的制度。

法律委员会认为,国家应承担"赔偿被错误起诉的被害人"的法定义务,被害人则享有相应的法定赔偿权利。在因为国家工作人员的违法行为导致国家赔偿的情况下,国家也可以向相关工作人员进行追偿,也可以依法对其提起适当的诉讼。

法律委员会认为,对因不当起诉给被害人造成的精神上、身体上、财产上的损失和损害,应当采取统一、有效和及时的补救措施,建议相关法院对错误起诉的索赔请求应当尽快作出决定。速度和时间效率的因素尤其重要,任何设计的救济程序都需要迅速、适宜,并考虑到索赔人的利益。

法律委员会建议,在每个地区指定特别法院对相关赔偿请求进行裁决。有管辖权的法院为错误起诉发生地或者申请人所在地的法院。该法律框架下的赔偿将包括金钱和非金钱援助,因为该法案的基本意图和目的就是协助被错误指控或者定罪的人重新融入社会或重新融入他们的生活。非金钱援助将以咨询、心理健康服务、职业/就业技能发展和其他类似服务的形式提供。在刑事案件中,被告由于错误牵连而被上诉法院宣判无罪,必须消除耻辱,消除对其入学或者获得就业机会的影响。

2018年度,印度法治持续致力于妇女权益保护、经济立法、刑法观念的现代化、宪法性权利保护的落实等方面。在妇女权益保护方面,随着相关电影、文学作品的传播、先进观念的渗透、立法的发展,该领域保守落后局面逐步解冻并迎来生机;在经济立法方面,2018年度的印度经济立法多属于政策执行和体现,目的较为单纯,就是为了进一步促进经济发展;在刑法观念的更新换代以及违宪审查等事宜上,体现了这一国家在法治上作出的积极进取和探索。

试图呈现印度这一独特国家在2018年度法治发展状况,是一件复杂又纷繁的事情。它同时具备"静止的"和"动态的"两个角度,又同时在不同领域体现出"古老的"和"现代的"混合色彩。人类历史上出现过的各种法律制度在此交汇并奇异地取得某种和谐。各不同渊源的现行法律背后有着一套庞大的甚至互相抵触的哲学、宗教观念。而印度人民智慧而包容的个性,多法律体系并存发展以及对于新兴制度的积极尝试,是印度法治得以生生不息的最大动力。

Annual Report on the Rule of Law in India (2018)

Zhang Taoran

Abstract: the development of rule of law in India in 2018 reflects changes in politics, economy, ideology and culture. In the respect of the protection of women's rights and interests, India has made great efforts; The Law Commission of India has been constantly sorting out the provisions of personal laws of different religions and trying to coordinate their differences; In the respect of the criminal law, it has been announced that the provision of "Prohibition of voluntary homosexuality among adults" is unconstitutional. In order to adapt to the ever-changing international economic environment and promote economic development, India has introduced a series of new provisions in the field of economic law. As a democratic country with Separation of three powers, India do has some developments in the field of human rights protection.

Keywords: rule of law; Indian women's rights and interests; uniform civil code; the criminal law of India; the criminal procedure law of India; constitutional rights

巴基斯坦法治报告(2018)

王永宝[*]

内容摘要：长期以来,巴基斯坦法治建设进程一直处于滞后状态,亟待改革。随着新一届政府执政,诸多领域的改革予以启动,其中最为突出的就是法治改革。本文从该国相关现状问题出发,综述新任总理伊姆兰·汗及其领导的政府机构在法治建设改革方面所采取的一系列措施,如打击腐败、扶贫减贫、改善民生等。本文认为,在国际大环境下,人权的切实保障将进一步推动该国的法治建设,因为人权相对于法治更具体,也只有当国民的基本权利得到有效保障的条件下,其他方面如经济、文化、教育等,才能得到有效实现。鉴于此,本文从立法、执法、司法三个领域具体阐述了该国2018年的法治建设,并且得出结论,较之往年,该国2018年度立法活动更为活跃,涉及行政、经济、社会等各个方面,旨在通过立法促进司法改革,并以司法改革来完善国家法律制度。

关键词：人权保障；立法变化；司法改革；行政发

---

[*] 本文为西北政法大学中南亚研究中心(教育部国别与区域研究)专项课题阶段性成果。课题主持人：王永宝,西北政法大学反恐怖主义法学院(国家安全学院)教授。特别说明：本文为西北政法大学中南亚研究中心教育部国别与区域研究专项课题阶段性成果,由本人带领2019级硕士研究生(陶巧玲、尚凯、陈梦丹、南慧娟、李丹妮、闫娇燕)共同完成。作为课题主持人,本人代表课题组所有成员对审稿专家和编辑负责人的工作表示诚挚谢意。

展;法治建设

引言

近年来,巴基斯坦在法治建设方面给外界留下的印象一直不甚乐观,究其原因,内外兼有,致使其在国际相关领域的排名总处于落后位置。然而,2018年巴基斯坦全民选举后,阿里夫·热哈曼·阿尔维当任国家总统,伊姆兰·汗为国家总理,巴基斯坦新党派上台以及政局的变换,为巴基斯坦的法治建设提供了契机。众所周知,法治建设可在新政治背景中逐步开展,因而新总理在选举宣言中不断提及,要对巴基斯坦的现有制度进行改革,并在上台后的演讲中随即提出了百日新政实施举措,明确了法治建设的新目标与任务,从而开启了法治建设的改革道路。由于法治建设的前提是改革先行,所以巴基斯坦新政府必须在立法、行政、司法等多方面改革基础上进行,在改革成功的基础上不断显现其成果,方可推动其法制建设进程。

据2018年上半年世界正义项目出具的全球法治指数[①]排名报告,在全球113个国家中,巴基斯坦的法治指数[①]排名处于第105位,相比去年只提高了一位。属于发展中国家法治建设比较滞后的国家。如报告所述,在政府权力制约方面得分最高,而在秩序与安全方面得分最差。法治建设涵盖立法、行政、司法等多个方面。要想真正了解巴基斯坦法治建设的目标与任务,有必要先了解巴基斯坦目前法治建设中存在的问题,以此为切入点,透视该国法治建设全貌。

自巴基斯坦1947年建国以来,总统和总理的权力频繁变动,使得法律的制定和实施缺少稳定性。1973年宪法正式规定巴基斯坦实行联邦议会共和制,采用两院制和政府总理负责制,总统根据总理提出的建议行使权力,以宪法形式最终确定总统和总理职权的划分,为巴基斯坦法治建设提供了相对稳定的政治保障。国家政治的稳定是社会法治化发展的前提,巴基斯坦2018年选举连续第二次从一个文职政府向另

---

① 法治指数是指国际上判断、衡量一个国家的法治状况及其程度的量化标准和评估体系,主要包括法治建设和遵守法律方面的情况。法治指数大致由8个因素决定:制约政府、权力没有腐败、公开政府、基本权利、秩序与安全、监管执法、民事司法、刑事司法。

一个政权宪政的和平移交,而国家权力的顺利交接则为国内经济的发展提供了稳定的政治环境。同时,在依法保障公民基本权利方面,巴基斯坦政府实施改革顺应国际人权事业的发展。在当今国际社会,维护和保障人权是一项基本道义原则,是否合乎保障人权的要求已成为评判一个集体(无论是政治上的还是经济上的)优劣的重要标准。巴基斯坦人权委员会于 2018 年发布的《人权报告书》(State of Human Rights in 2018 — Human Right Commission of Pakistan)较为客观地分析了其国内相关领域的现状。

在立法领域,2018 年巴基斯坦在民主体制下坚持科学立法,总共通过 24 项法律和 15 项修正案,涉及宪法、行政法、经济法和社会法等多个法律部门,立法工作活跃。巴基斯坦议会着力加强重点领域立法,促进法律体系不断完善,以便通过法律形式加强对权力的制约和监督,执法更加规范严格、公正文明;通过法律形式深入开展公民意识和民主观念的宣传教育,注重加强新媒体和新技术的运用,增强全民法治观念;通过法律形式完善巴基斯坦的高等教育事业,完善法学教育体制机制,特别是加强理工类大学的改革;通过法律形式加强和保障宪法实施和监督工作,提高立法质量,大力推进行政执法规范化、信息化建设,提高全民法治素养;通过法律形式支持和保障相关领域改革,依法作出授权决定,为改革工作提供法律依据。立法机构统筹修改多部法律,持续推进相关领域改革。注重进一步完善立法工作机制和方式方法,加强立法工作组织协调,不断提高立法工作精准化水平。

在行政领域,以往巴基斯坦的腐败现象很普遍,特别是在政府和较低级别的警察部队中。由于三场不同的成功政变,军事机构与政府机构之间的政权更迭也削弱了反腐败机构。但不管哪个政权占主导地位,巴基斯坦的腐败都没有显著改善。在 2018 年的行政建设与发展中,尤其是国际透明组织(Transparency International — TI)巴基斯坦所发布的目标与措施沉重打击了腐败势力。2018 年新一届政府始于行政理念改革,落实于行政机构重组,具体于公务员制度改革,重构问责制度与透明政府。

司法改革是巴基斯坦的一个热点问题,政府一直致力于以改革国内司法领域出现的诸如积案过多、司法延误处理、效率低等问题。

2018年伊始,新政府即着手司法领域各方面的改革,特别是《2018年伊斯兰堡宣言》(Islamabad Declaration 2018)的批准更是昭示着巴基斯坦司法改革进入了全面、系统而深入的阶段。巴基斯坦根据本国实际的需要,为促进公平正义实施改革,追求公正、效率、素质等司法价值。不管是在民事领域所提出的政策改革,还是刑事领域涉及的警察制度、少年司法制度以及监狱制度方面的改革,无一不体现着巴基斯坦司法改革的力度与决心。

总而言之,2018年巴基斯坦积极推进科学立法和各项法律制度的落实,加强保障宪法实施和监督工作,促进人权事业的发展,加紧建设问责制透明性政府,推进法治宣传、法学教育,完善法治国家的建设。

一、法治建设存在的问题

(一) 政治环境复杂,政局动荡不稳

从国内政治环境来看,目前巴基斯坦是议会共和制国家,总理掌握国家的实际行政权,总统只是国家的象征,并无实权。从历史上看,巴基斯坦的政治环境一直都很复杂动荡,自建国以来一直受多部宪法的规制,且由于总统和总理的权力之争从未间断,规定其权力与职权的宪法也跟着掌握实权的执政者不断在修改变化。巴基斯坦宪法自1973年颁布以来,已经出台过多次宪法修正案,甚至还存在宣布暂停实施宪法的情况,有相当长的一段时间内处于军事统治之下,在政治领域的法治建设很不乐观,甚至可以称得上是混乱。而且总统与总理实权之争,绝大部分与军方有关,实际体现为是否有军方支持的较量。这是由于巴基斯坦国内外安全环境以及国内长期动荡的政治局势,为了维持政治稳定,不得不借助于军方力量,从而给予了军方太大权力,使其参与到了政治斗争当中。现在的巴基斯坦,军方在国内政治生活中仍然扮演着重要角色,有着很大的影响力。但是就2018年来看,目前政治体制还算稳定,从2010年宪法修正案通过以来,巴基斯坦的政治体制重新转变为议会制,现已平稳运行,2018年又经历了换届选举,短时间内不会有太大的动荡。在国际问题上,由于巴基斯坦国内政策欠稳、民族分裂、治安状况不佳,导致面临他国干涉其内政和外交事务的风险。国外势力不断侵入,打击国内利益,特别是与印度之间的历史矛

盾,影响巴基斯坦法治现代化的进程。①

(二) 贪污腐败明显,司法行政混乱

腐败是巴基斯坦法治建设中最大问题之一。在对巴基斯坦的调查中,民众普遍认为警察卷入了腐败行为,且表现出了对警察的不信任,因而人们倾向于将贿赂视作是一项权利,人们为了追求高效,纷纷选择去贿赂。所以虽然联邦和省一级多个机构负责打击腐败,不少犯贪污罪的人受到了惩罚,而腐败还是很猖獗,腐败现象还在不断增长。同时,各执法机关的职责分工不够明确,存在着管辖权冲突问题,无法有效地各司其职。例如,在刑事司法方面,由于工作人员的能力不足,特别是在调查部门对于证据的取得方面,导致案件常因证据不足,犯罪嫌疑人(被告人)被无罪释放;司法机关对于犯罪的管控不足,再加上司法资源匮乏,法院负担过重,司法审判延误,导致民众的法律问题得不到妥善解决,权利得不到国家有效的保障,对法律及司法机关失去信心,致使民众在法庭之外解决问题,导致不遵守法律的倾向越来越严重,守法与执法混乱,给社会和国家带来负面影响。缺乏对法律和司法系统的定期审查,导致权力和权威的过度使用。

(三) 经济负担过重,对外依赖性强

经济上,巴基斯坦主要依靠农业和服务业,整体经济处于轻工业开发出口阶段,经济发展落后;国内资源供应短缺,电力不足问题突出;通货膨胀严重,导致卢比的购买力持续下降;旅游业发展缓慢;常年依赖其他国家的贷款和援助,债务负担加重,债务水平达到历史新高,外汇储备不足,国际收支危机加重,经济发展遭遇前所未有的困难,亟需变革经济发展模式。

(四) 社会保障缺失,思想文化落后

贫富差距突出;就业状况不乐观;医疗状况较差,没有完整的医疗体系和医保制度;对妇女和女童的暴力行为、家庭暴力和强迫婚姻仍然存在,妇女婚姻家庭中权利的保护缺失;教育体制存在结构性缺陷问题;极端主义思想、宗派主义极端主义和以自身利益为基础的宗派主义传播问题,以及法律本身存在歧视问题;等等,都是影响法治建设的因素。

---

① http://dailytime.com.pk/213048/poor-rule-of-law-causes-and-remedies.

总理伊姆兰·汗(Imran Khan)一再重申,巴基斯坦的进步与繁荣取决于和平、稳定与法治。法治的强大力量不言而喻。而在现实的巴基斯坦,法治一直是一个不存在的"现实",其法治只是存在于法律中,并未在社会生活中做到有效实施和运行,法律的作用并未得到有效彰显,法治效果收效甚微。据此,在巴基斯坦的法治建设中,法律制度以及实施方面的改革显得尤为重要。

二、法治建设的总体目标与根本任务

巴基斯坦法治建设总的目标是建立一种秩序,在这种秩序中,国家通过其选定的代表行使权力,充分遵守伊斯兰教所阐明的民主、自由、平等、容忍和社会正义的原则,建立一个以法律为基础的促进公平、正义、包容和作为现代化基础的实体法治,并不断向程序法治迈进的充满活力的国家。其目的在于对人民权利的保障;保障宗教信仰自由和保护正常宗教活动;各联邦在其权力范围内实行联邦自治;保障人民基本权利的实现法律面前人人平等、地位平等、机会均等以及在社会、政治、经济上公平;在遵守法律和公共道德前提下思想、表达、信仰、礼拜和结社自由,并作出充分的安排保护少数教派以及落后和弱势群体的合法利益;充分保障司法人员的独立;联邦领土的完整、独立和所有权利,包括它在陆地、海洋和空中的主权,将受到保护;使巴基斯坦人民繁荣幸福,能够在世界各国中获得应有的光荣地位,为国际和平、人类进步和幸福作出应有贡献。总之,巴基斯坦将是一个以伊斯兰社会正义原则为基础的民主国家,致力于维护人民在反对压迫和暴政的不懈斗争中实现民主,并决心通过新秩序建立一个平等社会来保护国家和政治统一与团结。[①] 具体在各领域中包括:在政治上要改变政府面貌,创建一个强有力的政府,从中央到地方,政府部门的运行更加有力,更值得信赖;彻底改变巴基斯坦经济;在国际舞台上塑造巴基斯坦的国家信誉等。

伊姆兰·汗组建新政府后提出了一系列的执政纲领,继续推行竞选时承诺的百日新政。百日新政为联邦政府设定了34项政策目标,即:宣布实行财政紧缩政策并采取反腐行动;通过税收改革、企业扩大

---

① The Constitution of the Islamic republic of Pakistan (12TH APRIL, 1973) Preamble.

出口、中小企业发展、外资引进等举措推动经济发展,而不是通过外部贷款来重建经济;要建设一个简朴型政府,节省政府开支;着力反腐倡廉和司法体制改革,推动政府权力下放,赋予基层更大的权力;明确恐怖主义和极端主义是国家内部面临的最大的安全威胁,将实施强有力的反恐措施,以确保国家和平。百日新政涵盖改善国家治理、强化联邦机构、激发经济增长、扶持农业发展、改善社会服务、确保国家安全六大领域。①

（一）改善国家治理

改善国家治理的重点在于对政府的重新建设和改革,而重中之重是提升政府执政水平,发挥政府在国家治理中的指导和引领作用。从政府机构设置以及人员安排上出发,不仅要从横向上明确各政府机构职能分工,纵向上统筹中央与地方的权力划分,还要加强政府执政队伍建设,从多角度促进政府改革,创建一个全新的政府形象。

首先,对制度改革方面,任命工作小组和改革小组,专门负责政府制度的改革工作,包括公务员体制改革、警察制度改革以及司法体制改革。对整个公务员系统进行改革,特别是对公务员的任命制度,应当严格按照绩效高低,任命最合适的政府官员以组成联邦政府,确保公务员以尊重态度为人民服务,保障人民权利。成立特别工作组,通过确保终身职位保护和问责机制来提高可信度,吸引和留住最优秀的人才。去政治化和充实警务力量,以便让警察尽可能最少地甚至不要参与到政治生活当中,做好自己的本职工作;改革警察的工作方式主要以海伯尔·普赫图赫(Khyber Pakhtunkhwa — KP)警察体制改革为参考,任命责任感强、专业素质高、业务能力强的督查(Inspector Generals — IGs),建设值得人民信任的警察队伍力量。司法体制的改革,应当在短时间内迅速有效地开启,巴基斯坦正义运动党(The Pakistan Tehreek-e-Insaf — PTI)与各高等法院(High Courts)进行有效沟通与协商,启动和制定司法改革方案,提高司法工作人员能力,扩充司法资源,确保司法效率得到显著提高,在公平审判的前提下,一年之内使所有的民事案件得到解决,清除未决的积压案件。

其次,对机构改革方面,主要是对国家问责局(The National

---

① http://www.aa.com.tr>asia-pacific.

Accountability Bureau — NAB)工作的支持,保证国家问责局实际发挥职能作用,使其掌握完全自主权,同时在内部建立一个特别工作组,专门负责对非法攫取国家财富所得的没收,将没收后的资金投入到扶贫项目或者用于偿还国家债务。厉行反腐,在各机构内部采取积极措施,加强反腐力度,巩固和扩大反腐成果,主抓联邦调查局和反洗钱工作,推动建立举报制度,收回因为腐败而暗藏在国外的非法资金。

在中央与地方的关系上,将中央的部分权力下放地方,赋予基层组织和人民权力,发挥地方政府的能动性,让村一级的地方政府可以拥有权力和资源,结合地方发展的不同特点,制定地方政府改革方案,设计地方政府新制度,加强地方政府管理本地方事务的能力,更好地发挥基层治理建设。提高从中央到地方的各级政府机构的运行效率、法律秩序和可信赖度,改善政府服务,建设新政府。

(二)强化联邦机构

针对当前巴基斯坦联邦政府权力弱化的问题,采取一系列措施加强联邦政府权力,使联邦政府拥有强大的实权,权力落到实处,发挥联邦政府对国家管控的核心作用,与地方政府形成合力共同有效治理国家。主要措施如下:

(1)将直属于中央政府管辖下的联邦管辖部落地区(Federally Administered Tribal Areas — FATA)与海伯尔-普赫图赫瓦省(KP)进行合并,通过立法程序等,加快推动一体化进程,推动部落地区的法治化进程。

(2)开辟一个新的旁遮普省南部(South Punjab),并获得完全自治权,使其在未来5年内成为新的农业中心,并实施专门针对旁遮普省南部人民的经济发展计划。

(3)支持俾路支省的政治和解,与疏远的俾路支领导人和解,与被情报机构利用的失散俾路支青年和解,确保当地能够最大限度地参与发展项目中,尤其是在瓜达尔(Gwadar)的发展。

(4)开始改造卡拉奇,启动卡拉奇的一揽子改造计划,优先考虑管理、安全、住房和基础设施、公共交通、固体废物处理和清洁饮用水计划的改造。

(三)激发经济增长

巴基斯坦的经济发展涉及经济体制改革、机构转变、营商环境改善

等多方面,必须采取专项措施,改善经济大环境。主要措施如下:

(1) 改善国内就业机会与劳动力不均衡的问题,制订就业计划,扩大就业总量,为劳动力尤其是青年创造就业机会,预计在未来 5 年内提供 1 000 万个就业机会,激发经济增长,同时促进职业技能培训和就业服务培训。

(2) 对国有企业进行改革,建立巴基斯坦财富基金,使国有企业运行不受有关部门的约束,转变关键机构发展机制,对钢铁厂、铁路等国有企业内部进行改革;振兴制造业,迅速发展中小企业部门,通过提供一系列减税政策,将能源价格控制在与区域竞争对手相同水平;积极落实未完成的退税政策,激发企业投资,减小企业发展负担,并注重在劳工法保护下保障工人的合法权益;给予制造业更多优惠政策和支持,使其价格在国际市场上更富有竞争力,以促进出口,创造更多就业机会。

(3) 发展旅游业,吸引更多的资金流入市场,确定四个新的旅游地点,将私人投资机制引入旅游业,对现有设施进行改造升级,将政府招待转化为酒店运营。

(4) 改革财政税收政策,主要针对联邦税收委员会(Federal Board of Revenue — FBR)进行改革,调整税收管理,加强税收征管制度,建立税收新政策,改善国内债务依赖问题。

(5) 制订住房计划,解决中低收入阶层住房问题,鼓励和支持私营部门进入建房领域,在 5 年内建造 500 万套住房,该项目资源由专门的国家金融机构制定财务模式来安排,由法务部来解决建房过程中可能会遇到的法律障碍,保证项目的顺利进行。

(6) 巴基斯坦营商环境也亟待改善。从经济角度讲,发挥商业领袖的积极带动性,建立由总理主持和推动的商业领袖委员会(Council Of Business Leaders),制订计划目标等,吸引外来投资,鼓励海外巴基斯坦人参与进来,整体改善营商环境面貌。

(7) 重视经济发展中的能源问题,对能源储备利用等进行制度改革,发展可持续能源和低价能源,降低不必要的损耗,聚焦本土资源增长战略,摆脱巴基斯坦能源建设面临的困境。

(8) 有效利用中巴经济走廊(China — Pakistan Economic Corridor — CPEC)经济成果,并继续深入推动,启动相关行动计划,使其发挥出更具实质性的经济效应,将其转变为不仅包含基础设施项目的经济走廊,带动各产业的发展。

(9) 拓宽各领域的融资渠道,确保国家金融战略的合理实施,鼓励储蓄,提升银行存款基数。

(四) 扶持农业和节约用水

农业是巴基斯坦经济发展的核心支柱,农业产值在国内生产总值中占有很重要的地位,要继续保持和发挥农业发展优势,解决用水危机。主要政策如下:

(1) 从农业生产以及农产品市场着手发展农业,即:制定相关农业政策,对农民给予补贴,调动农民投入农业生产的积极性;引进再生农业和杂草管理,减少柴油税,减轻农业耕种负担,促进农业先进生产设备的投入使用,并以可承受的价格为农民提供肥料;改善农业部门,积极调研农业发展实际状况,回应农民在农业生产中的真实诉求;不断创新农业融资模式,与金融机构和移动货币运营商开展合作,优化农业融资渠道,使农民获取补贴和贷款更加便捷,鼓励农民积极发展农业,实现农业创收;提升农产品在市场上的竞争力,扩大农产品市场,增加农产品附加值,提高农民盈利能力,并通过立法允许私人准入,激发市场主体活力,刺激农业经济发展。

(2) 畜牧业的发展也是农业发展的重要一环,要实施相应的计划,做到国内的牛奶及奶产品自给自足,再扩大对肉产品的生产加工,为数百万小农户实现创收增收。

(3) 农业需要大量的水资源灌溉,农业发展必须确保水资源的充足,升级和实施国家的水资源政策以应对即将可能面临的水危机。目前最紧要的措施是加快对卡拉巴格水坝(Diamer — Bhasha)的建设,实现对水资源的开源,启动各省内大型水计划的准备工作,共同行动以降低水资源枯竭的可能性;要注意节约用水,做到真正节流,采取措施,扩大节水范围,利用节水设备和技术,在农业灌溉过程中通过智能控制和监测,减少用水量,减少水资源的浪费。①

(五) 改善社会服务

改善社会服务是法治建设中的重要任务,也是改革的重中之重,主要措施如下:

---

① https://en.m.wikipedia.org>wiki.

（1）卫生与教育改革。启动巴基斯坦正义运动党的卫生和教育蓝图，建立自己的卫生系统，改善政府医院，使穷人可以得到高质量的医疗服务；成立教育工作小组，让失学儿童重新接受教育；发展教育，将总理官邸（PM house）改造成一所世界级的研究型大学，邀请世界各地的学者对各学科进行研究，改善政府学校制度，提供优质教育。

（2）扩大社保范围。利用社保工具使每位贫困人口都能享受社保服务，对贫民窟问题进行专门调查，扶助贫困人口和家庭，对残疾人实施特别的援助。

（3）支持女性发展。启动女性发展计划，保障赋予女性与男性同样的发展机会，保护妇女在婚姻家庭生活中的继承权，赋予女性经济权利等。

（4）为所有人提供清洁饮用水。按照联邦政府路线图，在中短期时间内，做到每个公民都能使用清洁的饮用水。

（5）支持绿色增长，发起"清洁和绿色巴基斯坦"倡议。建立绿色增长工作组，启动立法和相关项目，执行在全国范围内种植10亿棵树的"海啸计划"，并在省会城市发起"城市植树海啸计划"；改善污水和卫生系统，将清洁运动扩展到贫民区。

（6）增设新的铁路服务、建设公共交通系统、公共停车场，不向没有停车场的医院和商场发放任何许可证，以改善交通和基础设施建设。

（六）确保国家安全

国家安全是一国发展的必备要素。确保国家安全，不仅要求国家内部安全，也要求在国际上与世界各国和平相处。

首先，通过采取果断手段确保国家内部安全，充分发挥安全机构职能和作用。组建国家安全组织，以总理为首，直接指挥，发布任务命令等。该组织以国家指挥局（National Command Authority，NCA）为模式，由负责规划政策和战略的全体委员会和安全专家组成的工作组构成，国家指挥局（NCA）承担国家安全组织秘书处的职能，共同承担保护国内民众安全的责任；对国内恐怖主义组织和活动，给予严厉的打击，决不能有丝毫懈怠。制定全面系统的内部安全政策，通过情报技术手段等使恐怖分子充分暴露，准确掌握恐怖分子的动向，在此基础上全面实施国家行动计划对恐怖分子进行精准打击，追求打击的彻底性和准确性，并对恐怖分子进行隔离教育改造等，以减少和消除恐怖主义威胁。

其次，在国际安全上，扩充改编外交部，强化外交部的职能和权力，充分发挥外交部的能力和作用,重塑巴基斯坦的国家信誉,同时在与各国的双边关系上,特别是与东西方关系的改善,实施相关的新政策,积极协调关系,解决冲突,和谐相处,提高巴基斯坦的区域关联性和全球影响力。在联合国安理会决议的范围内落实解决克什米尔问题的路线图,同时加强与中国的战略伙伴关系。①

综上,巴基斯坦的法治建设必须依靠各领域协调发展,政府可谓任重道远,需要各方面不断地改革且有成效。据2018年度巴基斯坦政府报告,其法治建设任务的完成情况很有成效,在34项政策任务中,18项已完成,其余16项正在积极推进中;此外,还取得了其他6项关键成就,包括财政紧缩政策收效比较明显、政府财政支出减少,开设了直达总理府的国民邮箱,有效打击了非法占地现象,打击偷电行为,支持海外巴基斯坦公民,建设清洁绿色巴基斯坦。但是巴基斯坦的经济危机仍未得到根本解决,未能控制通货膨胀和物价上涨,还需继续推进改革步伐。百日新政刚开始,今后的工作重点是继续推进未完成的任务,主要包括:解决全国400万儿童营养不良的问题、使农民用上现代化农业技术和生产工具、鼓励私营部门加大水产品养殖出口力度、扩大税收体系以增加税收、成立特别工作组促进旅游业发展、推动司法改革提高民事案件办事效率,等等。②

三、权力交接的新发展

(一)巴基斯坦政权模式

2018年巴基斯坦经历了总统大选和总理大选,国家领导人的成功交替,为今后的法治改革提供了稳定的政治保障。2018年,巴基斯坦前总统马姆努恩·侯赛因(Mamnoon Hussain)宣布不再继任总统;9月4日,巴基斯坦国民议会、参议院和巴基斯坦4个省议会的议员选举产生新一任国家总统——阿里夫·热哈曼·阿尔维③(Arif-ur-Rehman Alvi)。阿里夫的政治生涯始于反对安尤布·汗(Ayub Khan)将军专政的民主斗争,同时他也是1996年成立的巴基斯坦正义运动党(PTI)的

---

① http://www.dawn.com>news.
② https://www.insaf.pk/public/insafpk/news/100-days-pti-report.
③ http://www.pakistan.gov.pk/.

创始成员之一。自 PTI 中央执行委员会成立以来,阿里夫一直是该委员会成员,并担任信德省 PTI 主席(1997—2001 年)、中央副主席(2001—2006 年)和秘书长(2006—2013 年)等职务。阿里夫任职 PTI 秘书长期间,在巴基斯坦政治中引入了社交媒体平台,这在举行党内选举(2012—2013 年)方面发挥了重要作用,使得数以百万计的党员能够以数字化方式参与选举过程。根据巴基斯坦宪法,他在辞去临时选举委员会的所有职务后担任总统。2018 年 8 月 18 日,由巴基斯坦国民大会选举伊姆兰·汗(Imran Khan)担任巴基斯坦第 22 任国家总理。伊姆兰·汗于 1996 年与阿里夫等人联合创立了巴基斯坦正义运动党(PTI)并任主席,2002 年首次当选国民议会议员,2018 年 7 月大选中率正义运动党成为议会第一大党,使得正义运动党首次进入联邦政府,并成功当选巴基斯坦总理,这是巴基斯坦连续第二次由一个文职政府向另一个政权宪政移交。2018 年巴基斯坦国家权力的顺利交接,产生了新的国家元首和政府首脑,为国内经济的发展提供了稳定的政治环境;国家总统和总理的产生是在宪法规范下进行的,宪法为此次权力交接提供了合法性保障。

值得注意的是,巴基斯坦于 1956 年、1962 年和 1973 年先后颁布了三部宪法,规定巴基斯坦的政治和法律制度,确定了国家、人民的基本权利和义务。根据 1973 年宪法,巴基斯坦实行联邦议会共和制,采用两院制和政府总理负责制,总统为国家元首,总理为政府首脑。总统根据总理提出的建议行使权力,国民议会通过的法律和法令,由总统签署,总理复署颁布,交政府执行。总统由国民议会、参议院和四省议会议员选举产生,任期 5 年,连任不得超过两届。总理由国民议会选举产生,由总理在议会议员中挑选部长和国务部长组成内阁,以总理为首的内阁集团向国民议会负责。议会由参议院(上议院)和国民议会(下议院)组成,享有最高立法权,但财政法案和预算报告的立法和审议权只属于国民议会。

(二)宪法第 18 修正案主要内容

截至 2018 年,巴基斯坦共经历 23 次宪法修正案[1],其中影响最大

---

[1] http://www.senate.gov.pk/en/essence.php?id=1053&catid=3&subcatid=182&cattitle=Legislative%20Documents.

的为 2010 年 4 月宪法第 18 修正案①,此次修正案由巴基斯坦前总统扎尔达里签署,旨在分散总统权力,赋予议会、总理、司法机构和省级政府更大的自主权。其主要内容:

(1) 取消总统单方面解散议会和规避正常立法程序的权力,将直接向议会提交事项的权力移交给总理,由总统投赞成票或反对票,从而为巴基斯坦确立了维护民主准则的可持续性发展所必须坚持的民主联邦制方向。

(2) 为从法律上有效预防军事政变,宪法第 18 修正案规定,中止、修改宪法、将其搁置以及任何类似的行为都被认为是叛国罪。为了阻止军事政变的司法合法化,这种叛国罪不能被任何法院认可,从法理上对军事政变进行了预防。这是巴基斯坦历史上第一次否决了独裁者的合法化。

(3) 根据修正案,设立总理及其部长组成联邦政府,并将国家行政首长的职务从总统移交给总理,还要求总统就行政省长和军事首长的所有决定与总理进行协商。在司法机构的组成和任命方面,明确司法任命程序,取消了总统和总理对司法任命的权限,规定了司法委员会和特别议会委员会对司法任命的职权,增强司法机关的独立性。

(4) 在宗教信仰方面,宪法确定伊斯兰教为国教,规定法律体系要遵守《古兰经》和《圣训》所记载的伊斯兰教禁令,只有穆斯林才能够担任总统一职。这些关于宗教的规定真正在传统主义者和现代主义者之间保持了微妙的平衡,反映出巴基斯坦对国民基本宗教权利的重大妥协。

总体而言,第 18 次修正案试图建立议会制政府,推动巴基斯坦政治和法律制度化,利用改革后的宪法增强国家安全并改善经济。通过以上措施,巴基斯坦的司法独立性得到增强,议会和行政机关的权力得到划分,并从法律上对军事政变做出了预防,促进了巴基斯坦民主制度的发展,为政治转型提供了基础。

(三) 总理伊姆兰·汗要将巴基斯坦变成"伊斯兰福利国家"

总理伊姆兰·汗在他的竞选演讲中指出,要将巴基斯坦变成一个

---

① http://www.molaw.gov.pk/.

"伊斯兰福利国家",①他说未来的政府将不会使用伊斯兰堡宏伟的总理官邸,并将利用这一空间进行其他优先事项,将重点放在国家面临的政治和经济挑战上。他强调要重点关注打击腐败、扶贫减贫、改善民生。② 具体包括:

(1) 为弱势阶层提供政策保护。2018年12月巴基斯坦国家粮食安全与研究部公布了一项针对农业部门的820亿卢比计划,旨在提高农作物产量,提升用水效率,促进畜牧业和渔业发展,并加快建立农产品市场和减少农村贫困问题。

(2) 保护人民的税收,削减政府开支。伊姆兰·汗在竞选演讲中表示不会入住总理官邸,并将利用这一空间进行其他优先事项。

(3) 健全经济体制,引进国外投资。2018年10月,伊姆兰·汗成立商业领袖理事会(CBL),旨在吸引杰出的商人向政府提供最佳专业意见,以解决与贸易经济有关的问题。

(4) 加强反腐倡廉建设,实施防止官员贪腐的具体措施,包括建立专业机构国家问责局(NAB)③、完善军事和司法部门的纪律体系。

(5) 强调法律面前人人平等,完善尊重和保护妇女儿童权利的法律条文。

(6) 改善与伊朗的关系。

从阿里夫和伊姆兰·汗上任后发表的一些讲话可以看出巴基斯坦未来的国家政策走向:

第一,加大反腐制度建设,例如建立资产追回股和制定举报法律④。伊姆兰·汗认为腐败的前任总理应该对国家的经济衰落负责,追回其掠夺的资金以减轻国家经济负担。为此,他通过国家问责局对前任领导人进行腐败调查和起诉,并欲借此追回被贪污的国家资产,包括前总理纳瓦兹·谢里夫(Nawaz Sharif)和前总统阿西夫·阿里·扎尔达里(Asif Ali Zardari)。

---

① https://www.thenews.com.pk/amp/357392 - pm-khan-to-make-informal-extempore-address-to-nation.

② https://en.m.wikipedia.org/wiki/First_100_days_of_Imran_Khan%27s_prime_ministership.

③ https://en.m.wikipedia.org/wiki/National_Accountability_Bureau.

④ https://en.m.wikipedia.org/wiki/Corruption_in_Pakistan.

第二，建立一个简单而低成本的政府，在该政府中，总理府将改建为教育机构，州长府将用于公共利益。伊姆兰·汗宣布他将不住在总理府，并将总理府的职员从 524 人缩减至 2 人；此外，在目前可供总理使用的 80 辆汽车中，只保留了两辆，其余将拍卖。

第三，促进国家经济发展。伊姆兰·汗指出 PTI 政府经济政策的重点，并宣告国民正义党将创造 1 000 万个就业机会，同时将尽快落实关于复兴制造业、发展中小企业、促进私营部门建造 500 万所房屋、促进旅游业发展、改革税收管理制度、改革国有企业、应对能源挑战和增加融资渠道等政策的落实。

值得注意的是，在伊姆兰·汗上任之前，巴基斯坦就已经面临建国以来着最严重的经济危机。伊姆兰·汗意识到，只要巴基斯坦"沉迷于"阿富汗危机，美国就会不断向巴基斯坦施加压力，再加上印巴关系仍然处于对立状态，这些情况破坏了他对巴基斯坦的执政设想。因此，他开始修补巴基斯坦与阿富汗和美国的外交关系，与沙特阿拉伯建立友谊。伊姆兰·汗称巴基斯坦必须摆脱对西方国家提供援助的依赖，并不再向国际货币基金组织（IMF）乞讨资金，所有的资金缺口将由国外的纳税人所隐藏的数十亿美元和前任总理的贪污资金填补。

综上，2018 年巴基斯坦的法治建设以打击腐败、扶贫减贫、改善民生为重点，制定了相关法律为政府提供政策支持，在阿里夫·阿尔维总统和伊姆兰·汗总理的带领下将开启巴基斯坦法治建设的新发展。

四、人权事业发展

巴基斯坦 2018 年大选前后反映出了许多涉及人权的问题。[①] 首先，选举本身受到了投票前操纵和选举中对选票的限制，导致发生一系列暴力事件。其次，言论自由这一基本权利受到了公然侵犯，尤其是在选举的准备阶段，这引起了强烈的震动。再次，在不透明的国家安全担忧的笼罩下，对媒体报道的限制逐步升级，记者们越来越多地采取自我审查方式来逃避恐吓和威胁，有线电视运营商被禁止广播相关内容，网络社媒对某些相关事件的报道受到封锁；编辑们的家遭到了突袭，遭到

---

① Human Rights Commission of Pakistan, State of Human Rights in 2018, Lahore: Visionaries Division, 2019.

人身暴力的威胁,甚至受到审问和、抢劫、虐待等严重侵犯言论自由和人的尊严的行为。最后,对少数群体和宗教派别缺乏容忍甚至出现了敌对态度,从而导致法治失灵,司法和执法严重受阻,即如果最高法院不干预,则许多必须审理的案件将可能永远搁浅。尽管最高法院的干预引起了广泛关注,但期待已久的刑事司法系统改革仍处于次要地位,并且积压案件的不断增长在该国所有法院都未受到抑制,使案件一拖再拖,加重了诉讼当事人的挫折感和痛苦,律师与司法机构之间的冲突一触即发,从而将进一步使司法程序受到损害。

(一)关于行动自由

《巴基斯坦宪法》第 15 条规定每个公民都有权留在巴基斯坦境内,并在符合公共利益的法律规定的任何合理限制下,自由进入巴基斯坦全境并在其中任何地方居住和定居。[①]

1. 相关事件的发生

由于各种原因,包括法律和秩序不稳定、宗教政治示威、好战和反叛乱行动等,巴基斯坦境内的行动自由仍旧受到不同程度的限制。从 2018 年的头条新闻中可以看出,过度使用出口管制清单(The Exit Control List — ECL)是一个突出的问题。当年底,北瓦济里斯坦(North Waziristan)入境的"无异议证书"要求被取消,并且还实行了新的旅游团体落地签证政策。在这一年中,由于各种原因发生的骚乱和抗议事件频繁发生,给公众造成了混乱和不便。暴民用带刺铁丝网和燃烧的轮胎封锁道路。燃料短缺加剧了对行动的限制。一些地区的抗议活动演变成了暴力事件,抗议者焚烧车辆,有时司机还被困在车内。在前联邦部落地区,武装分子进行了一些袭击,包括轰炸两所女子学校,军事行动仍在继续,一般公众基本上是无法进入的。

2018 年 3 月,对于与巴基斯坦配偶结婚至少 5 年的外国人取消了发放或续发巴基斯坦原产地卡的票令。然而,国家数据库和注册局(National Database and Registration Authority of Pakistan — NADRA)的报告表明拒绝签发可能存在选择性发行。而 2017 年启动的旨在全国"消除恐怖主义残余威胁"的拉德·乌·法萨德行动在 2018 年继续进行。5 月,军方官员告诉记者,北瓦济里斯坦和南瓦济里斯坦已裁撤

---

① Constitution of Pakistan Article 15.

110 多个检查站,他们声称这与邮电部无关,尽管邮电部积极分子一直在抗议削减检查站。12 月,印度朝圣者,包括印度清教徒党领袖 Shiv Partab Bajaj 抵达卡塔斯拉吉进行为期 3 天的访问。巴贾杰在感谢巴基斯坦政府维护印度教宗教场所的同时,对发放的签证数量有限表示遗憾。同月,葡萄牙放松了对巴基斯坦的旅游咨询,随后,新闻部长称,向 55 个国家的游客提供落地签证的计划正在进行中。一些宗教群体的旅行仍然很危险。尽管缺乏数据,但报告的大量关于贩运和强迫劳动案件,特别是知名个人的贩运和强迫劳动案件,令人不安。

2. 相关建议和举措

(1) 保障公民在巴基斯坦全境的行动自由,并确保人们在全国旅行时是安全的。

(2) 应作出特别努力,确保妇女不被剥夺《公民权利和政治权利国际公约》第 12 条所规定的任何权利。

(3) 解决护照发放过程中的任何异常情况。

(4) 努力保护公民居住权,使他们免遭一切形式的流离失所。

(5) 确保实施打击质役的法律,因为社会中最脆弱的群体实际上处于被奴役的状态。

(6) 采取措施,使公众负担得起公路、火车和航空旅行油费,并且保证这些服务高效、可靠地运行。

(二) 关于思想和宗教自由

《巴基斯坦宪法》序言规定,巴基斯坦人民的意愿是建立一个应保障基本权利,包括地位平等、机会平等和法律面前平等,社会、经济和政治正义,思想、言论、信仰、礼拜和结社自由,遵守法律和公共道德的国家。①

1. 相关事件概括

2018 年,在巴基斯坦,少数群体依然受骚扰、逮捕甚至死亡的威胁,原因是不允许他们按照自己的信仰生活。国际排名显示,巴基斯坦在改善宗教少数群体困境方面的表现很糟糕。联合国宗教或信仰自由问题特别报告员艾哈迈德·沙希德(Ahmed Shaheed)和少数群体问题特别报告员费尔南德·瓦雷奈丝(Fernand Varanasi)表示,巴基斯坦政

---

① Constitution of Pakistan Preamble.

府必须废除选举法中导致艾哈迈迪耶派（Ahmadiyyah）少数民族成员遭受迫害和暴力袭击的歧视性条款。这两位专家表示，巴基斯坦 7 月 25 日举行全国大选，目前法律要求为艾哈迈迪耶派教徒单列一份选举名单，他们必须宣布自己为非穆斯林才能投票，这尤其令人担忧。

尽管艾哈迈迪耶派自称为穆斯林，但 1974 年巴基斯坦宪法的一项修正案宣布艾哈迈迪耶派为非穆斯林，这项规定仍被列入现行《宪法》中。艾哈迈迪耶派少数民族的公民、政治、经济、社会和文化权利由于与多数群体的教义存在分歧而逐渐被否定。人权专家表示："我们深感关切的是，迫害艾哈迈迪耶派教徒的行为有所增加，巴基斯坦国内法中对艾哈迈迪耶派教徒的歧视性规定也有所增加，这些措施助长了仅仅基于宗教差异对艾哈迈迪耶派教徒的暴力行为。"专家们强调，规定艾哈迈迪耶派公民必须在非穆斯林的单独选民名册上登记，会对艾哈迈迪耶派少数民族参与政治进程的程度产生严重影响。

两位专家表示："根据《公民权利和政治权利国际公约》第 18 条，以私人或公共方式表明自己宗教或信仰的权利必须由每个人自行决定，任何人都不应被胁迫宣布自己的宗教或信仰。"联合国少数群体问题专家强调，1992 年联合国《在民族或族裔、宗教和语言上属于少数群体者权利宣言》第 2 条规定，在不受干涉或任何形式歧视的情况下信奉和实践自己宗教的权利。两位专家还对阻止艾哈迈迪耶派教徒获得国民身份证和旅行证件的法律要求表示关切，这种要求不能满足等同于宗教或信仰的歧视。他们还呼吁废除亵渎罪获判死刑的规定，称这种规定不符合国际人权法。他们指出，在巴基斯坦，来自宗教少数群体的个人被过分指控为"亵渎"，仅因为他们信奉自己的宗教。联合国专家一直在与巴基斯坦政府联系，以寻求有关问题获得澄清。

毫无疑问，宗教少数派在巴基斯坦受害最深，但在 2018 年，哈扎拉等穆斯林多数教派也面临极端教派暴力。宗派暴力极端主义团体以什叶派清真寺、宗教集会、宗教领袖和其他个人为目标，在这一年中造成至少 112 人被杀害。俾路支省的宗派恐怖主义不断地针对哈扎拉人。在短短一个月的时间里，6 名哈扎拉人在 4 次不同的袭击中被枪杀，1 人受伤，两名在奎达西部绕行区被杀。4 月 18 日，一名店主被枪杀，而另一名哈扎拉族男子则在本月初被打死。在 4 月 28 日的第四次定点袭击中，两名哈扎拉男子被打死。3 月 4 日，哈扎拉社区的一名成员在奎达的一次定点清除中被枪杀,而3月8日在奎达,一名警察在看守哈扎拉人时被枪杀,另一名警察受伤。哈扎拉活动分子在俾路支斯坦议会大楼外静坐示威,一群哈扎拉妇女于4月29日在奎达新闻俱乐部外绝食,要求立即结束对哈扎拉人的定点清除,逮捕肇事者。

(三)国际社会的态度

1. 态度

国际民族关系排名显示,巴基斯坦在改善宗教少数群体困境方面表现为糟糕。美国国际宗教自由委员会(American Committee on International Religious Freedom,USCIRF)将巴基斯坦列入侵犯宗教自由和虐待少数民族的国家的黑名单。一年前,USCIRF已将巴基斯坦列入特别关注国家的特别观察国名单。USCIRF建议,将巴基斯坦定为"受关注的国家",因为它被指控为"严重侵犯宗教自由"。报告指出,巴基斯坦的宗教少数群体继续面临极端组织和整个社会的袭击;滥用该国严格的亵渎法导致压制非穆斯林、什叶派和艾哈迈迪教徒的权利。国际少数人权利组织(International Organization for Minority Rights,IOMR)将巴基斯坦列为2018年受威胁最严重国家名单中的第9位。由于巴基斯坦受到不安全局势的困扰,居住在省会奎达的什叶派哈扎拉人仍然是极端组织反复攻击的目标。尽管巴基斯坦政府通过国家机构和社会组织的努力,但是该国仍然存在一种对包括什叶派、艾哈迈迪耶教徒、印度教徒和基督教徒在内的少数群体不容忍和敌视的普遍气氛。

2. 相关建议

(1)赞同并执行第三次普遍定期审议中提出的建议,呼吁采取旨在保护少数群体和宗教或信仰自由权利的措施。

(2)采取特别措施,确保尽可能地保护对少数群体具有宗教意义的礼拜场所。

(3)对在涉及少数群体宗教和权利的问题上使用暴力的,坚决予以打击。

(四)有关妇女的权益保障

巴基斯坦现行《宪法》规定,所有公民在法律面前一律平等,都受到法律的平等保护,不得基于性别的歧视;应采取措施,确保妇女在国家生活的所有领域享有充分的权利,国家应保护婚姻家庭中的母亲;在婚姻存续期间和婚姻解除时,男女有权在婚姻方面享有平等权利,只有在男女双方自由和完全同意的情况下才可结婚、离婚;母亲和儿童有权得到特殊照顾和援助。

巴基斯坦《宪法》第 11 条规定,任何 14 岁以下的儿童不得从事工厂、矿山或任何其他劳动。① 《联合国儿童权利公约宣言》(UN Convention on the Rights of the Child)第 24 条规定,缔约国确认儿童的行动中,无论是公共或私营社会福利机构、法院、行政当局或立法机构采取的行动中,儿童的最大利益应作为首要考虑;第 34 条规定,缔约国承诺保护儿童免遭一切形式的性剥削和性虐待。②

1. 现状

2018 年全球性别差距指数显示,巴基斯坦再次成为世界上性别平等程度第二差的国家,排在伊拉克(第 147 位)和也门(第 149 位)之后。指数是基于经济参与和机会、教育程度、健康和生存以及政治赋权等因素计算得出的。据说,巴基斯坦在工资平等和教育程度次级指数方面取得了一些良好进展。然而,这一进展却被认为不够迅速,无法超越排名靠后的国家。

与前些年相比,巴基斯坦妇女的前景几乎没有改善的迹象,妇女面临的问题在全年的新闻中得到了鲜明的说明——最明显的是在这样一个父权社会中普遍存在的家庭暴力和性暴力案件。当其他因素发挥作用时,所谓的"荣誉"杀戮、酸液攻击、扩大的家庭动态、对行动和工作的社会限制、不平等和赤贫、强迫婚姻和包办婚姻等严峻的局面出现了。但与此同时,也有一些积极的迹象:竞选全国代表大会席位的妇女人数创了纪录;为变性人的合法性采取了举措;巴基斯坦高等法院任命了首位女首席大法官。有报道说,在选举期间,一些妇女参加了投票。

在过去 10 年中,颁布了一系列以妇女权利为重点的立法。但如此多的暴力和非法行为持续存在并继续升级的事实再次表明,在执行法律和改变根深蒂固的社会歧视方面存在着巨大的挑战。重要立法包括 2010 年的《工作场所保护妇女免受骚扰法》(Protection Against

---

① Constitution of Pakistan Article 11.
② Constitution of Pakistan Article 24 and 34.

Harassment of Women at the Workplace Act)、《2011 年防止反妇女行为法》(Prevention of Anti-Women Practices Act,内容涉及保护妇女继承财产的权利,禁止强迫婚姻,包括解决争端)、2012 年通过的《家庭暴力(预防和保护)法》(Domestic Violence (Prevention and Protection) Act,内容涉及禁止在私人场所实施暴力,并要求在 90 天内迅速解决案件)、《2016 年反强奸法案》(Anti-Rape Act of 2016)等。

2018 年 9 月,伊斯兰意识形态委员会(The Council of Islamic Ideology, CII)宣布,男子"三休"的离婚做法应该被禁止,以这种方式结束婚姻的男人应该受到惩罚。这种歧视性习俗使男子有权控制妇女的生活,但对口头离婚往往没有任何理由,而且常常影响到妻子分享财产、继承和子女监护等权利。然而,不清楚独立调查委员会的这一声明是否经过了适当的协商程序和立法。2017 年基督教婚姻和离婚法案仍然是今年争论的焦点。拉合尔高等法院于 10 月审理了关于将《基督教离婚法》(The Christian Divorce Act)恢复到以前状态,并要求提供议会在立法方面的进展情况。

2. 相关建议

(1)在基督教社区中就一项更进步的《基督教婚姻和离婚法案》(Christian Marriage and Divorce Bill)及其在议会和省议会中的早期作用达成共识。

(2)增加 20 岁以上妇女的劳动参与率,增加获得优质教育、金融服务和卫生设施的机会,以及鼓励和接纳妇女工作的激励政策。

(3)在全国各省和各地区启动妇女创造就业方案,以及成人非正规教育和国家级职业技能培训方案。

(4)通过推广非政府组织、民间社会组织和公共、私营、非营利发展银行发起的成功方案,为最低收入妇女提供她们负担得起的创业信贷。

(5)赞同并执行《联合国关于 2018 年巴基斯坦妇女状况报告》(The United Nations Women report Rural Women in Pakistan Status Report 2018)的建议,包括立法、政策和研究,以解决农业女工的权利和福利问题。

(6)建立单独的分支或小组,以遏制基于性别的暴力,并对性暴力受害者提供保护。

（7）在各省提供妇女庇护所和危机中心。制定政策和颁布立法，确保普及计划生育和生殖健康服务，提高对怀孕期间营养和护理的认识。

（五）有关儿童权益的保护

1. 现状

巴基斯坦新政府在 2018 年宣誓就职后，提出了一系列新的承诺和决议，以维护巴基斯坦的儿童权利。人权部再次表明决心通过立法、司法改革，改善该国的儿童权利状况。政府还寻求加强国际合作，以解决儿童性虐待和买卖儿童等问题。2018 年 12 月，国家大会通过了一项决议，以加强其承诺，即保护和促进儿童权利，消除营养不良，并在 1 000 天内改善照料。总之，巴基斯坦在 2018 年未能保护其国内所在儿童，几乎所有的基本权利和自由都遭到侵犯或面临严重的侵权风险。缺乏新生儿护理、出生登记率低、粮食安全、过度暴力的法律和社会保护不足、危险劳动以及童婚等是该国儿童一再面临的困扰问题。虽然司法和执法部门被认为更加积极地追查针对儿童的犯罪案件，但暴力侵害儿童行为的程度并没有多大改善。

2. 相关建议

（1）建立有效而及时的机制，遏制该国日益严重的粮食不安全以及由此导致的儿童营养不良现象。

（2）扩大卫生设施、疫苗接种和健康意识，根除小儿麻痹症，遏制麻疹和其他可预防疾病的蔓延。

（3）成立全国儿童权利委员会，设立一个中央机构，负责监督该国儿童权利的落实状况。

（4）确保严格执行法律，以克服、纠正童婚等不良社会风俗长期存在的文化观念。

（5）制定全面的政策，遏制对儿童的性虐待和诱拐，并建立适当的机制，对此类案件进行调查和起诉，并且应该意识到男孩和女孩一样，即便不多，男孩也有遭受性虐待和暴力危险的可能性。

综上所述，像联合国秘书长安东尼奥·古特雷斯（Antonio Guterres）2019 年 9 月 24 日在秘书长大会第七十四届会议上发言所说："人民有权享有各层面的安全，每项维护人权的措施都有助于促进可持续发展及和平。21 世纪，我们看待人权的视角须针对每个人，必须囊括所有权利,包括经济、社会、文化、政治和公民权利。如果忽视或削弱经济、社会或文化权利,就会犯错。但如果认为这些权利足以满足人们对自由的渴望,则同样有误导性。人权是普遍、不可分割的。人们无法选择,厚此薄彼。人们有权享有福祉和有尊严的生活标准;有权拥有健康、住房和食物;有权享有社会保障和可持续的环境;有权受到教育,不仅包括学知识,而且还包括学习如何学知识。此外,人们也有权拥有体面工作,特别是年轻人。"[①]巴基斯坦的人权发展事业同世界各国一样,道阻且长。我们期待在未来的若干年内,巴基斯坦的人权将更加有效地得到保障,相关政策和法律被切实执行和遵守。

五、立法变化与发展

(一)宪法领域

2018年巴基斯坦议会共通过了15部法律修正案,其中以《第25次宪法修正案》(The Constitution Twenty-fifth Amendment Act 2018)为代表,从而为联邦管理的部落地区(Federally Administered Tribal Areas, FATA)和海伯尔·普赫图赫瓦省(Khyber Pakhtunkhwa)的合并提供了宪法依据。

FATA位于巴基斯坦边境,与阿富汗接壤,在巴基斯坦国内与海伯尔·普赫图赫瓦和俾路支(Baluchistan)相邻。FATA包括7个部落地区,全部由总统任命的政治代理人进行统治。FATA被认为是世界上最危险的地区之一,受到大国政治、恐怖分子的武装冲突和恶劣地理环境的影响,目前FATA可谓是恐怖主义分子的基地。

虽然FATA在国民议会中拥有12个席位,但是作用有限,因为联邦立法机构对FATA没有普遍的立法权。这意味着,除非总统的直接命令,国民议会制定的法律并不适用于FATA。如果从整体的战略利益出发,对FATA的法律乃至政治方面的改革是有必要的。将FATA并入相邻的开伯尔·普赫图赫瓦省,实现FATA与全国制度的统一,从而完成对西北边疆的实质性统一,有利于维护巴基斯坦国家的统一和完整,保障宪法权利,防止亲塔利班情绪的蔓延,并保持该地区的长期

[①] https://www.un.org/sg/zh/content/sg/speeches/2019-09-24/address-74th-general-assembly.

稳定安全。①

2017年3月2日,联邦内阁批准了统一FATA与全国其他地区法律制度的建议;12月26日,联邦内阁批准组建国家FATA改革实施委员会。2018年4月18日,马姆努恩·侯赛因总统批准2018年《最高法院和高等法院(将管辖权延伸至FATA)法》(The Supreme Court and High Court "Extension of Jurisdiction to Federally Administered Tribal Areas" Act,2018),将巴基斯坦最高法院和白沙瓦(Peshawar)高等法院的管辖权扩张至FATA。

根据现行《宪法》第239条规定,影响地理边界的宪法修正案必须由受影响的省议会批准,因此修正案必须由开伯尔·普赫图赫瓦省议会通过。2018年5月27日,在开伯尔议会中以多数票通过了《巴基斯坦宪法》第31条修正案。最终该修正案在国民议会中以229票赞成、1票反对,在参议院以71票赞成、5票反对,获得通过。②

2018年《第25次〈宪法〉修正案》旨在修正《宪法》第1条,其中定义了巴基斯坦的领土,并提到了FATA是与其他省份分开的领土。该修正案将参议院的成员从104名减少至96名,国民议会的成员从342名减少至336名。海伯尔·普赫图赫瓦省在国民议会中将有145个席位(115个普遍席位、26个妇女席位、4个少数民族席位);FATA将在该议会中拥有21个席位(16个普遍席位、4个妇女席位、1个非穆斯林席位)。FATA的现任参议员允许完成其6年的任期。他们在2024年全部退休后,FATA在参议会中将没有独立代表。

巴基斯坦主要政党在FATA和开伯尔·普赫图赫瓦合并问题上表现出了罕见的团结一致。巴基斯坦正义运动党(TIP)与巴基斯坦人民党(Pakistan People's Party, PPP)都同意将两个地区合并。总理候选人伊姆兰·汗承诺,如果在即将到来的大选中当选,FATA和开伯尔·普赫图赫瓦的合并将是政府的第一要务。前总统阿西夫·阿里·扎尔达里也支持将FATA与开伯尔·普赫图赫瓦合并,并将高等法院扩展到此地区。

---

① 时佳希:《巴基斯坦FATA改革进程透视》,《经济社会史评论》2019年第3期。
② Wasim, amir. National Assembly green-lights FATA-KP merger by passing historic bill. Pakistan herald Publications (2018).

总之,《第25次宪法修正案》符合巴基斯坦行政区划和主要民族相对应的划分原则。信德(Sindh)、旁遮普(Punjab)和俾路支(Baluchistan)3个省份都有各自相对应的民族。唯独普什图人(Pastun)被一分为二,这是普什图民族主义者不满的一个重要原因。与开伯尔·普赫图赫瓦合并在相当程度上消解了普什图人与巴基斯坦国家之间的矛盾。另外,就社会管理而言,由于该地区旷日持久的战争,使得大批FATA民众在武装冲突时期就近迁入该省的"对应城市",普遍依赖当地的教育、贸易、基建和商业等资源,甚至FATA一些地方的政治代理人也早就将机构设在开伯尔·普赫图赫瓦省。这说明两地普什图人之间的交流已经较为密切,修宪合并两地是对目前现状的一种承认。

两个地区的合并也引起一些负面效果,因为FATA和开伯尔·普赫图赫瓦省的社会结构并不完全相同,合并可能会进一步加剧普什图人之间现存的敌意。此外,开伯尔·普赫图赫瓦政府还必须面对FATA地区的恐怖分子;同时FATA之前由联邦政府行使管辖权,有自己特殊且独立的行政体系,贸然合并必然会引起行政体系内部的抵触和消耗。将国家和省级高级法院的管辖范围扩大到FATA,当地居民被纳入巴基斯坦的司法系统,不能再通过部落寻求正义,普什图民族主义者认为他们正在失去自己的身份。

(二) 行政法领域

2018年,巴基斯坦共进行了12部行政法部门立法,其中以《国家公民教育委员法》(National Civic Education Commission Act, 2018)为代表。2018年5月24日,巴基斯坦议会通过《国家公民教育委员会法》,旨在通过以法律形式来督促相关教育措施落实。

公民教育通过向公民提供做出正确决策的信息来鼓励公民的政治参与。在现代民主国家,公民教育目标包括传授政治制度知识、提高政治意识、鼓励政治参与和尊重国家的法律法规,其直接关系到公民对国家的权利和义务的了解。传播此类知识的最佳方法是在教育机构中强制实施公民教育。负责任和有国家意识的公民对国家未来的发展至关重要,公民国家意识和民主意识的教育应该是首要关注的问题。但是长期以来没有这样的机构来执行类似功能,《国家公民教育委员会法》正是为了满足这一需求而创设。

根据该法第 7 条规定,根据 2018 年国家公民教育委员会第 3 条设立的国家公民教育委员会具有以下职能:

(1) 增进对《宪法》原则和目标以及《宪法》所载基本权利的理解,并且引导学生对妇女和少数群体权利的尊重。

(2) 教育和鼓励公民在任何时候都捍卫《宪法》,以免遭受各种形式的虐待。

(3) 开发课程以实现《宪法》的目标。

(4) 提高公民对公民责任的认识,并加深他们对公民的权利和义务的了解。

(5) 采取特殊措施,促进农村地区的公民教育。

(6) 为提高公民教育能力提供建设方案。

(7) 促使普通公民了解不同阶层之间存在的不平等现象以及解决这些现象所必需的措施,以此实现民主。

(8) 预防、制止和依法惩治在公民中宣传暴力、恐怖主义和极端主义的行为。

(9) 促进清洁和尊重环境。

总之,2018 年《国家公民教育委员会法》旨在通过提高人们对公民基本权利和义务的认识,努力提升公民素质。其立法目的是教育年轻人尊重国家宪法和其他法律,培养公民意识。为促进公民教育,依据该法设立国家公民教育委员会。联邦政府划拨专项资金,以使国家公民教育委员会正常运作并执行该法。该委员会由一个功能强大的理事会监督。根据该法,理事会应当监督和管理委员会事务。理事会每个季度至少召开一次会议。该法规定,联邦教育和专业培训部名誉部长担任委员会主席,其成员应由以下人员组成:巴基斯坦参议院提名 3 名参议员,国民议会议长提名 3 个国民议会议员,每个省议会的议长提名一名省议员,由政府提名 3 名公民教育专家、媒体 2 名代表。总干事由委员会任命。由于民主价值观只有在公民充分了解公民责任时才能扎根,所以向青年一代提供公民教育是必不可少的,因为青年一直在加强民主和法治进程中发挥着重要作用。如果公众知道他们的基本权利和对社会的责任,那么民主理想和宪政价值观就会在社会结构中根深蒂固。这样,巴基斯坦就可以向世界显示一个和平、宽容和进步的国家形象。在行政法领域,其他的比较重要的立法摘要如表 1 所示:

表 1　2018 年巴基斯坦行政立法

法　律　名　称	主　要　改　革
《国民议会秘书处雇员法》(the National Assembly Secretariat Empoyees Act, 2018)	规范了国民议会工作人员的招聘、培养、管理和提拔的程序和条件
《总统薪金、津贴和特权法修正案》(the President's Salary, Allowances and Privileges(Amendment)Act, 2018)	作为国家元首,总统的工资必须比巴基斯坦政府任何公职人员的薪酬高出象征性的 1 卢比;总统月薪从 8 万卢比提高到 846 550 卢比

（三）社会法领域

2018 年,巴基斯坦共进行了 6 部有关社会法的立法,其中以《防止人口贩运法》(Prevention of Trafficking in Persons Act, 2018)为代表。贩运人口是侵犯人权的第三大有组织犯罪。2018 年《防止人口贩卖法》将人口贩卖定义为:"任何人通过或者试图通过使用武力、欺诈或者胁迫,招募、窝藏、运输,提供或获取他人,以强迫劳动或商业性行为,即构成贩运人口罪。"

巴基斯坦是人口贩卖的来源地、中转地和目的地,人口贩运的流向集中在强迫劳动和卖淫领域。奴役劳工的受害者保守估计有 100 万。非法劳工代理人向被贩卖人口做出提供体面工作的虚假承诺,但是他们往往在国内的其他家庭或商店等地方强迫劳动和奴役。在极端情况下,当工人公开反对虐待时,土地所有者绑架工人及其家庭成员。女童和妇女也被迫结婚,她们的新丈夫甚至将她们带到巴基斯坦边境,迫使她们卖淫。非国家武装组织以欺诈性的诺言绑架儿童或者强迫父母放弃子女,他们往往成为自杀式炸弹的牺牲者。武装分子经常性地虐待儿童,并且使用心理胁迫手段,试图向儿童说明他们实施的行为是正当的。

总体而言,与问题的规模相比,政府在劳工贩运问题上的执法力度仍然不足;旁遮普省仍然是唯一对贩卖劳工可以起诉和定罪的省份;与巴基斯坦贩运人口的程度相比,司法定罪比例仍然很低;官员共谋贩卖人口犯罪仍然是一个普遍的问题,但政府没有追究这些官员的责任,包括没有调查一名高级外交官员涉及贩运人口的严重指控。经过多年的努力,巴基斯坦议会于 2018 年 5 月 31 日终于通过了《防止贩运人口法》,一方面维护人口贩运活动受害人和被偷运移民的权利,另一方面使巴基斯坦执法机构有权起诉和惩罚在贩卖人口的犯罪活动中获益的犯罪集团。

在毒品和犯罪问题办公室的协助下,《防止贩运人口法》由联邦调查局(FIA)起草,以联合国关于反人口贩运(TIP)示范法为基础,符合国际法标准。法律对贩运者、走私者及其同伙处以长期监禁,并处以巨额罚款。2018年《防止贩运人口法》最重要的方面之一是不对被偷运移民进行刑事处罚,这表明巴基斯坦政府致力于保护被偷运者和受害者的人权。该法以调查贩运人口的犯罪活动,以及对受害者的营救、保护和康复为重点。将某些贩运形式归为"加重"犯罪行为,包括强迫劳动、乞讨或诱使女童性早熟而进行贩运。在大多数情况下,所规定的刑罚高于现行法律规定。根据该法律任何人如果犯有贩卖人口罪,将被处以7年以下的监禁或100万卢比的罚款,或者两者兼而有之。该法还规定:"如果贩运人口的罪行是针对儿童或妇女的,犯罪人应被判处10年以上的监禁,或处以100万卢比的罚款,或两者兼而有之",而且该法也将有力地加强警察的力量,以防范、制止和依法惩治有组织犯罪集团的贩运者和偷运者。并且有利于整合相关资源,以确保分解有组织的犯罪网络,并将贩运者绳之以法。在社会法领域,其他比较重要的立法如表2所示:

表2 2018年巴基斯坦社会法领域立法

法　律　名　称	主　要　改　革
《伊斯兰堡首都地区儿童保护法》(Islamabad Capital Territory Child Protection Act, 2018)	为伊斯兰堡地区的儿童提供最大限度的照顾和保护;成立儿童保护咨询委员会,就儿童权利保护向政府提供咨询服务;按照本法处理的儿童身份必须保密
《跨性别者权力和保护法》(The Transgender Persons (Protection and Rights) Act, 2018)	救济、保护和恢复跨性别者的权力;允许跨性别者根据他或她的自我感知的性别身份得到认可;根据当事人所认同的性别来规定他们的继承权,并且应采取措施向跨性别者提供免费义务教育
《伊斯兰堡医疗保健管理法》(Islamabad Healthcare Regulation Act, 2018)	在国民健康服务部下设伊斯兰堡保健管理局;制定伊斯兰堡居民医疗保健的质量标准,提供高质量的医疗服务

（四）经济法领域

2018 年,巴基斯坦共有 4 部经济法部门立法,其中以《企业复兴法案》(The Corporate Rehabilitation Act, 2018)为代表。2018 年 3 月 15 日,巴基斯坦参议院通过了经修订的《企业复兴法案》。该法案是法人实体清算和重组广泛立法计划的一部分。在现有公司法体制下,陷入困境公司的恢复不充分且耗时;在目前法律框架中的很多规定会导致债务人和债权人的法律救济不平衡。因此,迫切需要一个全面的法律框架来恢复该国陷入困境的公司和企业。

为此,议会事务部长谢赫·阿夫塔布·艾哈迈德(Sheikh Aftab Ahmad)代表国家财政和税收大臣拉娜·穆罕默德·阿夫扎尔·汗(Rana Muhammad Afzal Khan)提出了该法案。参议院常务委员会主席萨利姆·曼德维沃拉(Saleem Mandviwalla)批准了下议院的修正案。最初,参议院于 2017 年 9 月通过了该法案;2018 年 1 月,国民议会在经过某些修正后通过了该法案。因此,它于 2018 年 2 月 15 日在参议院被重新提出,并转交给了金融、税收、经济事务和麻醉品管制委员会进行修订。

该法案是对陷入困境的公司进行恢复的法律规范,其规定:债权人和债务人应提交请愿书以进行调解,而后通过法院指定的唯一调解人或联合调解人任命破产专家进行调解;请愿人应当将调解命令通知所有有关方面;任命债务人的管理人并明确其职责,管理人应向法院提交恢复计划,并且向法院提交债务人的事务说明书,确认和执行恢复计划。就具体内容而言,《企业复兴法案》在以下方面做出了改革:

(1)负债的企业可以同时进行清算和重组;企业在破产时允许避免被低估的交易。

(2)企业破产时,为债务人提供基础商品和服务的合同允许继续履行;为了管理债务人的事务,管理者有权采取任何必要的手段;企业在破产时,允许债务人拒绝履行负担过重的合同。

(3)在获得法院事前批准的情况下,破产管理人可以承担或者拒绝债务人待执行的合同或者是未到期的租约;经过法院批准,管理者可以中止交易;管理者可以普通程序以外的方式出售或出租债务人的财产;允许财产管理人在其认为适当的条件下,获得上级同等担保权益担保的信贷债务人财产。

（4）破产程序启动后,债权人有优先权;有资格的债权人有权对重组方案实行表决;在破产清算程序中,对重组持有异议的债权人的赔偿至少和他们在清算中获得的赔偿相等。

陷入困境公司的复兴和恢复在现有体制及法律程序的安排下充分且不耗时,因此该法案满足了陷入困境的公司和企业法律需求。在经济法领域,其他比较重要的立法摘要如表3所示:

表3 2018年巴基斯坦经济法领域立法

法 律 名 称	主 要 改 革
《海上保险法》(Marine Insurance Act, 2018)	证券交易委员会在全国范围内对海上保险业务进行监管;举证责任由被保险人承担转移到保险公司承担;避免任何保险合同和协议凌驾于某一法律,并且效力从伊斯兰堡地区扩大到全国
《财政补充法修正案》(Finance supplementary (amendment) Act, 2018)	在个人课税方面,受薪人士及非受薪人士的入息率大幅下降;提交纳税申报表的人在提交纳税申报表的截止日期后提交报税表,则不应将该人视为现役纳税人;限制非备案者购买不动产或新的机动车辆
《海关法修正案》(Customs (Amendment) Act, 2018)	生产LED灯的零部件进口关税免税额扩大到生产LED灯泡的同类零部件;将5%的关税减免(规定多模光纤)扩展到单根光纤;降低某些物品的标准关税税率

六、行政建设与发展

2018年新一届巴基斯坦政府改革旨在建立福利国家,着重经济领域的制度建设,聚焦于贪污腐败的严厉打击,努力打造透明性和问责制政府。行政制度改革建设中,既充分继承了上届政府的体系,又以"百日新政"为方向盘重塑"负债国"的国际形象。伊姆兰·汗总理推行的海滨旅游业承接了上届政府与中国联合起草的《中巴经济走廊长期规划》中的内容,"百日新政"中则致力于为改善国家治理、强化联邦机构、促进经济增长、调整农业、改革社会服务、确保国家安全六大领域提供优惠政策。联邦政府和地方政府机构改革顺利实施,反腐败力度加大,各项行政活动取得了新的成效。

(一)树立新的行政制度理念:民主与公开

巴基斯坦的腐败现象普遍,特别是在政府和较低级别的警察部队中。自 1947 年以来就一直存在腐败问题。由于三次不同的成功政变,军事机构与政府机构之间的政权更迭也削弱了反腐败机构。但不管哪个政权占主导地位,巴基斯坦的腐败都没有显著改善。2018 年 10 月 5 日巴基斯坦国家问责局声明,由于夏巴兹·谢里夫(Shahbaz Sharif)在担任旁遮普省首席部长期间在一项住房建设项目中滥用权力,涉嫌腐败。2018 年 12 月问责法庭认定总理纳瓦兹·谢里夫(Nawaz Sharif)及其子女拥有四家离岸公司,他们通过这些公司洗钱并提供贿赂。①

据国际透明组织(Transparency International,TI)发布的"2018 年腐败感知指数"(Corruption Perception Index,CPI)显示,巴基斯坦为 33 分(满分 100),比 2017 年多出 1 分,在 180 个国家中排名第 117 名。② 巴基斯坦政府高度腐败背后的重要原因是其问责制和透明度的缺失。由于公职人员实施法律的能力有限以及公民缺乏行使法律和追究政府责任的意识,仅仅通过颁布法律则很难构建问责制和透明度政府。2018 年 TI 巴基斯坦的目标是通过合作与参与,在全巴基斯坦加快公共问责和透明度的步伐,将重点放在治理、动员公民问责、青年发展、赋予女性政治权利、气候变化政策以及私营部门的相关领域。TI 巴基斯坦采用自下而上(公民赋权)和自上而下(公共部门的能力发展)的方式,承诺将巴基斯坦 2018 年反腐败和治理框架的实施纳入主流;TI 巴基斯坦继续提高反腐败的能力,同时加强公民对包容性民主的呼声,增强青年和弱势社区打击腐败的能力,并使政府对其业绩和行动负责。TI 巴基斯坦参与了可持续发展目标全球议程(Sustainable Development Goals — SDG)的实施,特别是 SDG 16,该议程将减少一切形式腐败作为一个整体发展目标。2018 年,TI 巴基斯坦继续开展公民赋权和公民参与倡议,同时通过反欺诈热线、监测公共采购和公民反腐之声发挥其腐败监督机构的作用:在整个 2018 年期间监测全国公共

---

① https://www.borgenproject.org.
② https://www.transparency.org.

采购中的违规行为;根据公民反腐败之声(Citizen Voices against Corruption,CVAC)计划,2018年开展了几项公民意识和能力建设活动,以不断在普通公民中树立公民权利和责任意识,并教育他们如何根据巴基斯坦相关法律行使基本权利和公民权利;根据 TI 巴基斯坦启动的促进年轻人民主价值观的项目,信德省不同地区组织了5次青年领导和廉正培训班。①

1. 民主

公民直接或间接授权于政府,政府的行政活动需不断体现出公民的利益需求,而公民的利益需求不断地在变化,这就要求固定的行政机构行使行政职能时遵循民主理念。2018年巴基斯坦所构建的行政制度中,权力下放使行政机构各司其职,各负其责;总理伊姆兰·汗提出的建设问责制政府加快发展巴基斯坦民主监督机制;改善公共服务促进了善政的执行,给公民提供了多种选择。

(1)权力下放。2018年《海伯尔—普赫图赫瓦省地方政府(修正案)法》(The Khyber Pakhtunkhwa Local Government (Amendment) Act, 2018)规定地方政府如何维护账户和事前审计,同时规定警察总长、地方议会、区议会、村委员会和社区委员会职位空缺时所遵循的程序。《宪法第25次修正案》批准了联邦直辖部落地区(FATA)与海伯尔·普赫图赫瓦省合并,同时也增加了省级和联邦议会的席位。2018年对席位分配进行了如下修改(见表4):

表 4 巴基斯坦国民议会席位分布变更②

省 份	普通席位 2017年	普通席位 2018年	女性席位 2017年	女性席位 2018年	全部席位 2017年	全部席位 2018年
俾路支(Balochistan)	4	16	3	4	17	20
旁遮普(Punjab)	148	141	35	32	183	173
信德(Sindh)	61	61	14	14	75	75
开伯尔-普赫图赫瓦(Khyber Pakhtunkhwa)	35	45	8	10	43	55

① https://www.globalsecurity.org/military/world/pakistan/corruption.htm.
② https://www.pakistan.gov.pk.

（续表）

省　份	普通席位 2017年	普通席位 2018年	女性席位 2017年	女性席位 2018年	全部席位 2017年	全部席位 2018年
联邦首都（Federal Capital）	2	3	0	0	2	3
合　计	250	266	60	60	320	326

2018年,从联邦政府到省级和地方政府的法定权力下放,旨在提高政府效率和满足公民需求。像巴基斯坦这样的异质国家中,将中央权力下放到地方尤为重要,因为大部分公民仍然被中央集权体制边缘化,一直以来巴基斯坦的军事政权和民主政权的权力下放体制僵化。自2008年民主政府执政以来同意将联邦政府权力下放到省级政府,但同时忽视了地方政府的机构组成,直到2015年有所缓解,但是联邦政府仍然不愿赋予它们重大决策权和充足的资源。巴基斯坦权力下放的未来趋势仍然不明确,尤其是2018年7月的政府换届选举前的政治动乱加剧。尽管很难实现地方政府自治权,但是权力下放对于深化民主体制结构以及培养民主党领导人至关重要。

（2）问责制。构成公共问责制的分层制衡体系在巴基斯坦非常复杂。巴基斯坦审计长、国家和省议会公共账目委员会、国家问责局、联邦调查局、联邦和省监察员、省反腐败机构、联邦和省政府、各省的法庭、联邦和省公共服务委员会等都是确保公众问责制发展的行政体系的一部分。尽管各级政府有数十亿美元的支出,成千上万的工作人员以及数十个部门和官方机构,但巴基斯坦仍然遭受系统性、地方性、集团性腐败和缺乏公共责任的困扰。问责制的特征是政府对治理不善负责。例如,由于程序上的模糊和反馈机制的缺失,巴基斯坦公民遭受不同政府部门的收费负担。2018年"百日新政"提出:通过公民参与预算编制过程,从而使预算更符合社区需求来改善治理。提高预算过程的透明度并使其对人民更加负责,这涉及以下方面:

一是审查现有的预算措施,根据标准评估地方政府的绩效,并提出绩效的改革措施。标准包括:预算信息在分配时以及整个输出过程中的可用性;当地社区参与预算过程的机会;独立有效的监督和审计机构。

二是协助政府机构建立有效的预算前协商机制,以增强公众对决策过程的参与。

三是根据公众舆论,明确政府改善服务的目标,以提高政府财政支出的效率。

四是持续监控消费额,分析其对人民福祉的影响。

（3）公共服务。提供公共服务是公民体验治理的方式,而改善公共服务则将导致 GDP 增长,降低采购支出,节省政府财政支出。2018 年《俾路支省公共服务委员会法》（修正案）（The Baluchistan Public Service Commission（Amendment）Act No VI of 2018）修改了 1989 年《俾路支省公共服务委员会法》（The Baluchistan Public Service Commission Act of 1989）第 2 条。该条修正后规定省长有 15 天的时间要求首席部长重新考虑提议,有 10 天的时间根据该提议实施,同时提出不遵循第 3 节规定的程序将会产生的后果。2017 年《信德省公共采购法》（修正案）（The Sindh Public procurement（Amendment）Act 2017）重新定义了"服务",其包括物理、维护、专业、知识产权、咨询与顾问,但是不包括个人到岗的任命、通知、仲裁、调节,也不包括法律案件所涉及的律师服务或者本条文明确排除的其他服务。公民是国家的主体,政府必须保证公民有充分的生活资源,提供并改善公共服务是政府对公民应尽的义务。如果公共服务效率低下,政府在公民中就会缺乏信任。政府应该将公民利益看成社会利益,与公民之间建立信任与合作,提供优质的公共服务,贯彻政府民主理念。

2. 公开：信息公开与行政程序的透明性

公民有权知悉政府的相关信息,信息公开会极大推动公民参与,促进公民监督机制的发展,并有效打击腐败势力和提高政府的透明度。同时,通过部门之间的数据交换会提高政府公共服务的效率。

近年来,巴基斯坦通过技术应用来加强公民参与并提高透明度和问责制。政府将组织实行奖学金计划,并且鼓励应用软件的开发,以加强公民与政府之间的协作和信息共享。技术已经在协助各个国家民主进程中发挥了重要作用。考虑到这种持续发展,巴基斯坦有机会借助技术改善其选举进程。但是根据官员的说法,这些技术解决方案将首先在 2018 年补选中进行测试,除非显示出 100% 的准确性,否则这些解决方案将无法实施。

此外,2013 年授予海外巴基斯坦人投票权进行在线投票这一方案也不会在 2018 年选举中实施。但是,巴基斯坦选举委员会做出了将技术直接纳入投票过程的努力。其中之一就是引入了结果传输系统安卓(Android)应用程序,该应用程序为传输到巴基斯坦选举委员会的票证添加了地理坐标和时间戳印,以确保透明度。当然,禁止在投票站内使用手机是一种对技术力量的承认,但是其措施在选举过程中很可能被滥用。① 公开的行政理念,对于可持续发展至关重要,努力贯彻其理念并打造一个独立、透明的政府机构。

（二）行政机构改革

国家行政制度的建设与完善基于行政机关的结构与职权划分。行政机构的优化设置和行政职能的有效实现促进行政制度的有效贯彻与执行。2018 年,巴基斯坦内阁批准了联邦政府 441 个机构、部门和组织的结构改革。总理改革顾问伊斯拉特·侯赛因博士提交了一份关于机构重组的报告。巴基斯坦内阁批准成立一个委员会,包括相关秘书、国防部长、总理顾问和克什米尔委员会主席。报告提到 441 个机构中,43 个部门应该移交至新成立的巴基斯坦私有化机构、14 个部门应该移交省级单位、8 个部门应当解散、35 个部门可以与其他部门合并、17 个部门应该重组、324 个部门应暂时保留。

（三）公务员制度的构建

近年来,公务员制度改革日益被视为巴基斯坦行政制度发展的优先事项。虽然过去的尝试没有取得预期性的效果,但政府机构以及社会组织一直采取积极的措施改革公务员制度。公务员队伍的薄弱,只是制约巴基斯坦发展的众多因素之一,在进行公务员制度改革之前存在如下问题:②

（1）过度集中的政府机构以及呆板的、无关的和不平衡实施的规章制度管理(这些规章制度大多数不适用于公共部门的管理活动),导致政府不能及时有效传达信息,并阻碍高层制定战略和政策以及实行绩效管理。

（2）专业能力参差不齐。单一的知识结构以及管理能力的缺失不

---

① https://www.fafen.org.
② https://www.documents.worldbank.org.

能满足公务员制度的要求。

（3）严重忽视问责制的发展，缺乏对公众的认同感。由于巴基斯坦的被殖民残余以及多年的军事独裁，问责制的发展非常有限，同时也会随着时间的推移而被严重削弱，而通过立法审查和法律制度进行的问责也毫无成效。

（4）公务员决策的政治化。政治干预大大降低了公务员队伍的效率和专业性，同时政客们往往未能在广泛的公众利益中发挥监督作用。

（5）不同公务员之间存在紧张的关系，这些问题降低了工作效率，并可能是过去公务员制度改革失败的一个重要因素。

（6）腐败泛滥。2010年，巴基斯坦政府认为腐败遍及政府的三个部门：行政、立法和司法。公务员中也不例外，相信腐败现象在中下层尤为严重。

（7）公务员工资支付成本逐渐增加，从而阻碍了公共部门优先事项的发展。尽管按照国际标准，巴基斯坦的公务员工资支付似乎不多，但是考虑到国防等的国家利益的支出，其所占的比例仍然严重损害了公共部门的效率。

2018年，新政府的目标是建立一个由专业人士组成的政府机构，使工程师、科学家和其他技术专家工作人员能够被吸引到更高的管理阶层（到目前为止他们被禁止进入），从而使他们的建议和专业知识能直接提供给政府最高决策层。2018年合同制医生和临时医生任命规范法（The Regularisation of Doctors appointed on Contract or Ad hoc Basis Act, 2018）规定了卫生部门或在其他有关卫生机构中的合同制和临时医生的服务规范化。2018年5月29日，政府要求更专业化的公务员服务，并明确要求为工程师创建一个职业团体。

直到伊姆兰·汗上任，才提出了"百日新政"，然而，如果不改革公务员体系结构，总理的百日新政的目标便实现不了。巴基斯坦的治理等级制度需要重新制定：在最高层必须是部长，他应该是一个有远见的政治家；在他下面必须是一组经验丰富的专业人员，他们在相关领域具有专门知识，能够提供领导和规划；在他们之下，便是执行者。为了打破通才对公务员的束缚，新政府至少应该采取以下3个步骤：

（1）必须创造更多的职业群体。1973年《公务员法》授权政府为公务员创建不同的职业群体。1973—1974年，政府创建了大约12个职业团体。2018 年国民议会秘书处雇员法（The National Assembly Secretariat Employees Act, 2018）规定了国民议会任命人员的招聘和服务条件。同时 2018 年《俾路支省公务员法》（修正案）（The Balochistan Civil Servants (Amendment) Act XV of 2018）进一步修订了 1974 年《俾路支省公务员法》。

（2）必须指定每个部门的高层为杰出的专业人士。它不应该让通才篡夺这些职位。

（3）须从根本上修改政府高级管理职位的薪酬方案。目前，财政部长和其他人的收入仅为巴基斯坦首席大法官收入的 1/5 及私人银行首席执行官收入的 1/10。2018 年的总统薪资、补助和特权法（修正案）（The President's Salary, allowances and Privileges (Amendment) Act, 2018）修正了 1975 年总统薪资、补助和特权法，旨在根据加薪条件调整总统的月薪。

总而言之，2018 年，巴基斯坦行政制度赋予了新的内涵与目标，完善了行政管理体制，促进了行政发展。巴基斯坦新政府机构贯彻执行民主与公开的行政理念，构建科学、合理的行政制度，打击腐败行为，努力构造开放透明的政府。

七、司法改革的推进

2018 年，巴基斯坦司法领域的改革进入了新阶段。在这一年中巴基斯坦经历了换届选举和法律修改，批准了《2018 年伊斯兰堡宣言》（Islamabad Declaration 2018）。该宣言提出了一系列改革建议并在当年执行了部分建议，在民事领域，联邦政府制定政策改革《民事诉讼法》（Code of Civil Procedure），在刑事领域改革警察制度，颁布《2018 年少年司法制度法》（The Juvenile Justice System Act-JJSA），并相应地对监狱系统进行了小范围的改革，最高法院的一系列裁判也体现了改革的方向和角度。这一年的改革是巴基斯坦针对本国长期存在法官人员少、司法资源不够丰富、积案数量大等问题而作出的改革，具体表现在以下几个方面。

（一）批准《2018 年伊斯兰堡宣言》

巴基斯坦第八次司法会议在 2018 年 5 月 4—5 日在伊斯兰堡举行，主要由巴基斯坦法律和司法委员会（Law and Justice Commission of

Pakistan)主席以及巴基斯坦首席法官米安·萨其布·尼萨尔(Mian Saqib Nisar)主持,由学术界、法官、律师和专家等审议各专业小组的意见。会议的最后一天,由来自巴基斯坦各地的法官组成的5个小组参加了讨论,到结束时,他们的建议被批准为《2018年伊斯兰堡宣言》①。这里主要说一下涉及司法领域的三组建议:

第一,一组提到了替代性纠纷解决方案(Alternative Dispute Resolution,ADR),是一种对比常规性诉讼而产生的方案。他们认为,ADR是一种国际公认的更有效的争端解决方式,其重点是调解而不是仲裁,之后可通过适当的诉讼程序和法律,将其转化为法院法令。就巴基斯坦来说,直接移植使用显然不符合巴基斯坦当前的司法现状,根据国情,应采取多种手段和途径来改革司法领域中的不足,尤其是对于未决诉讼,必须有效选择适当调解方案和替代性纠纷解决方案(ADR)。这对法官来说是一个挑战,这需要对法官进行专门的培训。实践表明,法院附属调解是解决争端的有效方法;而且由于社会经济上的原因,一些人很难真正地进入到司法诉讼程序中,难以保护自身权利。所以,一种纠纷解决的选择性方案便显得尤为重要。

第二,还有一组提到了减少和迅速处理积压案件的战略,主要是从以下几个方面着手:

(1)要减少判决的等级,引入三级审判模式,以取代四级审判模式,事实问题尽可能在第二级得到解决。

(2)建立有效的ADR机制,将其作为争议解决进程的强制性部分,并通过有效的立法予以执行,而且在案件提交法院之前,各方面应当事先举行会议解决问题。总之,需要有效的ADR来减轻法院的诉讼负担。

(3)加大信息技术和法医科学使用,信息技术必须在司法系统的不同方面得到有效实施,比如首次信息报告(First Information Report,FIR)②的注册、案例文件的电子记录等。

(4)严格遵循抑制延迟和阻止不必要的应用的法律规定,即法官

---

① http://ljcp.gov.pk/nljcp/assets/dist/news_pdf/f0ec2-ljcp-islamabad-declaration-dated-5th-of-may.pdf.

② https://en.m.wikipedia.org/wiki/First_information_report.

必须积极利用各种法律赋予他们的权力,以制止拖延。例如,在规定的期限内提交文件,对草率申请上诉的,应尽早处理、不予以审理。

(5) 在对律师和法官进行培训以提高司法能力的同时,尽可能增加法官人数,因为当前巴基斯坦法官人数与案件堆积数量明显失衡。

第三,另外一组提到了有关巴基斯坦司法人员的法律教育和统一选拔标准的问题。其主要内容:在法律教育层面,不管是学生还是教师,法学院均要严格依据国际标准对其进行严格的审查和管理,而且要建立一种机制来考量目前有哪些学校受到监督,哪些没有受到监督,并如何对没有受到监督的学校进行规范;在统一选拔标准上,明确司法人员的职业是一个不断发展的职业,在继续从事司法工作的同时需要有一个续签许可证的问题。

巴基斯坦法律与司法委员会主持并通过的《2018年伊斯兰堡宣言》,在当下的巴基斯坦引起了关注和探讨。虽然国内还有一些反对与不信任的声音,但是可以看到,上述三组建议是具有前瞻性的,是根据巴基斯坦国情进行的有针对性的建议,重点是解决因效率低下而导致的案件久拖未决的问题。可以预见,三组建议的有效执行将有助于解决上述问题,并且对于改善巴基斯坦的司法系统、提高司法行政能力也具有促进作用。[①]

(二) 民事、刑事领域司法改革

2018年,巴基斯坦在民事领域、刑事领域也进行了改革。

1. 民事领域司法改革

联邦政府制定政策以改革《民事诉讼法》[②]。联邦政府成立民法改革特别工作组宣布已经制定了一项改革民法典的政策,以使其与当今的问题保持一致。该工作组代表法律和司法委员会向最高法院提交了这方面的报告,称其寻求提供"公正,充实,廉价和迅速的司法"。[③] 报告指出,根据联邦法律和司法部长法罗格·纳西姆(Roger Nassim)博士的建议,建立了一个专注于民法改革任务的核心小组。该报告中,法

---

① https://nation.com.pk/06-Nov-2018/a-perspective-on-judicial-reforms, Mohsin Raza Malik, November 06, 2018.
② https://www.dawn.com/news/1444372 Haseeb Bhatti, Updated November 08, 2018.
③ https://www.supremecourt.gov.pk/&ved=2ahUKEwjE,mmj6jmAhWPMd4KHYBiAm QQFjATegQIBhAD&usg=AOvVaw10Ei4xGZPMMY7Q9X6rCxn0.

务大臣建议考虑高级律师曼·扎法·伊克巴尔·卡拉纳里（Mian Zafar Iqbal Kalanuri）所提出的建议，其概述了影响民事司法制度的问题并提出了解决方案，其中包括 ADR 方法。

2018 年 9 月 12 日成立的工作组列出了其职责范围（Terms of Reference, ToR），包括：快速有效地处理案件；确保公正审判；有效的 ADR 的可能性；减少无能和腐败；修改过时的实体和程序性规定；根据法定的司法和法律原则进行裁判；扩大司法机构的法官人数；提供公正的司法；并全面改革民事司法制度，包括证据法。

2. 刑事领域司法改革

2018 年 7 月，伊姆兰·汗总理宣称要致力于推进司法改革，通过改革加深同别国的司法体系交流与合作，尤其是加快对一些久拖未决案件的审理，确保在一年内迅速和公平地处理所有刑事案件，并清除积压的未决案件。2018 年对刑事领域的改革主要集中在以下方面。

（1）警察法的改革。为了解决巴基斯坦刑事司法制度中的缺陷，特别是在警察法方面，据 2018 年 2 月 19 日根据省政府的信息，已经确定要建立省级公共安全委员会以监督警察部队的计划。白沙瓦高等法院首席大法官将主持一个审查委员会，该委员会将选择安全委员会的负责人和成员，以确保其独立地位。省公共安全委员会将每年两次审查警察绩效，审查年度省级警务计划，针对高级警官的投诉进行调查。

2018 年 3 月 2 日，巴基斯坦地区警官马尔丹（Mian Saeed Ahmad）表示，对警察进行改革为当前之需，能够恢复公众的尊严并在警察局一级解决他们的问题。示范性警察局的建立以及其他警察部门的改革，不仅增加了群众与警察部门之间的信任，还减轻了公民的压力。[1]

巴基斯坦政府于 2018 年 9 月 20 日组建了警察改革委员会（Inspector General of Police, IGP），其命令警官按照伊斯兰堡和海伯尔·普赫图赫瓦警察设定的先例，为信德省警察引入替代性争端解决机制。除此之外，IGP 还发布指示，以确保在接下来的 10 天里在城市

---

[1] https://www.pakistantoday.com.pk/2018/03/02/model-police-stations-police-reforms-need-of-the-hour-dpo/.

警察办公室(City Police Office, CPO)安装生物识别输入系统。①

2018年10月29日,在警察改革指导委员会指示下,申诉补救机制已经开始运作。投诉是通过电子邮件、邮寄、手工、专用电话号码和其他通信方式接收的,以帮助广大公众迅速地提出申诉。伊斯兰堡IGP告知,截至2018年11月1日,共收到3 845份投诉,而正在解决的投诉达3 283份。吉尔吉特·巴尔蒂斯坦IGP告知,仅收到15份投诉,已解决10份,还有5份未决。上述委员会审议了这些申诉,并迅速地予以解决,将减轻法院的负担。

(2)颁布《2018年少年司法制度法》。2018年5月18日,巴基斯坦总统批准了《2018年少年司法制度法》(The Juvenile Justice System Act of 2018, JJSA),其克服了《2000年少年司法系统条例》(Juvenile Justice System Regulations of 2000)中存在的缺点,并为少年犯提供了更好的刑事司法和重返社会制度。该法根据《联合国儿童权利公约》将儿童定义为"未满18岁的人"。该法律的规定将具有压倒一切的效力,其旨在尝试解决管辖权问题。该法规定在每个地区建立少年司法委员会,负责处理案件,在被告同意下,可采取不同的转移方式,并且对少年犯进行单独的陪审和审判,即少年不应与成年人一起受到起诉和审判。但如果出于司法公正考虑,对青少年和成年人进行联合审判,则少年法院可以免除少年的实际身份,并允许他们通过视听技术连接加入法院的诉讼程序。在这些规定中正确行使司法权力使犯罪少年重新融入社会,保障犯罪少年的人权,保障司法制度的正确施行是至关重要的;反之,将剥夺犯罪少年被《巴基斯坦伊斯兰共和国宪法》(The Constitution of the Islamic Republic of Pakistan)所规定的公正审判权。②

(3)监狱改革。通过不断更新现有的基础设施来改革监狱系统,单独设立专门的少年拘留中心和监狱,进行必要的检查和对假释规则进行了现代化改造,使监狱成为国家对囚犯进行监禁和教育的场所。③

(三)最高法院判决

2018年2月,以行动主义著称的巴基斯坦最高法院禁止前总理纳

---

① https://www.pakistantoday.com.pk/2018/09/20/igp-forms-committee-for-police-reforms/.
② https://nation.com.pk/31-Oct-2018/pakistan-s-juvenile-justice.
③ https://theroadtonayapakistan.com.pkPTIManifesto2018.

瓦兹·谢里夫领导巴基斯坦联盟,并推翻了其所有决定,虽然法院被批评过度参与政治,但其对自身行为保持选择性。早在几年前法院就定期使用"必要性学说",用以证明行政管理过度和军事政变的正当性,所以法院这举措是具有正当性的。

2018年12月24日,巴基斯坦首席大法官(Chief Justice of Pakistan,CJP)暗示要给吉尔吉特·巴尔蒂斯坦(Gilgit Baltistan——GB)人民基本权利。特别委员会由政府组成,并由克什米尔事务联邦部长和吉尔吉特·巴尔蒂斯坦担任召集人,成员包括联邦法律和司法部长、巴基斯坦总检察长、GB州长、GB司法部长、秘书事务,以及GB首席秘书兼联合秘书或GB理事会副秘书[①]。在听证会上,艾扎兹·阿桑(Aitzaz Ahsan)在替补席上要求在包括联合国在内的国际论坛上,作为临时安排,吉尔吉特-巴尔蒂斯坦要在巴基斯坦的行政控制之下,直到进行全民投票。

此外,包括联合国、巴基斯坦或印度在内的任何政党都不能独立确定领土的地位。为此,最高法院可以要求联邦政府考虑给予立法以总体上的神圣性,该神圣性应低于宪法修正案的地位,但应处于总统命令的最高层,赋予吉尔吉特-巴尔蒂斯坦人民基本权利,并接受其自治权和独立司法权。最高法院如此宣布的判决应明确表明吉尔吉特-巴尔蒂斯坦人民是巴基斯坦公民。

乌玛尔·阿塔·邦迪亚勒(Umar Ata Bandial)法官指出,与其接触或考虑国际法,不如只关注人民的权利。法官伊贾兹·阿赫桑(Ijaz-ul-Ahsan)指出,应该立法,而不是宣布吉尔吉特-巴尔蒂斯坦为巴基斯坦临时省的宪法修正案。此前,当萨尔曼·阿克拉姆·拉贾(Salman Akram Raja)辩称吉尔吉特-巴尔蒂斯坦人民被视为二等公民时,法院表示遗憾。谢赫·阿兹马特·赛义德(Sheikh Azmat Saeed)法官指出,这是不负责任的陈述,有可能造成不可弥补的损失,并补充说,他们的耐心和克制是有限度的,允许该地区的人民通过其代表参加立法工作。在某些情况下,某些阶层的公民没有出席,总理已成为决定有关吉尔吉特-巴尔蒂斯坦问题的唯一实体。

关于通过独立司法机构诉诸司法的权力,最高法院还通过其判决,

---

① https://www.dawn.com/news/1449281.

要求联邦政府将北部地区的首席法院与高等法院的法官等同,除吉尔吉特-巴尔蒂斯坦法院行使的管辖权外扩大范围,使其不仅包括为人民行使基本权利而进行的宪法请愿的权力,还包括使他们有权诉诸上级法院以对首席法院、律师的命令提出上诉的权利争论。此类修正旨在确保北部地区的公民有权通过其选定的代表受到管理,并有权通过独立的司法机构诉诸司法。

从以上最高法院判决可以看出,呼吁保障公民的权利,限制公权力,并借政策改革之手对巴基斯坦存在的司法延误处理的问题作出回应,以期能进行彻底的变革,改变以往案多人少的现象。最高法院对一些案件的裁判不仅回应了各方改革和建议,还昭示着改革的方向和未来。

总而言之,从以上改革中可以看出巴基斯坦司法机构以及其他各界人士为了国家法治事业的建设发展做出了努力。尤其是针对司法延误处理的问题,巴基斯坦最高司法政策小组提出了一系列措施,将帮助这家拥有 4 100 名司法人员的机构清除该国大约 200 万起积压案件。一个国家如此大量的积压案件侵害了公民权利,阻碍了私营部门的发展,在某些情况下甚至侵犯了人权。延误不仅影响了司法系统的公平性,也影响了其效率,阻碍公众诉诸法院的机会,削弱了民主。

结语

首先,巴基斯坦 2018 年法治建设的总体目标与根本任务的设定是基于宪法的规定,遵循宪法中创设的巴基斯坦法治建设蓝图而产生的。法治建设的目标与任务的实现并非空谈,是在对立法、行政、司法等各方面的不断改革中完成的,而改革往往并不能在短时间内达到预定目标,所以必须通过长期、持续的坚持与修正。因此,巴基斯坦的法治建设现代化依旧是一个长远的目标。2018 年百日新政的实施,为法治建设带来了新的曙光,为巴基斯坦的法治改革之路奠定了坚实的政治基础,保障其法治建设能够在稳定的政治环境中平稳推进,也为未来的法治建设提出了纲领性意见,提供了新的发展发向。值得注意的是,巴基斯坦法治建设的改革首先触及的是总统和总理的成功选举,为其提供了稳定的政治环境和法治建设的基本方向。总理伊姆兰·汗上任后将重点放在国家面临的政治和经济挑战上,强调要重点关注打击腐败、扶贫减贫、改善民生等问题,同时制定了相关法律为政府提供政策支持。根据宪法,总统在执行职务时,应依据总理提出的建议行使职权,同时也对总理具有约束力,而总理则应向总统通报联邦政府打算提交议会的所有立法建议,议会享有最高立法权。国民议会通过的法律和法令,由总统签署,并由总理复署颁布,再交政府执行。立法权的划分和法律生效的程序规定为巴基斯坦法治建设提供了规范的依据。

其次,为顺应国际人权事业发展的需要,巴基斯坦在2018年采取了诸多举措增强对公民的人权保障,并取得了一些进展。在这些工作中,巴基斯坦人权委员会起到了重要的作用,具体工作任务包括:努力促使巴基斯坦批准和执行《世界人权宣言》和其他有关宪章、盟约、议定书、决议、建议和国际通行的准则;促进人权领域的研究和调查,并通过所有现有的媒体和论坛以及举行公约和出版报告等活动,动员公众舆论支持公认的准则,以推动与参与促进人权的国家和国际团体、组织和个人合作并为其提供援助,参加国内外关于人权的会议;采取适当行动防止侵犯人权行为,并向这些侵权行为的受害者以及努力保护人权的个人和团体提供法律援助和专门知识。事实表明,该委员会确实履行了其职责并推动了该国人权事业取得了一些成绩。但同时,巴基斯坦也暴露了在保障人权方面存在的一些弊端,如法律法规执行受到阻碍、妇女儿童的权益得不到充分保障、新闻媒体的言论自由在被呼吁的同时却也受到了不同程度的限制(尤其是在巴基斯坦2018年大选前后),从而不可避免地导致了一些地区性甚至全国性暴力对抗事件的发生。因此,2018年巴基斯坦的人权事业是在曲折中发展,利弊共存。

再次,巴基斯坦立法活动随着新总理伊姆兰·汗的上台显得十分活跃。伊姆兰·汗上台后继承上一届总理的政治遗产,完成了FATA和海伯尔·普赫图赫瓦省的合并工作;在经济领域完成《财政补充法修正案》和《企业复兴法案》,降低了个人所得税,完善了国家财政制度和税收制度以及对于经营困难企业支持和保护;并以联合国防止人口贩运宣言为基础,特别制定了巴基斯坦《防止人口贩运法》,整合了执法机构的力量,为打击贩卖人口的活动提供了法律依据,保护了被贩卖人口的人权。可以肯定的是,巴基斯坦2018年立法工作成果卓著。从联邦政府到地方政府实施的一系列行政领域制度的改革建设,贯彻民主与公开的行政理念,通过 TI 巴基斯坦自下而上(公民赋权)和自上而下(公共部门的能力发展)的方式着力打击积淀已久的腐败。巴基斯坦法律基于政府民主的理念保障,从权力下放、问责制再到公共服务。例如,权力下放方面包括 FATA 与海伯尔·普赫图赫瓦省合并和增加省级议会席位,这些都可以在《宪法第 25 次修正案》找到;为了保证 2018 年总统选举的顺利进行,选举委员会引入了结果传输系统安卓(Android)应用程序,从而贯彻政府公开透明的行政理念。基于行政理念的改革基础上,行政机关的改革为巴基斯坦各方面领域改革提供了重要保障,由相关秘书、国防部长、总理顾问和克什米尔委员会主席组成的委员会执行改革的相关措施;从总理改革顾问伊斯拉特·侯赛因(Israt Hussein)博士的机构重组报告中,立法者立足于现有机构的修正,保留了原有的枢纽部门,加快建设私有化机构。总而言之,2018 年,巴基斯坦公务员制度基于现有的行政理念与重组的行政机构进行广泛的改革,同时不断地与腐败作斗争,完善巴基斯坦行政领域的建设。

最后,在司法领域,2018 年,巴基斯坦司法机构以及各界人士积极努力地致力于推动巴基斯坦的司法改革,并通过各方考量建立符合本国国情的司法制度。在 2018 年里,换届选举和法律修改使得改革的步伐一步步加快,具体包括:批准了《2018 年伊斯兰堡宣言》并执行了部分建议;制定政策改革《民事诉讼法》;改革警察制度;颁布《2018 年少年司法制度法》;对监狱系统进行小范围的改革,以及由最高法院的一系列裁判体现出改革方向和途径。在 2018 年的司法改革中,巴基斯坦立足于其本国长期存在的法官人员少、司法资源不够丰富、案件数量大造成的司法延误等实际情况,并立足于基本国情和民生问题,为公民利益做出值得称赞的努力。

总体而言,巴基斯坦国家正在进步,正在以自己的步伐回应着世界大潮流的司法改革,正在加紧通过司法改革来弥补、完善不足之处。法治建设的目标与任务必将在各项改革中一以贯之,实现依法执政、依法治国,让宪法中规定的巴基斯坦国家图景真正得到实现,建设新的法律制度,保障人民的基本权利能够得到实现,巴基斯坦也必将实现其法治建设现代化的美好愿景。

Annual Report on the Rule of Law in Pakistan (2018)

Wang Yongbao

Abstract: For a long time, the rule of law in Pakistan has been lagging behind and urgently needs reform. With the new government in power, reforms have been launched in many areas, the most prominent of which is the rule of law reform. Starting from the current situation of the country, this paper summarizes a series of measures taken by the new prime minister Imran Khan and his government institutions in the reform of rule of law, such as fighting corruption, poverty alleviation and improving people's livelihood. This paper believes that in the international environment, the effective protection of human rights will further promote the construction of the rule of law in the country, because human rights are more specific than the rule of law, and only when the basic rights of citizens are effectively guaranteed, other aspects, such as economy, culture and education, can be effectively realized. In view of this, this paper expounds the rule of law construction in 2018 from the three fields of legislation, law enforcement and judicature, and draws the conclusion that compared with previous years, the legislative activities in 2018 are more active, involving administrative, economic, social and other aspects of social life, aiming to promote judicial reform through legislation and improve the national legal system through judicial reform.

Keywords: Human rights protection; Legislative changes; Judicial reform; Administrative development; Legal construction

二、上海合作组织前沿问题

"一带一路"倡议在上合组织国家实施的法律风险与防控

朱南平[*]

内容摘要: 在我国持续执行"走出去"战略和推进"一带一路"倡议的新时期,我国企业对外投资的规模不断扩大,随之而来的对外投资面临着更多的法律风险与投资安全问题。中国与俄罗斯等上合组织国家之间的政治互信和良好的外交关系有助于推动"一带一路"背景下对这些国家的大规模投资,但却无法免除作为市场经济主体的企业进行跨境投资所面临的各种法律风险。美国"围剿"华为和对华发动的贸易战实际是美国运用法律武器展开的"超限战",这个正在持续演进的焦灼战例提示我国应当注意法律"超限战"的客观存在和可能蔓延的趋势。面对国际政治经济的复杂局面及跨境投资的高风险状况,针对我国法治化进程与国民法律文化素质尚待加强的现状,我们必须在跨国经济合作领域与对外投资项目上强化操作实务层面上的专业性反思,研判该领域生态变化中蕴含的危机与风险;改变涉外从业人员对法律的初级认识和惯常思维;研究法律

---

[*] 朱南平(1961—),黑龙江省社会科学院副研究员,法学研究所副所长,俄罗斯法律研究咨询中心主任,俄罗斯联邦莫斯科大学法学副博士,主要研究方向:俄罗斯民商法、国际投资法、跨国投资法律风险控制法律实务。本文系作者主持黑龙江省哲学社会科学规划项目"'一带一路'框架下我国对俄经济合作法律风险与对策研究"(17FXB010)的阶段性成果。

武器,增强法律风险识别能力;强化域外法律调查,设置境外投资项目的法律评估前置程序。只有这样,才能最大限度地控制法律风险,弥补我国对外投资企业在法律上的短板,保障我国对外投资的法律安全。

关键词:一带一路;法律风险;法律特别程序

一、"一带一路"跨境项目合作发展迅速且潜含风险

近年来,"一带一路"倡议的实施促进了我国对外大规模投资。截至 2018 年一季度我国央企已在"一带一路"沿线国家开展各种形式的项目合作将近 2 000 个。① 2019 年,据国资委宣传局局长夏庆丰介绍,目前中央企业在"一带一路"沿线共承担着 3 120 个项目,这些项目包括基础设施建设、能源资源开发、国际产能合作以及产业园区建设等,分布在各个领域。伴随境外大规模投资,我国对外投资企业必然面临各种风险。根据国家商务部的统计,2016 年"境内投资者共对全球 164 个国家和地区的 7 961 家境外企业进行了非金融类直接投资,累计实现投资 11 299.2 亿元人民币(折合 1 701.1 亿美元)"。② 与此同时,根据国家审计署 6 月份对 20 家央企的 155 项境外业务的抽查,因投资决策和管理制度不完善、调研论证不充分、风险应对不到位等原因,近四成的境外业务形成风险近 385 亿元。③ 国务院国有资产监督管理委员会副秘书长、新闻发言人彭华岗于 2018 年 4 月 16 日在国务院新闻办举行新闻发布会时介绍了央企 2018 年一季度经济运行情况,在答记者问时承认,央企在境外投资的风险,特别是安全风险,确实是我们中央企业投资过程中遇到的一个很大的问题。

与此同时,在俄罗斯等上合组织国家进行投资或正在计划投资的私营企业也在增加,这些私营企业只有其中一部分在各地商务部门进行了备案登记,还有很多这类企业没有完成这样的程序,它们处于公众的视野之外。因此,除了国家审计署、国资委等国家机关公开的央企境外投资状况让人易于了解之外,这类企业由于缺乏法律与专业判断力

---

① 《国资委回应央企境外投资风险:确实有问题 但不是主流》,http://www.china.com.cn/index.shtml。

②③ 《中企"出海":行稳方可致远》,《国别贸易投资环境信息半月刊》2017 年第 13 期。

及跨境运作能力,使投资深陷不确定性风险之中却浑然不知,往往是在法律风险事故爆发造成重大损失并成为负面新闻时才被曝光。例如,在 2019 年 3 月俄罗斯政府总理就对俄罗斯民众承诺,将查实在贝加尔湖边建设水厂是否符合俄罗斯环保标准的相关问题。据报道,有一家罐装水厂正在筹建之中,该工厂的投资主体是 AKVASIB 公司,而 AKVASIB 的大股东是来自中国大庆的投资人。

二、"一带一路"跨境投资法律风险问题将日益凸显

(一)"一带一路":人类超级工程

6 年前基于谋划全球布局,力图打造公平、正义、和谐、有序的新型国际政治经济全新的生态,习近平主席分别在各种国际场合多次表达了构建"人类命运共同体"的构想。为实现"人类命运共同体"新的理念,习近平主席又提出了实现这一理念的"一带一路"倡议。"一带一路"倡议的推进就是具体践行"人类命运共同体"构想,是对"人类命运共同体"所奉行的人类共同发展、互利共赢的理念付诸实施。"一带一路"倡议在人类历史上是史无前例的,是中国针对全球化时代低迷的世界经济提出的中国方案,是中国作为世界大国的重大举措,也是中国智慧对世界经济发展的全新奉献。我国的"一带一路"倡议在原有的 65 个沿线国家参与的基础上,它正以一个开放系统的姿态迎接更多的国家融入,其规模之大、影响之深远必将成为一个人类超级工程。

(二)"一带一路"项目潜在的内、外部风险

一方面,客观地说,中国的法治化程度还不高,现实的情况是人们还缺乏法律习惯,社会还未形成法律文化氛围,甚至很多执业者也不具备法律思维,相关涉外投资的立法还有待完善。在我国大力推进实施"一带一路"倡议的今天,不容忽视,由于我国企业主体、政府公务人员甚至业内人士对相关域外国家的投资环境尚缺乏专业性、针对性调查,对目标国真实信息情况所知不足,对"一带一路"沿线国家的经济发展特点、民俗文化状况、法律建制进程只是初步了解,基于表面化的信息,在未深入掌握专业性情报状况下就匆忙决策和推进大型项目的投资与合作,必然增加法律风险的系数,为"一带一路"倡议的有效施行带来隐忧。所有非预期结果与风险的爆发将阻碍"一带一路"倡议的顺利实施和延展,也将在国际社会与世界经济大舞台上损害我国倡议的国

际化方案的声誉和公信力。

另一方面,"一带一路"倡议涉及极其复杂的国际社会、主权国家、地区特性的背景及相关的纷繁的信息系统。针对"一带一路"倡议实施的任何一个国家的任何一个项目,都必然触及相关东道国的政治、经济与文化问题,而实质性的决定性条件须首先考虑其独立的法律制度,况且,所有复杂的社会、经济、政治问题都常常会转化为法律风险呈现在人们面前,不能及时应对或处理不当,难免风险爆发,造成损害后果。

(三)"一带一路"跨境投资及其法律风险的主要特点

与我国2000年后开始推行的"走出去"战略的境外投资相比,"一带一路"跨境投资及其法律风险呈现出了一些新的特点。

(1) 总体上比过去的投资规模更大了。"一带一路"跨境投资实际上是中国新一轮境外投资的高潮,意味着中国经济全球化脚步迈得更大了。随着涉外经济交往的频繁和复杂化,涉外类型的法律案件增多。

(2) "一带一路"倡议比20年前提出的"走出去"战略的方向性更明确了,"一带一路"本身就是投资的总体路线图。投资国别增多,数量大,但存在国家路线图,投资目标国相对明确,可以做国别国情及其法律建制系统的前期调查,可以预先研究系列东道国社会的文明类型、法治状况、国民素质、思维模式、民族习惯、生活水平、社会特殊性及整体投资环境,避免盲目投资带来的风险。

(3) 国家主导性更强了,即国家提出明确的倡议,公权力主推。在战略的制定、推进方面,国家主体及其公权力机构扮演重要角色,积极使用公权力资源促进倡议实施。国家公权力主导,一方面能够超越事物发展的自然进程,加速和加大力度实施战略规划;另一方面,也可能出现与市场客观规律不一致的情况,如在对目标国市场缺乏足够的情报收集和专业化评估不充分的条件下立项与投资,则难免会遭遇风险。

(4) 国家公司(国企)的参与度更高了。很多大项目是由国资公司、央企参与立项的,作为投资和经营主体出现在国际经济合作领域。国资企业参与"一带一路"项目在国内会享受更多优惠政策,而在国外尽管东道国欢迎来自中国国企的投资,但未来会出现对中国国企更多的质疑和问题,如质疑中国国企市场经济主体的性质、担心国企渗透和形成未来的中国控制体系。所以,在"一带一路"倡议下境外投资资本的国际化、市场化和私法化应该成为在新时期中国投资和运营各类大型国际项目必须严肃考虑的法律策略问题。

（5）项目大型化越来越多。由于很多项目涉及大型不动产投资，如公共基础设施建设等大型项目，包括机场、公路、道桥、高铁、产业园区等等，成为新的历史阶段的投资项目类型。大量的境外大型不动产投资都属于中长期投资，在短期内不易看到问题和风险，但从长期看，几乎所有大型不动产项目都蕴含法律风险，在投资收回成本与实现预期之前不可轻言投资成功。所以，针对这些项目的法律工作任务量大，需要审查所有项目的法律基础、法律风险防控的安排，法律预警的全程跟踪，法律服务和监督的全程陪伴，法律问题与纠纷的及时处理和解决，都是保证项目安全运行的必要条件。

总体而言，"一带一路"的最重要特征是公权力主推，公权力主体多方面助力，体现了中国模式的公权力主体主导的特点。这一公权力文化的特征也会在"一带一路"国际化过程中处处显露，发挥公权力主导办大事的作用。要肯定这种模式作用的能力，同时应看到，正是这种模式在国际市场上也存在潜在风险。很多国家对中国国企投资多加防备，无论是从市场方面的公平考虑、反垄断要求，还是从国家安全考量，都会出现质疑反应。这是我们不可以忽视的重大问题与风险。"一带一路"项目的市场化运作，从市场经济主体设计开始，进而对项目的运作模式也需市场化。如此必然需要大量的专业化法律工作的支撑。公权力风险实际是"一带一路"倡议推进过程中伴随的最大风险，无论中方如何解释，最重要的是拿出国际化、市场化、私法化方案，以国际社会认可的方式实施"一带一路"项目，从而规避法律风险。

（四）"一带一路"倡议的安全实施须强化法律基础

我们需要明确，"一带一路"倡议的这个超级人类工程的法律基础是什么？作为发起国的中国是否为这一超级工程的建设、运行和拓展准备了必要的法律工具？

跨国经济战略确立之后应该迅速启动国际化操作的法律系统工程。下面，我们从法律视角对中国的走出去战略、"一带一路"倡议和俄罗斯的欧亚经济联盟战略进行一个总体比较。

俄罗斯主导的由5个国家参与的欧亚经济联盟，是一个由5个成员国建立的旨在保障条约成员国之间货物、服务、资本和劳动力的自由流动,以及在它们之间的经济部门实施协调或统一的战略。欧亚经济联盟本身是个国际法主体,它的成立和运行是建立在上百个相关的国际条约和协定基础之上的,构成了一个国际法律体系,形成了有效的法律运行机制。中国的"一带一路"倡议,作为经济全球化的新生事物还缺乏清晰的法律体系支撑,其沿线原有国家就有65个,它还是一个不断融入新国家的开放式系统,目前已经有100多个国家参与其中,可见它面临的国家主体和"一带一路"建设的复杂任务都远远超过了欧亚经济联盟。国家主体多样性、文明类型的差异、社会环境的复杂性、经济建设项目的巨量、政治经济法律风险的不确定性,等等,都使我国提出的"一带一路"倡议面临前所未有的挑战。

中国与俄罗斯等上合组织国家之间的政治互信和良好的外交关系有助于推动"一带一路"倡议下对这些国家的大规模投资,但却无法避免作为市场经济主体的企业进行跨境投资所面临的各种各样的法律风险。国家之间外交层面的大好形势助推了境外投资的热潮,但客观上却积累着风险。我国各类企业进入跨境投资的市场丛林,有时不得不迎接尚缺乏商业文明的高风险国家。[①] 这意味着围绕市场主体的跨境投资及境外运营安全的涉外法律问题会越来越迫切地摆在国人面前。

三、案例透视:在上合成员国俄罗斯投资的法律风险

案例一:金矿公司股份并购中的法律陷阱

1. 案情梗概

2015年年底,我国天津的一家投资有限公司在对俄远东矿产封闭股份公司拥有使用权(许可证)的矿产地块进行了7个月的经济、技术考察和论证的基础上,开始与该封闭股份公司就股份买卖展开谈判。在中俄双方针对股份公司股份买卖问题的谈判过程中,作为中介的俄罗斯黎明有限责任公司提出的操作方案是采取"股份赠与"合同形式进行交易,而中方须将600万美元的兑价以非公开方式支付给俄方。中介公司强调,赠与只是法律形式上的安排,而实际上进行的交易是出卖股份。只是正常进行股份买卖太复杂、时间长,并且也不能100%地保障交易安全。这种交易方式被代表矿产封闭股份公司的总经理柳德

[①] 英国"Maplecroft"风险评估公司:《法律和法规环境地图》,2010年。

米拉和公司的其他股东所确认。

2. 法律风险分析

俄罗斯联邦最高仲裁法院全体会议于 2003 年 11 月 18 日做出了"关于适用联邦股份公司法中的若干问题"的决议,其第 14 条第八款指出,在封闭股份公司股份出让问题上,"当对公司股份拥有优先取得权的利害关系人提供证据证明,由公司参加人(股东)与第三人所签订的无偿出让股份(赠与)的合同是伪装的交易,股份的出让事实上基于有偿的基础,这种交易根据俄罗斯民法典第 170 条第二款就是无效的"。

中介公司的方案看上去是为了简便,并以中方为收益人,但实际上却是一个法律陷阱。如按照此方案操作,中方投资人失去了投资人的身份,法律上不存在投资问题,因而在今后的经营中不享有投资人相关的任何优惠政策;企业也未能因外资的进入而变更成合资企业,企业同样不能享受外资企业的优惠条件;中方实际所投入资金不仅没有合法证据,还变成违法操作,中方处于被动违法地位,必然造成中方投资损失的恶果。

该企业花费上百万元用于前期考察,论证经济和技术上的可行性,在行将实施阶段遭遇了法律风险,但因在付款前进行了法律专业性审查,阻止了该次操作,避免了重大损失。事实证明,无论对己方和对方提出的方案都须进行充分的法律评估和论证,如果能在花费百万元经济技术考察费之前进行法律评估,即把法律评估前置于经济、技术考察,就不会造成前期费用的损失了。

本案为虚假交易,看上去的简化交易方案,实为法律陷阱。投资人需要对交易的方案进行法律识别,前提基础是要了解和掌握俄罗斯的相关立法,同时必须具备法律洞察和识别能力,发现静态法律之外的法律动机,这是法律风险防范的第一道防线。此案中中方投入大量财力物力做前期经济、技术方面的调查,历时 7 个多月,花费 100 多万元,经签约阶段的法律审查发现是法律陷阱,不得不放弃交易,导致前功尽弃,造成了较大的损失。这个案例提示我们,对境外投资项目进行法律前置性审查是十分必要的,是降低评估成本、减少境外投资损失的有效方法。

案例二:镍矿公司股权收购中的法律风险

1. 案情梗概

我国一家由国有资本作为大股东的中外合资镍矿企业在购买了俄

罗斯远东—镍矿公司的矿石后决定收购这家镍矿公司20%的股权。俄方公司正处于债务危机之中，于是同意向中方公司出让20%的股权，中俄双方迅速达成股权买卖协议。协议达成后，俄方要求中方立即支付股权受让款3 000万美元。中方公司在俄方公司催促下准备付款。

2. 法律风险分析

镍矿公司股权交易受俄罗斯联邦公权严格控制。

由于律师的介入，阻止了中方仓促付款。根据俄罗斯现行法律审查确认，该交易受《俄联邦外资进入对保障国防和国家安全具有战略意义经营公司程序法》(第57号联邦法)和《因通过〈俄联邦外资进入对保障国防和国家安全具有战略意义经营公司程序法〉对部分联邦法进行修改及部分联邦法律条款失效的联邦法》第58号联邦法的调整。于是，律师向俄方提出必须依据俄罗斯的相关立法完成"预先协商"程序，之后才能进入私权交易的股权转让程序。

俄罗斯联邦第57号联邦法第2条第3款规定："外国、国际组织或其控制的组织完成的交易，以及通过交易，外国、国际组织或其控制的组织获得对国防和国家安全具有战略意义的经营公司注册资本中具有表决权的股票(股份)总数25%以上的直接或间接支配权，或其他有可能阻止此类经营公司管理机构作出决定；或者获得对保障国防和国家安全具有战略意义、在联邦级矿产资源区块上进行地质矿产资源研究、和(或)勘探、开采(以下称使用联邦级矿产资源区块)的经营公司注册资本中具有表决权的股票(股份)总数5%以上的直接或间接支配权时，都需依据本联邦法规定的程序预先协商。"

俄罗斯第58号联邦法第一章规定："为保证国防和国家安全部分地下矿床归联邦所属，联邦所属地下矿床包括：(1)储藏铀、金刚石、纯水晶(石英)原料、钇类稀土、镍、钴、钽、铌、铍、锂、铂金类金属的地下矿床。"该法确认，镍矿资源归属俄罗斯联邦所有。

俄罗斯的镍矿公司是具有战略性质的公司。根据上述法律，可以确认，俄罗斯的镍矿公司是一家具有战略性质的公司。这意味着与这种公司进行股份买卖交易不能只沿用通常规则，必须研究相关专项立法中的特殊条件。具体而言，就是指俄罗斯联邦第57号联邦法《俄联邦外资进入对保障国防和国家安全具有战略意义经营公司程序法》中设定的条件和规范。

该案例中包含两种风险：一是公法风险，即国家准入与管控风险；二是私法风险，即源自交易对方当事人的主体风险。公法风险是指俄罗斯国家立法中包含的规范，这是交易双方当事人不可回避的法律红线或法律障碍；私法风险是指俄罗斯交易对方因其没有善意告知中方这种交易的俄罗斯法律限制，即没有表现出诚实信用而使不求甚解的中方陷入被动。

上述两个案例都是法律滞后介入的情况。

案例三：梅德韦杰夫下令严查由我国企业投资的灌水工厂

1. 案情梗概

2019年3月份俄罗斯叫停我国投资主体参与建设的贝加尔湖水厂。

据俄罗斯伊尔库茨克州当地媒体报道，Akvasib（"Аквасиб"）公司计划投资14亿卢布（合2 400多万美元）在贝加尔湖南岸库尔图克小镇附近建立一家向中国出口贝加尔湖瓶装水的工厂，从贝加尔湖深处取水后生产瓶装水。根据与中国大庆贝加尔湖水业有限公司签署的供货协议，成品将在中国市场销售。中国大庆贝加尔湖水业有限公司拥有"Akvasib"90%的股权，是该项目的投资人。贝加尔湖罐装水厂项目得到了当地政府的支持，政府对企业承诺为当地民众提供工作岗位。但是中方投资人完全没有想到项目遭到了当地民众的联合反对。①

该瓶装水厂的建设始于2019年1月，由于俄罗斯当地居民的反对及俄罗斯媒体的呼声，3月12日俄罗斯总理梅德韦杰夫承诺要严查贝加尔湖畔灌水厂项目是否符合环保标准的案件。

2019年3月27日，根据伊尔库茨克地区环保检察院的请求，俄罗斯伊尔库茨克州仲裁法院不仅受理了该检察院提出的解除与大庆贝加尔湖水业有限公司在俄瓶装水项目公司的土地租赁合同，还对项目用地作出了保全，裁定项目公司不得对项目用地进行任何交易，也不得进行任何处置。3月28日，俄罗斯伊尔库茨克地方法院作出一审判决，认定大庆贝加尔湖水业有限公司在贝加尔湖地区的瓶装水项目建设许

---

① http://news.hexun.com/.

可证违法,因为工厂建设所依据的生态鉴定被确认为是非法的。①

在俄罗斯地方法院开庭并作出判决后,作为中方投资人的水业公司老板对法院的判决发表了意见:"我不理解,我们已经按照法律和程序办理了所有必要的文件。到底是怎么回事?"至此,由我国企业投资的贝加尔湖水厂项目遭遇了始料未及的法律风险。

据查实,大庆贝加尔湖水业有限公司关于该公司在俄罗斯贝加尔湖准备取水销往中国市场的项目在黑龙江省发改委早有备案,时间是2018年9月11日,备案通知书的登记号为黑发改备字〔2018〕5号。

2. 法律风险分析

大庆贝加尔湖水业有限公司在俄罗斯建设水厂失败的案例对我国对俄投资企业具有重要的警示意义。这一案例告诉我国对俄投资者和我国相关政府管理部门的公职人员,对俄投资的法律调查不可流于形式,不能仅仅停留在法律条文和法律文本的表层。缺乏对投资项目的法律背景、法律环境的深入调查,就无法真正洞悉纸面上看不见的法律潜在危机与风险,因而无从防范。其结果往往是遭遇了法律风险,却还在疑惑"到底是怎么回事?"

贝加尔湖水厂案例是只注重文本法律,而没有真正深入法律环境的动态系统、没有完成真正的法律调查的典型案例。

保证对俄投资的法律安全的一个重要前提是必须完成专业化的法律系统调查,包括对项目相关主体、项目标的物及投资法律环境的全面调查。法律环境的调查不仅要研究立法文本及各类相关公权力主体出台的文件,还要研究人们的法律行为习惯、法律意识、法律观念、地方民意以及地方发展规划及国家战略,而这些较深层次的调查与研判是我们对俄企业及政府职能部门需要强化完善的。事实上在俄罗斯,有关在靠近边境的投资、投资涉及俄罗斯国家战略资源、在独特的自然资源地带的投资都会触动俄罗斯人的敏感神经,因而都是应该做深入、全面的法律环境调查,谨慎控制在这些特殊领域的投资。贝加尔湖水厂的案例说明了中方投资人相关法律调查不够深透和全面,流于法律文案形式,缺乏对贝加尔湖特殊区域的法律环境的深度调查,忽视了俄罗斯人对贝加尔湖自然环境的心理因素,对俄罗斯生态、环境保护的癖好和

---

① http://www.chinaruslaw.com/.

俄罗斯在环境保护上的严刑厉法缺乏认识，更没有注意作为法律文牍主义国家的俄罗斯会在必要的时候能够找到任何法律事由动用法律武器解决问题，实现其诉求。

我国对俄投资主体常常自身缺乏法律与专业判断力，迫于制作项目法律文件的需要在中、俄两国选择法务人员时也往往流于形式，似乎按照立项要求完成了法律流程就可以完事大吉了，殊不知法律专业人员因训练背景、专业领域、经验、层次的不同决定着法律审查的方法与结论存在很大的差异，低水平、形式化的审查可能正是酿成法律风险的源头之一。

案例四：我国黑龙江省企业在俄所建产业园区潜藏法律风险

1. 案情梗概

境外产业园区的对俄经贸合作形式是我国近年来对俄经贸合作的重要模式，被普遍看好，获得赞许，成为我国对俄经贸合作的亮点。我国对俄经贸合作政府职能部门和对俄企业功不可没。我国黑龙江省的部分企业在俄罗斯境内远东地区设立的产业园区，根据黑龙江省商务部门的统计，已完成备案登记的有16家。这些产业园区的投资主体以民营企业居多。在这16家产业园区中民营企业投资的有14家，国有企业投资的有2家。其中有3家民营企业投资的产业园区通过了我国商务部和财政部的"确认考核"，已获得国家资金支持，被誉为"国家级园区"。

根据调查，上述16家产业园区在俄罗斯的法律地位现状是，没有在驻在国俄罗斯联邦经济特区或产业园区的立法框架内设立，这些产业园区投资的企业只是在俄罗斯境内完成了公司注册，即履行了商事法人的登记程序，却没有俄罗斯立法和法律程序上的产业园区的设立行为，因此不构成俄罗斯立法条件上的产业园区，因而也没有获得俄罗斯政府的相应确认。作为对俄合作前沿大省的黑龙江省本有责任识别俄罗斯作为东道国的法律条件以及产业园区的特定要求，避免某些国家机关由于不了解俄罗斯的法律规定与要求而给事实上不符合东道国产业园区条件的企业在国内认定为国家级产业园区（经济合作区）的情况出现；不仅如此，黑龙江省应借助对俄罗斯广泛接触及法律资讯的优势告知相关国家机关关于俄罗斯的法律状况与立法事实条件，杜绝这种显而易见的错误重复发生。

2. 法律风险分析

我国在俄罗斯远东建设产业园区企业存在的最为突出的问题是，现有产业园区及未来发展面临着较大的法律风险。关键问题就是这些产业园区的设立只履行了一般商事主体的登记，缺乏驻在国产业园区的法律基础。"产业园区"的名称只在中国人范围内流行使用，对俄罗斯人甚至不敢叫做"产业园区"。俄罗斯本国有立法基础的产业园区主要集中在俄罗斯的欧洲部分，在远东从类型到数量上都屈指可数，如在哈巴罗夫斯克边疆区只有两个产业园区，即"远东机械制造工业园"（Дальэнергомаш）和"先锋队工业园"（Авангард），它们具有法律上的依据，因而具有合法资质。而我国企业在俄罗斯远东创建的所谓产业园区不具有这样法律背景和法律基础。这种缺乏东道国立法基础、资质存在瑕疵、事实上不具备产业园区法律条件的企业经营现状应当引起我国对外经济合作管理部门的高度关注。我国在俄企业所建产业园区的法律地位有待完善，否则其法律风险事故的爆发只是时间问题。

关于境外产业园区，国家商务部和财政部曾出台并于 2014 年 1 月 1 日开始施行了《境外经济贸易合作区确认考核和年度考核管理办法》。这个办法是我国针对设立在境外的经济贸易合作区的规范化管理及经费支持而制定的确认考核和年度考核的标准与程序，是我国政府积极作为的例证。随后，黑龙江省商务厅和财政厅依据国家商务部和财政部印发的《境外经济贸易合作区确认考核和年度考核管理办法》于 2016 年 10 月制定了《黑龙江省境外经济贸易合作区考核办法》，共 18 条。这两个办法属于我国国内政府行政管理规定，是基于规范管理及专项资金资助的需要制定的，它们在法理上不能构成我国企业在投资东道国设立产业园区的合法资质的依据，而事实上我国企业在域外，比如在俄罗斯等东道国设立产业园区的合法资质的认定只能依据东道国的相关立法。因此，国内国家与地方的涉外立法及相应的执法，有必要事先进行法律专项调查，掌握东道国法律情况，这是不能忽略的必要工作。

境外产业园区法治化问题，是触及两国不同法律体系的较为复杂的问题，不能简单化处理，更要避免犯常识性的法理错误。首先要明确总的原则，既要符合本国管理要求，也要符合投资东道国法律规定的条件。应当特别注意，作为产业园区所在东道国的立法才是审查和确认其产业园区合法地位和资质的有效法律依据,而非依据投资者母国法律。各国法律都存在其司法管辖范围,即它们只能在自己主权领土范围内具有法律效力。因此,我国有必要在充分调研、掌握俄罗斯相关法律规范的基础上通过国家与地方立法的方式帮助和规范企业境外投资产业园区的行为,同时逐步完善我国涉外投资的法律体系。

四、须高度重视"美国陷阱"的警示——经济战的绞杀往往以法律之剑来实现

(一)《美国陷阱》:美国将法律作为经济竞争武器

一年多以来美国"围剿"华为和对华展开贸易战引发了世界范围的关注,事态还在进一步的发展之中。与此同时,一本名为《美国陷阱》的书吸引了国人的注意。《美国陷阱》讲述的法国阿尔斯通公司的案例似乎正在中国华为公司身上上演,这些案例与事件应警示我们:在"一带一路"倡议下兴起的大规模对外投资包括对上合组织国家的经济合作项目都必须重视非传统的法律风险,防患于未然。

2019年年初,由法国阿尔斯通公司前高管弗雷德里克·皮耶鲁齐和一名法国记者合著的《美国陷阱》[1]在法国出版,引起巨大反响。该书以皮耶鲁齐的亲身经历揭露美国政府打击美国企业竞争对手的内幕。所谓"美国陷阱",皮耶鲁齐在接受新华社记者采访时指出:"我在书中依据事实和法律进行了详细分析,'美国陷阱'就是美国利用其法律作为经济战的武器,削弱其竞争对手,有时是为了低价收购竞争对手。"皮耶鲁齐表示:"美国当局对华为采用的策略非常类似于针对阿尔斯通的策略。从背景看,当然还有美国对中国发起的贸易战,特别是5G技术,众所周知,华为已领先竞争对手。美国总统特朗普对此毫不隐瞒。真相路人皆知,任何人都无法忽视美国将法律作为经济战争武器的事实。"[2]

美国的操作方法总体是适用美国的国内立法《海外反腐败法》(FCPA),利用"长臂原则"针对海外的跨国公司进行调查,借以打击非

---

[1] [法]弗雷德里克·皮耶鲁齐、[法]马修·阿伦:《美国陷阱》,法意译,中信出版社2019年版。

[2]《〈美国陷阱〉作者、前阿尔斯通高管皮耶鲁齐访谈录》,http://www.chinanews.com/gj/2019/05-27/8848259.shtml。

美国的跨国公司或竞争对手,美国司法部行使"治外法权",通过诉讼使外国跨国公司陷入司法程序,逼其就范,并能收取大量罚金。[1]

(二)法律"超限战"的时代已经到来

特朗普就任美国总统后对中国发动的贸易战实际上就是"超限战"。早在20世纪90年代中期我国军旅作家空军少将乔良和空军大校王湘穗就在研究新型战争形态问题,其中包括贸易战、金融战、新恐怖战及生态战。[2] 所谓"超限战",乔良写道:"超越一切界限和限度的战争,简言之:超限战。""这种战争意味着手段无所不备,信息无所不至,战场无所不在;意味着一切武器和技术都可以任意叠加;意味着横亘在战争与非战争、军事与非军事两个世界间的全部界限统统都要被打破;还意味着已有的许多作战原则将会被修改,甚至连战争法也需要重新修订。"[3] 就美国人运用贸易战乔良写道:"贸易战成了许多国家手中的非军事性战争工具。尤其在美国人那里被玩得得心应手、炉火纯青:国内贸易法的国际化运用,关税壁垒的任意建立与打破,信手拈来的贸易制裁,关键性技术的封锁,特别301条款,最惠国待遇等,不一而足。其中任何一种手段产生的破坏性效果都不亚于一次军事行动。"[4]

当前的中美贸易战,且不说它存在更深层次的背景与动机,仅就贸易战的技术手段层面看,法律恰恰成了"非军事性竞争工具"。经济战包括的主要形式的贸易战、关税战、制裁战的最重要的工具和武器就是法律,并且常常会出现因各方法律主体使用不同的法律及法律攻防谋划进行博弈而表现为法律战。

《美国陷阱》一书的重要价值在于帮助我们,尤其是跨国投资企业看到美国早已把法律用作武器。我国境外投资企业需要了解美国惯用"长臂原则"将其国内法适用于国际经济博弈之中,认清美国司法部行使"治外法权"可能给他国企业及其管理者带来的法律风险。同时应该注意美国的这类法律操作案例很可能在不同的国家被效仿和推广,为全球化时代的国际经济交往埋下更多的不确定性风险。

---

[1] 吴晨:《〈美国陷阱〉:美国司法的长臂原则如何瓦解他国商业巨头》,https://www.thepaper.cn/newsDetail_forward_3388519。

[2][3][4] 乔良、王湘穗:《超限战》,中国社会出版社2005年版,第90—95、50、90页。

（三）法律安全需要法律武器

在特定的环境条件下，当法律从调整社会关系的行为规则被用作剿杀某一法律关系主体的武器，它就从谋求和保障秩序安全的工具演变成可以导致法律主体灭门的危险。这让人警醒，从传统意义上因政治、经济、文化因素引发的法律风险升级到由法律本身及法律高手的谋划蓄意制造的法律风险，国际经济领域已经不可逆转地进入了"法律超限战"时代，法律可能已经不再是静静地排列在法典或司法解释中的条款，而是在某种情况下让特定的法律关系主体身陷危机的陷阱。这就是我们今天面对国际经济合作与跨境投资为什么不得不改变我们长期以来的法律虚无主义的习惯，学会清醒地识别国内外事件的法律含义和法律背景，因为我们无论在世界上的任何角落参与或谋划任何事项，我们都无法摆脱法律的天网。

面对目前的中美贸易战以及我国在上百个国家大力推进的"一带一路"倡议项目，迫使我国对法律的理解和认识要突破习惯思维，要注意"超限战"的事实，强化对"法律武器"的认识，这也是本文提出法律特别程序的一个重要背景，吸取华为公司、法国阿尔斯通公司案例教训，完善"一带一路"倡议实施的法律安全保障措施。

五、拿起法律武器：法律操作上的特别程序

（一）法律特别程序的含义

本文提出的法律特别程序是指以对外投资战略相关跨境项目安全实施为目的，在针对项目的各项专业评估和尽职调查中突出法律风险防控优先，将法律调查、评估前置于对项目的经济（市场调查、财务分析等）、技术等各项调查评估，第一时间查明项目及其主体的法律背景，使可能的法律风险及经济风险控制在项目启动的源头，防止因存在法律瑕疵或障碍而导致交易不能的情况下投入大量财力、物力所进行的经济、技术调查分析而造成的浪费和损失。换言之，法律特别程序实际就是对外投资实务操作上的法律评估优先安排。这是在跨境投资领域针对涉外项目进行各项专业化评估业务活动的一种反思，旨在对外投资实务操作流程方面建立更为科学的专业评估机制，对各项专业评估作出更合理的安排以全面降低评估成本和控制项目操作风险。

(二)法治化建设是长期任务

自"一带一路"倡议在沿线国家实施推广以来,在"一带一路"项目的法治化方面我国学者已有很多深层思考和相关法律论述,这些都是非常重要的建设性工作,具有长远意义。法治化进程是大型社会文化工程,需要大量的人力、物力投入和较长的时间。我们无法在很短的时间内完成法治化建设,但面临"一带一路"相关工程的所有项目却必须拿出有效控制法律风险的方法,这是跨境执业律师及国际项目从业人员的使命和责任。为了保证跨境资本投资的安全,保障各个项目的专业化操作,保障参与各国的相关主体的共赢,保证"一带一路"倡议的健康推进,必须从法律实务操作的专业化程序上作出有效安排,以弥补在较长一段时间内我们还无法完成法治化进程目标的现实局面。

(三)倡议的法律宏观规划与法律实务的微观操作并行不悖

针对"一带一路"倡议的法律工作包括两个基本的方面。一方面,我们需要对国内、外现有法律制度进行调查和梳理,据此作出长远规划,研究整个倡议战略及国际合作方案的法律基础、法律框架的法律基本建设;另一方面,还需要从现实角度出发,根据具体项目需要,对法律实务上的有效方法给予足够的重视,从法律实务、具体项目的法律评估和法律风险控制的具体操作上进行落地安排,细化操作流程,建立可执行的安全化程序。

(四)法律特别程序包括一系列工作

由于在境外实施资本投资等各类经济项目,最本质和最重要的控制风险的手段首当法律,所以从境外项目的合法准入、立项、运营的安全和未来持续性考量必须研究尽早启动法律操作上的特别程序。法律操作上的特别程序首先是指法律评估前置程序,同时意味着一系列的法律积极行动,其中包括法律安全模式设置、不断进行法律预警、法律跟踪服务等。与此相关,政府职能部门及"一带一路"倡议下对外投资企业需重视法律人才队伍建设、相关东道国法律信息收集、"一带一路"沿线国家法律地图绘制,等等。这是一个完整的法律安全工作程序,我国公权力主体及企业主体必须重视建立这样的实务操作程序,以确保安全,弥补我国涉外投资法律制度建设上尚待完善的缺陷。

(五)拿起法律武器:从法律特别程序开始

法律特别程序提示我们注意作为规则的法律和作为武器的法律间

的差异，需要加强对法律的不同层面的认识。法律从条款到工具再到武器，在不同的法律专业人员头脑中呈现不同的世界。条文状态下的法律，在规范着绝大多数的守法受众；工具状态下的法律是具有较好的法律训练背景、有从业经历的律师的工作依据；而武器状态下的法律则是能够超越纸面条款、进行跨界思考并针对特定目标进行法律策划的法律杀手绞杀目标的法律之剑。在比较特殊的项目和环境下，如中美贸易战和美国对华为的法律围剿以及基于国家战略所实施的对外大规模投资，对于缺乏法律风险防范意识的市场经济主体及其从业人员而言，特定的法律谋划可能成为其陷入绝境的风险源头。这就意味着从事跨境投资业务的律师不仅要了解投资东道国的法律规定，还要建立法律思维，培养对项目及其相关因素的法律洞察力，超越静态的法律条款条件，发现动态的各种主体的法律动机和法律策动，认清真实复杂的投资环境，研究有针对性的法律对策和法律风险防控方案。

法律特别程序提示我们识别对手的关键是看清对方是把法律作为行为规则依据还是把法律用作武器。这两种不同的态度、思想，意味着我们的企业面临不同的风险和结局。经济竞争从未停止，世界强国早已转换经济、政治领域的竞争手段，法律武器早已登场。掌握法律武器已经成为"一带一路"倡议下对外实施大规模投资安全的客观需要，也是保障项目成功、维护国际合作项目各国参与主体共同利益的重要条件。

Legal Risk Prevention and Control in SCO Countries under the Belt and Road Initiative

Zhu Nanping

Abstract: In the new era of China's continuous implementation of the "go out" strategy and promotion of the "the Belt and Road Initiative", the scale of Chinese enterprises' outbound investment has been expanding, and the ensuing outbound investment has been faced with more legal risks and investment security issues. The political mutual trust and good diplomatic relations between China and Russia and other SCO countries are conducive to promoting large-scale investment in these countries under the background of "the Belt And Road Initiative", but they are not exempt from various legal risks of cross-border investment by enterprises of market economic entities. The recent trade war launched by the United States against Huawei and China is actually an "over-limit war" launched by the United States with legal weapons. This evolving trade war suggests that China should pay attention to the objective existence and possible spreading trend of legal "over-limit war". In the light of the complicated situation of international politics, economy and high-risk cross-border investment, in view of the process of our country under the rule of law and the present situation of the national legal culture quality to be strengthened, we must reflect on international economic cooperation and foreign investment projects. In addition, we need to study the crisis and the risk in the field of ecological change, change the foreign personnel's primary understanding of the law; We also need to study legal weapons, enhance the ability to identify legal risks; It is also important that we strengthen extraterritorial legal investigations and put in place procedures for legal assessment of overseas investment projects. Only in this way can we control the legal risks to the maximum extent, make up for the legal weaknesses of China's foreign investment enterprises, and guarantee the legal safety of China's foreign investment.

Keywords: the Belt and Road Initiative; Legal risks; Special legal procedure

中国—上合地方经贸合作示范区跨境商事争端解决一体化机制的构建

许庆坤[*]

内容摘要：构建跨境商事争端一体化机制可谓优化中国—上海合作组织地方经贸合作示范区法治环境的关键一环。新机制的构建需要理念转变：由权力本位转向服务本位，由侧重实质正义转向兼顾实质正义和程序正义，由放任自由转向积极引导。一体化机制既包括良好的外部条件，也包括完善的内部要素。相对于单一争端解决方式，一体化机制由于其资源集约化、衔接有机化和信息网络化，可以产生多种争端解决方式的集群效应、竞争优化效应和产业拉动效应。在汲取国内外类似实践和经验的基础上，构建一体化机制的具体措施应尽快实施：前期调查研究、组建示范区商事法庭、成立示范区 ADR 服务中心、推进智库建设。

关键词：上海合作组织；跨境商事争端；一体化机制

在青岛建设"中国—上海合作组织地方经贸合作

---

[*] 许庆坤，男，上海政法学院国际法学院教授，上海政法学院上海合作组织法律服务研究咨询中心主任。本文基于作者在 2018 年 11 月 8 日"中国—上合组织地方经贸合作示范区建设法治保障论坛"上的演讲修改而成。

示范区"(简称示范区)是我国推动上海合作组织成员国之间经贸往来的重要举措。"经贸示范、法律先行",是青岛胶州市落实国家示范区战略的超前思路。不过,此处"法律先行"的准确表述应为"法律服务先行"。根据《立法法》,胶州市作为青岛市下辖的行政区,其人民代表大会及其政府并不享有制定地方法规和规章的立法权。① 但胶州市依然可乘势而为,积极优化示范区法治环境,举措之一就是构建跨境商事争端解决一体化机制(简称一体化机制)。

当前,经济全球化和逆全球化相互交织,其背后是各国经济竞争的白热化,2018年开始的中美贸易战是大国角力的典型。提供更优的营商环境,吸引更多经济资源,提升自身竞争实力是各国普遍采取的举措。跨境商事争端解决一体化机制是当下国际上优化营商环境的新亮点。胶州市作为示范区的核心,有必要采用这一先进机制,将示范区建设的国家宏图落到实处。下面将从三个层面论证这一机制的构建,首先分析一体化机制是什么,然后探讨为什么要采用该机制,最后结合国内外类似的实践和经验,提出示范区构建该机制的具体建议。

一、争端解决一体化机制构建的理念革新和要素构成

一体化机制是多种争端解决机构的集群化,不同于一种机构的"单打独斗";也是多种司法和非司法资源的集约化,不同于以往争端解决的"单门独院"。要建立新机制,首先应转变陈旧的争端解决理念,明晰一体化机制的构成要素。

(一)理念革新

1. 由权力本位向服务本位转变

长期以来,将解决争议视为国家固有权力的观念可谓根深蒂固。法院处理争端是行使国家的司法权;仲裁,也被视为国家授权之后的争端解决方式,否则便没有正当性。加之多年对民事诉讼"不告不理"观念的宣传,导致很多人可能误以为解决争议就是坐等上门。这种理念并不适用于跨境商事争端解决。

---

① 2015年《立法法》第72条第2款规定:享有地方性法规立法权的最低一级立法机关,是设区的市的人民代表大会及其常务委员会;第82条对地方性行政规章立法权的规定,同样将最低一级行政机关限定在设区的市的人民政府。

在经济全球化时代,正如资本具有流动性,跨境商事争议因与多个法域存在关联,其解决通常并非固定在一处。既有调解、仲裁等非诉讼方式,也有在两个甚至多个可选国家提起诉讼等途径,争端解决的地点也具有相当大的可选性。争端解决便捷、高效的地区不仅成为经贸中心,而且争端解决本身可发展成一个行业,并带动法律咨询、律师代理、证据鉴定等相关服务业的发展和繁荣。经典的争端解决案例不仅可使法官、律师等声名远播,更是一个国家法治文明的标杆,构成一国的软实力。鉴于跨境商事争端的特点及其解决的重要性,众多国家转变理念,参与竞争,以提升跨境商事纠纷解决的服务水平为导向,提供一揽子的争端解决方案。

2. 由偏重实质正义向实质正义与程序正义并重转变

法律有"纸上之法"与"行为之法"的区分,对应着我们俗话中的"说法"与"做法"。大陆法系国家以往普遍注重法典的制定,与英美法系国家相比,较为轻视程序正义。我国一些学者也过分强调我国近年来立法的完备,相对忽视了法律实施成效。但"纸上之法"若不能有效实施,转化为人们具体行为的准则,其实形同虚设,甚至不如无法。

英美法系注重程序正义的理念和制度,晚近逐渐受到大陆法系国家的重视,日本、韩国等甚至在诉讼法领域由大陆法制度渐趋转向移植英美法制度。在跨境商事争端解决方面,英美法的影响更加明显,程序正义的理念广为接受。例如哈萨克斯坦虽然整体上采用大陆法制度,但其阿斯塔纳国际金融中心法院引入的是普通法诉讼制度。

3. 由放任自由向积极引导转变

以往商事争端解决国际中心的形成往往带有自发的特点,所在国持自由放任的政策。伦敦成为商事争端国际中心主要基于英国长期作为"日不落帝国",是众多殖民地的宗主国,英美法系国家众多。纽约成为商事争端国际中心与美国长期作为超级大国关系密切。但这种基于世界强国地位,聚合历史和现实的多种因素,进而形成商事争端国际中心的做法,不仅历时漫长,而且其他国家难于复制。

后发国家建设商事争端解决中心必须发挥后发优势,学习借鉴发达国家的成熟经验,积极主动创造条件,在短时间内实现追赶,形成自身特色的商事争端解决机制。例如,新加坡在经济上实现追赶之后,根据东南亚乃至亚洲商事争端解决的需要,充分发挥自身英语的语言优势和普通法制度特色,打造商事争端解决中心。

（二）要素构成

一套成熟的跨境商事争端解决一体化机制既包括良好的外部条件,也包括完善的内部要素。外部条件中,硬件主要指便捷的交通、先进的办公设施和发达的通信等,软件主要指完备的法制、良好的声誉和友善的人文环境等。硬件条件可以在短时间快速赶超,但软件建设往往需要长期积累。

一体化机制的内在要素包括司法、替代性争端解决方式以及配套的法律咨询、律师代理、证据鉴定等。跨境商事争端解决对司法的要求较高,法官除了能够娴熟适用国内法,还应练就相当的外文功力,并熟悉国际商事规则的司法运用。替代性争端解决方式包括调解、仲裁和模拟法庭等诉讼外途径。这类解决方式运用于跨境商事争端解决时,往往需要国际知名的仲裁员、外国调解员的参与。配套的法律服务也应走国际化和精英化之路,以实现争端解决的专业和高效。

二、跨境商事争端解决一体化机制的缘由和机理

相对于单一争端解决方式的单打独斗,一体化机制可以发挥多种争端解决方式的集群效应;各类机构同场竞技,产生竞争优化效应;带动金融、教育、交通等第三产业发展。多种成效的发挥,源自一体化机制的运作机理。

（一）采用一体化机制的缘由

1. 规模集群成效

各种争端解决方式在形式和性质上看似悬殊,其实质均为明晰真相,裁断是非。因此,其顺利运作均可能需求律师服务、公证、司法鉴定等法律专业服务以及相应的社会公共服务。在各种争端解决方式聚合的基础上,这类服务可以批量集中供应,从而大幅度降低运行成本。

同时,商事争端具有动态性,从微弱的法律分歧到你死我活的法律对抗,处理不当会逐步升级。在法律分歧产生之初,若律师及时介入当事人就可能达成和解而消弭争端;若分歧过大,则可能需要第三方介入,以调解促成双方握手言和;若调解不奏效,则可能需要通过仲裁化解矛盾;若矛盾发展到双方无法仲裁,则需要法院判定对错。针对争端的动态性,将多种争端解决机构聚合一处,犹如超市琳琅满目的商品供

当事人挑选,争端解决的及时性和有效性将得到提升。

2. 竞争优化效应

与一般民事争端不同,商事争端的解决更依赖当事人的自主权,因此诉讼、仲裁、调解、协商等多种争端解决路径具有很强的可替代性。为了赢得行业声誉和获取客户资源,不同争端机构之间会竞相提升自身实力和争端解决水平。同时,多个仲裁机构之间、不同律师事务所之间等迫于生存压力和发展所需,相互竞争会更加激烈。由于同处一地,不同机构之间相互取长补短的几率会明显增加,利于促进整体水平的优化。

不同争端解决机构的各类人才具有流动性。由于同台竞技,不同机构的行业信誉、薪酬水平,同行之间彼此知悉。如果一个机构管理不善,效益低下,其优秀人才可能很快流失到其他机构。这也可从反面促使不同机构之间竞相提升自身实力和优势地位。

3. 产业带动效应

商事仲裁、调解、律师服务等不仅可服务于经贸发展,而且本身可作为服务业独立发展,形成规模可观的第三产业形态。就律师业而言,2017年世界排名前100的律师事务所总收入达到1 057亿美元,[1]接近济南当年的经济总量[2]。新加坡自2008年向外国律师事务所开放市场,6家外国律师事务所5年创收达12亿美元,而且八成来自离岸法律业务。[3] 一体化争端机制若发展顺利,可形成一种法律产业,产生相应的人流、物流和资金流,经济效益可观。

法律产业良性发展还会产生溢出效应。争端解决是个复杂的系统工程,其发展必然带动金融、教育、交通等多种服务业的兴旺。同时,运作高效的争端解决会促进商贸环境的优化。更重要的是,争端解决是法治的重要成分,是一个地区文明水平的标杆之一,其产生的软实力不可小觑。

(二) 一体化机制的运作机理

一体化机制的多种辐射功能,与其独特的运作机理有内在关联。

---

[1] https://www.law.com/legal-week/2018/09/24/the-2018-global-100-ranked-by-revenue-378-89108/.

[2] 2017年济南市的GDP达到6 800亿元,https://item.btime.com/m_96b054d8f714ff102。

[3] http://simc.com.sg/growing-singapores-legal-industry/.

单一争端解决机构的运行好比"自弹自唱",而一体化机制好比"大合唱",将多个环节有机连接,多种资源充分运用,实现效率和效用最大化。具体而言,其运作机理至少包含以下三方面:

1. 资源集约化

各种争端解决机制的原理相同,所需资源大多可以共享。除了法院作为国家机关需要拥有独立场所外,其余争端解决机构和相应的服务机构可以共用多种场所、设施、设备以及相关技术和服务,例如会议室、办公设备、秘书服务等。资源的集约利用不仅降低了使用成本,而且设施和设备保养和更换及时,使用效果更好。

资源集约化利用对相关部门的管理和服务水平提出了更高的要求。多个机构对共享资源的循环利用犹如流水线作业,一旦某个环节出现纰漏,将影响后续多家机构的工作,损失巨大。因此,这不仅要求共用的资源硬件过硬,而且要求相应的软件达到更高水准,比如管理和服务制度、人员培训和应急预案等均应精细化和国际化。

2. 衔接有机化

一体化机制不是各种争端解决方式的简单组合,而是其有机衔接,形成合力,实现1+1>2的效果。这种衔接包括不同争端解决方式的衔接和争端解决与相应服务的衔接。前者,例如当事人的调解协议可能需要借助法院的确认产生法律强制力;法院若发现判决无法在外国获得承认和执行,则可推荐当事人前去仲裁机构仲裁;仲裁裁决需要法院承认和执行等。后者,诸如调解、仲裁或诉讼需要相应领域的律师服务,仲裁或诉讼的证据需要相应机构的鉴定或公证等。内外的衔接需要不同争端机构之间及其与外部服务机构之间加强沟通,甚至需要签订合作协议。

各种争端解决方式无所谓优劣,每一种商事争端各有其特点,所谓最好的争端解决方式其实为最适合的方式。对于经贸人士而言,争端解决的专业知识并非其必备素质。因此,在争端发生前后有律师提供专业咨询服务十分必要。政府部门也可有针对性地开展普法工作,增强企业法律纠纷防范意识,提供纠纷解决的路线图和相关资讯。

3. 信息网络化

在互联网时代,信息通过网络传送和共享可以大幅度提升一体化机制的运作效率。"让信息多跑路,让人少跑腿",也可用于一体化机制的建设中。不同争端解决机构之间可建立内部网络,实现信息互通和互认。比如,调解机构的工作过程和产生的调解协议,通过网络向法院开放后,法院经审核和确认可直接用于出具司法调解书。在争端解决机构和相应服务机构之间,彼此的信息也可选择性地向对方开放,比如法院将诉讼流程和结果及时向律师公开。

一体化机制的信息网络化要求政府部门协助提供相应的场地和设备,并加强网络安全管理和建章立制,引导相关机构签订合作协议和保密协议。

三、跨境商事争端解决一体化机制的类似实践和经验

跨境商事争端解决一体化机制的建设,国内外尚无完全成熟的模式可供复制,但有一些类似的实践可提供某些方面的经验。

(一)国外的实践和经验

1. 新加坡国际商事争端解决中心(hub)建设

新加坡在实现经济腾飞后,如何继续保持其优势地位和国际影响力是其面临的挑战,发展高端服务业,尤其是法律服务业,打造成东南亚乃至亚洲的国际商事争端解决中心是其重要抉择。经过多年建设,新加坡作为亚洲国际商事争端解决中心的地位已初步确立,成效显著。

新加坡国际商事争端解决体制主要由三层结构组成:法院诉讼、仲裁和调解。为此设立的机构有国际商事法庭、国际仲裁中心、国际调解中心、国际调解协会、国际争端解决研究院等。调解与仲裁有机衔接,采用"仲裁—调解—仲裁"模式,将调解协议转化为仲裁裁决以便利用《纽约公约》在境外获得承认与执行。新加坡目前已成为仅次于伦敦和日内瓦的世界第三大仲裁地。[①] 国际商事法庭自2015年成立后运行良好。新加坡在亚太地区国际商事争端解决中的重要地位逐步确立。[②]

2. 英国伦敦和美国纽约的争端解决机构

伦敦居世界三大金融中心之首,其一平方英里的金融城承揽了全

[①] http://www.businessconflictmanagement.com/blog/2017/10/singapore-the-hub-of-international-commercial-dispute-resolution/.

[②] https://www.lexology.com/library/detail.aspx?g=f9e84515-8467-42e3-a703-6c94c11f3fb2.

球41%的外汇交易和全球总额19%的跨国贷款,被誉为"英国经济的心脏"。①伦敦的经济地位与其完善的争端解决体制密不可分。国际商会仲裁院伦敦分院和伦敦海事仲裁协会等世界一流的仲裁机构在此汇聚,全球超过一半的顶尖律师事务所总部位于该地,英国作为普通法的发源地,判例法和制定法健全,法治传统深厚;②英国最高法院、上诉法院、高等法院等成为司法正义的最后一道坚强防线,专门处理商事争端的商事和财产法庭,80%以上的案件涉及外国当事人;③附近的牛津大学和剑桥大学等一流大学的法学院可提供充足的法律人才支持,伦敦因此也享有"世界法律中心"(international legal hub)的美誉。

纽约作为世界商业和金融中心之一,其争端解决机制相当完备,各类法院、仲裁、调解结构齐备,商事争端解决的法治发达。纽约州专设商事法院处理商事纠纷,其判例往往领美国风气之先。立法和司法倾向于支持纽约作为商业中心的地位,例如纽约州规定,超过100万美元标的额的纠纷可以选择纽约州的法院和法律。美国仲裁协会(AAA)总部位于纽约,其国际争议解决中心专为国际仲裁案件而设。为了便利仲裁、调解等替代性争端解决机制的运转,纽约于2014年成立了纽约国际仲裁中心,为诉讼外的各种争端解决提供场地、翻译、培训和研讨等一条龙服务。④纽约州高端法律人才荟萃,近四成的世界排名前100的律师事务所将总部设在纽约。此外,纽约本地和附近还汇集了国际一流的法学院,为商事争端的解决提供智力支持。

与新加坡作为后发国家积极引导的做法不同,英美两国对一体化机制的形成干预较少,各种争端解决机构和资源的聚合顺其自然。这与两国先后作为世界霸主的特殊地位有关,历史机遇和现实力量的多种因素共同造就。但面对其他国家和地区激烈的竞争态势,两国也开始采取主动措施,巩固其商业争端解决中心的

---

① 王虹:《伦敦金融城:弹丸之地的世界雄心》,《决策》2015年第12期。
② https://www.ashfords.co.uk/news-and-events/general/why-is-london-a-global-capital-for-international-arbitration.
③ 何晶晶:《打造国际商事法庭,司法保障"一带一路"建设——专访最高人民法院民事审判第四庭副庭长高晓力》,《人民法治》2018年第3期。
④ https://en.wikipedia.org/wiki/New_York_International_Arbitration_Center_(NYIAC).

地位。

(二) 国内的实践和经验

顺应国际商贸争端解决新趋势,国内一些机构和地区也开始了一体化机制建设的尝试。其中的典型当属最高人民法院国际商事法庭制度和浙江义乌国际商贸城巡回法庭的实践。

1. 最高人民法院国际商事法庭制度

着眼于"一带一路"建设对涉外司法的迫切需求,最高人民法院于2018年设立了第一、第二国际商事法庭,并制定了服务于其运行的具体规则。新设的国际商事法庭创建了具有中国特色的诉讼与调解和仲裁衔接的一体化争端解决机制。该法庭支持国际商事专家委员会成员或国际商事调解机构的调解工作,对于体现其工作成果的当事人调解协议,可制发调解书或判决书;法庭同样支持仲裁机构的工作,对其保全申请采取相应措施,同时积极审查和执行其仲裁裁决;与此同时,最高人民法院还协调搭建"一站式"纠纷解决平台,将上述调解机构、仲裁机构和国际商事法庭的工作均纳入其中,方便当事人通过该平台选择合适的方式解决纠纷。①

最高人民法院的现行国际商事法庭制度,已经基本搭建了一体化机制的框架,但其实际运作方法和成效尚有待观察。不同争端解决方式如何有机衔接,尤其是如何选定国际商事调解机构和国际商事仲裁机构备受瞩目。总体而言,目前的制度权力主导的倾向明显,法律服务市场化的程度较低,与国外的制度差别较大。

2. 浙江义乌国际商贸城法庭诉调对接机制

义乌国际商贸城法庭隶属义乌市人民法院。义乌号称世界"小商品之都",国际商贸城中发生的涉外纠纷众多。为此,2010年,义乌法院主动送法上门,在国际商贸城设立巡回审判法庭审判站,2014年将其升格为国际商贸城法庭。该法庭将诉讼与调解有效对接,法官在涉外纠纷人民调解委员会入驻办公,对调解协议主动进行司法确认。②

---

① 2018年《最高人民法院关于设立国际商事法庭若干问题的规定》第11、13—14条。
② 余建华、应金鑫、吴晓珂:《义乌:世界"小商品之都"的司法品牌》,《人民法院报》2018年1月16日。

与全面的一体化机制相比,诉调对接机制是两种争端解决方式的简单结合。但由于义乌国际商贸城的纠纷类型有限,发生的地域集中,这种简单结合有其存在的合理性。尤其是法庭主动派人到调解委员会确认调解协议的效力,这对于普遍不熟悉法律的小商品交易业主而言,是非常实用的司法能动措施。

四、中国—上合地方经贸合作示范区争端解决一体化机制的构建

支持青岛建设中国-上海合作组织地方经贸合作示范区,是推动上合组织国家间经贸合作和中国对外全面开放的一张"名片"。相关部门理应为此充分做好法治保障工作,利用后发优势,乘势而为、主动引导,打造跨境经贸争端"一体化法律服务示范区"。

(一) 积极开展前期调查研究

在青岛上合示范区建设跨境商事争端一体化机制,当前国内外并无可以直接复制的样板。因此,真正符合示范区经贸合作需求的一体化机制必然具有一定的创新性。但要使这种创新避免流于形式,"问题导向"是基本指针。厘清当前经贸争端解决的"问题",需要专业性、全面性和客观性的调查研究。跨境经贸争端在许多方面异于国内经贸纠纷,这类争端的解决有很强的专业性,是国际私法学的研究对象,同时调查研究也是一项科学工作。因此,比较合理的做法是以科研课题的形式委托给相关领域的专家开展前期调查研究。

前期调查研究的课题至少应涵盖以下方面:示范区内经贸活动现状及发展趋势;已有经贸争议的数量、种类、解决方式及其成效;未来经贸纠纷的发展趋势及对策。调查方式可采用线上与现场相结合的方式,时间跨度至少 1 年,每季度不少于 1 次。

在获得全面和真实的跨境经贸争端及其解决现状的信息后,课题组应对当前存在的问题深入分析,并结合未来发展趋势,预估需求的争端解决机构以及相关法律资源的种类、数量。预估值应适当留有余地,以应对跨境特殊时期纠纷大量增长的异常情况。

(二) 组建示范区商事法庭

针对跨境商事争端的特点和解决的需要,有针对性地设立专业的

涉外商事法庭是合理的应对之道。审理跨境商事案件,并非普通法官和法庭能够胜任。这类涉外案件,要适用冲突法加以确定,而冲突法有"法中之法"之谓,法官非接受长期专业训练难以准确适用。[①] 同时,部分涉外案件可能适用外国法、国际条约或国际惯例,外国法查明或解读国际规则均对法官的外语水平和比较法知识提出很高要求。另外,涉外审判常遇到的向境外寻求送达、取证、承认与执行判决等司法协助问题,也需要高水平的法官正确应对。最后,由于国际市场风云变幻,商事争端当事人渴求解决的高效。显然,法官素养越高,提高效率的可能性越大。

为将示范区商事法庭打造成涉外法庭的样板,有关部门应充分利用现行规定,从多渠道选拔法理精深和实践经验丰富的高端涉外法律人才;[②]同时,在内部机构设置上,该法庭可充分汲取最高人民法院巡回法庭的成功经验,以审判之需为尺度采取"扁平化"和"去行政化"的管理体制。每名法官可配备适当数量的法官助理和书记员,实行权责相符的司法责任制。

(三) 成立示范区争端解决服务中心

一体化机制要求多种争端解决机构以及相应资源在物理空间上聚合一处,这就要求争端解决服务中心(简称服务中心)的成立。服务中心可在一栋大楼内为争端解决机构以及司法鉴定机构、公证机构、法治研究中心等提供办公场所,各机构之间可以共享会议室、接待室,甚至部分办公场所,共用专家咨询、秘书、保安等第三方的服务。如此安排也便于相关机构共同举办研讨会和培训活动,共生共荣,相互砥砺,彼此促进。服务中心的硬件和软件应达至国际高端水准。

物理空间上的聚合只是一个方面,服务中心更应协调多方在争端解决业务上彼此合作。为此,服务中心可促成商事法庭发挥龙头作用,组建"一站式"争端解决网络平台,向参与合作的调解机构、仲裁机构、律师事务所等开放,引导当事人利用该平台选择最适合的争端解决方

---

① 宋连斌:《再论中国国际私法的实践困境及出路》,《中国国际私法与比较法年刊》(第 6 卷),法律出版社 2003 年版,第 88 页。

② 参见《从律师和法学专家中公开选拔立法工作者、法官、检察官办法》第 3—4、6 条(厅字[2016]20 号)。

式。各相关机构可以借助该平台了解纠纷的进度,实现不同争端方式及时而高效地切换。

在各种设施中,网络设施尤其重要。这不仅指网络安全,也不仅指"一站式"争端解决平台需要网络运行,更重要的是争端解决网络化的趋势对网络建设提出了更高的要求。如今,国内外均已出现了网上调解和网上仲裁等新颖的"在线争端解决模式"(ODR),[1]联合国贸易法委员会还专门出台了《关于网上争议解决的 技术指引》[2]。

(四)加强相关智库建设

商事争端解决智库的建设关系到一体化机制建设的兴衰成败。一体化机制绝非几张办公桌加几个人员组合而成的简易之事,而是高端法律人才通过复杂的环节有机构成的一个法律生态系统。智库一方面可以从事调查研究,提出疑难案件解决的专家意见,对各种争端解决中存在的问题发出预警;另一方面可以牵头举办各类学术研讨会议,从全球聚拢法律精英,帮助争端解决机构拓展业务,产生类似广告的软实力。跨境商事争端的鲜明特点是其解决方式和地点具有可变性。在历史上,商人世界是国王的世俗世界和教会的精神世界之外的第三世界,商业纠纷由商人法庭自行解决。在现代社会,国家虽然有权插手商业纠纷,但各国依然尊重商人在争端解决上的自主性,意思自治是基本原则。一地要成为争端解决中心,争端解决的水平和信誉是关键,而智库恰是各种争端解决机构的"大脑",决定了争端解决水平和信誉的高低。新加坡的国际争端解决中心地位之所以快速确立,甚至在一些方面已经可以与伦敦、纽约一争高下,这与其国际调解协会和国际争端解决研究院等智库充分发挥的作用密不可分。因此,有关部门对智库建设应高度重视,不应列出一个专家名单就抛之脑后,而应加大经费支持,并优化相应的研究条件。

---

[1] See P. Hay, *Law of the United States: An Overview*, Munchen: C. H. Beck, 4th Ed., 2016, p.113.

[2] https://uncitral.un.org/sites/uncitral.un.org/files/media-documents/uncitral/zh/17-00381_c_ebook_technical_notes_on_odr.pdf.

Construction of the Integrated Mechanism of Cross-border Commercial Dispute Resolution in China-SCO Local Economic and Trade Cooperation Demonstration Zone

Xu Qingkun

Abstract: The establishment of an integrated mechanism for resolving transnational commercial disputes can be regarded as an important measure to improve legal environment of the Demonstration Area for Local Economic and Trade Cooperation between China and the SCO. The new mechanism requires new ideas: service orientation rather than power orientation, focus on substantial justice and procedural justice rather than mere substantial justice, active guidance rather than laissez-faire. Such a mechanism covers good external conditions and necessary internal elements. In contrast to single method of dispute resolution, the integrated mechanism may produce cluster effect, competitive optimization effect and industrial pull effect of multiple methods of dispute resolution. The reasons for those effects lies in the fact that such a mechanism may economically and centrally utilize resources smoothly connect different methods and share information efficiently. Based on similar practices and experiences from home and abroad, particular methods should be taken as soon as possible: preliminary investigation, establishment of commercial court for the Demonstration Area, establishment of ADR service center for the Demonstration Area, and establishment of think tanks.

Keywords: Shanghai Cooperation Organization; transnational commercial disputes; integrated mechanism

上海合作组织框架下的区域合作组织与恐怖主义犯罪防控

胡 江[*]

内容摘要：打击恐怖主义是上海合作组织的重点合作内容。作为由中国主导的重要区域性国际组织，在上海合作组织框架内推进反恐合作有助于为我国营造良好的周边环境，提升我国在全球反恐中的地位，对我国反恐工作具有十分重要的意义。经过十多年的发展，上海合作组织通过制定文件或条约、设立区域反恐机构、开展联合反恐演习等方式，在反恐领域的合作取得了明显成效。这种区域合作模式不仅维护了本地区的安全稳定，也为全球反恐行动提供了合作的样本。今后，上海合作组织应当结合本地区恐怖主义犯罪发展的新态势，细化合作的法律规范和行动机制，加强反恐人员和技术领域的合作，积极开展互联网领域的反恐合作，及时跟进经贸文化领域的合作，从而进一步发挥区域合作优势，形成全球反恐行动的合力。

关键词：上海合作组织；恐怖主义犯罪；区域合作；反恐行动；地区安全

---

[*] 胡江（1984—），苗族，西南政法大学法学院副教授、硕士生导师，法学博士。本文系2017年度国家社科基金重点项目"预防性反恐刑法问题研究"（编号：17AFX017）、司法部2017年度国家法治与法学理论研究项目"非传统安全视野下的毒品犯罪治理研究"（编号：17SFB2022）的阶段性成果之一。

2001年6月,上海合作组织在上海宣告成立,这是第一个以中国城市命名的区域性国际组织,也是由中国发挥主导作用的区域性国际组织。作为全球最大的区域性国际组织,上海合作组织在国际政治格局中居于重要地位,对维护世界政治秩序和安全稳定发挥了独特作用。在其成立宣言中即明确指出其宗旨之一为"共同致力于维护和保障地区的和平、安全与稳定"。在这一宗旨的指引下,对恐怖主义犯罪的打击和防范是该组织的重要任务之一。当前,我国防控恐怖主义犯罪的任务较为艰巨,特别是由于上海合作组织成员国覆盖了中亚、南亚等恐怖主义犯罪滋生蔓延的多发地带,在推进"一带一路"建设的大背景下,积极开展上海合作组织框架内的反恐合作,不仅对促进我国恐怖主义犯罪的防控具有积极价值,对促进整个地区乃至全球的安全稳定也具有重要意义。

一、区域合作对我国反恐工作的重要意义

我国是恐怖主义犯罪的受害国,近年来,受国际国内等多方面因素的影响,我国的恐怖主义犯罪呈现出新的态势,已经成为我国安全稳定的极大威胁。[1] 由于恐怖主义犯罪的特殊性,其防控任务也非常复杂,因此,在上海合作组织框架内加强与有关国家的反恐合作,对我国反恐工作具有十分重要的现实意义。

(一)营造安全稳定的周边环境

随着我国改革发展任务的进一步推进,我们不仅需要一个稳定的国内环境,也需要一个稳定的周边环境。而环顾我国周边地区,无论是中亚还是南亚,都面临着较为严峻的安全形势。虽然近年来这两个地区的政治环境总体上趋稳,但由于民族、宗教、文化等方面的原因,中亚、南亚地区的经济发展水平在整体上并不高,而民族、宗教矛盾却较为激烈,南亚地区印度和巴基斯坦两国间的领土纠纷多年来争执不休,至今悬而未决,两个地区的社会管控能力均较低。特别是中亚地区,由于特殊的地理环境和民族、宗教方面的原因,极易成为恐怖主义犯罪滋生蔓延的土壤。中亚地区的毒品犯罪与恐怖势力、宗教极端势力、民族

---

[1] 梅传强、张永强:《我国恐怖活动犯罪的现状、特征及防控对策》,《北京师范大学学报(社会科学版)》2015年第6期。

分裂势力、疆独分子经常连于一体,对我国的边疆稳定和社会和谐造成极大的威胁,甚至对国家领土和主权的完整性构成严重威胁,是我国所面临的新的非传统安全威胁。① 曾经在全球范围内产生广泛影响的基地组织就主要是在中亚地区发展坐大并指挥实施恐怖活动,甚至在一定意义上可以说,中亚地区是世界恐怖主义犯罪的主要策源地之一。

从我国恐怖犯罪的现实情况来看,不少恐怖主义分子正是通过中亚、南亚的边境地区出境接受恐怖训练,或者入境实施恐怖主义犯罪。由于我国西部边境地区直接与中亚、南亚等地区毗连,边境线绵延数千千米,这些地区的安全稳定直接关系到我国的社会安全、国家安全和恐怖主义犯罪的防控。上海合作组织成立的初衷之一就是要合作打击中亚地区的恐怖主义、极端势力和民族分裂势力,其成员国主要聚集于中亚地区,2017 年又吸收了印度、巴基斯坦这两个南亚地区的国家为新的成员国,因此,该组织基本上覆盖了我国周边安全态势较为复杂的中亚、南亚地区。作为上海合作组织的主要倡导者之一,我国在这一组织框架内,积极开展与有关国家的反恐合作,是合作打击中亚、南亚恐怖主义犯罪的现实需要,能够积极消除中亚、南亚地区的不稳定因素,确保我国周边环境的安全稳定,能够为我国反恐工作的开展营造良好的外部环境,同时也有助于维护本地区的安全,为我国社会稳定和经济发展提供良好的社会环境。②

(二)提升在全球反恐中的地位

全球反恐不仅是一个法律问题,更是一个政治问题,背后关涉大国的博弈。虽然各国均认识到基于反恐问题的特殊性,任何一个国家都不可能凭借一己之力来应对恐怖主义犯罪,所以几乎无一例外地都强调在反恐领域的合作。但是,在全球反恐合作的进行中,有的国家却基于自身利益的考虑,以政治、宗教、民族等方面的原因人为地制造反恐合作的障碍。

从全球范围来看,美国基于其强大的经济、军事实力,不仅在国内

---

① 胡江:《合作打击中亚地区毒品犯罪的若干问题分析——基于上海合作组织框架内的考察》,《江西警察学院学报》2010 年第 1 期。

② 莫洪宪:《上海合作组织存在的问题及我国的对策》,《武汉大学学报(哲学社会科学版)》2005 年第 6 期。

大力推进反恐,也积极介入各地区的反恐行动,甚至直接动用军事力量在其本土之外对恐怖主义发动战争打击,这样的举动固然有助于摧毁或削弱全球恐怖主义的力量;但不可否认的是,美国在其中往往也掺杂了政治、价值观念等方面的考虑,比如借反恐推行其价值观念、以开展反恐行动为由影响部分国家的政局等。因此,美国在全球反恐行动中的地位具有两面性,一方面其试图充当全球反恐的领导者,也确实为反恐行动作出了积极努力;但另一方面也伴随着其在政治、文化等方面的霸权思维,试图通过主导或参与全球反恐来维系其在全球的霸主地位,乃至直接向其他地区或国家输送其价值观念、政治制度等。就上海合作组织覆盖的地区而言,在"9·11"事件以前,美国在该地区的影响相对较小,但在"9·11"事件之后,美国以反恐为名,在阿富汗直接发动对塔利班的战争,直接介入了本地区的安全事务。

所以,虽然上海合作组织已经成为本地区反恐领域不可或缺的重要组织,但是美国在该地区的影响力不可小觑。在这样的背景下,如何在反恐领域与美国既开展合作又不至于仅仅成为美国反恐行动的追随者,是中国在大国崛起的路上不得不面对的问题。在反恐问题上,我国与美国担负着共同的任务,但是,唯有不断提升我国自身在全球反恐中的地位,方能不受美国在政治、宗教等方面的牵制。为此,发挥上海合作组织在本地区反恐的积极作用,在上海合作组织框架内积极开展与有关国家的反恐合作,无疑成为提升我国在全球反恐中地位的不二选择。从长远来看,积极开展上海合作组织框架内的反恐合作,有助于改变美国在反恐问题上一国独大的现状,增强我国在区域反恐和全球反恐中的影响力,必将进一步提升中国在区域事务乃至全球事务中的话语权。

(三)增强打击恐怖主义的实效

打击恐怖主义犯罪,既涉及对犯罪嫌疑人的发现、抓捕、侦查、起诉、审判,也涉及对涉恐财产的查封、冻结、追缴等。长期以来,一些恐怖分子利用我国西部连绵千里的漫长国境线和边境地区复杂的地理环境特征,对我国公民实施放火、爆炸、投毒、杀人等恐怖犯罪行为,严重侵害了人民群众的生命财产安全。这些恐怖分子往往隐藏于边境地区的隐蔽场所,伺机实施恐怖犯罪行为;在实施犯罪后,往往又利用边境地区复杂的地形地貌轻易地进入到其他国家领域内,为我国司法机关发现和查获犯罪增加了极大的困难。特别是由于我国西部紧邻中亚地区,一些恐怖分子穿梭于这一地区的不同国家,更是让任何一个国家都难以单独应对。因此,在上海合作组织框架内加强反恐合作,有助于提升对恐怖犯罪的打击力度。目前,上海合作组织已经通过制定区域合作条约等形式,就恐怖主义犯罪的引渡、协作等做了约定,同时还积极开展联合军事演习等活动,这对本地区的恐怖主义犯罪将形成极大的震慑力。此外,上海合作组织还通过加大对涉恐金融资产的监管等,从而有助于消除恐怖主义犯罪的经济基础。总之,通过开展反恐合作,为我国的恐怖主义犯罪防控争取到了良好的外部合作机会,能够切实解决在打击恐怖主义犯罪中所面临的一些现实困难,从而增强我国打击恐怖主义犯罪的实际效果。

(四) 阻断境外恐怖主义的输入

长期以来,新疆等西部地区是我国恐怖主义犯罪的多发地区。新疆在反恐方面已经取得了明显成效。据有关方面介绍,截至2018年年底,新疆地区已连续20多个月未发生暴力恐怖案件。[①] 但是,也应该理性地看到,新疆作为我国反恐前沿阵地的地位并未在根本上发生改变。而新疆的恐怖主义犯罪防控任务之所以较为严峻,除了国内方面的因素之外,也与毗邻中亚地区,受境外宗教、民族等多方面的因素的影响有千丝万缕的关联。从新疆发生的恐怖主义犯罪现实情况来看,绝大多数都有境外因素的影响,以2009年发生在乌鲁木齐的"七五事件"为例,就是受到了潜逃于境外的民族分裂势力的直接指使。因此,在上海合作组织框架内积极开展与有关国家的反恐合作,有助于阻断境外恐怖主义的输入,其中最为重要的意义体现在以下两个方面:

一是阻断境外恐怖分子的进入。一些恐怖分子利用边境地区独特的地形地貌和边境管控薄弱的机会,非法出境进入中亚等地区接受恐怖主义的培训,之后又非法入境在国内实施恐怖犯罪活动;还有一些境外恐怖分子出于民族、宗教、政治等方面的原因,也伺机进入我国境内实施恐怖活动。因此,上海合作组织成员国之间加强反恐合作,特别是加强对边境地区的安全管控,有助于切断恐怖分子往返境内、境外的通

[①]《雪克来提·扎克尔就新疆反恐维稳情况及开展职业技能教育培训工作答记者问》,《新疆日报》2018年10月17日。

道,从而阻断恐怖分子进入我国境内。

二是阻断境外恐怖诱因的影响。恐怖主义犯罪的发生深受民族、宗教等因素的影响。长期以来新疆等地的恐怖主义犯罪之所以较为严峻,其中一个很重要的原因就是由于恐怖分子受宗教极端势力、民族分裂势力的影响,试图将我国的新疆地区分裂出去,试图在这一地区建立起政教合一的国家。犯罪作为破坏社会秩序的极端行为,不仅仅是对法律规范的违反,同时也是对社会主流价值观念的背反,"是社会文化的一个侧面,是一定文化的产物"[1]。在恐怖主义犯罪背后发挥至关重要作用的是宗教、文化等方面的因素,对于这些因素,不是单纯地用刑法打击犯罪就能解决的,还需要通过长期的文化宣传和影响才能逐步消除。因此,在上海合作组织内加强与相关国家的反恐合作,也能够逐步消除恐怖主义犯罪生发的诱因,阻断境外恐怖主义思想的传入,从而在思想文化层面阻断恐怖主义犯罪的发生。

二、上海合作组织在反恐方面的主要举措

上海合作组织成立的主要任务之一就是为了打击恐怖主义犯罪,经过近20年的发展,其不断探索反恐措施、积极加强反恐合作,取得了明显的成就,已经成为国际反恐领域不可或缺的重要力量,"治理恐怖主义业已成为上海合作组织的标签"。[2] 这些进展的取得,一方面得益于上海合作组织坚持以"互信、互利、平等、协商、尊重多样文明、谋求共同发展"为基本内容的"上海精神",开展反恐合作是各成员国的共同意愿;另一方面则是因为其在反恐领域提出了诸多富有成效的举措,从而保证了反恐合作的顺利开展。

(一)制定区域反恐条约或文件

关于反恐怖主义的条约既有全球层面的,也有区域层面的,前者如《防止和惩治恐怖主义公约》(1937年)等,后者如《欧洲制止恐怖主义公约》(1976年)、《美洲国家反恐怖主义公约》(2002年)等,这些反恐条约为国际、区际反恐合作提供了法律遵循。作为重要的区域性组织,上海合作组织十分注重反恐领域的规范完善工作,制定了相应的反恐

---

[1] 张远煌:《犯罪学原理》(第2版),法律出版社2008年版,第265页。
[2] 曾向红:《恐怖主义的全球治理:机制及其评估》,《中国社会科学》2017年第12期。

条约或文件。上海合作组织每年召开一次元首会议,通过发布元首会议宣言等文件和缔结区域性反恐条约等形式,逐步形成了较为完善的区域反恐合作规范体系,为开展区域反恐合作奠定了法律基础。其中,除了每年发布的元首会议宣言之外,在反恐领域的重要条约或文件主要有以下几个:

1.《上海合作组织成立宣言》(2001年)

2001年6月15日,上海合作组织在上海成立,在其成立宣言中,明确宣布其宗旨之一即为"共同致力于维护和保障地区的和平、安全与稳定";其第8条明确指出,上海合作组织尤其重视并尽一切必要努力保障地区安全。各成员国将为落实《打击恐怖主义、分裂主义和极端主义上海公约》而紧密协作,包括在比什凯克建立"上海合作组织反恐怖中心"等。

2.《上海合作组织宪章》(2002年)

2002年6月通过的《上海合作组织宪章》是上海合作组织运作的最基本规范和准则,共26条,明确了上海合作组织的宗旨和任务、合作方向、机构等内容。其第1条对上海合作组织的宗旨和任务作了规定,明确提出"共同打击一切形式的恐怖主义、分裂主义和极端主义,打击非法贩卖毒品、武器和其他跨国犯罪活动,以及非法移民";第3条所规定的"合作方向"也将反恐合作作为最主要的内容,明确提出"研究并采取措施,共同打击恐怖主义、分裂主义和极端主义,打击非法贩卖毒品、武器和其他跨国犯罪活动,以及非法移民";第4条规定了该组织的机构,并在第10条就地区反恐怖机构作了专门规定。

3.《打击恐怖主义、分裂主义和极端主义上海公约》(2001年)

2001年6月15日,上海合作组织成立伊始,即缔结了《打击恐怖主义、分裂主义和极端主义上海公约》,共21条,主要包括以下内容:

(1)"恐怖主义"的含义。该公约第1条规定,"恐怖主义"是指以下两类行为:第一,为该公约附件所列条约①之一所认定并经其定义为犯罪的任何行为;第二,致使平民或武装冲突情况下未积极参与军事行

---

① 附件所列条约共10项,包括《关于制止非法劫持航空器的公约》(1970年)、《关于制止危害民用航空安全的非法行为的公约》(1971年)、《关于防止和惩处侵害应受国际保护人员包括外交代表的罪行的公约》(1973年)、《反对劫持人质国际公约》(1979年)、《制止恐怖主义爆炸事件的国际公约》(1997年)、《制止向恐怖主义提供资助的国际公约》(1999年)等。

动的任何其他人员死亡或对其造成重大人身伤害、对物质目标造成重大损失的任何其他行为,以及组织、策划、共谋、教唆上述活动的行为,而此类行为因其性质或背景可认定为恐吓居民、破坏公共安全或强制政权机关或国际组织以实施或不实施某种行为,并且是依各方国内法应追究刑事责任的任何行为。

(2)进行反恐合作并相互提供协助。该公约第6条规定,各方中央主管机关根据本公约在10个方面进行合作并相互提供协助,具体包括交流信息、执行关于进行快速侦查行动的请求等。

(3)情报交换。该公约第7条规定,各方中央主管机关交换共同关心的情报,其内容包括,涉及准备实施及已经实施恐怖主义、分裂主义、极端主义所指行为的情报,已经查明及破获的企图实施上述行为的情报等6个方面。

(4)建立反恐机构。该公约第10条明确规定,在比什凯克市建立各方的地区性反恐怖机构并保障其运行。

4.《上海合作组织反恐怖主义公约》(2009年)

《上海合作组织反恐怖主义公约》于2009年6月16日在叶卡捷琳堡签署,中国全国人大常委会于2014年12月批准。该公约是上海合作组织在反恐领域最基本的专门性规范,其目的在于提高反恐怖主义合作的效率,共37条,主要包括以下内容:

(1)恐怖主义相关概念的含义。在2001年《打击恐怖主义、分裂主义和极端主义上海公约》的基础上,该公约在第1条进一步界定了"恐怖主义""恐怖主义行为""恐怖主义组织"等概念。"恐怖主义"指通过实施或威胁实施暴力和(或)其他犯罪活动,危害国家、社会与个人利益,影响政权机关或国际组织决策,使人们产生恐惧的暴力意识形态和实践;"恐怖主义行为"指为影响政权机关或国际组织决策,实现政治、宗教、意识形态及其他目的而实施的恐吓居民、危害人员生命和健康,造成巨大财产损失或生态灾难及其他严重后果等行为,以及为上述目的而威胁实施上述活动的行为;"恐怖主义组织"指:① 为实施本公约所涵盖的犯罪而成立的和(或)实施本公约所涵盖的犯罪的犯罪团伙、非法武装、匪帮和黑社会组织;② 以其名义、按其指示或为其利益策划、组织、准备和实施本公约所涵盖的犯罪的法人。恐怖主义的含义应当如何确定,目前存在非常大的争议,可以说是一个在现有的国际公约、世界各国的刑事立法、刑法学理论或其他社会科学理论中都无法找到统一答案的问题。[①]《打击恐怖主义、分裂主义和极端主义上海公约》(2001年)和《上海合作组织反恐怖主义公约》(2009年)关于恐怖主义概念的界定，无论是对进一步厘清恐怖主义的含义，还是促进各国反恐法律的完善，均具有重要的指导意义。

(2) 恐怖主义犯罪的司法管辖权。该公约第5条规定了成员国对恐怖主义犯罪的司法管辖权：① 其第1款规定，有关方应采取必要的措施，确定对该公约所涵盖的犯罪的司法管辖权，具体包括3种情形：犯罪发生在该方境内；犯罪发生在悬挂该方国旗的船舶上，或是发生在根据该方法律注册的航空器上；犯罪由该方公民实施。② 其第2款规定，各方可在下列情况下对本公约所涵盖的犯罪确定各自的司法管辖权：一是旨在或导致在该方境内或针对该方公民实施恐怖主义行为的犯罪；二是针对该方境外目标，包括外交和领事机构馆舍而发生的旨在或导致实施恐怖主义行为的犯罪；三是企图强迫该方实施或不实施某种行为而发生的旨在或导致实施恐怖主义行为的犯罪；四是在该方境内常住的无国籍人士实施的犯罪；五是犯罪行为发生在该方经营的船舶上。③ 该公约规定，如果犯罪嫌疑人在一方境内且该方不将其引渡给其他方，该方应采取必要措施确定其对本公约所涵盖犯罪的司法管辖权，如果至少两方提出对本公约所涵盖的犯罪拥有司法管辖权，必要时，有关方可协商解决。

(3) 反对恐怖主义的国内措施。该公约第7条第2款规定，各方按照本国法律体系的基本原则，制定和实施反对恐怖主义的国内措施，具体包括13个方面的内容，如定期评估反对恐怖主义的法律文件及实际措施的有效性；设立机构，协调各方有关机关反对恐怖主义的行动；通过立法规定，实行防范恐怖主义行为的限制措施；对受害者、证人等刑事诉讼参与人以及必要情况下的其他涉及反恐的人员进行保护；等等。同时，该公约明确规定，各方可采取比本公约更严厉的反对恐怖主义的措施。

(4) 恐怖主义犯罪的立法确认。该公约第9条规定，各方应采取必要的立法措施，将相应的行为确定为刑事犯罪。这些行为包括恐怖

[①] 陈忠林：《刑法散得集》，法律出版社2003年版，第87页。

主义行为等10项以及窝藏、转移、收购、代为销售恐怖主义犯罪财产的行为。此外,第9条第3、4款还规定,无论恐怖主义行为是否已实际发生,或被招募和(或)被训练的个人是否意识到本人行为的恐怖主义性质,都不影响犯罪的成立,且同谋、预备犯罪及犯罪未遂均认定为应受刑事处罚的行为,体现了对恐怖主义犯罪从严打击的精神。

(5)惩治法人参与恐怖主义犯罪。该公约第10条规定,禁止本国境内的法人参与本公约所涵盖的任何犯罪。为此,公约要求各国规定法人参与犯罪的法律责任,包括刑事责任、民事责任、行政责任等,具体包括警告、罚款、没收法人财产、暂时中止法人的活动、禁止法人的某些活动、取缔法人资格等。

(6)防范和打击恐怖主义融资活动。该公约第8条规定,为了打击恐怖主义融资活动,各国应当通过必要的立法及其他措施,登记客户情况资料、金融交易数据并予以保存,向其各自授权的机关提供可疑的、经济上缺乏合理性的交易信息,根据执法机关或各方确定的其他机关的指令,暂时中止非法的、可疑的或经济上缺乏合理性的金融交易等。

(7)恐怖主义犯罪的刑事司法合作。该公约第11条规定,各方将本公约所涵盖的犯罪视为可适用引渡、移管和司法协助的犯罪。为此,该公约对这些犯罪的引渡以及提供司法协助等具体事宜作了较为详细的规定,主要涉及第13—22条规定。

(二)设立区域性反恐怖机构

早在上海合作组织成立之时,即在其成立宣言和《打击恐怖主义、分裂主义和极端主义上海公约》(2001年)中就明确提出要在比什凯克建立该组织的地区性反恐常设机构"上海合作组织反恐怖中心"。2002年6月,各成员国签署了《上海合作组织成员国关于地区反恐怖机构的协定》(2002年),其第2条明确规定,各方建立上海合作组织地区反恐怖机构,地区反恐怖机构总部设在吉尔吉斯斯坦共和国的比什凯克市;第3条规定,地区反恐怖机构是本组织的常设机构,其目的是促进各方主管机关在打击公约确定的恐怖主义、分裂主义和极端主义行为中进行协调与相互协作;第6条规定了地区反恐怖机构的任务和职能。此外,还就地区反恐怖机构的人员、经费等问题作了规定。2003年,上海合作组织决定将地区反恐怖机构的地点从比什凯克迁到塔什干。2004年1月,上海合作组织地区反恐怖机构正式启动。区域性反恐怖机构的设立,对于加强各成员国的反恐合作、提升上海合作组织应对恐怖主义犯罪的能力具有重要作用。

(三)与有关国际(区域)组织和国家进行反恐合作

1. 与有关国际(区域)组织的反恐合作

恐怖主义犯罪是全球共同面临的问题,在应对恐怖主义犯罪方面,上海合作组织积极开展与联合国、独联体、东盟、集安条约组织、经合组织、亚信等国际(区域)组织的合作,取得了明显成效。例如:

(1)在与联合国的合作方面,2010年和2012年,《联合国与上海合作组织之间的合作》被列为联大会议议题下的分议题,根据联合国要求,上合组织秘书处会同成员国及地区反恐怖机构执委会,定期准备关于落实联大决议的情况报告。

(2)在与独联体的合作方面,双方于2005年4月签署了《上海合作组织秘书处与独联体执行委员会谅解备忘录》,其中确定的优先合作领域就包括安全领域,如保障地区和国际安全,打击恐怖主义、极端主义、分裂主义、非法贩卖毒品和武器、跨国有组织犯罪等。

(3)在与东盟的合作方面,双方于2005年4月签署了《上合组织秘书处与东盟秘书处谅解备忘录》,确定的优先合作领域包括反恐、打击毒品和武器走私、反洗钱和打击非法移民等。

(4)在与集安条约组织的合作方面,双方于2007年10月签署了《上海合作组织秘书处与集体安全条约组织秘书处谅解备忘录》,明确将保障地区和国际安全与稳定、打击恐怖主义、打击非法贩卖毒品、杜绝非法贩运武器、打击跨国有组织犯罪等问题作为建立并发展平等和建设性合作的"切入点"。

(5)在与经合组织的合作方面,双方于2007年12月签署了《上海合作组织秘书处与经济合作组织秘书处谅解备忘录》,双方将在经贸、交通、能源、生态、旅游及其他共同关心的领域交流信息和成功经验,开展相互合作。

(6)在与亚信的合作方面,双方于2014年5月签署了《上海合作组织秘书处与亚洲相互协作与信任措施会议秘书处谅解备忘录》,双方在解决地区冲突、巩固不扩散的基本制度、寻找应对重大威胁-恐怖主义、分裂主义、极端主义、毒品贸易、跨国犯罪、非法武器交易等方面的立场保持一致。

2. 与有关国家的反恐合作

截至2018年,上海合作组织共有8个成员国[①]、4个观察员国[②]、6个对话伙伴[③]。为了更好地应对恐怖主义犯罪,上海合作组织不仅各成员国之间积极开展合作,而且与观察员国、对话伙伴也进行了积极的反恐合作。在与有关国家开展反恐合作方面,同阿富汗的合作最为瞩目。一方面,阿富汗特殊的地缘位置决定了其安全稳定直接关系到中亚地区的安全;另一方面,由于受宗教、政治、经济等多方面的因素的影响,阿富汗的恐怖主义犯罪、毒品犯罪等形势一直较为严峻。作为本地区具有重要影响的组织,上海合作组织开展与阿富汗的合作,可谓是顺理成章。早在2009年,上海合作组织成员国与阿富汗就打击恐怖主义、毒品走私和有组织犯罪发布了共同声明,并通过了《上海合作组织成员国和阿富汗伊斯兰共和国打击恐怖主义、毒品走私和有组织犯罪行动计划》(2009年)。共同声明指出:"上海合作组织成员国将在阿富汗政府的协助下,合作应对恐怖主义威胁,维护在阿本国公民和外交机构的安全。"而行动计划则较为详细地列出了双方在禁毒领域、反恐领域和打击跨国有组织犯罪方面的合作事项。在反恐领域,行动计划提出"要加强反恐合作,运用综合措施共同应对恐怖主义威胁",重点合作方向包括边防监管、对涉嫌恐怖活动人员进行检查、采取联合行动以应对恐怖威胁、逐步吸收阿富汗参与上合组织框架内的地区反恐合作等。阿富汗在2012年被上海合作组织接受为观察员国,使双方的合作提升到了一个新层次。

(四) 积极开展反恐演习

在上海合作组织框架内开展反恐演习,有助于提升成员国之间在反恐领域的协调能力,是共同应对恐怖主义犯罪的重要方式。早在2002年,中国与吉尔吉斯斯坦就在两国边境地区成功举行了联合反恐军事演习,是上海合作组织框架内中吉两国首次举行的双边联合军事演习,也是中国军队第一次与外国军队联合举行实兵演习。此后,反恐

---

① 分别为中国、俄罗斯、哈萨克斯坦、吉尔吉斯斯坦、塔吉克斯坦、乌兹别克斯坦、印度、巴基斯坦。
② 分别为阿富汗、白罗斯、伊朗、蒙古。
③ 分别为阿塞拜疆、亚美尼亚、柬埔寨、尼泊尔、土耳其、斯里兰卡。

演习的规模、人数、影响都逐步得到提升,先后举行了以"天山""和平使命"等为代号的联合反恐演习。通过多次开展反恐演习,使成员国之间的反恐合作得到了进一步加强,也进一步提高了反恐训练水平和反恐作战能力。

三、进一步加强反恐领域区域合作的建议

在 2018 年举行的上海合作组织成员国元首青岛峰会上,正式批准了《上海合作组织成员国打击恐怖主义、分裂主义和极端主义 2019—2021 年合作纲要》,预示着上海合作组织的反恐合作将继续成为该组织未来合作的重要方向。为了更加有效地打击恐怖主义犯罪活动,维护我国的周边稳定和国内安全,应当结合本地区恐怖主义犯罪发展的新态势,进一步发挥上海合作组织在反恐领域的优势,深化上海合作组织在反恐领域的合作,使其成为维护本地区安全稳定的中坚力量。

(一)细化合作的法律规范和行动机制

在近 20 年间,上海合作组织在反恐合作领域已经取得了诸多进展,成为全球反恐行动中不可或缺的重要力量。但也要理性地认识到,目前的反恐合作更多地还停留在宏观层面,很大程度上还是在展示反恐合作的意向和决心,其宣示的意义远大于实际的效果。正如有学者所说,目前上海合作组织"安全合作的形式化色彩浓厚,实质性合作较少"[1]。这就意味着,在未来的发展进程中,上海合作组织应当在深化合作、增强实效方面下功夫。

一是进一步细化合作的法律规范。如前所述,在反恐合作领域,上海合作组织通过发布文件、制定条约等形式已经初步建立了各方合作的规范基础,下一步需要进一步细化这些合作的法律规范或文件。例如,对于同一犯罪行为或者同一犯罪嫌疑人,各方均享有司法管辖权时,《上海合作组织反恐怖主义公约》第 5 条只是笼统地规定"有关方可协商解决",但至于如何进行协商等操作层面的具体问题则尚未明确,这就有待各方在未来制定进一步细化的合作文件。又如,各成员国

---

[1] 曾向红、李孝天:《上海合作组织的安全合作及发展前景——以反恐合作为中心的考察》,《外交评论》2018 年第 1 期。

国内法关于恐怖主义犯罪规定的差异如何解决,是通过修改国内法解决,还是在条约的架构之内解决,也需要进一步明确。此外,关于反洗钱、打击涉恐资产等领域,目前的规定也都还比较宏观,尚需制定更加细化的规定。

二是建立起高效务实的行动机制。目前,上海合作组织虽然通过设立区域反恐机构等方式,为各方开展反恐合作行动提供了便利,但总的来看,目前在反恐合作的行动机制方面主要还是偏重于临时性的合作,缺乏较为稳固的常态化机制,影响了反恐合作的实际效果。例如,在反恐联合演习方面,基本上还是靠各方临时商议后实施。对此,有学者提出,为了克服联合军事行动的临时性所带来的缺陷,建立"经常性联合反恐军事机制"不但是可能的而且是必要的。[1] 此外,在反恐情报合作、犯罪抓捕等方面,虽然有了一定的规定,但往往需要针对具体事项进行临时磋商,这些也都需要在整个组织的架构之内,建立起统一协调而又高效务实的行动机制。

(二) 加强反恐人员和技术领域的合作

恐怖主义犯罪的防控,人员是基础,技术和财物是保障。为此,加强上海合作组织的反恐合作,也应当积极加强在反恐人员与技术领域的合作,实现人防与物防、技防的统一。首先,就反恐人员合作而言,主要目标是建立起高素质的反恐力量,就人员范围而言涵盖了各国军事力量、司法机关、海关、边防等各部门的人员。上海合作组织应当积极发挥组织优势,大力开展各方反恐人员的培训、交流和研讨,从而让各方反恐人员在相互交流中了解反恐态势、分享反恐经验、研判反恐任务,起到增进交流、解决问题的目的。其次,就技术合作而言,由于本地区恐怖主义犯罪的特殊性,因而在打击和防控过程中,离不开现代技术的运用。为此,上海合作组织应当积极开展反恐领域的技术合作,加强武器装备和先进技术的更新,同时还可以就重大技术问题进行合作攻关、共同研发,从而提升反恐力量的技术水平。

(三) 积极开展互联网领域的反恐合作

当前,随着信息技术的迅猛发展,互联网已经融入社会生活的方方面面,成了一个名副其实的网络时代。受互联网信息技术的影响,恐怖

---

[1] 简基松:《完善上海合作组织反恐法律机制之建言》,《法律科学》2008 年第 4 期。

活动犯罪手段的智能化和隐蔽性特征更加凸显。① 得益于互联网的便捷,恐怖分子利用互联网进行恐怖主义、极端主义的思想宣传,在互联网进行恐怖犯罪的沟通联络,形成了"线上交流、线下实施"的新模式,恐怖主义犯罪从无网时代进入了有网时代。② 和传统的恐怖犯罪需要在线下进行人与人的面对面交流不同,网络恐怖主义不仅通过互联网空间即可将恐怖宣传、培训、沟通、联络等活动予以实施,而且其影响的范围较传统模式更广。正如国外有学者所说,"传媒起着开放的犯罪大学的作用,传播犯罪技术知识"③。一些恐怖分子正是由于受到互联网不良信息的影响而接受恐怖主义思想并实施恐怖主义犯罪行为,特别是由于不少恐怖分子往往打着宗教、民主等旗号进行鼓动宣传,对不明真相的民众具有极大的蛊惑性。因此,上海合作组织在反恐领域的合作,应当充分注意到当前网络恐怖主义发展的新态势,结合网络恐怖主义的新特征,积极探索在互联网领域的反恐合作。具体而言,上海合作组织各方应当积极开展互联网空间治理的合作交流,一方面完善有关各方的国内法律,另一方面尽快启动组织层面打击网络恐怖主义的条约或文件的制定。特别是对于境外恐怖分子利用互联网进行的鼓动宣传、散布传播暴恐音像视频等行为,亟须有关国家通力合作方能有效防范。

(四)及时跟进在经贸文化领域的合作

目前,上海合作组织成员国各方的合作主要是基于对自身安全和地区安全需要而进行的合作,其中以防务合作、政治合作、安全合作为主,反恐合作也属于其中的内容。但是,经贸、文化等领域的合作却远远不及安全领域的合作,总体上呈现"安全合作热、经贸文化合作冷"的现状,这对反恐合作的长远发展是极为不利的。

首选,仅重视安全合作而忽视经贸、文化合作会影响组织的生命力。上海合作组织成员国横跨欧亚,各成员国的政治制度、文化传统、民族宗教等均存在较大的差异,其中部分成员国如印度、巴基斯坦还存

---

① 梅传强、张永强:《我国恐怖活动犯罪的现状、特征及防控对策》,《北京师范大学学报(社会科学版)》2015 年第 6 期。

② 唐志超:《当前国际恐怖主义演变趋势及中国应对策略》,《中国人民公安大学学报(社会科学版)》2018 年第 1 期。

③ [英]麦克·马圭尔等:《牛津犯罪学指南》(第 4 版),刘仁文等译,中国人民公安大学出版社 2012 年版,第 242 页。

在着领土争议,如果仅仅强调安全合作,则可能会因为各方对安全的需求发生变化而影响整个组织的凝聚力。从历史的视角考察也不难发现,对于一个国际组织而言,如果仅仅靠安全合作来维系其发展,是难以保持其持久影响力的,"以政治军事安全为主导内容的双边或多边合作基础的不牢稳,极易受突变因素的影响,欲使国与国之间或者国际组织内部成员国之间的合作基础稳定坚实,必须构建以经济合作为基础的多层次合作"。[①]

其次,仅重视安全合作而忽视经贸、文化合作不利于从源头上遏制恐怖主义犯罪的滋生蔓延。从防控恐怖主义犯罪的角度考察,中亚等地区之所以成为恐怖主义犯罪的策源地,其中很重要的原因在于该地区经济发展相对落后,而又受宗教等文化观念的影响,各方面因素的聚合使得恐怖主义犯罪极易在这些地区滋生。因此,加强上海合作组织的反恐合作,除了加强对恐怖主义犯罪的打击之外,还必须通过积极开展经贸、文化合作,促进本地区的经济发展,切实改善各成员国的民生,同时积极促进文化交流,消除恐怖主义犯罪生发的思想根源及其土壤,真正从源头上防控恐怖主义犯罪。

所以,在未来的发展中,上海合作组织一方面应当将反恐合作本身进一步深化,提升反恐合作的实效和水平,另一方面则应当积极开展经贸、文化领域的合作,在安全合作之外寻求各方新的更多的利益交汇点,确保上海合作组织的长远发展,同时也从源头上消除恐怖主义犯罪发生的经济基础和思想文化土壤。

(五) 推进组织对外合作的实质性发展

积极开展与其他国家和国际(区域)组织合作是上海合作组织的反恐举措之一,但除了与阿富汗已经建立起了机制化、常态化的合作之外,目前与其他国家和国际(区域)组织的合作还不够深入,合作水平还有待提高,特别是与有些组织的合作还仅仅停留在意向或磋商阶段,而与有些国家或组织的合作还未开始,这不利于在反恐问题上与国际社会一道形成合力。对此,有学者提出,"上海合作组织必须将其打击三股势力的合作机制,特别是打击恐怖主义势力的合作机制扩展到成

---

① 莫洪宪:《上海合作组织存在的问题及我国的对策》,《武汉大学学报(哲学社会科学版)》2005 年第 6 期。

员国以外的周边国家"①。恐怖主义犯罪是一个全球性问题,即便是本地区的恐怖主义犯罪,也往往与其他地区存在着千丝万缕的联系。因此,应当积极推进上海合作组织的对外合作,深入开展与有关国家或组织的合作,如深化与东盟国家的合作、启动与阿拉伯地区有关国家的合作等,从而与国际社会一道,形成打击恐怖主义犯罪的合力。

上海合作组织在反恐领域的合作已经取得显著成效,由于其成立的宗旨和任务主要着眼于打击恐怖主义犯罪活动,成员国有限且多地域毗邻,因此合作阻力相对较小、效率较高,②目前已经成为全球反恐行动中的一枝独秀。特别是作为一个由中国主导的重要区域组织,上海合作组织积极推进的反恐合作更是一个展示中国形象、发出中国声音的良好契机,积极推进上海合作组织的反恐合作,契合了中国的发展之路。当今世界,恐怖主义犯罪等非传统安全威胁日益成为事关全人类命运的安全问题,打击和防范恐怖主义犯罪是全球面临的共同任务,任何一个国家和地区都不可能置身事外,除了合作、别无他途。上海合作组织的反恐合作实践,不仅为维护本地区安全稳定作出了有益的探索,也为全球反恐行动提供了合作的样本。从这个意义上而言,上海合作组织的反恐问题不仅仅是个地区性问题,更是一个全球性问题。着眼于未来反恐任务的现实需求,应当通过深化上海合作组织本身的反恐合作,推动其他国家或地区反恐合作的深入发展,使区域合作成为凝聚全球反恐力量的重要途径。相信随着对恐怖主义犯罪认识的更加深入,越来越多的国家或地区会积极开展或参与到区域合作中来,从而形成全球反恐行动的合力。

Regional Cooperation Organizations and the Prevention and Control of Terrorist Crimes under the Framework of the Shanghai Cooperation Organization

Hu Jiang

Abstract:Combating terrorism is a key part of the SCO's cooperation. As

---

① 简基松:《完善上海合作组织反恐法律机制之建言》,《法律科学》2008年第4期。
② 曾向红:《恐怖主义的全球治理:机制及其评估》,《中国社会科学》2017年第12期。

an important regional international organization led by China, promoting counter-terrorism cooperation within the SCO framework is conducive to creating a favorable surrounding environment for China. It is of great significance to enhance China's position in global counter-terrorism. After more than a decade of development, the SCO has achieved remarkable results in the field of counter-terrorism through the formulation of documents or treaties, the establishment of regional counter-terrorism agencies and joint counter-terrorism exercises. This model of regional cooperation not only maintains the security and stability of the region, but also provides a model of cooperation for global counter-terrorism operations. In the future, the SCO should, in light of the new trend of the development of terrorist crimes in the region, elaborate legal norms and operational mechanisms for cooperation, strengthen cooperation in the field of counter-terrorism personnel and technology, actively carry out counter-terrorism cooperation in the field of Internet, and follow up cooperation in the field of economy, trade and culture in a timely manner, so as to give full play to the advantages of regional cooperation and form a synergy of global counter-terrorism actions.

Keywords: Shanghai Cooperation Organization; Crime of terrorism; Regional cooperation; Counter-terrorism operations; Regional security

中亚社会治安形势研究
——以中亚各国犯罪统计数据为基础的比较分析(上)

王 娜 崔翔栋[*]

内容摘要：社会治安形势的好与坏是社会秩序安全稳定的基本面。本文聚焦于中亚四国的犯罪数据，分别对常见的侵犯人身权利犯罪(包括绑架、人身攻击、性犯罪)和侵犯财产权利的犯罪(抢劫、普通盗窃、入室盗窃、入户盗窃、机动车辆盗窃、私家车盗窃)进行分析，展示2003—2013年的基本情况，并对主要的司法统计数据(包括拘留、起诉、定罪)进行分析，从中观察中亚四国社会治安基本形势，为中亚四国安全、法治指数的评价提供参考，从而服务于上海合作组织的建设和"一带一路"倡议的推进。

关键词：中亚社会治安；犯罪；司法统计；安全；法治

引言

随着"一带一路"倡议的实施与推进，上海合作组

---

[*] 王娜，女，法学博士，副教授，硕士研究生导师，上海政法学院检察制度比较研究中心负责人，上海政法学院刑事司法学院副院长，研究领域：比较刑法学、犯罪学、检察学、刑事司法等；崔翔栋，法律硕士，上海铁路运输检察院第三检察部(食药环检察部)检察官助理。本文系上海政法学院"一带一路"安全研究系列课题"'一带一路'区域各国刑事法治比较研究"的阶段性成果。

织的意义愈发凸显。在安全问题上,上海合作组织的功能应当进一步强化:一方面,继续发挥应对恐怖主义的有效作用;另一方面,在凝聚共识的基础上,保障亚洲地区良好的社会治安形势。为此,需要探究有关国家社会治安形势的基本情况。

(一)研究对象的确定

本文选择"中亚"的4个国家(哈萨克斯坦、吉尔吉斯斯坦、塔吉克斯坦、土库曼斯坦)作为研究对象。其根据如下:

首先,关于"中亚"覆盖的地域来看,有不同说法。一种观点认为,"中亚"区域由伊朗的阿族人(阿塞拜疆族)居住区和俄罗斯的突厥人(穆斯林)聚居区、东西伯利亚、蒙古西部、阿富汗北部,中国西北合围的广大纵深地区组成。第二种观点认为,"中亚",即亚洲中部内陆地区。根据联合国教育科学文化组织的定义,全部或部分属于中亚地区的国家共有7个,即阿富汗、中国、印度、伊朗、蒙古、巴基斯坦和苏联。"中亚五国"在中国是比较普遍的说法,只包括中亚五国,即哈萨克斯坦、乌兹别克斯坦、塔吉克斯坦、吉尔吉斯斯坦和土库曼斯坦。本文采纳这种说法。

其次,从上海合作组织的角度来看,哈萨克斯坦、吉尔吉斯斯坦、塔吉克斯坦和乌兹别克斯坦是重要成员国,土库曼斯坦是参会客人,隶属于上海合作组织的框架内。因此,无论是"中亚"自身的概念还是上海合作组织的框架,有必要将"中亚五国"纳入研究的视野。为什么只选择了四个国家,而舍弃乌兹别克斯坦呢?其主要原因是,本文以联合国的统计数据为基础展开分析,而乌兹别克斯坦的数据缺失,即在联合国犯罪数据统计中,中亚国家只有四个,即哈萨克斯坦、吉尔吉斯斯坦、塔吉克斯坦、土库曼斯坦,而且,这四个国家的数据也不完整,有些部分是缺失的,这在本文中会予以标注。

(二)统计数据分析的局限性

依据国家或者有关组织官方正式统计的犯罪数据对社会治安状态进行分析,有一定的局限性:一方面,犯罪数据不准确,犯罪数据统计展示的情况与实际犯罪状况有一定差距,这是数据统计客观存在的天然缺陷;另一方面,犯罪数据统计的准确性和完整性与国家司法系统运作状况、犯罪数据统计的机制均有密切联系,这是犯罪数据统计的后天决定因素。中亚各国犯罪数据统计也无法逃避这种局限性。

就中亚各国犯罪数据进行比较分析来说,需要注意的是,各国对有关犯罪的具体界定存在一定差异,会直接涉及比较对象不一致的问题。笔者认为,即使犯罪数据统计存在前述局限,也不能否定依据正式犯罪统计数据进行分析的价值,毕竟,正式统计的犯罪数据与其他犯罪数据相比,具有相对的完整性和系统性。另外,对社会治安状态的判断和分析是多视角的,犯罪统计数据的分析仅仅是一个视角和侧面,因此,借助于整体社会形势的分析来对比判断数据分析的结果,还是有一定参考价值的。至于各国犯罪界定差异性问题,联合国数据统计时对各种犯罪做了界定,有利于缓解各国犯罪界定差异带来的外延差异性问题。因此,不足以否定比较分析的价值。只有将中亚各国的犯罪统计数据置于社会基本发展态势中进行审视和判断,才更有意义。

(三) 研究内容的确定

就安全问题来说,和平时期,国家安全和社会安全是"安全"的一体两面。随着犯罪活动国际化和有组织化不断强化的趋势,形成严重危害社会的行为予以犯罪化的基调,如恐怖主义行为犯罪化和毒品犯罪零容忍、传统安全问题和非传统安全问题交织等,国家安全和社会安全逐渐在"犯罪"主题下汇聚。社会治安形势的好与坏是社会秩序安全稳定的基本面。因此,本文聚焦于中亚四国的犯罪数据,分别对常见的侵犯人身权利犯罪(包括绑架、人身攻击、性犯罪)和侵犯财产权利的犯罪(抢劫、普通盗窃、入室盗窃、入户盗窃、机动车辆盗窃、私家车盗窃)进行分析,展示 2003—2013 年的基本情况,并对主要的司法统计数据(包括拘留、起诉、定罪)进行分析,从中观察中亚四国社会治安基本形势,为中亚四国安全、法治指数的评价提供参考,从而服务于上海合作组织的建设和"一带一路"倡议的推进。

一、中亚四国侵犯人身权利犯罪统计数据分析

(一) 中亚四国绑架犯罪统计数据分析

绑架指违背其意愿非法拘留一人或多人(包括凭借使用暴力、威胁、欺诈或诱惑),其目的是限制他们的自由以索取非法利益或其他经济利益或其他物质利益,或者迫使某人做某事或不做某事。绑架不包括关于儿童监护的纠纷。(UN‐CTSM5.5)图表中所列数据是警察统

计的国家层面的绑架罪数据。①

图1显示：根据哈萨克斯坦、吉尔吉斯斯坦、塔吉克斯坦、土库曼斯坦警方统计（部分国家部分年份数据缺失），中亚四国2003—2013年共发生2 683件绑架犯罪，其中：塔吉克斯坦共发生1 041件，居于首位；哈萨克斯坦共发生976件，居于第二位；吉尔吉斯斯坦与土库曼斯坦分别发生382件和284件，分别居于第三、四位。

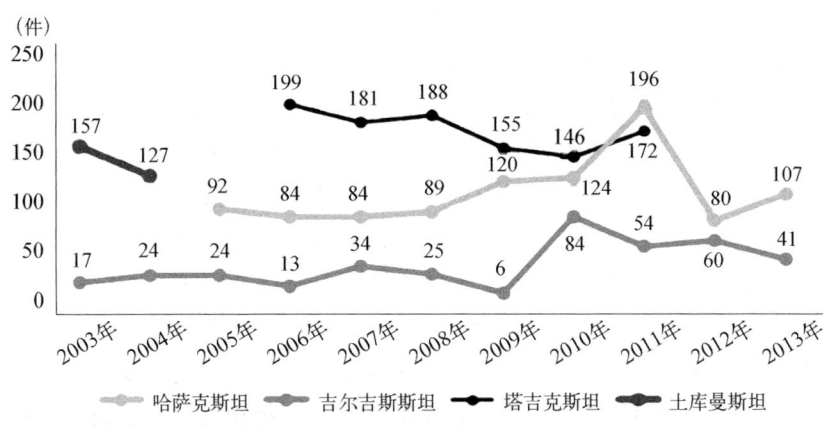

图1 中亚四国警方统计的2003—2013年绑架犯罪数量折线图

塔吉克斯坦在有数据统计的2006—2011年，有5年绑架罪数量在四国中居于第一。整体上波动较大，虽然2011年较2010年绑架罪数量增加了26件，但是在2011年绑架罪数量已经不是四国中的第一位，也未达到其犯罪数量的最高值，下降趋势初露端倪。土库曼斯坦只在2003年与2004年有关于绑架罪的数量统计，虽然2004年较2003年数量有一定下降（下降了30件），但是绑架罪数量居于四国中的第二位。哈萨克斯坦在2005—2013年9年间波动分为两部分；2005—2011年绑架罪数量一直呈上升趋势，并且2011年较2010年增加了72件，这使得其在2011年绑架罪数量超越塔吉克斯坦成为四国中的首位；2012年，哈萨克斯坦绑架罪数量较2011年又有一次大幅度的下降，减

---

① Definitions: "Kidnapping" means unlawfully detaining a person or persons against their will (including through the use of force, threat, fraud or enticement) for the purpose of demanding for their liberation an illicit gain or any other economic gain or other materialbenefit, or in order to oblige someone to do or not to do something. "Kidnapping" excludes disputes over child custody.

少了116件。哈萨克斯坦在2010—2012年3年间犯罪数量波动很大,2012年后又一次呈现上升趋势。吉尔吉斯斯坦在2003—2013年,绑架罪数量一直处于四国中的末位,但在2010年有一次激增,从2009年的6件激增到2010年的84件,这使得吉尔吉斯斯坦在2010年的每10万人犯绑架罪的比率与塔吉克斯坦并列居于四国中首位,但在2011年后又呈明显的下降趋势。

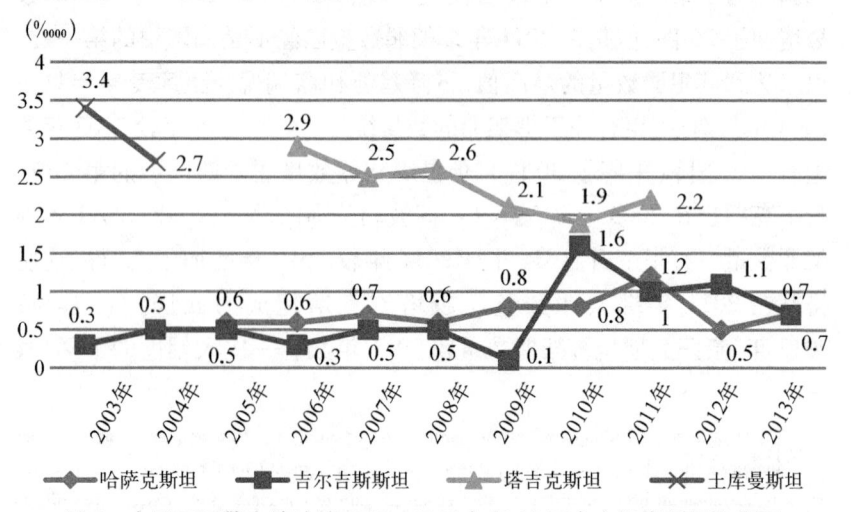

图2表明,在中亚四国警方统计的2003—2013年每10万人中犯绑架罪(部分国家部分年份数据缺失)比率中,土库曼斯坦虽只有2003年、2004年的数据,虽然土库曼斯坦犯绑架罪的数量最少,但是其每10万人中犯绑架罪的比率在2003年、2004年两年中有一年居于四国中的第一位,比率与数量图保持一致,呈现下降趋势。塔吉克斯坦在有数据统计的2006—2011年,每10万人中犯绑架罪的比率呈现波动下降趋势,但是每10万人犯绑架罪的比率一直居于首位。哈萨克斯坦在有数据统计的2005—2013年,每10万人中犯绑架罪的比率一直很稳定,保持在每10万人中有2人以下犯绑架罪,但是其犯绑架罪的数量在2005—2011年一直呈上升趋势,在2011年犯罪率达到最高值。吉尔吉斯斯坦是四国中每10万人中犯绑架罪比率波动最大的,其在2007年、2010年、2012年与2013年四年中每10万人中犯绑架罪的比率居于第二位,总体波动较大。

图2 中亚四国警方统计的2003—2013年每10万人中犯绑架罪比率图

(二) 中亚四国攻击类犯罪统计数据分析

攻击指对另一人的身体发出物理攻击,会导致严重的身体伤害,不包括猥亵行为/性侵犯、威胁和拍打/拳打,也不包括导致死亡的"攻击"。(UN - CTSM3.2)图表中所列数据是四国警察统计的国家层面的数据。

图3显示,中亚四国在2003—2013年共发生56 070件攻击类犯罪。其中,塔吉克斯坦共发生37 602件,在四国总数中所占比例超过60%,居于首位;哈萨克斯坦共发生14 598件,居于第二位;吉尔吉斯斯坦和土库曼斯坦分别发生3 697件和173件,分别居于第三、四位。2006—2011年,塔吉克斯坦攻击犯罪数量一直居于中亚四国第一位,在2006—2009年,虽然2007年犯罪数量有小幅下降,但攻击类犯罪数量总体上呈上升趋势,并且在2009年达到最高点,2009年后数量骤减,直到2011年达到最低值。在有数据统计记录的2006—2013年,哈萨克斯坦攻击类犯罪数量一直居于四国中的第二位,虽然攻击类犯罪的数据在某些年份会有一定的波动,但是没有影响到其缓慢下降的总趋势。吉尔吉斯斯坦以2010年为分界点,在2010年之前攻击类犯罪数量一直呈现波动的上升趋势并在2010年到达顶峰的536件,在2010年后直到2013年攻击类犯罪数量一直在下降,呈下降趋势。土库曼斯坦在有数据统计的2005年、2006年中,攻击类犯罪数量一直处于四国中的末位。

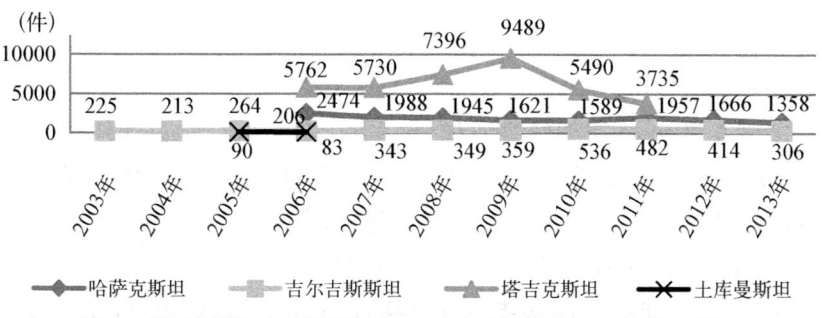

图3 中亚各国警方统计的2003—2013年攻击类犯罪数量折线图

图4显示,在中亚四国警方统计的攻击类犯罪比率中(部分国家部分年份数据缺失),塔吉克斯坦在2006—2011年每10万人中犯攻击类犯罪的比率一直居于四国中的第一位,2006—2007年虽然有小幅下

降,但 2007 年后直到 2009 年一直呈现快速增长的态势,2009 年后又呈快速下降的趋势。哈萨克斯坦在有数据统计的 2006—2013 年,每 10 万人中犯攻击类犯罪的比率一直居于四国中第二位,但是一直呈缓慢下降的趋势,总体趋势比较平稳。吉尔吉斯斯坦在有数据统计的 2003 年、2013 年,每 10 万人中犯攻击类犯罪的比率一直很稳定,但是其每 10 万人中犯攻击类犯罪的比率在 2003—2010 年一直呈缓慢上升趋势,2010 年之后呈下降趋势。土库曼斯坦是四国中每 10 万人中犯攻击类犯罪比率最低的,虽然只有 2005 年、2006 年的数据,但是还是呈下降的趋势。

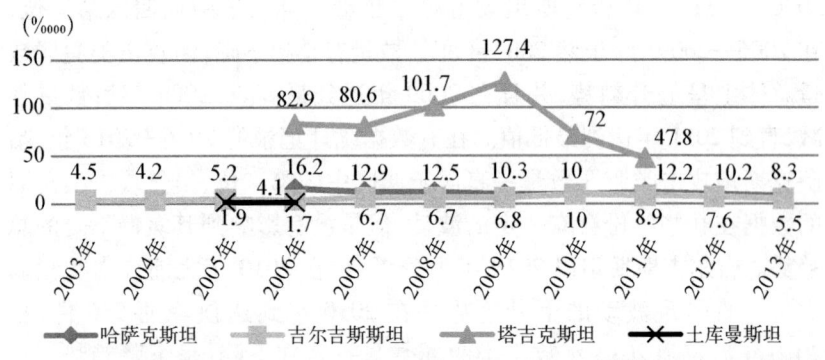

图 4 中亚四国警方统计的 2003—2013 年每 10 万人中犯攻击类犯罪比率图

(三) 中亚四国性犯罪统计数据分析

1. 强奸犯罪统计数据分析

强奸犯罪是指未经正当允许的性交。① 图 5 中所列数据是四国警察统计的国家层面的数据。

图 5 显示,中亚四国警方统计的 2003—2013 年强奸罪犯罪数量(部分国家部分年份数据缺失)共 19 832 件。其中,哈萨克斯坦在 2005—2013 年共发生 15 953 件强奸犯罪,在中亚四国中居于首位;吉尔吉斯斯坦在 2003—2013 年共发生 3 351 件强奸犯罪,居于第二位;塔吉克斯坦与土库曼斯坦分别发生 401 件和 127 件强奸犯罪,分别居于第三、四位。哈萨克斯坦在有数据统计的 2005—2013 年 9 年期间,发生强奸罪的数量一直居于四国第一。虽然在 2005—2008 年,一直处于

---

① Definitions: "Rape" means sexual intercourse without valid consent.

下降趋势,但是在 2008 年后一直呈上升趋势,2010 年突然快速增加并一直处于快速上升趋势,2013 年较 2010 年增加了将近 2 000 件。吉尔吉斯斯坦在有数据记录的 2003—2013 年,强奸罪数量虽然居四国中的第二位,但是总体呈缓慢上升趋势,强奸罪的数量也远远低于第一位的哈萨克斯坦,数量基本维持在每年 300 多件;塔吉克斯坦在 2004—2011 年 8 年间,强奸罪数量一直呈现较为平稳的趋势,每年发生的强奸罪数量基本在 60 件以下。根据土库曼斯坦在 2003—2006 年强奸罪的数据统计,其犯罪数量呈下降趋势,但是下降幅度不大。在有数据统计的年份中,土库曼斯坦的强奸罪数量也一直处于四国中的末位。

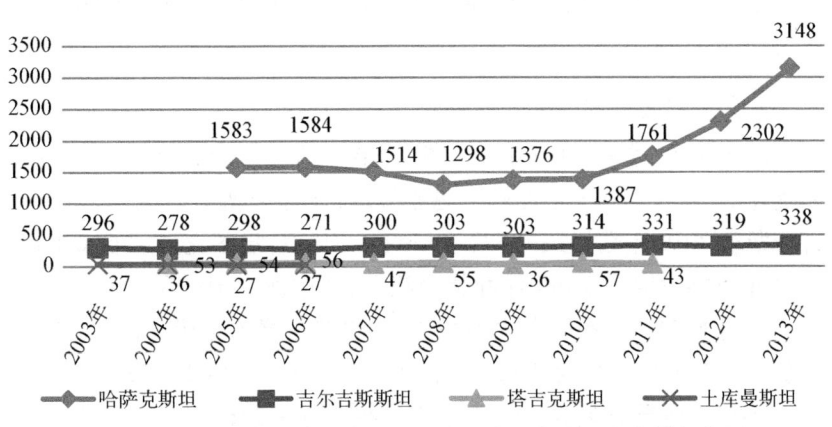

图 5　中亚四国警方统计的 2003—2013 年强奸罪犯罪数量折线图

图 6 显示,在中亚四国警方统计的 2003—2013 年每 10 万人中犯强奸罪(部分国家部分年份数据缺失)比率中,哈萨克斯坦在 2005—2013 年,每 10 万人中犯强奸罪的比率一直居于四国中的第一位,强奸罪数量在 2005—2013 年也一直居于首位,2010 年每 10 万人中犯强奸罪比率也大幅上升。吉尔吉斯斯坦在有数据统计的 2003—2013 年,每 10 万人中犯强奸罪的比率一直居于第二位,这与其强奸罪数量在四国中居于第二位也对应,但是其每 10 万人中犯强奸罪比率一直处于较为平稳的态势。塔吉克斯坦在 2003—2006 年,每 10 万人中犯强奸罪的比率一直很稳定,保持在每 10 万人中只有 1 人以下的状态。土库曼斯坦仅有 2003—2006 年的比率数据统计,4 年间每 10 万人中犯盗窃罪的比率一直居于末位,并且呈现平缓的下降趋势。

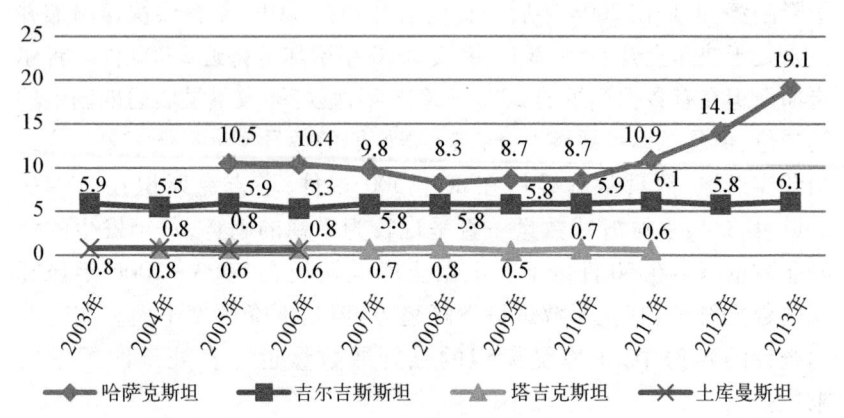

```
25
20                                                                                    19.1
15                                                                            14.1
         10.5   10.4    9.8                   10.9
10                            8.3    8.7  8.7
    5.9  5.5    5.9    5.3    5.8             6.1    5.8    6.1
 5                                   5.8
    0.8  0.8    0.6    0.6    0.7    0.8  0.5 0.7    0.6
 0
   2003年 2004年 2005年 2006年 2007年 2008年 2009年 2010年 2011年 2012年 2013年

        ──◆── 哈萨克斯坦    ──■── 吉尔吉斯斯坦    ──▲── 塔吉克斯坦    ──✕── 土库曼斯坦
```

图 6　中亚四国警方统计的 2003—2013 年每 10 万人中犯强奸罪比率图

2. 性暴力犯罪统计数据分析

性暴力犯罪是指强奸和性侵犯,包括针对儿童的性侵犯。①

图 7 显示,中亚三国(哈萨克斯坦、吉尔吉斯斯坦、塔吉克斯坦)警方统计的 2003—2013 年性暴力犯罪数量(土库曼斯坦数据缺失、吉尔吉斯斯坦 2010 年数据缺失)共 4 459 件。其中,哈萨克斯坦在 2006—2013 年总共发生了 3 145 件性暴力犯罪,在中亚三国中居于首位。塔吉克斯坦在 2006—2011 年总共发生 1 088 件性暴力犯罪,居于第二位。吉尔吉斯斯坦数据分为两部分,在 2003—2009 年、2011—2012 年总共发生 226 件性暴力犯罪。哈萨克斯坦在 2006—2013 年性暴力犯罪数量呈现先减后增的变化,但是不论是减还是增,其幅度都不大。哈萨克斯坦性暴力犯罪数量在 2008 年之前一直呈缓慢下降趋势,2008 年之后虽某些年份有些波动,但是性暴力犯罪数量一直在增加,增长速度有逐年加快的趋势,尤其是在 2011 年之后,增幅明显加快。塔吉克斯坦在有数据统计的 2006—2013 年,性暴力犯罪一直呈现波动式的缓慢增长。吉尔吉斯斯坦的数据分为两部分,吉尔吉斯斯坦的性暴力犯罪数量不大,从 2008 年后性暴力犯罪数量有过一次快速增加,虽然缺少 2010 年的数据,但可以看出这一增长趋势一直持续到 2011 年;2011 年后警方统计的性暴力犯罪数量再一次下降。

---

① Definitions: Total "Sexual violence" means rape and sexual assault, including Sexual Offences against Children.

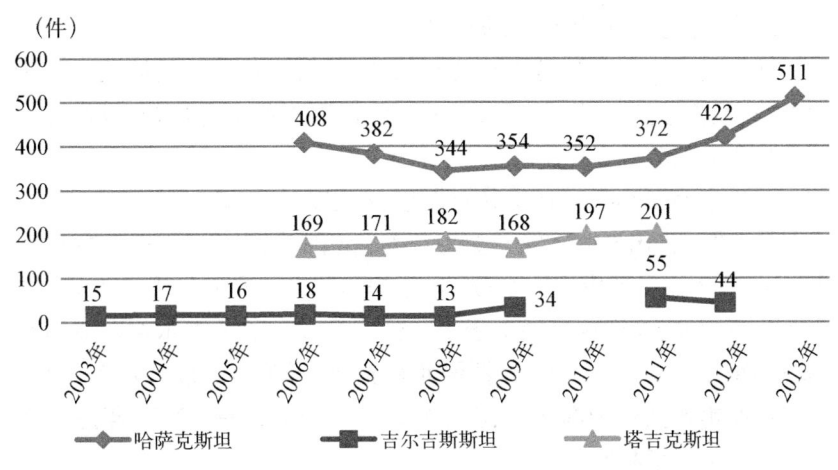

图 7　中亚三国警方统计的 2003—2013 年性暴力犯罪数量折线图

图 8 表明,哈萨克斯坦每 10 万人中犯性暴力犯罪比率与其数量折线图一样,表现为先减后增,减少与增加的幅度都不大,在有数据的统计的年份中一直处于第一或第二的位置。塔吉克斯坦虽然性暴力犯罪数量在有数据统计的年份中一直居于三国中的第二位,但是每 10 万人中犯性暴力罪的比率呈缓慢上升态势,并且在有些年份中犯罪的比率超过哈萨克斯坦,居于首位。吉尔吉斯斯坦每 10 万人中犯性暴力罪的比率与其性暴力犯罪数量折线图相对应,一直表现得很平稳,保持在每 10 万人中 1 人以下的状态。

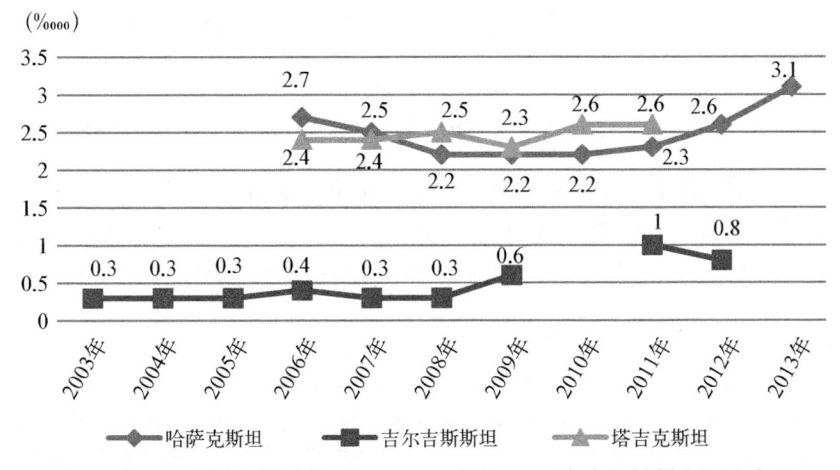

图 8　中亚三国警方统计的 2003—2013 年每 10 万人中犯性暴力罪比率图

3. 性侵儿童犯罪统计数据分析

性侵儿童犯罪侵犯是指对儿童的性犯罪,这些罪行包括儿童色情犯罪、儿童卖淫拉皮条行为、对成人年龄以下人的法定强奸,以及其他性剥削儿童的犯罪。①

图9表明,中亚三国(哈萨克斯坦、吉尔吉斯斯坦、塔吉克斯坦)警方统计2003—2013年性侵儿童犯罪数量(部分国家部分年份数据缺失)共1 573件。其中,哈萨克斯坦在2006—2013年共发生了1 317件性侵儿童犯罪,在中亚三国中居于首位,占82.73%。吉尔吉斯斯坦在2003—2012年共发生246件性侵儿童犯罪,居于第二位,占15.64%。塔吉克斯坦数据分为两部分,在2006—2007年、2009—2011年总共发生9件性侵儿童犯罪。

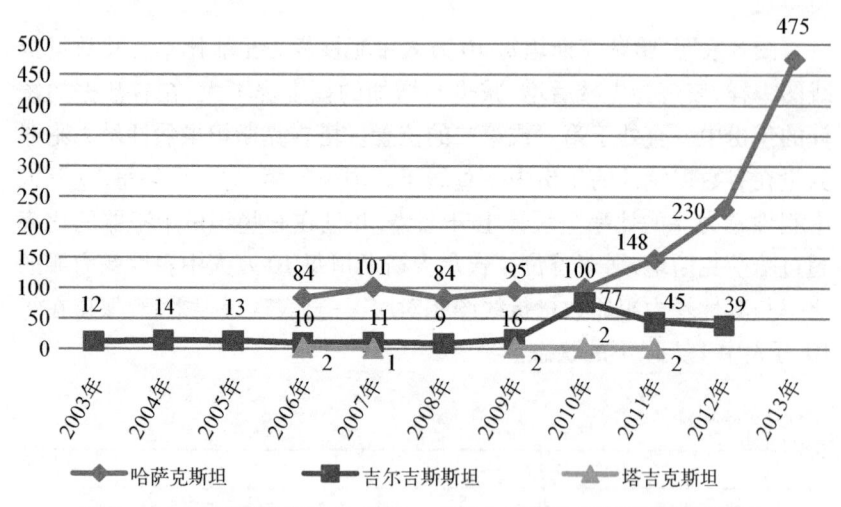

图9 中亚三国警方统计的2003—2013年性侵儿童犯罪数量折线图

哈萨克斯坦在2006—2013年性侵儿童犯罪数量整体上呈增长趋势,仅在2008年较2007年有过一次下降,之后一直增加。2010年之前,性侵儿童犯罪数量虽然在增加,但是增加速度较为缓慢,2010年之

---

① "Sexual offences against children" means crimes of a sexual nature committed against children. These crimes should include child pornography offences, procuring a child for prostitution, statutory rape of a person below the age of consent and other offences related to the sexual exploitation of children.

后性侵儿童犯罪数量变化的幅度增大,犯罪数量突然开始快速增加,2010—2013 年,短短 4 年间,犯罪数量增加了 375 件。吉尔吉斯斯坦在 2009 年之前性侵儿童犯罪数量的变化不大,一直处于比较平稳的状态,但是 2009 年后突然增加,2010 年较 2009 年,一年内增长了 61 件,增速最快。2011 年有所下降。塔吉克斯坦历年统计的发生性侵儿童犯罪数量较低,基本维持在每年发生 5 件以下。

图 10 表明,在中亚三国(哈萨克斯坦、吉尔吉斯斯坦、塔吉克斯坦)警方统计 2003—2013 年每 10 万人犯性侵儿童犯罪(部分国家部分年份数据缺失)比率中,哈萨克斯坦每 10 万人犯性暴力犯罪比率与其数量折线图一样,表现为增加的状态,仅在 2010 年每 10 万人犯性侵儿童比率被吉尔吉斯斯坦超越,其余年份一直居于第一位。吉尔吉斯斯坦虽然性侵儿童犯罪的数量远远低于哈萨克斯坦,2010 年之前比率一直比较平稳,但是在 2010 年的每 10 万人犯性侵儿童比率却高于哈萨克斯坦,2010 年后又再次低于哈萨克斯坦。塔吉克斯坦每 10 万人犯性侵儿童罪的比率一直较低,这与数量折线图中的情况一致。

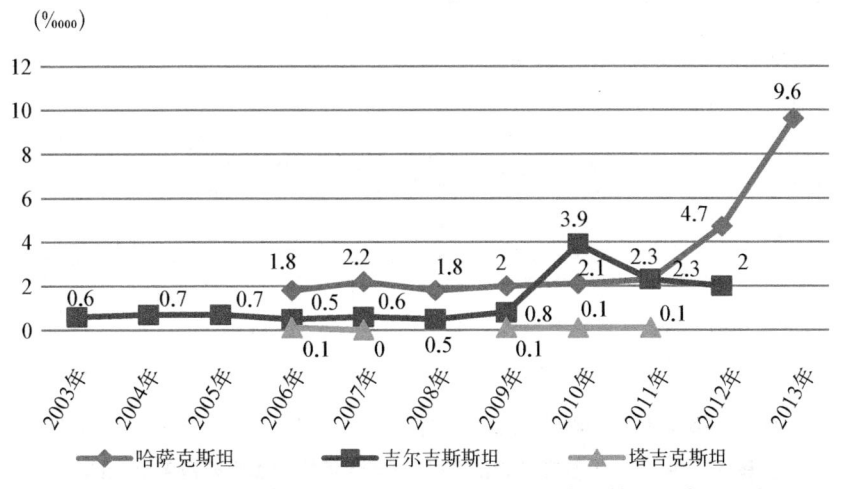

图 10　中亚三国警方统计的 2003—2013 年每 10 万人犯性侵儿童罪比率图

二、中亚各国侵犯财产权利犯罪统计数据分析

(一)中亚四国抢劫犯罪统计数据分析

抢劫罪是指通过武力或武力威胁来克服阻力窃取财产。在可能的

情况下,抢劫包括行凶抢劫(抢包)和暴力偷窃,但应排除扒窃、敲诈勒索(un-ctsM3.5)①。

图11表明,中亚四国警方统计的2003—2013年抢劫犯罪数量(部分国家部分年份数据缺失)共148 813件。其中,哈萨克斯坦在2005—2013年总共发生125 383件抢劫犯罪,在中亚四国中居于首位,所占比例高达84.26%。吉尔吉斯斯坦在2005—2013年共发生21 227件抢劫犯罪,居于第二位,所占比例14.26%。塔吉克斯坦与土库曼斯坦分别发生1 482件和721件抢劫犯罪,分别居于第三、四位,所占比例很小。哈萨克斯坦在有数据统计的2005—2013年9年期间,抢劫罪发生的数量一直居于四国第一,在2005—2009年抢劫罪数量一直呈波动缓慢下降趋势,从2010年起一直呈快速上升态势,直到2012年到达数值的顶峰,其中2010—2011年增长的速度最快,2013年较2012年有下降的趋势,但下降的幅度不大。吉尔吉斯斯坦在有数据记录的2005—2013年,抢劫罪数量虽然居于四国中的第二位,但是抢劫罪发生的数量每年波动不大,在2010年到达了顶峰,一年发生了2 798件抢劫罪,在2010年之后其抢劫罪的犯罪数量一直在下降。塔吉克斯坦在2006—

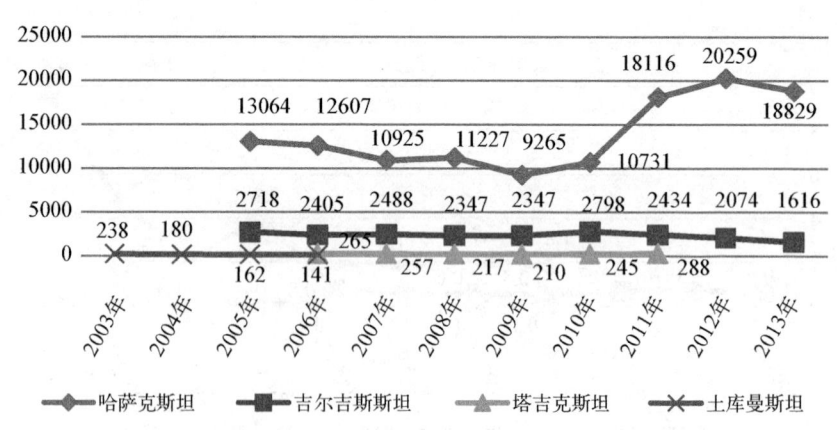

图11 中亚四国警方统计的2003—2013年抢劫罪犯罪数量折线图

---

① "Robbery" means the theft of property from a person; overcoming resistance by force or threat of force. Where possible; the category "Robbery" should include muggings (bag-snatching) and theft with violence; but should exclude pick pocketing and extortion. (UN‑CTS M3.5)

2011年6年间抢劫罪犯罪数量波动不大,一直较为平稳,一直处于四国中的第三位,并且犯罪的数量也一直低于第二位的吉尔吉斯斯坦。土库曼斯坦在2003—2006年,抢劫罪数量一直处于四国中的末位,变化不大,呈一直下降的趋势。

图12显示,在中亚各国警方统计的2003—2013年每10万人中犯抢劫罪(部分国家部分年份数据缺失)的比率中,哈萨克斯坦每10万人中犯抢劫罪的比率一直在四国有数据统计的年份中居于第一位,每10万人中犯抢劫罪的比率变化较大,在2009年比率数值达到最低点,但是2010年后开始突变,直到2012年达到最高值,2011—2012年比率变化幅度最大。吉尔吉斯斯坦在有数据统计的2005—2013年期间,每10万人中犯抢劫罪的比率一直居于四国中的第二位,虽然变化幅度不大呈现比较稳定的状态,但是每10万人中犯抢劫罪的比率变化波动较大,2010年之前波动不大,2010年之后比率呈现较快的下降趋势。塔吉克斯坦在有数据统计的2006—2011年期间,每10万人中犯抢劫罪的比率一直很稳定,保持在每10万人中有4人以下犯抢劫罪的状态。土库曼斯坦仅有2003—2006年4年的数据统计,与其犯罪数量相一致的是每10万人中犯抢劫罪的比率一直呈下降趋势。

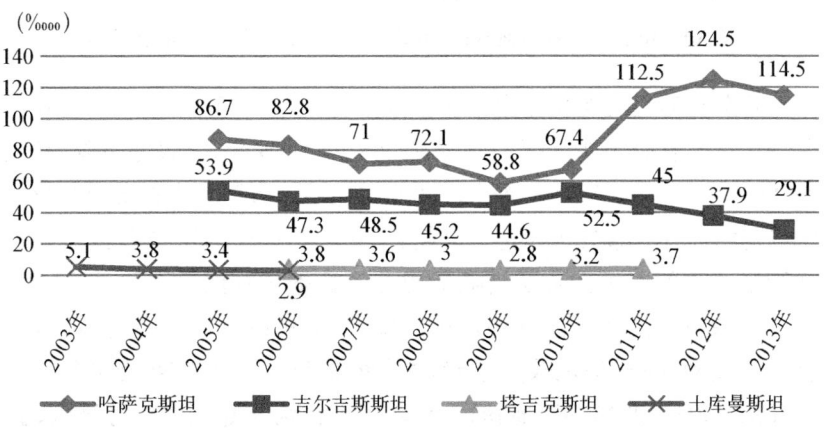

图12 中亚四国警方统计的2003—2013年每10万人中犯抢劫罪比率图

(二)中亚各国一般盗窃犯罪统计数据分析

盗窃是指以占有为目的非暴力地剥夺一个人或组织的财产。盗窃排除单独统计的入室盗窃、入户盗窃、抢劫和盗窃机动车辆。①

图 13 表明,中亚四国警方统计 2003—2013 年盗窃罪犯罪数量(部分国家部分年份数据缺失)共 1 002 135 件。其中,哈萨克斯坦在 2005—2013 年共发生 845 751 件盗窃犯罪,在中亚四国中居于首位,占比 84.40%。吉尔吉斯斯坦在 2003—2013 年共发生 125 586 件盗窃犯罪,居于第二位,占比 12.53%。塔吉克斯坦与土库曼斯坦分别发生 27 705 件和 3 093 件盗窃犯罪,分别居于第三、四位。

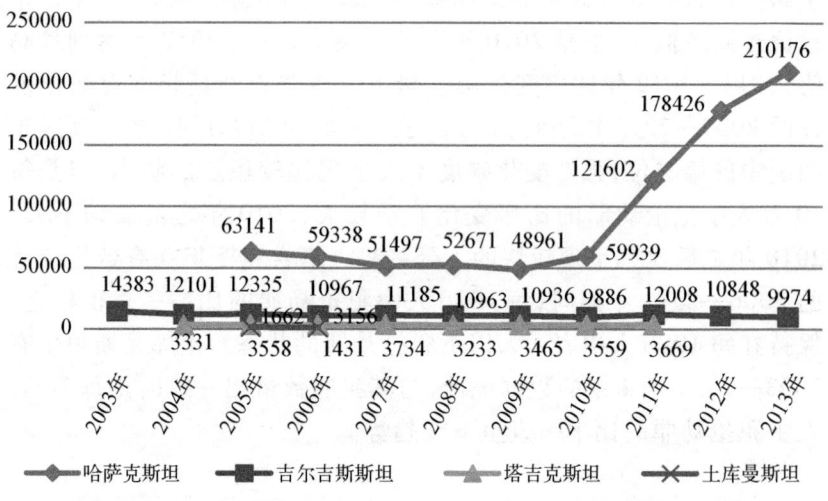

图 13　中亚四国警方统计的 2003—2013 年盗窃犯罪数量折线图

哈萨克斯坦的盗窃罪数量在有数据统计的 2005—2013 年,犯盗窃罪的数量一直居于四国第一,虽然在 2005—2009 年,一直呈下降趋势。在 2010 年较 2009 年有一次小幅度的增加后,2010 年其盗窃罪数量突然快速增加并一直处于快速上升趋势,其每年统计的盗窃罪数量远远高于第二位的国家。吉尔吉斯斯坦在有数据记录的 2003—2013 年,盗窃罪数量虽然居于四国中的第二位,但是总体呈下降趋势,数量没有出现波动,一直呈现较为平稳的缓慢减少。塔吉克斯坦在有数据统计的 2004—2011 年,盗窃罪数量一直较为平稳,没有明显波动。

---

① "Theft" means depriving a person or organization of property without force with the intent to keep it. "Theft" excludes Burglary, housebreaking, Robbery, and Theft of a Motor Vehicle, which are recorded separately.

土库曼斯坦只有2005年和2006年的数据统计,在有数据统计的年份中,盗窃罪数量一直处于四国中的末位,由于数据较少不便于分析趋势。

图14显示,在中亚四国警方统计2003—2013年每10万人中犯盗窃罪(部分国家部分年份数据缺失)比率中,哈萨克斯坦在2005—2013年,每10万人中犯盗窃罪的比率一直居于四国中的第一位。吉尔吉斯斯坦在有数据统计的2003—2013年,每10万人中犯盗窃罪的比率一直居于四国第二位,这与其盗窃罪数量在四国中居于第二位也相对应,但是其每10万人中犯盗窃罪比率一直呈缓慢下降态势。塔吉克斯坦在有数据统计的2004—2011年,每10万人中犯盗窃罪的比率一直很稳定,保持在每10万人中有40—50人犯盗窃罪的水平。土库曼斯坦仅有2005年、2006年的比率数据统计,其在两年间的每10万人中犯盗窃罪的比率一直居于末位,且呈现平缓的下降趋势。

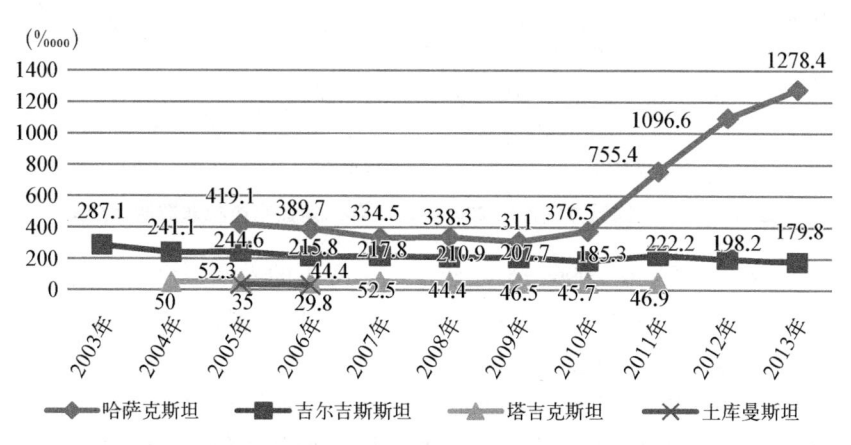

图14 中亚四国警方统计的2003—2013年每10万人中犯盗窃罪比率图

(三)中亚各国入室盗窃犯罪统计数据分析

入室盗窃是指未经授权进入一栋建筑物/住宅或其他处所的某部分,包括凭借暴力的使用,其目的是盗取财产(强行入侵他人住宅或公共场所)。盗窃包括:在可能的情况下,对住宅、公寓或其他住处、工厂、商店或办公室、军事机构内的盗窃,或使用备用钥匙;不包括汽车、集装箱和自动收货机、停车计时器和围场/院落内的盗窃(UN-CTSM4.6)。①

图 15 显示,中亚三国(哈萨克斯坦、吉尔吉斯斯坦、塔吉克斯坦)警方统计 2003—2013 年入室盗窃犯罪数量(部分国家部分年份数据缺失)共 245 060 件。其中,哈萨克斯坦在 2006—2011 年共发生 213 937 件入室盗窃犯罪,在中亚三国中居于首位,所占比例高达 87.30%。吉尔吉斯斯坦在 2005—2008 年、2010—2013 年共发生 27 197 件入室盗窃犯罪,居于第二位,占比例 11.10%。塔吉克斯坦在 2006—2011 年共发生 3 926 件入室盗窃犯罪,居于第三。土库曼斯坦数据缺失。

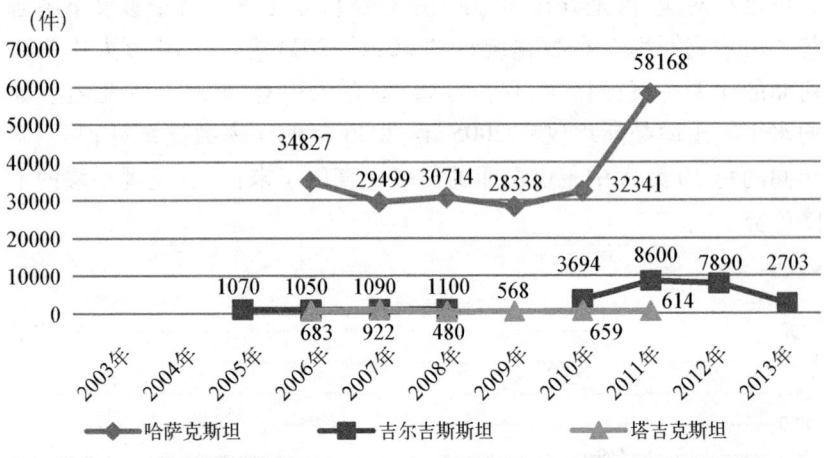

图 15 中亚三国警方统计的 2003—2013 年入室盗窃类犯罪数量折线图

哈萨克斯坦在 2006—2011 年 6 年中发生的入室盗窃犯罪数量一直居于中亚三国之首,并且数量远远高于其他国家,在 2010 年(包含 2010 年)之前,入室盗窃犯罪数量虽有波动,但变化幅度不大。在 2010 年后,2011 年突然大幅度上升,一年内增加了约 26 000 件。吉尔吉斯斯坦统计记录的入室盗窃犯罪数据分为两部分,2005—2008 年、2010—2013 年发生的入室盗窃犯罪一直居于第二位,2005—2008 年一

---

① "Burglary" means gaining unauthorized access to a part of a building/dwelling or other premise, including by use of force, with the intent to steal goods (breaking and entering). "Burglary" should include, where possible, theft from a house, apartment or other dwelling place, factory, shop or office, from a military establishment, or by using false keys. It should exclude theft from a car, from a container, from a vending machine, from a parking meter and from fenced meadow/compound.

直很平稳,波动不大,但是 2010—2011 年入室盗窃犯罪数量增加较快,并在 2011 年达到顶峰,2011 年后入室盗窃犯罪数量呈减少趋势,并且减少幅度较大。塔吉克斯坦在 2006—2011 年入室盗窃犯罪数量波动不大,数量一直很平稳。

图 16 表明,中亚三国(哈萨克斯坦、吉尔吉斯斯坦、塔吉克斯坦)警方统计 2003—2013 年每 10 万人中犯入室盗窃罪(部分国家部分年份数据缺失)比率,哈萨克斯坦在 2006—2011 年一直居于三国中的第一位,这与其入室盗窃犯罪数量最多相对应。吉尔吉斯斯坦在有数据统计的 2005—2008 年、2010—2013 年,每 10 万人中犯入室盗窃罪的比率一直居于三国第二位,2008 年之前每 10 万人中犯入室盗窃罪的比率变动不大,但在 2010—2011 年有快速增长的趋势,2011 年比率达到最高值后开始下降,且下降幅度较大,但没有回到 2010 年之前的状态。塔吉克斯坦在 2006—2011 年,每 10 万人中犯入室盗窃罪的比率一直很稳定,保持在每 10 万人中有 15 人以下犯入室盗窃罪的水平。

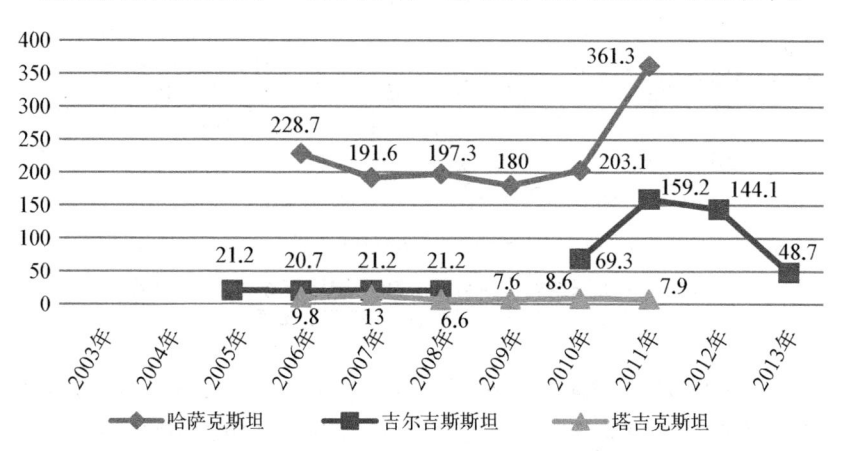

图 16 中亚三国警方统计的 2003—2013 年每 10 万人中犯入室盗窃类犯罪比率图

(四)中亚各国入户行窃(侵入家宅)犯罪统计数据分析

"入室行窃(侵入家宅)"是指发生在住宅、公寓或其他寓所内的盗窃行为。①

---

① "Domestic burglary/housebreaking" means Burglary of a house, apartment or other dwelling place.

图 17 表明,中亚三国(哈萨克斯坦、吉尔吉斯斯坦、塔吉克斯坦)警方统计的 2003—2013 年入室行窃(侵入家宅)犯罪数量(部分国家部分年份数据缺失)共 216 276 件。其中,哈萨克斯坦在 2006—2013 年共发生了 199 194 件入室行窃(侵入家宅)犯罪,在中亚三国中居于首位,所占比例高达 92.10%。吉尔吉斯斯坦在 2003—2008 年、2010—2012 年共发生 15 978 件入户行窃(侵入家宅)犯罪,居于第二位,占 7.4%。塔吉克斯坦在 2006—2011 年共发生 1 104 件入户行窃(侵入家宅)犯罪,居于第三。

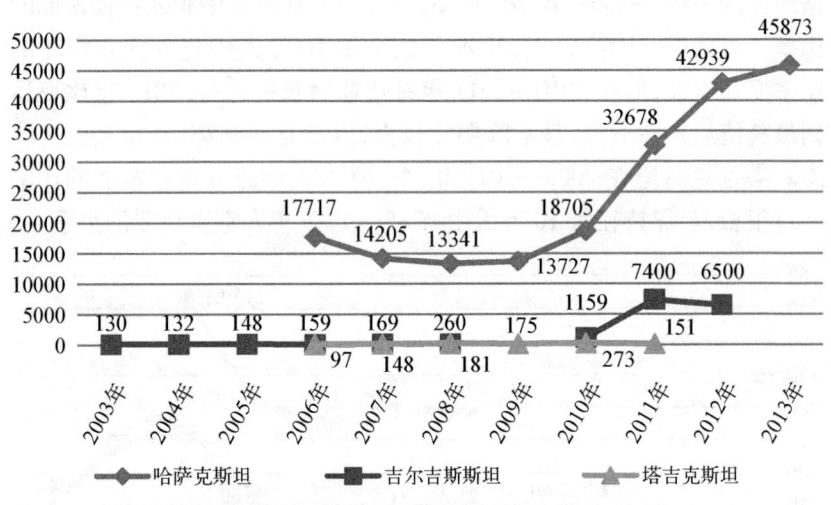

图 17 中亚三国警方统计的 2003—2013 年统计的每 10 万人中犯入室行窃/侵入家宅犯罪比率图

哈萨克斯坦在 2006—2013 年 8 年期间发生的入室行窃(侵入家宅)犯罪数量一直居于中亚三国之首,在 2008 年(包含 2008 年)之前,入户行窃(侵入住宅)犯罪数量一直呈现缓慢下降的趋势,在 2008 年后开始呈现上升的态势,但到 2009 年增幅不大,但 2009 年后入室行窃(侵入家宅)犯罪数量增加速度开始变快,2009—2012 年 4 年增加量将近 30 000 件,2012 年后增速减缓,但仍呈现上升趋势。吉尔吉斯斯坦在有数据记录的 2003—2008 年、2010 年、2012 年发生的入室行窃(侵入住宅)犯罪数量一直居于第二位,2003—2008 年一直很平稳,波动不大,但是 2010 年较 2008 年犯罪数量出现一次急速增加 1 000 多件,2011 年较 2010 年入室行窃(侵入家宅)犯罪数量更是增加了约

6 000 件,并在 2011 年达到顶峰,2011 年后数量呈现减少趋势,减少了 1 000 多件,但总数量依旧远远高于往年。塔吉克斯坦在 2006—2011 年入室行窃(侵入家宅)犯罪数量波动不大,一直较平稳。

图 18 显示,在中亚三国(哈萨克斯坦、吉尔吉斯斯坦、塔吉克斯坦)警方统计 2003—2013 年每 10 万人中犯入室行窃(侵入家宅)犯罪(部分国家部分年份数据缺失)比率中,哈萨克斯坦在 2006—2013 年一直居于三国中的首位,这与其入室行窃(侵入家宅)犯罪数量最多这一情况相对应。吉尔吉斯斯坦在有数据统计的 2003—2008 年、2010—2012 年,每 10 万人中犯入室行窃(侵入家宅)犯罪的比率一直居于三国第二位,2008 年之前每 10 万人中犯入室盗窃罪的比率变动不大,但在 2010—2011 年间有快速增长的趋势,2011 年比率达到最高值后开始下降,并且下降的幅度较大,但没有回到 2010 年之前的水平。塔吉克斯坦在 2006—2011 年,每 10 万人中犯入室行窃(侵入家宅)罪的比率一直较稳定,保持在每 10 万人中有 4 人以下犯入室行窃(侵入家宅)罪的水平。

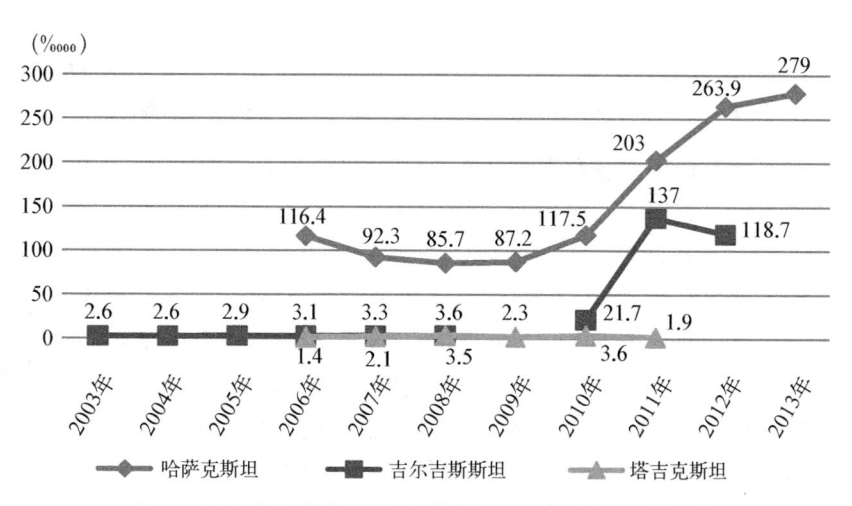

图 18 中亚各国警方统计的 2003—2013 年统计的每 10 万人中犯入室行窃/侵入家宅犯罪比率图

(五)中亚各国机动车盗窃犯罪统计数据分析

机动车盗窃是指未经车主同意而移走机动车。机动车辆包括所有在路面上运行且带引擎的陆地车辆,包括汽车、摩托车、公交车、卡车、施工车辆和农用车辆。①

图 19 显示,中亚四国警方统计 2003—2013 年机动车盗窃犯罪数量(部分国家部分年份数据缺失)共 27 083 件。其中,哈萨克斯坦在 2006—2013 年共发生 23 324 件机动车盗窃犯罪,在中亚四国中居于首位,占 86.12%。吉尔吉斯斯坦在 2003—2013 年共发生 3 364 件机动车盗窃犯罪,居于第二位,占 12.42%。塔吉克斯坦与土库曼斯坦分别发生 371 件和 24 件机动车盗窃犯罪,分别居于第三、四位。

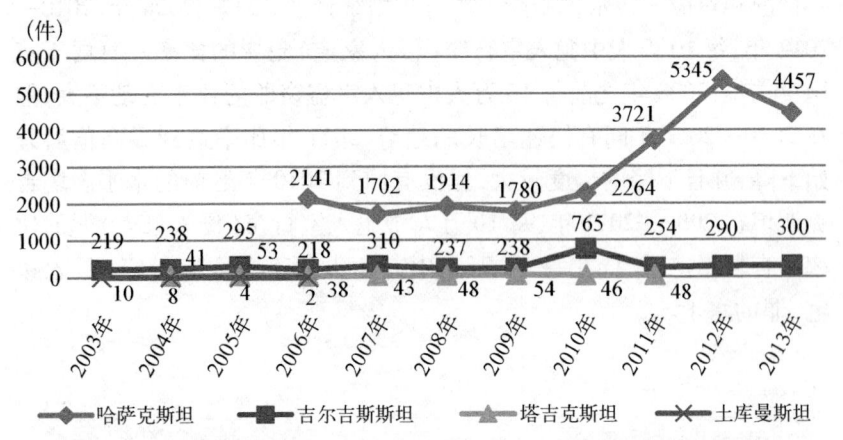

图 19 中亚四国警方统计的 2003—2013 年机动车盗窃犯罪数量折线图

哈萨克斯坦在有数据统计的 2006—2013 年 8 年期间,机动车盗窃犯罪数量一直居于四国第一,并且数量也远远高于第二位的国家。在 2009 年之前机动车盗窃犯罪数量波动不大,有增有减,但在 2009 年之后数量增加较快,并在 2012 年犯罪数量达到最高值,在 4 年里机动车盗窃犯罪的数量增加了将近 4 000 件,虽在 2012 年之后犯罪数量有下降的趋势,但是 2013 年的犯罪数量仍较大。吉尔吉斯斯坦在有数据记录的 2003—2013 年中,机动车盗窃犯罪数量虽然居于四国中的第二位,但机动车盗窃数量不大,远远低于第一位的哈萨克斯坦,总体来说吉尔吉斯斯坦机动车盗窃犯罪的数量波动不大,仅在 2010 年有一次较大幅度的增加,2010 年达到最高的 765 件,但在 2010 年之后犯罪数量

---

① "Motor Vehicle Theft" means the removal of a motor vehicle without the consent of the owner of the vehicle. "Motor Vehicles" includes all land vehicles with an engine that run on the road, including cars, motorcycles, buses, lorries, construction and agricultural vehicles.

又立即恢复到往年状态。塔吉克斯坦在2004—2011年机动车盗窃犯罪数量波动不大,每年发生的数量维持在60件以下,总体来说相当稳定。土库曼斯坦仅有2003—2006年4年的机动车盗窃犯罪数量统计,4年一直呈缓慢下降趋势,且4年间的数量最高仅为10件。

图20显示,在中亚各国(哈萨克斯坦、吉尔吉斯斯坦、塔吉克斯坦、土库曼斯坦)警方统计的2003—2013年每10万人中犯机动车盗窃罪(部分国家部分年份数据缺失)比率图中,哈萨克斯坦在2006年到2009年一直处于各国第一位,有一定的波动但是幅度不大,2010年被吉尔吉斯斯坦略微超越,但2010年后每10万人中犯机动车盗窃罪比率突增,远远高于第二位的吉尔吉斯斯坦。吉尔吉斯斯坦在2003年到2013年每10万人中犯机动车盗窃罪比率大部分年份比较稳定,但在2010年增速较快,直接超越哈萨克斯坦成为第一位,2011年后又再一次回到往年的比率。塔吉克斯坦与土库曼斯坦每10万人中犯机动车盗窃罪比率一直比较平缓,波动不大,总体呈下降的趋势。

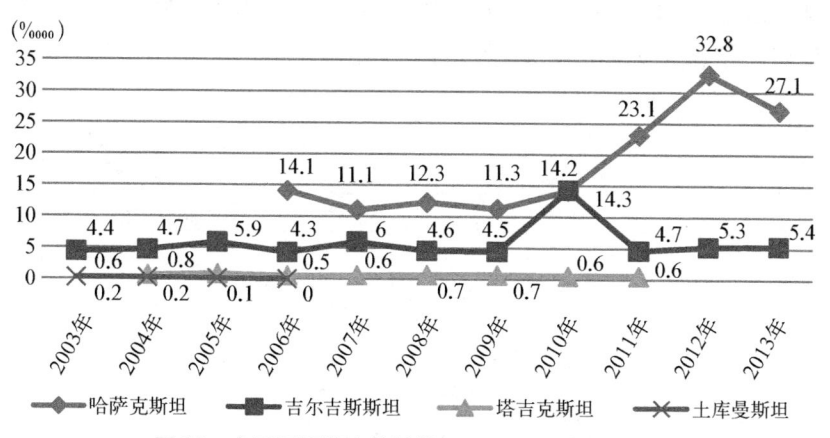

图20 中亚四国警方统计的2003—2013年每10万人中犯机动车盗窃罪比率图

(六)中亚各国盗窃私家车犯罪统计数据分析

"私家车"指机动车辆,不包括摩托车、商用车辆、公共汽车、卡车、建筑和农业车辆。①

---

① "Private Cars" means Motor Vehicles, excluding motorcycles, commercial vehicles, buses, lorries, construction and agricultural vehicles.

图 21 显示,中亚三国(哈萨克斯坦、吉尔吉斯斯坦、塔吉克斯坦)警方统计 2003—2013 年私家车盗窃犯罪数量(部分国家部分年份数据缺失)共 9 321 件。其中,哈萨克斯坦在 2006—2013 年共发生 5 345 件私家车盗窃犯罪,在中亚三国中居于首位,占比 57.32%。吉尔吉斯斯坦在 2005—2009 年、2011—2012 年共发生 3 699 件私家车盗窃犯罪,居于第二位,占比 39.70%。塔吉克斯坦在 2006—2011 年共发生 277 件私家车盗窃犯罪,居于第三。哈萨克斯坦在 2006—2010 年 5 年期间发生的私家车盗窃犯罪数量一直居于中亚三国之首。在有数据统计的年份中,哈萨克斯坦每年发生的私家车盗窃犯罪数量虽在某些年份有些波动,但是犯罪数量一直在增加,呈现波动上升的趋势,但是在 2011 年后增速变缓。吉尔吉斯斯坦的数据分为两部分,在有数据记录的 2005—2009 年间发生的私家车盗窃犯罪一直居于三国中第二位,但在 2011—2012 年私家车盗窃犯罪数量居于三国之首,虽然没有 2010 年的数据,但是从数据中可以看出 2009—2011 年私家车盗窃的数量激增,2008 年是其转折点。塔吉克斯坦在 2006—2011 年私家车盗窃犯罪数量波动不大,数量一直较平稳。

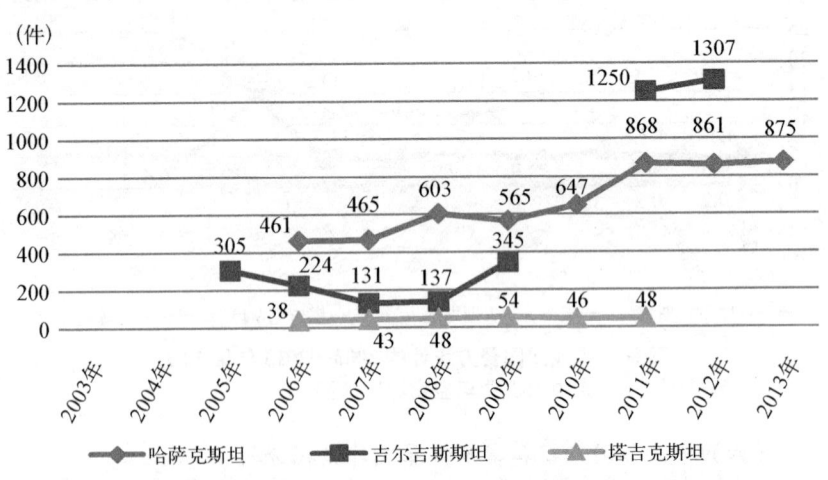

图 21 中亚三国警方统计的 2003—2013 年私家车盗窃犯罪数量折线图

图 22 显示,在中亚三国(哈萨克斯坦、吉尔吉斯斯坦、塔吉克斯坦)警方统计 2003—2013 年每 10 万人中犯私家车盗窃犯罪(部分国家部分年份数据缺失)比率中,哈萨克斯坦在 2006—2013 年每 10 万人中

犯私家车盗窃犯罪比率一直在缓慢上升,在有些年份也达到过三国中的首位。吉尔吉斯斯坦在有数据统计分为两部分,在2005—2009年每10万人中犯私家车盗窃罪的比率呈先下降后上升的趋势,有些年份也达到过三国中的首位;2011—2012年更是直接达到最高值,比率远远高于第二位的国家。塔吉克斯坦在2006—2011年,每10万人盗窃私家车的犯罪比率一直较稳定,保持在每10万人中不到1人犯私家车盗窃罪的水平。

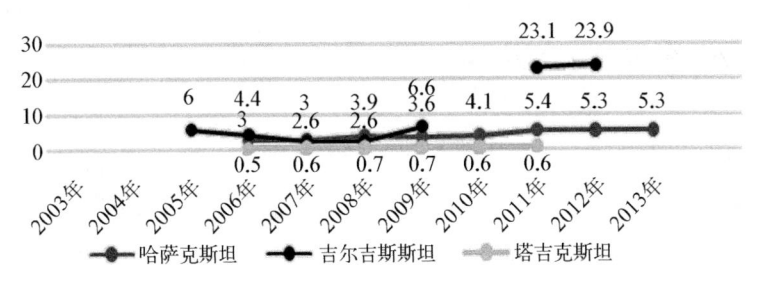

图22 中亚各国警方统计的2003—2013年每10万人中犯私家车盗窃犯罪比率图

三、中亚各国司法统计数据分析

(一)中亚各国警察或者司法系统正式接触的国家公民的数据分析

正式接触是指与国家层面警方和/或刑事司法系统的正式接触的国家公民,包括犯罪嫌疑人、因实施所有刑事犯罪行为被逮捕的或被警告的人(成人和青少年)。[①]

图23显示,三国中,哈萨克斯坦警察或司法系统每年正式接触的本国公民数量最多,其次是吉尔吉斯斯坦,塔吉克斯坦则最少。哈萨克斯坦在有数据统计的2007—2013年,警察或司法系统正式接触的本国公民数量一直居高不下,虽然在2007—2009年呈现一个缓慢下降的走势,但从2009年后,正式接触的犯罪人数量就一直呈增长趋势,其中

---

① "Formal Contact" with the police and/or criminal justice system may include persons suspected, or arrested or cautioned, for a criminal offence, at the national level. Country Citizens Brought into Formal Contact with the police and/or criminal justice system (Adult and Juvenile), All Crimes.

2009—2010年、2011—2012年增速较快,2012年后增速有所减缓,但没有改变一直增长的大趋势。吉尔吉斯斯坦在2005—2013年相关数据显示,在其9年间,国家司法系统或警察每年正式接触的本国公民数量一直比较平稳,没有出现过明显波动。2012—2013年警察或司法系统正式接触的人数的增速在历年中是最快的一次,一年内增加了约1 800多人。塔吉克斯坦仅显示了2006—2011年6年的数据,较为平稳。但值得注意的是,其最低值与最高值出现在相邻的年份,即在2010年达到最低值,而在2011年达到最高值,2010—2011年也是增幅最大的一年,增加了2 000多人。

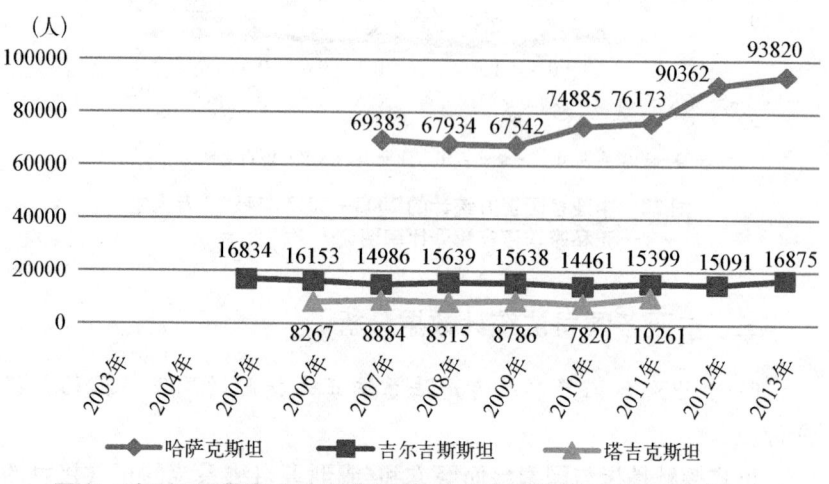

图23 中亚三国警察或司法系统每年正式接触的所有罪行的本国公民（成年人和未成年人）数量折线图

（二）中亚各国本国国民历年被起诉人数的数据分析

被起诉者是指在报告年度内开始被起诉的人,可以是由检察官起诉或者负责公诉的法定机关在国家层面的起诉,不论案件是否最终判决。[①]

图24显示,在中亚三国（哈萨克斯坦、吉尔吉斯斯坦、土库曼斯坦）中,哈萨克斯坦本国国民历年被起诉的人数在三国中居于首位,即

---

① "Persons Prosecuted" means alleged offenders against whom prosecution commenced in the reporting year. Persons may be prosecuted by the public prosecutor or the law enforcement agency responsible for prosecution, at the national level, irrespective of the case-ending decision.

使人数最少的年份，也要远远高于另外两国。吉尔吉斯斯坦与土库曼斯坦历年被起诉的人数量在有数据统计记录的历年比较中一直居于第二、三位。

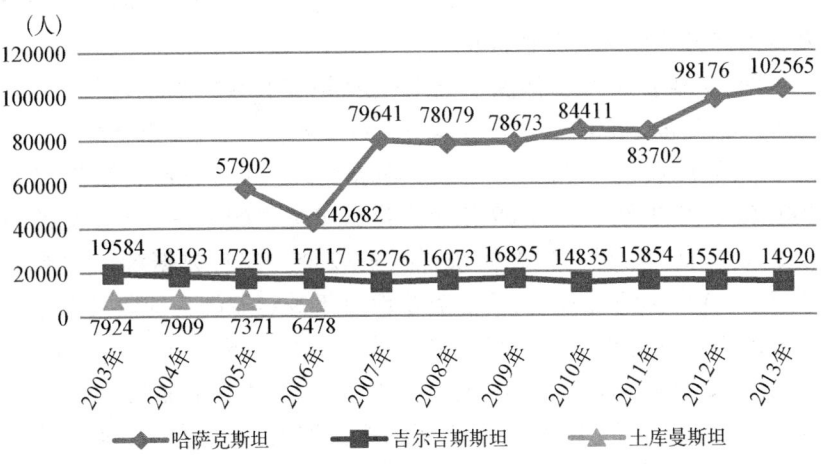

图 24　中亚三国统计记录的本国国民历年间被起诉的人数数量折线图

哈萨克斯坦在 2005—2013 年 9 年的数据统计中，被起诉的人数最高值出现在 2013 年而最低值出现在 2006 年，两者相差大约 60 000 人。哈萨克斯坦在 2006 年较 2005 年被起诉的人的数量有一次大幅度的下降，一次下降了约 15 000 人次，这也是哈萨克斯坦唯一的一次下降。在 2006 年之后，哈萨克斯坦被起诉的人的数量一直增加，2006—2007 年是增加最快的一次，增加了大约 37 000 人，2007—2011 年增加的速度明显变慢，而 2011 年后增加速度又有加快的迹象。

吉尔吉斯斯坦在 2003—2013 年，被起诉的人的数量一直较为平稳，没有出现明显波动，但是依然能看到吉尔吉斯斯坦历年被起诉的人数总体上呈现缓慢下降的趋势。最高值出现在 2003 年为 19 584 人次，最低值出现在 2010 年为 14 835 人次，相差大约 4 700 人次。土库曼斯坦仅有 2003—2006 年 4 年的数据。其间，历年被起诉的人数量一直在缓慢下降，最高值与最低值分别出现在 2003 年与 2006 年，相差大约 1 500 人。在有数据记录的 2003—2006 年，土库曼斯坦相较其他两国，被起诉的人数量一直是最少的。

(三) 中亚各国本国国民历年被定罪人数的数据分析

被定罪的人是指任何被授权的法定机关根据国家刑法对有罪的人宣布有罪判决,无论该判决后来是否维持。被定罪的人的总数,应包括因违反严重特别法犯罪而被定罪的人,但不包括因轻微道路交通罪行及其他轻微罪行而被定罪的人。①

图 25 显示,在中亚四国中,哈萨克斯坦在有数据统计记录的历年里本国国民被定罪的数量在四国中人数最多;吉尔吉斯斯坦在有数据统计的年度中居于第二位;土库曼斯坦第三位;塔吉克斯坦仅有 2009 年一年的数据,在 2009 年数量位居四国中的末位。哈萨克斯坦仅缺失 2003 年的数据,总体来说数据较全。在有数据统计记录的 2003—2013 年 10 年期间,哈萨克斯坦每年被定罪的人的数量总体呈现波动下降的趋势,10 年间共出现了 2 次大幅度的下降,即 2004—2006 年、2009—2012 年两段期间。哈萨克斯坦被定罪的人的数量 10 年间大约下降了 18 000 人,下降幅度比较大,最高值与最低值分别出现在 2004 年和 2012 年。吉尔吉斯斯坦在 2003—2013 年,历年被定罪的人数量呈下降趋势,虽然有些年份较上一年有小幅度的增加,但总体上呈比较平稳的下降。最高值出现在 2003 年,最低值出现在

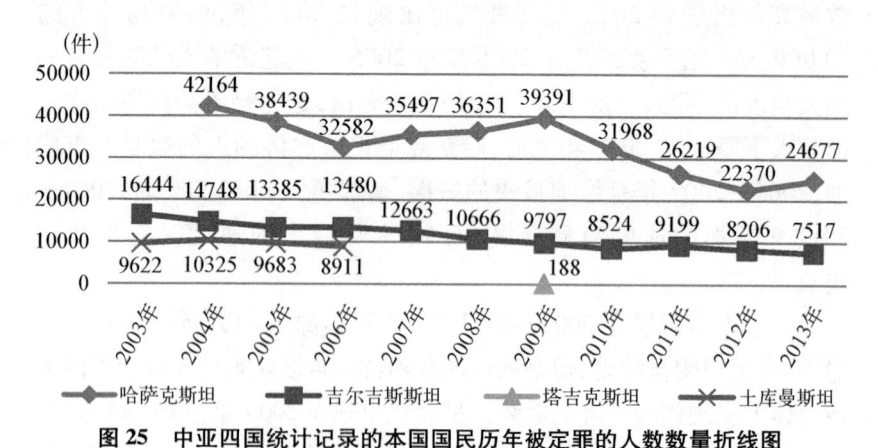

图 25 中亚四国统计记录的本国国民历年被定罪的人数数量折线图

---

① "Persons Convicted" means persons found guilty by any legal body authorized to pronounce a conviction under national criminal law, whether or not the conviction was later upheld. The total number of persons convicted should also include persons convicted of serious special law offences but exclude persons convicted of minor road traffic offences and other petty offences.

2012年,相差大约9000人。土库曼斯坦仅有2003—2006年4年数据,2004年较2003年有一次小幅度的增加,2004年之后,一直呈下降趋势。塔吉克斯坦仅有2009年一年的数据,不分析其趋势。在仅有数据的2009年里,塔吉克斯坦被定罪的人的数量也远远少于其他三国。

(四)中亚各国本国国民历年被关押人数的数据分析

被关押的人是指在规定期间内被监狱、刑罚机构或教养感化机构关押的人,应当排除基于行政目的被关押的非犯罪人员,例如对移民身份进行调查或者对无法定居留权的外国公民进行调查。①

图26显示,在中亚三国(哈萨克斯坦、吉尔吉斯斯坦、土库曼斯坦)统计记录本国国民历年被关押的人数中,哈萨克斯坦在有数据统计记录的历年中被关押的人数数量一直居于三国首位,吉尔吉斯斯坦与土库曼斯坦则分别位于第二、三位。哈萨克斯坦的数据分为两段,分别为2005—2006年和2008—2013年,2007年数据缺失。在有数据统计显示的年份中,2010年被关押的人数最多,2013年被关押的人数最少,相差大约13000人。虽然在2008—2010年,数量一直在增加,但是自2010年后被关押的人数就一直不断下降,这与被定罪的人数每年都

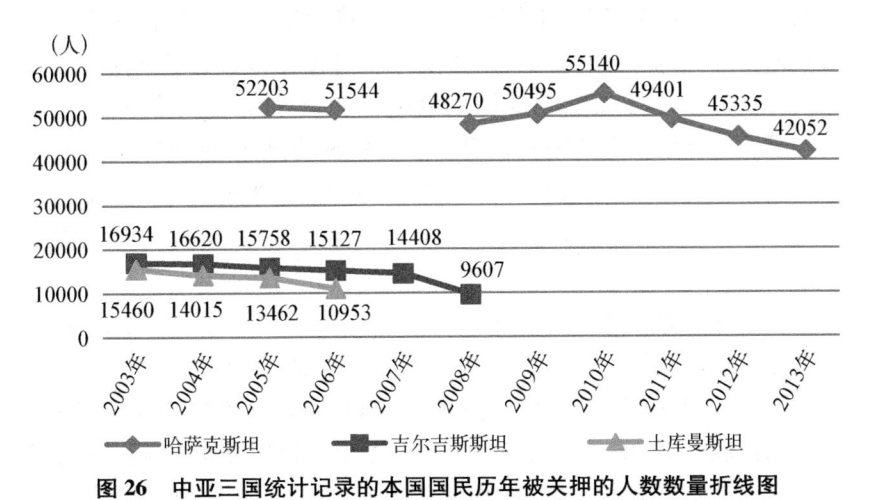

图26 中亚三国统计记录的本国国民历年被关押的人数数量折线图

---

① "Persons Held in Prisons, Penal Institutions or Correctional Institutions" means persons held in Prisons, Penal Institutions or Correctional Institutions on a specified day and should exclude non-criminal prisoners held for administrative purposes, for example, persons held pending investigation into their immigration status or foreign citizens without a legal right to stay.

下降相吻合。吉尔吉斯斯坦仅有 2003—2008 年 6 年数据,其间被关押的人数量不断下降,尤其是在 2007—2008 年出现了一次大幅度的下降,下降大约 5 000 人。吉尔吉斯斯坦在有数据统计记录的 6 年间,被关押的人数量每年下降。土库曼斯坦在有数据统计记录的 2003—2006 年 4 年间,趋势与吉尔吉斯斯坦一致,一直呈现下降趋势,但是土库曼斯坦的下降速度较吉尔吉斯斯坦要快,最高值与最低值分别出现在 2003 年与 2006 年,相差大约 4 500 人。

四、数据分析初步结果

(一) 侵犯人身权利犯罪的基本特点

1. 绑架犯罪的基本特点

从整体发展趋势来看,2003—2013 年,中亚四国的绑架罪发展走向有所不同,塔吉克斯坦呈下降趋势,而哈萨克斯坦和吉尔吉斯斯坦呈波动上升趋势,土库曼斯坦的数据缺失太多,仅有 2003 年度和 2004 年度的数据,难以作出趋势判断。从国别比较来看,中亚四国各国的绑架罪数量折线图和犯罪率折线图呈现出的发展特点基本一致,据此,可以判断,中亚三国绑架罪发生情形的严重程度由重至轻可以排序为:塔吉克斯坦、哈萨克斯坦、吉尔吉斯斯坦。土库曼斯坦数据不全,但是,根据仅有的数据可以判断,土库曼斯坦在 2003 年和 2004 年的绑架罪是非常严重的。塔吉克斯坦的发展趋势比较平缓,哈萨克斯坦和吉尔吉斯斯坦的发展趋势波动较大,其中,哈萨克斯坦绑架罪上升至高峰点的时间是 2010 年,吉尔吉斯斯坦绑架罪上升至高峰点的时间是 2011 年。

2. 人身攻击犯罪的基本特点

从整体发展趋势来看,2003—2013 年,中亚四国的人身攻击犯罪发展走向整体趋势一致,即呈下降趋势。土库曼斯坦的数据缺失太多,仅有 2005 年度和 2006 年度的数据,难以对整体发展趋势作出判断。从国别比较来看,中亚四国各国人身攻击犯罪数量折线图与犯罪比率折线图发展趋势基本一致,据此,可以判断,中亚三国人身攻击犯罪发生情形的严重程度由重至轻可以排序为:塔吉克斯坦、哈萨克斯坦、吉尔吉斯斯坦。其中,塔吉克斯坦的人身攻击十分严重。土库曼斯坦数据不全,但是,根据仅有的数据可以判断,在 2005 年和 2006 年,土库曼斯坦人身攻击犯罪发生数量非常少,对社会治安状况的影响可以忽略不计。塔吉克斯坦发展趋势波动较大,攻击犯罪上升至高峰点的时间是 2009 年,数量是 9 489 件,犯罪率是 127.4/10 万。哈萨克斯坦和吉尔吉斯斯坦的发展趋势比较平缓,其中,吉尔吉斯斯坦攻击犯罪上升至高峰点的时间 2010 年,而哈萨克斯坦是 2011 年。

3. 强奸犯罪的基本特点

从整体发展趋势来看,2003—2013 年,除了哈萨克斯坦大幅度增加之外,其他国家强奸罪犯罪趋势比较稳定,无论是数量折线图还是比率折线图,发展走向都比较平缓。从国别比较来看,中亚四国各国强奸罪犯罪数量折线图和犯罪比率折线图发展趋势基本一致。据此,可以判断,中亚各国强奸罪犯罪严重程度由高到低分别是:哈萨克斯坦、吉尔吉斯斯坦、塔吉克斯坦、土库曼斯坦。其中,哈萨克斯坦的强奸犯罪是非常严重的,主要表现在两个方面:一是与排名第二的吉尔吉斯斯坦相比较,其每个年度的犯罪数量是吉尔吉斯斯坦犯罪数量的数倍(3—9 倍),其每个年度的犯罪比率是吉尔吉斯斯坦的数倍(2—3 倍);二是哈萨克斯坦的强奸罪犯罪数量和犯罪比率均保持高速增长的态势,尤其是 2011—2013 年,犯罪比率的涨幅分别是 25.29%、27.7%、35.5%。

4. 性犯罪的基本特点

性暴力犯罪数量图和犯罪比率图显示,哈萨克斯坦和塔吉克斯坦的性暴力犯罪比较严重。在犯罪数量上,哈萨克斯坦一直居于首位,在犯罪比率上,塔吉克斯坦在 2010 年度和 2011 年度超越哈萨克斯坦,居于首位。就性侵儿童犯罪而言,哈萨克斯坦性侵儿童犯罪行为最严重,吉尔吉斯斯坦 2010 年骤增,塔吉克斯坦比较少。

(二) 侵犯财产犯罪的基本特点

1. 抢劫犯罪的基本特点

哈萨克斯坦的抢劫罪比较严重,数量和比率都数倍于同期的吉尔吉斯斯坦,波动较大,呈上升趋势;吉尔吉斯斯坦总体上呈波动下降趋势。其中,2010 年是个特殊的年度,哈萨克斯坦的抢劫罪在这一年度开始上升,吉尔吉斯斯坦则在这一年度骤增,在 2011 年马上又下降。

2. 盗窃犯罪的基本特点

一般来说,中亚四国盗窃罪犯罪数量和盗窃罪犯罪比率的发展趋势基本一致,相比较而言,哈萨克斯坦非常严重,吉尔吉斯斯坦次之,塔吉克斯坦和土库曼斯坦相对比较轻微。就入室盗窃犯罪而言,犯罪数量趋势图和犯罪比率图呈现出相同的特点,基本吻合,一直呈波动上升趋势,哈萨克斯坦入室盗窃罪犯罪严重,吉尔吉斯斯坦整体上发展比较平缓,2010—2013年度波动较大,基本趋势是下降。

就入户行窃而言,数量图和比率图呈现出的发展趋势一致,哈萨克斯坦的入户行窃最严重,并且一直呈上升趋势,吉尔吉斯斯坦的入户行窃2010年开始增加,2011年激增,随后开始下降。就盗窃机动车而言,各国的犯罪数量图和犯罪比率图的发展趋势相同,哈萨克斯坦最严重,并呈波动上升趋势;吉尔吉斯斯坦在2010年数量激增,在这一年度,犯罪比率超越哈萨克斯坦,随后下降,发展趋势比较平稳。就私家车盗窃而言,各国的犯罪数量图和犯罪比率图发展趋势一致,虽然从总数量上来说,哈萨克斯坦私家车盗窃最多,但是,从发展趋势上看,2010年以后,无论犯罪数量还是犯罪比率,吉尔吉斯斯坦远远超过哈萨克斯坦,占据首位,并呈增长态势。

(三)司法状态基本特点

就国家层面警方和/或刑事司法系统的正式接触的国家公民,在有数据统计的三个国家中,呈现逐年上升的趋势。就被起诉的人数而言,各国情况不一,哈萨克斯坦在上升,吉尔吉斯斯坦在下降。在有数据统计的国家中,定罪总人数发展整体趋势都是在波动下降,哈萨克斯坦在波动中的定罪高峰期是2009年和2013年,吉尔吉斯斯坦定罪人数的波动高峰是2011年。整体上来看,现有的数据表明,各国关押人数在下降,哈萨克斯坦在2010年出现波动高峰。由于吉尔吉斯斯坦2009年度以后的数据缺失,所以比较遗憾,不能和其他数据对比分析。

Research on the Social Security Situation in Central Asia
—Comparative analysis based on crime statistics in Central Asian countries
Wang Na, Cui Xiangdong

Abstract: The good or bad of the "social security situation" is the fundamental aspect of the security and stability of the social order.

Therefore, this article focuses on the crime data of the four Central Asian countries, to analyze the common crimes against personal rights (including kidnapping, personal attacks, and sexuality) and crimes against property rights (robbery, general theft, burglary, house theft, motor vehicle theft, private car theft), showing the basic situation of 2003 - 2013 and the main judicial statistics (Including detention, prosecution, conviction) . This paper aims to observe the basic situation of social security in the four countries of Central Asia, to provide reference for the evaluation of the security and rule of law index of the four Central Asian countries, to serve the construction of the Shanghai Cooperation Organization and the promotion of the "Belt and Road" initiative.

Keywords: Central Asian social order; crime; judicial statistics, security; rule of law

俄罗斯有组织犯罪的企业化路径及其对策研究

庞冬梅　王广龙[*]

内容摘要：有组织犯罪是基于社会发展过程中所发生的经济、政治以及社会生活领域的冲突而产生的复杂社会现象。俄罗斯有组织犯罪的突出特征体现为违法犯罪行为的全球化态势、严密的组织性和浓厚的贪利特性。当代俄罗斯有组织犯罪除了从事传统型犯罪活动（贩卖武器、金融欺诈、毒品生意、敲诈勒索、盗窃汽车、走私等）外，还积极渗透合法经营领域，利用与政府官员之间的腐败联系得以建构和实现"有组织犯罪—腐败—影子经济"三位一体的企业化路径。俄罗斯联邦打击有组织犯罪的刑事法律政策主要体现为犯罪化和非犯罪化、刑罚化和非刑罚化手段，此外，还通过审前合作协议制度的立法化路径加强对有组织犯罪活动的侦破及犯罪分子刑事责任的追究。

关键词：有组织犯罪；影子经济；腐败；企业化路径；对策

---

[*] 庞冬梅，河南大学法学院教授，黄河学者；王广龙，俄罗斯西伯利亚联邦大学法学院学生。本文系河南大学哲学社会科学重大项目培育计划"当代俄罗斯刑法学研究"的阶段性成果，项目批准号：2019ZDXM005。

引言

根据俄罗斯官方统计数据,2006—2014 年 10 年间俄联邦境内总体犯罪水平呈稳步下降趋势,即从 2006 年的 390 万起降至 2014 的 220 万起,2015 年又有所起伏,犯罪数量为 240 万起,接下来的 2016 年和 2017 年又重新呈下降趋势,分别为 216 万起和 205 万起。然而,俄罗斯境内有组织犯罪数量从 2008 年才开始呈下行趋势,即从 2008 年的 3.660 1 万起降至 2011 年的 1.769 1 万起犯罪;此后有组织犯罪数量指标一直保持在 1.75 万起左右,直至 2014 年才又减少了 4 000 起;2015 年维持在 2014 年的数量水平,2016 年有组织犯罪数量为 1.258 1 万起。与 2015 年相比下降了 8.4%;2017 年又呈上升趋势,其数量为 1.333 2 万起,与 2016 年相比增加了 5.2%。[①] 俄罗斯犯罪集团(преступное сообщество, преступная организация)的数量从 2007 年的 337 个降至 2010 年的 172 个,然而,接下来的 6 年间则呈稳步增长趋势,至 2015 年增至 285 个犯罪集团;2016 年、2017 年一直呈下行趋势,即 2016 年的数量为 240 个,2017 年为 198 个。[②] 这里应当强调的是,俄关于有组织犯罪的官方统计数据,特别是经济领域犯罪存在着较为严重的犯罪黑数现象。[③] 俄罗斯有组织犯罪的最新发展趋势主要体现为利用政府部门的腐败联系,致力于向经济领域的深度渗透,这主要体现为俄罗斯大型犯罪组织都力图建立合法实体(比如商业企业、非商业法人等形式的实体),以达到掩盖其从事犯罪活动的目的。在此类合法企业名义的掩护下,犯罪集团的活动便不再限于俄罗斯国内,而且很快开始染指国际市场。于是,有组织犯罪利用其在国家经济与法律领域内的"合法运行"机制,完全避开了社会监管部门的监督,从而潜移默化地实现了有组织犯罪的企业化路径。

[①] 犯罪统计数据均来源于俄罗斯联邦内务部官方网站: URL: https://mvd.ru.
[②] http://vawilon.ru/statistika-mvd/.
[③] Малков Л. К. Ответственность за преступления, совершаемые в ходе хозяйственной деятельности, по законодательству Союза ССР и союзных республик. Горький, 1981. С. 4.

一、俄罗斯有组织犯罪的概念及特征

(一) 有组织犯罪的概念界定

有组织犯罪概念的科学界定,无论是对法学理论还是司法实践,都具有非常重要的意义。应当说,近几十年来俄罗斯学者在有组织犯罪概念的界定上做了许多尝试,以期能够揭示有组织犯罪的实质内涵。

俄罗斯法学界在有组织犯罪概念的界定方面存在两个维度,即犯罪学维度和纯法学维度。有组织犯罪的犯罪学概念主要揭示这一现象的社会本质和特征,而法学概念则侧重于它的形式要件阐释,以便于司法实践中的可操作性。此外,有组织犯罪法学概念的突出特点还体现为它的程式化、简洁性以及重法律层面的属性。[1] 基于此,俄罗斯许多研究有组织犯罪的专家认为,只有从犯罪学意义的角度出发,才能准确地定义有组织犯罪的概念。

20世纪70年代,随着贪利性经济犯罪在苏联的迅速蔓延,有组织犯罪逐渐被人们所熟知,而这些犯罪的发生多体现为对党政机关、经济部门以及国家强力机关工作人员的贿买。[2] 当时的苏联在法律上并不承认有组织犯罪的存在,然而事实上这种社会现象已存在了20多年,并且在20世纪80年代末已形成一定的规模,苏联当局已不得不开始正视这一社会不法现象。20世纪八九十年代之交,俄罗斯法学文献中所使用的"有组织犯罪"概念具有不同的含义,通常将有组织犯罪看作是一种社会现象、犯罪集团、关系体系以及一定的活动形式等。

苏联学者叶梅里扬诺夫(А. С. Емельянов)曾指出,有组织犯罪已经深入渗透到社会生活和社会关系各个层面,就其当时所达到的犯罪关系水平与规模而言,则绝对不仅仅具有局部性质,而是远远超越了地区的限度。[3] 持类似观点的还有安东尼亚恩(Ю. М. Антонян),他的

---

[1] См. Христюк А. А. Понятие и признаки организованной преступности. Организованная преступная деятельность. //Вестник Томского государственного университета. 2010. № 335. С. 109 – 112.

[2] См. Криминология. Учебник для ВУЗов (под ред. Малкова В. Д.)./ Юстицинформ. М., 2006. С. 402.

[3] См. Емельянов А. С. Понятие организованной преступности и проблемы борьбы с ней//Вопросы организованной преступности и борьбы с ней. М., 1993. С. 14.

研究成果表明,有组织犯罪往往以吸纳不同的社会团体和阶层为其存在的先决条件,这必然会引发腐败现象的蔓延以及犯罪资本的不断增加与周转。① 俄罗斯著名的有组织犯罪研究专家鲁涅耶夫(В. В. Лунеев)也认为,有组织犯罪从根本上讲是社会活动的结果,其最终目的是追逐利润、收入以及各种物质性利益,这便决定了其必然伴随着违法犯罪活动的实施。②

前述学者的立场表明,20世纪末苏联时代的学界一般将有组织犯罪看成为主要以攫取物质利益为目的的各犯罪组织的"联盟式"犯罪活动。

应当指出的是,俄罗斯目前生效的立法中并没有关于有组织犯罪概念的法定定义,只是针对有组织犯罪的不同表现形式规定了相应的刑事责任。这充分表明有组织犯罪的实质内涵是随着时代更替和国家政治和社会、经济环境的改变而不断变化的,并且不同时代会赋予有组织犯罪各种不同的特征。这种动态特性加大了为有组织犯罪下一个全面、统一定义的难度。因此,俄罗斯当代刑法学界对于有组织犯罪概念的理解呈现出各种不同的观点。

阿格里金(В. В. Агильдин)在研究有组织犯罪概念的过程中,赋予有组织犯罪这样一些特征:(1)善于自我保护;(2)犯罪组织(团伙)或者几个类似组织之间具有很强的(秘密)凝聚力;(3)从非法经营活动或者合法经营活动中攫取利润,但此过程中伴有违法犯罪因素;(4)使用暴力或者以使用暴力相威胁的手段控制市场的相应领域。③

古罗夫(А. И. Гуров)则将有组织犯罪界定为社会不法现象,他指出,对于犯罪团伙和犯罪集团而言,有组织犯罪活动实质上是一种附条件的生意(行业),其存在的基础便是实施犯罪。有组织犯罪活动之所以能够常盛不衰,其中最重要的一个因素便是它善于借助于腐败分子

---

① См. Антонян Ю. М., Пахомов В. Д. Организованная преступность и борьба с ней//Советское государство и право 1989. №7. С. 65 - 74.

② См. Лунеев В. В. Организованная преступность в России: осознание, истоки, тенденции//Государство и право, 1996. № 4.

③ См. Агильдин В. В. Организованная преступность: понятие, признаки, вопросы, требующие разрешения//Криминологический журнал Байкальского государственного университета экономики и права. Иркутск. 2013., № 3. С. 50 - 55.

的庇护而成功逃避社会监管。① 波别加伊洛(Э. Ф. Побегайло)是前述立场的支持者,认为,一些犯罪集团不可避免地会衍生出另外一些较为固定的犯罪组织。② 俄罗斯犯罪学协会会长多尔果娃(А. И. Долгова)根据前面两位学者的观点进一步强调,有组织犯罪是犯罪有序性的最高表现形式。③

马尔科夫(В. Д. Малков)则从另外一角度研究有组织犯罪,他认为有组织犯罪的根本属性主要体现为两个方面:一是有组织及其成员;二是一定时期内在一定领域内实施的有组织犯罪的总和,其所实施的有组织犯罪通常为重罪和特别重罪。④

相比较而言,俄学者赫利斯求克(А. А. Христюк)关于有组织犯罪概念的界定则更加全面,他认为有组织犯罪是为攫取高额收入并使这些犯罪收入合法化的犯罪活动(某种情况下也表现为非犯罪性质活动),是具有严格等级制度的犯罪组织,这些犯罪组织利用腐败关系达成自己的预期目的,并且通过自身机制的运作消解任何形式的社会监管,从而具有最高程度的潜隐性。⑤

俄罗斯当代学界以及法学文献中关于有组织犯罪概念的界定存在诸多观点是完全合规律的现象,因为有组织犯罪与普通犯罪一样,都是基于社会发展过程中所发生的经济、政治以及社会生活领域的冲突而产生的复杂社会现象。因此,有组织犯罪是一种具有自身独特发展规律的独立现象,其属性、特征必然随着社会中所发生的各种变革而发生变化。可以说,有些社会变革的发生往往是有组织犯罪与社会之间互动的结果。

---

① См. Гуров А. И. Организованная преступность — не миф, а реальность. М., 1990. С. 19.

② См. Побегайло Э. Ф. Тенденции современной преступности и совершен¬ствование уголовно-правовой борьбы с нею. М., 1990. С. 17.

③ См. Криминология. Учебник для ВУЗов (под ред. А. И. Долговой). /Норма. М., 2005. С. 501.

④ См. Криминология. Учебник для ВУЗов (под ред. В. Д. Малкова). /Юстицинформ. М., 2006. С. 406.

⑤ См. Христюк А. А. Понятие и признаки организованной преступности. Организованная преступная деятельность. //Вестник Томского государственного университета. 2010. № 335. С. 109 – 112.

(二) 有组织犯罪的特征

1. 组织性

俄罗斯著名的有组织犯罪研究专家鲁涅耶夫(В. В. Лунеев)认为,有组织犯罪的最主要特征是它的组织性。[1] 与此同时,俄学界按照有组织犯罪活动的组织性程度将其划分为由低到高三个层级。

第一层级(最低层次)有组织犯罪具备以下特征:犯罪实施的主体是组织稳定的犯罪团伙(преступные группы);这些团伙的行为带有故意属性;没有复杂的建构和严密的等级;尚不具备组织者与实行犯之间的角色分工。此类犯罪团伙的特点主要体现为:组织管理水平比较粗陋;利益与目的的共同性;存在功能分工,但没有独立的管理部门;存在明确的社会角色定位,以便进行有计划犯罪;每个团伙成员占有相应的利润份额,但份额多寡取决于其社会地位的变化;团伙成员之间存在直接、稳固的正式或非正式的人身依附关系;成员数量为3人至几十人不等;领导者的号令一般不经过中间环节而直接到达执行者(实行犯);具有团伙成员行为范例以及团伙亚文化和惩罚措施体系;犯罪职业化水平不高;没有严格的团伙成员资格制度以及从低级团伙过渡到高级团伙的可能性;旨在实施系列独立的、相对互不依赖的犯罪;犯罪活动领域呈专业化样态;没有或较少伴有腐败因素。

第二层级(中级,过渡期)有组织犯罪特征的界定上存在着一定的分歧,根据多数学者意见,此层级有组织犯罪呈现出以下共性特征:此层级有组织犯罪是向更危险犯罪组织层次过渡阶段的犯罪团体(преступные группировки);具有较高程度的犯罪分工细化机制;犯罪团体内部具有明确的角色分工和等级制度;与执法部门和政府内部的腐败分子勾结,构建腐败关系网;犯罪组织成员数量众多(达几十人);在首要分子与实行犯之间存在中间环节,即犯罪组织内部结构已达到一定的系统化程度;具有控制某个地域或者一定行业领域的功能;某些犯罪活动类型已呈现多样化和专业化特点(比如抢劫、诈骗、毒品犯罪、敲诈勒索等)。

另外一些俄罗斯有组织犯罪研究专家将第二层级的有组织犯罪定

---

[1] Лунеев В. В. Преступность XX века. М., 1999. С. 287.

义为犯罪组织(преступные организации)。① 他们认为,犯罪组织是比较高级的犯罪联合体,其特点是犯罪组织的领导层具有独立管理功能,并且存在严格从属关系的等级结构。在此类犯罪联合体中,其成员地位取决于他们各自履行的功能,并且成员之间的关系主要体现为间接性质,因此,犯罪组织中成员具有严格的资格划分,成员数量在几百至几千人左右,同时限制本犯罪组织成员转入其他犯罪组织。虽然在这样的犯罪组织中各成员具有共同的目的性,但犯罪组织领导者的真实犯罪意图远不是所有成员都知晓的。

第三层级的有组织犯罪与前两级相比具有质的差别,主要体现为犯罪圈的联合以及犯罪组织头目之间的联手。此层级有组织犯罪的组织结构为犯罪集团(преступные сообщества),每个犯罪集团包含若干犯罪团体(преступные группировки)。根据《俄罗斯联邦刑法典》第210条规定"组建犯罪集团(犯罪组织)罪"的罪名设置,可以得出俄刑事立法将犯罪集团与犯罪组织视为两个可以同等适用的概念。相应地,俄犯罪学家们也将前述两个定义释义为两个单个独立的、可以等同适用的有组织犯罪结构。

有组织犯罪分子联合组成犯罪集团,其规模范围可能是俄罗斯联邦的某个大型城市、某个联邦主体或者某一地区,甚至某些犯罪集团的势力会扩张至几个联邦主体、全国范围以及独联体国家或其他国家。因此,犯罪集团是若干犯罪团体和(或)犯罪团伙的联合体,由各个犯罪组织中的头目组成犯罪集团的领导机构。相应地,此层级有组织犯罪与前两个层级的有组织犯罪之间是相互联系的,但在犯罪集团内部,其组织和领导功能已经与直接参与具体犯罪行为的实施之间完全分割开来。犯罪圈的首领们作为有组织犯罪的高级阶层,主要负责协调自己组织的力量,在共同制定的行为总路线与互相协助的基础上进行合作。

第三层级有组织犯罪的主要特征体现为:上下级服从关系的严格纪律;拥有自己的法令与相应的制裁规范;具有实现集团共同任务的,体现为基金、不动产形式的金融资本;拥有高水平技术装备;具备广泛

---

① Организованная преступность: тенденции, перспективы борьбы/под ред. В. А. Номоконова. Владивосток, 1999. С. 51 – 52.

的信息来源渠道,据此得以占有既安全又有利可图的活动领域;应用专业的、高技术工艺的侦查与反侦查手段;活动的秘密特性;具备牵制各类社会监控的成熟机制。

2. 贪利特性

俄罗斯有组织犯罪的另一个主要特征是其活动的贪利特性。如前所述,任何犯罪组织活动的关键目的不仅仅是攫取利润,而是攫取高额利润。根据俄司法实践部门的数据,有90%的有组织犯罪活动皆具有贪利性。有组织犯罪的财富积累路径主要体现为提供非法服务和商品或者以非法形式提供合法的服务和商品。① 俄罗斯犯罪学领域的专家也指出,虽然俄有组织犯罪活动涉及的领域广泛、形式多样,但最主要的犯罪类型均是贪利性犯罪,其他犯罪活动种类只是为达到攫取高额利润与经济利益目的的辅助手段而已。俄有组织犯罪专家还强调,俄有组织犯罪统计存在很高的犯罪黑数状况,并且有组织犯罪活动广泛地渗透到合法经营领域,因此,根本无法准确估算有组织犯罪活动所造成的负面经济后果。根据俄有组织犯罪研究专家的通说观点,俄有组织犯罪的收入可以与许多国家的国民生产总值相比肩。

3. 与政府官员之间的腐败联系

俄有组织犯罪的第三个主要特征是与政府官员之间的腐败联系。俄罗斯的腐败现象具有体系化、规模化特点。俄犯罪学家一致认为,俄有组织犯罪与腐败之间存在着直接依附关系,表现为:犯罪活动总是拥有较大的利润空间;因缺乏应有的监督而使得侦查不得不带有秘密性质;公职人员与犯罪集团成员之间存在紧密的债务互动关系;等等。腐败因素在俄有组织犯罪活动中起着重要作用,犯罪组织正是依靠司法机关、各级政府部门、执法机构以及各种国家机关内部的腐败关系而成功地躲过社会监督而自保,并由此而获取他们想要的任何信息,包括商业领域、政府部门、法律领域以及其他领域的信息。

二、俄罗斯有组织犯罪的企业化路径

俄罗斯学界普遍认为,有组织犯罪的突出特征体现为其违法犯罪

---

① Карягина О. В., Колычев Р. А. Проблемы квалификации преступлений о рейдерских захватах собственности//Безопасность бизнеса. 2010. № 4. С. 13.

行为的全球化态势和浓厚的贪利特性,以及积极攫取高额利润的活动趋向。[1] 当代俄有组织犯罪除了从事传统型犯罪活动(贩卖武器、金融欺诈、毒品生意、敲诈勒索、盗窃汽车、走私等)以外,还充分利用与腐败官员之间的利益勾结而逐步渗透到合法生意领域。这不仅扩展了有组织犯罪的活动领域,还使得犯罪组织通过犯罪途径攫取的财富投入到正当行业进行洗白,并由此而开启了俄罗斯"有组织犯罪—腐败—影子经济"三位一体的企业化路径。

(一) 俄罗斯社会的影子经济与腐败

1. 影子经济迅猛发展的原因及其特征

任何国家的产生都会与影子经济相伴相随,而影子经济的存在本身便是对"社会契约"精神的公然违背。影子经济是指非法不纳税的经营活动,或者是带有犯罪性质的经营活动。影子经济现象的大量存在与迅猛发展,主要是由前工业社会向新时代工业社会转型及之后所兴起的经济全球化所引起的。

苏联时期的影子经济并不发达,而之后在俄罗斯联邦所进行的市场化改革却给影子经济的滋生与蔓延提供了合适的环境。可以说,影子经济在俄罗斯当代经济发展中起着举足轻重的作用。综合俄罗斯学者的观点,俄罗斯影子经济之所以得以迅猛发展,其主要原因有三:经济方面的原因;法律方面的原因;社会政治原因。

(1) 经济领域因素。苏联解体向当代俄罗斯联邦过渡时期,其国民经济体系崩塌、合作关系中断、拖欠缴款、商品滞销和短缺、易货贸易大量存在、大规模侵吞公共财产;巨额财政赤字、金融体系崩溃、极度通货膨胀、金字塔式的政府借贷;政府高层巨额财富背景下广大人民的贫困;取消对经济和金融领域的行政领导与监督机制;增加税赋(几乎达到其国民生产总值的50%);1990年进行的经济体制改革的决策失误(首先体现为在垄断经济条件下实行价格自由化、外贸经济活动自由化以及大力推进"免费"式的私有化进程);过度压制生产者、经营者的税收政策,这种税收政策成为影响生产活动的变幻无常且不可预测的因素。

---

[1] Алексеев А. И., Герасимов С. И., Сухарев А. Я. Криминологическая профилактика: теория, опыт, проблемы. М., 2001. С. 363.

（2）法律因素。原有的执法体系被颠覆;通过腐败途径操纵立法机关为影子经济的利益服务;公民当中法律虚无主义开始盛行。

（3）社会政治因素。社会主义体制崩溃后,俄罗斯社会缺乏正确的意识形态导向;社会分层;形成恣意妄为的世界观;出现双重道德标准的信仰;为了个体利益而向政府公开宣战;把政府看成是万恶之源;国家机关过度干涉经济;经济犯罪化;政府官员与犯罪分子在商业领域互相勾结。[1]

"影子经济"的实质是它的"不可见性"。根据联合国相关文件的界定,影子经济活动主要有三种类型:一是隐蔽性,即属法律许可范围,但其活动未纳入官方正式统计范畴;二是非正式性,即立法上许可,但非官方机构统计范畴或者其活动处于正式机制和关系之外;三是不法性,即属于法律上禁止的活动,或者是不具备特许资格的隐蔽活动（此类影子经济活动属犯罪活动或其他违法活动范畴）。

影子经济的基本特征主要体现为以下几个方面:

（1）普遍性。影子经济是所有国家所固有的现象,无论国家经济发展程度如何,也不论属于哪一种类型的社会经济制度。当然,影子经济在不同国家中的蔓延程度与规模各不相同。[2]

（2）整体性。影子经济是某种经济活动不法特征的总和,或者称之为某种经济关系的总和。

（3）组织性。影子经济内部保持着稳定的联系与关系,以保证其整体性与同一性,即在面对各种内部与外部变化的情况下,能够保证其基本属性不变。

（4）等级性。影子经济作为一个整体,其各组成部分及构成要素按照从高至低的顺序分成不同的等级。影子经济的等级结构体现为各部分之间的多样性联系,其最显著的特征是各不同部分、要素之间的协调关系与从属关系。应当说,影子经济不仅体现为等级性结构,而且更多的是一种网状运作结构体系。

（5）自体组织性与不间断发展特质,同时有机地附着于世界经济

---

[1] Экономическая безопасность. Производство — финансы — банки/под ред. В. К. Сенчагова. М. ,1988.

[2] Голованов Н. М. , Перекислов В. Е. ,Фадеев В. А. Теневая экономика и легализация преступных доходов. СПб. , 2003. С. 24.

关系体系内。影子经济在极短时间内便能适应外部力量的影响,不断发展壮大并且遵循普遍适用的经济原则,同时还能与其生存的外部环境之间保持特有的协调与平衡关系。

（6）影子经济活动具有针对性,并且拥有其特有的内部运作机制。主要体现为其具有普遍适用之目的,以及典型方式与手段。这里主要指那些危害性较大的影子经济类型,即不法型影子经济或犯罪型影子经济。

（7）影子经济具有两个相互矛盾的基本属性——建设性与破坏性,其建设性属性是指其生产领域机能,而破坏性属性是指它的犯罪特质。

由此可见,要想彻底消灭影子经济,几乎是不可能的。那么,各国政府为了达到对影子经济进行有效规制的目的,就必须通过国家各级机关的力量,将那些阻碍社会进步发展,并且对整个社会产生恶劣影响的、具有严重社会危害性的影子经济实体与个人置于社会监督之下。与此同时,为了保证国家经济安全,还必须正确处理影子经济与整体国民经济之间的相互关系。

2. 影子经济与腐败关系

影子经济滋生腐败,腐败反过来又为影子经济的"繁荣"奠定基础。原因与结果、目的与手段在这里彼此纠缠交错,从而形成一个封闭式的恶性循环怪圈。首先,在国家政权体制与管理机制均被腐败侵蚀的背景下,影子经济得以大规模地存在与发展。其次,影子经济无孔不入,即在其有利可图的所有政治与经济领域建立腐败关系。此外,腐败使影子经济得以在暗处进行不法经营,同时还为新型影子经济的形成创造适宜条件。可以说,影子经济是腐败的财源基础,腐败是影子经济的渔利后台。

腐败不仅威胁国家的存亡,而且还严重阻碍着人民生活水平的提高与经济的发展。俄罗斯社会腐败现象的蔓延已经成为引进外国投资和向俄罗斯工业引入现代工艺的主要障碍之一,同时,腐败现象的大量存在也有损于俄罗斯的国际声誉。

腐败对于俄罗斯国民经济与社会发展产生了非常不利的影响。腐败所产生的公认的不利社会后果,当是它导致社会公平正义的缺失,即由于腐败的存在,使得大部分公司、企业得不到公平竞争的机会,同时也导致公民收入分配的严重失衡。事实上,通常情况下,能够出得起巨额贿赂的往往不是最有竞争力的合法公司,而是那些采取不正当竞争手段的不法公司,乃至那些从事犯罪活动的"集团公司",其结果自然是那些受贿者与行贿者赚得钵满盆满,而最终的受害者则是那些遵纪守法的公民。

腐败所导致的最直接的后果是促使社会向着犯罪化的方向发展。腐败官员与企业主们相互勾结,必然助长有组织犯罪的嚣张气焰,而不断发展、壮大的有组织犯罪集团在从事洗钱等一系列犯罪活动的同时,还将其势力扩张至国家的政权层面。[①] 腐败所导致的所有这些不利后果必然有损俄罗斯公民对政府的信任,破坏国家制度存在的合目的性,阻碍俄罗斯当下社会变革的正常步伐,加剧俄罗斯社会紧张程度,损害俄罗斯国家在国际社会的威望。

俄罗斯影子经济领域内的大企业部门的生产与经营规模,取决于俄国家正规企业的生产经营活动,这些企业的领导层直接决定影子经济的质量与数量规模。影子经济大企业部门的特点在于,它可以涉足于不同行业和不同所有权形式的生产经营活动。这样的企业首当其冲的任务,是要随时保证管理的稳定性,而不是保证对于股东和国家所肩负的义务和责任的履行。影子经济中的大企业逃税的手段更加高明,有的企业利用相关政府部门官员的腐败,甚至可以全额逃税,此种影子经济企业往往以开放式服务公司的形式出现。[②]

影子经济虽然并非俄罗斯小企业所特有的现象,但小企业在俄罗斯经济中所处的地位,决定了它们要谋求发展,就必须想方设法跻身于影子经济行列。其中的最主要原因,是国家税收负担不断加重,国家整体经济形势又具有很多的不确定性,而小企业要谋求发展,就必须理顺与犯罪组织和官僚机构之间的关系。小企业自身财力有限,不足以自我保护,因此,它们自然而然地要寻求犯罪组织的保护("蓝色保护

[①] Звягин А. А. Факторы роста коррупции и тене-вой экономики, взаимосвязь коррупции и теневой экономики//Материалы Всероссийской научной конфе-ренции. Москва, 6 июня 2007 г. М. , 2007. С. 234.

[②] См. : Богуславский В. Н. , Архипов А. Ю. Структура и функции секторов теневой экономики и социально-психологические предпосылки участия в ней//Материалы Всероссийской научной конференции. Москва, 6 июня 2007 г. М. , 2007. С. 326.

伞")。俄罗斯的经济主体(既包括法人,也包括自然人)为了避免额外税赋所带来的过重负担,往往采取各种手段和路径逃避税收。① 当下俄罗斯企业逃税的最常见方式就是隐瞒其生产经营活动的实际状态,将企业变成影子经济。俄罗斯小企业转向影子经济范畴的主要原因可以概括为:严苛的税赋压力;结算方式的多样性(现金结算、易货等);租赁关系的行政性质(不动产市场不发达);等等。根据部分俄罗斯专家的推测,目前,俄罗斯小企业30%—40%的产品与服务份额属于影子经济范畴。②

综上所述,可以得出结论,腐败是俄罗斯影子经济的主要链条之一,腐败官员利用手中的权力在影子经济运作模式下获取私利,损害国家与普通公民的应然利益。

(二)有组织犯罪、影子经济、腐败三位一体的企业化路径

俄罗斯经济领域的有组织犯罪与腐败之间存在着千丝万缕的联系,即"有组织犯罪—影子经济—腐败"三位一体威胁着俄罗斯国家的经济安全。换言之,此种威胁正是源于那些拥有腐败关系网的"人物"以有组织的形式所实施的经济犯罪。犯罪组织成员通过建立最新型的违法犯罪模式(即影子经济)攫取超额利润,因此"犯罪—腐败"威胁的社会危害性极大。可见,俄罗斯"犯罪—腐败"威胁主要体现为伴有腐败因素的"有组织经济犯罪"(организованная экономическая преступность)。此类犯罪的特征主要体现为以下几个方面:

(1)犯罪组织拥有强大的物质基础——影子经济(犯罪攫取资本的领域);

(2)"影子预算"中的财物与其他支出一起通常用于"供养"官员和贿买当局,此外,还有一部分投入到执法部门,用以牵制执法部门的活动;

(3)拥有稳定的犯罪组织体,这些犯罪组织共同追逐的唯一目的,即增加犯罪收入并且利用这些犯罪所得对政权当局施加影响。因此,这些犯罪组织经常会在那些守法经营的经济主体面前炫耀自己的"优

---

① Нестерова Н. В. Теневая экономика и уклонение от уплаты налогов//Управление экономическими системами. Киров, 2008. № 1 (13). URL: http://uecs.mcnip.ru.

② Степичева О. А. Развитие механизмов регулирования теневой экономики в России: дис. ... д-ра экон. наук. Тамбов, 2007.

势"。有俄罗斯学者将此类犯罪组织体称为"经济—犯罪系统"（экономическо-криминальная система）。[①]

（4）经济领域有组织犯罪的政治化。积累了巨额资本的犯罪组织首领极力想将自己的势力扩张至国家政治圈，他们为此通过贿买当局的路径将"自己人"推选为各级各类代表的候选人，以便后续在各级政府部门为自身利益进行院外游说。这样，便形成了伴随政权当局犯罪化的经济犯罪化现象的衍生与蔓延。

（5）为追逐超额利润而想方设法"执掌"最有效运行的经济部门。犯罪组织往往通过最有效手段——即腐败官员来达到其既定目的。

（6）有组织经济犯罪领域呈现出借助计算机手段转向高技术领域犯罪的趋势。

影子经济实体在俄罗斯市场变革条件下，在短时间内积累了雄厚的经济基础，同时依仗其对国家财政预算体系和城建经济领域的掌控而继续扩张。"犯罪—腐败"威胁是一个由诸多彼此之间相互联系的要素构成的系统机制，此种威胁的形成主要由俄罗斯社会存在的内部和外部两类因素所促成。

内部因素体现为：拥有势力范围和犯罪性质（或半犯罪性质）的专业化特征；犯罪组织内部成员之间有明确的角色分工和严格的等级制度；团伙成员（包括腐败官员）之间建有成熟的联系机制；[②]拥有犯罪组织公产（资金储备）。

外部因素主要涉及以下方面：（1）俄罗斯诸多经济领域被有组织犯罪所掌控，其中包括城建和预算部门、信贷体系；国防工业、能源燃料、林业和农业综合体；住宅和公共设施领域；采矿和水产品加工以及酒类产品的加工与售卖等；（2）犯罪组织首领和骨干成员开办自己的"事业"，以便将其犯罪所得合法化（洗钱）；（3）将犯罪所积聚的巨额财富通过各种途径转移至国外，即通过区域、国家之间的联

---

① Шегабудинов Р. Ш. Организованная экономическая преступность, сопряженная с коррупцией, — источник криминально-коррупционной угрозы//Вестник Московского университета МВД России. С. 134.

② 俄罗斯有组织犯罪研究专家鲁涅耶夫比较关注有组织犯罪与腐败之间关系问题的研究，他强调："俄罗斯有组织犯罪的特征是它的极端腐败特性，这种腐败实际上存在于所有政府机构。"参见：Лунеев В. В. Указ. соч. С. 613.

系以及国际联系的途径将犯罪所得非法转移海外;(4)犯罪组织掌控的经济实体设在海外,不受本国政府控管;(5)腐败官员(公职人员)工作的政府机关和管理机构与犯罪组织之间保持着犯罪联系;等等。①

这里不得不提的是,执掌影子经济的商人与犯罪组织成员、腐败官员之间利益交织,其目的、手段相互融通,从而结成俄罗斯境内与国外"犯罪伙伴"的同盟。这些犯罪同盟共同实施非法性质乃至犯罪性质的外贸交易与外币兑换活动,并且利用金融技术干扰国际支付体系,以达到控制现金或非现金形式的巨额财富。

伴有腐败因素的有组织经济犯罪之所以具有更严重社会危害性,主要是由于此种社会经济犯罪法律现象具有两个相互联系的特征:一是此种犯罪是"犯罪—腐败"威胁的主要来源之一。与此同时,"犯罪—腐败"威胁又是集内部与外部危险之源,从而引起犯罪的各类因素总和,它对俄罗斯经济的发展、国家财政政策的实现以及在国内营造良好投资环境等方面都会产生重要影响。当然,"犯罪—腐败"威胁所产生的负面影响远不止前述几种,这里仅着重提及其在经济领域的危害性。二是伴有腐败现象的经济领域有组织犯罪已然形成了一种"经济—犯罪系统"模式,这种系统模式主要指经济环境与社会现象各部分之间体现为互为关联的综合体。②

"经济—犯罪系统"模式的出现表明俄罗斯伴有腐败因素的经济领域有组织犯罪已然深入渗透于国家经济体系及各经济部门当中。"经济"(环境)和"有组织犯罪"(现象)作为两个相对独立的要素之间既紧密联系,又相互依存:经济领域内的犯罪现象直接体现为各种不同的具体犯罪构成,同时,经济体系及各经济部门又因为其内部存在着导致犯罪的因素,从而成为此类犯罪滋生的适宜环境。毋庸置疑,经济关系的犯罪化必然会对市场机制的发展和巩固造成实质阻碍。在此背景下,经济体自身竭力通过完善经济管理机制而试图摆脱犯罪影响,因此,他们不断采取措施扩张影子经济的规模。换言之,经济体本身想要

---

① Иванов П. И. О понятии «этническая организованная преступность в сфере экономики»//Оперативник (сыщик). 2013. № 2(35). C. 48 – 55.

② Барихин А. Б. Экономика и право: Энциклопедический словарь. М.,2000. C. 899.

摆脱其犯罪标签而成功洗白。

"经济—犯罪体系"的"经济"组成部分包括：

第一，在合法经营机构的掩护下从事犯罪活动。此种犯罪活动之所以能够得以实施，存在着诸多方面的原因，其中最主要的原因是：俄罗斯经济改革过程中加速经济发展的规模与方式无先例可循，从而导致其经济改革屡屡挫败，俄罗斯犯罪势力正是利用俄经济改革中的错误与监管缺失得以完成其资本的原始积累过程；（2）影子经济所得财富大量涌向需求较高的不动产、土地和黄金储备产品领域；（3）犯罪组织涉足金融活动领域，在信贷与非信贷担保体系内投入大量财力；（4）从税收中获利。

第二，"经济—犯罪体系"中的第二个构成部分为"犯罪"构成要素，其涵盖的违法行为有：（1）通过对所有权客体进行权利再分配的方式，扩张影子经济关系和犯罪经济关系的规模；（2）贪污和挪用那些用于国家优先发展项目、大型投资项目以及联邦（地区）特定规划项目的财政预算资金；（3）非法变现并通过非法途径将资本转移海外；（4）洗钱；（5）利用犯罪和影子经济所得维持与腐败官员（公职人员）之间的腐败联系。

俄罗斯学者将"经济—犯罪体系"模式看作是犯罪组织实施有组织活动的一种形式，在此种模式架构下，合法经济与影子经济相互交织成一个整体，其目的是为了非法攫取高额利润（收入）。[1] 此种"经济—犯罪体系"模式即是有组织犯罪的企业化路径的典型范式。

近年来，俄罗斯执法部门虽然采取了各种各样措施打击伴有腐败关系的经济领域的有组织犯罪现象，但效果并不理想，其中最主要原因是对于黑社会行为背后的腐败"保护伞"（俄学界称为"红色保护伞"）的取证异常艰难，犯罪分子和为其提供服务的腐败官员越来越善于掩盖他们之间的非法交易行为。[2] 与此同时，俄经济领域有组织犯罪水平不断提升，那些比较大型的犯罪组织都拥有自己的合法和准合法商业机构和组织，而这些商业组织反过来为犯罪组织的后续运行和

---

[1] Шегабудинов Р. Ш. Организованная экономическая преступность, сопряженная с коррупцией, — источник криминально-коррупционной угрозы//Вестник Московского университета МВД России. С. 136.

[2] Лунеев В. В. Указ. соч. С. 613.

扩大再生产提供坚实的经济基础。这样一来,国家财政预算机构和经济领域便成了犯罪组织所极力染指的重心。诸多具有犯罪属性的大型公司、企业得以建立和运行,严重影响着俄罗斯国家经济安全(见图1)。

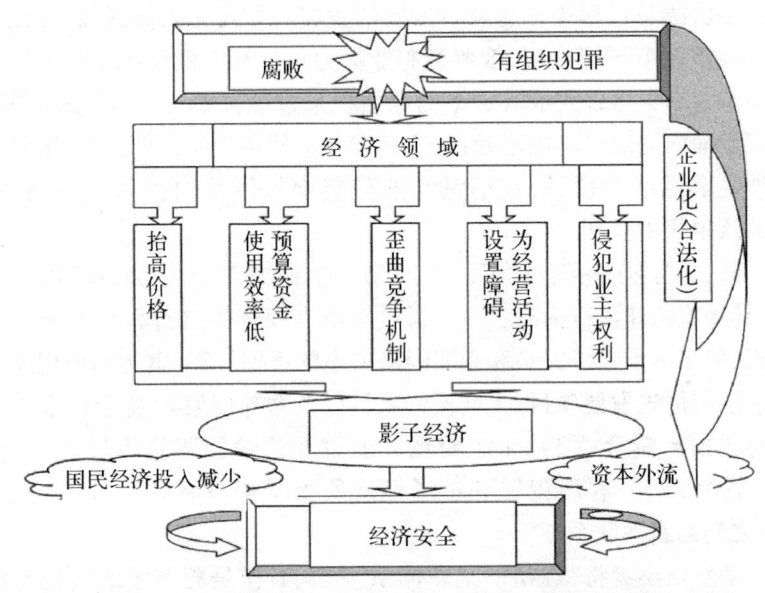

图1 有组织犯罪、腐败与影子经济三位一体影响国家经济安全示意图

综上所述,伴有腐败因素的有组织经济犯罪既是"犯罪—腐败威胁"的源头所在,同时又是一种与经济活动密切相关的"经济—犯罪机制",两者之间并非相互排斥,而是互相补充的关系,共同体现着俄罗斯经济领域有组织犯罪的内涵特征,即俄罗斯有组织犯罪企业化路径的运作模式。

三、俄罗斯打击有组织犯罪的对策

(一) 刑事法律政策

保护公民的权利与自由、保障法制与法秩序的稳定是任何国家的重要职能,此项职能通过执法活动予以实现,即国家在不同历史阶段根据当时的对内、对外政策决定其实现已知目的的具体形式、方法和路径。毋庸置疑,在打击犯罪领域的国家政策制定过程中,刑事政策具有特别重要的意义。根据俄学界通说观点,刑事政策(уголовная политика）是国家制定的,确定打击犯罪的基本方向、目标和路径的总路线。刑事政策需通过刑法、刑事诉讼法、刑事执行立法及其司法适用,以及制定和实施犯罪预防措施等方式予以实现。[1] 相应地,刑事法律政策（уголовно-правовая политика）属于刑事政策的一部分,主要是制定以刑法手段打击犯罪的基本任务、原则、方向和目的及其实现路径,体现为指令性文件、刑法规范、规范解释法案及其在司法实践中的适用。[2] 一般来说,刑事法律政策是通过社会危害行为的犯罪化和非犯罪化、刑罚化和非刑罚化的路径来实现的,同时也要考虑是否存在排除行为犯罪性的情节以及对犯罪后正面行为的鼓励因素。

目前,俄罗斯联邦正在逐步推进刑事政策自由化方针,其实施路径主要包括:将之前的俄刑法典中规定的某些犯罪行为予以非犯罪化处理,转为追究行为人的行政责任;取消了俄罗斯联邦刑法典分则某些条款规定的最低法定刑的限制;扩大适用非刑罚性质措施以及不与社会隔离的刑罚种类;增加可能终止刑事追诉的犯罪行为种类;等等。与此同时,加大了对有组织犯罪、恐怖主义犯罪、非法贩卖毒品和精神类药物罪以及腐败犯罪的处罚力度,针对这些犯罪的刑事法律政策更偏重于刑罚的惩罚性,这主要是基于其具有较严重的社会危害性与传播特性,有些犯罪还带有跨国性,因此,对此类犯罪人处以较重的、与社会相隔离的刑罚是符合现实需要的。

俄罗斯在打击有组织犯罪方面的惩罚性刑事法律政策主要是通过立法机关采取的犯罪化和刑罚化路径予以实现的。传统观点认为,俄罗斯打击有组织犯罪的刑事立法规定始于其1996年《俄罗斯联邦刑法》,因为此部刑法典设专门条款对组建犯罪集团的行为规定了相应的刑事责任,同时揭示了犯罪集团的特征要件。[3]

1996年《俄罗斯联邦刑法》实现了关于有组织犯罪活动以及犯罪

---

[1] Полный курс уголовного права: В 5 т./Под ред. А. И. Коробеева. Т. 1: Преступление и наказание. — СПб.: Юридический центр Пресс, 2008. С. 75.

[2] Сабитов Т. Р. Уголовно-правовая политика Российской Федерации и ее принципы //Вестник НГУ. Научный журнал. — 2007. — Т. 3: Вып. 1. С. 168.

[3] Агильдин В. В. Организованная преступность: понятие, признаки, вопросы, требующие разрешения//Криминологический журнал Байкальского государственного университета экономики и права. — 2013. — № 3 (25). С. 50.

组织实施行为犯罪化的规定,其犯罪化方式分为三类:(1)明确将组建、领导、参加有组织团伙或犯罪集团(犯罪组织)的行为规定为独立的罪名,比如组织和参加恐怖主义团体罪(第205.4条),组建或参加非法武装队伍罪(第208条),组建、领导、参加武装匪帮罪(第209条),组建极端主义团体罪(第283.1条)以及组织或参加犯罪集团(犯罪组织)罪(第210条)。(2)将"有组织团伙实施"要素规定为某些犯罪的加重责任构成要件或者特别加重责任构成要件。比如,《俄罗斯联邦刑法》第105条("杀人罪")第2款第7项规定的杀人的加重责任构成要件"团伙、有预谋团伙或有组织集团实施的……处8年以上20年以下的剥夺自由刑;或个人处以终身剥夺自由刑;或处死刑"。《俄罗斯联邦刑法》分则中,有100多个罪名把"团伙实施犯罪"规定为加重或特别加重责任构成要件。(3)把"有组织团伙或犯罪集团实施犯罪"规定为加重刑罚处罚的法定情节,即《俄罗斯联邦刑法》第63条("加重刑罚情节")第1款第3项规定的"参加团伙、有预谋团伙、有组织团伙或犯罪集团(犯罪组织)实施犯罪"。

俄罗斯打击有组织犯罪刑事法律政策实现的另外一种方式是加重有组织犯罪活动的刑罚处罚,即刑罚化路径。近年来,俄罗斯通过出台一系列联邦法律对规制有组织犯罪的某些犯罪构成的法定刑进行了相应的修订。例如,2014年5月5日第130号联邦法律对《俄罗斯联邦刑法》第205.4条第1款"组织和参加恐怖主义团体罪"的法定刑进行了补充规定,增加了终身剥夺自由的刑罚种类,同时将"非法组织或参加武装队伍罪"(第208条第1款)的法定刑从原来的"3—10年剥夺自由刑"提高至"8—15年剥夺自由刑"。相应地,近年来"组建、领导、参加武装匪帮罪"(第209条)、"组建极端主义团体罪"(第283.1条)以及"组织或参加犯罪集团(犯罪组织)罪"(第210条)的法定刑也呈加重趋势。

在刑事法律政策上对有组织犯罪实行加重刑罚处罚的高压手段,客观上必然迫使俄有组织犯罪分子采取相应的应对措施,即他们会更注重加强有组织犯罪活动的保密性、更精心地策划犯罪步骤以及掩盖罪行的手段,这无疑给刑事侦破工作增加了难度。为此,俄立法机关通过在前述罪名的罪状增加免除刑事责任和刑罚、自动终止犯罪等制度的规定,鼓励犯罪组织中那些不稳定的犯罪嫌疑人主动配合执法部门揭露犯罪组织的罪行,以利于有组织犯罪案件的侦破。

综上,俄罗斯联邦在打击有组织犯罪的刑事法律政策方面主要实行犯罪化和刑罚化手段加大对此类犯罪的打击力度,其犯罪化路径针对的是那些新型有组织犯罪活动;刑罚化主要是通过设置新刑种或者加重法定刑的方式予以实现。此外,还对那些自动中止犯罪的犯罪组织分子适用减轻或免除刑事责任的制度,以推动有组织犯罪活动的侦破进程。

(二) 审前合作协议制度

俄罗斯在打击有组织犯罪手段方面还有一个重要制度——审前合作协议制度,即 2009 年 6 月 29 日第 141 号联邦法律对《俄罗斯联邦刑法》和《刑事诉讼法》进行了修订,修订中的一项重要内容便是规定了"审前合作协议制度"(институт досудебного соглашения о сотрудничестве)。目前,此项制度规定在《俄罗斯联邦刑法》第 62 条第 2 款和《俄罗斯联邦刑事诉讼法》第 40.1 章。审前合作协议制度是指在法定程序框架内,执法机关以减轻刑罚处罚和提供相应国家保护措施为条件,吸引犯罪嫌疑人(被告人)参与犯罪的揭露和侦查,其适用的目的主要是为了提高与有组织犯罪和腐败犯罪作斗争的有效性。

俄罗斯近年来的司法实践证明,签订审前合作协议是打击有组织犯罪的有效措施之一。审前合作协议制度在俄司法实务中的操作流程一般体现为:受保护方(犯罪嫌疑人、被告人)提供信息并协助检方侦破犯罪,检方则根据《俄罗斯联邦刑事诉讼法》第 317.5 条的规定,对其适用特别庭审程序和承诺减轻刑罚的条件。如果嫌疑人提供的信息是虚假的或者对侦查工作毫无意义,抑或被告人拒绝履行合作协议中规定的义务,则公诉方有权拒绝履行协议所规定的承诺条件。简言之,审前合作协议虽然具有双方协议的属性,但公诉方明显占有主动地位,因此,有组织犯罪案件的侦查人员都极力创造条件促成审前合作协议的达成,以此敦促犯罪嫌疑人和被告人积极作证和(或)协助犯罪侦破活动。

多数情况下,犯罪集团成员不仅知晓集团的参加人情况,而且也掌握组织者、领导者及其所实施犯罪活动的相关信息,而侦查人员要辨别这些信息的真伪则不是一件简单的事,因此,有必要与犯罪集团成员签

订审前合作协议,以便于犯罪集团组织的侦破。① 俄罗斯司法实务中签订审前合作协议的情况可以分为以下几种:

(1) 与有证据证明其已实施某种可能被法院判处剥夺自由刑的犯罪组织成员签订审前合作协议。此犯罪嫌疑人(被告人)所犯罪行可以与犯罪组织活动无关,但行为人应当确信自己一定会判处刑罚的情况;或者与其他刑事案件的被告人签订审前合作协议,虽然此被告人并非犯罪组织成员,但他却掌握有关犯罪组织的重要信息。比如,被告人因其实施了与犯罪组织活动无关的杀人罪或其他重罪或特别重罪,但他之前给犯罪组织的头目当过司机,因此而掌握侦查所需要的有关犯罪组织活动和犯罪成员的必要信息。如果前述犯罪嫌疑人(被告人)还有需要抚养的幼年或未成年子女、良好的生活条件、稳定且高薪的工作,则更容易与之达成审前合作协议。

(2) 根据《俄罗斯联邦刑法》第62条第2款的规定:"在具备减轻情节……并且没有加重情节而签订审前合作协议的情形下,刑罚的期限和数额不能超过最重刑种的最高期限或数额的1/2。"由此可见,此条款规定排除了对于那些签有审前合作协议,但同时具有加重情节的行为人的适用,因此,缩小了审前合作协议的范围。基于此,俄罗斯联邦最高法院后来以全体会议决议的方式阐明,在被告人积极协助团伙犯罪侦破的情况下,法院有权适用《俄罗斯联邦刑法》第64条的"减轻刑罚"规定,其中包括具有加重情节的情况。② 为了便于司法操作,有学者提出应当删除前述第62条第2款中"并且没有加重情节"的规定。

(3) 俄罗斯的犯罪集团大多聘有自己的专门律师,这些律师不仅为处于预备侦查阶段和法庭审判中的集团成员进行辩护,而且有些律师本人也参与集团的犯罪活动。因此,在这种情形下,犯罪嫌疑人(被

---

① Коловоротный А. А. Тактические особенности допроса подозреваемых и обвиняемых при расследовании преступлений, совершенных организованными преступными группами/ А. А. Коловоротный// Современные гуманитарные проблемы: Сборник научных трудов. Вып. 12. — Волгоград: ВА МВД России, 2010. C. 34 – 41.

② Прыткова Е. В. Обеспечение безопасности подозреваемого (обвиняемого), заключившего досудебное соглашение о сотрудничестве, на стадии предварительного расследования: уголовно-процессуальные и тактико-криминалистические аспекты: дис. ... канд. юрид. наук. СПб., 2015.

告人）在签订审前协议时不应当让前述身份的辩护人在场，而应当建议当事人另外聘请与犯罪集团没有关系的其他辩护人参与审前协议的签订。

（4）在某些情况下，犯罪嫌疑人（被告人）同意签订审前合作协议的目的并非是为了协助犯罪的侦破，而是为了犯罪集团的利益提供伪证以扰乱侦查人员的视线。俄司法实践中，即使对当事人的作证有所怀疑，也会与之签订审前合作协议，因为此种合作协议可以因证据瑕疵而在预备侦查阶段随时予以终止，况且当事人为了证明自己履行协议条件可能也会提供某些真实的犯罪和犯罪人线索，即使这些线索与犯罪集团活动无关。此外，通过签订合作协议，不仅可以理顺与当事人之间的关系，而且还可能从中获取与犯罪集团活动相关联的蛛丝马迹。

（5）在审查审前合作协议签订申请时，侦查人员应当初步核实犯罪嫌疑人（被告人）是否真的掌握侦查所需的必要信息，同时应当预判当事人是否能够真正履行协议条件，从而决定有无签订合作协议的必要。

可见，审前合作协议制度是俄罗斯联邦打击有组织犯罪的有效措施之一，是俄司法实践中侦破大型犯罪集团案件过程中经常适用的一种办案手段，可以为我国打击黑社会性质组织犯罪的策略构建方面提供借鉴。

（三）组建打击有组织犯罪活动的专门机构

20世纪90年代初苏联解体后，俄罗斯联邦政府出台了一系列组织决议，旨在组建打击有组织犯罪的专门机构，以便有效地打击有组织犯罪活动。1992年10月8日颁布了"关于保护公民权利、法秩序和加强与有组织犯罪作斗争"的俄罗斯联邦总统令；为贯彻实施总统令，1992年11月29日出台了"关于保障与有组织犯罪作斗争的组织措施"俄罗斯联邦政府决议。[①] 两个文件颁布实施后，俄罗斯联邦内务机关的编制人数增加了2万人，并且国家为此增加了很大一笔财政投入，以保障打击有组织犯罪活动的顺利进行。此外，还组建了俄罗斯联邦内务部所属的"有组织犯罪问题总局"，1998年改为"俄罗斯联邦内务

---

① Собрание актов Президента и Правительства Российской Федерации. 1992. № 15. С. 1157.

部打击有组织犯罪总局",同时在俄罗斯联邦所属的共和国、边疆区和各州分别设立了地区分局。这些专门机构设立的主要任务是：遏制犯罪集团、匪帮和有组织团伙的活动；制止对犯罪组织的资助；揭露公职人员和政府机构对犯罪集团利益的庇护并追究相关人员的责任；侦破有组织犯罪实施的贩卖人口、绑架、劫持人质、诈骗以及倒卖武器、弹药等普通刑事犯罪；侦破有组织团伙和犯罪集团实施的经济领域犯罪。为了给打击有组织犯罪专门机构提供强有力保障，还组建了专业的"快速反应行动队"，为其配备了最现代的武器装备和交通工具。

1994年6月14日颁布的"关于保护居民免受匪帮和其他有组织犯罪侵害紧急措施"的俄罗斯联邦第1226号总统令，标志着俄罗斯打击有组织犯罪进入一个特殊阶段。根据此总统令的规定，打击匪帮及其他有组织犯罪的紧急措施机制付诸实施。其中规定，如果具备足够材料证明某人是具有实施重罪嫌疑的匪帮或有组织犯罪团伙的成员，则在征得检察机关同意的前提下，可以在提起公诉前对某些事实予以鉴定，其鉴定结果可以用作此刑事案件的证据。鉴定内容不仅包括犯罪嫌疑人本人的金融经济活动情况、财产和财政状况，而且还涉及嫌疑人的亲属以及近5年与嫌疑人共同生活的人的财政经济情况；此外，被鉴定的对象还包括犯罪嫌疑人能够支配和使用的财产、财物或所属的自然人、法人和其他社会组织。与此同时，对于此类犯罪的犯罪嫌疑人和被告人可以直接适用禁止外出、提供个人担保、社会组织担保和保证金等强制措施，此类犯罪嫌疑人的拘留期限可以延长至30天。此外，检察机关、内务机构、侦查部门以及税务机关要想获取前述个人或单位的金融和商业秘密并不会有什么阻碍，因为在这些职能部门里都按照既定程序保存有关于参与匪帮袭击和其他严重有组织犯罪人员的存款与账户业务的信息与文件。此外，内务机构和侦查机关还被赋予了搜查企业、机关和其他组织所有的楼宇、场地的权力（无论是哪种所有权性质），以及查阅记载活动情况的文件、检查运输工具、司机和乘客的权力。可见，当时为了有效打击有组织犯罪，俄罗斯当局赋予打击有组织犯罪的专门机构和侦查此类刑事案件的侦查机关相当充分的职权。

1994年6月24日，俄罗斯总检察院、内务部和公安部发布了关于执行前述"紧急措施"总统令规范的"联合指示"，责令建立"联合侦查行动队"以专门打击匪帮及其他有组织犯罪，同时保证担当此项任务的检察机关和内务机构的侦查人员具备合目的性的专业化素养和水平。此专业化程度极高的"联合侦查行动队"于 2008 年之前在打击有组织犯罪方面成效显著，肃清了几千个匪帮和犯罪组织与犯罪集团。然而，从 2001 年开始，由于一系列的主、客观方面原因，俄罗斯各职能部门相继出台了关于解构"联合侦查行动队"的决定，使"联合侦查行动队"逐渐丧失了自己的独立性。2008 年俄罗斯官方出台了完全撤销"打击有组织犯罪部"的决议。[①] 专门打击有组织犯罪部门的撤销标志着俄罗斯与有组织犯罪作斗争的应急期已然结束。

　　俄有组织犯罪研究专家对前述撤销决定提出了反对意见，认为打击有组织犯罪专门部门在长期与有组织犯罪作斗争的过程中积累了极其丰富的经验，而这些经验在其解散后并没有在俄联邦内务部其他业务侦查部门得以适用。其原因是这些业务部门打击犯罪的手段和路径与原来的"打击有组织犯罪部"之间存在着原则性的差别：如果说一般的刑事侦查路径是从所实施犯罪客观状况至实施犯罪的人，那么"打击有组织犯罪部"的侦查路径则正好相反，他们是从有可能实施犯罪的人至其准备实施犯罪的路径进行侦查的，此其一；其二，"打击有组织犯罪部"可以与负责有组织犯罪涉及罪名相关联的所有侦查部门进行联合办案，而此部门解散后，内务部各个部门刑事警察联手进行常态式的有计划性联合办案是不可能实现的，因为每个刑警部门都有自己的任务和侦查方向。况且，"打击有组织犯罪部"撤销之后，当代俄罗斯的有组织犯罪不仅没有销声匿迹，反而呈愈演愈烈态势，特别是俄罗斯联邦所属的北高加索、远东等地区有组织犯罪异常猖獗。这些犯罪组织往往利用现代化的通信手段和网络迅速集结，联合实施具有严重社会危害性的各类刑事犯罪。在此背景下，俄罗斯刑法学者与犯罪学专家一致认为，应当重建打击有组织犯罪的专门机构。至于拟新建专门机构的人数组成和具体任务等问题则应通过对俄罗斯国内犯罪状况的全面分析后予以确定。此外，在建立此类专门机构时应当依法合规，并且要设立切实可行的监督机制，以避免机构运行过程中可能出现的

---

① Указ Президента РФ от 06. 09. 2008 № 1316 "О некоторых вопросах Министерства внутренних дел Российской Федерации" //Собрание законодательства РФ. 2008. № 37. Ст. 4182.

错误和漏洞。①

（四）经济领域有组织犯罪的应对措施

有俄罗斯学者指出,目前俄罗斯刑事立法与司法实践中出台的相关决议在打击有组织犯罪方面还比较弱势,特别是那些与俄有组织犯罪经济根基相关联的犯罪,其法定刑规定得过低,与这些犯罪的社会危害程度不相适应。比如,《俄罗斯联邦刑法》第 195 条（不正当破产罪）、196 条（蓄意破产罪）和 197 条（虚假破产罪）所规定的与破产相关犯罪的法定刑极低,而前述行为恰恰是有组织犯罪转移财产的极佳路径。② 因此,在执法机关打击经济领域有组织犯罪方面,俄学者提出了如下有针对性的综合措施建议：

（1）在组织和管理层面,应对内务部各部门的任务与功能进行重新划分,使其更具合理性。在有组织犯罪所实施的经济领域犯罪方面,应采取预防、揭露、制止和侦破相结合的方式。基于此,必须实质性地提高刑警部门的侦查业务能力,同时完善各部门侦查业务信息的交换机制,以保障对经济领域有组织犯罪进行有效打击。

（2）在信息分析工作方面,应当建立经济领域有组织犯罪活动情况及打击措施和效果方面的数据库,对那些活动比较猖狂的犯罪组织进行特别严密监控。同时,对当前所面临的打击有组织犯罪现状进行预案分析与经验总结。

（3）在打击有组织犯罪的实践措施领域,必须通过安排业务熟练的侦查人员追踪犯罪组织首领及其骨干成员犯罪活动的路径,加强对犯罪团伙与犯罪集团的监控。

（4）在预防经济领域有组织犯罪方面,应当建立定期的系统化和综合性的监察机制,提高与各类社会组织之间的互动水平,以便及时获取犯罪组织活动的信息。同时,有组织犯罪侦查机关应当与刑罚执行机构联手,有效监控服刑地有组织犯罪分子的各种动向。

综上所述,有组织犯罪是俄罗斯社会发展至一定阶段的必然产物,

---

① Бычков В. В., Сиделев В. В. Специализированные подразделения по борьбе с организованной преступностью: история и перспективы развития.

② Матмуратов Б. Д. К вопросу об объекте посягательства и предмете хищения государственного или общественного имущества путем мошенничества//Вестник Каракалпакского филиала Академии наук Узбекской ССР. Нукус, 1987. № 3. С. 58 – 62.

其作为一种负面影响已经渗透至俄社会关系与社会生活的各个领域。与此同时,有组织犯罪作为一种社会现象,具有自身发展规律和特征,其发展规律及特征是由不同历史时期俄罗斯社会变革所决定的。俄有组织犯罪特征中新的质的规定性的出现,一方面是其与社会互动的指示器,而另一方面则是这一进程的结果。

Research on the Path of Corporatization of Organized Crime in Russia and Its Countermeasures
Pang Dongmei, Wang Guanglong

Abstract: Organized crime is a complex social phenomenon based on conflicts in the economic, political and social spheres of life occurring in the course of Social Development. The prominent feature of organized crime in Russia is the globalization of its illegal and criminal activities, the tight organization and the strong lust for profit. Contemporary Russian organized crime in addition to the traditional type of criminal activities (trafficking in weapons, financial fraud, drug business, extortion, theft of cars, smuggling, etc.), but also actively penetrate into the legitimate business field, crossing the corruption links with government officials to construct and implement the "organized crime-corruption-shadow economy" three Trinity enterprise path. The criminal legal policy of the Russian Federation in the fight against organized crime is mainly embodied in the means of criminalization and decriminalization, penalization and decriminalization, in addition, through the legislative path of the pre-trial cooperation agreement system, the detection of organized criminal activities and criminal accountability of criminals are urged.

Keywords: Organized crime; Shadow economy; Corruption; Enterprise path; Countermeasures

俄罗斯及中亚俄语语言法治的共性与差异

杨昌宇[*]

内容摘要:"一带一路"沿线俄语国家之间存在复杂的历史、民族、政治、宗教、语言等诸多方面的联系,这也导致了全球治理背景下各国语言治理的复杂性,并在各国语言法治化的基本路向中表现出共性与差异。共性主要表现为语言法治治理形式上的层次性、历史上的阶段性、功能上的政治性和目标上的多重性。差异主要表现为语言法治治理前提中国家语言能力的不同、国语法治化程度不同、处理与俄语关系的导向性不同。这些共性与差异可以让我们在"一带一路"背景下充分认识语言助推经济交往的功能、语言蕴含的正负能量、语言与国家安全的关系、语言与文化话语权的关系等问题。

关键词:"一带一路";俄语国家;语言法治

"一带一路"沿线是全球语言多样性最为丰富、文化差异性最为突出的地区,在实现互联互通过程中,平衡沿线国家多元语言利益诉求需要处理好语言与文化、

---

[*] 杨昌宇,扬州大学法学院教授,中国法律文化与法治发展研究中心研究人员,博士生导师;南京师范大学中国法治现代化研究院特邀研究人员;中国—上海合作组织国际司法交流合作培训基地研究人员。本文系国家社会科学基金项目"俄罗斯法治进程中政治与宗教两种核心文化因素的影响力研究"(15BFX029);中国—上海合作组织国际司法交流合作培训基地研究基金项目(18SHJD016)。

语言与主权、语言与安全、语言与话语权等诸多关系。① 在沿线 65 个国家中,有 53 种官方语言,俄语是其中重要的官方语言之一,实际上可用其交流的国家有多个,主要是苏联时期的加盟共和国。笔者将这些国家概括地描述为"俄语国家"②,主要包括人们俗称的"东斯拉夫三国"即俄罗斯、乌克兰、白罗斯,"中亚五国"即哈萨克斯坦、吉尔吉斯斯坦、塔吉克斯坦、乌兹别克斯坦、土库曼斯坦,"波罗的海三国"即爱沙尼亚、立陶宛和拉脱维亚,"外高加索三国"即亚美尼亚、格鲁吉亚和阿塞拜疆等。③ 这些国家因其过去存在共同的历史时期,在当代语言法治方面存在很多共性问题,从而形成一种"语言国家群体"形象。面对复杂的语言问题,走语言法治化之路是上述各国的共同选择。从当前各国语言政策推行情况来看,各个国家均表现出法治化程度不断加强的态势,并在这一过程中表现出一定程度的共性和差异,这一现象对于我们把握全球化时代的规则治理问题具有重要意义。

一、"一带一路"沿线俄语国家语言法治中的共性问题

各俄语国家语言法治化之路既是多重文化渊源共同作用的结果,同时也具有政治作用及身份和文化认同意义,在一定意义上则是在特定历史原因基础上俄国核心文化因素扩张与收缩的现实表现。各俄语国家均是苏联时期的加盟共和国,其语言法治中共性问题的产生具有多重文化渊源,其共性文化渊源包括民族文化的斯拉夫文化共源性、苏联时期深受同一性政治文化的影响、斯拉夫语言文化同源性三个主要方面。另外,在研究习惯上,斯拉夫学通常将一些非斯拉夫国家习惯性

---

① 梁昊光、张耀军:《"一带一路"语言战略规划与政策实践》,《学术前沿》2018 年 5 月下,第 98 页。

② 笔者曾另文对这个概念进行了学术限定,认为"一带一路"沿线的俄语国家,是指"俄语"在这些国家中或被宪法确认为国语、官方语言、族际通用语,或以母语、少数民族语言等形式存在,从而形成了一个以"俄语"为纽带的"语言国家群体"。限于篇幅,当时主要研究了"东斯拉夫三国"即俄罗斯、乌克兰、白罗斯和"中亚五国"即哈萨克斯坦、吉尔吉斯斯坦、塔吉克斯坦、乌兹别克斯坦、土库曼斯坦共 8 个国家。参见杨昌宇:《"一带一路"沿线俄语国家语言法治化的文化透视》,《求是学刊》2019 年第 4 期;杨昌宇《"一带一路"沿线俄语国家语言法治的表与里》,《上海政法学院学报》2019 年第 4 期。

③ 除俗称的"东斯拉夫三国""中亚五国""波罗的海三国""外高加索三国"所及的 14 个独立国家外,还包括摩尔多瓦,这 15 个国家都曾是苏联时期的加盟共和国。

地纳入斯拉夫研究范畴,这使得将这些国家放在一起研究成为可能。[①]"一带一路"沿线各俄语国家作为一个"语言国家群体",它们之间存在历史的、民族的、政治的、宗教的、语言的等诸多方面文化上的联系。正是由于这些联系,促成了语言在各国的复杂性及其法治化的基本路径,在一定程度上表现出共同趋向。其主要包括以下四个方面。

(一)语言法治治理在形式上表现出层次性

在语言学领域,人们更多地关注语言战略规划、语言政策等较为宏观层面的研究,对于规划如何落实、政策如何实施等法治保障性问题关照不足。事实上,上述国家当前都将语言法治治理作为国内的重要领域来对待,在治理形式上表现出层次性,主要包括三个层面:一是各国均以宪法形式表达了鲜明的国语立场。一般而言,各国宪法中均包括国语条款,对国语和官方语言进行了确定。二是各国均构建与宪法配套的语言法律制度,主要包括《民族语言法》《国语法》等单行法律。三是对国家政策以法制手段进行积极的推进、落实与保障。比如俄罗斯,在国语实施方面以法定形式采取一系列措施。同时,各国在这三个层面的语言法治实践中,除俄罗斯要处理俄语与其他民族语言关系和地位外,其他国家无一例外地要通过法定形式处理本国语言与俄语的关系问题。

(二)语言法治治理在历史上表现出阶段性

上述各国从苏联加盟共和国时期到主权国家独立初期,再到全球化时代面向世界的发展时期,不同阶段语言法治治理在导向上都存在差异,阶段性较为明显。苏联末期,在"国语化运动"的推动下,各加盟共和国纷纷制定各自的语言法,通过语言立法的形式明确了本国主体民族语言的国语地位和使用领域。这一时期各加盟共和国先后通过的语言法,如《俄罗斯苏维埃联邦社会主义共和国民族语言法》(1991年)、《白俄罗斯苏维埃社会主义共和国语言法》(1990年)、《乌克兰苏维埃社会主义共和国语言法》(1989年)、《塔吉克苏维埃社会主义共

[①] 参见杨昌宇:《"一带一路"沿线俄语国家语言法治化的文化透视》,《求是学刊》2019年第4期。

和国语言法》(1989 年)等。① 虽然这些语言法在名称上有两类,一类是带有"民族"定语的,一类是没有"民族"定语的,但在规范内容上没有根本性的差别。苏联解体后,各国在已有语言法制度的基础上进一步规范和完善。首先,表现在独立主权国家的宪法中,相应的语言条款表明了国家的语言态度;其次,表现在《国语法》《民语法》等相应具体的法律制度中;再次,表现在社会层面的运用与教育领域的推行等。在当下不断面向世界的过程中,各国的语言治理观念正在发生变化。

(三)语言法治在功能导向上表现出政治性

与上述特点一脉相承的是,每一个阶段在语言治理上都无法排除其政治的成分。苏联时期各加盟共和国"语言法的制定被认为是各加盟共和国走向政治独立道路的第一步,它更明显地表现出民族政治的而不是民族文化的特点"。② 各国独立初期,其语言法更多地通过对国语和民族及个人语言权利的规定反映出国家对语言主权的诉求。当下,在世界日益开放、各国不断互联互通的趋势下,在强调国家文化独立自信的时代,语言所承载的内容更加丰富和多元,各国都在努力地构造一种社会标准,并保障和促进其发挥应有的作用,语言法治化现象背后存在深刻的政治文化意蕴。正是在这种功能导向上,各国在国际交流与合作实践凸显出了语言的文化职能,促进了文化本身所蕴含的多元力量的发挥。

(四)语言法治发展目标表现出多重性

在语言治理的目标上,语言承载了政治、民族、文化、主权、安全等诸多方面的价值。除俄罗斯以外,各国独立后在政治上继续保持"去俄罗斯化"的倾向,语言与主权问题密切相关。以法治化的形式追求和塑造本国的语言发展模式,但由于历史和文化的惯性,存在着与俄语割不断的联系。各国在处理俄罗斯族人的地位问题时不得不处理语言问题。在影响语言状况的基础性因素或主导性因素上趋同,都与历史、民族、宗教、政治等问题相关联,并且这些因素间具有千丝万缕的相互

---

① 俄罗斯学者对原苏联加盟共和国的语言立法状况进行过相应的统计研究,从国别、法律名称和通过时间进行了明确的列举,可以清晰地了解苏联时期语言立法的基本情况。参见 Губогло М. Н. Языки этнической мобилизации, М. ,1998. С. 194.

② 何俊芳:《族体、语言与政策——关于苏联、俄罗斯民族问题的探讨》,社会科学文献出版社 2017 年版,第 286 页。

联系,也成为当代各国语言问题突出的一个根本原因,既造成了各国国内的民族间语言问题,也造成了各国国际族际间语言问题。

二、"一带一路"沿线俄语国家语言法治的差异性表现

"一带一路"沿线俄语国家在语言法治上除一般的共性问题外,在实践中也表现出差异和区分。差异主要表现在三个方面:各国家语言能力存在不同,这是语言法治中的基本前提性问题;各国家国语的法治化程度不同,这与国家的政治、经济、文化等方面联系密切;当代各国在处理本国主体民族语言与俄语关系时的导向上存在不同。

(一)各国在国家语言能力上存在差异

各国国家语言能力的差异决定了语言法治内容的不同。"国家语言能力不仅是软实力,而且也正在成为硬实力"。[①] 语言因具有凝聚力、号召力、渗透力及同化力等而体现为一种无形的力量,同时语言也"日益成为助推经济发展和科技创新、保障国家安全的关键要素"。[②] 在全球化时代,国家语言能力已经成为国家综合实力的重要组成部分。我国学者对语言能力的内容进行了概括,认为主要有以下五个方面:语种能力、国家主要语言的社会地位、公民的语言能力、现代语言技术发展水平、国家语言生活的管理水平。[③] "一带一路"沿线各俄语国家中的大多数国家,目前主要注意力还在于对国家通用语言在国内外的地位确立和公民语言能力的培养等基础方面,比如中亚各国家,在语言文字上通过从西里尔字母到拉丁字母的转换来彻底实现去苏联化,但依然有很长的路要走。少数国家则进入到高层级的语言能力培养发展阶段,比如俄罗斯对现代语言技术发展投入很大精力,编制国语词典、统一俄语口语使用规范、强化现代俄罗斯标准语规范的司法监督等,这说明其国家语言能力正进入更高的发展阶段。[④] 当今世界,在多重合作框架下,俄罗斯较其他国家而言采取了更精细化的做法来提升本国语言文化的国际影响力,对加强国家语言能力有很大作用。

[①②] 赵世举:《全球竞争中的国家语言能力》,《中国社会科学》2015年第3期。
[③] 李宇明:《国家的语言能力问题》,《中国科学报》2013年2月25日。
[④] С. А. Белова, Н. М. Кропачева. ГОСУДАРСТВЕННЫЙ ЯЗЫК РОССИИ: НОРМЫ ПРАВА И НОРМЫ ЯЗЫКА. ИЗДАТЕЛЬСТВО САНКТ-ПЕТЕРБУРГСКОГО УНИВЕРСИТЕТА. 2018.

（二）围绕国语展开的语言法治化程度不同

有的国家不但全面建构和完善语言法律制度，在教育和司法层面的保障也愈加完善，有的国家则尚处于法治化的初期。这种发展程度不同有其特定的历史原因，并如前所述表现出阶段性的特征。苏联时期，各加盟共和国分别开始就语言问题进行立法。1978 年苏联宪法颁布后，亚美尼亚、格鲁吉亚、阿塞拜疆三国分别在各自的宪法中对语言问题作出规定，三种主体民族语言分别获得各共和国的国语地位。在1989—1991 年的 3 年里，各加盟共和国分别通过了各自的语言法或国语法。苏联解体后，各国纷纷制定或完善各自的语言法制框架，希望通过法治方式来解决语言领域的一些难题，诸如围绕国语而展开的主体民族语言的地位及使用、俄语的地位及使用等问题。在日常国家管理中，对语言使用的规范问题非常重视。比如，有的国家政府规定，公共部门雇员必须通过专门的语言测试，申请入籍者也要达到语言要求；有的国家根据立法，要求任何与公众打交道的从业人员必须具备一定的国语能力，并对不同职业有不同语言水平要求；[1]有的国家甚至要求参选总统必须通过国语考试，如不合格将被取消参选资格。

（三）各国处理与俄语关系时的导向不同

各国独立后，受主权国家政治导向的影响，俄语使用领域开始缩小，同时致使其行使功能也发生变化。在社会层面上，有的国家俄语从全民通用语变为族际语；在教育教学领域，有的国家俄语从主要教学用语转变为教学辅助语；在公文用语上，有的国家俄语从公文事务语言转变为公文辅助语；在媒体传播上，有的国家俄语从主要传媒用语转变为次要传媒用语。[2]

上述变化在不同国家表现程度和范围存在一定的不同，但也同时说明各国在处理本国主体民族语言与俄语关系时，已经表现出明显的差异。有的国家倾向于向欧洲标准看齐，积极融入欧洲体系，挥手与俄语作别，比如乌克兰；有的国家基于本国历史与现实的需求，在实用主义意义上来处理国语与俄语的关系问题，比如白俄罗斯和哈萨克斯坦。

---

[1] 戴曼纯等：《波罗的海国家的语言政策与民族整合》，《俄罗斯中亚东欧研究》2010 年第 4 期，第 19 页。

[2] 参见张丽娜：《苏联及俄罗斯语言策略的演变与俄语状况研究》，黑龙江大学2017 年博士论文，第 94—97 页。

各国在处理与俄语关系的法治化导向性表现出明显的不同,可以区分为坚定派、区分派和游离派或实用派。以白罗斯为代表的属于坚定派,经过语言方面的斗争,"白罗斯语"与"俄语"在白罗斯宪法中都具有国语地位;以乌克兰为代表的属于区分派,乌克兰宪法中的相关规定及其实践中做法都表现出强烈地对自己民族语言文字的塑造特征。乌克兰苏联时期的《语言法》和独立后的《宪法》,都规定乌克兰语为国语,但现实生活中俄语却行使着民族间交流用语的功能。乌克兰2005年签署《欧洲区域和少数民族语言宪章》之后,在地位上,俄语变成了少数民族语言;以中亚五国为代表的游离派或实用派,在苏联解体取得独立国家地位后,在宪法中确立自己的国家语言,但在实践中不排斥俄语的官方语言地位,如哈萨克斯坦共和国和吉尔吉斯斯坦共和国,当前俄语的官方语言地位是以宪法修正案的方式实现的。从中亚五国目前的语言法治框架上看,它们对待俄语的态度大致相同。

三、全球化时代语言法治共性与差异背后的思考

"一带一路"沿线国家的多语种现象较为普遍,而各俄语国家形成的语言国家群体现象较为典型。当下各俄语国家语言法治问题凸显,从其语言法治的表象中可以看到其对语言的多角度规范,从宪法确立、语言单行法和教育单行法的保障直到国家语言政策的实施。在国家发展的特殊历史时期,语言承载着政治、文化、民族、宗教等多重诉求,这也是今天各俄语国家语言法治复杂化的原因所在。在倡导规则治理的全球化时代,"一带一路"沿线俄语国家语言法治中存在的共性与差异现象,具有深远的启示意义。

(一) 深刻认识语言助推经济交往的功能

语言是了解一个国家的一把钥匙,同时也是国家间交往的基础和助推器。在与"一带一路"沿线国家的交往中,经济交往是当前最重要的领域。从语言上看,能够在国际金融、贸易、合同文本、谈判文书等领域使用的通用语言并不多,而俄语是很多国家的通用语。"政策沟通、设施联通、贸易畅通、资金融通和民心相通",是"一带一路"建设的核心内容,语言的功能不容忽视。我国学者将经济交往中的语言区分为通事语言和通心语言。"通事语主要指可以签署国际贸易文本、可以用于国际经济贸易交际的语言。除了以英语或俄语为母语的少数国家

及少数人口外,就大多数沿线国家人口而言,英语或俄语是他们的第二语言,是世界语言、是国际贸易语言、是通事语言,但还不是通心语言。"①国际语言"通事",官方母语"通心",这个道理显而易见,只有较为清楚地了解沿线各国语言使用的基本状况,才能充分发挥语言所承载的功能。比如吉尔吉斯斯坦,其官方语言是俄语,而不是其主体民族吉尔吉斯族的母语。在土库曼斯坦、塔吉克斯坦、乌兹别克斯坦3个国家,宪法规定其国语分别为:土库曼语、塔吉克语和乌兹别克语,但事实上,俄语在各国中使用领域依然最广,起着承担官方语言和族际交际语言的作用,在政治、经济、文化、教育等领域影响力甚广。

(二) 全面认识语言蕴含的正负能量

语言是一把蕴含正负能量的双刃剑。"一方面,它是维系特定群体的纽带,沟通不同群体的桥梁,社会运行的规程,具有凝聚力、正能量;另一方面,它也容易酿成矛盾甚至冲突,成为各种利益诉求的旗号和借口,成为社会纷争的导火索和政治斗争的工具,演化为离心力、负能量。"②在"一带一路"沿线俄语国家中,政治原因引发语言地位的变化是一种通常现象。在历史上,语言是俄罗斯民族一个恒久的主题。基辅罗斯时期俄语就是通用语,俄罗斯帝国时期俄语是唯一通用语言,苏联成立之后,虽然各加盟共和国都拥有自己的民族语言,但俄语是苏联外交、教育、社会生活、公文事务领域的唯一语言。在苏联时期的不同阶段,俄语的发展受到国家语言战略、语言规划、语言政策的倾向性促进与保护,事实上已经在国家生活的各个方面占有无法取代的地位。苏联解体各加盟共和国独立后,俄语的地位一落千丈,语言问题同时变得更为复杂,在某种程度上成了国际国内政治斗争的工具。以往在探究苏联解体原因时,很多研究者认为,语言上的冲突与分离促成各加盟共和国纷纷制定语言法,从而开启了走向政治独立道路的第一步。③ 如何全面认识语言中所蕴含的正负能量,对于"一带一路"沿线俄语国家而言特别重要。

---

① 周庆生:《"一带一路"与语言沟通》,《新疆师范大学学报(哲学社会科学版)》2018年第2期。
② 赵世举:《全球竞争中的国家语言能力》,《中国社会科学》2015年第3期。
③ 何俊芳:《族体、语言与政策——关于苏联、俄罗斯民族问题的探讨》,社会科学文献出版社2017年版,第286页。

(三)充分认识语言与国家安全的关系

新时代的语言安全问题正在成为语言学者关注的热点问题。语言安全是国家安全的重要领域,在政治上,语言具有国家建构功能和解构功能;在联结作用上,语言是安危攸关的社会纽带;在民族与国家认同上,语言不安全会伤及民族和国家的血脉。语言是国家安全工具,同时也是社会治理工具。具体而言,语言是社会交际和行政运行的基本工具;语言是维护国家统一的重器;语言要求是国民身份建构的条件;通过语言规划来规划社会。① 在2015年《俄罗斯国家联邦安全战略》中,对语言和文化在俄罗斯国家安全中的作用特别重视,认为俄语世界地位的下降在实质上使俄罗斯精神、道德价值观受到侵蚀,多民族统一性被削弱;俄语承载着俄罗斯的历史、文化和精神价值,保证俄罗斯文化安全的战略目标,就是为"保存和发扬俄罗斯传统,将其作为俄罗斯社会的基础……强化俄语作为国家语言的地位,保持与发展国家统一文化空间"。②

(四)充分认识语言与文化话语权的关系

在各国国家治理实践中,语言法治逐渐成为一种重要的现象,人们的关注点已经在某种程度上超越了语言工具、语言权利、语言主权问题,上升到了文化话语权的高度。在全球化时代,国家的语言能力是国力的一个重要表现,代表了国家的文化软实力,它是一个国家掌握利用语言资源、提供语言服务、处理语言问题、发展语言及相关事业等方面能力的总和,是国家实力的一个组成部分,对于国家建设、发展和安全具有十分重要的作用。③ 当代各俄语国家既要面临民族国家构建的那些基本传统问题,同时还要面对现代问题。在"一带一路"倡议背景下,语言已经突破交际工具的传统定位,具有不容忽视的经济价值、文化价值和战略价值,成为现代国家治理和国际竞争的重要领域。各国在保障日常的教育语言、媒体语言、政府机关和公共服务机构的语言等方面有效运行的情况下,不断完善和深化法治治理的框架和内容。各

---

① 参见赵世举:《语言在国家安全中的角色和功能》,《云南师范大学学报》2019年第3期。
② 舒桂:《俄罗斯联邦新版国家安全战略解读》,《中国信息安全》2016年第1期。
③ 参见赵世举:《全球竞争中的国家语言能力》,《中国社会科学》2015年第3期;《语言在国家安全中的角色和功能》,《云南师范大学学报》2019年第3期。

俄语国家语言法治化状况让我们看到历史文化传统与现代国家治理的相关性。各国对待俄语语言文化的态度、各俄语国家对语言文字的法律规制框架,让我们看到了各俄语国家如何通过法治化途径确立和维护各自的文化话语体系的共同取向,其中更让我们看到文化认同、文化和谐与文化自信在国家治理中的重要意义。

综上所述,对"一带一路"沿线俄语国家语言法治中共性与差异问题的提炼,有利于促动语言问题研究从中国视角到全球视角的转换。"一带一路"是中国倡导的新型国家合作模式构想,被认为是当今世界覆盖面最广的经济合作区。全球化时代的合作总是多重的而非单一性的,在"一带一路"倡议背景、上海合作组织合作框架下,加之中国与俄罗斯所主导的"一带一盟"的对接等国际构想和实践,各个俄语国家作为"一带一路"沿线重要的关节点,同时又在不同的交往框架中成为中国重要的合作与交往对象。"一带一路"沿线的俄语国家目前突出的问题既有一国之内的国语地位及民族语言问题,同时也有国家之间从语言独立性到文化独立性,再到语言主权地位等问题,促使我们对语言所承载的基本功能进行重新审视。在倡导构建人类命运共同体的全球背景下,主权国家之间最高境界的交流是在彼此尊重各自文化基础上的互通与互鉴,只有对各国围绕语言政策、语言规划、语言战略等领域的法治状况有一个基本清晰的认识,才能为"一带一路"倡议的全面实施做好理论和实践准备。

The Commonness and Differences of "*Russian Language Rule of Laws*" in Russia and Central Asia
Yang Changyu

Abstract: The Russian-speaking countries along the route of "the Belt and Road" have complex connections in history, ethnic nationality, politics, religion, language and other aspects, which also leads to the complexity of language governance under the background of global governance, and shows commonness and difference in the basic path of legalization of languages in countries. The commonness is mainly manifested in different levels of the administrative form of language, the stages in its history, the political nature in its function and the multiplicity in its goal. The differences are mainly reflected in the different language abilities of countries in the premise of language rule of law, the different degree of legalization of the national language, and the different orientation of handling its relationship with Russian. These commonness and differences can enable us to fully understand the functions of language in promoting economic communication, positive and negative energy contained in language, the relationship between language and national security, and the relationship between language and cultural discourse power under the background of One Belt And One Road.

Keywords: Shanghai Cooperation Organization; Russian-speaking countries; language rule-of-law

中俄遗嘱继承法律制度比较与镜鉴

——以我国《民法典·继承编》编纂为视角

杨 健 刘冠合[*]

内容摘要：遗嘱继承是中国和俄罗斯两国继承法律制度的重要内容之一，充分体现出了私法自治之精神。由于中俄两国在财产继承方面受各自不同的历史文化、传统习俗、经济政治制度等因素的影响，遗嘱继承制度的规定从制度设计理念到规则内容均存在一定的差异。俄罗斯联邦的遗嘱继承制度因受德、日法律制度的影响较深，其规定详细具体，而中国遗嘱继承制度立法相对原则、简略，与中国实际结合得较为紧密。通过分析两国遗嘱继承制度的立法基本原则、形式与效力、以及遗赠制度中存在的差异，不仅有助于我国《民法典·继承编》立法的完善，实现遗嘱自由和社会公正的平衡；同时对正确处理中俄两国间的互涉继承关系起到重要作用，对两国相关的涉外继承司法实践也有积极意义。

关键词：遗嘱继承；中俄继承制度；民法典编纂；继承编

---

[*] 杨健，黑龙江大学俄罗斯语言文学与文化研究中心、法学院副教授；刘冠合，黑龙江大学法学院俄罗斯语言文学与文化研究中心硕士研究生。本文系作者主持的黑龙江大学对俄问题研究专项项目"对俄经贸合作法律风险防控研究"（DEY1903）的阶段性成果。

一、中俄遗嘱继承制度概述

民法中的继承制度事关民事主体私人财产所有权之享有与保护，对于私法主体而言至关重要，而遗嘱继承与法定继承是现代民法中继承法律制度的核心内容。因传统民俗、经济基础、文化演进、法律制度及政治体制等因素的差异，中俄两国遗嘱继承制度在立法价值、立法技术、立法形式等方面各具所长。《俄罗斯联邦民法》随着时代的发展，不断演进，遗嘱继承制度也越来越体现出更多的私法意蕴。在我国《民法典·继承编》的编纂工作深入开展之际，认识与解读中俄遗嘱继承制度的区别，将对编纂出具有时代意义与体现社会主义法治特色的《民法典·继承编》具有借鉴意义，对完善我国继承法律制度及民事法律制度也有积极的实际意义，对充分表达民众的关于继承法律制度的合理期待，在社会上梳理正确的继承观念有重要意义，也可以进一步以制度的方式规范继承行为；[1]又因中俄两国曾有过类似或相近的政治经济体制，甚至在文化、法律制度上有诸多的共同之处，在法律转型发展方面，亦有一些相同并可相互借鉴之处。基于以上考虑，笔者试对中俄遗嘱继承制度进行比较分析。

（一）我国遗嘱继承制度的演进与发展

中华民族文化源远流长，继承制度一直伴随着中华文化发展演进至今。从继承制度本身出发，主要涵盖两大内容，即身份继承和财产继承；而在继承方式上，其多以法定继承为主，历经漫长的交叉发展的嬗变过程，指定继承和遗嘱继承逐渐产生并趋于完善。身份继承制度的演进变化中，"父死子继"的传统深远影响后世，嫡长子继承制度也长期占据在人们的固有观念当中，后于唐代明确使用宗祧继承制度（即身份继承制度），标志着身份继承制度的健全。财产继承制度始于《秦律》对家庭财产继承权利的肯定，以世袭继承之，而后经历了诸子均分制、嫡长子继承制、代位继承制等发展过程，但其均对继子、女子、私生子做特殊对待，如此的制度安排均是以保护家庭私有财产不外流的体现。关于遗嘱继承的规定，在我国汉朝就有，内容涵盖了订立遗嘱的主

---

[1] 王歌雅：《〈民法典·继承编〉的编纂理念与制度构想》，《求是学刊》2018年第6期。

体、代书遗嘱的主体及见证人等,相关手续完备齐全了,即具有法律效力。① 由此可见,在我国,遗嘱继承制度及规则早已有之,古代社会也非常重视遗嘱制度的形式要件及法律效力问题。继承制度及遗嘱继承制度均在历史发展中不断演进,无论是封建社会的宗亲继承为主的状态,还是近现代社会人们以近亲属继承为主的情形,从中可以看到,深层次上追溯继承制度的历史发展,演变规律上有着从身份向人格位移的转变的特点。② 可见,我国古代的继承制度是随着历史条件的变化逐步发展起来的,与特定的历史条件、社会经济制度息息相关。

我国现代遗嘱继承制度在《继承法》颁布前处于起步阶段,究其原因有二:一是遗嘱继承法学研究因受社会政治、经济等因素制约一度处于低迷状态;二是我国现代继承法律体系尚未完备,民众法律继承意识薄弱,遗嘱继承方式尚未得到民众认可。在宗法礼教的传统思想影响下,嫡长子继承制等宗法制度下的继承方式难以全部转变,遗嘱继承方式短时间内难以获得民众认可,遗嘱继承的法律研究及遗嘱继承规则体系的完善也存在困境。③ 20世纪80年代我国第一部《继承法》的施行,推动了我国遗嘱继承制度的理论和立法体系的健全与完善,但《继承法》经历了几十年的洗礼及社会发展变迁,仍没有进行与时代发展水平相一致的实质性修改,已经体现出与当今社会的不适应性。《民法典·继承编》在修订遗嘱继承制度的过程之中,坚持遗嘱继承与遗赠互为补充的立法模式,共规定21条,分别对遗嘱制定原则、遗嘱形式与效力以及遗嘱执行做出相应规定。从整个篇幅上看,尊重私法自治、尊重私权、尊重继承权的理念得以贯彻,且相关规定体现了较强的原则性,一定程度上体现了"宜粗不宜细"的精神,同时这些规则具有人文关怀的价值内涵,由此,在立法理念上既表现出较强的个人主义,也有较好的人文主义体现,是两者相结合的立法理念。④ 可见,遗嘱继承制度被现代法律所确认是渐进式的,是随着人们认识的不断提高而逐渐完善的。

---

① 魏道明:《中国古代遗嘱继承制度质疑》,《历史研究》2000年第6期。
② 王歌雅:《论继承法的修订》,《中国法学》2013年第6期。
③ 胡平:《婚姻家庭继承法论》,重庆大学出版社2000年版,第67页。
④ 王歌雅:《〈继承法〉修订:体系建构与制度选择》,《求是学刊》2013年第2期。

（二）俄罗斯联邦遗嘱继承制度的主要规定

《俄罗斯联邦民法》在立法精神上逐步确立了私法的精神和原则。俄罗斯的遗嘱继承制度统一规定于《俄罗斯联邦民法》中，2001 年《俄罗斯联邦民法》第三部分中继承编顺利颁行，其中对遗嘱继承制度的规定涉及 24 条，遗嘱继承制度列在法定继承制度之前，这充分体现了法律对私权的尊重、对意思自治原则的尊崇。首先，俄罗斯联邦遗嘱继承制规定内容涉及 6 个方面：一是原则性规定，其中包括一般性规定和遗嘱自由原则；二是遗嘱继承人与再继承人的指定及其在遗产中的份额认定；三是遗嘱保密原则的贯彻；四是遗嘱的形式及效力；五是遗嘱的废止与变更；六是遗嘱的解释与执行。其次，俄罗斯联邦遗嘱继承制度规定主要表现为两个方面的特点：一是充分突出遗嘱设立自我意识的表达与道德关怀。即遗嘱应由被继承人亲自订立，不允许通过代理人订立遗嘱，遗嘱制定参与人应遵循遗嘱保密原则；且遗嘱自由受关于必继份额规则（第 1149 条）的限制，如针对享有法定继承权的未成年人、无劳动能力的父母及配偶，无论立遗嘱人立了何种内容的遗嘱，他们都可按照法律规定继承其所享相应份额的遗产。[①] 这些都彰显了自由表达与道德关怀相结合的立法追求。二是设立遗嘱的方式和程序严格限制，重视形式要件的考量，即对遗嘱在设定过程和形式要件进行了明确具体的规定。除此，《俄罗斯联邦民法》对遗嘱执行的期间做出了具体规定；在遗赠方面，也规定了遗赠的具体履行规则等，甚至还有关于遗托的规则。[②] 可见，俄罗斯关于遗嘱继承的规定较为详细，具有较强的操作性。

二、中俄遗嘱继承制度之主要原则与基本规范比较分析

遗嘱继承系自然人依据继承法相关规定订立遗嘱自由处分其个人财产的继承行为，为个人财产制范畴。中俄遗嘱继承制度各具特色，相比而言，《俄罗斯联邦民法》对继承制作出更为具体的规定，更加重视司法实践的操作性，而我国《民法典·继承编（草案）》中的遗嘱继承制

[①] 参见［俄］马克苏托娃·М. Л：《俄罗斯遗产继承法律关系》，《中国公证》2016 年第 7 期。

[②] 王歌雅：《审视与借鉴：俄罗斯联邦的继承制度》，《俄罗斯中亚东欧研究》2010 年第 1 期。

度规定较为精炼、原则,采用"宜粗不宜细""求简弃冗"的立法原则与理念。现就两国遗嘱继承的基本原则、遗嘱形式与效力、遗赠制度三个方面加以比较论述,探究两国遗嘱继承制度的不同与优劣,进而在比较中寻求法律领域中值得借鉴的继承法立法思路、价值理念,为民法典编纂进程中遗嘱继承制度基本原则的理论建构、制度走向、内容取舍、价值选择及条文表述等寻求合理借鉴与支撑。

(一)遗嘱继承基本原则的体现

两国对遗嘱继承原则的阐述,总体上具有公民私有财产继承权保护原则、遗嘱自由原则及养老育幼、照顾病残原则,但从两国遗嘱继承制度的规定中,也透露出继承原则的一些差异。

在遗嘱继承制度的制定过程中应坚持物质制约性之下的遗嘱继承制度之特殊性与民众习惯与需求相结合之标准,①同时亦应在建构遗嘱继承立法基本原则过程中处理好继承法基本原则与遗嘱继承具体原则的区分与协调。② 社会的安排与自然人主体地位之间具有很强的互补性。承认个人自由的中心地位和影响个人自由的程度和范围,并关注社会因素的力量,这正是遗嘱继承所承载的价值功能。为实现继承法面临的实质性正义与形式正义的和谐,我们应将个人的意志自由视为一种社会的承诺。③ 为实现遗嘱继承的立法设计、完善法律规制,确保遗嘱制度的体系化、适用化与科学化,④须在遗嘱继承制度体系的立法设计中贯彻遗嘱继承的基本原则,进而实现个人意志自由与社会公共利益的有机统一。

第一,公民私有财产继承权保护原则。我国《民法典·继承编(草案)》对遗嘱继承的个人财产予以保护,并在立法表述上采用相对笼统性和概括性的规定,即自然人死亡遗留的个人合法财产,除法律规定的

---

① 陈苇:《外国继承法比较与中国民法典继承编制定研究》,北京大学出版社 2011 年版,第 49 页。
② 侯国跃:《继承法原则体系的构建》,《贵州师范大学学报(社会科学版)》2004 年第 5 期。
③ [美]阿马蒂亚·森:《以自由看待发展》,于真译,中国人民大学出版社 2002 年版,第 24 页。
④ 王歌雅:《〈继承法〉修订:体系建构与制度选择》,《求是学刊》2013 年第 2 期。

无法继承的、非个人性质的财产外,皆属遗嘱继承范畴。①《俄罗斯联邦民法典》对个人的遗产范围做出了肯定性和否定性的列举式规定,肯定遗产的范围包括被继承人的物和其他财产,具体包括当事人的财产权利和义务。遗产不应包括与被继承人的人身不可分割地联系在一起的权利和义务,包括领取赡养金的权利、因公民生命权或健康权受到损害而取得的损害赔偿请求权利,以及俄民法典或俄其他法律所禁止通过继承移转的相关权利和义务;人身非财产权和其他非物质利益亦②为继承人不可继承的遗产范围,同时,根据《俄罗斯联邦民法》的最新修订,规定死后财产的处分可以通过订立遗嘱和签订遗嘱合同两种方式进行③,且规定立遗嘱人有权对任何财产进行处分,其中包括对他将来可能取得的财产。④ 两国在保护私有财产原则的规定中差别较大,我国只作出肯定"合法财产",并未就财产权利和义务加以细化,也未对具体不可继承的类型进行细分,这就要求在立法后期出台相应的配套解释进行规范。可见,在私有财产的保护方面,《俄罗斯联邦民法》的力度更强。

第二,遗嘱自由原则。《俄罗斯联邦民法》相较于原《苏俄民法典》,不仅明确提出了遗嘱自由原则,而且在"遗嘱继承"部分增加、补充和细化了大量规则,⑤由此从法律上充分保障当事人实现其遗嘱意志。这是私法自治最直接的体现。我国《民法典·继承编(草案)》(简称《草案》)规定自然人有订立遗嘱处分其个人财产,并可根据个人意志指定遗嘱执行人的自由。自然人能以遗嘱形式对自己的财产进行处分,指定其财产可由法定继承人中的一人或者数人继承或者将个人财产赠与国家、集体或者法定继承人以外的人。同时,《草案》第 922 条规定遗嘱必须表示遗嘱人的真实意思,⑥体现了对被继承人有权按自己的真实意志处理自己遗产与分配。《俄罗斯联邦民法》规定了公民

---

① 2019 年《民法典·继承编(草案)》第 901 条:"遗产是自然人死亡时遗留的个人合法财产,但是法律规定或者按照其性质不得继承的除外。"
② 《俄罗斯联邦民法典》第 1112 条。
③ 《俄罗斯联邦民法典》第 1118 条第 1 款。
④ 《俄罗斯联邦民法典》第 1120 条,自然人有权对任何财产设立遗嘱之权利。
⑤ 王蜀黔:《中俄继承法若干问题比较研究》,武汉大学 2004 年博士学位论文,第 7 页。
⑥ 2019 年《民法典·继承编(草案)》第 912、922 条规定。

有权按照自己的个人意志通过立遗嘱的形式进行财产处分,继承对象未作限制,可为任何人,有权以任何方式确定继承人在遗产中的份额,有权剥夺一个、数个或者全部法定继承人的继承权,而无须说明剥夺的原因,以及有权在遗嘱中包括本法典关于遗嘱的规则所规定的其他处分,有权废止或变更已经订立的遗嘱。在其规定中多次以肯定性或限定性用语,足见对公民遗嘱自由的充分保障。在遗嘱自由的规定中亦强调对特留份的限制,[①]体现了个人自由与社会利益的平衡。我国为充分实现继承人的个人自由,最高人民法院出台相关案件指导意见规定,继承人可以书面形式向其他继承人表示放弃继承,口头形式表示放弃继承的,继承人承认或有其他充分证据证明的,亦可认定其有效(可以被放弃)。[②]

第三,养老育幼、照顾病残原则。《草案》第920条规定遗嘱应当为缺乏劳动能力又没有生活来源的继承人保留必要的遗产份额,而《俄罗斯联邦民法》将遗嘱特留份的规定放在对遗嘱自由(第1119条)的限制之中。继承理念与诉求既涉及婚姻家庭成员内部间的利益关系,也涉及社会的稳定与和谐,好的继承制度在彰显私法自治、意志自由原则同时,亦应关注家庭、家族和社会的稳定与和谐,体现伦理关怀的社会德性,同时也有利于对个人遗嘱自由的合理限制。

(二)遗嘱的形式与效力的设置

遗嘱形式的规定体现遗嘱继承的形式正义,其本质目的是为实现被继承人的真实意思表示,使得自然人的遗产按被继承人真实意愿进行分配。首先,在遗嘱形式的规定上。我国《草案》继承制度规定了继承形式有自书遗嘱、代书遗嘱、打印遗嘱、录音录像形式遗嘱、危急情况口头遗嘱及公证遗嘱6种形式。但对遗嘱的形式、效力的规定过于简单,不利于遗嘱人设立、变更、撤销遗嘱,缺少对密封遗嘱形式特别是规定公证遗嘱具有最高效力的规定,无法保证被继承人的遗嘱自

---

① 《俄罗斯联邦民法典》第1119条规定:"遗嘱自由受关于必继份额规则(第1149条)的限制。"

② 最高法院《关于贯彻执行〈中华人民共和国继承法〉若干问题的意见》:"继承人放弃继承应当以书面形式向其他继承人表示。用口头方式表示放弃继承,本人承认,或有其他充分证据证明的,也应当认定其有效。"

由。①《俄罗斯联邦民法》规定的遗嘱形式有公证遗嘱(俄罗斯的公证制度相对发达且要求较高,如在公证遗嘱时,公证员需要向遗嘱人解释关于特留份的规定,并对此做好记录②)、秘密遗嘱、与公证遗嘱相当的遗嘱、非常情况下的遗嘱以及对银行资金的遗嘱处分书,同时在2019年6月《俄罗斯联邦民法》修订中增加了遗嘱合同和夫妻共同遗嘱两种形式。比较两国遗嘱形式具有以下特点:

第一,我国在制定《草案》时更注重时代发展趋势,吸纳了录音录像遗嘱这一新型遗嘱订立形式。

第二,在立法用语上俄联邦遗嘱继承制度的规定较为详细具体,在实践操作上更容易执行,形式要求更为严格。

第三,我国规定了代书遗嘱的形式,俄联邦规定遗嘱应由被继承人亲自订立,严禁通过代理人进行遗嘱订立。

第四,在订立遗嘱的形式上,《俄罗斯联邦民法》遗嘱制度多处规定背书形式③,而我国《草案》则忽略此项设置。《俄罗斯联邦民法》且新增了遗嘱合同和夫妻共同遗嘱两种形式,更体现了遗嘱自由原则和关注家庭和睦。

第五,在公证遗嘱的设定上《俄罗斯联邦民法》另设与公证遗嘱相当之遗嘱形式,即特殊情形下的几种类型④:一是对居住医疗机构的公民所立遗嘱须根据其所在医疗机构类型由医疗机构的处室的主任医生、副主任医生或值班医生以及军队医院院长、养老院和残疾人福利院院长或主任医生证明;二是被继承人在悬挂俄罗斯联邦国旗的船舶上航行所订立的遗嘱,须经所在船舶船长予以证明;三是被继承人在进行勘察、北极考察或其他类似考察的过程中所订立的遗嘱,须经考察队首长予以证明;四是在职军人所立遗嘱,在没有公证员在场的部队驻地的情况下,部队文职人员及其家属的遗嘱以及军人家属的遗嘱,须经部队指挥员予以证明;五是服刑之人身处监狱等限制人身自由之场所所立遗嘱时,须经监狱等限制或剥夺人身自由场所的首长予以证明。另外,对银行资金权利的遗嘱处分书的效力予以肯定,赋予其具有公证遗嘱

---

① 杨立新:《民法分则继承编立法研究》,《中国法学》2017年第2期。
② 王蜀黔:《中俄继承法若干问题比较》,《时代法学》2004年第2期。
③ 《俄罗斯联邦民法典》第1125条。
④ 《俄罗斯联邦民法典》第1127条。

之效力。《俄罗斯联邦民法》就以上遗嘱情形作出的形式及程序作了具体规定,体现了对特殊情况下的公民遗嘱继承权利的特殊保护,同时也是对公民私有财产保护原则的体现。

  第六,在遗嘱有效性条件的规定上。我国《草案》第922条以列举式规定了遗嘱无效的4种情形①:对遗嘱订立行为能力予以限制,即无民事行为能力人抑或限制民事行为能力人所立的遗嘱无效;对遗嘱的真实意志的保障,即规定立遗嘱人在受欺诈、胁迫情形下所立遗嘱无效;三是对遗嘱的真实性予以规定,即伪造的遗嘱应属无效;对瑕疵遗嘱的效力予以认定,即遗嘱被篡改时,篡改之内容无效。同时,对于瑕疵遗嘱以特殊情形予以效力肯定,即继承法实施前订立的、形式上稍有欠缺的遗嘱,但内容合法合理,又可充分证明确为遗嘱人真实意思表示的,可以认定遗嘱有效。②《俄罗斯联邦民法》对遗嘱效力认定采用列举式和分散性规定相结合的原则。分散于各个条文中的主要情形有:一是对遗嘱订立作出一般性规定,即订立遗嘱的主体须为完全民事行为能力人,须由本人亲自订立③;二是违背遗嘱订立的书面形式和证明规则的情形下所立遗嘱应属无效遗嘱④;三是在遗嘱书写、签字、证明或交付公证员时没有见证人在场或见证人属于其被排除在见证人之外的情形时遗嘱当属无效遗嘱;四是秘密遗嘱的订立应由立遗嘱人亲笔书写和签字,违背相关规则之情形所订立遗嘱为无效遗嘱⑤;五是对非常情形下所立遗嘱,在非常情形消除后未按法定时限进行遗嘱重新订立的,则在非常情形下所立遗嘱自动失去效力⑥。除以上情形外,《俄罗斯联邦民法典》第1131条对遗嘱无效情形亦采用列举式规定⑦,并规定遗嘱无效应有自始无效和可撤销遗嘱两种类型。无效遗嘱主要有:一是遗嘱可以由法院根据被遗嘱侵害了权利和利益的人的请求认

---

  ① 2019年《民法典·继承编(草案)》第922条。
  ② 最高法院《关于贯彻执行〈中华人民共和国继承法〉若干问题的意见》:"继承法实施前订立的,形式上稍有欠缺的遗嘱,如内容合法,又有充分证据证明确为遗嘱人真实意思表示的,可以认定遗嘱有效。"
  ③ 《俄罗斯联邦民法典》第1118条。
  ④ 《俄罗斯联邦民法典》第1124条。
  ⑤ 《俄罗斯联邦民法典》第1126条。
  ⑥ 《俄罗斯联邦民法典》第1129条。
  ⑦ 《俄罗斯联邦民法典》第1131条。

定为无效遗嘱,此规定体现了遗嘱继承的权利和义务相统一的原则;二是对形式瑕疵遗嘱的认定,在法院确定不影响遗嘱继承的情况下,应视为遗嘱有效,反之则无效;三是瑕疵遗嘱的无效之部分可以单独认定,且不影响其他部分之效力;四是规定遗嘱无效时,遗嘱所指定的继承人抑或受遗赠人依法继承或依其他有效遗嘱继承的权利不因无效之遗嘱受剥夺。遗嘱的效力在被继承人死前不得被上诉质疑,但夫妻共同遗嘱除外,夫妻一方可随时提出质疑,而不论另一方是否死亡,且也可在另一方死亡后,单方面退出夫妻共同遗嘱。在遗嘱订立形式与效力上,我国《草案》采用"6+1"的立法形式,即 6 条分别规定遗嘱形式,简单明了,未做具体细化处理,这就要求在遗嘱继承执行过程中多采取排除性规定,即不符合遗嘱订立的形式性要件即为无效,这也为后续出台相关司法解释解决实践中的新问题留有余地。《俄罗斯联邦民法》则针对每种遗嘱形式制定规则原则及程序作出明确性规定,结合其司法经验尽可能地涵盖可能发生之情形,虽然这样立法体系性较差,但适用性较强。

(三)遗赠制度的规定与比较

遗赠制度为遗赠遗嘱继承的一项重要内容,在意志自由原则的指引下,中俄两国都将遗赠制度的规定作为遗嘱继承的重要方式,从法律上对遗嘱行为的法律效力给与肯定与完善。相比而言,我国《草案》对此的相关规定较为简单,仅仅涉及三个条文的规定,且放在遗嘱继承相关规定之下,作为款项规定。《俄罗斯联邦民法典》对遗赠相关规定较为详细而具体。对于遗赠制度,我国《草案》规定:(1)自然人可订立遗嘱将个人财产赠给法定继承人以外之国家、集体、人。[①] 此处并未作出"法定继承人以外的自然人"的表述,这就为胎儿等特殊主体享有遗赠留有空间;同时,在遗赠对象的排列顺序上,以遗赠给"国家、集体、人"的顺序加以排列,可见,我国《民法典》的编纂中更加凸显中国特色社会主义国家的性质。(2)在遗嘱见证人的排除事项上,规定继承人与受遗赠人不可作为见证人[②]。(3)对遗嘱继承或者遗赠附有义务

---

① 2019 年《民法典·继承编(草案)》第 912 条。
② 2019 年《民法典·继承编(草案)》第 919 条。

的,继承人或受遗赠人应当履行义务①。(2)、(3)规定都是将遗赠人与继承人作同等主体对待,并无特别之处,体现了遗赠亦应遵守权利与义务相统一的原则。《俄罗斯联邦民法典》对遗赠制度单独作出两个条文②:一是对遗赠的范围进行一般性界定,规定遗嘱包括遗赠,并对遗赠的标的作出列举,同时肯定遗赠关系中的债权债务关系与转遗赠的情形;二是对遗赠的执行方式与程序加以规定,当受遗赠人被立遗嘱人要求履行遗赠义务时,应当履行遗赠义务方能进行遗赠执行,但以在移转给他的遗产中扣除应偿付立遗嘱人的债务和遗产中超过必继份额的部分的价值为限。同时,针对数个继承人的数额比例进行限定,并对受遗赠权利加以限制。上述规定突出了遗赠的特殊性,肯定其属于遗嘱继承但本身又具有特殊性。俄罗斯遗赠制度的细致规定具有参考价值。

三、俄罗斯立法考察背景下对中国《民法典·继承编》遗嘱继承制度的立法建议

当前,我国遗嘱继承制度的改革与完善是技术理性与价值理性的统一、形式正义与实质正义的交织、立法技术与立法理念的融合。③ 为提升我国《民法典·继承编》的立法水准,切合社会需求与民众诉求,对中俄两国遗嘱继承的相关立法进行比较,对我国《民法典·继承编》遗嘱继承制度修订原则、遗嘱形式与效力规定以及遗赠制度的健全与完善等有积极的借鉴意义。

(一)遗嘱继承制度修订原则应加强

我国《民法典·继承编(草案)》在遗嘱继承制度的原则方面未有明确的层次体现,但从理论及立法技术上分析,《民法典》《民法典·继承编》对于遗嘱继承制度的原则可以有层次上的体现,即遗嘱继承制度的基本原则及其特殊性应在《民法典·继承编》的基本原则下予以体现和突出。针对遗嘱继承制度在继承编中的地位,应在继承法的普遍性原则之下有其本身具有的特殊性原则。笔者结合俄罗斯联邦遗嘱

---

① 2019年《民法典·继承编(草案)》第923条。
② 《俄罗斯联邦民法典》第1137、1138条。
③ 王歌雅:《民法典编纂:性别意识与规范表达》,《中华女子学院学报》2019年第2期。

继承制度,提出我国遗嘱继承制度的特殊性原则:

第一,遗嘱自由原则。该原则是被继承人及继承人意思自治的最大体现,也是继承制度意思自治原则在遗嘱继承方面的延伸。在整个遗嘱制度的规定中,遗嘱的设立与变更、继承权的放弃、遗嘱形式的订立与选择等皆体现该原则。[1] 虽然继承规则旨在提供法律的确定性,但不可能在所有的情形下都实现,除非立遗嘱人积极行使了作为当事人的意思自治[2],尽管意思自治也是有限制的。同时,保护私有财产原则的本质是个人对自我财产处分意志的表达,实现遗嘱自由,可以体现对私有财产的保护,所以,遗嘱自由原则作为遗嘱继承制度的首要原则是理所当然的。

第二,继承权利与义务相一致原则。遗嘱继承过程中,对于附有义务的遗嘱或遗赠行为,若不坚守此原则,便可随意放弃义务而能享有权利,且在遗嘱继承过程中多处涉及该原则。[3] 权利与义务相一致原则亦体现遗嘱继承财产的合法性,当继承人以非法手段试图获取遗产时,此原则可作为剥夺其继承资格的利器。

第三,道德关怀原则(养老育幼原则)。在遗嘱自由的限制性规定中,中俄两国的遗嘱继承制度均对弱势群体有所关注。《草案》规定,应为缺乏劳动能力又没有生活来源的特定的继承人保留必要的遗产份额[4],这是值得肯定的。同样,俄罗斯联邦对遗嘱继承中的特留份制度也有相关规定[5],其目的都是为实现遗嘱自由与社会公平的平衡,如若遗嘱继承缺乏道德关怀,则易导致分配不公,从而失去法律公平正义的普遍价值。实践中典型的案例,即备受关注和饱受争议并引起人们深刻反思的"泸州二奶继承案"[6]。在遗嘱是否会因违背公序良俗而无效和受遗赠人能否享有接受遗赠的权利之间,通过良好的制度设计才能

---

[1] 陈苇:《外国继承法比较与中国民法典继承编制定研究》,北京大学出版社 2011 年版,第 74—75 页。

[2] Magdalena Pfeiffer, Legal certainty and predictability in international succession law, *Journal of Private International Law*, 2016, Volume 12, Issue 3, p. 566.

[3] 杨立新:《家事法》,法律出版社 2013 年版,第 374 页;房绍坤主编:《亲属与继承法》(第 2 版),科学出版社 2015 年版,第 155—158 页。

[4] 2019 年《民法典·继承编(草案)》第 920 条。

[5] 《俄罗斯联邦民法典》第 1119、1149 条。

[6] 四川省泸州市中级人民法院民事判决书(2001)泸民一终字第 621 号民事判决书。

找到平衡点。因此,我国应当在遗嘱继承制度中完善这一原则并进行系统性规划,这样才能确保法定继承人不因遗嘱人的滥用遗嘱自由原则而陷入生活困难的窘境,使得家庭成员间扶养义务在被继承人死后可以自然延续,符合我国传统家庭的人伦观念,①进而实现家庭内部成员的和谐及达到良好的社会效果。

(二)遗嘱形式及配套制度规定应完善

遗嘱形式的规定其遗嘱制度的核心内容,也是遗嘱继承实现的重要保障。针对我国现有立法中遗嘱形式的不足与完善,笔者提出以下建议。

第一,秘密遗嘱的设定与遗嘱秘密需要加强。我国在遗嘱设定中,并未体现遗嘱隐私权的保障。俄罗斯联邦立法不仅对秘密遗嘱给予设定,亦对遗嘱秘密加以保障,秘密遗嘱为各国所推崇,为充分实现遗嘱人的意志自由,保障其不因订立遗嘱而失去法定继承人的关怀,应赋予遗嘱人订立秘密遗嘱之权利。遗嘱制定过程中遗嘱秘密的保障,虽有观点认为遗嘱隐私权应属隐私权之一种,属人格权规定范畴,不应在继承制度中作出重复性规定,但考虑设立遗嘱本身是保障被继承人的个人意志的实现,其设定内容所体现隐私性实则为遗嘱人的"自我意志自由",公开遗嘱内容极易妨碍遗嘱自由的实现。为此参与遗嘱制定之人员负有保密义务,以充分保障遗嘱的顺利制定与执行。

第二,遗赠制度的具体规则予以完善。遗赠制度历来是继承法中的重要内容,也是实际生活中不可或缺的制度,因其具有特殊性,应予以关注,但我国《草案》中并未就其做具体规定,没有充分关注该制度的特殊性。这种安排与遗嘱继承的相关制度不配套,不能充分保证各方当事人通过遗嘱实现自己的利益,②具体而言,我国遗赠制度的规定存在以下问题:一是未对遗赠的类型进行划分;二是对遗赠执行未作保障性规定;三是只有遗赠人的权利规则,而接受与放弃的规则缺失;四是关于附义务的遗赠,其法律效力规则有待加强。③ 笔者建议:就遗

---

① 徐振增、赵雅琨:《论遗嘱自由之限制与我国继承法的完善》,《前沿》2010 年第 10 期。
② 杨立新:《民法典继承编草案修改要点》,《中国法律评论》2019 年第 1 期。
③ 陈苇、宋豫:《中国大陆与港、澳、台继承法比较研究》,群众出版社 2007 版,第 402—406 页。

赠可规定为特定遗产的遗赠和概括遗赠两种类型并予以细化；遗赠的执行可作出规则性与程序性规定，以保证遗赠的顺利执行；对于遗赠的接受与放弃可以作时限上规定，即超过规定时限可视为对遗赠的放弃；同时，可设定继承回复请求权对遗赠的侵权损害予以救济。由此，通过具体细致的规则设计，使司法实践更具可操作性。

一国继承法律制度的完善与健全，涉及一国民事法律制度体系的完备，进一步讲，更关系到对私人财产（遗产层面）处分的终极关照，①甚至是对私权保护在制度价值上的绝好体现。遗嘱继承制度更是如此。良好的遗嘱继承规则能够体现对继承自由理念的贯彻，以及对不同利益主体在继承愿望等方面的私法关怀。有比较才有鉴别。通过对《俄罗斯联邦民法》中关于遗嘱继承制度的阐述及比较，透视该制度遵循的个人意志自由、道德关怀、权利义务的和谐统一等立法原则，以及保障遗嘱效力优先、遗嘱形式多样选择、养老育幼道德关怀，进而实现利益平衡与协调的诸多规定，并对我国《民法典·继承编》的制定与完善提出建议，更好地实现遗嘱继承的形式正义与实质正义。

在财产权如此重要的今天，继承法应该发挥其应有的价值，而遗嘱继承充分体现了私法自治之精神，其制度价值与规则设计更应该引起立法者的重视，通过比较分析，扬长避短，形成一个完整、科学的遗嘱继承规范体系，这对于丰富中国社会主义法治特色的《民法典》有着重要的积极意义。

The legal system of testamentary succession in China and Russia
Yang Jian　Liu Guanhe

Abstract：The testamentary succession is an important part of the legal system of succession between China and Russia. Due to the influence of political, economic, cultural and other factors, there are some

---

① 王蜀黔：《中俄继承法若干问题比较研究》，武汉大学 2004 年博士学位论文，第 5 页。

differences in the provisions of testamentary succession from the concept of system design to the content of rules. Russian testamentary succession system is deeply influenced by German and Japanese legal system, and its provisions are detailed and specific. The legislative principles of Chinese testamentary succession system are brief and closely integrated with the reality of China. By analyzing the legislative basic principles, form and effect of the testamentary succession system of the two countries, and the differences existing in the bequest system, it is not only helpful to the perfection of the legislative of the succession system of the Civil Code of our country, achieve a balance between freedom of will and social justice; but also plays an important role in correctly handling the inheritance relationship between China and Russia.

Keywords: The inheritance system of China and Russia; Codification of Civil Code; inheritance under a will; Inheritance chapter

如何规制数字金融资产：
加密货币与智能契约
——俄罗斯联邦《数字金融资产法》草案评述

张建文[*]

内容摘要：数字金融资产的法律规制，重点在于规定加密货币和代币的法律地位，核心问题是是否赋予其货币的属性和职能，即是否具有法定支付手段的资格和功能，还是仅仅赋予民法上普通财产的地位，承认其可流通性。代币的发行及其交易程序也是法律规制的重点，即如何降低代币发行和流通中给代币持有人可能带来的风险，降低对整个金融秩序的冲击。数字金融资产的技术特性使其更容易被用于洗钱和资助恐怖主义活动，其本身的法律规制与反洗钱法、银行业立法以及货币立法的协调，也是值得高度关注的。俄罗斯立法者试图将数字金融资产定位为普通财产，既不是本国货币，也不是外汇，不属于法定支付手段；代币的发行具有准有价证券发行的特点，同时特别注意保护非合格投资者

---

[*] 张建文，西南政法大学教授，博士生导师。本文系2016年度司法部国家法治与法学理论研究项目"新生权利的理论与实践问题研究"（项目编号：16SFB2001）、教育部人文社会科学重点研究基地重大项目"新兴权利的基本问题研究"（项目编号：16JJD820031）、西南政法大学人工智能法律研究教师研究创新项目"人工智能机器人的法律调整：阿西莫夫法则的贡献与局限"（项目编号：2018-RGZN-JS-ZD-10）的阶段性成果。

的利益;对于数字金融资产的流通问题,特别是兑换为本国货币、外币以及其他加密货币或者代币等,引入了"数字金融资产交易业者"的制度。

关键词:加密货币;虚拟货币;代币/令牌;智能契约;数字金融资产

加密货币,也称为虚拟货币,已经在世界上许多国家得到广泛使用。非中央化的虚拟货币(加密货币)是分布式的、基于数学原则的、对等的、具有开放源代码的虚拟货币,它们没有中央管理者,也缺乏中央化的监督和监察。① 目前存在的加密货币中使用最广泛的就是比特币(биткойн②)。比特币以其简单易用、缺乏中央化的国家监控、交易匿名性以及不与现有的任何国家货币相捆绑等优点,而被大量用于支付通过互联网购买的商品、移动通信服务费用、进行跨境汇款等。2013 年比特币开始在泰国被禁止。在美国,比特币作为虚拟货币而被认为应当进行适当方式的监管。不同国家对于调控与确定虚拟货币的法律地位以及在本国境内加密货币实施交易的可能性等问题的态度也各不相同。

俄罗斯联邦国家杜马代表 А. Г. Аксаков、И. Б. Дивинский、О. А. Николаев 以及联邦委员会成员 Н. А. Журавлев,依照俄罗斯联邦总统普京 2017 年 10 月 21 日第 2132 号令的委托,依据 2017 年 10 月 10 日就金融领域中使用数字技术问题会议的结果起草的③俄罗斯联邦法律《数字金融资产法(草案)》④于 2018 年 3 月 20 日正式提交国家杜马审议。同时,在 3 月 26 日,俄罗斯国家杜马代表 В. В. Володин 和 П. В. Крашенинников 向国家杜马提交了《修改俄罗斯联邦民法典第一、二和四部分》的联邦法律草案(以下简称"数字权利法案"),试图将

---

① Ковалёв Пётр Викторович, Берёза Алексей Николаевич. Нормативно-правовое регулирование криптовалют(«витуальных валют»),Молодой учёный . №8(142). С. 235.
② 也即是英语中的 bit-coin,бит 来自作为信息单位的 bit,койн 来自货币 coin。
③ ПОЯСНИТЕЛЬНАЯ ЗАПИСКА к проекту федерального закона «О цифровых финансовых активах».
④ О проекте федерального закона № 419059 - 7 «О цифровых финансовых активах».

数字权利、数字货币等规定纳入民法典。

在此之前，就有俄罗斯学者提出在立法上调整加密货币的必要性，认为："虚拟货币处在法律领域之外，实施使用加密货币特别是比特币的交易和法律行为，在俄罗斯联邦境内将会对实施该类交易的人产生消极后果。虚拟货币在目前作为一种全球新金融技术创新，在其出现之前，世界上任何一个国家尚不存在对其的调整机制。考虑加密货币产生的社会关系的特点而设计其法律调整，会在诸多方面降低当前在法律领域之外使用虚拟货币有关的风险"，"首先必须进行虚拟货币的法律认定。在国际立法中和学术上都缺乏统一的关于加密货币的本质、其可能的调整，以及承认或者是消极地禁止正在产生的与使用加密货币特别是比特币有关的社会关系的影响的一致观点，因为在目前的确是存在着通过使用加密货币实施将犯罪途径取得的收入合法化（洗钱）和资助恐怖主义的交易的可能性。"[1]

立法理由书认为，"该法律草案符合欧亚经济联盟条约的规定，以及俄罗斯联邦的其他国际条约的规定"[2]。俄罗斯舆论认为，俄罗斯可能在最短时间内成为第二个对合法使用区块链技术实施司法管辖的国家[3]。

根据立法理由书的描述："该法草案的目的是，在立法上规定，在俄罗斯法律领域中，在目前最广泛适用的使用包括分布式数字交易登记簿在内的数字金融技术创制和（或）发行的金融资产的定义，以及为俄罗斯法人和个体经营者，通过发行作为数字金融资产之一种的代币途径，为吸引投资创造法律条件。"[4]也就是说，该法的立法目的（也决定了其立法内容）主要是规定数字金融资产及其相关的定义，以及为融资目的而发行代币创造法律条件。

---

[1] Ковалёв Пётр Викторович, Берёза Алексей Николаевич. Нормативно-правовое регулирование криптовалют（«витуальных валют»），Молодой учёный . №8(142). C. 235.

[2][4] ПОЯСНИТЕЛЬНАЯ ЗАПИСКА к проекту федерального закона «О цифровых финансовых активах».

[3] См. редакция журнала «Промышленно-торговое ПРАВО»: Декрет «О развитии цифровой экономики» vs проект российского закона, https://ilex.by/news/dekret-o-razvitii-tsifrovoj-ekonomiki-vs-proekt-rossijskogo-zakona/.

按照俄罗斯国家杜马正在审议的《数字金融资产法(草案)》[1](以下简称"草案"),数字金融资产立法是要"调整数字金融资产的创设、发行、保管和流通时产生的关系,以及在行使智能契约的权利和履行其义务时产生的关系"(《草案》第1条)。

一、数字金融资产的概念、法律地位与法律制度

根据立法理由书,"为了实现所提出的目的,在法律草案中引入了包括加密货币和代币的数字金融资产的定义,并在立法上规定了电子形式签署的新的合同——智能契约,其所产生的债之履行通过使用数字金融技术实现。前述定义在一个(代币)发行人和多个(加密货币)发行人/矿工的特征的基础上,确定加密货币和代币的关键差别,以及其发行的目的,同时规定,无论是加密货币,还是代币均为财产。在此情况下,法律草案直接规定,数字金融资产不是俄罗斯联邦境内的法定支付手段。"[2]也就是说,加密货币以及代币(也称令牌)在法律性质上属于财产,在特定领域可以用作支付手段,但并非法律规定的法定支付手段。"此外,法律草案还给出了诸如数字登记和数字交易的概念,并规定了从事新种类活动的法律基础,例如,旨在创建加密货币或者取得以加密货币作为报酬的活动(矿工),以及确认在分布式数字交易登记簿中的数字登记的有效性的活动(验证),即属之。"[3]

根据《草案》第2条的规定,数字金融资产(Цифровой финансовый актив),是指"使用加密设备创设的电子形式的财产"。数字金融资产包括"加密货币(криптовалюта)"和"代币(токен)"[4]。

加密货币(Криптовалюта)是指,"由登记簿的参加者依照数字交易登记簿办理规则,在分布式数字交易登记簿中创设和登记的一种数字金融资产"。加密货币的取得与挖矿(Майнинг)的概念紧密相连,即"意在创设加密货币或者以取得加密货币形式作为报酬的验证活动"。与2017年12月21日白俄罗斯共和国总统签署的第八号《数字

---

[1] 本文除有特别指明者外,所使用的概念、术语和直接引用的文本均为该法草案的相关规定。

[2][3] ПОЯСНИТЕЛЬНАЯ ЗАПИСКА к проекту федерального закона «О цифровых финансовых активах».

[4] Токен 也有译作令牌的,为了指称更广泛起见,笔者采用代币的译法。

经济发展》总统令(以下简称"白俄罗斯数字经济发展令")将独立的(无论是否以劳动合同或者民法合同吸引其他自然人参与)挖矿、取得和转让代币(令牌)的活动不视为经营者活动不同,按照俄罗斯《数字金融资产法》草案的观点,挖矿的行为可以被视为经营行为,即"挖矿,从事挖矿的人在三个月内连续超过俄罗斯联邦政府规定的能源使用限额时,视为经营者行为"。

而所谓的代币是指"由法人或者个体经营者(发行人)为了融资而发行的,并在数字交易登记簿中登记的一种数字金融资产",其目的是为吸引投资。

根据《草案》第 2 条,数字金融资产虽然属于财产,但是并不是法定的支付手段,"数字金融资产在俄罗斯联邦境内不是法定支付手段",也就是说,代币可以兑换为其他财产,可以兑换任何商品,但不得用于支付工资、支付税款等等。这一点与白俄罗斯数字经济发展令不同,在白俄罗斯代币可以兑换为白俄罗斯卢布、外汇、电子货币、代币/加密货币。根据现有俄罗斯联邦的货币立法,加密货币,特别是比特币,并不是俄罗斯的货币,也不属于外汇,尚不能进行储蓄或者放置在俄罗斯信贷组织的账户上。加密货币和代币具有货币替代物的性质,但是仍然不是法定支付手段,不能用作一般等价物。

俄罗斯立法者试图以所有权和登记簿制度来规制数字金融资产,认为:"对该财产的所有权通过将数字登记载入数字交易登记簿的方式予以证明"。所谓的数字交易(Цифровая транзакция),是指"意在创设、发行、流通数字金融资产的行为或系列行为"。数字交易要在数字交易登记簿中登记,数字交易登记簿(Реестр цифровых транзакций)意味着"在特定时点形成的数字登记的体系化数据库",数字登记(Цифровая запись)即"关于在数字交易登记簿中记载的数字金融资产信息"。

在加密货币中,通常使用分布式数字交易登记簿(Распределенный реестр цифровых транзакций),即"在依据保障所有登记簿使用者的同一性的既定算法基础上,在所有登记簿参加者的所有载体上同时保存、创设和更新的、在特定时点形成的、体系化的数字交易数据库"。所谓的数字交易登记簿参加者是指"依照数字交易登记簿办理规则从事数字交易的人"。在这里还存在着一个验证者(Валидатор)的角色,即"作为数字交易登记簿参加者,依照数字交易登记簿办理规则,从事数字交易登记簿中数字登记验证活动的法人或者自然人"。数字登记簿的验证(Валидация цифровой записи),是指"具有法律意义的、依照数字交易登记簿办理规则规定的程序而进行的、确认数字登记簿中的数字登记的真实性的行为"。

与数字交易紧密相关的概念是智能契约(Смарт-контракт),"其权利和债之履行通过以自动程序在分布式数字交易登记簿中按照该合同规定的严格顺序和在其规定的情势到来时实施数字交易而实现的电子形式的合同"。其本质仍然为合同之一种,其特殊性不在于其是电子形式的合同,而在于其权利行使和债之履行的特殊方式,即通过在分布式数字交易登记簿中实施数字交易而实现。

二、作为数字金融资产的代币发行的特殊性

根据该法的立法理由书,"法律草案规定了实施将代币兑换为卢布或者外汇交易的可能性。在此情况下,其他数字金融资产的可兑换性,以及实施此类交易的程序和条件,将由俄罗斯银行与俄罗斯联邦政府协商后规定。"①

所谓的代币发行(выпуск токенов)是指"代币发行人旨在向代币购买者移转代币的系列行为"(《草案》第3条第1款)。根据立法理由书,"为了保障对非合格投资者的保护,法律草案赋予俄罗斯银行(Банк России)拥有对非合格投资者的人购买代币的数额设立限制的权限"。②根据该《草案》第3条第1款的规定,一种代币只能有一个发行人。这就意味着,在俄罗斯任何法人和个体经营者都可以为了融资目的发行代币,而不是限定于特定的主体。相比之下,《白俄罗斯数字经济发展令》就规定只有作为法人的高技术园区居民才有权自主或者依照与高技术园区的其他居民的服务合同在白俄罗斯和境外创设和流通自己的代币。此外,根据《草案》第3条第1款的规定,不符合《有价证券市场法》规定的合格投资者(квалифицированные инвесторы)资格的人在一次发行的框架内所可购买的代币的最大数额由俄罗斯银行

---

①② ПОЯСНИТЕЛЬНАЯ ЗАПИСКА к проекту федерального закона «О цифровых финансовых активах».

规定。按照俄罗斯财政部的设想,非为合格投资者的人可以购买的代币数额不得超过5万卢布。

根据立法理由书,"在法律草案中,占据特殊地位的规定是,在俄罗斯联邦境内发行代币程序的法律基础的条文,在目前广为人知的代币就是初始代币发售(ICO, Initial Token Offering)","法律草案的该条文规定了为进行代币发行程序的系列行为,规定代币发行应当依据公开要约进行,其资料构成由法律草案规定,并规定代币发行人必须进行补充信息披露"。①

根据提案人的设想,代币的发行程序由以下两个阶段构成:

第一阶段,即公开要约阶段。在该阶段,"代币发行人在电子信息通讯网络——互联网上公布投资备忘录、包含购买其所发行的代币的条件的要约(代币发行公开要约, публичная оферта овыпуске токенов),以及发行人规定的为发行代币所必要的其他文件"(《草案》第3条第2款)。

第二阶段,即缔结合同阶段。包括以智能契约方式缔结旨在转让代币以及其购买人支付代币价款的合同。

值得注意的是,代币发行公开要约应当包括必要的信息(草案第3条):1. 发行人(如果存在的话)及其受益占有人的资料,即代币发行人(如果存在的话)及其受益占有人的全称、(如果存在的话)发行人及其受益占有人的所在地及其常设执行机关的地址、发行人在"互联网"上的官方网站;2. (在发行人自主登记代币持有人权利的情况下)对向其交存的代币发行公开要约和投资备忘录副本履行保存活动的人的信息;3. 购买所发行代币的价格或者价格的确定方式;4. 开始缔结购买所发行代币的合同的日期;5. 发送对代币发行的公开要约的承诺方式,包括发送承诺的期限,以及支付所购买的代币价款的方式;6. 有关依照《有价证券市场法》作为非合格投资者的人所可购买的代币的最大限额的信息;7. 数字交易登记簿办理规则,包括验证数字交易的程序;8. 关于开设用于保存所购买代币的信息的数字钱包的程序,以及获取数字交易登记簿的程序信息;9. 发行人规定的其他资料。

---

① ПОЯСНИТЕЛЬНАЯ ЗАПИСКА к проекту федерального закона «О цифровых финансовых активах».

代币发行的公开要约应当由履行作为发行人的法人的独任执行机关职能的人或者作为发行人的个体经营者的合格电子签名签署。

如果代币持有人的权利登记是由发行人自主办理,则发行人有义务将代币发行的公开要约和投资备忘录副本交由履行保管活动的人。

所谓的受益占有人是来自反洗钱法上的概念,即"最终直接或者间接(通过第三人)占有(在资本中拥有超过 25% 的多数股权)作为法人的客户,或者有权利监督客户的行为的自然人"[1]。按照该法提案人的设想,该法的受益占有人的概念直接适用反洗钱法上的定义。

投资备忘录(Инвестиционный меморандум)根据《草案》第 3 条和第 4 条应当包括:1. 发行人的信息:全称和简称、创设的目的(在存在的情况下)、主要活动类型;2. 发行人的股东(参与者)的信息,以及发行人的管理机关结构和权限的信息;3. 代币发行的基本目的和发行代币所取得的资金使用方向,如果代币发行是为了进行特定项目的融资,要给出该项目的描述,包括商业计划书(如果存在的话)及其实施期限,以及有关项目执行风险的信息;4. 吸引投资的建议条件;5. 赋予代币持有人的权利和行使该权利的方式;6. 发行人认为有必要在投资备忘录中指出的其他信息。投资备忘录应当由履行作为发行人的法人的独任执行机关的人或者作为经营者的个体经营者签署,以此证明在备忘录中的所有信息真实完整。

投资备忘录、数字交易登记簿办理规则,以及依照该法应当与代币发行公开要约同时公布的其他文件,应当在不迟于代币发行要约中指明的、开始缔结旨在由代币发行人将其移转给占有人的合同之日前三个工作日公布。在代币发行要约公布之前,所发行的代币不得以使用广告的任何方式和任何手段向潜在的购买人提供(《草案》第 3 条第 5 款)。

三、数字金融资产流通的特殊性

根据立法理由书,"为了降低数字金融资产占有人在实施前述交

---

[1] Федеральный закон от 07.08.2001 N 115 - ФЗ (ред. от 29.07.2017) «О противодействии легализации (отмыванию) доходов, полученных преступным путем, и финансированию терроризма» (с изм. и доп., вступ. в силу с 28.01.2018).

易时的风险,并保障遵守反对通过犯罪途径取得的收入合法化和资助恐怖主义立法的要求,所有的交易都应当通过数字金融资产兑换业者进行,他们只能是依照俄罗斯联邦立法设立,并从事1996年4月22日第39号联邦法律《有价证券市场法》第3、4、5条规定类型活动的法人,或者是依照2011年11月21日第325号联邦法律《有组织投标法》作为贸易组织者的法人"①。

按照俄罗斯立法者的设想,对于代币的交易,引入了"数字金融资产交易业者"(Оператор обмена цифровых финансовых активов)的概念,即"实施将代币兑换为卢布或者外币交易的法人"。该业者只能是依照俄罗斯联邦立法设立并从事《有价证券市场法》规定的活动种类的法人,②或者依照《有组织投标法》作为贸易组织者的法人③。也就是,拥有证券交易所许可证或者交易系统许可证的商品市场和(或)金融市场经纪商、外汇交易商等等。

根据该法案起草者的设想(参看该法《草案》第4条),数字金融资产占有人只能通过数字金融资产兑换业者,才有权实施将代币兑换为卢布、外币(иностранная валюта)的行为。其他可以在俄罗斯联邦境内实施的数字金融资产兑换交易,以及实施该类交易的程序和条件由俄罗斯中央银行与俄罗斯联邦政府协商后规定。

根据立法理由书,"为了给保存和实施数字金融资产交易创造条件,法律草案引入了数字钱包的概念"④。数字钱包(Цифровой кошелек)作为一种"得以保存数字登记信息的软件技术手段","可以保障对数字交易登记簿的获取"。

有学者在该法案提交之前就指出:"这可以降低与使用虚拟货币有关的风险,并防止使用虚拟货币将通过犯罪途径取得的收入合法化和资助恐怖主义的后果","最好是规定比特币交易的最大透明度,可以识别该类交易的客户、其代理人、受益人和受益占有人,规定来自主

---

①④　ПОЯСНИТЕЛЬНАЯ ЗАПИСКА к проекту федерального закона «О цифровых финансовых активах».

②　Федеральный закон от 22 апреля 1996 г. No 39 - ФЗ «О рынке ценных бумаг».

③　Федеральный закон от 21 ноября 2011 г. No 325 - ФЗ «Об организованных торгах».

管国家机关获取加密货币交易有关信息的明确法律依据"①。依据该《草案》第 4 条,数字钱包只能在依照联邦法律《反对将通过犯罪途径取得的收入合法化(洗钱)和资助恐怖主义法》对占有人实施识别程序后,由数字金融资产交易业者开立。数字钱包的开立、数字登记信息的保存、办理、撤销程序,以及对数字钱包保护的要求由俄罗斯联邦中央银行规定。

值得注意的是,该法律草案中并没有规定,是否将有关保守银行秘密的立法规范适用于在使用加密货币特别是实施比特币交易过程中产生的关系,有俄罗斯学者提出不应当将有关保守银行秘密的立法规范适用于该类关系,原因在于:"第一,加密货币没有应用于银行业实践,而仅仅由私人公司和自然人作为私人资金使用。第二,加密货币在俄罗斯不是现金,也不是法定支付手段,将其认定为货币资金也是可疑的。加密货币不作为金钱替代物的流通,不受银行立法和本国支付系统立法的调整。在起草调整加密货币流通规范性法案时,必须考虑到设立比特币交易的可保密性是不可取的。"②

对于该法律草案,有俄罗斯媒体评论指出:"在法律草案中,详细规定了初始代币发售(ICO)的程序,并简化了加密平台活动的准入。"但是法律草案最具意义的一点应当是,在加密平台空间的活动将会开放给所有经营主体。法律草案包含了一系列的限制,以排除将数字资产用于服务非法商业活动以及试图使通过犯罪途径取得的收入合法化和资助恐怖主义的可能性,即设定非合格投资者的代币交易数额的门槛、数字钱包必须授权和透明。

四、数字权利、数字货币、大数据合同的民法典回应

提交国家杜马的民法典修改草案("数字权利法案"以下简称"草案"),在如下方面进行了修改:1. 在关于民事权利客体的条款中,增加了关于数字权利的规定。根据该《草案》第 1 条,原法典第 128 条修改为"物(包括现金和文件化有价证券)、含财产权利(包括无体化货币

---

①② Ковалёв Пётр Викторович, Берёза Алексей Николаевич. Нормативно-правовое регулирование криптовалют («витуальных валют»), Молодой учёный . №8 (142). C. 236 - 237, C. 237.

资金、非文件化有价证券、数字权利)在内的其他财产"属于民事权利客体。将数字权利作为其他财产予以规定;2. 在民事权利客体分编的一般规定中,增加了专门的关于"数字权利"(第1411条)和"数字货币"(第1412条)的条款;3. 在法律行为的一般规定(第160条)中增加了关于通过信号传输,包括在互联网上填写表格的形式表达自己意愿的书面形式的法律地位;4. 在债法总则部分,在关于债之履行的一般规定(第309条)中增加关于债之自动化履行的条款即第2款,在金钱之债的货币条款中增加了数字货币的规定,即可以使用数字货币作为履行货币;5. 在债法分则部分,在买卖合同部分第454条第4款中规定,可以将买卖合同的规定适用于数字权利的买卖;6. 在零售买卖合同的形式(第493条)中做了修改,增加交付电子文件作为零售买卖合同以适当形式缔结的规定;7. 在商品公开要约(第494条)中增加了在互联网上发布公开要约的情形;8. 在有偿服务提供合同中增加了"提供信息交付服务合同"的规定;9. 在知识产权法部分,修改了第1260条第2款第2段关于数据库的定义,以适应大数据交易的需求。

根据该《草案》的立法理由书,该草案"以在民事立法中规定几个关键条款为目的,在此基础上俄罗斯立法者就能够对电子通讯信息网络中存在的新型经济关系客体(日常生活中的代币、加密货币等)市场进行调整,保障在数字环境下,实施和履行包括提供大数据(信息)交易在内的法律行为的条件","实际上,这些新型客体是由包括俄罗斯公民或者法人在内的电子通讯信息网络的参加者创制和使用的,但是并不被俄罗斯立法所承认","草案的任务不是描述所谓的数字客体可以一般流转的条件(如对创建这些客体或者组织流转主体的要求),也不是规定其他的公法性规定,包括对保障相应流转的安全性的要求。换句话说,草案所涵盖的只是民法规范","与此同时,没有这些规范,就甚至难以对'数字客体'市场进行有限的调整。如果这种'客体'没有在俄罗斯联邦民法典中予以规定,如果没有规定这种实体在民事权利客体中的地位,如果没有规定这种'客体'是否可纳入破产时的破产财团或者遗产,那就根本不可能通过指出有权拥有这些客体的人的范围而实现对相应'客体'的有限流转"。

(一)数字权利(цифровое право)制度

该草案在民事立法中引入了一个基本概念"数字权利"。在民法

典中规定该范畴可以确保:

1. 数字权利在民事权利客体体系中的地位(《草案》第 128 条第 1 款);2. 指明该客体的流转能通过登记载入信息系统(新条款第 1411 条第 2 款);3. 描述了客体的流通能力(оборотоспособность объекта)(新条款第 1411 条第 3 款),包括直接允许其进行买卖(对《俄罗斯联邦民法典》第 454 条第 4 款的明确);4. 向公民和法人就该客体实施的法律行为提供保护(新条款第 1411 条第 5 款)。

根据该草案的理由书的规定,"'数字权利'作为新的法律拟制,其在本质上近似于有价证券,因此,将该权利推定理解为,证明对民事权利客体的权利的电子数据的总和(数字密码、标符)。不言而喻,数字权利只能证明对物、其他财产、工作成果、提供服务、专属权的权利"[1]。而且,"实现数字权利关系稳定化的重要因素是,指明该类权利只能在法律规定的情况下才能被承认。这一点可以将对经济而言重要的内容(在日常生活中它们被称为"代币",但不排除会出现新的)与对经济而言不具有意义或者只具有较为有限意义的、次要的或者危险的内容(如会员卡奖励(бонусы по картам лояльности)、网络游戏虚拟物品(виртуальные предметы в сетевых играх)等)区分开来"[2]。

对于数字权利的定义,根据《草案》第 1411 条第 1 款,在法律规定的情况下,除了非物质利益之外,民事权利客体可以在符合法律规定的、非集中式信息系统中存在的电子数据的总和(数字密码或者标符)证明之,条件是该信息系统的信息技术和技术设备能够保障拥有唯一可获取该数字密码或者标符的人,在任何时候了解对相应民事权利客体的描述。前述数字密码或者标符被承认为数字权利。

关于数字权利的主体认定,根据《草案》第 1411 条第 2 款第 1 段,拥有唯一可获取本条第 1 款所称的、能够实施数字权利处分行为的数字密码或标符的人,视为数字权利的拥有者。在法律规定的情况下,数字权利的拥有者可以是拥有该唯一可以获取的人,在登记记载中指明为该身份的其他人。

"创建数字权利、其适用范围和流通特点将包含公法规范并由俄

---

[1][2] Пояснительная записка к проекту федерального закона «О внесении изменений в части первую, вторую и четвертую Гражданского кодекса Российской Федерации».

罗斯银行、财政部、经济发展部以及其他部委参与起草的联邦法律规定。为了使得纳入民法典中的'数字权利'概念的定义能够起作用,就需要在其他法律中规定诸如该权利如何在符合法律规定的非集中化的信息系统(分布式登记簿)中存在的重要标准。为了实现这个任务,需要规定非集中化信息系统的特征,如2006年6月27日第149号'关于信息、信息技术和信息保护'的联邦法律。"①

对于以数字权利证明的民事权利客体的移转,以及对其设定负担或者处分限制,只能在将相关信息载入信息系统的条件下才能移转、设定负担或者处分限制。根据《草案》第1411条第2款第2段,对本条第1款中规定的民事权利客体权利的移转,只能通过将数字权利移转给取得者的信息载入信息系统的方式实现。根据《草案》第1411条第2款第3段,如果法律没有不同规定,以数字权利证明其权利的民事权利客体的负担或者处分限制,仅在将关于此类数字权利负担或者处分限制的信息载入信息系统时产生。推定数字权利的取得者知道该负担或者限制。

根据《草案》第1411条第3款,数字权利可以依据与由数字权利证明其权利的民事权利客体相同的条件(《俄罗斯联邦民法典》第129条)下,考虑本法典和其他法律规定的特殊性从一个人转让或者移转给另一个人。根据《草案》第1411条第4款,如果数字权利证明权利(请求),则该权利(请求)依照本条规定的程序移转,但以公证形式实施的以及依照立法要求债务人同意的权利(请求)让予情形除外。在此情况下,债务人无权援引缺乏债之依据或者债之依据无效而拒绝履行债务,也无权针对债权人以数字权利证明的请求提出在客体的描述中所没有的抗辩。根据《草案》第1411条第5款,如果数字权利法律行为符合本法典和其他法律规定的要求,公民和组织的源自该法律行为的请求应当受司法保护。

(二)数字货币(цифровые деньги)制度

该《草案》第1412条规定了数字货币制度。根据立法理由书的解释,"草案引入'数字货币'的概念(日常生活中的加密货币),并规定一

---

① Пояснительная записка к проекту федерального закона «О внесении изменений в части первую, вторую и четвертую Гражданского кодекса Российской Федерации».

个主要规则——数字货币不是法定支付手段。但是在法律规定的情况下和条件下(也就是说在将来),数字货币可以由自然人和法人在受监督的范围内依照另外规定的程序作为支付手段(新条款第1412条第2款)"[1]。

根据第1412条第1款,在符合非集中化信息系统特征的信息系统中创建的、并由该系统的使用者进行支付而使用的、并非证明对任何民事权利客体权利的电子数据总和(数字密码或者标符)可以被承认为数字货币。根据第1412条第2款,在俄罗斯联邦境内实施各种支付、划账、存款和汇款时不得强制接受数字货币,但在法律规定的条件下,数字货币可以由自然人和法人作为支付手段使用。

数字货币与数字权利的差别在于,"如果说数字权利在实质上给予某人某项请求的可能性,则数字货币并没有给予这种可能性,它们并不是由黄金或者其他资产保障的。在该阶段它只是借助计算机技术创造的有条件的单位。"[2]根据第1412条第3款,在依照本条第2款数字货币可以作为支付手段的情况下,可以对数字货币的流通适用关于数字权利的规则(第1411条)。"为了描述数字货币如何(在法律规定的情况下和范围内)实现流通,在起草的《民法典草案》(数字权利案)第1412条中适用了一个著名的法律技术方法——数字权利的规则将会适用于数字货币。这意味着在信息系统中应当存在关于数字货币持有人的描述以及这些货币只能借助于登记从一个人移转给另一个人。这种方法也使得可以将数字货币纳入债务人的破产财团和遗产,但是应当明白,即使在法律中直接规定的情况下,这也仅是存在于强制实施将该客体的权利的新的拥有者进行登记的技术时才有可能。"[3]值得注意的是,"数字货币可以与外汇一样在制定协议中的货币条款时使用"。[4]

(三)便利化实施数字权利法律行为的修改

为了便利化实施数字权利法律行为,将包括合同在内的法律行为的相关民法典规则(对民法典第160、432、493、494条)进行了完善。

一个人借助于电子的或者其他类似技术设备(如通过信号传送,

---

[1][2][3][4] Пояснительная записка к проекту федерального закона «О внесении изменений в части первую, вторую и четвертую Гражданского кодекса Российской Федерации».

包括通过填写在互联网中的表单)表达自己的意愿,将等同于普通的书面法律行为。这将为缔结日常生活中所谓的"智能契约"奠定基础,也使得实施系列单方法律行为得以简化。在以下情况下借助技术设备的意愿表达的情势将成为遵守书面形式的条件:1. 按照接受实施前述行为的意思表示的条件,为意愿表达而言即为已知的。如在互联网网页上,在信息系统中,包括在智能手机中安装的软件中,描述了点击OK按钮的条款,并且从这些条款中可以知道,对于完全的意思表示而言该点击即为已知;2. 从在相应活动领域中所形成的习惯可知,该类行为即为已知。重要的是要考虑到,在现代世界上大部分意思表示都是(借助于点击智能手机上的按钮,借助于在台式计算机上敲击按键等)通过发送信号而实施的。所有这些行为在实质上都是具有法律意义的通知(民法典第 1651 条),但大部分都还是单方法律行为。[①] 将所起草的修改纳入《民法典》第 160 条将会助推民事权利主体在提供授权委托书、给予实施法律行为的同意、放弃合同等情况下的新的意愿表达方式。这将不仅会符合数字时代的挑战,也会符合大部分民事流转参加者的呼声。[②]

(四) 数字权利法律行为(智能契约)和自履行法律行为的履行

为了履行数字权利法律行为,在《俄罗斯联邦民法典》第 309 条中引入了一个唯一需要在法律中规定的规则——计算机软件实施的法律行为履行事实,不得争议(干扰软件运作的情形除外)。[③]

在识别了系统中的使用者之后其进一步的行为服从组织网络的计算机软件的算法,而购买某种虚拟客体(数字权利)的人,在使用者协议规定的情形产生时,自动取得该客体。比如某人是拥有个性化编码且保存在职业保管人处的一盒钻石的数字权利的拥有者。在信息系统中,对该客体的法律行为可以自动履行,无需法律行为当事人的额外指示或其他的意思表示——卖主将会被划掉数字权利,而买主会被划掉货币,而且按照一般规则,不得对该扣划行为提起争议。实际上,旨在缔结合同的意愿,在该法律行为也包括了旨在履行从该合同所产生之

[①②③] Пояснительная записка к проекту федерального закона «О внесении изменений в части первую, вторую и четвертую Гражданского кодекса Российской Федерации».

债的意愿。按照起草者的观点,"对智能契约而言,不需要任何其他的规范,对其他的该法律行为当事人关系的调整而言,现行民法典就非常合适了。"①

（五）收集和处理大量的非个人信息（大数据）的合法化问题

为了解决收集和处理大量的非个人信息（即日常生活中的大数据）的问题,在民法典中引入了新的合同——"信息提供服务合同"（新的《民法典》条款第 7831 条）,并扩展了数据库的概念（修改了《民法典》第 1260 条第 2 款第 2 段）。②

根据该《草案》第 7831 条,新增加的信息提供服务合同的特殊性在于"履行者根据合同有义务实施向订购者提供特定信息的行为的合同（信息提供服务合同）,可以规定一方当事人或者双方承担在特定期间内不得实施会导致信息被向第三人披露的行为的义务"。

根据理由书的解释,"民法典新条款第 7831 条的任务不在于,使得仅仅在民法典中规定合同的名称（使其成为有名合同）。必须直接解决法律行为当事人所面临的经济任务,体现他们的利益,即使得移转给订购者的信息不得为第三人所使用。众所周知,消极内容之债在俄罗斯法律秩序中也是允许的（参看《民法典》第 307 条第 1 款）"。③

同时,由于《民法典》第 1260 条现有的内容,将数据库定义为"材料的总和",这个概念目前在解释上极端受限,因而在草案中提出了更为一般性的概念,即"数据和信息的总和"。这种解决方案使得有可能将数据库解释为任何大规模信息的汇编,最终使得俄罗斯联邦民法典第 4 部分规定的合同类型能够适用于该类客体的关系之中。④

五、结语

在笔者尝试从民法的民事权利客体角度探讨和研究数字金融资产这种新型民事权利客体时,感觉到了包括但不限于加密货币和代币等在内的数字金融资产作为一种数字金融技术创新,具有较为复杂的技术特性,但这仅仅是数字金融资产的技术特性,从法律的角度而言,如

---

①②③④ Пояснительная записка к проекту федерального закона «О внесении изменений в части первую, вторую и четвертую Гражданского кодекса Российской Федерации».

何为数字金融资产的取得、持有、移转提供法律基础和降低相关交易风险的法律条件,才是立法者必须要关注的。俄罗斯立法草案所提出的包括数字交易、数字交易登记在内的数字金融资产交易登记与验证制度、数字金融资产交易业者、代币发行程序以及代币购买限额等规定,以及数字金融资产立法与反洗钱立法、货币立法、银行业立法等相关立法的协调配合,对于我国通过立法调整数字金融资产方面,具有重要的借鉴价值。

俄罗斯通过关于数字权利的法案不仅规定了基础性的调整数字权利和数字货币、缔结和履行在所谓的数字环境下的法律行为的民法规范,而且也可以解决一系列其他的问题。特别是,对由于该类客体而产生的权利的司法保护,包括保护权利持有者免于滥用。将会消除目前存在的将这些客体投入到不受监管的数字环境以及将其从追索中撤离,包括在破产的情况下,为了将通过犯罪途径取得的收入合法化以及资助恐怖主义。将数字权利纳入民事权利客体也会为建构对该类客体或者对创建与该类客体的活动进行征税的规范体系奠定法律基础。[①]

How to Regulate Digital Financial Assets:
Cryptocurrencies and Smart Contracts
— Review of the draft of the Digital Financial Assets Law of the Russian Federation
Zhang Jianwen

Abstract: The legal regulation of digital financial assets focuses on the legal status of cryptocurrencies and tokens. The core question is whether to endow them with the property and function of its currency, that is, whether it has the qualification and functions of legal means of payment, or just has the status of ordinary property in the civil law and its liquidity. The issuance and transaction procedures of tokens are also the

---

[①] Пояснительная записка к проекту федерального закона «О внесении изменений в части первую, вторую и четвертую Гражданского кодекса Российской Федерации».

focus of legal regulation, that is, how to reduce the possible risks to the holders of tokens in the issuance and circulation of tokens and reduce the impact on the whole financial order. The technical characteristics of digital financial assets make it easier to be used for money laundering and terrorist financing. The coordination of its own legal regulations with anti-money laundering laws, banking legislation and monetary legislation is also highly regarded. Russian legislators attempt to position digital financial assets as ordinary property, neither national currency nor foreign exchange, and not as legal payment methods; the issuance of tokens has the characteristics of quasi-valuable securities issuance, with special attention to protect the interests of non-qualified investors. As for the circulation of digital financial assets, especially the conversion to domestic currency, foreign currency and other cryptocurrencies or tokens, the system of "digital financial asset traders" was introduced.

Keywords: cryptocurrencies; virtual currency; token; smart contract; digital financial assets

俄罗斯亚太能源政策及对中国的影响

贾少学[*]

内容摘要：借助相关文献梳理俄罗斯亚太能源政策举措，深入剖析其不同演进阶段；结合国际政治经济形势揭示亚太能源政策的背后存在着的多方面动因，指出俄罗斯亚太能源政策形成带有鲜明的地缘政治与法律属性；面对俄罗斯获得利益最大化意图，必须有针对性提出符合中国现实利益的应对之道。

关键词：亚太地区；俄罗斯能源；中国外交；能源安全

俄罗斯能源投资制度服务于对外能源战略，其所规制下的现行投资环境对于中俄能源合作具有重要影响，面对俄罗斯复杂的政策法律环境，中国应加强有关理论研究，以便有效避免对俄罗斯投资风险。目前中国正积极参与俄罗斯远东能源开发活动，但国内对俄罗斯能源问题的研究较多关注于宏观战略层面的考虑，对能源投资政策与法律缺乏综合性分析。加强对俄罗斯亚太能源政策研究，探究其内在承载的价值与功能，深入分析背后的国内政治经济背景，从而对我国"一带一路"倡

---

* 贾少学（1978—），男，山东莱阳人，上海政法学院副教授、博士、法学博士后。本文为司法部部级项目"中国参与上海合作组织能源合作法律协调与制度规制研究"（项目编号：15SFB5037）阶段性成果。

议的推进提供智力支持。

一、俄罗斯亚太能源政策主要内容

苏联解体初期,俄欧关系出现积极变化,欧洲表现出接纳俄罗斯的倾向,在此背景下俄罗斯亦在国内积极进行政治体制与市场经济转型,并加快速度与国际接轨,与欧洲靠拢。在 1995 年 5 月发布的《2010 年前俄罗斯能源战略》确立了能源战略政策雏形。该战略明确俄罗斯经济转型措施是借助燃料能源开辟国际市场与释放国际合作的潜力。指出"在对外关系政策中,俄罗斯能源战略立基于我们的西方伙伴,特别是欧洲国家对俄罗斯与独联体国家的能源战略的基础上,致力于确保和提高能源的供应可靠性,以替代阿拉伯的石油和天然气。"[1]最后该战略"结束语"中明确提出"我们的长期能源政策不能着眼于俄罗斯的作用定位仅仅是在国际社会中的能源原材料的主要供应商"。[2]《2010 年前俄罗斯能源战略》体现了苏联解体初期俄罗斯能源政策重点是主要发展欧洲市场,具体追求经济效益以及俄罗斯能源公司在国内外市场的竞争力,必须进行能源生产结构的重大调整,包括对能源领域的原料开采效率与能源开发潜力的评估。此成为未来国际格局演变中俄罗斯所持能源战略演进的基础。

2000 年普京就任俄罗斯总统后以来,亦积极发展与欧美关系,如强调要重返欧洲,建立共同的欧洲安全体系等。在 9·11 事件发生之后,普京积极支持美国的反恐战争,同意美国和北约军队用吉尔吉斯斯坦等中亚国家的军事基地。俄罗斯能源政策此刻已经充分注意到了亚太能源战略重要地位。2007 年慕尼黑峰会,普京就安全问题对欧美第一次表现出强硬态度,不再像以前一样低眉顺眼,要求欧美尊重俄的合法利益。2008 年 10 月金融危机使得俄罗斯《2020 年前俄罗斯能源战略》的能源目标无法预期实现。2009 年年初,俄罗斯与乌克兰天然气危机再次严重影响俄欧关系,俄罗斯作为可靠安全能源供应商的角色

---

[1][2] Ю. КОРСУН, заместитель министра Министерства топлива и энергетики Российской Федерации Энергетическая стратегия России до 2010 г: Топливно-энергетический комплекс", http://www.allrus.info/main.php?ID=153830&arc_new=1.

不复存在①。而亚洲经济经历过金融危机后亦在不断崛起，能源需求巨大。

近年来，欧洲面对俄罗斯"断气"风险与"要挟"，以及本身存有的冷战思维，能源危机意识加强，也正在不断深化自身能源多元化战略，积极发展新能源产业：包括在2010年出台的"2020能源战略"、2011年出台"2050能源路线图"，欧盟意图摆脱对俄罗斯的能源依赖明显，加之美国近年来页岩气革命等多重因素影响，从长期看俄罗斯需要调整自身的能源战略。2012年5月俄罗斯成立远东发展部，并将管理机构设在远东城市哈巴罗夫斯克，作为联邦权力执行机构，协调国家计划和联邦总体规划，包括俄罗斯联邦政府以清单的方式批准的长期规划，在联邦远东区内的实施活动。2014年2月俄罗斯发布了《2035年前俄罗斯能源战略》，对之前2009年11月发布的《2030年前俄罗斯能源战略》进行了若干修正，除了重申"外部能源政策的战略目标是在加强改善俄罗斯能源部门竞争力的基础上，强化俄罗斯在国际能源市场上的地位，提升产品品质，出口产品和地域多样化。"②提出能源发展应从资源原材料初级开发向资源创新转变。能源不应是俄罗斯经济的输血者、火车头，而应成为俄罗斯经济发展的基础。《2035年前俄罗斯能源战略》分为三个连续阶段以实施国家能源政策措施：第一阶段(2014—2020年)这是内部结构调整阶段，旨在对交通和能源基础设施发展中的克服"瓶颈"，奠定了创新能源产业的发展基础。第二阶段(2021—2025年)这是资源和创新的阶段，开发建设的新经济的基础设施以及新能源对世界能源市场的适应。第三阶段(2026—2035年)这是创新经济发展的阶段，俄罗斯能源输出达到发达国家的效率水平。

二、俄罗斯亚太能源政策的动因与考量

2014年3月发生的乌克兰危机将俄罗斯推向与多个西方大国全面对抗的危险境地，2014年10月起欧美经济制裁导致俄罗斯国内卢布大幅贬值，2014年12月由于受到欧盟阻挠俄罗斯宣布放弃"南溪"

---

① 2007年俄欧在能源、反导系统、科索沃独立等问题发生严重分歧，2008年俄欧因格鲁吉亚问题再次互相指责，直至2009年俄欧争执依然存在。

② Энергетическая стратегия России на период до 2035 года. Основные положения ред. от 07.02.2014, http://www.energosovet.ru/stat835.html.

管道等诸多情形。① 将促使俄罗斯对亚太地区能源政策构建步伐加快。

表 1　俄罗斯 2030 年前石油开采分期开发预测②

	2005 年	2008 年	1-й Этап 第一阶段	2-й Этап 第二阶段	3-й Этап 第三阶段
Добычанефти-всего（млн. Тонн）全部开采量（百万吨）	470.2	487.6	486—495	505—525	530—535
Север, Северо-Запад（北部、西北地区）	24.5	29.1	32—35	35—36	42—43
Поволжье（伏尔加河地区）	52.7	54.1	49—50	44—45	34—36
Урал（乌拉尔地区）	49.2	52.6	45—47	36—41	25—29
Кавказ, Прикаспий（高加索、里海地区）	4.9	4.8	7—11	19—20	21—22
Тюменская область（秋明州）	320.2	319	282—297	275—300	291—292
Восточная Сибирь（东西伯利亚）	0.2	0.5	21—33	41—52	75—69
Дальний Восток（远东地区）	4.4	13.8	23—25	30—31	32—33
Томская область（托木斯克州）	14.1	13.7	12—13	11—12	10—11

---

① "南溪"天然气管道项目由俄罗斯天然气工业股份公司和意大利埃尼公司于 2007 年 6 月共同发起。这一项目于 2010 年开工，预计于 2015 年年底前竣工投产，耗资总额约 450 亿美元，预计年输气能力为 630 亿立方米。该管道建设项目计划穿越土耳其的黑海海底至保加利亚上岸。管道在保加利亚境内分两个支线，西北支线经过塞尔维亚、匈牙利、斯洛文尼亚至奥地利，西南支线经过希腊和地中海通往意大利。该项目指向明显，旨在绕过乌克兰把俄罗斯天然气输送到南欧国家，实现俄对欧洲能源供应渠道的多样化。

② Энергетическая стратегия России на период до 2030 годараспоряжением Правительства Российской Федерации от 13 ноября 2009 г. № 1715－р., http://www.minenergo.gov.ru/activity/energostrategy/.

亚太地区存在飞速增长的能源需求。从能源进口地区看,无论是日韩,还是中印对于中东和北非的石油有着较强的依赖,以期实现国家能源进口战略的多元化。根据有关统计,2013年中国石油和天然气的对外依存度分别达到58.1%和31.6%,中国已成为全球第三大天然气消费国,报告预计,2014年我国的石油需求增速将在4%左右,达到5.18亿吨。石油和原油净进口量将分别达到3.04亿吨和2.98亿吨,较2013年增长5.3%和7.1%,石油对外依存度将达到58.8%。而有些国家则完全依赖进口,诸如日本和韩国。从当前的形势来看,俄罗斯的资源对亚太经济的发展是十分重要的。从全球来看,主要能源产地为中东、非洲、北极海洋陆架,以及西伯利亚地区。就能源供给层面,按照俄罗斯能源部门的规划与预测,该地区油气储量和开采能力能够满足亚太地区未来能源需求的增长(见下文图表)。

表2　2035年前俄罗斯能源资源出口指标预测①

计量指标	2010年	2012年	2020年	2025年	2035年
总出口(百万吨标准燃料)	890	902	982/926	1 034/918	1 087/892
与2010年出口量百分比	100	101	110/104	116/103	122/100
其中包括:					
原油(百万吨)	249	239	246/241	253/227	254/189
天然气(10亿立方米)	223	215	262/240	309/262	360/301
煤(百万吨/标准煤)	78	100	117/100	123/96	123/87
电能(输出-10亿千瓦/时)	17	17	30/19	35/23	45/32

---

① Энергетическая стратегия России на период до 2035 года. Основные положения ред. от 07.02.2014, http://www.energosovet.ru/stat835.html.

近年亚太地区东北亚国家的能源竞争较为激烈。目前,中、日、韩三国的共同目标是努力实现能源供给多元化,因而围绕俄罗斯的能源展开了较为激烈的竞争,而俄罗斯亚太能源战略的精髓即为平衡,借助能源工具保持同亚太各主要能源需求国的影响力,并力求在各国利益博弈过程中获取最大化利益。从俄罗斯能源外交战略看,俄罗斯欲借助能源优势在全球与地区范围以及双边关系层面上加强其政治和经济地位,拓展其战略发展空间,谋求政治和经济利益双赢,而就俄罗斯亚太能源领域战略框架分析,利用亚太地区需求实现能源利益最大化,俄罗斯不仅仅要搭乘亚太经济的快车、利用中国发展的机遇,且依托与东方国家的经济合作克服西方制裁造成的严重经济困难。可以预料,俄罗斯与亚太国家中、日、韩等国的经济合作将会大幅升温,俄东部开发战略也会进一步提速。

中俄能源合作既能使俄罗斯得到一个长期稳定的石油及天然气销售市场,又能解决中国由于经济快速发展产生的能源紧缺问题。而中俄能源合作中,中国已处于与地区其他国家激烈竞争的地位,应高度关注地缘政治背后的利益博弈。中俄作为友好邻邦,无论在政治理念上还是对一系列国际问题的看法上双方基本上保持一致,并且中俄已彻底解决了两国边境领土的历史问题,这为两国合作提供了稳固的政治基础。仅仅依靠一国力量,单纯从一国立场出发的能源合作无法有效应对当下能源危机,努力发展中俄战略协作伙伴关系,坚持平等、互信、互利原则,增加双方交流机会,通过扩大民间文化交流渠道,构建一个相互依赖、相互信任的亚太多边合作机制,是维护亚太地区和平、繁荣发展的有力保障。俄罗斯力求在未来亚太经济合作过程中通过灵活多变的能源合作和外交方式构筑有利于俄罗斯亚太战略实施的机制基础,有望对国际格局和国际秩序的改变产生巨大推动作用,改变严重失衡的国际格局和不公正的国际秩序。

俄罗斯近年明显加大了对远东能源开发的步伐和支持力度,政府相继采取了多项举措。俄罗斯的能源投资环境经历了从政府垄断到市场开放,然后从无序竞争再到国家严格调控的不同阶段,表现出了一种私有化—寡头垄断—再国有化的总体发展轨迹。1991年《俄罗斯联邦外商投资法》出台,确定了外国投资者在俄境内投资活动的基本准则,对外资进入提供税收优惠,完善投资金融监管基础。

1999年《俄罗斯联邦外商投资法》允许投资手段多样化,确立了外国投资者在经营过程中的基本权利保障,逐步消除国内投资者与国际投资者的监管差异。如在2010年公布了《俄罗斯联邦远东及贝加尔地区2025年前发展战略》,加大了对东西伯利亚和远东地区的开发力度;2011年成立了远东及贝加尔地区发展基金,为远东开发进行项目融资;2012年5月成立远东发展部并将管理机构设在远东城市哈巴罗夫斯克,作为联邦权力执行机构发挥协调国家计划和联邦总体规划的作用。《俄罗斯对外政策构想》(2013)明确指出,俄罗斯利益在于积极参与亚太地区一体化进程,利用其潜力以实现西伯利亚和远东经济振兴计划,并在亚太地区建立一个透明而平等的集体安全与合作架构。2014年12月俄罗斯出台《俄联邦超前社会经济发展地区法》,特别提出法案生效后的前3年,远东联邦区是建立超前发展区政策实施的指定区域。通过上述不断强化能源战略目标的方式,俄罗斯旨在运用能源手段实现国家战略目的,亚太能源合作是俄罗斯能源外交的重要组成部分。

三、俄罗斯亚太能源政策对中国的影响

在俄罗斯全球乃至亚太能源战略部署及调整中,通过引进外资来促进俄罗斯油气综合体的发展,提高新技术的应用,向外国投资者开放自然资源等一系列举措,对于开辟亚太地区的能源市场,促进该地区的能源合作至关重要。[①] 中国和其他亚太能源需求国一样,与俄罗斯的能源合作具有很强的"互补性"。在国内层面,俄已初步形成以联邦法律为主导、调整范围包括能源资源勘探、开发、运输、销售、利用等多领域活动的法律框架。俄罗斯亦较早开展能源合作投资的法律基础工作,涉及能源合作投资有关的重要法律文件如:《俄罗斯联邦外国投资法》《俄罗斯联邦产量分成协议法》等。俄罗斯国内能源立法对于外资进入较为严苛,比较重视国内能源资源的权属保护,外国投

[①] 由于地缘政治的变化,从苏联统一的燃料能源体系脱离出来的一些独联体国家在客观上同俄罗斯形成了竞争。包括阿塞拜疆、哈萨克斯坦、乌兹别克斯坦和土库曼斯坦等国,它们都具有丰富的油气储量,在生产和出口领域拥有独立的政策。可是更新改造能源基础设施,需要投入大量的资金,而俄罗斯经济尚处在恢复增长阶段,尤其受2008年金融危机、乌克兰危机所引发的美欧制裁、2014年下半年国家石油价格大幅下跌等因素的影响。

资法律风险较大。俄积极与亚太地区主要国际组织和机制确立密切关系,俄罗斯在2009年5月12日总统令《2020年前国家安全战略》明确指出:"俄罗斯将加强同多边合作机制的互动关系,如'八国集团','二十国集团'、中印俄会晤机制、金砖四国(巴西,俄罗斯,印度和中国)等框架内的合作,以及积极利用其他非正式的国际机构。"① 从而为实现全面融入亚太地区政治、经济、安全等一体化进程建立合作基础。

在能源法律方面,俄罗斯制定与修订了一系列与能源有关的法律,其中与能源投资有关的重要法律文件如:《俄罗斯联邦铁路法》《俄罗斯联邦电力法》《俄罗斯联邦有限责任公司法》《俄罗斯联邦外国公民法律地位法》《俄罗斯联邦关于外资进入保障国防和国家安全具有战略意义商业组织程序法》俄罗斯联邦环境保护法》《俄罗斯联邦生态评估法》《俄罗斯联邦租赁法》《俄罗斯联邦节能法》《俄罗斯联邦国际商事仲裁法》《俄罗斯联邦外商投资法》《俄罗斯联邦产品分成协议法》《俄罗斯联邦天然气出口法》《俄罗斯联邦劳动管理法》《俄罗斯联邦大陆架法》《俄罗斯联邦仲裁机构法》等。

对俄合作中各类能源许可文件的获取与续签往往成为重要的法律风险地带,2007年英国石油公司与俄方合资的秋明BP公司因为产量未达到目标值,而被俄政府告知将撤销其开发东西伯利亚科维克塔天然气田许可证,其间经过复杂谈判,最终以秋明BP公司被俄罗斯石油公司全面收购而告终。俄罗斯亦曾多次发生对能源进口国中断油气供应以达到战略制衡的目的,中国投资者应当树立海外投资保险与融资担保观念,对在东道国可能发生的带有政治风险性质的情形,包括战争、暴乱、国有化征收等,应事前评估进行风险投保。② 设立律师进场尽职调查与项目法律评估意见书制度;邀请法律专家参与谈判、审查项目合规性问题以及全方位提供涉外法律咨询、商业纠纷救济渠

---

① Указ Президента РФ от 12 мая 2009 г. N 537 "О Стратегии национальной безопасности Российской Федерации до 2020 года", http://base.garant.ru/195521/.
② 应当特别重视俄罗斯联邦及各联邦主体的投资法律规范、投资目的地的国家能源政策、所在地执法机关对外国投资者资本、资金控制手段以及劳务工作的政策变化等。对股权出让、资本重组及批准审查、地下资源许可证的有效期、许可证被收回或取消条款需要全面准确了解。

道等。

结语

俄罗斯作为世界大国,借助亚太能源战略提升俄罗斯能源基础设施建设、寻求更为有效的亚太多边合作机制、突破政治与经济困境的现实需求等多重因素,决定了其对外战略必然是全方位、多层次的。建立较为平衡的亚太外交和经济合作格局,是俄罗斯重申的亚太战略发展实质,这必然导致俄罗斯不会将自身利益与某一国、某一能源机制进行单一绑定,丧失战略全局性、灵活性。中俄能源合作近期取得重大突破表明双方的合作具有广阔的前景,只有不断增强和深化两国互信且更积极促成中俄能源合作,才能确保我国的能源安全以及维护国家的根本利益。放眼世界一体化进程的发展,能源市场中的能源消费国与能源生产国,借助于地区关系、区域组织不断形成着各自的能源链条,进行着各种互补、竞争与协作。亚太能源领域内竞争性的多元合作模式、政治与经济因素交织的多重利益博弈形态必会成为亚太地区能源关系发展的常态,也只有这样才能实现亚太各国真正的互利共赢。对中国学者而言,近年以来俄罗斯有关能源政策的变化十分频繁,需要对该领域进行长期追踪与跨学科研究,增加对跨国能源投资问题的对策性研究,积极建设有关俄能源投资方面的高水平智库,加快培养熟悉俄罗斯能源政策法律环境的实务人才。

Russia's Asia-Pacific Energy Policy and Its Impact on China

Jia Shaoxue

Abstract: With the help of relevant literature, Russia's Asia-Pacific energy policy measures were sorted out and its different stages of evolution were thoroughly analyzed. Combined with the international political and economic situation, this paper reveals the reasons behind the Asia-Pacific energy policy and points out that Russia's Asia-Pacific energy policy has distinct geopolitical and legal attributes. In the face of Russia's intention to maximize profits, it is necessary to put forward countermeasures in line with

China's practical interests.

Keywords: Asia-Pacific region; Russian energy; Chinese diplomacy; energy security

俄罗斯法官职业化建设

於海梅*

内容摘要：苏联时期审判员专业不强、待遇不高、地位从属，为了改变这些状况，俄罗斯开展了波澜壮阔的司法改革运动，颁布了许多与法官职业化建设相关的法律文件。法官是司法改革中起关键作用的因素，俄罗斯主要从法官的职业地位、职业准入、职业限制、职业教育、职业等级、职业道德、纪律责任、职业团体等八个方面开展了法官的职业化建设。

关键词：俄罗斯；法官；职业化

2019年4月23日第十三届全国人大常委会第十次会议表决通过了新修订的《中华人民共和国法官法》，这是我国1995年2月颁布该部法律以来的第三次修订。本次修订对法官的权利义务、遴选、任免、管理、考核奖励以及职业保障等作了较为全面的修改完善。"修改法官法是适应司法审判工作新的发展变化，推进法官正规化、专业化、职业化建设的客观需要。"[①]此次修订过程从2017年12月开始，经过两届全国人大常委

---

* 於海梅，南京师范大学法学院科研机构秘书兼外事秘书，中国法治现代化研究院研究员，法学博士。

① 周强：《关于〈中华人民共和国法官法（修订草案）〉的说明——2017年12月22日在第十二届全国人民代表大会常务委员会第三十一次会议上》，http：//www.npc.gov.cn/npc/xinwen/2019-04/23/content_2086166.htm。

会、共三次审议后通过。在此期间,国内法学界和实务界高度关注法官职业化建设这一主题,但是从目前资料看,国内至今尚无关注俄罗斯法官职业化建设的专题文章。今年是中俄建交70周年,俄罗斯也在2019年3月6日对其《俄联邦法官地位法》进行过最新的修订,交流两国法官职业化建设的情况,对于两国法学界和实务界具有重要意义。

一、苏联法官的地位和状况

勒内·达维德在《当代主要法律体系》中阐述了苏联审判员的特点,"其一,他是由选举产生的,其二,他不必是研究法律的。……苏联审判员无须研究过法律:选民的选举自由不应受任何能力、学历或实习期条件的限制。……社会主义法制原则事实上引起了对这种态度的重新考虑。共产党越来越多地只把或者有大学学历,或者具有可以证明其法学家品质的实际经验的候选人推荐给选民。给予审判员的待遇没有使他们的地位高于其他劳动者,人民法院审判员每月收入相当于一个中等技工的工资。"[①]从作者的这段阐述中我们可以看到,苏联时期审判员的专业不强、待遇不高。关于苏联审判员的选举制和独立性,1977年10月7日苏联最高苏维埃通过的《苏维埃社会主义共和国联盟宪法》第152条规定:"区(市)人民法院的人民审判员,由区(市)公民按照普遍的、平等的和直接的选举制,并采用无记名投票方式选举产生,每届任期5年。上级法院审判员由同级人民代表苏维埃选举产生,每届任期5年。军事法庭的审判员由苏联最高苏维埃主席团选举产生,每届任期5年。审判员和人民陪审员对选民或选举产生他们的机关负责和报告工作,并可以由选民或选举产生他们的机关依照法律规定的程序予以罢免。"第153条规定,"苏联最高法院法官由苏联最高苏维埃选举产生。苏联最高法院的组成人员,包括院长1人,副院长若干人、审判员和人民陪审员各若干人。各加盟共和国最高法院院长是苏联最高法院的当然成员。"第155条规定,"审判员和人民陪审员独

---

① [法]勒内·达维德:《当代主要法律体系》,漆竹生译,上海译文出版社1984年版,第234—235页。

立,只服从法律。"①1989年8月4日,苏联颁布了《苏联法官地位法》,这部法律共7章23条,从法官独立性的基本保障、法官的选举、法官的权利和义务、法官会议和职业资格委员会、法官的罢免和纪律责任等方面具体开始苏联法官的职业化建设。这部文件的第8条第1款对法官的专业性有明确要求:"年满25周岁具有高等法学教育背景且不少于2年法律职业工龄并通过职业资格考试的苏联公民可被选举为人民法官",第2款规定:"具有高等法学教育背景且不少于5年法律职业工龄,其中原则上有不少于2年担任法官的苏联公民可被选举为上级法院法官"。第10条第5款规定:"所有法官任期10年"。1989年11月,苏联还颁布了《苏联不尊重法院行为责任法》,着力提高法院和法官的地位。可见,苏联末期已经开始意识到重视法官职业化建设的重要性,颁布专门法律加强法官的专业性、提高法官的地位等。1990年6月12日,俄罗斯苏维埃联邦社会主义共和国最高苏维埃通过了《俄罗斯苏维埃联邦社会主义共和国国家主权宣言》,宣布俄联邦拥有"绝对主权"。1991年12月25日,苏联总统戈尔巴乔夫辞职,苏联解体。1992年1月5日,俄罗斯最高苏维埃通过决议,将"俄罗斯苏维埃联邦社会主义共和国"改名为"俄罗斯联邦",简称"俄罗斯"。1992年10月24日,俄罗斯最高苏维埃通过纲领性文件《俄罗斯苏维埃联邦社会主义共和国司法改革构想》(以下简称《司法改革构想》),以此文件为标志全面开启了当代俄罗斯司法改革的进程。这份文件指出了当时俄罗斯法官的实际地位和状况,"超过4/5的受访法官审判实务的剧烈变化与政治形势和上级法院指示的变化相关。……1980—1989年,在一个任期期间(5年)有近一半的人民法官离开。1989年春天,有20%的俄罗斯法官拒绝连任。1990年有11.5%的人民法官和4.7%的上级法官辞职。在法律部门工作变得越来越缺少威望……苏联1989年8月4日颁布的《苏联法官地位法》,至今没能帮助400名俄罗斯苏维埃联邦社会主义共和国法官,通过地方人民代表大会,购置设备完善的

---

① Конституция (Основной закон) Союза Советских Социалистических Республик (принята на внеочередной седьмой сессии Верховного Совета СССР девятого созыва 7 октября 1977 г.). Закон СССР от 4 августа 1989 г. N 328 – 1 "О статусе судей в СССР". 参见词条:苏维埃社会主义共和国联盟关于追究不尊重法院行为责任的法律,刘向文译,载许崇德主编:《中华法学大辞典·宪法学卷》,中国检察出版社1995年版,第559页。

独立套房或住宅。7 000 名法官需要改善其居住条件……人员短缺,法官因法律工作负重和贫困而'逃跑',该职业让人瞧不起……法院和司法人员的从属地位"①该文件明确,俄罗斯司法改革的主要方向之一是:"完善保障法官独立性以及只服从法律的制度、巩固其终身制原则"②。可见,在俄罗斯司法改革的大背景下,法官职业化建设迫在眉睫。

二、俄罗斯法官建设的制度表现

早在《司法改革构想》颁布之前,1999 年 6 月 26 日俄罗斯已经颁布了《俄联邦法官地位法》,这部法律具体规定了当今俄罗斯法官的社会地位,文件由 22 条和 7 个附件构成,从颁布至今已经经过了 50 多次修订③。该法第 1 条为法官——司法权的体现者,第 2 条为法官地位的一致性,第 3 条为对法官的要求,第 4 条为对法官候选人的要求,第 4.1 条为对法官候选人的体检,第 5 条为法官候选人的遴选,第 6 条为法官任职程序,第 6.1 条为法院院长和副院长的任职和撤职程序,第 6.2 条为法院院长和副院长的职权,第 7 条已删除,第 7.1 条为法官义务的履行,第 8 条为法官宣誓,第 8.1 条为法官的收入、支出、所拥有财产以及财产性债务的信息,法官配偶和未成年子女的收入、支出、所拥有财产和财产性债务的信息,第 9 条为法官独立性的保障,第 10 条为禁止妨碍法官活动,第 11 条为法官的任期,第 12 条为法官不可撤换,第 12.1 条为法官的纪律责任,第 13 条为法官职权的中止和法官的退休,14 条为法官职权的终止,第 15 条为法官的退休,第 16 为法官的不可侵犯,第 17 条已自《法官团体机构法》生效之日起删除,第 18 条已

---

①② 《俄罗斯苏维埃联邦社会主义共和国司法改革构想》(上),於海梅译,载公丕祥主编:《金陵法律评论》2015 年春季卷,法律出版社 2015 年版,第 346—352、343 页。

③ 14 апреля, 24 декабря 1993 г., 21 июня 1995 г., 17 июля 1999 г., 20 июня 2000 г., 15 декабря 2001 г., 22 августа 2004 г., 5 апреля 2005 г., 2 марта, 24 июля 2007 г., 25 декабря 2008 г., 7 мая, 2, 28 июня, 17 июля, 27 сентября, 9, 28 ноября 2009 г., 29 марта, 1 июля, 8, 23, 28, 29 декабря 2010 г., 21 ноября, 3, 8 декабря 2011 г., июня, 10 июля, 3, 25 декабря 2012 г., 4 марта, 7 мая, 2 июля, 25 ноября 2013 г., 12 марта, 4 июня, 21 июля, декабря 2014 г., 6 апреля, 28 ноября, 14, 29 декабря 2015 г., 3 июля, 19, 28 декабря 2016 г., 5 декабря 2017 г., 4 июня, 29 июля, 30 октября, 12 ноября 2018 г., 6 марта 2019 г.

自《法官团体机构法》生效之日起删除,第 19 条为法官的物质保障,第 19.1 条为保障法官居住场所,第 20 条为法官及其家庭成员的社会保障,第 20.1 条为法官的继续职业教育,第 20.2 条为法官的职业资格鉴定,第 21 条为司法权的象征,第 22 条为俄联邦劳动法对于法官的效力。附件 1 为法官候选人的收入、财产和财产性债务信息(已失效),附件 2 为法官候选人的配偶及其未成年子女的收入、财产和财产性债务信息(已失效),附件 3 为法官的收入、财产和财产性债务信息(已失效),附件 4 为法官配偶及其未成年子女的收入、财产和财产性债务信息(已失效),附件 5 为向全俄媒体提供关于法官收入、支出和所拥有财产信息的程序,附件 6 为俄联邦宪法法院法官相对于俄联邦宪法法院院长的职务工资和每月奖金的比例,附件 7 为其他法官相对于俄联邦最高法院院长的职务工资和每月奖金的比例。1993 年 12 月 12 日俄罗斯以全民公决形式通过了《俄联邦宪法》,在俄罗斯的国家根本大法中涉及的与法官职业化建设相关的条文有:第 119 条"年满 25 岁,具有高等法学教育背景和 5 年以上法律职业工龄的俄联邦公民,可以担任法官。联邦法律可以对俄联邦法院法官规定补充要求";第 120 条第 1 款"法官独立,只服从俄罗斯联邦宪法和联邦法律";第 121 条"1. 不可撤换法官。2. 除联邦法律规定的程序和理由外,不得终止或中止法官职权";第 122 条:"1. 不可侵犯法官。2. 除联邦法律规定的程序外,不得追究法官的刑事责任";第 128 条"1. 俄联邦宪法法院、俄联邦最高法院的法官由联邦委员会根据俄联邦总统的提名任命。2. 其他联邦法院的法官,由俄联邦总统依照联邦法律规定的程序任命"。可见,《俄联邦宪法》中规定了法官的专业性、独立性、终身制等原则。

1995 年 4 月 20 日俄罗斯颁布了《国家保护法官、护法机关和监察机关公职人员法》[①],该法是为了保障因履行职责可能会遭受蓄意侵害的法官、护法机关和监察机关公职人员、某些类别的军职人员以及国家安全机关工作人员的国家保护,以及为了给司法实施、与犯罪和其他违法行为作斗争创造相应的条件,规定了对上述人员及其亲属的生命、健

---

① Федеральный закон от 20.04.1995 N 45 – ФЗ "О государственной защите судей, должностных лиц правоохранительных и контролирующих органов".

康和财产进行国家保护的系列措施。该法共 6 章 23 条。第 1 章为总则，第 2 章为安全措施，第 3 章为保障安全的机构、采取安全措施的原因及程序，第 4 章为社会保护措施，第 5 章为国家保护措施的经费来源与物质技术保障，第 6 章为结尾条款。1996 年 1 月 10 日俄罗斯颁布了《法官和法院工作人员额外社会保障法》①，该法是一部对法官和法院工作人员进行额外社会保障的联邦法律，一共 10 条和 1 个附件。第 1 条目前已失效；第 2 条是被授予职位等级的法院工作人员可获得额外的补助，标准参照联邦公务员；第 3 条是已经有权取得按月领取终身赡养费的法官如果继续在工作，每个月给予月赡养费 50% 的补助，这笔费用可以在该法官退休时结算；第 4 条是转到其他地方工作的法官，本人及其家庭成员的搬迁费用全额报销；第 5 条是法官在给其提供住房之前有权获取因租房而产生的相关费用；第 6 条已被废除；第 7 条是关于法官工龄计算的；第 8 条是关于退休被返聘法官收入的；第 9 条是有疗养权但未去疗养的法官有权获得的补助；第 10 条是法律的生效条款；附件是各级联邦法官职务工资与俄联邦最高法院院长职务工资额度的百分比对照表。

1996 年 12 月 31 日俄罗斯颁布《俄联邦司法系统法》，该法共 5 章 38 条，其中也有关于法官独立和法官地位基本原则的内容。该法第 1 章第 5 条中规定了法官独立，第 2 章是俄联邦法官地位的基本原则，包括第 11 条法官、第 12 条法官地位的一致性、第 13 条法官任职程序、第 14 条联邦法院法官的任期、第 15 条法官的不可撤换性、第 16 条法官的不可侵犯性。

1998 年 12 月 17 日俄罗斯颁布了《俄联邦治安法官法》，治安法官是俄联邦司法系统的组成部分，主要负责一些轻微刑事和民事案件的一审。该法一共 12 条，第 1 条为俄联邦的治安法官，第 2 条为治安法官地位的保障，第 3 条为治安法官的管辖权，第 4 条为审判所，第 5 条为对治安法官及其候选人的要求，第 6 条为治安法官的任命（选举）程

---

① Федеральный закон от 10 января 1996 г. N 6 - ФЗ "О дополнительных гарантиях социальной защиты судей и работников аппаратов судов Российской Федерации". Федеральный конституционный закон от 31 декабря 1996 г. N 1 - ФКЗ "О судебной системе Российской Федерации". Федеральный закон от 17 декабря 1998 г. N 188 - ФЗ "О мировых судьях в Российской.

序,第 7 条为治安法官的任期,第 8 条为治安法官职权的终止、中止以及治安法官一职临时空缺时的替代,第 9 条为治安法官的行政机构,第 10 条为治安法官工作的财政和物质技术保障,第 11 条为治安法官审判庭内的国家权力标志,第 12 条为结尾条款。1999 年 12 月 29 日俄罗斯颁布的《治安法官的总体人数以及俄联邦主体中审判所的数量法》[①],该法一共 2 条,第 1 条具体规定各联邦主体即每个州、共和国、边疆区联邦直辖市、自治区设立治安法官即审判所的数量,第 2 条为该法律的生效条款。2001 年 5 月 28 日俄罗斯颁布的《俄联邦仲裁法院增加法官和行政人员法》,该法一共 3 条。第 1 条:为了给仲裁法院提供必要的条件实施审判,实现公民寻求司法保护的宪法权利:1. 规定 2001 年仲裁法院法官的人员编制为 3 158 人,其中俄联邦最高仲裁法院法官 90 人;仲裁法院行政人员 4 459 人;仲裁法院法官助手 1 000 名,其中俄联邦最高仲裁法院法官助手 50 人。2. 2002 年仲裁法院法官编制再增加 250 人,仲裁法院法官助手增加 1 000 人,其中俄联邦最高仲裁法院法官助手 40 人。第 2 条:第 1 条第 2 款中规定的增加仲裁法院法官和行政人员编制的经费在 2002 年的联邦预算中列支。第 3 条:该法自正式公布之日起生效。随着法官地位的提高,法官团体机构也得到重视,2002 年 3 月 14 日俄罗斯颁布了《俄联邦法官团体机构法》。该法一共 5 章 29 条,第 1 章为俄联邦法官团体和法官团体机构,第 2 章为法官职业鉴定委员会的职权,第 3 章为法官职业鉴定委员会的程序,第 3.1 章为考试委员会的职权和举办考试的程序,第 4 章为法官团体机构的工作保障,第 5 章为结尾条款。

2012 年 12 月 19 日第八届全俄法官代表大会通过的新《俄联邦法官道德规范》,这是俄罗斯的第三部《俄联邦法官道德规范》,前两部分

---

① Федерации". Федеральный закон от 29 декабря 1999 г. N 218 - ФЗ "Об общем числе мировых судей и количестве судебных участков в субъектах Российской Федерации".

Федеральный закон от 28 мая 2001 г. N 61 - ФЗ "Об увеличении штатной численности судей и работников аппаратов арбитражных судов в Российской Федерации".

Федеральный закон от 14 марта 2002 г. N 30 - ФЗ "Об органах судейского сообщества в Российской Федерации".

Кодекс судейской этики от 19 декабря 2012 г. (утв. VIII Всероссийским съездом судей 19 декабря 2012 г.).

别是 1993 年 10 月第二届全俄法官代表大会通过的《俄联邦法官道德规范》和 2004 年 12 月第六次全俄法官代表大会上通过的《俄联邦法官道德规范》。最新的《俄联邦法官道德规范》共 5 章 24 条,第 1 章为总则;第 2 章为对法官行为的总体要求;第 3 章为法官职业行为的原则与准则;第 4 章为非司法活动中法官行为的原则与准则;第 5 章为结尾条款。

三、俄罗斯法官建设的八个方面

法官职业化,即法官以行使国家审判权为专门职业,并具备独特的职业意识、职业技能、职业道德和职业地位①。从上文俄罗斯推进法官职业化建设的制度表现来看,《俄联邦宪法》确定了法官的独立性和专业性的要求,而关于法官职业化建设更为详细的规定则主要是在《俄联邦法官地位法》《俄联邦法官团体机构法》和《俄联邦法官道德规范》等其他法律文件中。这些法律文件反映了俄罗斯主要是从以下八个方面建设职业化法官队伍的:

法官的职业地位。1. 独立性。法官独立,只服从于俄罗斯联邦宪法和法律。处理审判事务时法官无义务向任何人汇报。法官的独立性有如下保障:法律规定进行审判的程序;禁止任何干涉司法的活动;按程序中止和终止法官职权;法官的退休权;法官的不可侵犯性;法官团体机构系统;国家提供与法官崇高地位相应的物质和社会保障。法官及其家庭成员以及他们的财产受国家特殊保护。如果法官提出有关请求,内务机关有义务采取必要措施保障法官及其家庭成员的人身和财产安全。法官有权持有和携带其按《俄联邦武器法》规定程序向内务部申请发放给其使用的公务用枪支。俄联邦最高法院司法管理局及其在俄联邦主体的下设机构采取措施为普通管辖法院、仲裁法院的司法活动创造必要条件并为其提供人事、组织和资源保障。法官无义务对已经审结或正在审理的案件情况给予任何解释以及向任何人提供其信息,诉讼法规定的情况和程序除外。

2. 一致性。在俄联邦所有法官地位一致。拥有职级并不改变其相对于其他俄联邦法官的地位。退休法官保留法官称号、享有不可

---

① 《最高人民法院关于加强法官队伍职业化建设的若干意见》第 4 条。

侵犯性保障以及法官协会会员资格。法官独立性的保障,包括本法规定的其法律保护、物质和社会保障措施,适用于所有俄联邦法官,俄联邦及俄联邦主体的其他规范性法律文件不可取消和降低该保障。

3. 终身制。联邦法院的法官任期无限制,法官在任的最高年龄为70岁,相关联邦法的法律另有规定的除外。相关俄联邦主体的联邦法律可以规定俄联邦主体宪法(宪章)法院法官的其他最高任职年龄。治安法官初任(初选)任期由相应俄联邦主体法律规定,但不超过5年。治安法官再任(再选)的任期由相应俄联邦主体法律规定,但不少于5年。如果任期内治安法官达到可任职法官的最高年龄,则任命(选举)其担任治安法官至其达到最高任职年龄时止。每位法官均拥有按照本人意愿退休的权利,不取决于其年龄。法官不可被撤换。未经法官本人同意不得调任其他职务或调到其他法院任职,其职权中止或终止的事由和程序由法律规定。

第二,法官的职业准入。《俄联邦法官地位法》规定,符合以下条件的俄联邦公民可以成为法官:(1)受过法学专业高等法学教育或者有法学专业学士学位的法学专业硕士;(2)没有或未曾有过前科或因恢复名誉而被终止的刑事追诉;(3)不具有外国国籍,或者不具有证明拥有外国境内俄罗斯联邦公民永久居留权的公民身份或其他文件;(4)未被法院认定为无行为能力人或限制行为能力人;(5)没有在与酒精中毒、吸毒成瘾、药物滥用、慢性和长期精神障碍治疗有关的麻醉品或精神病防治所记录名单内;(6)没有其他妨碍法官行使权力的疾病。在满足以上条件的基础上,不同法院法官的具体任职条件为:(1)年满40岁且从事法律职业工作15年以上的公民可担任俄联邦宪法法院法官;(2)年满35岁且从事法律职业工作10年以上的公民可担任俄联邦最高法院法官;(3)年满30岁且从事法律职业7年以上的公民可担任普通管辖二次上诉法院、普通管辖初次上诉法院、二次上诉军事法院、初次上诉军事法院、共和国高等法院、边疆区、州、直辖市、自治州、自治区、军区(舰队)军事法院、联邦地区仲裁法院、初次上诉审仲裁法院、专门仲裁法院法官;(4)年满25岁且从事法律职业工作5年以上的公民可担任俄联邦主体仲裁法院、俄联邦主体宪法(宪章)法院、区法院、卫戍区军事法院法官以及治安法官。

法律职业工龄包括:(1)担任要求高等法学教育的俄联邦国家职位、俄联邦主体国家职位、国家机关职位、市政机关职位、以及俄联邦宪法生效前的苏维埃社会主义共和国联盟、苏维埃社会主义共和国联盟加盟共和国、俄罗斯苏维埃社会主义共和国和俄联邦国家机关职位,法律服务机构职位,科研机构职位的工作时间;(2)担任职业教育机构中法律学科教师的工作时间,以及担任律师和公证员的工作时间。法官的身体条件:法官候选人必须事先进行体检,以证明其未患影响担任法官职务的疾病。影响担任法官职务的疾病目录,经联邦卫生行政机构提议,由俄联邦法官委员会决定。未患影响担任法官职业病的医学证明文本样式由联邦卫生行政机构决定。法官候选人需要通过法官招录考试委员会的考试,成绩三年有效。通过考试后,将考试成绩证书以及包括收入和财产证明在内的多项材料提交给法官职业资格委员会。法官职业资格委员会要留意审查法官候选人不能是与同一法院院长或副院长存在近亲或姻亲关系、其余能力证书等,并在 2 个月内做出推荐 1 人或几人担任法官候选人的决定,如果没有一个人符合条件则要向每位申请人说明原因。法官职业资格委员会将确定的法官候选人名单 10 日内提交给法院院长,法院院长 20 日内做出决定是否提名。法官就职需要宣誓。

第三,法官的职业限制。《法官地位法》第 3 条第 3 款规定,法官不可:(1)担任其他公职、国家机关职务、市政职位、市政机关职务、仲裁员、调解人;(2)加入政党、物质上支持政党、参与政治行动和其他政治活动;(3)公开表达自己对政党和其他社会团体的态度;(4)本人或通过代理人从事经营活动,包括参与任何法律规定组织形式的经济主体的管理;(5)从事除教学、科研和其他创作性活动外的任何其他有偿活动,该活动不应妨碍履行法官职责且不能作为缺席审判的正当理由,除非相关法院院长已经同意(治安法官由相应区法院院长同意,法院院长由相应法院主席团同意,如果没有主席团,则由上级法院主席团同意)。同时,教学、科研和其他创作性活动不能仅由外国、国际组织和外国组织、外国公民和无国籍人提供资金,俄联邦立法、俄联邦签署的国际条约或者俄联邦宪法法院、俄联邦最高法院、俄联邦主体宪法(宪章)法院同相应外国法院、国际组织和外国组织签订对等协议的除外;(5.1)在俄联邦境外的外国银行开立和持有账户(存款)、存放现金和贵重物品,拥有和(或)使用外国金融工具。法官的配偶和未成年子女也无权在俄联邦境外的外国银行开立和持有账户(存款)、存放现金和贵重物品,拥有和(或)使用外国金融工具。(该联邦法律中使用的"外国金融工具"一词的定义由2013年5月7日第79号联邦法律规定:"禁止某些类型人员在俄联邦境外的外国银行开立和持有账户(存款)、存放现金和贵重物品,拥有和(或)使用外国金融工具");(6)担任自然人或法人的代理人或代表(法定代理人除外);(7)在法律文件生效前就法院审理对象所涉及的问题公开发表意见;(8)非为履行法官职责使用供公务活动使用的物质技术、财政和信息保障工具;(9)非为履行法官职责透露或使用联邦法律规定为限制访问的信息或因其履行法官职责而知晓的公务信息;(10)因履行法官职责从自然人和法人处获得俄联邦立法未规定的报酬(贷款、货币和其他报酬、服务、休闲娱乐费用、交通费用)。法官在礼宾活动、公务出差和其他官方活动中收到的礼物归联邦所有或俄联邦主体所有并由法官根据文件转交给其任职的法院,俄联邦立法另有规定的情况除外。上交了在礼宾活动、公务出差和其他官方活动中收到礼物的法官可以按俄联邦规范性法律文件规定的程序买回这些礼物;(11)未经相应法官职业资格委员会许可,接受外国、政党、其他社会团体和其他组织颁发荣誉称号和专门称号(科研和体育除外)、奖励和其他奖章;(12)由自然人和法人负担经费去俄联邦境外公务出差,根据俄联邦立法、俄联邦签署的国际条约或者在对等基础上俄联邦宪法法院、俄联邦最高法院、俄联邦法官委员会、俄联邦主体宪法(宪章)法院同相应的外国法院、国际和外国组织签订协议而公务出差的除外;(13)成为在俄联邦境内经营的外国非营利性非政府组织及其分支机构的管理机构、监督或督察委员会、其他机构的成员,俄联邦立法、俄联邦签署的国际条约或者俄联邦宪法法院、俄联邦最高法院、俄联邦主体宪法(宪章)法院在对等基础上同相应的外国法院、国际和外国组织签订协议另有规定的除外;(14)为解决劳动纠纷终止履行职责。第四,法官的职业教育。法官作为解决和处理纠纷的特殊职业,是需要经过特定的专业训练才能够从事的。"并非所有法律都写得通俗易懂:同一个规范可以调整各种各样的实际情况,而生活总是比任何法律要复杂。因此,审判员并不总是读了法律,马上就能够适用它。而对此有帮助的是培训审判员,集体讨论问题,总结和推广工作经验,纠正错误。"①

《俄联邦法官地位法》第20.1条专门规定了法官的继续教育:第一,首次担任法官职位的法官应完成职业进修培训。首次担任法官职位的联邦法院法官应完成高等教育机构和继续职业教育机构组织的职业进修培训,其中包括法院实习形式,同时在此期间保留其每月工资和由相关俄联邦法律和俄联邦其他规范性法律文件规定的其他补贴。法官进行职业进修的程序和期限以及法官免于职业进修的事由由俄联邦最高法院决定。法官职业进修的总期限不能超过6个月。法官职业进修的期间,应计算在法官职业工龄内。根据职业进修的成绩,授予首次担任法官职位的联邦法院法官资质等级。

第二,法官必须提高业务能力。必要时联邦法院法官应到高等职业教育机构和继续职业教育机构,包括以法院实习的形式,提高自己的业务能力,至少每三年一次,同时在此期间保留其每月工资、季度奖金和由相关俄联邦法律和俄联邦其他规范性法律文件规定的其他补贴,法官进行业务能力提高的程序、期限和其他方式由俄联邦最高法院规定。

第三,治安法官和俄联邦主体宪法(宪章)法院法官进行继续职业教育的程序、期限和方式由俄联邦主体的法律规定。

第四,由联邦预算经费支付联邦法院法官进行继续职业教育的费用,治安法官和俄联邦主体宪法(宪章)法院法官的继续职业教育费用由相应俄联邦主体预算经费支付

第五,法官的职业等级:俄罗斯通过法官职业资格鉴定委员会对法官的专业知识水平和在审判时运用知识的能力、审判工作结果、业务和道德素养以及是否符合法官地位法和法官道德规范提出的要求等方面综合评估来确定职级。俄罗斯法官一共有9个职级:俄联邦最高法院院长及其副院长、法官为首席和一级;普通管辖二次上诉法院、普通管辖初次上诉法院、二次上诉军事法院、初次上诉军事法院、共和国高等法院、边疆区、州、直辖市、自治州、自治区法院、军区(舰队)军事法院、联邦大区仲裁法院、初次上诉审仲裁法院、俄联邦主体仲裁法院和

---

① [苏]Е·А·斯莫连采夫:《苏联司法改革的若干问题》,金易译,《法学译丛》1991年第4期。

知识产权法院院长、副院长和法官为一级到五级；区法院、市法院、跨区和卫戍区军事法院院长、副院长和法官为五级到七级；治安法官为七级到九级。层级之间的晋职时间：七级到九级——二年/级；五级到六级——三年/级；一级到四级——四年/级。首席法官无晋职期限。如果一级、五级和七级是法官所任职位的最高等级，则无晋职期限。授予法官等级应遵守相应法官职位等级授予次序和晋级期限。对于司法事务方面有重要贡献，对司法系统有特别功勋的法官，俄联邦最高法官职业资格鉴定委员会根据俄联邦最高法院院长的提议可以授予其除依据授予次序和晋级期限外的更高等级。具有等级的法官在相应等级晋级期限期满后，须进行资格鉴定。若第一级、第五级或第七级是法官最高任职等级，则该法官每三年须进行一次资格鉴定。首席法官不需要进行资格鉴定。

第六，法官的职业道德。为了保障公平、公正、独立的司法权，除了体制上保障法官独立、不可侵犯、不受干涉、不可撤换、高物质和社会保障的职业地位以外，法官自身的自律即职业道德建设也非常重要。俄罗斯现行的《法官道德规范》规定：法官应当善意行使自己的民事权利和履行民事义务。在民事法律关系中，法官不应利用其职务便利获得个人优先权。在审理案件时，法官应当保持相对于所有诉讼参与人独立和公正的立场。法官履行其职权，应当仅根据案件的事实和法律状况判断，遵从内心的信仰，尊重所有案件参与人的诉讼权利，不受任何外部的影响、压力、威胁以及其他对案件审理过程的直接或间接干扰，不偏袒任何一方，不带任何动机和目的。在履行自己职责客观审理案件时，法官应当避免任何偏袒、偏见或成见，并应尽力消除任何对其公正性的怀疑。法官在履行自己职责时应当遵循平等原则，维持双方当事人平衡，保证任何一方机会均等，体现客观与公正，给予所有诉讼参与人同等关注，不论其性别、种族、民族、语言、出身、财产、职位、居住地、宗教、信仰、所属社会团体以及其他情况。法官应当采取措施保障每个人所拥有的在合理期限内公正审理案件的权利；应当以适当的方式组织开庭，不允许同一时间开庭审理多个案件、不止一次且没有根据地延期审理，包括因其准备不当而推延。法官应当在诉讼过程中保持行为的高度文化性，维持法庭秩序，行为得体、耐心、礼貌地对待诉讼参与人和其他出席法庭的人员。法院院长（副院长）在行使组织领导职权时不可以作为(不作为)的形式限制法官的独立性,无权对法官施加压力以及利用其他具有行政影响力的措施影响法官审判。在媒体报道司法活动时,法官应当谨慎,对于没有作出最终裁决的案件不进行实质性评判。在非司法活动和非职务关系中,法官应当避免所有可能降低司法权威以及对其公平公正性产生怀疑的行为。法官不应为社会组织募集资金,也不得号召组织成员募集资金,如果这种号召可能被鉴定为强迫或本质上是增加募集资金的补充手段,法官也不应利用或者允许别人利用自己的职位权威来达到上述目的。法官不应对国家机关和地方自治机关的工作以及这些机关的领导公开发表意见、议论和评价。法官无权个人或者通过受托人参加经营性活动,包括参加经营性主体的管理,无论该主体在法律上是何种组织形式。法官不应参与政治活动。

第七,法官的纪律责任。俄罗斯法官的纪律责任可分为三种,彼此具有密切关系,但在不同责任范畴内又具有原则性区别的类型:行业责任、职务责任和宪法责任[1]。根据《俄联邦法官地位法》的规定,如违反《俄联邦法官地位法》和《俄联邦法官职业道德规范》的有关条款,致使司法权威受损,对法官声誉造成损害的违纪行为,即在履行公务时或非公务活动中的严重过错作为(不作为),除俄联邦宪法法院法官外,可对违反纪律的法官进行如下纪律处分:批评;警告;提前终止法官职权。当进行纪律处分时,要考虑到违纪行为的性质,其实施行为的情节和后果,过错形式,违纪法官的身份,以及法官的行为(不作为)对公民的权利和自由、组织的合法权利和利益损害程度。当法官违纪行为较轻时,如果法官职业资格鉴定委员会认定有可能以口头批评方式约束法官的作为(不作为),则可以对其以批评方式进行纪律处分。如果法官职业资格鉴定委员会认定不可能以批评形式对法官进行纪律处分或法官之前受过纪律处分,则可以对法官就其违纪行为以警告形式进行纪律处分。在特殊情况下,可因严重的、犯罪的、与法官高级职称不符的且违反《俄联邦法官地位法》的规定和(或)《俄联邦法官道德规范》有关条款的违法行为,如果这种违法行为导致诉讼原则偏差,严重侵犯诉讼参与人权利,表明法官不可能再继续行使自己的职权,以及由生效

---

[1] 王海军:《俄罗斯法官纪律责任制度:理论与运行》,《学术交流》2017年第1期。

的上级审法院的司法文件,或者关于申请加快案件审理或关于在合理时间内因违反诉讼权申请赔偿的司法文件规定的违法行为,包括在行使审判权时有违反上述规定的违法行为,则对法官以提前终止职权的形式进行纪律处分。除俄联邦宪法法院法官外,对法官实行纪律处分的决定由法官职业资格鉴定委员会作出,其权限包括在决定时审议有关终止该法官职权的问题,以及可以按照联邦法律规定的程序向法院起诉。对法官职业资格鉴定委员会作出的提前终止法官职权的决定不服,法官可以向俄联邦最高法院纪律委员会申诉。

第八,法官的职业团体。俄罗斯通过《俄联邦法官团体机构法》来保障法官作为一个职业群体的利益和需求。法官团体的基本任务是:促进完善司法系统和诉讼制度;维护法官的权利与合法利益;从组织、人员、资源保障上参与司法活动;树立司法权的权威,保障法官遵循法官道德规范的要求。目前俄罗斯的法官团体机构有:全俄法官代表大会、俄联邦主体法官代表大会、俄联邦法官委员会、俄联邦主体法官委员会、法院法官全院大会、俄联邦最高法官职业资格鉴定委员会、俄联邦主体法官职业资格鉴定委员会、最高法官招录考试委员会、俄联邦主体法官招录考试委员会。其中,全俄法官代表大会 Всероссийский съезд судей 是法官团体中的最高机构,有权决定除法官职业资格鉴定委员会和考试委员会有权决定事项外的所有涉及法官团体活动的一切问题,制定法官道德规范和其他调整法官团体活动的文件。总体说来,俄罗斯主要是通过以上八个方面对法官队伍进行了职业化建设。由于法官享有特殊的物质和社会保障,目前法官已经成为俄罗斯社会中令人尊敬和羡慕的职业,同时也是社会竞争最为激烈的行业之一。当然,俄罗斯的法官队伍也存在问题,如司法腐败问题,列瓦达中心 2010 年的资料显示,大多数俄罗斯人认为俄罗斯法院(普通管辖法院)严重腐败,51% 的受访者确信,这些法院的公职人员"经常"或"相当频繁"地收受贿赂[①]。

2018 年 1 月 31 日发布的 2017—2018 年世界正义工程法治指数表明,民事司法方面的无腐败指数为 0.51,刑事司法方面的无腐败指数

---

① [俄]苏莱曼诺夫:《俄罗斯的司法改革:历史和理论方面的问题》,韩劲松译,载刘向文主编:《转型期国家司法改革热点问题研究》,中国检察出版社 2015 年版,第 304 页。

为0.46。法院外部的独立性问题,有些专家建议由法官选举本院院长,降低院长对总统的依从①;法院内部的独立性问题,法院院长可能产生的影响是显而易见的,如案件分配问题,俄联邦总统公民社会发展与人权委员会《对法官独立性和公开透明实施审判的建议》②中提出采用技术手段随机分配案件;提高职业技能问题,因目前只有两所大学(俄罗斯司法学院和俄罗斯国家行政学院),所以有专家建议设立联邦法官培训中心③等等。

Professional construction of judges in Russia
Yu Haimei

Abstract: In the Soviet Union, judges were not strong in profession, low in pay and subordinate in status. In order to change these conditions, Russia launched a magnificent judicial reform movement and promulgated many legal documents related to the construction of judges' professionalism. Judges are the key factors in judicial reform. Russia has carried out the professional construction of judges from eight aspects, such as professional status, professional access, professional restriction, vocational education, professional grade, professional ethics, disciplinary responsibility and professional organization.

Keywords: Russia; The judge; professionalism

---

① 参见[俄]苏莱曼诺夫:《俄罗斯的司法改革:历史和理论方面的问题》,韩劲松译,载刘向文主编:《转型期国家司法改革热点问题研究》,中国检察出版社2015年版,第303页。

② Предложения Совета при Президенте Российской Федерации по развитию гражданского общества и правам человека о мерах по обеспечению гарантий независимости судей, гласности и прозрачности при осуществлении правосудия(03 Августа 2017).

③ https://rg.ru/2018/02/08/eksperty-kudrina-predlozhili-sozdat-federalnyj-centr-podgotovki-sudej.html.

哈萨克斯坦新旧劳动法典比较研究

王晓峰 甘 阳[*]

内容摘要：哈萨克斯坦自其新劳动法律颁布以来施行已三年有余，相较于哈旧劳动法，新劳动法以哈萨克斯坦当前局势为背景，以经济发展为中心，以让渡劳动者权利为手段，在劳动合同制度、劳动争议解决制度、试用期制度、工资及休假制度等方面与旧法差异明显的同时，亦对我国企业带来了投资环境的变化。我国企业要注重收集哈萨克斯坦当地劳动法律，并密切关注其劳动法律变动，提高风险意识，灵活缔结劳动关系并切实提高盈利能力，承担企业社会责任。

关键词：哈萨克斯坦；劳动法；比较研究

哈萨克斯坦是中亚大国，作为一衣带水的邻邦，该国一直与我国有着长期而密切的经济合作，其中在石油、电力、农副产品加工、电信等领域，我国与其有着广泛地合作。伴随着哈萨克斯坦政治现代化的发展及经济形势的变化，劳动立法日益成为哈政府侧重的重要领域。作为其追求社会稳定、谋求经济发展的重要手段，该国劳动立法频繁且缺乏连贯及稳定性，

---

[*] 王晓峰(1976—)，男，山西临汾人，新疆稳定与地区经济发展法制保障研究基地研究员，新疆大学法学院副教授，主要研究领域为国际经济法；甘阳(1992—)，男，安徽安庆人，新疆大学法学院硕士研究生。

自其首部《劳动法典》于2000年1月1日首次正式施行以来,其又分别于2007年及2016年施行新劳动法以适应不断发展的劳资关系及经济形势,这不仅在一定程度上反映出该国尖锐复杂的劳资关系,亦为我国直接投资者在哈国的用人用工带来了极大的风险。以2015年制定颁布,2016年正式施行的《哈萨克斯坦共和国劳动法典》(以下简称"新法")为例,该新法对旧法固化劳动关系进行调整,增强其灵活性,积极构建较为灵活的劳动关系模式,并强调用人单位与劳动者利益并重,协调国家、雇主和雇员三方社会责任,为企业发展提供条件及保障。可以看出,该法所确立之劳动制度相较于该国旧劳动制度差异明显,其出台是哈萨克斯坦为适应其战略目标而在劳动立法领域进行的一项重大的改革,并对该国投资环境带来了极大的影响。

一、哈萨克斯坦新劳动法立法背景

(一)经济下行

哈萨克斯坦以其油气资源储量之丰闻名于世,基于其独有的自然资源优势,该国自建国以来均以出口自然资源获取外汇的方式作为其发展经济的主要方式,伴随着全球经济危机的冲击,又辅之以全球油价下跌及可替代性能源开发技术的成熟,哈萨克斯坦以能源带动经济的产业结构面临着严峻的考验。而哈萨克斯坦经济动荡又迅速引发劳动市场震荡,哈萨克斯坦能源部长什科里尼克在政府会议上表示:"据石油服务协会之反映,若2016年石油价格继续保持低迷,油服领域约4万人将因此失去工作,至于采油企业,若油价50美元一桶,则有7 000人将可能面临裁员(占该行业员工的10%),经预测,以油价下跌为背景,哈萨克斯坦矿产领域企业的总收入于2015年将同比下降52%,相关企业服务和工资相关支出将减少31%。"[1]在哈萨克斯坦企业面临极大之困境下,故而以扶持企业为手段,以经济增长为目标,是哈萨克斯坦出台新劳动法的主要动因之一。

---

[1] 中华人民共和国驻哈萨克斯坦共和国大使馆经济商务参赞处,《哈能源部称若油价维持低位哈石油服务领域约4万人可能失业》,http://kz.mofcom.gov.cn/article/jmxw/201511/20151101193954.shtml,2015年11月25日。

（二）劳资关系紧张

自苏联时代以来,哈萨克斯坦劳资关系长期对立,自1989年哈萨克斯坦就曾受苏联全境的煤炭工人罢工潮之波及,此后,该情况并未伴随着哈萨克斯坦之独立而有所缓解,前文提及,哈萨克斯坦其工业主要集中于能源领域,基于艰苦的劳动环境与上涨的物价,哈萨克斯坦矿业工人对其收入多有不满,故而其劳资纠纷的爆发点亦多集中于此。2011年,在哈萨克斯坦独立20年之际,以石油工人要求加薪等诉求为引,哈萨克斯坦扎瑙津市爆发了大规模的罢工流血冲突,致使该市动荡并陷入较长时间的紧急状态。社会是法律的前提或基础,而一国劳资关系的形成及发展与该国劳动纠纷立法之调整息息相关。就该国不断激化的劳资关系,哈萨克斯坦不断调整其国内劳动立法,在此之前哈萨克斯坦就曾出台《哈萨克斯坦社会伙伴法》以期运用国家、劳动者及企业互相协调的新模式来重整其劳动社会关系,并于其后将该模式列入《旧法》之中,以寻求劳资关系的健康稳定。故而该《新法》亦是伴随着该国不断变化的劳资关系而产生,并寻求劳动关系的协调。该国劳资关系之复杂,可见一斑。

（三）哈萨克斯坦正处于社会转型期

哈萨克斯坦于1991年宣布独立,并不断追求其政治现代化,伴随着该国宪法的颁布及修订,该国之政治模式逐渐以权威为核心的"强总统,弱议会,小政府"模式为特征。以西方实践为指导,借鉴他国相似经验,为避免形成"劣质民主",哈萨克斯坦走上了先经济后民主的道路,即容忍威权统治下对社会公正的削弱,以追求该高压政治模式社会稳定为目标,全力促进社会经济的发展。[①] 时至今日,该国前总统纳扎尔巴耶夫依旧不断强调,"稳定对于哈萨克斯坦至关重要。"[②]而劳动关系作为一种社会关系,其生产资料与劳动力若不能较好地结合,则必将带来社会之动荡,故而稳定的劳动关系既能促进社会稳定,又能实现

[①] 雷琳、罗锡政:《"扎瑙津事件":哈萨克斯坦政治现代化进程的拐点》,《新疆社会科学（汉文版）》2012年第6期。

[②] 中华人民共和国驻哈萨克斯坦共和国大使馆经济商务参赞处,纳扎尔巴耶夫:稳定对于哈萨克斯坦至关重要,http：//kz.mofcom.gov.cn/article/jmxw/201906/20190602870020.shtml,2019年6月9日。

劳动力市场的有序运行。[①] 为实现社会稳定及经济的发展,适应新环境,针对该国不同阶段劳动领域日新月异的变化,《新法》的制定势在必行。

综上所述,在新背景、新形势、新阶段下,《新法》的制定无疑是哈萨克斯坦面临困境时之突破,故而该法与《旧法》相较而言其不仅侧重于劳资双方间构建灵活的劳动关系,又基于发展经济的需要在保护劳动者权利的同时对企业利益有一定倾斜同时还注重劳资关系的和谐,需求社会及劳动市场的稳定。

二、哈萨克斯坦新旧劳动法律差异

(一)新法追求灵活的劳动关系

1. 劳动关系缔结自由化

哈萨克斯坦新劳动关系更加灵活,其中尤其以该国劳动关系缔结更富弹性为特征。劳动合同作为合同的一种,尽管签订劳动合同的主体带有明显的平等性,但是定期劳动合同依旧葆有民法上的特征,即以个人意志为核心,强调缔约的自由。[②] 依《旧法》第二十九条,劳动者与用人单位签订不低于一年固定期限劳动合同的,在其续签时则应转化为无固定期限劳动合同。而在《新法》中用人单位与劳动者则还可续签固定期限劳动合同两次。对比于旧法此项之规定,不难看出哈萨克斯坦劳动关系的缔结现今则更为自由,提供了更多可选择的空间。相较于民法,劳动法律又带有着浓厚的社会法属性,在当前哈萨克斯坦经济下行背景下,无论是用人单位或是劳动者均对其未来市场难以把握,故而制定弹性的用人用工模式,不仅是对用人企业的保护,亦是对劳动者的保护。然而相较于我国十年内不限劳动合同签订次数的方式而言,哈萨克斯坦采取这种限制签订劳动合同次数的方式依然更利于保护劳动者的权利。可以清晰地看出,相较于《旧法》,哈萨克斯坦新《劳动法典》更加注重当事人的意思自治,寻求劳动关系缔结之自由。

---

① 王全兴:《就业权实现的劳动合同法保障——审视我国劳动合同立法的一种新视角》,《中州学刊》2005 年第 6 期。

② 董保华:《劳动合同期限制度设计的理念选择》,《中州学刊》2005 年第 6 期。

2. 试用期制度更加全面

劳动合同试用期相较于整个劳动阶段而言,该阶段明显具有一定的特殊性。从该阶段的意义而言,劳动合同试用期能够有效调整劳资双方的权利与义务,协助用人单位节省成本、择优而选,激发劳动者产生风险意识和竞争意识,进而能够对劳动者的综合素质和企业的综合竞争力的提高形成助力。[①] 为适应当前紧张的经济局面,帮助企业寻求适合劳动者参与到企业的生产经营活动中以提升企业竞争力,相较于《旧法》,《新法》对试用期的变动主要集中于三点:一是适用主体更为广泛,《新法》删除了《旧法》中对特殊群体的保护性条款,即竞聘上岗者、中等学历以上应届毕业生及残疾人不得适用试用期制度之规定;二是试用期延长,其一劳动者应聘机构负责人及其副手,总会计师及其副手,分支机构、各组织代表办事处负责人的,其试用期自三个月延长到六个月。其二,针对《旧法》中试用期内劳动者升职视为试用期结束的,《新法》不予承认。三是试用期现不再强制,《旧法》中为使劳动者有机会弥补其试用期内过程,强制性规定试用期间对劳动者不满的仍须于试用期满前七日前书面解除劳动合同,而《新法》规定可于试用期内任意时间解除劳动合同。

3. 用人单位单方解除劳动合同更为灵活

合同解除权基于其应属形成权,故而劳动合同的解除只需一方做出明确的意思表示即可。面临严峻的经济形势,为提高企业抗风险能力,增强其竞争力,提高企业综合实力,《新法》中放宽了用人单位解除劳动合同的法定事由,这首先则表现在其新增了经济性裁员条款。其次,劳动安全保护人员相关知识考核多次不合格的、用人单位所有者解聘高层管理人员的可以直接与其解除劳动关系。再次,劳动者退休的,劳动关系终结。最后,旷工一个月以上且未述明原因的,可与其终结劳动关系。同时新法亦降低了用人单位主动提出劳动合同终结下其应承担的补偿义务。

(二) 以经济发展为中心

1. 扶持企业发展

《新法》中大力扶持企业的发展,力求以劳动制度为视角消除企业

---

① 郭文龙:《劳动合同试用期研究》,《政治与法律》2002年第2期。

发展的阻碍性因素。首先,其首次引入竞业禁止性条款以保护用人单位的商业秘密,防止企业间恶性竞争。同时,为了平衡竞业禁止条款与劳动者的劳动权及自由择业权的冲突,《新法》亦规定劳动者在竞业禁止期间可依约享有补偿金的权利。其次,相较于《旧法》,《新法》删除了因劳动者过失对用人单位带来直接实际经济损失的,承担月平均工资内的有限责任条款,这即意味着在劳动者对企业造成经济损失之情形下,用人单位享有更多的求偿权。最后,《新法》框架下,用人单位人员调动更为灵活,《新法》新增用人单位可依约定将其员工借调至其参股或控股的其他公司下,在用人单位停工或依生产需要的情况下,更可不经劳动者同意将其短期借调至另一岗位。

2. 劳动者报酬权及休息权再调整

《新法》针对劳动者享有的休息权,依旧采用灵活的方式。如《新法》第九十二条第三款明确规定经劳动者与用人单位经约定,可对带薪年假进行拆分。同时,鉴于企业正面临严峻的经济形势,《新法》将劳动者的节假日加班工资由原先的两倍降低为现在的一点五倍,除此之外,《新法》大幅度删除了针对未成年人、孕妇、残疾人等特殊劳动群体的保护性条款,《新法》实施后,经上述人员同意,用人单位可以安排其出差、孕妇不再享有带薪年假的决定权、残疾人享有的额外带薪假期亦被取消。不难看出,《新法》的出台是以让渡一部分劳动者的权益的方式发展经济。

(三) 力促社会稳定

1. 纠纷解决机制

鉴于哈萨克斯坦劳资纠纷频发且多易爆发大规模集体纠纷,哈萨克斯坦劳动法律体系一大特色即在于存在一套由政府参与,劳、资、政三方共建机制为核心的社会和谐稳定保障机制——社会伙伴关系机制。在哈萨克斯坦劳动法律框架下,政府劳动主管行政部门不仅可以以三方机制的形式直接参与到集体谈判的进程中,还可直接援引社会伙伴关系相关条款直接参与制定社会伙伴关系协定。该社会伙伴关系协定又分为三个层面,即总协议、产业协议、地区协议,其涉及劳资关系、劳动保护、劳资纠纷、工资、就业、劳动条件等方方面面,且任意一方无正当理由不得缺席该协议的谈判及签署,哈萨克斯坦政府对集体劳动纠纷带来的社会稳定问题的重视程度可见一斑。哈萨克斯坦劳动法律框架下,其劳动纠纷解决机制又分为两种,其一为集体劳动纠纷解决机制,其二为个别劳动纠纷解决机制。在哈萨克政府强力关注下,故而针对集体劳动纠纷,哈萨克斯坦旧劳动法律框架下对其有一套完整的纠纷解决机制,《新法》此次修订,相较于《旧法》其主要变动在于个别劳动纠纷解决机制的改变——新设劳动纠纷诉讼前置制度。相较于我国劳动纠纷劳动仲裁诉讼前置制度,哈萨克斯坦《旧法》中对于劳动纠纷司法诉讼并无强制性前置程序,仅指出劳动者可选择以调解方式解决个别劳动纠纷,而《新法》中提高调解程序的地位,并强制性地作为诉讼前置程序,即未经调解的劳动纠纷法院不予受理。

2. 促进就业

充分就业和经济增长这两个目标是互相联系的,一般看来,经济增长有利于增加就业机会,提高就业率,而经济结构的优化对就业结构的改善又起到催化的作用。[①] 作为典型的外向型经济国家,一旦外部环境受到冲击,其震荡则极易扩散到哈萨克斯坦国之内部。在当前国际经济形势大背景下,哈萨克斯坦经济面临极大困境,并进而引发一系列蝴蝶效应,造成哈萨克斯坦就业形势严峻。为促进就业,保障劳动力市场的健康稳定发展,哈萨克斯坦当前首要任务即为提振经济。在宏观政策方面,哈萨克斯坦政府出台了包括"百步计划"在内的一系列经济提振计划,如2014年纳扎尔巴耶夫在其年度国情咨文中提出了"光明之路——通往未来之路"的新经济计划,以期降低对外经济的依存度,力促收入来源多元化。而这在哈萨克斯坦新劳动法典中的体现即为大力扶持国内各企业的发展。除采取新增竞业限制条款,让渡部分劳动者权益外,《新法》中一大特色即为不固定期限劳动合同签订条件放宽,从法律制度层面提升哈萨克斯坦境内劳动关系的流动性,以期发挥员工间的鲶鱼效应,焕发企业间员工竞争意识,优化企业内人员配置,提高企业生产力,提升社会劳动力生产水平并进一步实现社会经济的发展,再以经济带就业,实现社会稳定和谐。

综上所述,哈萨克斯坦新劳动法典的出台相较于旧法,其总体上是以经济发展为导向而制定颁布的一部社会法属性法律,其以刺激经济

[①] 石超明、孙居涛:《就业促进经济发展与社会和谐的路径分析》,《武汉大学学报(哲学社会科学版)》2007年第5期。

发展与维护社会稳定为根本目标,从加强劳动关系灵活性、让渡部分劳动者权益、完善劳动纠纷解决机制、侧重保障用人单位之权益四个方面明显区别于旧法,该法的颁布出台是哈萨克斯坦政府立足于时代背景的劳动制度的革新。

三、我国投资者面临的挑战与启示

（一）注意收集哈萨克斯坦当地劳动法律

长期以来,我国一直致力于发达国家法律制度的研究学习,对于发展中国家的法律制度知之甚少。而劳工保护直接与我国"走出去"企业的生存能力和国际竞争力息息相关,在对我国企业对外直接投资失败案例的分析中,因企业对东道国劳工法律规则的无视或无知并进而引发投资失败的案例竟高达约三分之一之多。[1] 哈萨克斯坦新劳动法自 2016 年 1 月 1 日起开始施行,从施行之日起开始统计,不难发现,国内涉哈萨克斯坦劳动法律之研究屈指可数,同时我国很多在哈企业的管理层仍多存在对该国的劳动法律不收集、不研究、不理解、无法运用甚至存在认识上的偏差问题。值得强调的是,对于我国企业而言,若不能迅速对哈萨克斯坦与我国劳动法律巨大的劳工法律制度差异及其新旧法律制度交替之新环境作出反应,则会付出相应的违反劳动法律的制度成本,而这不仅影响到我国投资企业正常经营,更将直接作用于我国重大战略是否能顺利推行,以及我国作为一个负责任大国的国家形象问题。

（二）密切注意哈萨克斯坦劳动立法改革

当前哈萨克斯坦正处于激烈的社会转型时期,伴随着其社会客观环境之改变,其法律亦将随之而不断地适应新时期之要求。该国首部劳动法自 1999 年 12 月颁布出台,后又以 2007 年《旧法》取而代之,至 2015 年又颁布出台《新法》,基本以八年为周期不断变动,且新旧法律缺乏一定的延续性,而这又与哈萨克斯坦国内政治、经济发展阶段息息相关,可以预见的是,伴随着哈萨克斯坦国内的政治走向新阶段、经济步入新态势及劳资关系产生新变化,该国劳动立法标准和工会格局还

---

[1] 刘真:《"一带一路"倡议推进中中国企业法律风险与对策研究》,《湖北大学学报（哲学社会科学版）》2016 年第 43 卷第 6 期。

将依托时代背景产生新的变化,同时哈萨克斯坦作为国际劳工组织的缔约国,其劳动立法进程亦将受国际劳工组织的推动,这即意味着我国投资者要时刻注意哈萨克斯坦国内政治、经济的新发展、新变化,时刻关注其劳动法律的变动,收集哈萨克斯坦当地劳动法律并建立专门的数据库,且着重进行新旧法律比较,积极应对哈萨克斯坦用人用工新态势。目前哈萨克斯坦对于外国劳工引入限制仍未放宽,这即意味着我国投资者在哈当地用人用工时仍将聘用大量当地劳动者,而鉴于当地脆弱的劳资关系与当地无序的工会运动及我国投资者外来者身份,其当地劳动者极易与我国投资者产生劳动纠纷,甚至引发大规模的集体争议,故而这还要求我国投资者注重其劳动争议解决制度的收集整理,遵守当地劳动法律,力避劳动纠纷的产生。

(三) 提高风险意识

鉴于劳资环境温和的国内整体环境,我国企业在对外投资时往往会因对国外劳动法律风险预估不足,对国外工会的活跃度及重要性预估不清,对国外工会角色定位评价不足,对国外工会职能法律条款认识欠缺,而在面对纠纷时,对其解决的难易度更是理解不到位进而付出沉重代价。就哈萨克斯坦而言,伴随着哈萨克斯坦工业的发展,其劳资关系却长期处于激化状态,该国工会运动强烈且往往呈现出激进的无序化状态,可以说该国的工会运动不仅是企业难题,更是政府难题。值得强调的是,与工人罢工权相对抗的用人单位闭厂权之行使,在哈萨克斯坦劳动法律中却是被明文禁止的。援引《哈萨克斯坦共和国劳动法典》第一百七十八条,"在解决集体劳资争议过程中,包括罢工期间,不得闭厂。"[1]不难得出,该条款的存在将大大削减我国企业对抗劳动纠纷的能力。而风险不仅体现在劳资纠纷本身,就哈萨克斯坦劳动法律制度本身而言,基于哈萨克斯坦特殊的国情,其与我国劳动制度差异极大,而其风险亦更加独特,如前文提及的社会伙伴关系机制,一旦我国企业无正当理由拒绝参与其社会伙伴关系协定的谈判及签订,就直接面临承担法律责任。此次哈萨克斯坦出台新劳动法,其先后劳动法律制度差异更为明显,而又伴随着《新法》中该国劳动者权利的让渡,其劳资关系必将更加对立,故而我国投资者在对哈投资时,更需着重提高

---

[1] Labour Code of the Republic of Kazakhstan, Article 178.

风险意识。

(四) 灵活缔结劳动关系

就劳动关系而言,哈萨克斯坦《新法》以牺牲劳动关系的稳定性,提高劳动关系的流动性为手段,以达到人才的最优化配置,从而拉高社会生产率,最终以达到提振经济的根本目标。这即意味着在面临劳动关系缔结时,我国企业享有更多的选择权。不难发现,《新法》中无论是试用期制度还是劳动合同制度的改动,都明显偏向于用人单位以便其筛选人才,提高企业竞争水平及生存能力。故而,我国在哈企业要善于运用该法律制度的变化,加强对劳动者的遴选工作,仔细审核其资质并建立健全一整套晋升机制,激发员工竞争活力,保证人尽所用,各司其职,实现企业稳步发展。同时,《新法》的相关条款也进一步扩大了用人单位单方解除劳动合同的权利,这即使得我国企业在解除劳动关系时更为灵活,但值得说明的是,稳定的劳动关系与提升员工的忠诚度呈正相关关系,对培养企业文化,增强其竞争力至关重要,故而当企业面临经济困境时,还需企业谨慎决定。

(五) 提升盈利能力,承担企业社会责任

哈萨克斯坦此次《新法》对于企业扶持力度之大,是其劳动法律史之罕见,故而我国企业要抓住机遇,善于运用新劳动法律制度,切实提高竞争能力,不断提高盈利能力,并积极回报社会,促进东道国共同发展。我国企业要立足于尊重并遵守当地的法律法规、风土人情的基础上不断完善本土化劳工管理体系,实现哈萨克斯坦当地劳工与中国劳动者一体化管理,构建平等互助良性的劳资关系。鉴于哈萨克斯坦劳工职业技能缺乏缺点,我国企业要加强对哈萨克斯坦当地劳工的职业技能培训,在提高企业生产效率的同时,提高当地劳动者对企业的忠诚度。同时,我国企业还需注重加大对环境保护及当地科教文卫事业的支出,树立良好的企业形象,提高企业声誉,加强与当地居民的交流沟通,实现与当地居民的和谐互通,从根本上减少劳动纠纷的产生。

结语

哈萨克斯坦是中亚地区我国最大的直接投资资本聚集地,伴随着"一带一路"的推进,我国企业于哈萨克斯坦投资后风险不断显现,其中劳动法律风险更为我国企业所面临的主要直接风险之一。哈萨克斯坦劳动法律变动频繁且前后劳动法律差异明显,这即要求我国企业根据哈萨克斯坦劳动法律立法动向,迅速做出应对措施,积极规避由法律环境变化而带来的用工风险,并建立健全本土化用工管理体系,加强企业风险对抗能力建设,树立良好的企业形象,为"一带 路"的推进贡献一分力量。

A Comparative Study on the New and Old Labor Codes of Kazakhstan
Wang Xiaofeng; Gan Yang

Abstract: Kazakhstan has been in force for more than three years since the promulgation of its new labor law. Compared with the old labor law, the new labor law is based on the current situation in Kazakhstan, takes economic development as the center, and takes the transfer of workers' rights as the means. At the same time, the labor contract system, labor dispute settlement system, probationary period system, wages and leave system are obviously different from the old law. It has also brought about changes in the investment environment for Chinese enterprises. Chinese enterprises should pay attention to the collection of local labor laws in Kazakhstan, pay close attention to the changes of their labor laws, raise their risk awareness, flexibly conclude labor relations and effectively improve their profitability, and undertake enterprises. Social responsibility.

Keywords: Kazakhstan; Labor Law; Comparative study

印度妇女权益法律保护问题探析

占茂华*

内容摘要：印度不少有识人士认为,印度妇女的地位极其低下,她们被视为从属于男人的附庸,没有自己独立的人格,更没有作为一个公民所应有的权利。尽管独立后的印度已基本形成了一套相对比较完善的妇女权益法律规范保障体系,承诺保护和加强妇女的政治、经济和社会权利,规定妇女享有婚姻自主权和财产的继承权等,但它们在印度的现实生活中却一直未能得到真正的贯彻执行。要使妇女的各项权益得到落实,必须强化印度妇女权益保障的法律机制。

关键词：印度;妇女权益;法律;保障机制

一、印度妇女权益的历史演变

印度是一个具有悠久历史和灿烂文化的文明古国,也是一个多民族、多种姓、多宗教、多语种的非常复杂的国家。在印度历史的每一个阶段,作为"半边天"的妇女都为印度的发展作出了不可磨灭的重要贡献。然而,在这样一个有着几千年文化传统的国家,妇女的地位却极其低下。她们被视为从属于男人的附庸,没有自己独立的人格,更没有作为一个公民所应有的权利。印度教法严格规定,妇女只有作为妻子、母亲和女儿的义务,必

---

* 占茂华,女,副教授,上海政法学院。

须服从丈夫、儿子和父亲。独立后的印度尽管在一定程度上提高了妇女的社会地位,但受各种社会条件和多种社会因素的制约,妇女所享有的权益依然十分有限。纵观印度几千年演变发展的历史,印度的妇女权益经历了漫长而又曲折的发展过程。

根据印度最早的文献《吠陀》记载[1],大约在公元前2500—前1500年的吠陀时代,印度处于母系制社会时期。该时期男女地位平等,妇女享有充分的自由,她们可以自由恋爱、自由选择配偶,和男人享有同等的教育机会。在家庭里,一夫一妻是当时流行的生活方式,妇女主持家务,享受被尊重的地位。就当时的宗教而言,男女也是绝对平等。妇女可以主持宗教祭典,担任女祭司。作为丈夫的伴侣,妻子必须与丈夫一起参加祭典,因为没有妇女的参加,祭典则不得举行。作为女儿,无论是已婚还是未婚,她都可以主持父亲的葬仪,同时还享有继承遗产的权利。寡妇不仅可以再嫁,而且和儿子一样,享有同等的分享财产权。

此外,该时期的女性由于接受了良好的教育,女教员和女学者相当普遍,印度的两大史诗《摩诃婆罗多》和《罗摩衍那》曾记载了许多妇女才华出众,出现了很多女圣人和女诗人。她们致力于学术研究,创作了许多非常出色的圣歌和颂诗,对之后的印度文学产生了深远的影响。吠陀末期产生的哲学著作《奥义书》曾记录着,当时的妇女们不仅在生产劳动和社会活动中发挥了重要的作用,而且她们还经常被邀请去参加重要的哲学集会的讨论。在这些学术座谈会上,她们同样也表现得非常出色。

公元前1500—前500年,伴随着雅利安部落的入侵,恒河流域逐渐被该部落征服和占领。这些雅利安征服者将当地的土著居民变成奴隶,建立了奴隶制国家。在奴隶制国家建立的过程中,种姓制度也相应地确立了。根据该制度,整个社会被划分为婆罗门、刹帝利、吠舍和首陀罗四个等级。其中,婆罗门是僧侣和思想家,是制定政策和统治各民族的当然领导者,处于社会的最高等级;刹帝利是统治者和武士,处于第二等级;吠舍是农民、手工业者和商人,处于第三等级;首陀罗是农民以外的劳动者和无技术的工人,处于最低等级。

---

[1] 黎菱:《印度妇女:历史,现实,新觉醒》,世界知识出版社1986年版,第12—13页。

伴随着种姓制和僧侣寡头政治集团的统治，印度妇女的社会地位发生了很大的变化，如雅利安人在和当地土著居民通婚时，非雅利安妻子不能参加印度教的宗教祭典。之后，随着宗教影响的深入和社会阶级的进一步分化，妇女越来越遭到歧视，宗教祭祀完全成为男人的专职，所有的妇女，包括雅利安妻子在内，都不能参加宗教方面的任何活动，甚至连《吠陀》都禁止她们学习。在此期间，妇女们只能在家里接受父、兄、叔等近亲的教育。只有高等阶级家庭中的女子才有可能接受真正的教育。由此，早期历史上妇女所享有的完全平等的地位开始被男女不平等所代替。

公元前6世纪，伴随着奴隶制阶级矛盾的日益激化，劳动人民对种姓制度和婆罗门的专横统治日益强烈不满。到公元前3世纪，佛教开始在印度产生并日益兴盛，婆罗门教走向衰落，代之而起的是佛教。佛教反对种姓的不平等、不正义和认为的不仁慈，主张一切贫富贵贱原为一体，认为一切种姓在教内合而为一，主张男女平等。[①] 与此同时，一种奇特形式的宗教性妇女解放运动得到了蓬勃发展：为了获取自由，她们不再满足于待在家中作温顺的妻子，而是离开家庭，出家为尼。这种宗教性的为自由而斗争的妇女"解放运动"使得许许多多妇女从被压抑的家庭痛苦中逃脱出来，其中还涌现出了很多富有才华的佛教女诗人和女作家。在印度佛教流行的后期，有不少关于妇女的优秀作品，堪与印度史诗相媲美。这一时期的妇女，不仅能文而且尚武，她们在皇室的提倡和鼓励下，不断发挥着她们的才华和智慧，活跃在社会的各个领域，创作出了大量的文艺、音乐、舞蹈、戏剧、雕刻和绘画等领域的杰作。由此，妇女与男子享有平等的地位，其智慧得到了进一步的彰显。

然而，好景不长，到公元7世纪，佛教在印度幸存了一千年之后，逐渐被排挤出了印度，作为印度教古老形式的婆罗门教又重新登上了历史的舞台。《印度教法典》(又称《摩奴法典》)对于压迫印度妇女产生了极为重大而深远的影响。[②] 该法典规定了大量的有关歧视妇女的严酷法规，如女孩的早婚是一种宗教义务，寡妇禁止再嫁，妇女无财产继

[①] 有学者指出，佛教影响时期是妇女的"黄金时代"，参见黎菱：《印度妇女：历史，现实，新觉醒》，世界知识出版社1986年版，第20页。

[②] 有学者称之为"印度教法典下的黑暗时代"，参见黎菱：《印度妇女：历史，现实，新觉醒》，世界知识出版社1986年版，第25页。

承的权利,始终处于附属地位,"女子必须幼年从父、成年从夫、夫死从子;女子不得享有自主地位。"①此外,在佛教衰退、印度教盛行的情况下,寡妇殉葬被大力提倡,导致了成千上万无辜的生命被牺牲。这一风俗一直持续到 19 世纪中期。

公元 11 世纪,穆斯林进入印度,实行一夫多妻制,妇女的地位进一步恶化。在穆斯林的生活方式中,妇女必须严格遵守戴面罩的规定,不能在公共场所公开露面,女孩更不能接受教育。直到 16 世纪以后,妇女的地位才有所好转,女孩已经可以接受教育,甚至允许学习梵文②。其中有不少妇女创作了很多可以与早期宗教妇女的诗歌相媲美的古典梵文诗歌。

1600 年,英国在印度成立了东印度公司,由此开始了英国对印度的殖民入侵。18 世纪中叶,印度被完全沦为英国的殖民地。在英国殖民统治的初期,印度妇女的地位降到了有史以来的最低点。其主要表现为:童婚流行;妻子殉葬盛行;有文化的妇女被视为道德危险之源;舞女泛滥,几乎所有的印度寺庙都公开或秘密地窝藏歌妓,舞女也因此成为最赚钱的行业。在如此暗无天日的印度社会,涌现出了一批又一批的女社会改革家和民族女英雄。她们为了民族的独立和解放,英勇地与英国殖民主义和封建势力进行了毕生的不懈斗争。对此,在根据尼赫鲁父亲提议所作出的一个决议中曾这样写道:"我们记录下我们对印度女性的尊敬和高度的赞扬。她们在祖国危险的时刻,放弃了她们家庭的庇护,以不懈的努力、勇敢和坚韧,同她们的男人并肩站在印度民族军队的前线,同他们一道分担斗争的牺牲和胜利……"。③

在与英帝国主义进行英勇斗争的同时,广大印度妇女还为争取妇女权利和提高妇女地位积极地开展了妇女解放运动。无论在政治、思想和组织方面,还是在文化教育方面,她们都提出了一系列的主张,并开展了一系列的活动,如主张男女平等,成立若干妇女团体,创办女子学校,大力宣传不同种姓和不同宗教之间进行通婚等。在文学、艺术、

---

① 《摩奴法典》,蒋忠新译,中国社会科学出版社 1986 年版,第 103 页。
② 梵文是印度的古典语言。佛教称此语为佛教守护神梵天所造,因此称其为梵文或梵语。梵语现今是印度国家法定的 22 中官方语言之一,但已经不是日常生活的交流语言。它与拉丁文、古代汉语一样,已经成为语言学研究的活化石。
③ 黎菱:《印度妇女:历史,现实,新觉醒》,世界知识出版社 1986 年版,第 60 页。

音乐、舞蹈、电影、戏剧等文化领域,该时期涌现出了一大批非常杰出的妇女优秀人才。[①]

经过轰轰烈烈的民族独立斗争和妇女解放运动,印度于1947年获得独立。伴随着印度的独立,妇女所享有的权益和社会地位得到一定的改善和提高,主要表现在如下四个方面:

其一,妇女的权利得到了宪法和法律的确认与保障。

1949年11月26日,印度制宪会议通过了印度宪法,1950年1月26日起生效。该宪法规定,要建立一个公正、平等和人道的社会。其中,涉及保护和加强妇女政治权利、经济权利和社会权利等方面的法律条文相对较多,如第14条和第15条规定男女平等的原则,宣布妇女享有政治和法律平等的基本权利;第325条明确宣布,凡印度公民,不分宗教、种族、种姓和性别,一律享有选举权;第326条强调,凡年满21岁的成人,男女均可选入人民院和邦议会。此外,宪法还保障男女同工同酬,女性就业不受歧视,女性享有言论和表达自由,享有取得、保有财产处理权,女性在机会、设施及地位上与男性均等等。

1955年,印度颁布了印度教婚姻法。该法是印度有史以来针对妇女权利的最重要的法律。根据该法规定,印度实行一夫一妻制,男女的结婚年龄分别为18岁和15岁,妇女有离婚权等。这些规定打破了古印度教规定的一夫多妻、低龄结婚和妇女没有离婚自由等规定,不能不说是历史的一大进步。

1956年,印度通过了印度教继承法和印度教养子与抚养法。该法规定,父亲去世后女儿有权享有父亲的遗产,妇女有权通过遗嘱将自己的财产给予继承人。对于印度教徒,允许丈夫在妻子的同意下,抱养儿子以执行他的葬礼等。

1956年,印度政府还通过了印度教寡妇再嫁法和严禁贩卖妇女儿

[①] 19世纪20—30年代,被认为是印度"文艺复兴时期",也是妇女斗争史上值得称颂的时期。印度开国总理尼赫鲁在1945年致全印度妇女大会的电报中对妇女作出了高度的赞扬,他说:"我长期以来就持这一看法,一个国家的进步,依赖于该国妇女的地位。……在过去四分之一的世纪里,我们看到,在印度伟大的民族斗争中,广大妇女的积极参加,事实上已经在多方面提高了她们的地位,并为她们打开了各种机会。"又说:"如果要提高我们的国家而让全民族的半数,让我们的妇女落在后面,仍然保持愚昧无知,如何能够达到提高国家地位的目的呢?"参见黎菱:《印度妇女:历史,现实,新觉醒》,世界知识出版社1986年版,第60—61页。

童法。

1961年,印度政府通过了禁止嫁妆法。

1972年,印度政府通过了堕胎法,即妇女在未获得丈夫的同意下,可以进行人工流产。

由上述宪法和法律可见,印度妇女至少在法律上获得了与男子平等的权利和地位。

其二,少数上层妇女荣任印度政府要职。

在印度独立之初,一些在独立斗争中的杰出妇女脱颖而出。她们大多在中央或地方政府担任要职,并具有很高的权位。其中,最具有代表性的就是享有国际声誉的女总理英迪拉·甘地夫人。作为尼赫鲁总理的独生女儿,在其父亲长达17年的任职生涯中,一直参加外事活动。1955年,英·甘地被选入国大党工作委员会,1959年被选为国大党主席,1966年初就任总理,1967年、1971年和1980年三次大选获胜上台执政,前后连任4届总理,直到1984年10月31日遇刺身亡为止,其间任职长达15年之久。无论在国内还是在国际上,她都享有很高的声望。

其三,女子教育显著发展。

独立后的印度宪法明确规定,所有儿童都平等地享有接受免费义务教育的权利。为了鼓励保守的父母送女儿上学,政府发动建立女子学校,在印度独立后的短短十年内,印度共建立了104所女子学院,截至1965年女子学院达到了200多所,另有50多所大学招收女生,男女同校。大量的妇女也因此享受到了上大学接受高等教育的机会。根据1975年国际妇女年"妇女地位委员会"的调查报告,印度有100万女子接受了教育,其中大学毕业生达30万人,具体包括商业学士4 000名,农业学士400名,工程师3 500名,医生16 000名,其他科技人员3 600名。1984年2月29日《印度时报》称,今日印度有60万女教员,4万女医生,18 000名女科学家。[①]

其四,各种妇女组织相继成立。

独立后的印度相继成立了各种各样的妇女组织。妇女组织的范围相当广泛,几乎遍布全国各地,既有全国性的,也有地方性的;既有经常

---

① 黎菱:《印度妇女:历史,现实,新觉醒》,世界知识出版社1986年版,第76页。

性的,也有临时性的,内容几乎涉及各行各业。其中,影响较大的全国性的具有政治组织性的妇女组织有:印度全国妇女大会、印度全国妇女协会、印度全国妇女联合会、印度全国民主妇女协会。此外,印度还有许多其他非政治性的妇女组织,主要有:印度妇女医生协会、巴吉尼协会、巴拉蒂亚·格拉敏·玛希拉协会、印度社会福利理事会、印度商业和职业妇女联合会、印度妇女争取和平与自由联盟、全印妇女理事会、全印聋哑协会、战争寡妇协会、基督教女青年会、全国青年企业家同盟妇女支部等。

二、印度妇女权益保障的法律规范体系

马克思曾经说过:"在民主的国家里,法律就是国王;在专制的国家里,国王就是法律。"①印度独立前,受传统男尊女卑思想的影响,广大印度妇女不仅在家庭里没有任何地位,甚至经常遭受丈夫的家庭暴力,而且在社会上也遭受着种种歧视和不公正的待遇,成为社会弱势群体的一个重要组成部分。独立后,随着女权意识的增强和男女平等意识的不断深入,女性权益的合法保护开始被提上了议事日程。自独立后的第一部印度宪法明确规定男女平等的原则以来,经过六十多年的努力和发展,印度已基本形成了一套相对比较完善的妇女权益法律规范保障体系。

(一)独立前的妇女权益保障立法

独立前的印度妇女社会地位极其低下,其所享有的微乎其微的权益保障主要集中在婚姻、家庭、继承等属于个人法的一些立法之中。

众所周知,自古以来,印度妇女一直在婚姻上处于弱势的地位。根据独立前印度教法的规定,印度教妇女在丈夫在世期间不能要求离婚,丈夫去世后也不能改嫁。为了改变女性婚姻之困境,英殖民政府于1856年制定了《印度教寡妇再婚法案》。根据该法案,印度教寡妇具有再婚的权利,如果曾与之结婚或订婚的丈夫已经离开人世,则寡妇与其他印度教徒再次缔结的婚姻契约应被视为有效和合法;同时,寡妇不会因为再婚而丧失其本应享有的任何财产和其他权利。

1872年,英殖民政府制定了最早的《特别婚姻法》,之后于1929年

---

① 《马克思恩格斯全集》(第9卷),人民出版社1961年版,第148页。

进行修订,确立了非印度教教徒、佛教徒、锡克教教徒、耆那教教徒之间的男女联姻关系。同年,为了保障未成年少女的合法权益,制止女孩在未成熟之前结婚的旧习俗①,又通过了《童婚限制法》。该法案规定,女性的最低成婚年龄为 14 岁,男性最低成婚年龄为 18 岁。

之后,为了进一步保障女性的婚姻权利,英殖民政府于 1937—1939 年间又先后出台了《跨种姓婚姻法》《印度教妇女离婚权法》《防止一夫多妻法》《穆斯林妇女离婚权法》等法案。省级立法机构也相应出台了《反嫁妆法》和《婚姻法》等法案。

此外,英殖民政府还分别于 1935 年和 1937 年制定了《继承法》和《印度教妇女财产法》,规定妻子有继承丈夫遗产的权利及妻子、寡妇、女儿均享有财产权。

(二) 独立后的妇女权益保障立法

独立后的印度,妇女解放运动和妇女权益的法律保障进入了一个崭新的历史时期。在该时期,印度政府制定了一系列妇女权益保护方面的法律法规。主要如下:

1.《宪法》

印度宪法明确规定,法律面前人人平等,禁止性别歧视的行为,赋予女性在政治、经济、教育等方面享有平等的权利。如:印度公民不论宗教、种族和性别,一律享有选举权和被选举权;女性有权参加竞选,并成为候选人;男女同工同酬,产妇享有产假和国家的补贴等。此外,宪法第 21 条还特别规定了保障妇女的"基本生存权"。这儿的基本生存权不仅包括妇女最基本的生活权利,如充足的食物、干净的空气、可以饮用的水源等基本生活资料的获取,而且还包括所有让妇女生活有意义的一些权利,如身心健康保障、接受足以维持生计的基础教育和工作机会等。第 39 条和第 42 条还对从事生产的女性给予了特殊的保护,并对其福利待遇做出规定等。

1992 年,印度通过了第 73 次宪法修正案,印度基层妇女的参政权因此得到了显著的改善。根据修正案的规定,印度各邦设立县、区

---

① 根据《摩奴法典》,女子的结婚年龄应该是男性的 1/3 左右,即如果男性是 30 岁,则女子的年龄应该在 12 岁;如果男性是 24 岁,则女子的年龄应该在 8 岁;如果男性是 20 岁,则女子的年龄应该在 7 岁左右,甚至更小。特别是对于高种姓的女孩来说,最大的结婚年龄被限定在 12 岁。因此,大部分女性在 15 岁之前就已经成为妻子、母亲或寡妇。

（乡）、村三级潘为查亚特，每5年进行一次换届选举，潘查亚特中必须要有三分之一的代表为女性，表列种姓和表列部落的代表人数应不低于他们在人口中的比例。这可以说是印度发展史上具有里程碑意义的重大事件，它激发了广大印度妇女的参政意识。

2.《婚姻法》

印度独立后，由于占其主要人口的宗教是印度教，因此印度政府首先于1949年制定了《印度教徒婚姻确认法》，取消了婚姻的种姓限制，提倡在各种姓之间通婚。之后，在尼赫鲁总理的带领下，印度政府先后于1954年和1961年分别通过了《特别婚姻法》和《印度结婚和离婚法》。其中，前者的适用范围包括：居住于印度境内的所有公民及居住于境外的印度侨民；不信仰基督教、犹太教、印度教、伊斯兰教、拜火教、锡克教、耆那教的男女公民；但其不适用于居住于查谟和克什米尔地区的非印度公民；结婚的年龄被确定为男子21岁，女子18岁。该法为特殊的婚姻形式提供了法律保护。

1955年，《印度婚姻法》颁布。该法在认定男女双方的婚姻关系时，对公民团体所认可的婚姻风俗和结婚仪式给予了充分的尊重，与1961年的《印度结婚和离婚法》相比，无论在适用范围还是在具体内容上两者都大体相同。两者唯一的区别在于：后者对原有的法律条文作了一些补充规定，如：婚姻关系中，新娘缔结的婚姻关系需得到监护人的许可，监护人的范围包括其父母、祖父母、外祖父母、兄弟或父亲之兄弟等婚姻关系中，原告方一年后方可提出离婚申请，若原告方生活异常艰辛或被告方异常堕落，则原告方可在一年内提出离婚申请；如若夫妻双方任一方没有独立生活来源维持生计或没有足够的诉讼费用，则申请者可得到临时生活补助金；法院下达解除夫妻双方婚姻关系判决之后，若双方均不能申请诉讼或诉讼日期已过，则离婚夫妻双方均有再婚权利等。[①]

2013年，《婚姻法修正案》被立法委提议通过。该案对1954年的《特别婚姻法》和1955年的《印度婚姻法》中的部分内容作了修正，旨在使婚姻关系破裂的双方当事人能较快地完成离婚诉讼程序，保护因

---

① 蒋茂霞：《印度女性问题的历史沿革与现代演进》，中国社会科学出版社2017年版，第87页。

经济、环境等各方面处于劣势的女方当事人及未得到妥善安置的夫妻双方孩子的合法权益等。与此同时，印度的某些邦也根据各自的情况对印度议会通过的婚姻法进行了相应的补充和修订。

3.《继承法》

独立后的《印度继承法》于1956年6月制定出台。该法案依据与死者血缘关系的亲近不同确定了继承者的顺序。根据该法的规定，男性死亡，在无遗嘱的情况下，享有财产继承权的继承人包括儿子、女儿、遗孀、母亲、已故儿子的儿子、已故儿子的遗孀、已故儿子的孙子、已故儿子的孙媳，但如果已故儿子的遗孀、已故儿子的孙媳或兄弟之遗孀再婚，则不再享有继承权；如没有上述继承者，则男性的财产将在以下继承者中分配，包括父亲、儿子的女儿之子嗣、兄弟、姐妹、女儿的儿子之子嗣、女儿的女儿之子嗣、兄弟之儿子、姐妹之儿子、兄弟之女儿；无遗嘱的女性死亡，其所属的财产将按照这样的顺序分配：儿子（含已故儿子）、女儿（含已故的女儿）和丈夫；丈夫的法定继承人；父亲的法定继承人；母亲的法定继承人；女性继承人对共同继承的财产不具有分割权，但男性继承人享有对共同继承财产的分割权；腹中胎儿活着出生后，同样享有继承权；自杀者或皈依其他宗教者不享有死者之财产继承权等。

2005年9月，印度议会通过了《印度继承法修正案》。该修正案取消了1956年《继承法》中存在的某些涉及性别歧视的条款，规定印度女性对祖父及土地等资源享有与男性同等的继承权。然而，由于种种原因，该法案仍然允许父母通过遗嘱的方式剥夺其女儿的财产继承权。

4.《印度教未成年人与监护法》

在印度历史上，由于女性地位低下和其隶属于男性的传统，母亲不能成为其子女第一顺位的监护人，只有父亲才具备监护人的资格。父亲死后，由其指定之人（非母亲）担任孩子的自然监护人。1956年通过的《印度教未成年人与监护法》一改唯父亲担任监护人的传统，承认母亲是继父亲之后的第一顺位监护人。该法规定：父母二人所生男孩或未婚女孩，母亲在其父亲之后，享有对他们的监护权；私生子或私生女，父亲在其母亲之后，享有对他们的监护权；母亲在其父亲之后，享有对收养子女的监护权；而对于已婚女子，则丈夫享有监护权；当未成年人退出印度教教籍或宣布为隐士或修行者，则任何人无权再担任其自然监护人。

5.《印度教领养和赡养法》

该法于1956年12月颁布实施。该法废除了过去女性不具备收养权的规定,明确了女性的收养权利。该法规定:一个心智健全的、非未成年的印度教男性,在得到其妻子的同意之后,可以领养养子或养女;若该男性的妻子退隐、不再信仰印度教,或管辖法院出具其心智不健全的证明之后,男性可以在领养养子或养女之时,不用征求其妻子的意见;一个心智健全的、非未成年的印度教女性,如若未婚,则可领养养女;已婚女性不具备领养资格,除非其丈夫已经死亡或父亲双方礼仪或丈夫退隐、不再信仰印度教,或管辖法院出具其丈夫心智不健全的证明,方可具备领养资格;妻子享有被赡养权,即使其与丈夫分居生活,但如果妻子不再信仰印度教或行为不贞洁,则她将丧失被赡养权;不论是婚生子女还是非婚生子女,都享有被父母养育的权利等。

6.《反不道德妇女和女孩交易法》

该法是印度政府根据1950年9月在纽约签署的《反不道德妇女和女孩交易国际公约》制定的。其制定的目的是为了阻止因不道德的目的而对妇女及不满21周岁的女孩的剥削和利用,遏制和消除商业化性交易问题。该法主要是针对剥削和利用妇女和女孩的不道德行为人作出的处罚规定,其处罚的群体较为广泛,包括:涉及性交易过程中的皮条客、兜售者、敲诈勒索者、妓院经营者、妓院组织者、依靠妓女收入生活者、适用房屋或允许他人使用房屋用作妓院的房屋负责人、房屋持有人、房屋出租人、房客、承租人及妓女本人等,并对他们处以2 000卢比以下的罚款和1—3年不等的监禁;对年满18周岁,完全或部分依靠妇女及女孩卖淫所得收入生活,或控制、指挥、影响、教唆、强迫、帮助妇女及女孩卖淫者,将被处以1 000卢比以下罚款和2年以下监禁;在公共场所勾引、拉客等,将被处以500卢比以下的罚款和6个月以下的监禁;在公共场所、教育机构、招待所、医院等场所200码的范围内进行性交易的行为,将被处以3个月的监禁等。

7.《禁止嫁妆法》

嫁妆制度在印度盛行已久,自古以来呈愈演愈烈之势。它不仅是社会性别不平等的体现,而且更是女性遭受身心摧残的罪魁祸首之一。① 1961年,印度颁布《禁止嫁妆法》。该法规定:任何人如给予或收受嫁妆,教唆给予或收受嫁妆,将被处以15 000卢比以下罚款或与嫁妆数量等值的罚款,并被判处5年以下监禁;婚礼之前或婚礼之后给予或收受的财产或有价证券也属于嫁妆之列;婚礼之时,给予任何一方的礼物,包括现金、饰物、衣物或其他物品则不被视为嫁妆。这些规定尽管在表面上对给予或接受嫁妆作了严格的规定,但实际上并不彻底,特别是"婚礼之时,给予任何一方的礼物,包括现金、饰物、衣物或其他物品则不被视为嫁妆"的规定,为嫁妆制的继续存在埋下了隐患,到目前为止,"给予和收受嫁妆"等行为依然屡禁不止。

8.《反家庭暴力法》

为了保护与具有暴力倾向的男性一同居住或生活的女性不受侵犯和虐待,印度政府于2006年10月通过了首部《反家庭暴力法》。该法所认定的家庭暴力是指家庭成员(通过婚姻或收养的方式共同生活在一个家庭之中)一方给另一方在身体、精神、经济、情绪等方面造成一定伤害后果的行为。其主要表现为殴打、捆绑、踢打、掌掴及其他手段等。因嫁妆发生的骚扰,强迫妻子辞职,阻止妻子外出工作等行为也属于该法案规定的家庭暴力范畴。

9.《性骚扰法案》

为了防止各种场合的性骚扰,印度最高法院于2013年颁布了《性骚扰法案(Sexual Harassment Act)》,强调印度所有用人单位都必须建立防治性骚扰事件的有效机制,男性员工必须谨慎对待与女性员工的关系。该法明文规定,每个私人机构或公共机构都必须建立一个由10名以上员工组成的内部投诉委员会,否则将对雇主征收5万卢比的罚金。

除了上述保障妇女权益的法律之外,近年来,印度政府及各邦还相继出台了其他一系列相关的法律法规,如《家庭法》《堕胎法》《反嫁妆法》《妇女继承法》《印度教妇女财产权法》《防止一夫多妻法》《监护人

---

① 1983年6月10日合众国际社报道,在印度,每年因男方对嫁妆不满而烧死妇女的案件达3 000起;1984年4月27日印度《爱国者报》也报道,从1983年12月到1984年3月31日的四个月内,仅在德里一地,烧死已婚妇女的案件就达228起,参见黎菱:《印度妇女:历史,现实,新觉醒》,世界知识出版社1986年版,第151—152页。

法》《基督教婚姻法》《穆斯林妇女离婚权法》《穆斯林属人法》《外国人婚姻法》《童工法》《青少年法》《医学终止妊娠法》《产前诊断技术法》《禁止神妓献身法》《最低工资法》《工资支付法》《同酬法》《工人法》《合同工法》《青少年正义法》《妇女国家委员会法》《刑事诉讼法》《家庭法庭法》《证据法》《开业律师（女性）法》《妇女生产福利法》《同工同酬法》《反家庭暴力法》《反不道德妇女和女孩交易法》等。所有这些法律法规都体现了印度社会的发展和进步，它们为女性权利提供了较为充分的法律保障。

三、现代化进程下印度妇女权益存在的问题及困境

尽管独立后的印度宪法和法律承诺保护和加强妇女的政治、经济和社会权利，规定妇女享有婚姻自主权和财产的继承权等，然而不幸的是，宪法和法律赋予女性的这些权利只是体现在书面的法律、法规和政策性文件中，而在印度的现实生活中却一直未能得到真正的贯彻执行。诚如英·甘地总理所言："很少国家的妇女像印度的妇女在政治上和公共生活中占有较高的地位。但是，这并不能说，印度妇女遭受的不平等待遇与歧视压迫均已结束。我们的国家是一个充满矛盾和两个极端的对立面同时共存的国家，尤其对妇女来说是如此。如果说我们有居于世界最先进行列的妇女，我们也有列为最落后的妇女。在法律上，所有男女之间的歧视均已废除，然而我们都知道，我们妇女在社会上与经济上，除了一般的困苦之外，还遭受着更大的痛苦，仍然像中古世纪。"她又说："我们的法律已经改变，并以巨大的速度变化着，但是危险在于真正的执行远远落后于法律，就妇女的地位而言，肯定是这样；在妇女权利的立法与社会实践之间存在着巨大的鸿沟。"[1]1984年6月1日的印度《爱国者报》也报道，在一个国际人道主义组织出版的《银镣铐——印度妇女与发展》一书指出："联合国妇女十年即将结束，印度妇女地位的日益下降是一个世界范围的总趋势的一部分。一方面，印度法律赋予妇女平等的权利；另一方面，在实际上，她们被束缚于苦役

---

[1] ［印］英·甘地《印度妇女的任务》，转引自黎菱：《印度妇女：历史，现实，新觉醒》，世界知识出版社1986年版，第4页。

般的生活之中,除了累断筋骨的家务劳动之外,妇女构成巨大的劳动大军。"①综观现代印度妇女权益存在的问题,依然较为集中地体现在政治、经济、文化教育和婚姻家庭等几个领域。

(一) 女性与政治

独立后的印度,妇女解放运动也相应地进入了一个崭新的时代。印度宪法第 325 条明确规定,印度公民不论其宗教、种族和性别,一律享有选举权和被选举权。第 326 条明确规定,只要超过 21 岁的成人,不论男女,都可以通过选举被选入人民院及各邦的立法机关。它们是独立后印度政府赋予女性的非常重要的政治权利。这些规定奠定了女性参政的法律基础,保障了女性享有与男性平等的政治权利,激发了女性参政的热情。

在独立之初的五六十年代,广大妇女积极参与到中央和各邦议会的投票选举中,一些有威望的或家族支持的女性被选进中央和各邦立法议会,担任议员或各级官员,为国家及妇女事业的发展作出了一定的贡献。然而,在现实执法的过程中,妇女权益的法律保障并不理想,妇女状况不断恶化,妇女问题依然很严重。此外,受传统女性家庭观念根深蒂固的影响和制约,社会也极其不赞成妇女参政。到七八十年代,妇女对国家的参政热情开始减退,议会中女议员的比例也呈现出下降的趋势。20 世纪 70 年代初印度妇女地位委员会的报告指出:"妇女对政治进程的影响能力已经可以忽略不计","这些宪法保障的权利,已经帮助建立了一种平等和权利的错觉,这逐渐被用于作为一种抵抗特殊保护措施的论据","虽然妇女构成了人口的多数,她们获得的是少数民族的特征,因为地位和政治权利的不平等。"②

1975 年,联合国在墨西哥城举行了第一次关于妇女问题的国际研讨会。为了提升女性的领导力和决策力,联合国制定了促进女性发展的时间表,提出"增加女性领导者的数量,1995 年达到 30%,2000 年达到 50%"。③ 在联合国的倡导和影响下,印度政府于 1992 年制定了宪法第 73 次修正案,在地方的潘查亚特治理中为妇女保留 33% 的席位。

---

① 黎菱:《印度妇女:历史,现实,新觉醒》,世界知识出版社 1986 年版,第 5 页。
② 张冬霞:《独立后印度妇女政治参与的历史演变研究》,2016 年硕士论文。
③ 蒋茂霞:《印度女性问题的历史沿革与现代演进》,中国社会科学出版社 2017 年版,第 110 页。

1996年,印度政府向议会建议制定女性席位预留的相关法案,但因缺乏政治共识而被长时间搁置。2008年5月6日,在联邦院的会议上,印度政府提出了第108次宪法修正案,力争在人民院和邦立法议会机构中为女性预留近1/3的席位。经过长达14年的漫长斗争之后,该法案最终于2010年3月获得通过。《女性席位预留法案》规定,给予女性"33.33%的人民院席位预留比例、33.33%的邦立法议会席位预留比例及适当比例的地方和城市机构预留比例"等。此举被印度时任曼莫汉·辛格总理称之为"是迈向女性赋权的一大步,是迈向印度女性解放的历史性的一步。"①

然而,值得注意的是,《女性席位预留法案》只是女性在法律条文上取得的胜利,在实际生活中受传统观念、宗教文化、家族势力、家庭背景、经济状况、种姓、学历、阶层等种种因素的影响和制约,在政治决策起主导作用的依然是男性。正如有学者指出的:"尽管印度正逐步扩大公民的有序政治参与,'占印度人口48%左右的印度女性'仍难以充分享有男性所享有的知情权、参与权、表达权、监督权及相关特权等,她们在各种政治机构中的声音仍显薄弱,亦被排斥于政府应急救援保障体系建设之外。"②在谈到印度妇女所面临的政治地位时,联合国副秘书长拉克西米·普丽夫人也这样说道:"印度应该成为一个让女性享有民主的国家。尽管印度妇女已有所发展,但议会中的女性代表却不占关键性的多数。"③

时至今日,印度妇女已经享有了与男性同等的投票、竞选等政治权利,她们的参政水平及参与国家和社会事物管理的能力也在不断地提高和增强。但总体而言,印度妇女的政治参与尚存在这样两个方面的问题:一是妇女的政治参与水平相对不足。印度自1952年以来历经了16次大选,每次大选中女议员的比例一直保持在10%左右。世界各国议会联盟和联合国妇女署编制的《2015年政治中的女性》统计表明,截至2015年,女议员的平均水平是上院为20.5%,下院为22.3%;而印

---

①② 蒋茂霞:《印度女性问题的历史沿革与现代演进》,中国社会科学出版社2017年版,第110页、109页。

③ *Women in Twelfth Five Year Plan in India: An Analysis*, Satarupa Pal, Assistant Professor in Political Science, Rampurhat College, Birbhum, July 2013.

度上院为12.8%,下院为12%。① 显然,与世界其他国家相比,印度女议员的比例明显偏低,呈现出女性被边缘化的趋势。二是各邦差异大。近几年各邦立法议会的数据统计表明,在印度所有各邦议会中,女性代表所占的比例均低于14%。只有在比哈尔邦和拉贾斯坦邦,女议员人数占14%。米佐拉姆邦和本地治里这两个地区,女议员的比例竟然为零。②

（二）女性与经济

经济是一个国家发达与否的重要标志。印度独立后,伴随着女性地位的不断提高,越来越多的妇女开始从"家庭"的桎梏中走了出来,参与到社会的各项经济活动中,其范围涵盖了农业、制造业、建筑业、采矿业及服务业等各个领域,成为印度社会的劳动大军和支柱力量。她们对印度社会经济的发展作出了重要的贡献。据相关资料统计,从事农业、制造业、建筑和服务业的农村女性劳动力在2007—2008年度分别占该年度农村女性劳动力的80.2%、10.9%和8.9%;同期从事农业、制造业、建筑和服务业的城市女性劳动力分别占城市女性劳动力的11.5%、30.3%和58.2%。其中,60%左右的印度妇女从事农业劳动,而农活的70%左右又都由女性负责。③ 尽管如此,由于性别、传统、宗教等原因,印度女性在参与社会经济发展的过程中往往会受到许多不公平的待遇和歧视。

在农业生产领域,男女待遇差别显著。与男性相比,女性经常面临着超负荷工作和低廉的收入,通常属于被压迫和被歧视的对象。据相关资料统计,2007—2008年度,从事农业活动的农村男性和女性,其受教育年限的差距为2年,但农村女性该年度的工资仅为农村男性同行的67.1%;同期从事农业活动的城市男性和女性,其受教育年限的差距为2.7年,但城市女性该年度的工资仅为城市男性同行的47.7%。④

---

① 资料来源：各国议会联盟(IPU)和联合国妇女署编制：《2015年政治中的女性》地图。参见 http://www.ipu.org/pdf/publications/wmnmap15-en.pdf, 2015-8-11。

② Manpreet Kaur Brar, "Political Participation and Representation of Women in State Assemblies", *International Journal of Behavioral Social and Movement Sciences*, Vol. 2, No. 4, 2013, p.45.

③ http://seea.org.in/vol10-2-2010/24.pdf.

④ http://eprints.lse.uk/38367/1/ARCWP40-Bhallakaur.pdf.

在制造业领域,性别、待遇、就业前景等方面差别显著。根据印度政府劳动就业部劳动局 2009—2011 年的调查数据,2008 年就职于各类制造业工厂的从业人数为 263 万,其中女性从业人数为 22.1 万,占就职于各类制造业从业人员总人数的 8.41%;即便在中小型企业,女性的就业比例也只有 15%。① 女性在生产过程中进一步被边缘化,她们大多承担一些临时性的、无技术含量或低端性的工种,如编织、采摘、清洁、缝纫、剪线、包装等工作,有些女性至今仍以债务劳工的身份工作,她们所得到的薪酬通常也不参照市场标准进行支付。在企业或工厂裁减员工时,女性也首当其冲地成为他们被裁员的对象。

在建筑业领域,女性大多从事的是一些临时性的、低端性和无技术含量的工作,工作环境相对恶劣。有史以来,建筑行业一直被印度视为男性的垄断行业。然而,为了养家糊口,女性只能在其中从事一些挖掘、搬砖、运送、搅拌、送水等无技术含量的体力活,以获取低廉的收入。根据印度国家妇女委员会的报告,如今在印度从事建筑工作的妇女和儿童的数量已占建筑劳工总数的 1/3。他们大多为外来务工人员的家属、在贫民窟生活的女性群体、无地的贫困农村群体及就业市场上等待就业的女性群体或契约劳工。由于工种规定原因,她们不得不经常接触一些危害身体健康的物质,如粉尘、有害气体、噪声等,甚至随时都面临着失业的危险。

在采矿业领域,一些女性迫于生计,也不得不进入这个以男性为主导的行业。这些矿场女工大多只能从事一些技术性含量低或无技术含量的工种,如负责挑选、清扫、筛选、搬运、加工、敲碎石块等,不仅劳动报酬非常低廉,而且其健康状况也受到很大的影响。据相关资料统计,女矿工中有 80% 以上的人面临着肺结核、咽炎、尘肺病、贫血、眩晕、鼻炎、腰背疼痛等慢性疾病。② 与此同时,这些女矿工的子女因为家境贫困、距离学校远、家长意识薄弱,再加上存在种姓及性别歧视等原因,不得不辍学在家或尾随父母外出打工维持生计。

在服务业领域,随着印度社会的发展和壮大,越来越多的女性被吸引到银行、保险、咨询、旅游、广告、娱乐、医疗保健、酒店及技术领域等

---

①② 蒋茂霞:《印度女性问题的历史沿革与现代演进》,中国社会科学出版社 2017 年版,第 146—147、154 页。

服务行业,甚至在一些传统由男性主导的行业中占据了领导地位,比如银行业、咨询公司及技术领域。据统计,在印度的大型银行、保险公司及财富管理公司中,1/5 都由女性当家。① 特别是近年来,随着新科技与网络技术的发展和女性教育程度的不断提高,越来越多的女性就职于软件等信息产业,并成为该行业未来发展的主力军。然而值得注意的是,在 IT 行业就业的女性并没有随着工作岗位的增加而增加,相反还呈现出下滑的趋势。即使在该行业工作,80%的女性从事的也不过是一些低端性的工作,如数据处理、程序维护、后台操作、客户互动、保险理赔、功能测试等。受传统观念的影响,女性既难以摆脱信息产业的低端就业,也难以获得向高端职位晋升、国际流动和成长的机会。② 如今,即使在一些受传统女性青睐的医疗保健等服务行业,女性依然面临和遭受着待遇低、不同程度和不同形式的性骚扰及暴力等问题。

(三) 女性与教育

印度历史上的妇女是世界上最为悲惨的妇女,在漫长的封建社会,她们不仅遭受着政权、族权、神权和夫权的束缚,而且还被套上了种姓和宗教的枷锁,地位极为低下。独立后的印度政府十分重视女性的教育,深刻认识到"教育是消除不平等现象和改善女性家庭及社会地位的最强有力工具"③。1950 年宪法规定:"印度女性公民享有平等受教育权利";"向所有 14 岁以下儿童提供免费义务教育";"各邦政府在其管辖范围之内拥有自行决定教育标准的权力"。之后,印度政府又不断完善教育政策,改革教育体制,先后出台了一系列的教育法律法规,如:1986 年的《国家教育政策》;2000 年的《学校教育国家课程框架》;2009 年的《教育权法》;2010 年的《禁止技术教育机构、医学教育机构和大学的不公平待遇法案》《国家高等教育机构认证监管局法案》《外国教育机构(准入和运营规定)法案》和《国家理工学院案(修正案)》;

---

① 《印度职场女性的这些优势,西方同辈们没有》,http://news.ifeng.com/a/20160412/48435112_0.shtml。

② Women in Indian Information Technology (IT) sector: a Sociolog-ical Analysis ; Asmita Bhattacharyya and Dr. Bhola Nath Ghosh; IOSR Journal of Humanities And Social Science (JUSS), ISSN: 2279 - 0837, ISBN: 2279 - 0845. Volume 3, Issue 6 (Nov.-Dec. 2012).

③ 蒋茂霞:《印度女性问题的历史沿革与现代演进》,中国社会科学出版社 2017 年版,第 174 页。

2011年的《高等教育和研究法案》《教育法庭法》《国家学术信托法案》;2012年的《大学研究和革新法案》和《理工学院案(修正案)》;2013年的《印度信息科技学院案》等。这些法律法规都强调教育机会中的"性别公平"和"社会群体公平",消除各教育阶段间的性别差距,改善女性的受教育环境,保障各阶层女性的受教育权益,提高妇女的受教育水平。得益于政府的大力推动和法律保障,印度女性的受教育状况和受教育水平得到了极大的改善和提高。

然而,不容忽视的是,由于印度特殊的国情和历史传统,如幅员辽阔、宗教信仰复杂、社会分层、传统的价值观念、性别歧视、男权至上及种种陈规陋习等因素,女性受教育的权利在一定程度上遭到剥夺,其形势并不乐观。主要表现为这样几个方面:[①]

其一,男女识字率的差距较大。如:1981年,印度男性的识字率为46.9%,女性仅为24.8%;1991年,印度男性的识字率为63.9%,女性仅为39.2%;2011年,印度男性的识字率为82.14%,女性仅为65.46%。如今,印度的广大妇女,特别是农村妇女、表列种姓、部落和城市贫民中的妇女占文盲人数的比例仍然很高。

其二,男女受教育程度差异明显。其中,女性受教育的比例往往低于男性受教育的比例。根据印度大学教育资助委员会公布的数据,在2000—2001年度接受高等教育的学生中,女生所占的比例仅为39.4%,2007—2008年度为40.6%,2010—2011年度为40.5%。女生的比例始终低于男生。

其三,城乡之间的教育差距明显。如:1981年,城市女性的识字率为67.3%,而农村女性的识字率仅为36.09%;1991年,城市女性的识字率为73.09%,而农村女性的识字率仅为44.69%;2011年,城市女性的识字率为79.9%,而农村女性的识字率仅为58.8%。

其四,分科教学上存在性别差异。相比较而言,教授艺术类的专职女教师相对较多,占比41.21%;而理工、金融管理、工程技术、医学、教育、农业等学科类的专职女教师则比例很低,分别为19.14%、16.12%、11.36%、4.68%、4.6%和0.36%。

---

① 蒋茂霞:《印度女性问题的历史沿革与现代演进》,中国社会科学出版社2017年版,第181—184页。

其五，教育机构中，女性卫生及生活配套实施严重滞后。2003年、2004年和2005年，印度带有女卫生间的学校所占比例分别只有22.22%、28.24%和32.7%。

其六，女性受教育后所产生的社会效益和经济价值未得到客观认知。女性受教育程度的高低往往决定着女性就业机会、就业环境、就业待遇和社会地位的不同。然而，受传统男尊女卑、宗教信仰、伦理观念[1]等负面因素的影响，女人的职责始终被认为是在家庭里操持家务、打扫卫生、照顾家人、喂养家畜，而不是读书认字。由此而导致的结果是：女性从小就被剥夺了相应的教育资源，她们所能接受的只能是有限的教育程度、匮乏的专业技能和实际操作经验。所有这些必然会影响到她们将来的就业和经济独立。

（四）女性与婚姻家庭

如上文所述，为了提高广大女性在家庭中的地位，保障他们在婚姻和家庭方面的权益，独立后的印度政府曾先后制定了一系列相关的法律法规。然而，自印度独立至今已过去了70多年，70多年来，女性在婚姻家庭中的处境依然不容乐观。包括婚姻、子女的监护、家庭成员之间的赡养和继承等在内的家庭生活，是女性社会生活的重要组成部分；而女性家庭生活的状况将直接关系到公民的男女平等和财产权利等重大社会问题。诚如印度学者尼拉.德赛所言："如果妇女在家庭中的合法权利得不到保障，她的平等便不能成为现实。"[2]概而言之，印度妇女在婚姻家庭方面较为突出的问题主要体现为如下几个方面：

1. 婚姻问题

在今日的印度社会，女性的婚姻自主程度虽有所提高，但受宗教、家世、财富、阶层、种姓集团及名誉等各种因素和利益的影响和制约，很多女性仍听从或尊重父母或长辈的意见，对包办婚姻予以认可，自由恋爱结婚的相对较少。不仅如此，在一些地区甚至还禁止自由恋爱，违反

---

[1] 印度教在其长期的历史中，发展了一套自己独立的哲学体系和伦理观念，形成了根深蒂固的男尊女卑的观念和习俗。印度教哲学的创立者称妇女是"通向地狱的入口"。该教义的倡导者宣传妇女是对男人的破坏力量，妇女使男人不能达到他们精神上所追求的目标，因此认为妇女是诱惑者，是罪恶。参见黎菱：《印度妇女：历史，现实，新觉醒》，世界知识出版社1986年版，第83—84页。

[2] Neera Desai & Maithreyi Krishnaraj, *Women and Society in India*, Delhi, 1987, p.312.

者将会受到严厉处置,甚至被处死。据《印度时报》报道,仅 1997 年 4 月—7 月 3 个月期间,便出现了一系列青年男女自由恋爱结婚被处死或遇害的事件。该报评论说:"这反映出在这个国家的很大一部分地区,个人选择和自由的余地很小,尤其对妇女而言。"①

此外,一夫一妻制在个别地区也遭到破坏。《印度时报》于 1997 年 7 月曾报道了在拉贾斯坦的一些属于印度教米那教派的人员中,有重婚行为的人多达 180 人。除了米那教派之外,在南拉贾斯坦的若干表列种姓和比尔教派中重婚现象也非常盛行。② 不仅如此,印度至今还残存着童婚问题。根据印度国家犯罪记录局的统计,仅 1994 年和 1995 年两年,违反"限制童婚法"的案件就高达 122 例和 159 例。③

在婚姻关系方面,在男权至上观念的影响下,印度妇女还会经常遭到男性的威胁、恐吓、虐待、踢打或捆绑等家暴行为。针对男性的婚姻暴力,多数女性保持着忍耐和沉默的态度。其中,最让人触目惊心的是经常见诸报端的嫁妆死亡案。在印度,男方向待嫁的新娘或新婚儿媳索取嫁妆的陋习由来已久。尽管印度政府于 1961 年制定了《嫁妆禁止法》,但"多年来,这一法律成为纸老虎,年轻新娘的死亡人数持续上升"。④ 对于男方无休止的嫁妆要求,有时女方不能予以满足,媳妇就会受到虐待,甚至有的新娘被丈夫或公婆活活烧死。这样令人发指的案件,仅 1996 年就发生了近 5 000 例。据《印度时报》的一篇署名文章报道:"在印度,每两小时就发生一起嫁妆死亡案件,而大多数此类案件不为人知。"⑤其中,还有不少妇女因不堪忍受男方家庭的虐待而自杀身亡。

更为奇葩的是,已被禁绝 100 多年的萨蒂陋俗,竟于 1987 年死灰复燃。同年 9 月 4 日,在拉贾斯坦邦锡格尔县德奥罗拉村,一个名叫鲁普·坎卡尔的年轻寡妇被迫登上其丈夫火葬用的柴堆殉葬。印度媒体对这一震惊世人的事件评叹道,"在那天的火葬浓烟中,印度两个世纪

---

① *The Times of India*, April. 12. 1997.
② *The Times of India*, July 14. 1997.
③ *The Times of India*, May 17. 1997.
④ Neera Desai & Maithreyi Krishnaraj, *Women and Society in India*, New Delhi, 1987, p. 314.
⑤ Lalita Panicker, "Second Class Sex," *The Times of India*, Aug. 15, 1997.

的社会进步亦随之焚尽。"①法律的无能为力,使侵害妇女的问题有增无减且日益嚣张,针对妇女的犯罪行为往往也得不到法律的惩处和制裁。

2. 家庭问题

时至今日,印度仍然基本上是一个父权社会,重男轻女思想较为严重,大量的女婴在未出世或刚出生时就被杀死。对女性的歧视和医疗卫生保障的缺乏,使得印度妇女在生理发展的各个阶段都遇到很多健康问题。在家庭关系中,根据大多数印度人信仰的印度教的规定,妻子应该从属于丈夫,妻子的职责就是在家伺候丈夫安分守己,尽量不要到外面抛头露面。

在对家庭财产的继承和拥有上,尽管1956年的《印度教徒继承法》赋予女性与男子同等的权利,然而在实际生活中,印度女性不可能以与男子同样的方式得到、持有和处置财产。对联合家庭中的财产,女儿和儿子的权利也存在明显的区别。女儿出嫁时,父母多以珠宝首饰陪送,而房舍、田地及各种产业都只能由儿子继承。② 印度妇女有近86%的人从事农业生产,但家中共有的土地,妇女却难以得到收成中自己的一份,当她面临家庭破裂之时,就更难得到属于她应得的那份土地。《印度教赡养法》中对离婚妇女虽然有给付生活费的安排,但钱数少得可怜。这种安排对离婚后生活无着的妇女显然是不公正的。

在对子女的监护方面,尽管1956年通过的《印度教未成年人与监护法》承认母亲也是未成年子女的监护人,但在监护的顺序上,父亲是处于优先的地位,母亲是继父亲之后的第一顺位监护人。此外,《印度教徒少数民族和监护法案》也规定,18岁以前的子女为未成年人,儿子和未婚女儿的天然监护人是父亲,然后才是母亲。母亲只对5岁以下子女的养护有优先权。在穆斯林中,父亲是子女的天然监护人,母亲既不是监护人,也不能控制子女的人身和财产,除非父亲指定她为临时监护人。即便是1990年制定的适用于印度教徒和穆斯林以外各教派的《监护人及养护法》,也明确规定父亲的权利是首要的,除非父亲被发

---

① *The Times of India*, Aug. 15. 1997.
② 陶笑虹:《印度妇女在家庭中的地位》,《南亚研究》2002年第2期。

现不适于行使其权利。

四、强化印度妇女权益保障的法律实施机制

妇女各项基本权益的保障水平在一定程度上体现了印度社会的文明程度。由上文可知,印度独立后,政府制定了一系列的包括宪法和法律在内的法律规范,初步形成了有关妇女权益保障的法律规范体系。然而,由于宗教文化、传统观念、种姓、经济状况、家庭背景、阶层、家族势力等原因,在印度的执法实践中上述法律规范并没有得到较好的落实和执行。因此,要使印度妇女法律上的平等转化为事实上的平等,将"纸面上的法"转变为"现实中的法",必须强化印度妇女权益保障的法律实施机制。

(一)严格对妇女政治权利的落实和完善

参政议政和管理国家事务是妇女政治权利的集中体现,也是实现男女地位平等最重要的标志之一。而要真正实现印度妇女政治上的权利,必须要从如下几个方面做出努力:

1. 严格现有法律规范的落实

独立后的印度宪法承诺保护和加强印度妇女的政治权利,如规定"给予女性法律上之平等以及平等保护","女性公民不因性别遭受歧视","女性享有言论和表达自由","女性在机会、设施和地位上与男性均等"等,女性公民的政治权利首次在宪法规范中得到了明确的规定。但要使这些规定真正得到落实,首先必须要宣传这些规定,让整个社会特别是印度妇女了解并知晓她们应当享有的法律权益[1];其次,要组织广大印度妇女认真学习和理解这些法律规定,讨论和领会法律的精神实质;最后,要让广大印度女性积极参与到印度国家政治生活中,如参与投票、选举等,使她们自身的利益在这一过程中得到充分的展现。

---

[1] 联合国妇女委员会对印度妇女的调查报告指出:"回顾妇女的无独立法律人格和受约束条件……大多数妇女仍远不能享有宪法向她们保证的权利和机会……社会法律寻求在家庭生活中解决妇女问题,但国家大部分女性却对此一无所知。对女性自身应享有的法律权利,她们的无知程度如同独立前。"参见"*Towards equalitiy Report of the Committee on the Women in India*; edited and introduced by Kumud Sharma, C. P. Sujaya, general editor Vina Mazumdar; Published by Dorling Kindersley 2012", p. 359.

2. 建立健全妇女干部的选拔培养机制

要使占印度人口 48% 左右的印度女性真正参与国家管理,充分调动她们在国家管理中的积极性、主动性和创造性,必须要多关注女性。正如联合国副秘书长拉克西米·普丽夫人所指出的:"印度应该成为一个让女性享有民主的国家。尽管印度妇女已有所发展,但议会中的女性代表却不占关键性的多数。"[1] 为此,需要不断提高印度妇女干部的比例。这就要求在女性干部的选拔中,一方面要根据国家的实际需要提高妇女的教育水平,完善妇女的知识结构,同时,精心设计一些培训课程不断提高妇女的综合素质;另一方面在坚持当选标准和确保质量的前提下,充分发挥妇女的特长,对女性干部实施合适的优惠政策。

(二)严格对妇女经济权益的落实和完善

经济的独立是妇女享受其他权利的前提和基础。在印度社会,受传统观念的影响,劳动领域中占据主导地位的依然是男性,他们的劳动产出及其所扮演的角色被给予了充分的肯定;相反,在印度社会的经济发展中,女性仍处于劣势的地位,她们的就业能力和劳动力价值往往得不到社会的肯定和认可。到目前为止,女性依然面临着"不平等""不协调""不安全""贫困""失业"等一系列发展困境。[2] 为此,要提高妇女的经济地位,必须摒弃传统的观念,赋予女性和男性同等的劳动权利;要完善就业体制,废除性别歧视和差别待遇;充分调动女性的积极性,不断提升女性的创新和创造能力;加大投入,不断提高广大农村妇女自身的素质水平;重视和加强对农村妇女土地权益的保护等。

(三)严格对妇女文化教育权益的落实与完善

印度妇女地位的高低与她们受教育程度的高低是密不可分的。换言之,女性受教育程度越高,她们就越能掌握择业的主动权,不仅其就业的机会增多,而且其就业的环境也越发理想。由此所产生的结果是女性经济上的独立,这种独立的经济地位势必会减少她们对家庭和丈夫的依赖,其社会地位也会相应地得到提高。反之,女性受教育程度越低,她们的择业机会也就越少,她们在经济上对家庭和丈夫的依赖性也

---

[1] *Women in Twelfth Five Year Plan in India*: *An Analysis*, Satarupa Pal, Assistant Professor in Political Science, Rampruhat College, Birbhum, July 2013.

[2] 蒋茂霞:《印度女性问题的历史沿革与现代演进》,中国社会科学出版社 2017 年版,第 137 页。

就越强,其社会地位也就越低。因此,要彻底地改变印度妇女的社会地位,必须让广大妇女接受更好的教育。尽管独立后的印度政府也一直在努力进行教育改革,建立统一的学校制度,普及义务教育,极力扫除文盲,不断提高教育教学质量,尽可能地为所有公民提供受教育的机会,但由于种种原因,印度城乡之间、性别之间依然存在着很大的教育差距,而要缩小这些差距,必须要加强农村文化教育资源的投入,特别是要加强对农村妇女的职业技术教育,不断培养和提高她们的就业能力。同时,要改变传统的农村妇女教育观念,逐步建立起一个终身的妇女教育体系。

(四) 严格对妇女人身权利及婚姻家庭权益的落实和完善

有关印度妇女人身权利及婚姻家庭权益的保障,其中一个非常重要的内容是有关妇女人身安全方面的保障。可以说,它是印度妇女权益保障的底线,也是印度妇女权益构成中一个极其关键的内容。自古以来,印度妇女的社会状况就极为悲惨,她们自出生开始就得不到任何保障,女婴谋杀、童婚、嫁妆谋杀、婚姻暴力、性暴力、寡居、萨蒂等惨无人道的社会现象极为频繁。所有这些使得印度妇女的人身权利及婚姻家庭权利无法得到有效的保障。尽管独立后的印度政府先后制定了一系列有关保护妇女权益的法律法规,但无论在执行的力度方面还是重视程度方面都远远不够。要从根本上解决这些问题,首先需要印度政府高度重视,在加强执法力度和严格执法的同时,还需要采取其他一些具体的措施,如定期或不定期地宣传保护妇女儿童权益的法律法规,对实施家暴及其他暴力者予以严惩,加强对受害妇女的抚慰和援助,提高妇女的法律意识和维权意识等。

(五) 加强对广大农村妇女的保护力度

在印度,农村妇女占全印度妇女的 82%[①],她们主要从事体力劳动,对农业经济的发展作出了很大的贡献。然而,随着社会的发展,农民的土地日益丧失,广大妇女被推入没有土地的农业劳工队伍。由于男女同工不同酬,妇女的工资非常低,收入无法保障。与此同时,她们还要忍受传统旧礼教的种种束缚,境况十分悲惨。"广大的农村妇女

---

① 黎菱:《印度妇女:历史,现实,新觉醒》,世界知识出版社 1986 年版,第 126 页。

生活在种姓制度和传统习俗的重重束缚下,挣扎着活下去。"①独立后,印度中央社会福利局、红十字会、各邦福利部及各种志愿组织机构等曾发出号召,对改善农村妇女的地位起到了一定的作用,但受传统社会观念、生产力水平、妇女自身素质等因素的制约,其效果并非尽如人意。

要从根本上改变广大农村妇女的状况,至少应从这样几个方面着手:其一,要提高妇女的收入,改善她们贫困的生活状况;其二,要打破种姓、种族和宗教信仰的隔阂,废除陈规陋习;其三,要加大宣传力度,增强农村地区的男女平等意识;其四,要加大投入,不断提高广大农村妇女自身的素质水平;其五,要加大重视,不断促进农村医疗保健事业的发展。

Analysis on Legal Protection of Women's Rights and Interests
Zhan Maohua

Abstract: Many well-informed people in India believe that the status of Indian women is extremely low, and they are regarded as subordinate to men, without their own independent personality and rights as a citizen. Although after independence, India has basically formed a relatively complete legal and normative protection system for women's rights and interests. Although the system promises to protect and strengthen women's political, economic and social rights, including marriage autonomy and inheritance rights, they have not been implemented in real life in India. In order to realize the rights and interests of women, it is necessary to strengthen the legal mechanism of protecting women's rights and interests in India.

Keywords: India; Women's rights and interests; the law; Safeguard mechanism

---

① 黎菱:《印度妇女:历史,现实,新觉醒》,世界知识出版社1986年版,第130页。

塔吉克斯坦合宪性审查制度研究
——兼谈对中国启示

李 晶[*]

内容摘要：宪法是人民权利的保障书，宪法的有效实施才能将纸面上的权利变成切实享有的权利。确保宪法有效实施的重要制度之一就是合宪性审查制度。塔吉克斯坦通过专门的宪法法院来进行合宪性审查，最高议会也承担着合宪性审查的职能。塔吉克斯坦的合宪性审查制度本身较为完善，但仍面临着如下问题：宪法法院仍不可避免地受到行政权干预、未能有效阻止公民基本权利受侵蚀以及未能有效防止官员腐败。中国采用由最高权力机关进行合宪性审查和特定国家机关合法性审查相结合模式，但仍可从塔吉克斯坦借鉴诸如审查体系明确、公众参与等有益经验。

关键词：合宪性审查；宪法法院；权利保障；宪法实施

从宪法文本上看，宪法是人民权利的保障书，是国家权力的约束书。宪法的主题便是通过约束国家权力，防止国家权力膨胀，从而使得基本人权和公平正义的理念在宪法制度下得以充实并不断发展。归根结底，宪法就是人民权利的保障书，约束和限制国家权力的目的无

---

[*] 李晶（1990—），女，内蒙古通辽人，上海交通大学凯原法学院博士研究生，研究方向为货币宪法、经济宪法。

外乎就是让国家权力规范运行,提供人民生存生活发展的法治环境,不让国家权力的"大手"随意伸向人民的秩序生活中。因此,让宪法精神在一国得以发挥需要一部体现民主、公平正义的宪法作为载体,同时宣示宪法具有最高法律效力。为了确保宪法作为具有最高效力的法律规范,构建合宪性审查制度成为必然,因为合宪性审查的运用直接体现了宪法的地位,纠正同宪法相抵触的法律和其他法规文件的同时规范相应的国家权力以确保人民权利的实现或不被侵犯。

塔吉克斯坦的法院具有审理宪法诉讼的权限。《塔吉克斯坦宪法》在第八章中通过规定"宪法法院"及其职权,确立了塔吉克斯坦的合宪性审查方式是通过司法审查进行。宪法法院合宪性审查的范围广泛,不只包括法律,也包括最高议会、总统、政府、最高法院、最高经济法院和其他国家、社会团体的命令和决定,也覆盖到未发生法律效力的协议上。一言以蔽之,塔吉克斯坦的合宪性审查不仅能审查违宪的立法行为,也能审查行政机关、司法机关乃至其他社会团体的命令和决定。此外,塔吉克斯坦最高议会也有合宪性审查权力,最高议会不只有制定、修改、废止法律和决议的权力,有解释宪法和法律的权力,还有废除同宪法和法律相抵触的最高议会主席团的决议。可以说,塔吉克斯坦的合宪性审查主要是通过司法审查实现,同时也通过国家立法机关的审查实现。

本文将以塔吉克斯坦的司法审查与立法机关的自我审查作为主线,剖析塔吉克斯坦合宪性审查制度的本质、运行的条件等,自此基础上提出对中国合宪性审查制度实施的一些看法。

一、合宪性审查的主要模式

长久以来,司法审查与合宪性审查在一定条件下可以等同。虽然司法审查在确立宪法法律权威,保障公民权利上发挥了重要作用,为一国确立了可遵循的司法先例,乃至影响整个世界的法治发展,但是司法审查制度并没表面上看起来那样"风光无限"。无论是从以孟德斯鸠为代表的分权制衡理念来看,赋予法院审查与宪法法律相违背的立法行为等,那么是否从某种程度表明司法权相对于立法权和行政权的优越性,这明显不符合分权制衡的理念;还是从以卢梭为代表的主权在民思想来看,即使让三权中的一种权力相对其他两种权力具有优势,也应是来自代表民意的议会的立法权,即由具有正当性、合法性基础的民意代表机关来反映民意。中国就是采用民意代表机关进行合宪性审查,民意代表机关除了是立法机关外,更是权力机关。

但不容否认的是,司法审查在一些国家中大放异彩,并在英美等国家的司法实践后,已被多个国家所效仿实践。在司法审查中,仍可看到两种不同的合宪性审查模式,一种是集中、专门的司法审查,一种是分散、一般的司法审查,前者以德国为代表,后者以美国为代表。两种模式都有很强的生命力。有学者指出美国司法审查模式之所以在美国不同时期都发挥了重大作用,在推动美国法治建设上起到了不可磨灭的效果,主要是因为美国具备司法审查的三大优势的土壤,也就是美国式司法审查的条件,一是要有一部"刚性宪法",美国宪法文本不长,但是却历久弥新,始终焕发生命力,为司法审查制度奠定深厚根基;同时,美国的司法审查也在不断为宪法注入新的生命力,使宪法更加"刚性化"。二是奉行程序正义的美国有着明确的宪法解释规则、程序等,有完整的机制推动司法审查的运行,但是并不是说美国司法不注重实质正义。外行陪审团的持续重要性使我们看到:美国人的实质正义取向仍然是非常强烈而又富有生机的。[①] 三是要有具备社会公信力的司法体系,让人们信赖、支持司法机关和法官的判决,这也是美国法官具有极高声誉和地位的体现。[②] 如上三个条件与司法审查制度互为促进,互为条件。

在实行专门法院审查的德国,宪法法院具有多项权力,有学者认为其中的四种权力更为重要,一是对立法的审查,不只可审查抽象的规范,还可对具体的涉及宪法的案件进行审查;二是对德国联邦与各州之间权利义务争议所做的审查;三是对联邦政府机构之间的争议作出审查;四是对个人宪法诉愿的审查,虽然这是最后的、补充性的法律救济手段,但是却可体现宪法对个人权利的尊重与保护,更可彰显民主。[③] 不过,"虽然法院因为司法独立的保障而在拒绝服从违宪法律和命令时,可以承担比较小的风险,但我们不能只是因为某种机关可以相对较小

---

① [美]米尔伊安·R.达玛什卡:《司法和国家权力的多种面孔——比较视野中的法律程序》,郑戈译,中国政法大学出版社2015年版,第60页。

②③ [德]迪特·格林、季卫东、郑戈、林彦:《宪法实施四人谈:司法审查制度设计的比较》,曹勉之译,《交大法学》2017年第1期。

的风险来维护宪法,就宣称它是宪法的守护者"。① 毋庸讳言的是,无论是以美国为代表的较为分散的司法审查,还是以德国为代表的较为集中的司法审查,都将基本权利做宽泛解释,以最大程度保护公民的基本权利,这也是司法审查的初衷。还有一点不得不提,美国和德国法官都是终身制,这就"把个人的基本权利和国家的基本规范都收藏到无论是多数派专制还是'群众专政'都难以染指的地方,但却并非束之高阁、置之度外,而是只容许具备一定资格的法官在不受外界干扰的条件下进行宪法解释和合宪性审查",②法官的独立地位和终身任职则是司法审查制度得以成功开展的基础。

中国的合宪性审查并没有采用司法审查方式,而是采用最高权力机关对法律法规等立法行为及其他违宪情形进行审查。尤其是在中共十九大报告中首次提出了要推进合宪性审查工作,强调宪法权威,确保宪法有效实施。有学者认为合宪性审查不在于设立专门的审查机构,而在于依法落实合宪性审查机制,不要将合宪性审查工作的概念泛化,即抓好法律有明文规定的、已经程序化的合宪性审查机制。③ 在中国,全国人民代表大会及其常务委员会既是国家最高立法机关,也是国家最高权力机关,这与上文提到的美国司法审查模式和德国司法审查模式均不相同。采用该种方式,一方面是为了保障最高权力机关的地位,保障国家权力来源的正当性,由司法机关来审查最高权力机关的立法行为并不符合中国宪法规定,司法机关和行政机关都是权力机关的执行机关;另外一方面,中国并不具备司法审查的条件:一是中国的宪法权威仍有待于加强,虽和美国、德国都是成文宪法国家,但是树立宪法至上的法律意识仍然有较长的路要走;二是与程序正义相比,中国更注重实质正义,通过规范的解释规则和程序进一步推动实质正义实现;三是虽然中国在进行司法体制改革,旨在提高司法公信力,但显然,这也是一条崎岖也漫长的路。在当前中国模式下,按照既有规定进行合宪性审查,促进宪法有效实施,树立宪法权

---

① [德]卡尔·施密特:《宪法的守护者》,李君韬、苏慧婕译,商务印书馆2008年版,第25页。

② 季卫东:《合宪性审查与司法权的强化》,《中国社会科学》2002年第2期。

③ 莫纪宏、李晶:《推进合宪性审查工作与中国未来法治建设的走向》,《上海政法学院学报(法治论丛)》2018年第1期。

威是最为可行之路。

二、塔吉克斯坦合宪性审查制度的类型及其条件

塔吉克斯坦合宪性审查制度的确立,与塔吉克斯坦人民对法治的追求、对权利自由的渴望息息相关,这可从塔吉克斯坦宪法制度的演变一窥端倪。塔吉克斯坦作为前苏联的加盟共和国,国内实行高度集权的政治体制。在苏联解体、塔吉克斯坦独立后,塔吉克斯坦迅速进行了国家政治体制的转型,从高度集权的政治体制变成了民主法治国家,实行政教分离。但是塔吉克斯坦实行总统制的民主法治国家之路并不十分畅通,反而在独立之初,因内乱和总统制的不稳固,总统的更换相对而言较为频繁。[①] 国家政治体制不稳的情况终于在1994年通过新宪法,确立总统制后而逐渐稳定。自此后,《塔吉克斯坦宪法》修订过三次,分别是1999年9月26日,2003年6月22日和2016年5月22日,如上三次修订均是通过《塔吉克斯坦宪法》第10章第98条—99条的规定进行,即修改宪法的建议由总统或者不少于三分之一的人民代表提出,由三分之二的人民代表投票赞成,就可进行全民公决。"当公投被用来制定或重新制定宪法时,他们(人民)自身可以承担至关重要的国家建构的角色",亦即宪法可以表征人民的政治自我。[②] 显而易见,《塔吉克斯坦宪法》是一部充分体现民主、保障公民权利的国家根本法律。塔吉克斯坦将国家权力划分为立法权、行政权和司法权,只有总统

[①] 具体来说,塔吉克斯坦的总统和总统制的更迭经历了如下重要的时间段,上文也有所涉及,本处仅作概括总结:(1)1991年9月23日,代总统卡·阿·阿斯洛诺夫辞职,塔吉克斯坦共产党前中央第一书记拉·纳比耶夫出任临时总统,并于同年11月24日被选举为总统;(2)1991年,苏联"8·19事件"后,塔吉克斯坦内乱加剧,反对派要求解散最高苏维埃,重新进行民主选举,于是1992年5月11日,总统纳比耶夫发布总统令,宣布成立"民族和解政府"。但是反对派并没有满足,要求总统立即辞职,于是纳比耶夫于1992年9月7日被迫宣布辞职,由反对派支持的阿·伊斯坎达罗夫任代总统;(3)代总统阿·伊斯坎达罗夫的任职遭到列宁纳巴德州和库利亚布州的坚决抵制和反对,于是,在哈、吉、乌、俄的支持下,塔吉克斯坦召开最高苏维埃非常会议,解除了代总统的职务,同时宣布取消总统制。原库利亚布州执委会主席埃·拉赫莫诺夫被选为塔吉克斯坦共和国最高苏维埃主席;(4)1994年11月6日,塔吉克斯坦通过新宪法,恢复总统制,拉赫莫诺夫当选为第二任总统。参见倪正茂、李晶:《走向法治的塔吉克斯坦》,法律出版社2017年版,第75页。

[②] 斯蒂芬·蒂尔尼:《谁的政治宪法? 公民去全民公投》,翟志勇译,《北京航空航天大学学报(社会科学版)》2015年第2期。

和最高议会有权以塔吉克斯坦全体人民的名义行事,二者分别代表着行政权和立法权,而宪法法院作为司法权行使的一部分,履行合宪性审查的职责,确保宪法的有效实施。任何的公法制度都只有在明确认可以下规则之约束力的基础上才可能行之有效：第一,掌权者不能够做某些事情;第二,有些事情又是掌权者必须做的。① 在现代宪法国家,进行合宪性审查就是掌权者必须做的,否则人民的权利实现将面临极大的不确定性和威胁。

塔吉克斯坦自1994年确立了民主政权后,采用了专门的合宪性审查机制,即通过宪法法院来进行合宪性审查。为了实现立法权、行政权与司法权的制衡,宪法法院的合宪性审查范围从宪法的规定上来看,并不广泛,但符合合宪性审查的学理通说。从学理上看,合宪性审查一般包括两种情况：一种是审查法律法规和其他规范性文件是不是跟宪法相冲突;另一种是解决实际工作中的争议,尤其是国家机关权限争议,比如有些机关说"这事归我干",或者"这些事不归我管",出现分歧就需依靠宪法解决。②《塔吉克斯坦宪法》所确立的宪法法院的合宪性审查刚好包括以上两点,只不过范围更广：一是审查法律、国家机关和社会团体的命令和决定是否与宪法相冲突,也审查未生效的协议是否与宪法相冲突;二是解决国家机关间有关管辖范围的争端,不只包括最高国家权力机关之间的管辖范围的争端,也包括共和国政府与地方政府管辖范围的争端。塔吉克斯坦与德国的司法审查虽同属于由专门的司法机关进行合宪性审查,但是塔吉克斯坦宪法规定的宪法法院的职权数量明显不同于德国宪法法院,尤其是没有对个人宪法诉愿的司法审查。然而孰优孰劣,不能仅凭宪法法院的职权多少来判断,而是要看一国的法治发展。塔吉克斯坦宪法法院仍有两道"护身符",一是《塔吉克斯坦宪法》赋予宪法法院的合宪性审查权是终局的,二是虽然宪法法院只被明确授予两项合宪性审查的内容,但是《塔吉克斯坦宪法》也通过兜底条款规定宪法和法律可授予宪法法院其他职权,那么也就意味着宪法法院的职权不止于此。

---

① [法]狄骥:《公法的变迁》,郑戈译,商务印书馆2013年版,第30页。
② 徐隽、倪戈、莫纪宏、胡锦光、秦前红:《为宪法实施提供制度保障》,http：//www.zjrd.net/rdzz/InfoBox/InfoViewSimple.aspx? docid=15337。

此外，塔吉克斯坦的最高议会在合宪性审查中也占有重要一席地位。合宪性审查工作，除了审查法律法规等是否符合宪法外，也会在审查过程中对宪法进行解释，而解释宪法和法律的权力属于塔吉克斯坦最高议会。因此，最高议会同样拥有合宪性审查的权力。与宪法法院拥有司法审查的权力不同，最高议会是民意代表机关，制定、修改、废止法律和决议，解释宪法和法律是宪法确认的最高议会的权力，而宪法法院则是为了有效实施宪法而通过宪法设立的特殊制度。因此，在塔吉克斯坦合宪性审查制度中，与宪法法院相比，最高议会的地位处于更高一阶，但是在具体进行合宪性审查时，宪法法院却更容易发挥作用，这也与二者的地位、职权范围不同直接相关。

无论从合宪性审查制度的设计上，还是审查模式的配备上，《塔吉克斯坦宪法》都为其奠定了国家根本大法的基础。至少从塔吉克斯坦实行合宪性审查制度上来看，首先，塔吉克斯坦已经有较为完善的宪法，每次宪法修改都是通过全民公决进行，宪法通过民意代表进行修改，又是进一步彰显了宪法的合法性和正当性；二是塔吉克斯坦的合宪性审查制度除了司法审查外，也有议会审查，相较而言，前者为主要、经常性的审查方式，塔吉克斯坦具有较为完备的合宪性审查制度；三是宪法法院的法官具有较高的资历，一是虽然法院仅有 7 人组成，但是其中一代表要来自戈尔诺——巴达赫尚自治州；二是要保障法官有足够的法律素养和阅历，即要有至少 10 年的法律工作经验，年龄要在 30 岁和 65 岁之间，任期为 10 年[①]；三是法官不可在其他权力机关、营利组织活动，以保障其独立性。诚然，塔吉克斯坦的合宪性审查制度较为详备，有专门的审查机关，有明确的职权，但是也面临着"制度都有，只是如何实施"的问题。宪法不应只是一纸空文，有效实施，才是宪法的生命力所在。

三、塔吉克斯坦合宪性审查的弊端所在

自 1994 年塔吉克斯坦宪法颁布以来，宪法法院作为司法审查的主体业已存在 20 余年。宪法法院在塔吉克斯坦国家的宪法守护中的确

---

① 1994 年《塔吉克斯坦宪法》规定法官年龄是 30—60 岁，任期为 5 年。2003 年通过宪法修正补充案后，法官的年龄上限变成 65 岁，任期变为 10 年。

发挥了作用,但从目前的情况来看,宪法法院作为主要的合宪性审查主体,其功能发挥有限。

(一)宪法法院仍不可避免地受到行政权干预

宪法法院的院长、副院长和审判员是由塔吉克斯坦总统提名,虽然决定权在最高议会,但是宪法法院作为司法权行使的一部分,在一定程度上受到了来自以总统为首的行政权干预。当然,由总统提名法官的做法并不是塔吉克斯坦首创,向来以标榜权力制衡、人权保障的美国就是由总统提出人选,征得参议院的意见和同意后,任命最高法院的法官。这样的司法审查制度在美国的宪法史上发挥不可磨灭的作用,为今天美国的发展确立了多项法治原则。当然,美国的合宪性审查制度也是由美国联邦最高法院通过马伯里诉麦迪逊案中确立的,司法权在美国具有优势地位,由美国总统提名最高法院法官人选,实则也是权力制衡的一种表现。但是,塔吉克斯坦并不如此。共产主义的崩溃使西方人更加相信其民主自由主义思想取得了全球性胜利,因而它对西方来说是普遍适用的……,特别是一贯富有使命感的美国,认为非西方国家的人民应当认同西方的民主、自由市场、权力有限的政府、人权、个人主义和法制的价值观念,并将这些价值观念纳入他们的体制。[1] 塔吉克斯坦的三权分立制度、合宪性审查制度是在其独立后受西方民主思潮影响,从集权的政治体制走向民主法治的政治体制确立的。虽然塔吉克斯坦在借鉴西方政治、法律制度上做到了"形似",但达到"神似"仍需一段法治化的路程要走。

此外,值得一提的是,1994 年埃莫马利·拉赫莫诺夫[2]当选为总统后,因为实行正确的国内外政策,已经四次成功地竞选总统。在2016 年 1 月 22 日塔吉克斯坦最高议会提出并向宪法法院递交了修宪建议,由宪法法院进行复审,复审通过后,塔吉克斯坦举行了全民公决,埃莫马利·拉赫蒙再一次当选为总统,被塔吉克斯坦最高议会称为

---

[1] [美]塞缪尔·亨廷顿:《文明的冲突与世界秩序的重建》,周琪、刘绯、张立平、王圆译,新华出版社 1998 年版,第 200 页。

[2] 在 2006 年当选总统之后,拉赫莫诺夫于 2007 年 3 月 22 日宣布,为了清除他的名字中的俄语痕迹,决定将自己名字中的斯拉夫语后缀"-oB"删去,改名为"拉赫蒙"。参见倪正茂、李晶:《走向法治的塔吉克斯坦》,法律出版社 2017 年版,第 26 页。

"国之领袖"①。在塔吉克斯坦"统一的政治和民主体制中,我们之间都是相互紧密联系,所有权力机构的领导都必须牢记,他们要向总统和法律机构负责",②更是彰显了以总统为首的行政权的优势地位。正如有学者指出,在一个行政制度得到最大限度发展的国家,不仅行政职能与司法职能相分离,而且行政部门比司法更为强大。③ 不难看出,宪法法院虽为合宪性审查的主要主体,但在强大的行政权之下,其功能难以有效发挥。

(二)宪法法院未能有效阻止公民基本权利受侵蚀

值得玩味的是,《塔吉克斯坦宪法》"承认人的自由和权利是不可动摇的",强调司法改革必须有利于国家和人民,④但是在2016年3月10日,联合国人权理事会任命的"增进和保护见解和言论自由权问题"的特别报告元凯伊指出,"塔吉克斯坦境内的反对党、民间社会和媒体在过去一年中受到越来越多的限制,且当局大范围封锁网站和网络,包括移动服务。随着政府惩处异见、限制人们听到媒体和网上的另类声音、压缩民间社会的空间,塔吉克斯坦人民在宪法和人权法之下享有的基本保护正在受到侵蚀"。⑤ 为了限制境内反对党的活动,防止反对党思想的不当传播,对其进行一定的限制是必要的,因为这事关国家安全,《塔吉克斯坦宪法》也规定塔吉克斯坦人民要"懂得保证自己国家的主权和发展的重要意义",保卫国家安全是每一个塔吉克斯坦人民神圣的宪法义务。但是限制社会团体、媒体乃至限制移动服务则会对公民的言论自由权、隐私权、通信自由权等造成侵犯,甚至会影响国家的经济发展与社会稳定。因此,政府作出的如上限制的决定和命令应该经过宪法法院的审查,以确保其符合宪法保护人权、维护主权的目的。

---

① 《英媒:塔吉克斯坦议会修宪允许总统无限连任》,http://www.xinhuanet.com//world/2016-01/23/c_128659840.htm。

② 《塔吉克斯坦总统国情咨文简介》,http://www.mofcom.gov.cn/article/i/jyjl/m/200406/20040600231402.shtml。

③ [法]莫里斯·奥里乌:《行政法与公法精要》,龚觅等译,郑戈校,辽海出版社、春风文艺出版社1999年版,第39页。

④ 辛九慧:《司法改革必须有利于国家和人民——访塔吉克斯坦最高法院院长阿卜杜洛耶夫》,《人民法院报》2012年4月27日。

⑤ 《特别报告员:塔吉克斯坦人民在宪法和人权法之下享有的基本保护正在受到侵蚀》,https://news.un.org/zh/story/2016/03/253362。

诚然，塔吉克斯坦政府所作出的一系列决定是为了国家安全、社会稳定，防止国家进入动乱状态。但是，为了惩处国内异见、打压反对党与国家进入紧急状态还是不能相提并论的，不过也不排除二者有转化的可能。战争是最典型的紧急状态，历史上美国总统在该紧急状态下行政权力曾一度急剧扩张，虽然联邦最高法院法官对此颇有微词，但只能让行政权的扩张畅通无阻。只因为行政机关收集和处理有关紧急问题的信息更有优势且更可能作出迅速地决断、更善于作出决断，而法院在信息收集和专业能力、信息处理和保密方面无法与行政机关相媲美。① 正如上文所说，塔吉克斯坦政府作出的限制媒体、网络等决定直接与公民的基本人权相联系，政府迅速作出的决定是在衡量国家安全与公民权利保护之后的结果——精准对国内反对党、异见声音等进行限制将花费政府大量的人力、物力和财力，而采用普遍限制国内网络、移动服务等决断虽然会对一般的公民权利行使造成影响，但这确是成本相对较低且可短时间有效防止异见声音扩散以威胁社会稳定的方法，符合法律经济学的一般原理。此外，诸多经验证据显示，收看、收听或阅读某些新闻媒体的人会对显然错误的事情信以为真。比起反对政府审查的经验论证，支持言论自由的经验论证的说服力要弱上许多。但是也要看到其中隐含的危险，因为通往不义的道路，往往是从政府对信息的控制开始的。② 虽然，在当今被恐怖主义笼罩的国际社会，对言论自由限制的理论并没有达成共识，但是仍可根据一国政府经验建立一个基于国家安全保障与公民言论自由保障平衡的理论。塔吉克斯坦独立后，始终推行民主法治思想，走在法治的路上，如上政府行为直接与公民的权利相关，应该受到宪法法院的审查，避免宪法法院只是在修改宪法上发挥作用。

（三）宪法法院未能有效防止塔吉克斯坦官员腐败

从古至今，腐败都是各国社会公众深恶痛绝的对象，是国家政权发展到一定阶段产生的社会毒瘤。它直接损害国家形象与国家机关公信力，影响国家权力的正常运行，侵蚀公平正义，阻碍公民权利的行使和

---

① 丁晓东：《美国宪法中的德先生与赛先生》，北京大学出版社2016年版，第98—101页。

② [美]艾伦·德肖维茨：《你的权利从哪里来？》，黄煜文译，北京大学出版社2014年版，第155页。

保障。塔吉克斯坦政府同样不能容忍腐败,如埃莫马利·拉赫蒙在2010年的国情咨文中强调打击腐败的重要性并提出了遏制腐败产生的若干具体措施和要求。此外,也通过施行《关于完善塔吉克斯坦国家权力机构的法令》来精简国家机构,完善司法体系建设来提高司法机构的执法基础。如上一系列措施效果卓著,在机构调整基础上进行了频繁的人事调动,防止了一些官员长期把持一方大权、形成势力、滋生腐败。[1] 即便如此,根据《国际腐败晴雨表——2016》数据来看,塔吉克斯坦是中亚最腐败的国家,其腐败指数高达50%(吉尔吉斯斯坦的腐败指数为38%,哈萨克斯坦为29%,乌兹别克斯坦为18%),腐败风险最高的官员是公路稽查人员。[2] 这并不难理解,塔吉克斯坦的主要交通方式为公路,但是车辆车况较差、路况较差,交通运输并不发达。在公路资源稀缺的情况下,通过非法手段获得有限资源似是成本效益最高的途径,部分公路稽查人员作为管理国家公共资源权力机关的工作人员更容易"沦陷"。

宪法法院的职权虽然只有《塔吉克斯坦宪法》上列举的两项,实则宪法法院的职权很大,不只可审查国家机关的决定和命令,也可审查社会团体的决定和命令。官员的腐败虽然是个人行为,但其折射的是国家权力的腐朽。宪法法院虽不能直接针对官员的个人腐败行为进行审查,但是其可通过对国家法律、国家机关的命令和决定行为进行合宪性审查来规范国家机关工作人员的行为,防止国家机关工作人员腐败。此外,宪法法院也有权审查国家机关有关管辖范围的争议,如上关于公路的管辖权,事关国家基础设施的提供,同样可以纳入其审查范围,通过限定的管辖范围来明确相关机关及其工作人员的职权范围,一方面可以防止其滥用权力、超越权力,另外一方面亦可威慑工作人员利用职务之便贪腐。当然,宪法法院的合宪性审查只是第一步,当行政机关工作人员有滥用权力、超越权力,甚至有贪污受贿犯罪行为时,进而可对其提起行政诉讼或者刑事诉讼,全方位运用司法权力来制约行政权的不当行使。即在法治体系下,宪法具有最高地位,所有公民在法律面前

---

[1] 倪正茂、李晶:《走向法治的塔吉克斯坦》,法律出版社2017年版,第82—83页。
[2] 《塔吉两国进入欧洲和中亚最腐败国家前五之列》,http://www.yaou.cn/news/201611/25/22425.html。

一律平等,没有人能超越于法律之上,腐败被控制在最小范围内并且会受到惩罚,政府机关尊重公民权利,公民能有效地利用法院来保护他们的权利。①

四、塔吉克斯坦合宪性审查制度对中国的启示

从 1998 年中国全国人大常委会在工作报告中提出要建立和健全违宪审查制度,到 2017 年中共十九大报告正式提出要推进中国的合宪性审查工作,中国经历了近 20 年的合宪性审查制度的风云变幻。与塔吉克斯坦由专门的司法机关进行合宪性审查不同,中国是由国民代表机关进行审查,其中中国的全国人民代表大会是最高级别的合宪性审查机关,《中华人民共和国宪法》第 62 条规定的职权之一便是"监督宪法实施",而全国人大常委会则属于低于全国人大的高级别的合宪性审查机关,也有"解释宪法,监督宪法实施"的职权。一幅地图(或一种理论)的价值体系在你周游四方时在多大程度上可以借鉴于它。我们不能就理论的内在论证来对它们进行评价。一种好的理论的主要标志并不是它为令人困惑的问题提供了解决方案,而是它为进一步的工作提供了某种富有成效的规划。② 两个国家虽然在合宪性审查上采取不同的模式,但是从某种意义上说,塔吉克斯坦的合宪性审查制度可以成为中国参照的"地图"。

(一)合宪(法)性审查体系需要理顺

在中国,目前有四套关于法律文件的审查体系,一是全国人大常委会可进行合宪性和合法性审查;二是中共中央办公厅对党内法规是否符合党章进行审查;三是中央军事委员会对军事法规是否合法进行审查;四是国务院进行合规性审查。但是,目前并不能明确的是全国人大常委会可否对党内法规和军事法规的合宪性进行审查。③ 虽然,中国法院也援引宪法,但从实践来看,法院在相当数量的裁判文书中援用宪

---

① [美]拉里·戴蒙德:《民主的精神》,张大军译,群言出版社 2013 年版,第 184 页。
② [英]马丁·洛克林:《公法与政治理论》,商务印书馆 2013 年版,第 362 页。
③ 胡锦光:《论推进合宪性审查工作的体系化》,《法律科学(西北政法大学学报)》2018 年第 2 期。

法并不具有实质意义,也有甚至只是笼统地提及"宪法"二字。① 一般来说,可将如上审查体系分为合宪性审查、合法性审查、合党章性审查。在中国,党内法规体系与中国特色法律体系共同构成中国特色社会主义法治体系,因此,作出包括合党章性审查的分类。至于合法性和合宪性这两个相似概念的区别,要明确合法性是强调法律根据宪法制定,下位规范要符合上位规范;合宪性则强调一切下位规范的效力来自宪法规范,突出宪法价值的引领作用。② 按照此种理解,塔吉克斯坦宪法法院的司法审查则是纯粹的合宪性审查。在中国,虽然一切法律文件都应该符合宪法规定,但是宪法是对国家各项制度的原则性规定,具体制度则是由具体的法律进行规范。法律是否符合宪法的规定属于合宪性审查的范畴是没有异议的,但是行政法规、部门规章、地方法规和地方规章是否符合法律规定,其更多依据的是法律规定,此时更注重的是合法性审查。易言之,中国的合宪(法)性审查是分层级式审查。全国人大常委会和有立法权的地方各级人大常委会都有备案审查的权力,国务院和省一级政府对规章也有备案审查权,如此,合宪(法)性审查主体在审查对象上可能会有交叉,也有可能会因为审查的对象过多而审查效果不佳。塔吉克斯坦确立的是由宪法法院来审查法律、决定和命令的合宪性问题,与中国的合宪性审查和合法性审查有所区别,但仍可让合宪性审查和合法性审查能够遵循同样的审查规则。本文认为,由如上有权力审查的机关内部的工作部门专门负责合宪(法)性审查是有必要的,且有一套规则来明确不同层级的法律文件的审查主体,避免职责交叉、责任过重。但是是否有必要在如上机关内部设立一个专门的审查机构则是需要另行考虑的事情。以当前阶段国务院机构改革的情况来看,精简机构、优化职能配置是当前中国国家机关改革的趋势。所以,目前比较可行的制度措施是通过《立法法》第 99 条的规定,来产生一些违宪审查的案例,维护宪法的权威,体现"依宪治国"的价值。这样能让大家知道"依宪治国"价值要求的确是与以前有所差别的,在制度上、法制统一性上、在保证地方立法服从中央立法方面确有新的动

---

① 邢斌文:《2017 年中国法院援用宪法观察报告》,《中国法律评论》2018 年 4 月 13 日。

② 韩大元:《关于推进合宪性审查工作的几点思考》,《法律科学(西北政法大学学报)》2018 年第 2 期。

作,起到了新的效果。①

（二）合宪性审查也需要公众参与

塔吉克斯坦宪法法院在宪法修改过程中都扮演着重要的角色。塔吉克斯坦宪法的修改程序需要经过如下几个阶段：由总统或者不少于三分之一的人民代表提出修宪建议——最高议会批准修宪建议——最高议会提交宪法法院复审——全民公决前三个月在报刊上公布修宪建议——全民公决。在该过程中,宪法法院审查修宪建议的合宪性后,由全民公决来决定修宪建议是否生效。虽然,全民公决的国民没有直接审查修宪建议的合宪性,但是其却是直接检验修宪建议是否具有合法性、正当性的体现,也只有国民才有权赋予修宪建议以合法性、正当性。反之,如果全民公决没有通过修宪建议,那么宪法法院的复审也就失去了意义。全民公决在这个过程中就是最典型的充分公众参与。当然,在中国进行合宪性审查时要求全民参与并不现实,但这并不意味着公民不可参与到合宪性审查过程中。如从 2013 年到 2017 年五年时间里,全国人大常委会法制工作委员会共收到公民、组织提出的各类审查建议 1 527 件,属于全国人大常委会备案审查范围,即建议对行政法规、地方性法规、司法解释进行审查的有 1 206 件,占 79.0%。② 虽然,全国人大常委会加大对提出审查建议的公民、组织进行反馈的工作力度,实现反馈工作的规范化、常态化。③ 但到 2018 年 4 月,还没有看到法规备案审查信息平台。除了官方公布的数据外,难以了解全国人大常委会对公民的违宪审查建议的处理结果,这将直接影响公众参与合宪性审查的效果,虽并不必然影响公众参与的积极性。构建公众参与合宪性审查的程序和规则是必要的,合宪性审查的根本目的就在于确保公民的权利得以保障,不受来自国家权力的不当侵犯。公众参与合宪性审查实则是主动发现、主动维护自身权利的体现,属于公民权利的觉醒。

---

① 莫纪宏、李晶:《推进合宪性审查工作与中国未来法治建设的走向》,《上海政法学院学报(法治论丛)》2018 年第 1 期。

② 侯梦菲:《五年来,全国人大常委会收到公民、组织提出 1 527 件审查建议》,《大河报》2017 年 12 月 24 日。

③ 朱宁宁:《今年前 10 月全国人大常委会收到公民、组织审查建议 53 件——明年将建成法规备案审查信息平台》,《法制日报》2016 年 12 月 20 日。

Research on Tajikistan's Constitutional Review System
—also on the enlightenment to China
Li Jing

Abstract: The constitution is the guarantee of the people's rights. Only by the effective implementation of the constitution can the rights on paper be transformed into the rights actually enjoyed. One of the important systems to ensure the effective implementation of the constitution is the constitutional review system. Tajikistan conducts constitutional review through a special Constitutional Court, and the Supreme parliament also assumes the function of constitutional review. Tajikistan's constitutionality review system is relatively perfect, but it still faces the following problems: the Constitutional Court is still inevitably interfered with by the executive power, failure to effectively prevent the erosion of citizens' basic rights and official corruption. China adopts the model of combining the constitutionality review by the highest authority with the legitimacy review of specific state organs, but it can still draw lessons from Tajikistan, such as clear review system and public participation.

Keywords: the Constitutional Review; the Constitutional Court; Protection of Rights; Implementation of Constitution

图书在版编目(CIP)数据

上海合作组织年度法治报告. 2018 / 刘晓红, 倪正茂主编. — 上海：上海社会科学院出版社, 2020
ISBN 978-7-5520-3080-8

Ⅰ.①上… Ⅱ.①刘… ②倪… Ⅲ.①司法制度—研究报告—世界—2018 Ⅳ.①D916.04

中国版本图书馆 CIP 数据核字(2020)第 051012 号

上海合作组织年度法治报告(2018)

主　　编	刘晓红　倪正茂
副 主 编	贾少学　石其宝
责任编辑	董汉玲
封面设计	黄婧昉
出版发行	上海社会科学院出版社
	上海顺昌路 622 号　邮编 200025
	电话总机 021-63315947　销售热线 021-53063735
	http://www.sassp.cn　E-mail:sassp@sassp.cn
排　　版	南京展望文化发展有限公司
印　　刷	江苏凤凰数码印务有限公司
开　　本	710 毫米×1010 毫米　1/16
印　　张	33
插　　页	7
字　　数	505 千字
版　　次	2020 年 6 月第 1 版　2020 年 6 月第 1 次印刷

ISBN 978-7-5520-3080-8/D·579　　　　　　定价: 148.00 元

版权所有　翻印必究